# PSYCHOLOGIE DER MEISTER

## Millennium Ausgabe

von

### SCHORAT

ISBN - 978 - 3 - 932209 - 48 - 2

# InhaltsverZeichnisssss

erläuterung seite 5
millenniumsweisheit seite 19
zweiter tag seite 36
desiderata seite 63
wir sind sklaven seite 83
ausgewählte fragen und antworten seite 88
der weg zum licht seite 89
kosmische bewusstlosigkeit seite 94
das lebewesen 96
das gesetz der bewegung seite 102
der ewigkeitskörper seite 109
der hauptanteil der erdenmenschen besteht aus „kosmisch toten" wesen seite 133
die erdenmenschheit befindet sich in der ersten mentalen „jajhreszeit" eines kosmisch gigantischen kreislauf:dem winter seite 141
weltlicher klang und überweltlicher klang seite 177
ein weiterer tag seite 190
zitate von soami ji maharaj seite 203
kernaussagen von ein kurs in wundern im überblick seite 257
das erkennen der wahrheit durch glaube,mystik,und mystiker seite 261
der heilige geist oder kosmisches bewusstsein seite 271
der weg zur einweihung seite 298
die sympathien und antipathien des reichen mannes seite 300
warum müssen wir meditieren? seite 333
entwickelt das weisheitsauge um die welt zu verstehen seite 371
die geheimnisse der licht und ton meditation seite 374
die verwandlung eines viehzüchters seite 381
das tägliche mysterium seite 404

# Psychologie der Meister

20.2.2000

Einige Erläuterungen zu diesem schreiben, und zu meinem mentalen Zustand.

Ich meditiere seit einigen Jahrzehnten, mit Erfolgen und Weitsichten und Einsichten.Ich bin zurzeit weit davon entfernt Worte der Liebe und Güte zu schreiben.
Das was ich erlebe ist auch im Wissen dass das Leben Heilig ist und das der Mensch unsterblich ist und eins mit dem Göttlichen ist womöglich gerade deswegen die „Reizschwelle „ weil nämlich diese Wahrheiten nicht gelebt werden.
Stattdessen sind Habgier, Zorn, Lügen und Betrügen das falsche das synthetische die genetische Irrenanstaltswissenschaft oder der politische Wahn am wirken.
Das falsche für den Menschen ist das wahre geworden und soll es sogar weiterhin sein, falsche Vitamine falsche Mineralien, synthetische Stoffe neue Lebensmittel aus den Köpfen von Raubsäugetieren erfantasiert.
Ich nenne die Menschen bewusst Raubsäugetiere das ist noch nicht mal Wut oder Abneigung aber ein aufmerksam machen auf das was wirklich ist.
Die Meister, einige, sagen die Laster der Menschen sind Wollust, Zorn, Habgier, Verhaftung an Menschen und Dinge sowie Stolz.
Aus meiner Erfahrung müsste ich Mitgefühl für die Menschen haben, aber ich erfahre das wollen die gar nicht sondern sie wollen ihre Raubsäugetier Verhaltensformen ausleben egal was es koste, ,so stellt sich das Leben der Menschen mir dar. Durch einige Erfahrungen, durch das was auf der Erde abläuft, der Wirrniszustand der Menschen global.
Diese Laster der Menschen wie sie heute in der politischen Irrenanstalt gezeigt werden, ich weiß das alle nicht so derb sind, sie zeigen, das diese Wesen Leichenfresser nenne ich sie auch, was ja Wahrheit ist, diese Wesen, sind für die globale menschliche Entwicklung eine Schande und eine Verzögerung in der Ent-wicklung. Ihr müsst anfangen euch Wesen zu holen die ein hohes Niveau haben, und ihr dürft nicht immer die gleichen Menschen wie ihr suchen, damit holt ihr euch doch bloß die gleiche Seuche die ihr für die Erde geworden seit heran, und nichts wird sich verbessern, ihr müsst

den Mut haben euch Menschen zu holen die weit ,weit, weit Erhabener und weiser und befreiter sind als ihr selber. Sonst bleibt ihr ignorante Sektenmitglieder wie es heute auf der Erde üblich ist.

Ich selber kann keine Liebe mehr zu diesem Zustand auf der Erde mit diesen wilden und primitiven empfinden. Menschen sind für mich zurzeit ein Greul und ein Spiegelbild der Beklopptheit geworden. Ein Spiegelbild der Ängste und der Dumpfheit.

Das Leben hier auf der Erde ist durch diese total bekloppten Menschen zu einem Irrenhaus geworden. Geld ist deren Gottheit.

Ihr dürft euch nicht jene in Führungspositionen holen die den gleichen Standpunkt das gleiche Wissen und die gleichen Raubsäugetierziele haben wir ihr. Ihr müsst euch erhabene noble Ziele heranholen die euch was vom inneren Wachstum abverlangen die auf das Göttliche hinweisen und nicht auf das stupide dumpfe der Erde.

Aber ihr müsst euch auch Wesen holen die keine Raubsäugetiere mehr sind. Das heißt die keine Fleischfresser mehr sind, und damit nicht mehr dem Prinzip des Tötens unterliegen und damit zum Reich der Raubtiere gehören. Das ist ganz wichtig diese Zusammenhänge zu erkennen.

Wer noch Fleisch frisst ist ein Raubtier. Er tötet noch andere Wesen um sich von deren Blut zu ernähren. Damit ist er auf der geleichen Stufe wie Löwen und Schlangen, Skorpione und Ratten.

Da ja gut gesehen werden kann das die Menschen in Wahrheit nicht wissen was sie tun, oder wissen sie etwa das sie ihr Wasser vergiften, dass sie die Luft verpesten, das ihre Nahrung wertlos ist weil keine Mineralien mehr in der Erde sind, das sie synthetische Stoffe nehmen die die Unwahrheit repräsentieren, und, und, und", erst wenn das Gift zu groß wird, es auffällt, Katastrophen da sind, erst dann werden sie darauf aufmerksam gemacht.

Die Meister der Gegenwart und Vergangenheit und Zukunft weisen darauf hin das der Mensch in sich das Göttliche Erbe trägt von unbeschreiblicher Schönheit. Aber die sterblichen Eigenschaften halten diese Schönheit gefangen und das sterbliche das ignorante die Dumpfheit siegt, siegt, siegt, was ja global gut sichtbar ist.

Die Menschen sind gefangene der negativen Eigenschaften.

Diese Laster diese Sattelschlepper der Verblödungen sind die bösen Neigungen die sie so gerne leben wollen. Sie haben so stark Oberhand gewonnen, und es gibt keine Raubsäugetiere die davon nicht belastet sind, ohne Ausnahme, denn wer Fleisch frisst ist diesen Lastern Sattelschleppern unterworfen, dem töten, auch wenn er die Leiche dann als Menü vermarktet, es bleibt das gleiche tötende bindende. Diese Neigungen die Menschen heute als Demokratie oder Liberalität oder Politik oder Wissenschaft oder Medizin oder Staat oder Religion leben, sind allesamt gut sichtbare Zeichen das der Geist wenn er sich selber überlassen wird, und nicht von der göttlichen Seele geleitet wird, die bösen Neigungen zu seinem Vorbild macht und das auch ausleben will.Sei es nun in der Wollust der Zeitschriften Filme und Taten dieser Raubsäugetiere und was damit angestachelt werden soll.

Da aber der Mensch sich von der Wollust wegentwickelt hin zur Liebe ist er auch in einen Zustand gekommen der ihm die Sexualität abartig erscheinen lässt, weil er darin nicht mehr die Freude und Befriedigung findet die er zuvor daran hatte und viele gehen wieder auseinander und lassen sich scheiden oder vögeln sich entzwei weil es innerlich nicht mehr stimmt.

Die ganze sinnliche Begierde ist zerstörerisch, das war schon immer so und wird auch so bleiben. Heutzutage ist man liberalisierter damit,aber im Iran wird dir noch der Kopf abgehackt, wenn die verlogene Autorität das möchte. Wut, Zorn, ist ein weiteres Laster, dadurch wird Streit und der Verstand verwirrt. Ganze Völker werden dem Zorn geopfert. Die Kurden. Die Gruppen in Afrika, die Religionsgruppen,seien sie islamisch oder christlich, zumindest in der Beschreibung, denn alle religiösen Gruppen heutzutage auf der Erde tragen bloß das Etikett sonst garnichts, die Moslems sind weder echte Moslems und die Christen sind weder echte Christen, das ist alles Selbstbetrug und Täuschungen. Es ist das was sie sein möchten, aber nie geworden sind. Sie sind allesamt noch mit dem Begriff „heidnisch" zu bezeichnen. Niemand lebt nach den Geboten der Heiligen und Meister. Auch ich kann das noch nicht ganz.

Wut, Zorn, ist der beste Klebstoff um gefangen zu bleiben. Kein Klebstoff ist so zäh so fein so nach unten ziehend. Übles von anderen denken ist Zorn, Empfindlichkeiten ist Zorn, sehr gut verkleidet, die Taten anderer kritisieren ist Zorn,ständig Nörgeln ist Zorn, andere ausschimpfen und ärgern ist Zorn, gewohnheitsmäßige Unzufriedenheit mit der Handlungsweise anderer ist Zorn, Verleumdung ist Zorn, Wut, Eifersuch ist Zorn, Wut, Ungeduld ist Wut Zorn, Ärger und Reizbarkeit ist Wut und Zorn.Wut und Zorn ist für den Geist tödlicher als Gelbfieber oder Lungenkrebs,weil es das Immunsystem ruiniert und empfänglich für Krankheiten macht, er ist selbstzerstörerisch.

Die Meister sagen deswegen, nicht kritisieren, niemanden zu beschimpfen, nichteinmal jemanden zu tadeln, weder in seiner Gegenwart noch hinter seinem Rücken, auch ich bin nicht frei davon und mache mir Luft wenn die Raubtierseuche zu strark geworden ist oder ich doch zu direkt von diesen

Typusfleischfressus angegangen werde. Man sollte nie die Gefühle anderer verletzen, kein hartes oder unfreundliches Wort äußern, sondern immer nur Worte der Liebe der Wahrheit und Güte aussprechen. Davon bin ich weit entfernt so scheint es mir.

Ich sage aber immer wieder - vergebe ihnen, denn sie wissen nicht was sie tuen, sie sind Kinder und lernen noch, insbesondere die Doktoren die Professoren die politischen Säuglinge mit ihren vollgeschissenen Windeln im Bundestag, die sie um dem Kopf tragen. Deswegen ist es wohl auch so trübe bei denen.Und zu den anderen die Opfer dieser Ignoranten sind, die sich als eure Führer und Wissenden ausgeben und Verantwortung für euch tragen wollen, zu diesen Opfern sage ich - wer für Brot stiehlt ist nicht schuldig.

Meine Reise auf dieser Erde, durch diese Welt, hat mir viel gezeigt. Sie hat mir gezeigt das Habgier die Menschen in verantwortungsvollen Positionen verblödet. Die Ärzte, sind ganz schwere Opfer dieser Seuche, und die Aktionäre weltweit auch, und Manager der Firmen, und Wirtschaftsminister weltweit und der Mensch als solches auch, das Habgier die Menschen so stark an Materielles gebunden hat, das sein Geist für höhere Werte gänzlich unempfindlich geworden ist. Alles andere ist bloßes Gelaber und Rhetorik. Täuschung und Betrug wie es ja gut weltweit sichtbar ist.

Die Menschen sind fast totale Sklaven der Habgier geworden. Reichtum Vermögen, Besitz, Geld, Aktien, das sind alles die Gebieter die Gesetzgeber die Manager der Menschen geworden, anstatt die Diener und

Erleichterer des Lebens. Der Mensch sinkt so langsam auf die Stufe der Dinge ab. Dadurch wird er verhärtet und sein Herz wird zu synthetischem falschem verlogenen täuschendem und Stahl. Geiz ist Habgier. Falschheit ist Habgier. Heuchelei ist Habgier. Meineid ist Habgier. Raub ist Habgier. Bestechung ist Habgier. Betrügerei jeder Art ist Habgier. Korruption ist Habgier. Da Staaten nur nehmen wollen sind sie der Habgier verhaftet, da Versicherungen nur Banken sein wollen sind sie der Habgier verhaftet.Da Banken absolut nur nehmen wollen sind sie die personifizierte Habgier. Durch all diese Raubsäugetiereigenschaften der Leichenfresserkulturen weltweit auf der Erde, ist gut sichtbar, das sie allesamt verhaftet sind an Objekte, Geld, Positionen, sozialen Status, an Menschen und soweiter. Das ist also eines der gefährlichsten Fesseln überhaupt, weil sie schwer zu durchschauen ist und von der Illusion stark genährt werden.

Ganz gut sichtbar ist es in der Politik. Dort wird unter dem Deckmantel der Moral dem Gehabe von Anständigkeit, Ehrenworten und Vertrauen, gemordet bis zum geht nicht mehr. Und Ausgebeutet im Namen der

DemokratieLobby der Besitzenden.

Diese Typen reden den Andern ein, das es anständig ist Frau und Kind zu haben, ein geordnetes Leben zu führen, jeden Tag früh zur Arbeit zu gehen und eine gute Arbeitsteilung zu haben. Geld und Grundbesitz zu erarbeiten. Ein Haus sein eigen nennen und wenn möglich noch mehrere Wohnungen dazu, und sich um all das anständig zu kümmern. Aber dahinter steht die Verhaftung an die Erde und das Materielle. Die Heuchelei die damit verbunden ist, ist gigantisch, denn dann ist der Mensch ganz darinn aufgegangen und wird keine Zeit mehr für etwas anderes finden. Sein lebenlang wird er mit Trivialitäten gefangen, hier noch ein Besuch, dort noch ein Geschäft. Und so kann der Mensch keine höheren Ziele mehr wahrnehmen, geschweige darann überhaupt zu denken. Er ist Mental so erschöpft und das sieht man ja auch an den Fehlern die weltweit von der Raubsäugetiergruppe der Politiker gemacht werden,und der Industrie sowieso. Oder der Pharmaindustrie.

Ich selber bin von einigen Eigenschaften auch noch nicht befreit, versuche aber diese Reinigung zu verwirklichen.

Was auch gut sichtbar ist sind Eitelkeit die Aufblähung des Egos, Stolz. Ego ist die Fähigkeit des Geistes, die sich als Selbstbewusstsein präsentiert, die Individualität, aber dadurch entsteht auch auch oft die Fähigkeit der Überbetonung dieser krankhaften Vergrößerung des Ichbewusstseins. Man kann das wunderbar an einigen Philosophen sehen oder an Politikern, die dann mit aller Macht versuchen das nicht zu zeigen, aber deren Ego so aufgeblasen ist das sie denken und glauben ihr Ego wäre Gott, was total falsch ist,es ist genau das entgegengesetze vom Göttlichen, denn es ist bloß Verwandlung und Zerstörung sonst Nix.

Ich hab nichts gegen das Göttliche im menschlichen Körper, her damit überall bei jedem,aber so sieht es auf der Erde nicht aus ,es ist das Ego, das Ich, das sich mit dem Körper identifiziert,und sich für den Mittelpunkt des Universums hält, was ja okäääy wäre, wenn es so wäre. Das Ego vergrößert alles. Entstellt die Perspektive und will bloß auffallen. Diese EgoKörperIdentifizierung kann bloß GRÖßER MEHR SCHNELLER STÄRKER.Das ist gut sichtbar in der Autoindustrie Gentechnologie oder vielen anderen sogenannten Technologien.

Beim Kanzler war das gut sichtbar, wie er versuchte demütigst oder bescheiden zu sein,aber im Hintergrund die egomane Sucht tobte. Und das ist bei vielen die in verantwortlichen Positionen sind so. Ärzte sind fast alle Opfer dieser Sucht. Dabei können die garnicht Heilen, sonder nur das Göttliche heilt und seine gesunde Schöpfung. Die Reinheit der Natur.

Man kann heute an der politischen Raubsäugetiergesellschaft gut sehen wie da das verlogene gelebt wird. Die Süchte die Habgier die Abzockerei der Massen.Und wie die dummen Partein das alles unterstützen, weil sie nämlich auch so sein wollen. Aber wehe es fällt nun auf durch schlampige Betrügereien und Korruptionen. Dann kommen andere die sagen nein nein nein, sie halten sich selbst für vollkommener, die neuen, aber der Sog dieser Raubsäugetiersekten ist stark. Denn sie alle halten davon ab,die Wahrheit zu leben. Das ist die Aufgabe des Egos des Ichs,des falschen, die Wahrheit zu betrügen und nicht zur geltung kommen zu lassen. Das Ego betrügt seine Freunde, indem es sie, die Freunde, selbstzufrieden macht und sie in dem Glauben lässt, das wärs dann,das ist das beste das schönste, und alle Gegner das ist politisch und wirtschaftlich gut sichtbar, und religiös auch,müssen vernichtet werden.

Alle die gegen mich sind, befinden sich im Irrtum, ist die Illusion des Egos der Raubsäugetiere. Aber die können es noch nicht besser. Warum wohl. Weil sie sich als Wesen noch garnicht anders erkannt haben. Sie haben sich nicht als überphysisches Wesen erkannt. Sie haben sich nicht als außerphysisches Wesen erkannt. Sie können von sich nicht sagen " Mein Licht ist stärker als das Licht der Sonne". Und deswegen leben viele in der Scheinheiligkeit, nämlich der Scheine, des Geldes, der Geltungssucht,der Selbstbehauptungen,der Herrschsucht. All das ist EgoIch.

Die eigene Unfehlbarkeit ist enorm hochgesteigert. Diese Raubsäugetiere unterbrechen gerne andere beim sprechen,halten gerne Reden sehen gerne ihren Namen in der Zeitung oder Fernsehen. Sie sind hinter Titel und Ehrungen her. Ja das ganze System der Menschen ist nämlich genau so aufgebaut. Es muss sich alles um ihn drehen.

Ich selber bin nicht frei davon von dem was ich hier schreibe. Denn immer wieder wird der Versuch gemacht, mich einzunebeln zu vernebeln. Mich von meiner Ent-Wicklung abzuhalten.Mich mürbe zu machen durch andere Umstände oder mich aufgeben zu lassen.Was zur Zeit wieder mal bei mir der Fall ist. Aber ich werde das durchstehen und weiter machen.

Die spirituelle Ent-Wicklung ist vernachlässigt worden, sie muss erweitert werden.

In diesem Buch lege ich einige „Meistergedanken" vor. Zeige einige
Bereiche von Einsichten aus Heiligen und deren Lehren. Ich erwähne auch Meister die heute leben und die im Bereich Licht und Ton aktiv sind. Licht und Ton ist hoch wissenschaftlich. Die neuen Lichttechnologien entstehen

daraus, aber das Hintergrundwissen haben die Meister, die diese Wahrheit verwirklicht habe. Sie lehren den TonStrom, den heiligen Geist, das Wort, den Klang Gotte. Ja, sie können dich sogar dorthin führen, während du deinen Körper hier auf der Erde lässt. Die Heiligen sind die wahren Meister im menschlichen Körper. Aber nur die Heiligen, die den Suchenden auf den TonStrom, KlangStrom, HeilStrom, aufmerksam machen können, der über Alpha und Omega hinausgeht und von der Zwerghaftigkeit des geboren werdens und sterben müssen, befreit. Ja das ist möglich, auch wenn sich das heute unwissenschaftlich anhört, ist es doch die höchste Wissenschaft und alle Wissenschaftler müssen diesen Weg gehen um überhaupt eine höhere Wissenschaft aufbauen zu können. Denn ein Wissenschaftler, der unter die Kategorie fällt, die ich als Raubsäugetierkategorie benenne, wird der Menschheit keinen wahren edlen Nutzen bringen. Er wird aber viel Gift und Wirrnis auf die Erde bringen, und Unglück. Deswegen müssen alle Wissenschaftler den Weg der Liebe gehen und auf das Göttliche meditieren um überhaupt höhere Fähigkeiten zu erlangen. Es wird ohne dem nicht gehen, denn so kann er das was jetzt noch Sinnlich ist zum Übersinnlichen bringen um richtiger sehen und hören zu können und vieles mehr. Aber da jeder Mensch ja auch ein Wissenschaftler ist, ist also auch für jeden anderen diese Lehre der Heiligen angebracht. Natürlich weiß ich das jetzt nur wenige darauf ansprechen werden, weil sie dem Prinzip der Angst die kein Prinzip ist, des Raubsäugetiers unterliegen. Mit all seinen dumpfen Eigenschaften. Aber es werden immer mehr, die erkennen, das der Mensch mehr ist als ein dumpfes Raubsäugetier. Auch wenn er sich global erstmal so etabliert hat.
Ich schreibe dieses Buch auch aus der Unzufriedenheit mit der menschlichen abzock Mentalität, dem Geiz dem rationalen, der Engherzigkeit. Der Mensch ist so unbeschreiblich ignorant, das er unfähig ist zu erkennen, das er sich das Leben und zwar für alle mehr zum Paradies machen könnte. Denn die Mücken halten ihn nicht davon ab die Pferde auch nicht. Die Wolken auch nicht die Schneestürme auch nicht. Bloß seine Gebundenheit an seine unbeschreibliche Dumpfheit hält ihn davon ab, seine gigantische Ignoranz und Selbstverblödung, aber mehr noch, sein Glaube an seine Ignoranz der Sterblichkeit.
Lass die Toten die Toten begraben, hat Jesus mal gesagt. Es sind diese Toten die dieses Tote Leben aufbauen und das Tote bevorzugen. Die Erde ist ja schon vernebelt, die Flüsse die Meere die Wolken sogar. Es sind die Toten die regieren die Leichenfresser, denkt mal darüber nach. Ich wünsche noch einen sonnigen Tag viel überphysisches Licht. *Wolfgang Schorat*

11.6.2014

14 Jahre sind rotiert und ich bin bei der Bearbeitung des Textes ‚korrekturen grammatikalisch und so was. Dabei sah ich gestern Abend in Frontal 21 TV einiges zum Thema Rente und wie ganz genau die Renten niedriger gemacht wurden und die Abgaben auch nämlich,nämlich damit die Besitzenden die Industriellen,weniger Abgaben und wenn möglich überhaupt keine Abgaben zu machen brauchen und alles wird auf den sogenannten Arbeitnehmer abgewälzt.Und es wurde auch die Riester Rente erwähnt und was für ein Betrug das alles ist, an der deutschen Bevölkerung.
Ich hatte schon einige andere gute Dokumentationen zum Thema wie die Besitzenden durch gut ausgedachte Strategien die deutsche Bevölkerung abzocken um ihre Kosten auf den sogenannten Arbeiter abzuwälzen. Denn die deutschen Industriellen sind in Wahrheit innerlich noch primitive Raubtiere geblieben. Und das impliziert dann eben Lügen Betrügen Täuschen und Abzocken und Ausbeuten. Denn das deutsche Industriesystem ist ein auf Hochglanz poliertes Scheindemokratie Schein Sozialsystem. Es ist ein verheucheltes Glaubenssystem im Sinne des Doofglaubens der Kirchenvasallen.Glaubt und ihr braucht nicht zu Denken und bleibt so auf ewig Bllööööööööde, ist das Credo der deutschen Industriellen und dazu gehört die Kirche und deren Unternehmen ja auch . Der Bischof lässt grüüüüßen und so was..
Aber in den anderen Staaten passiert ja genau das ähnliche bloß in politisch abgeänderten Systemen.
Die Industriellen und Politiker haben gut durchdachte Systeme aufgebaut. Systemveränderungen.Die Politiker sind keine Freunde der Menschen der Menschheit. Sie sind Karrieregeile primitive bösartige Raubmenschen innerlich geblieben.Und zwar global.Da die Politiker arme im Sinne von Geld und Land Raubmenschen geblieben sind, ist ihr Resultat auch das gleiche, nämlich, wie kann ich Reich und Berühmt und Einflussreich werden.Das können sie nur in Kooperation mit den Besitzenden, den Reichen den Industriellen die alle Systeme bis jetzt in ihrem Sinne in Deutschland und global aufgebaut haben.
Ihre sogenannten Erneuerungen, die die Industriellen der Bevölkerung anbieten zielen ganz eindeutig auf Ausbeutung und Betrügen und Täuschen und Tricksen ab.Und die Politiker, da sie arm im Geiste und arm im Gelde sind, machen da sehr gerne mit, sehe Schröder und der Putindemokraten Verteidiger (Ein Anwalt.Anwälte sind Sophisten Täuscher und Dummschwät-

zer) und alle anderen primitiven Politiker im Geiste und Gelde die die deutsche Bevölkerung täuschen und belügen und austricksen und abzocken. Aber, da diese Ausbeutunge ja global erscheinen und angewendet werden ist das dann auch ein Beispiel für die Gesamtmenschheit geworden. Das ist ihr Vorbild für die Menschheit und deren Entwicklung.

Dabei ist in Holland oder der Schweiz ein ganz anderes und zwar humaneres System aufgebaut worden, das zumindest als Vorbild und Grundlage auch in Deutschland angewendet werden müsste.Und es geht ja noch viel besser als das Schweitzer und Holländische.

Es wird der deutschen Bevölkerung vorgelogen, vorgetäuscht zbs, in der Rente, das die Rente unsicher sei und das alters bedingte Gründe dazu beitragen, das in den Rentenkassen nicht genügend Gelder sein werden. Aber es geht ausschließlich um Profite der Industriellen der Versicherungsunternehmen, damit die mehr Profite machen können, auf Kosten der Bevölkerung des Einzelnen sozusagen. Und der Einzelne ist nichts wert im Sinne der Masse und kann dann so ausgetricks ausmanöveriert werden. Er muss sich selber versichern.Und die RentenkassenGelder wurden ja so wie die KFZGelder zweckentfremdet,für die Ziele der Industriellen.Aber diese Gelder gehören keinem bekloppten PolitikerSchwein keinem bekloppten BeamtenSchwein,das sind Gelder die der deutschen Bevölkerung gehören und keinem PolitischenSauZiel.Die Rentenkassen sind deswegen Leeeer.

Die Industriellen bauen also diese Strategien auf damit sie weniger Kosten haben und es wird auch immer mit Wettbewerbsfähigkeit gelogen getäuscht. Ihr dürft nicht vergesen eure Industriellen sind Vollblut Raubtiere innerlich geblieben. Das sieht man ja an deren Früchte. Wenn ihr nicht gekämpft hättet würden eure Töchter immer noch vom Grafen den Erstfick bekommen weil er das Landrecht und sonstige Wahnvorstellunge der Inhumanität hatte und hat.

Der Staat die Staatskasse ist zur Hauptbeute der Industriellen geworden weil da eure Steuergelder in Massen vorhanden sind.Industriellen dürfen keinen Cent mehr an Subventionen bekommen.Keinen Cent.Und alle Politiker die das befürworten sind Vasallen der Lüge des Betruges der Ausbeutungen kurzum des Satans laut Jesus.

Denn seit euch bewusst,,,,,,,,,Die Bundesrepublik ist eine Firma...kein Staat. Im Impressum der Bundesrepublik Deutschland – Finanzagentur GmbH steht folgendes:

„Die "Bundesrepublik Deutschland – Finanzagentur GmbH" ist ein Ende

2000 gegründetes Unternehmen des Bundes mit Sitz in Frankfurt/Main. Alleiniger Gesellschafter ist die Bundesrepublik Deutschland, vertreten durch das Bundesministerium der Finanzen.

Die "Bundesrepublik Deutschland – Finanzagentur GmbH" ist bei ihren Geld- und Kapitalmarktgeschäften nur und ausschließlich im Namen und für Rechnung der Bundesrepublik Deutschland oder ihrer Sondervermögen tätig.

[...] Die "Bundesrepublik Deutschland – Finanzagentur GmbH" ist eine Gesellschaft mit beschränkter Haftung und im Handelsregister des Amtsgerichts Frankfurt/Main unter der Nummer HRB 51411 eingetragen.

Ende 2000 soll die GmbH also gegründet worden sein? Schaut man sich den Handelsregisterauszug an, steht dort aber ein ganz anderes Datum, nämlich "Gesellschaftsvertrag vom 29.08.1990". So ein Zufall, in genau diesem Jahr fand auch die "Wiedervereinigung" statt.

Den folgenden Text habe ich von der Webseite von Peter Fitzek als PDF Datei gefunden mit dem Titel: Zusammenfassung BRD ein Firm.

Peter Fitzek „Verein NeuDeutschland" und „Königreich Deutschland" unter seiner Webseite fand ich die PDF datei „Zusammenfassung BRD ein Firm".

«Nur wer nicht sucht ist vor Irrtum sicher.»
Albert Einstein, Einstein sagt, Alice Calaprice

Sigmar Gabriel, SPD-Vorsitzender auf dem Sonderparteitag in Dortmund, 27. Februar 2010: «Wir haben gar keine Bundesregierung– Frau Merkel ist Geschäftsführerin einer neuen Nichtregierungsorganisation in Deutschland.» Steht übrigens auch im Grundgesetz fürdie BRD, Art. 65.
Es geht also darum, die Verfügungsgewalt über fremde Arbeit (unsere) zu kippen, indem wir unsere bisherige Einwilligung zu selbsthaftender Verantwortlichkeit zurückziehen, wegen allsamt unerlaubter Handlungen im Rechtsschein, durch «Erklärung zum veränderten Personenstand und zu den rechtlichen Konsequenzen». Damit können wir uns von unserer künstlichen Existenz als (ver)handelbare Ware/Firma entkoppeln und können in allen Belangen des täglichen

Lebens wieder in unseren rechtlichen Zustand als Natürliche Person*
(BGB § 1) zurückkehren.
www.NatuerlichePerson.de www.BGB-Paragraph-1.de, 2010.06.21-04 Sklaven 190710
(*Anmerkung des Autors, )
Wir WAREN (sind) Sklaven – von Geburt an verkauft !
Mit dem sog. «Act of 1871» wandelte der 41. US-Kongreß, Washington D.C., die Regierung der Vereinigten Staaten, in ein gewerbliches Unternehmen um. Mit der vertraglichen Einbindung aller amerikanischen Einzelstaaten in diese Corporation wurde jeder amerikanische Bürger unbewusst zum Quasi-Angestellten dieser Firma: UNITED STATES CODE, Title 28, § 3002 (15) (A) (B) (C): (15) «United States» means – (A) a Federal corporation; (B) an agency, department, commission, board, or other entity of the United States; or (C) an instrumentality of the United States. Mit dem «Federal Reserve Act» von 1913 wurde ein privates Banker-Konsortium zur Zentralbank der USA, mit dem Recht, Geldnoten zu drucken und den Geldfluß zu kontrollieren. Dieser «Act» ermöglicht es der FED bis heute, Geld ohne Gegenwert «zu schaffen», das sich der «Staat» (die US-Corporation!) dann für seine (ihre) «Staats» ausgaben gegen Zinsen(!!!) ausleihen muss. Zur Bezahlung der Zinsen muss der «Staat» von «seinen Bürge(r)n» «Einkommenssteuern» eintreiben, die es laut Verfassung gar nicht geben dürfte. Durch den ersten Weltkrieg und die nachfolgende Wirtschaftskrise ging die UNITED STATES (CORPORATION) im Jahr 1933 in Insolvenz: Der Kongressabgeordnete James Traficant, Jr: «Es ist eine anerkannte Tatsache, dass die Bundesregierung der United States durch den von President Roosevelt verkündeten Emergency Banking Act vom 9. März 1933 48 Stat. 1, Public Law 89-719 als bankrott und insolvent aufgelöst wurde.» Um weiterhin geschäftsfähig bleiben zu können, bot die UNITED STATES (Corporation) der Federal Reserve ihre Bürger/Angestellten als Sicherheit an. 1933 wurden zum ersten Mal obligatorische Geburtsurkunden für die Einwohner eingeführt, die gleichzeitig als Bankenbürgschaft und Wertpapier fungierten. Deren Wert entspricht einem durchschnittlich erwarteten Profit pro Bürger, der sich aus seiner Arbeitsleistung, kreativen Ideen, Konsum und damit verbundenen Steuerzahlungen in seiner durchschnittlichen Lebenszeit errechnet. Die rote Nummer auf der Rückseite der US-Geburtsurkunde ist der Registrierungscode eines an der Börse gehandelten Wertpapiers. Durch die Insolvenz der UNITED STATES (Corporation), die Loslösung des Dollars von der Goldpreisbindung und die hemmungslose «Erzeugung von

Geld» durch die FED (Fiat-Money), werden die Banknoten zu reinen Schuldverschreibungen – nur gedeckt durch den unbewussten Kredit, den der einzelne Bürger (unwissentlich) «seinem Staat» mit seiner Geburt gegeben hat. Um diese Aktion mit dem Handelsrecht in Übereinstimmung zu bringen, erschafft die Regierung (Geschäftsführung) mit Ausstellung der Geburtsurkunde unter dem Namen des einzelnen Bürgers eine Juristische Person, eine Firma («Pflicht» zur «Einkommenssteuer»!),eine (Regierungs-) «Agentur für Arbeit». Der Mensch aus Geist, Fleisch und Blut bekommt nun also eine zweite Identität als entseeltes Objekt, als Unternehmen, die er nur daran erkennen kann, dass sein NAME von nun an in GROSSBUCHSTABEN geschrieben wird, wenn es um seine Rolle als «JURISTISCHE FIKTION» geht. Mit der eigenhändigen Unterschrift unter jeglichen Vertrag (inklusive Ausweise, Führerschein etc.), der an seinen NAMEN in GROSSBUCHSTABEN gerichtet ist, bekundet der Unterzeichnende seine Zustimmung zur Verschmelzung seiner «Natürlichen Person», seiner Geist-, Fleisch- und Blut-Identität, mit seiner «JURISTISCHEN PERSON», seiner unter Handelsrecht verhandelbaren; künstlichen Existenz. Deshalb hat der «Bundesbürger» «seinen» «Personal»ausweis «freiwillig» selbst zu beantragen (BRD = Firma!). Dadurch bekommt «der Staat», der nach seiner Umwandlung zur CORPORATION, zur FIRMA faktisch nur noch unter Handelsrecht (UCC – Uniform Commercial Code) agiert, «Anspruch» und Zugriff auf Eigentum und Körper des Bürgers, falls dieser gegen irgendwelche Bestimmungen und Verordnungen verstösst, die eigentlich nur seine leblose JURISTISCHE FIKTION als Angestellter, als Personal (und Besitz) «des Staates» betreffen. Die Commonwealth-Staaten (England, Kanada, Australien, etc.) haben diese Vorgehensweise übernommen und sind ebenfalls eingetragene Firmen. Nach der bedingungslosen Kapitulation der Deutschen Wehrmacht und der Verhaftung der Regierung des Deutschen Reiches am 23 Mai 1945, wodurch der Signatarstaat der Haager Landkriegsordnung handlungsunfähig wurde, verordneten die West-Alliierten nach ihren Spielregeln (s.o.) ihrer «Kriegsbeute Mensch» in ihrer Besatzungszone ein «Vereinigtes Wirtschaftsgebiet» mit einer deutschen Besatzungsverwaltung, die die Verwalteten infolge c.d.m. (capitis deminutio maxima), grosser Statusänderung, Subjugation, Versklavung, bürgerlicher Tod nicht mehr als Natürliche Personen mit Rechtsfähigkeit (BGB § 1) ausweisen durfte. Dieses Besatzungskonstrukt wurde auf Geheiss der Alliierten am 23. Mai 1949 in «Bundesrepublik Deutschland» umbenannt (GG Art. 133) und simuliert seither (mit deutscher Perfektion und Gründlichkeit) einen Staat. Da das Deutsche

Reich trotz Handlungsunfähigkeit subjektsidentisch nach Völkerrecht fortbesteht, ist die BRD nur ein weiteres, von den anglo-amerikanischen Firmenstaaten gegründetes Sub-Unternehmen, dessen Bürger die Rolle des Personals dieser Firma einnehmen («Personal»ausweis!). Der «Bewohner des Bundesgebietes» (GG Art. 25 – nicht der Bürger!) wird also mit Geburt ebenfalls in die Rolle der juristischen, entseelten und enteignungsfähigen Person hineingeboren. Unter der Handelsreg.-Nr. HRB 51411 des Amtsgerichts Frankfurt/Main wird die BRD als GmbH geführt (* Bundesrepublik Deutschland Finanzagentur GmbH). (*Anm.: sie-he dazu S. 4 und 6) Sigmar Gabriel, SPD-Vorsitzender auf dem Sonderparteitag in Dortmund, 27. Februar 2010: «Wir haben gar keine Bundesregierung Frau Merkel ist Geschäftsführerin einer neuen Nichtregierungsorganisation in Deutschland.» Steht übrigens auch im Grundgesetz für die BRD, Art. 65. Es geht also darum, die Verfügungsgewalt über fremde Arbeit (unsere) zu kippen, indem wir unsere bisherige Einwilligung zu selbsthaftender Verantwortlichkeit zurückziehen, wegen allsamt unerlaubter Handlungen im Rechtsschein, durch «Erklärung zum veränderten Personenstand und zu den rechtlichen Konsequenzen». Damit können wir uns von unserer künstlichen Existenz als (ver)handelbare Ware/Firma entkoppeln und können in allen Belangen des täglichen Lebens wieder in unseren rechtlichen Zustand als Natürliche Person* (BGB § 1) zurückkehren. www.NatuerlichePerson.de
www.BGB-Paragraph-1.de, 2010.06.21- 04 Sklaven 190710
(*Anmerkung des Autors, der Autorin)
**Zitate Ende.**
Versicherungen haben Strategien ausgedacht in Bezug zur Rente und die Bevölkerungen sind Ausbeutobjekt und die Gelder der Staatskassen, also die Gelder der Bevölkerungen. Die Besitzenden Global, die 1%, haben global ein System aufgebaut, ein Ausbeutsystem, das schön demokratisch wenn nötig, abzockt und betrügt und belügt. Die 1% Besitzenden haben sich das gut durchkalkuliert um Nix aber auch Garnix an Abgaben zu haben, und legen die ganze Belastung auf die Bevölkerung, die ja schon subventionsmäßig ausgebeutet wird und steuerlich.
Es herrscht die Lüge, Täuschung, also der Satan-Global.
Die Arbeitgeber-Banken-Kirchen-sind alle 100% Ausbeuter der Bevölkerungen in allen globalen Nationalitäten.
Der Betrug herrscht. Die Lüge herrscht. Das Ausbeuten herrscht. Die Rhetorik die Worte herrschen. Die Sophisten herrschen die Üblen.

Die deutschen Industriellen, inklusive ihrer PolitikLobbySysteme, sind Vertreter des Satans, der Manipulation, der Lüge, sie sind die Vasallen der USA Wahnsinnigen !% KastenSystem,wie in Indien,bloß amerikanisch.

Also welche Vorbilder habe Ich, wird der Menschheit gezeigt ‚angeboten!?

Militär und Krieg und Todestrafe Lug und Betrug LewinsykBlowjobpolitik und RohFleischFresserIndustrielle aus der USA.

Putin GewaltDiktaturPartei und Staat und Richter korrupte Vorbilder

China GewaltDiktaturPartei Vorbild.So wird später eine Demokratie aufgebaut.Erst alles wirtschaftlich besitzen, von wenigen, und dann eine Demokratie zulassen, denn dann ist sowieso nichts mehr zu gewinnen, und die Chinesen müssen ihr Leben lang gegen die Besitzenden um Abfälle kämpfen, wie in allen Demokratien. Sie sind alle so entstanden. Zuerst haben die Besitzenden das Land unter sich aufgeteilt, und die wirschaflichen Gewinne und dann kann letztendlich Demokratie zugelassen werden, weil sie ehh alles besitzen.

Europa Komissionsdikatur, undemokratisch, Politik und Industriefaschissmuuus Vorbild.

Dieses System, also Menschen, sind meine und eure Vorbilder. Und so werdet ihr dann aber auch, nämlich korrupt, verlogen, ausbeuterisch, und all der ganze Schrott dieser wirtschaflichen Eliten der Besitzgier.

Und nun wurde mir auch wieder bewusst weswegen ich 2000 dieses Buch schrieb, um zu zeigen, das es andere Gedanken und Möglichkeiten gibt, die besser sind als das was heute erlogen, getricks, ausgebeutet, und abgezockt wird, im Namen der Demokratie und Gerechtigkeit. Denn Recht ist gleich Unrecht, weil es von den Besitzenden wegen Besitzstandssicherung für sie selber gegen die Bevölkerungen aufgebaut wurde. Und so weiter und so weiter

*Wolfgang Schorat*

1.1.2000 13,45 Uhr
MillenniumsWeisheit

**Psychologie der Meister**

Erster Tag

Ich gebe alle ungefragten negativen Gefühle wieder zurück an das menschliche Ignorantensystem. Ich gebe alles Leid das ich nicht erfragt habe wieder zurück an die Ignoranz der Menschen die das in die Welt ausgesendet haben.
Ich gebe alles Üble und Minderwertige der Menschen mit denen ich zur Zeit in Kontakt bin wieder zurück. Das habe ich nicht erfragt ,gewollt und als Geschenk haben wollen.
Ich gebe die raubmenschemotionen zurück an Herr kaiser und den vertretern des sozialsystems. Ich gebe ihm seine Ignoranz im Denken, und, und in der Wahrheitsfindung wieder zurück. Ich gebe ihm alle üblen Fantasien und Gedanken im Zusammenhang mit mir, ab sofort wieder zurück, die will ich nicht.
Ich gebe die Menschenverachtung, dadurch Pflanzenverachtung, dadurch Mineralverachtung dadurch Erdverachtung, dadurch Sonnensystemverachtung, dadurch Galaxienverachtung dadurch Universumsverachtung,
dadurch Verachtung der höheren Welten dadurch Verachtung der unsterblichen Welten, dadurch Verachtung des Allmächtigen Göttlichen wieder zurück an die raubtierartigen - menschenähnlichen Halbtiersysteme derjenigen die sich Menschen nennen.
Ich gebe ihre Gier und Bösartigkeit wieder zurück, die durch die Bindung an das Tierreich noch vorhanden ist, durch ihr Fleischfressen und dem damit verbundenen Bereich zum töten und somit zum Tierreich dem Bereich der Raubtiere.
Ich gebe meinem Vermieter seine Betrugsenergie und seine Verlogenheit wieder zurück. Seine Habgier und die damit verbundene Verblendung und Ignoranz.
Ich gebe seine Tieremotionen die mit dem Fleischfressen und der Gier verbunden sind wieder zurück. Die habe ich nicht erfragt und gewollt. Soll er selber damit seine üblen Verbindungen erleben. Ich bin nicht sein Retter und Heiland.
Ich gebe die Verlogenheit seiner Mitarbeiter die von ihm finanziell abhängig

sind wie sie in ihrer raubmenschähnlichen Schwachheit denken, weder zurück. Ihren Betrug an mein Leben und ihr verlogenes Verhalten, das will ich nicht und brauch ich nicht.

Ich gebe die Verlogenheit der Raubsäugetiere wieder zurück, die von sich illusorisch denken und glauben sie seien der Staat, und so blöde sind, den anderen Raubmenschen zu benebeln, das es so was wie einen Staat in Wahrheit gäbe. Diese Betrugsarie und Menschen Verblödung, gebe ich wieder zurück an die Gründer und die heutigen Vertreter dieser ignoranten Ideologie. Es gibt keinen Staat. Aber es gibt Gläubige, die die Idee verwirklichen wollen. Aber da sie noch Raubtiere sind, ist ihr Handeln und Denken der ursprünglichen reinen Idee, mehr als Lichtjahre entfernt. Ich spreche mich frei von jeder Ignoranz und Dummheit derjenigen, die das System als Abzocksicherheit an die Unterignoranten benutzen. Ich spreche mich frei von dem System das zur Zeit auf Ungerechtigkeit und Betrug aufbaut. Auf Illusionen und Täuschungen. Auf Macht und nicht auf Liebe. Ich spreche mich frei von allen menschlichen Raubmenschen Systemen, überall dort, wo Menschen noch Fleischfresser..Raubtiere geblieben sind.

Raubtiere können weder klar denken, sie können weder Vernunft haben, sie können weder lieben noch können sie Wahrheit finden.( Das stimmt wohl nicht. Alle Lebewesen können Lieben und Wahrheit finden, in Relation zu dem Körper oder Raumanzug den sie haben.10.6.2014.W.Schorat )

So lange jemand noch dem Tierreich angehört das auf Blut und Macht des stärkeren beruht, spreche ich mich frei, von allen Taten dieser Wesen auf der Erde. Ich spreche mich frei, von den Verunstaltungen dieser Wesen die von sich denken sie seien Menschen. Wenn sie Menschen wären, dann war ich noch nie Mensch werde auch nie Mensch sein und auch jetzt bin ich dann kein Mensch.

Ich spreche mich frei von dieser Ignoranz meiner Umgebung. Von dem zerstörerischen der Natur und Gezeiten. Vom groben schweren Materialismus der physischen Schöpfung.

Ich gebe die Dummheit der materialistischen Wissenschaftler wieder zurück und ihre Ignoranz die sie auf der Erde abgelegt haben. Was sich nun in der Zerstörung der Erde zeigt. Im vergiften der Luft der Gewässer und Lebewesen.

Ich spreche mich frei und gebe zurück das bösartige dieser materialistischen Wissenschaftler mit Doktorentitel. Titel von Raubtieren und Titel von dummen blöden Halbaffen. Auf die Bäume ihr Halbaffen. Zurück in den Urwald dieser Höllen die ihr Städte nennt.

Zurück in die Krebsgeschwüre eurer krankhaften gierigen Ängste und neidvollen Blödheiten, die aus allen euren stinkenden Poren trieeefen, und das ihr durch eure ignoranten falschen stinkenden synthetischen Parfüme für Blöde, versucht zu vertuschen.

Ich spreche mich frei von der Verlogenheit der pharmazeutischen Ignoranz der Halbmenschen der immensen Ignoranz der Chemiker und Genidioten. Ich spreche mich frei von den in Massen angebeteten Verblödern der Raubmenschen und ihrer bekloppten Ideale, aus Ignoranz gewonnen und aus Ignoranz geliebt.

Ich gebe zurück die Falschheit der Wissenschaftler und Chemiker und Forscher die nicht wissen was echt und falsch ist und die Befürworter des falschen, dem synthetischen. Aus Gier, weil da nämlich Profite und Weltkontrolle zum Ausbeuten mit erreicht werden kann, und ist. Aber das Resultat ist Vergiftung mit Falschem, und das weitere Resultat ist Vergiftung des Körpers und des Körpers der Erde und damit krankhaftes Denken und krankhafte Weisheit also Schwarzheit.

Ich gebe zurück mit all meiner Liebe zum Leben zum Reinen und Schönen und Edlen und höchsten Noblen, die Falschheit der Politik weltweit, der Wissenschaftler weltweit, der medizinischen Syndikate weltweit, der Welthandelsorganisation, und ihrer Verlogenheit und Machtgier im Bereich des Falschen des Synthetischen..

Ich gebe zurück an alle Verursacher weltweit, diese Lüge und Unklarheit, dieses weltweit geschaffene Leid an alle Lebensformen, bis zum Ende des geschaffenen Universums, des physischen, des groben also, des niedriger schwingenden, also, des verdichteten also, ich gebe zurück die Unklarheit der raubmenschlichen Vernunft aller Wissenschaftler, die diese tragen und auf die Erde und Menschen übertragen, durch Gier und Ignoranz.

Ich gebe zurück den Wahn an das haften des Geldes, diese Ignoranz die auf die Welt, die Erde die Lebenwesen von Bekloppten Politiker und Unterbekloppten Bankraubtieren weiterhin verbreitet wird. Ich gebe zurück diese immense Verblödung, die die Erde und ihre Wesen erfahren müssen, durch den Glauben an Geld. Eine unsagbare Last, die fast jegliches wahrhaftiges erstickt. Ich gebe diese gigantische Illusion, die das Raubtier Mensch mit sich schleppt, zurück. Tragt diese Illusion und das damit verbundene selbstverblöden selber weiter. Nebulös und Öde wie ihr geworden seit. Betet eure bekloppten kriminellen Verbrecher die Bankmanager und alle anderen die Geld anbeten, betet sie an. Aber vergesst nicht danach eure unbewusst gewordene Kotze auch bei ihnen abzuladen.

Ich gebe alle üblen neidischen Gefühle zurück, alle Missgunst alle raubmensch ähnlichen Seuchen alle Zerstörungen die sie in ihren Gedankenformationen mit sich tragen und auf andere und mich ablagern. Ich habe nicht danach gefragt in eurer stupiden willkürlichen Idiotengesellschaft weltweit ein Opfer eurer Dummheiten und Bösartiegkeiten zu werden. Eure heuchelnden Religionsaffen, weltweit. Eure ignoranten Religionssysteme. Das Licht das die Erleuchteten damals auf die Erde brachten, hat seinen schöpferischen Impuls langsam verloren. Nun steht ihr als Grenzen eures Glaubens einander weltweit gegenüber. Ihr glaubt mehr an Begriffe als an euch selber. So Blöde seid ihr geworden. Ihr fanatischen Fundamentalisten egal welcher stupiden Religion ihr angehört, ob Islamis-da ist gut sichtbar die sind fanatisch weil keine Liebe da ist-denn Religion ohne Liebe macht fanatisch.

Ich gebe euch zurück eure stupiden Einsichten und Halbwahrheiten und selbstbetrügerischen RaubmenschÖdheiten. Ich gebe euch eure Dummheiten zurück, die ihr mir übertragen wolltet. Die Dummheit an Gegriffe zu glauben wie Christentum, oder Hindu oder Jude oder Buddhist oder Mohamedaner. Ihr seit alle bekloppte Sektenanhänger. Es gibt weltweit keine Religion die keine Sekte ist.Da helfen auch keine anderen Wörter die ihr vor eure stupiden Fratzenbegriffe stellt wie zum Beispiel Staatsreligion, und so ein Ignorantenschrottgekotze. Ich gebe euch öden, blöden, gläubigen, eure Ängste zurück, die ihr auf die Erde austrahlt,und wodurch ihr euch durch machtorientierte Wildsäue in menschlicher Gestalt, fangen lasst, ausbeuten lasst, abzochen lasst, austricksen lasst.Und alles bloß wegen Geld, die größte Geisel der Halbaffen zur Zeit auf der Erde.

Ich gebe sämtliche üblen Gefühle und Gedankenformationen und Fantasien zurück, an all jene Wesen, die versucht haben, mich ihren gigantischen Verlogenheiten und Falschheiten zu unterwerfen, und ihren inneren Gestank auf mich abwälzen zu wollen.

Wenn die Hölle eure Landschaft ist, so krepiert auch da.

Ich gebe alles illusorische an dem Glauben an Nationalitäten ignoranzien zurück, sei es die deutsche Ignoranz, die amerikanische, chinesische oder in aller Welt und Welten lebende Nationalitätenbenebelungen. Sie sind allesamt Gift für die Wahrheit. Ich gebe die Klammerkräfte das festhalten an alte Werte und Traditionen zurück, an ihre Erschaffer, die mich davon abhalten wollen, frei zu sein,und schwerelos und liebend und schön. Ich gebe allen Bekloppten, Verrückten verstandes Puffottern, das zurück. Die mich fesseln wollten weltweit, an ihre Blödheiten des Verstandes.

Ich akzeptiere, Tiere Tiere, ,Tiere, kein menschliches System für mich. Da kein System bis jetzt rein, edel, nobel, und wahrhaftig menschlich ist, auf der gesamten werden der erde. Ich gebe die abgekotzte täuschende verkommene Zunft der Geschäftemacher ihre Täuschungen und Tricksereien zurück, ihren Betrug und Ausbeutung. Ich gebe allen großen internationalen Firmen, ihre Verlogenheit und ausbeutende, armmachenden Tendenzen zurück,da sie ihre Produkte aus den Produkten der Erde die kostenlos ist und frei für alle Lebewesen auf der Erde, vergiftet haben, durch ihre raubmenschliche Gier, Habgier und unsagbare Banditenenergie..

Ich spreche mich frei von all den Minderwertigkeitsenergien, die mir in meinem Leben auf der Erde übertragen wurde. Sei es von Ärzten, Professoren, Doktoren, Direktoren oder Börsenaffen, sei es durch Millionäre, und schwerverdienenden, die ausnahmslos alle unter Minderwertigkeitsgefühlen litten,leiden, ohne Ausnahme,..

Ich gebe alle verbrecherischen Energien der Weltpolitiker zurück. Die will ich nicht.Das habe ich nicht verlangt, als Geburtstagsgeschenk. Fresst sie selber ihr Raubtiere.

Jedes Wesen ohne Ausnahme das noch Fleisch frisssssst, egal ob geräucherte Leiche, gekochte Leiche, zu Wurst gemachte Leiche, ob rohe Leiche, ist Leichenfresser. Leichenfresser sind ohne Ausnahme noch keine Menschen sondern Leichenfresser. Aasgeierähnliche Gestalten deren Vorstellungen dem ähneln und hyänenähnliche Typen deren Verhalten denen ähnelt, Solche Wesen bauen Systeme auf, aber was für welche Systeme und Vereinigungen können das schon sein, Systeme von Raubmenschen, blutleckenden Wesen, Mördern, Totschlägern, das ist nicht die Wahrheit eurer Ursprünge.

Ich gebe euch eure Blutsaugignoranz wieder zurück, meinen Eltern deren Verwandten,meinen Freunden und deren Freunden, den Menschen aller Nationen, erdgebunden wie sie dadurch gehalten werden, öde, dumpf, schwerfällig und korrupt, verlogen, tricksend und betrügerisch, das sind alles Eigenschaften die zum Fleischfresser gehören, Leichenfresser, egal welche Titel sie auch in ihrer Sekte halten, sei es eine religiöse Sekte wie das Christentum, oder eine wissenschaftliche Sekte wie die Physiker oder Chemiker oder Medizin, sei es eine Sekte wie die globalen Firmen, Mercedes oder die Bankensekten, oder die Sekten der pharmazeutischen Industrie, die allesamt das falsche leben und verbreiten. sie können weder Vernunft haben, weder Wahrheit, Liebe oder Gerechtigkeit leben. Deswegen sind auch alle Rechtsstaaten in Wahrheit noch Unrechtstaaten und alle Religionen sind in Wahrheit noch heidnische Sekten. Oder besser, um die Heiden in Schutz zu nehmen, es sind Raubmenschsekten.

Ich gebe euch nun alles diese an verlogenem und unter Zwang aufgebautem an raubmenschlichem Systemen zurück. Ich gebe eure Scheinheiligkeit zurück. Die habe ich nicht gewollt.

Ich gebe euch euren Waaaahhhhnsinnn wieder zurück. Ich gebe euch eure tierischen Eigenschaften und Verhaltensneurosen wieder zurück. Zuallererst den Professoren und Doktoren, den mit Titeln selbstverblödeten Halbaffen die dann die Massen weiterveräfften und vergiftetten. Die Resultate sind global sichtbar, eure Wissenschaftler sind Raubtiere weiter nichts. Eure Ärzte sind Raubärzte weiter nichts, eure Politiker sind rohe Raubtiere geblieben weiter nichts, eure globalen Firmenbosse sind insektenartige kaltblütige Raubtiere geblieben. Ich gebe eure Verlogenheit durch Angst und unfreiem Verhalten wieder zurück.

Insbesondere zum Falschen.

Ich gebe diese Ängste und Verantwortungslosigkeiten wieder zurück,die einen Freifahrtschein zur Selbstbedienung für Beamtensekten weltweit gebracht hat, damit sie ihre Schafe abzocken können. Ich gebe die Seuche des sogenannten Gerechten zurück, der Scheinwahrheit eines Rechtsstaates, Richter die Fleisch fressen können keine Gerechtigkeit erkennen und leben, Politikwissenschaftler die Fleisch fressen können keine Wahrheiten und Noblessen für eine Humane Gesellschaft vorleben und erleben, und somit auch nicht sauber Denken und Vorstellen, geschweige zum Wohle der Erde und seiner Bewohner agieren, Rechtswissenschaftler leben tief in der Ungerechtigkeit des tötenden Prinzips und können somit keinen Rechtstaat aufbauen, sämtliche Einsichten ihrer von Blut beschmierten Gemüter und Gedanken sind falsch und unwahr ohne Ausnahme. Jeder der Fleisch frisst ist falsch für die Verwirklichung der Schönheit und des Wahren der menschlichen Wahrheit und der kosmischen Wahrheiten. Er ist ein Vergifter und Ausbeuter und Bandit mit Mercedes und Galaanzug, Bankkonto und Raubtierfratze, ohne Ausnahme. Ich gebe all diese Falschheiten die mir im Laufe meines Lebens in vielen Staaten auf der Erde und Völker der Erde, wieder zurück. Diese Falschheit unterstütze ich nicht. Ich spreche mich frei von den Übeltaten dieser menschlichen Raubtiergesellschaften. Ich gebe deren Ängste wieder zurück. Die habe ich nicht verlangt. Die will ich nicht,

Ich gebe die Verlogenheit der Abzockreligionen wieder zurück,der Verlogenheit gegenüber transzendentalen Wahrheiten und Schönheiten.Ich gebe auch das zerstörerische Element der Natur wieder zurück, die Stürme die

Erdbeben, die natürlichen abtötenden Eigenschaften der Schöpfung in diesem dunklen Universum dieses Sonnensystems unter unzähligen Sonnensystemen und unter unzähligen Universen, physische, ohne die unzähligen Astraluniversen mit einzubeziehen, oder die Kausaluniversen, oder spirituellen Universen, die allesamt von unbeschreiblicher Größe gegenüber dem jeweiligen anderen Universen ist. Ich bin unbeschreiblich groß. Es gibt keine menschlichen Begriffe oder Fantasien die meine Größe erfassen können. Ich gebe alle Ignoranz meiner Lehrer wieder zurück, jene die mich geschlagen haben, ins Gesicht, weil ich mich weigerte etwas primitives wie die Glocke von Schiller auswendig zu lernen.So ein unbeschreiblicher Schund. Ebenso der Schund Goethes den gebe ich auch zurück,des Banditen und Freibeuterers, ich gebe den Schund der Raubtiernobelpreisträger zurück, den will ich nicht, behaltet eure Kotze aber verbreitet sie nicht global, ich gebe die Blödheit Einsteins wieder zurück, die will ich nicht, dieser Schrumpfkopfidiot, ich gebe die Blödheit der Raubtierdichter der Raubtierschriftsteller wieder zurück, das Raubtierverhalten der Ärzte die abzocken, auf der Universität zur Verblödung, gelehrt bekommen. Das mafiöse System des falschen, das falsche sind, die synthetischen Stoffe, und die Ärzte sind die Söldner dieser Falscheit. Unsagbare Leiden und Tote werden Tag für Tag durch diese Falschheit der Einsicht in die Wahrheit, aufrechterhalten.

Ärzte sind fundamentale Idioten. Wer nicht erkenen kann, das Synthetik falsch ist und nicht das echte ist, ist mehr als Blöde, der ist Wahnsinnig, der muss zurück in den Urwald nach Tarzan. Wer das natürliche mit dem unnatürlichen gesundmachen will der leidet unter Hämorriden im Gehirnanalverkehr. Ärzte sind keine Heiler, sie sind Produkte der Gier und der Macht und des Staussees ihrer Süchte in der sogenannten Gesellschaft dieser Raubmenschen, der Leichenfresser. Ich gebe diese Willkür ihrer Dummheit wieder zurück. Ich gebe der Erde ihre Beschränktheit zurück. Beschränktheit an Ressourcen Mineralien und reinem Wasser, ihrer Unfähigkeit direkt zu sprechen und mitzuteilen was Sache ist. Mein Ich ist unbeschreiblich schöner als das Ich der Erde. Ich gebe der Erde ihren Kommunikationsdefket wieder zurück. Ist ja ganz nett hier mit der Sonne am Rande dieses Universums. Aber wer sich solche eine blöde Gesellschaft aufhalsen lässt, wie sie weltweit zur Zeit agiert, ist selbst noch ganz schön Blöde. Wenn es keine Blumen gäbe, dann wäre ich schon längst zum wandelnden Rübezahlschwein geworden. Wenn es keine Blumen gäbe mit ihrer unsagbaren Schönheit und Lichtfähigkeit die darauf hinweisen das es eine schönere Welt gibt als diese hier, dann wäre ich jetzt Blh@@n~ä@~s~e@i~§~xfl@hrr~~nhettdmesearaprNmg am

Ende.
Ich tue es für die Blumen der seelischen Reinheit und Schönheit des wahren unverfälschten echten Gefühls, Energie, Seinszustandes der Schöpfung meinerselbst. Ich tue es für Kristalle die Blumen die Pflanzen,die alle nicht das Tierreich erlebt haben, das ich hinter mir habe, mein Gott,mein Göttchen,denn sie sind noch in reiner seelischer Energie da. Gut zu sehen in der Reinheit der Blumen, und der unvergifteten Pflanzen noch nicht behandelt von den Vollidioten der Raubtiermenschen, ebenso die Kristalle, da sind die Seelen noch reines seelisches Licht, und deswegen heilen die auch und die Synthetik der pharmazeutischen Halbidioten mit Köpfen aus Dollars Arschlöchern aus Euro und wahnsinnigen Vorstellungen aus Yen oder anderen Vollidiotenwährungen,die ihre Falscheiten streng geheim halten,damit ihr Gift ja nicht publik wird, diese Halbwarheiten,mit Synthetik das Natürliche heilen, wie bekloppt sind die bloß geworden. Geld, Geld,Geld,Geld,Geld, ho ho ho,up youre ass.
Ich, ich, ich, gebe auch die Unverantwortlichkeit der Vergifter des Wasser zurück. Wasser das mit pharmazeutischen Mitteln vergiftet ist,mit synthetischen Hormonen, Aspirin und Betablockern ihrer stupiden hinterfotzigen grauen Hirnzellen, ihrer inneren Dunkelheit.
Mein Licht ist heller als das Licht der Sonne..
Und deines auch.
Aber das wirst du erst später erkennen können. Solange du noch Raubtierartig lebst und denkst, wird dier das nicht vergönnt sein. Ich trage das gesamte Universum in mir. Ich bin in jedem Vollidioten und jedem Raubtier und Raubmenschen. Ich gebe die Vergiftungen der chemischen Industrie zurück,und Halbwahrheiten ihr vollbekloppten Zensurgeber den Richtwertenidioten. Ich gebe ihre Unwahrheit zurück, wo in Mineralwasser fast keine Mineralien sind oder wo im Trinkwasser tausende von Chemikalien sind die garnicht aufgelistet werden. Wo die Flüsse vollgeladen sind mit Giften aus der pharmazeutischen Höllenküche von vollidiotischen Universitätsraubtieren mit Zertifikat und Diplom.
Zur legalisierung ihrer höllischen Taten.
Als Arschabwischer ihrer Kotze und üblen Vorstellungen ihrer Blutgedanken und ihrer primitiven unterprimitiven Denkebenen und Einsichten.
Ich gebe die ignotranten Ignoranten Einsichten Ansichten Ideen der Ingeneure weltweit zurück, die will ich nicht, die habe ich nicht verlangt, das habe ich nicht erfragt.
Ich gebe die Schläge zurück die mir mein physischer Vater gegeben hat,

soll er darann verrecken,meine besten Wünsche hat er dafür. So soll es auch gleich eine Warnung sein, an alle anderen sogenannten vollidiotischen Eltern, Raubmenschen, Familien, die Brutstätten der mafiösen Raubtiergesellschaften wachsam zu sein. Die Spirale dreht sich und die Kotze kommt wieder zurück, solange du nicht weißt was du wirklich bist und dich von den schweren Energien befreit hast.

Ich gebe die Schläge meines Onkels zurück, so das ich als Kind Blut spuckte, und die Schläge der Verrückten die ich abbekommen habe, verrückten willkürlichen Gesellschaftsneurosen als Angstrosen betrachtet. Als verwelkende Geschöpfe einer unter-gehenden Religionskultur, weltweit..

Ich gebe die Ignoranz Jesus zurück, die Dummheit Buddhas und die Blödheit Mohammeds, ich gebe die Unwissenheit Krishnas zurück, der Veden und der Bibelsprüche mit ihren zellulösen Wahrheiten. Ich gebe die Angst Buddhas, oder Sidhartas zurück, der Angst vor dem Sterben hatte und somit den Weg gehen musste und diesen Weg für ander nun übrig gelassen hat, ebenso Jesus oder andere erleuchtete Meister, wie auch immer sie verehrt werden weltweit. Es war Buddhas Sidhartas Problem und nur seines und nun laufen Millionen Vollidioten auf der Erde herum, mit seinem Problem das garnicht ihres ist. Seid wachsam ihr Raubtiere seid wachsam, seid wachsam, das ihr euch nicht wiederfindet mit einem weiteren Leben das garnicht eures war sondern das eines anderen seiner Probleme, die längst für ihn bearbeitet wurden.

Ich gebe alles unintelligente zurück,alles unintuitive alles unfühlende. Verreckt darann ihr Vollidioten ihr Blutlecker und Doktoren, ihr Wissenschaftler der ignoranten Einsichten und Verfahrensweisen, ihr vergifter der Erde des Himmels des Wassers und der Höllen. Ich gebe den Wahnsinn der Systeme zurück, Zahlensystem und Horoskopsysteme.

Ich gebe das Gift der Plastikbekloppten zurück,in ihren multinationalen Unternehmen,mit ihren bekloppten Plastikaktionären in ihrer Gier nach Profiten egal wie, was, wer, oder warum. Den Vollidioten der angebeteten Gesellschaft dieser Raubmenschen. Ich will keinen Kontakt mit bekloppten politischen Unteridiotensystemen, keinen Kontakt mit demokratischen Ausbeutsystemen, keinen Kontakt mit bekloppten verrückten Idealen der Geistwelten und der Schöpfergötter weltweit. Ich will keinen Kontakt oder Kommunikation mit der kausalen Götterwelt haben, mit ihren nebenbeschränkten Fähigkeiten, und Einsichten und Ansichten. Den vorprogrammierten Erfahrungen ihrer eigenen Grenzen und Verblödheiten. Ich gebe das Gift in der Erde der chemischen Vollidiotengesellschaften weltweit zurück, das die gesunden Zellen der gesunden Pflanzen verödet und dem Raubmenschen weismachen will das Synthetik besser sei als Natur. Zur Hölle mit euch Vollidioten, geh saug den Dick des Präsidenten deiner Hölle, lass dir einen blasen, am Arsch deiner Seuchewarzen durch Raubtieremotionen, Raubtiergerechtiegkeit Raubtierverhalten und Raubtier Sauberkeit. Geh. geh geh, zur Hölle deiner eigene Hölle, sehr schnell, damit es auf der Erde besser wird, du bist hier nicht mehr gebraucht gewollte gewünscht verschwinde aus der Evolution danke ab, du altes System der Verlogenheit und Beklopptenanwärter für den Wahnsinszirkus deines eigene Ausschissses.

Geh und Fick deinen Raubtierbruder in der Nase, geh und Fick das Geld Fick das falsche Fick die Pharmaindustrieverlogenheiten das krankmachende das Üble das Diabolische Fick das Handtuch deiner Wünsche.

Verschwinde du altes System der Religionshalbwarheiten weltweit des Wirrwars dieser Religionshalbaffen der Täuschung dieser Religionsraubtiere, aber immerhin, betet, betet betet und nochmals betet damit ihr nicht auf ewig im Dunkeln wandert und nicht wie die blöden Juden damal das Manas verneint.

Denn nun müsst ihr grobes fressen ihr Ignorantenschweine.

Ich spreche mich frei von den Vollidioten der Politik,weltweit,der Wirtschaft und ihre zerstörerischen Konsequenzen auf der Erde,dem uniwahnsinnigen Professoren, deren Geist ein Raubmenschgeist geblieben ist. Ich spreche mich frei von den Übervollidioten in der Politik die aus dem Grundgesetz den Begriff Gott streichen wollen, die Grünen oder anders farbigen Ignoranten, Halbaffen oder Leichenfressergenies,als ob dadurch dann das Göttliche nicht existent wäre, die sind genauso bekloppt und verblödet von ihren Raubtiermentalitäten, wie damals die bekloppten kirchendiabolischen Gemüter der Romseuchen,als sie Galileo Galilei unter Todesstrafe verboten seine Wahrheit zu sagen und er davon zurücktreten musste, aber gescheiterweise sagte:Was kann ich dafür wenn die Sonne sich nicht um die Sonne dreht, die Erde wird auch weiterhin um die Sonne sausen, auch wenn ich sage das es nicht so ist. Diese Flachstromleichenfresser, seid wachsam..

Ich gebe euch euren billigen Raubmenschmief zurück, auch der meiner sogenannten Familie die in Wahrheit nicht meine geistigen Freunde sind, eure Vampierlogik,oder euren Kotzverstand,ich gebe euch die Willkür eurer Verlogenheit zurück, ich will sie nicht.

Ich gebe euch den Gestank eurer Dumpfheit zurück-als Leichenfresser. Ihr hattet 2000 Jahre Zeit als sogenannte Christen,aber in Wahrheit seit ihr nie Christen gewesen, das Resultat wäre heute anders, ihr seid in Wahrheit Be-

trüger und Selbstbetrüger, Täuscher,Verlogene,Wirre,Chaoten,und so ist das Resulatata heute auf der Erde gut zu sehen,das sind eure Früchte,fresst sie selber und krepiert darann. Ihr seid immernoch zu blöde die einfachen Gebote zu erkennen, ihr hattet 2500 Jahre als Buddhisten Zeit die Einfachheit der Gebote zu verwirklichen und was ist daraus geworden. Ihr hattet 1400 Jahre Zeit als Moslems die Gebote zu leben, und was ist daraus geworden, fundamentales Idiotentum,Morde,Kriege,von allen Religionen,weltweit, deswegen sind die herkömmlichen Religionen auch nicht geeignet für die Weltgemeinschaft der Menschheit in der Zukunft. Der Untergang der alten Weltkulturen ist im vollen Gange, und 2013 ist das sogenannte Ende der Zeit erreicht das bedeutet das dann der neue göttliche Weltimpuls vollintegriert ist das bedeutet das dann die Erde in eine höhere Schwingung gebracht ist und nicht mehr den alten Herzschlagrhythmus hat den sie hatte mit 7,3 Herzschlägen die Schumannschwingung ist heutzutage schon auf 11 erhöht worden, das bedeutet das der Herzschlag der Erde schon bei 11 Herzchen ist,und der menschliche Herzschlag muss sich dem anpassen oder er der Mensch dieses Wesen wird als alte Weltkultur die neue höhere Schwingung nicht aufnehmen können,für sich und dem Wohl von allem, und er wird absterben, auch als Hindus,Juden,Sikks,oder wer weiß was es für andere religiöse Gruppen auf der Erde gibt, schlägt die gleiche Schwingung. Was ist aus dem ganzen religiösen Wahnsinn geworden. Auch dem wissenschaftlichen, dem politischen dem staatlichen, Kriege, Atomwaffen Chemischekeulen und Beulen Verblödung Betrug Morde Vergiftungen in allerhöchster Form, Landwirtschaftlich wasserwirtschaftlich athmosphärschaftliche Zerstörung der Erde Flüsse der menschlichen Möglichkeiten die Wahrheit zu erleben und leben das schöne gute das wundervolle das erhabene das erleuchtete das weite und grenzenlose das noble. Stattdessen habt ihr das falsche aufgebaut das synthetische die Unwahrheit.
Die Sucht nach Geld das Geld das Euch beherrscht.
Ihr seid weltweit soo bekloppt geworden das ihr schöne Geldscheine und Aktien mehr vertrauen gebt als euch selber, ihr Halbaffen, zurück in den Urwald mit euch.
Ich spreche mich frei von euch Leichenfressern,Blutwurtsgenies und Schinkenprofessoren. Ich spreche mich frei von euch Diplomleichenfresser von euch Rohfleischfresserdoktoren, ich spreche mich frei von euch Untervollblutmediziner der Gier in Person, der Habgier der Verkommenheit im Geiste, ich spreche mich frei von euch Toten verpißsst euch von der Erde, geht zurück in den Gestank aus dem ihr euch selber erschaffen habt.

Ich spreche mich frei von euren fleischfressenden dem Prinzip des tötensverhafteten Präsidenten, Bundeskanzlern oder anderen Regierungscheffffs. Nehmt sie ich bin nicht dafür, lasst euch weiterhin verblöden, bleibt die Blutsekte die ihr weltweit noch seit.

Ich spreche mich frei von den Giften der Satansanbeter der Banken, den schwarzen Magiern des Betrugs der Ausbeutung und der kosmischen Gier, keine Bankorganisation darf in irgendeinem Unternehmen sitzen, denn wenn ihr diese gierigen Blutsauger dort drin habt werden alle Firmen pleite gehen, kaputtgemacht werden denn diese Raubtiermenschen diese Bankgierigen Rohfleischfresser sind total dem Prinzip der Ausbeutung des Blutes der niedersten Triebe unterworfen und tuen alles um das auf andere zu übertragen. Jeder und jedes was mit Banken zu tun hat wird Bluuuutleer gesaugt,wenn nicht etwas mehr Licht in deren dunkle Machenschaften gepisst wird, zu eurem Schutz..

Das Geldgeschäft,Geld,ist 100% Totalbetrug und Bankerfamilien,entstanden aus den Königsfamilien und Landbesitzern, kontrollieren die Menschheit,die Politik,und die Wirtschaft,durch die kontrolle des Geldes. Sie drucken Geld aus dem Nichts und versklaven die Menschheit durch das Geld,weil die Menschen einfach noch zu blöde sind und Glauben anstatt zu Denken und zu erkennen: Geld kann garnichts und hat noch nie etwas gemacht. Nur der Mensch macht Alles. Geld ist ausschließlich zum versklaven aufgebaut worden.Und nun,2000,sind die Menschen Totalsklaven des Glaubens ihrer eigenen Totalverblödung, erschaffen von den Bankerfamilien,die Kriege, Wirtschaftskrisen, und Totalverblödung erschaffen haben.Und es wird noch schlimmer kommen.

Ich spreche mich frei und nehme nicht das Gift der nationalen Vollidioten wo Türken dem Wahn glauben sie seien Kurden, und deswegen gehört auch ihnen das kurdische Land, wo Syrer oder die anderen nationalisten Blutsauger das gleiche denken oder wo Russen, wie zur Zeit glauben sie seien Tschetschenen und deswegen gehört ihnen auch das Land und die Menschen.So bekloppt sind diese Raubtiere,mehr sind sie noch nicht, oder wo giftvollblut Chinesen denken sie wären Tibeter,so bekloppt sind diese chinesischen Schlitzkopfarschlöcher mit Atombomben in ihren Augen und Poren, verflucht sei Einstein und alle anderen ignoranten Wissenschaftler, die willkürliche Raubtiermentalitäten als Wissenschaftler bezeichnet, die mehr Leid auf die Erde brachten als Stalin der Massenmörder, Chingkiskhan oder Hitler und Nero zusammen.

Ich gebe diese verblödete Totalignoranz zurück an diese dumpfen Politiker und Wahnsinnigen weltweit, an diese Volkssektenleichenfresser,Ekel,Kotz, Übel-Kübelvoll.

Ich spreche mich frei von der Leichenfresser-Wissenschaft der Wissenschaft der Geräte und des messbaren rohen physischen Ignorantenturns.
Leichenfressende Wissenschaftler können keine geistigen Organe entwickeln.
Fleischfressende Leichenfresser sind keine Repräsentanten für menschliche Organisationen. Es darf keinen Politiker weltweit geben der Fleisch frisst und dem Prinzip des Mordens damit noch zugehört. Er gehört damit noch zu den Raubtieren und hat sich im Laufe der Evolution noch nicht davon befreit.
Es darf keine dieser Wesen geben die an der Spitze von Sekten sind. Jede Gruppe egal welcher Thematik ist eine Sekte. Sie lebt sektierisch für ihre egoistischen Ziele. Auch die staatsideologischen Raubmenschen sind dem Prinzip unterworfen, weil sie eben auch noch Raubmenschen sind und dem Prinzip des Tötens folgen, aber auch selbst noch Vegetarier sind noch nicht frei vom tierischen Gedanken und Vorstellungsklimaten.
Erst wenn die Verbindung zur höchsten Intuition da ist, die mit und durch dem Göttlichen, der bedingungslosen Liebe ist somit an der Spitze von Sekten stehen..oder seinen eigenen alles andere davor ist noch das Üble.
Auch die Weltreligionen und deren Führer, Repräsentanten.
Du musst selber Verantwortung für die Reinheit deines Seins übernehmen, die anderen können das nicht weil sie ja selber noch Gefangene sind, Gefangene ihrer Süchte, unreinen Vorstellungen und Ziele, du kannst bloß totales Vertrauen in das Göttliche haben.
Aber nie und nichtig in einen Raubmenschen, jemand der ein Raubtier ist, ist mit Wachsamkeit zu betrachten, denn Raubtiere sind bloß im gesättigten Zustand von der Ferne her einigermaßen Gestank frei.
Die Anbetung die Anbetung von Buddha ist Götzenanbetung die Anbetung von Jesus ist götzenanbetung die Anbetung von Mohamad ist götzenanbetung die Anbetung von Krischna ist götzenanbetung die Anbetung von Tieren ist Götzenanbetung die Anbetung von Fürzen ist das Rülpsen der Erdgeister im dunklen Zimmer ohne Licht das eine schwarze Katze sucht die nicht da ist.
All das ist noch das Üble.
Das mentale Kausaldenken arbeitet mit beiden Methoden, das sind dann die sogenannten Magier die Bekloppten, sie arbeiten mit positiv gut böse

mit negativ mit dem Weg nach unten und dem Weg nach oben. Mit dieser Methode werden Menschen gefangen und gefügig gemacht für ihre Ausbeutungen. Die Raubmenschen die den Staat und solche Ideen glaubensmäßig als Menschen darstellen arbeiten mit dieser Methode auch, das ist Double-Bind-das ist der Weg der Frauen und Männer die übelsten Grades sind und so ihre Partner bemächtigen wollen, da sind Primitive unter sich mit dicken Bankkonten und Goldgebissen und Mercedes Limousinen als Vollblut Idioten. Dadurch wird der Raubtierverstand verknechtet, verdummt, und gefügig gemacht.

Ich spreche mich frei von diesen üblen Energien und deren Vertreter dafür in allen Organisationen weltweit, ich habe das nie gewollt und nehme diese üblen Geschenke nicht an, ich akzept-tiere sie nicht, hier nehmt sie zurück, krepiert daran selber.

Ich selbst dieser Schreiber dieses duftenden Millenniumparfüms, ich selber bin bloß ein Bettler, ein Bettler und besitzloser Wanderer auf dieser Erde,

Ich bin ein einsamer Betrachter, Bettler, für Wahrheit Kreativität und Humor. Ein Bettler für das Himmelreich. Ich bin bloß ein Bettler auf meiner Wanderschaft durch möge das Gold noch so glänzen die Diamanten noch so funkeln die Banken noch so groß werden, ich sehen bloß armselige dumme ignorante Gefangene des satanischen tierischen auf der Erde. Aber ich weiß nun das mein Licht heller ist als das Licht der Sonne und deines auch.
So es wird Zeit das du dieses Licht in dir findest damit auf der Erde dieses Licht leuchtet. Jeder Heilige hatte eine Vergangenheit und jeder nicht Heilige eine Zukunft. So wie es ist, ist es genau richtig du musst erkennen das du dein eigener Meister bist. Dafür brauchst du keine tierische Meisterprüfung kein Diplom kein Doktortitel kein Beruf. Du brauchst Garnichts dafür. Die Wahrheit die in dir ist, das Wissen die Einsicht die Kreativität die Liebe die Wachsamkeit das liebe, Schönheit und Frieden, des göttlichen .
Diese Welt des satanischen.was du in Wahrheit bist ist weit weit weit weit weit erhabener als alles was die Raubtiermenschen bis jetzt als ihre gesamte Geschichte von Ewigkeit an zusammengesucht haben, das ist bloß ein Krümel der Dummheit von dem was du in Wahrheit bist.
Das Wissen, das die Raubtiermenschen anbeten, ist bloß ein winziger Tropfen im Ozean deines wahren Wissens, wenn du die Spitze eines Haares abschneiden würdest und sie in den Ozean der Erde werfen würdest der Vergleich wäre nicht groß genug um das was du in Wahrheit bist darzustellen,

das mehrdimensionale Wesen deines Seins, das zur gleichen Zeit diesen Raubtierkörper hat aber zur gleichen Zeit noch andere Körper hat die auf den jeweiligen Ebenen dieser anderen Welten aktiv sind, sei es die Astrale Welt, die Kausale Welt die Spirituelle Welt die ewige Welt diesen Körper hast du in Wahrheit er ist gigantisch er ist nämlich alles er trägt die gesamte Schöpfung in sich denn du bist die gesamte Schöpfung du bist das ewige das göttliche das unsterbliche das Licht das du in dir siehst ist bloß eine Schöpfung deines echten wahren Wesens auch wenn du nun denkst glaubst das du bloß dieser Raumanzug dieser physische Körper bist und es dir vorstellungsmäßig total ein unmögliches ist, so bist du doch alles.

Die sogenannten Energie Zentren die bekannten 7 und die anderen bekannten 7 die außerhalb des physischen Körpers liegen und ins sogenannte Universum reichen sind alles Körperzentren deines Körpers, der höheren Welten wenn du diese anderen Energiezentren also verwirklichst dann erlebst du dich von diesen Zentren aus, das ist so als ob die Seele eines Atoms zu einem Molekül wird dann zu einem Gewebe, dann zu einem Organ, dann zu einem Organismus dann zu einem Menschen dann zu einem Planeten, dann zu einem Sonnenwesen dann zu einem galaktischen Wesen einem Milchstraßenwesen, und für all diese Entwicklungen gibt es Erlöser und erlöserinne auf der jeweiligen ebene.

all das ist sozusagen wissenschaftlich beweisbar. Aber es sind 12 Energiezentren und nicht bloß 7. Denn bloß 7 Zentren weisen ausschließlich auf den sterblichen den vergänglichen Energiebereich hin. Und das ist Täuschung und Verführung. Das ist so gewollt von den Üblen, den Materialisten, den Lügnern den Ignoranten Unwissenden und so weiter.

Indem nämlich der jeweilige Wissen-Schaffer-was ja jeder Mensch ist, dazu braucht man keine Universitätsausbildung, die verblödet meistens , indem dieser Wissenschaftler die jeweiligen Methoden und Gesetze befolgt die die Heiligen Erleuchteten und so weiter anboten, und durch diese Methoden wachsen die geistigen Organe oder Schwingungen was ein Entgegenkommen beider Energien ist, sowohl der nach unten steigenden negativen oder der nach oben steigenden positiven bis die goldene Mitte erreicht ist, der goldene Schnitt der goldene Ton denn alles ohne Ausnahme ist Musik jedes Moleküüül jedes Atom jedes Gestein Wasser Luft Erde ist Musik alle Moleküle sind aus exakten Tonleitern zusammengestellt deswegen ist ein Atom auch keine feste Einheit als Punkt es gibt in der Schöpfung keine Festheiten Nix ist Fix deswegen bewegt Musik und Gesang auch zutiefst die Gefühle das Gemüt und das herzliche.

Musik ist global Musik kann nie zu einer Sekte gehören einer Gruppe oder einem Staat Musik ist ewig frei und befreiend in dieser dichten dunklen Welt die wir physisch nennen durch die Ignoranz der Wissenschaftler.

Damals ist der Ton sehr dicht und dumpf das Licht ist komprimiert und undurchlässig aber wenn es erhitzt wir leuchtet es egal welches Metall es auch sein wird und es geht über in seinen Urzustand in Licht und Ton. Aus Licht und Ton ist die gesamte Schöpfung aufgebaut in allen anderen Welten auch in anderen Welten feineren Welten ist mehr Licht vorhanden mehr Musik als hier, dort kommen wir her, jeder von euch, wir kommen aus dem schönsten edelsten nobelsten was sich ein heutiger Raubmensch gar nicht vorstellen kann, weil er zu sehr an seinen Körper gebunden ist und an seine Bindungen an das tötende Prinzip. Vorstellungen werden erst befreit wenn auch niedere Schwingungen entsagt werden durch die Entsagung entsteht ja eine größere Einsicht. In Wahrheit ist Entsagung ja Bereicherung wenn ich von fleischfressen wegkomme komme ich ja in etwas besseres rein, wenn ich das dumpfere aufgebe, schwebe ich zum feineren der Heilige Geist also der heile Geist der heilende der Heiland das heile ist das Göttliche in Bewegung und zwar in allen Welten die es geschaffen hat die mehr als übergigantisch sind, dafür gibt es keine menschlichen Begriffe. Diese physische Welt ist alleine unbeschreiblich in der Größe es gibt keine Zahlen für die Anzahl der Galaxien, aber darüber sind die anderen Welten die um ein vielfaches größer sind als die physischen Welten und darüber sind noch andere feinere Welten von unbeschreiblicher Schönheit weil es immer lichtvoller musikalischer wird..

Und hinter diesen Welten steht immer das allanwesende gegenwärtige Göttliche das aus sich den heiligen Geist dem TonStrom Gottes die Musik und das Licht gebiert und aussendet, und aus diesem sind alle Welten aufgebaut, das ist das Göttliche in Aktion, Dynamik , und dieser TonStrom dieser Heilige Geist hält alles am Leben jedes Moleküüül jedes Atom alles, ja genauer betrachtet ist es alles selber du also auch klaro Bingo Volltreffer deswegen ist auch der Tod kein Wiedersacher des Lebens aber eure Raubtierpriester die keinerlei Erfahrung Warheitserfahrung haben sondern bloß tiermäßiges Glauben über das Gefühl haben sie haben aber keine Intelligenz keine erwachte Intelligenz sie haben bloß Bücher gelesen und den Schwund erzählen sie euch. Weil sie selber nämlich Schund sind.

Es gibt keinen Tod es gibt nur das ewige Leben in seiner ewigen Metamorphose der Formen und Hüllen.

Und das was du als dein Menschsein annimmst ist in Wahrheit bloß der Raumanzug für diese Welt.

Du bist das individuelle aber auch das totale alles.
Heute wo die Russen in Tschetschenien Bomben abwerfen und Grosny vernichten wollen ist der Raubmensch gut sichtbar, das Ignorantenprinzip eines Geheimdienstlers eines Wahnsinnigen es ist das gleiche wie die Raubameisen die durch die Landschaft rasen losziehen und alles abmorden was in ihren Weg kommt. Bevorzugterweise andere Ameisenvölker.
Dem Prinzip sind die Russen noch unterworfen.
Tiere und Insekten sonst Nix völlig benebelt durcheinander chaotisch verwildert wirr kaputt durch ihre dummen Vorfahren..die einfach nichts echtes Wahres gelebt haben, nichts Ewiges gesucht habe nichts Edles gewollt haben sondern sich Sauwohl in ihrer Kotze fühlten.
Gier ist die Energie die Licht absaugt wegsaugt sie saugt Liebe weg menschliche sowieso all diese Wesen sind der Gier unterworfen, Mordgier Habgier Sexgier Geldgier usw. Machtgier, Betrugsgier, Täuschungsgier, Lügengier, die Welt hier ist so aufgebaut das sind Lernprozesse die gemacht werden müssen. Gier ist der Konsumaparat der Multis Vermarktung der Menschen Verblödung die Welthandelsorganisation ist ein Zentrum der Gier des Geldes des Raubes des machtgierigen des synthetischen und des Betruges.
Wenn ihr Halbaffen weltweit und bis ans Ende des Universums das Geld nicht als Illusion erkennt und das Geld in Wahrheit aber auch garnix macht nichts so seid ihr weiterhin als Vollblut Raubtier Idiotien identifiziert.
Zum Beispiel in diesem Jahr die olympischen Spiele in Sydney, die Olympiagier des Komitees der Gierpolitik und Wirtschaft.
Da rate ich den Sportlern der Welt sagt euch los vom olympischen Komitee dieser Abzockbanditen und macht eure eigenen olympischen Spiele eigenes Komitee aus Sportlern löst euch von den Verbänden und formiert euch als Sportlersekte und zeigt das ihr es besser könnt.
Macht aus euch dann Millionäre.
Ihr schafft das seit nicht blöde löst euch von euren Peinigern die Freiheit ist da sie muss genutzt werden zeigt der Welt eure Fähigkeiten als Sportler.
Die Banken die Vertreter des negativen Schöpfungsprinzips auf dieser Erde, des dumpfen Denkens des synthetischen falschen, sie werden auch mit offenen Armen nehmen und finanziell unterstützen, no worrys wie die aussies sagen würden geht zu den schwarzen Magiern geht zu dem Vater von Skywalker.
Sooo für heute mache ich Schluss als Bettler auf dieser Erde aber seht die Fratzen eurer politischen Gier die Fratzen eurer Organisationsraubtiere.
Die Fratzen eurer Raubtiersport Clique die Fratzen eures Suchtverhaltens

die Fratzen eurer demokratischen Sklaven Vampire der Bankenmulties Versicherungen sie sind die Fratzen der universellen Gier.
Sie ist schwarz wie die schwarzen Löcher im Universum die alles Licht verschlingt in sich hinein saugt-Gier wie im großen so im kleinen für große Gier große Löcher im Universum die Gier ist ein göttliches Schöpfungsprinzip sie gehört dazu aber für das menschliche Wesen ist es ein muss sich davon zu befreien, sonst wird es weiterhin ignorant dumpf blöde öde und bekloppt bleiben so wie sie sich auf der Erde im Universum darstellen, zur Zeit.

Es gibt viel, viel Besseres als die dunkle Gier.
Denn die Gier ist auch der Träger der Angst und bloß aus dunkler Angst handelt ihr noch so ignorant wie ihr euch zurzeit darstellt auf der Mattscheibe dieses Fernsehens. Des globalen Programs eurer dunklen Künste.

**Zweiter Tag**

Das unreine Denken, das falsche, das üble Denken, wie entsteht es ,was bedeutet es, das falsche, wird es überhaupt noch als solches erkannt. Die Synthetik zum Beispiel, die Pharmaindustrie und die Chemieindustrie und die damit verbundenen Menschen, was sind das für Menschen, sind sie überhaupt schon Menschen,  nein, und wieso ,wenn du ein Mensch geworden bist, erkennst du genau was falsch und richtig ist, zumindest erst mal am naheliegendsten, am Menschen nämlich selber, seinen Körper der menschliche Körper ist nicht auf synthetische Nahrung und synthetische pharmazeutische Chemie aufgebaut, es ist eine unausweichliche Wahrheit das der menschliche Körper aus der Natur zusammengesetzt ist, nämlich aus Erde, Mineralien , Vitamine und Wasser, diese Mineralien, Erde, ist keine Erde die im groben auf der Erde zu sehen ist, sondern sie ist eine Erde die sozusagen durch Pflanzen vorverdaut ist, ein Mensch geht nicht wie eine Ziege spazieren und sucht sich grobes Gestein um das zu zerkauen, dafür hat der menschliche Körper nicht mehr die Kräfte, er ist schon verfeinerter, der menschliche Körper ernährt sich von anderen Körpern wenn der Mensch noch Raubtier ist und nicht erkannt hat das er das kosmische Gebot zum geistigen Wachstum du sollst nicht töten nicht erkannt und verwirklicht hat dann bleibt er einfach ein Raubtier, und alle damit verbundenen Leidensformen des Unbewussten Seins und Tuns und dazu gehört eben auch das falsche wie Synthetik pharmazeutische Produkte, Gentechnologien, Atombomben und das andere blinde herumstochern der Raubsäugetiermentalitäten auf der Erde die Resultate sind ja global gut sichtbar.

Der menschliche Körper braucht also unabdingbar natürliche Nahrung echte Nahrung saubere Nahrung. Aber was ist auf der Erde passiert, aus allen Richtungen kommen Gifte auf die Erde. Die Wissenschaftler heute sind noch blinde ignorante Raubtiere geblieben, schaut euch die Resultate an, wenn sie erleuchtete wache Wesen gewesen wären, wäre die Erde nicht so vergiftet und verdreckt. Es sind also Blinde die Blinde führten und diese Blinden bekommen zum Beispiel eure Steuergelder die Abzockgelder für ihre blinden dumpfen Programme, egal ob das Resultat gut ist, natürlich alles im Sinne des menschlichen. Es gibt soooo viele kranke menschliche Körper auf der Erde das gut sichtbar eine Seuche des falschen zu sehen ist, ich lasse mich auch nicht vom Schein blenden, was ist also passiert zum Beispiel die falschen Produkte der chemischen Industrie Menschen heute werden massenhaft synthetische Vitamine verkauft, diese Vitamine sind keine natürlichen Vitamine, sie sind in langer Sicht schädlich für den Organismus des Menschen, das synthetische Vitamin C heißt ascorbin acid, acid ist aber das Wort für Säure und genau das ist dieses falsche Vitamin C nämlich, denn es hat einen ph also Säurewert von 2,2 was extrem sauer ist und den Körper nämlich übersäuert, kein Wunder das die Menschen sauer sind, sauer auf sehr viele und vieles heute.

Das natürliche Vitamin C ist nämlich ph-neutral und genau richtig gestimmt für den menschlichen Körper zudem ist ein synthetisches Vitamin kein Träger der anderen Stoffe mehr die ein natürliches Vitamin hat. Die Studien über diese Vergleiche zeigen ganz klar das zwar von der chemischen Struktur her alles paletti gleich sei, aber trotzdem fehlt sehr vieles. Dem synthetischen Stoff fehlen zum Beispiel die Begleitstoffe Bioflavonoide oder Flavonoil, und es fehlen andere Stoffe die das natürliche Vitamin hat, aber das ist fast noch unwichtig was wichtiger ist dass das natürliche Vitamin die natürlichen pflanzlichen Mineralien, die richtigen Töne und das echte Licht mit sich tragen, denn, alle Kommunikation im Körper ist auf Licht und Töne aufgebaut, die Zellen die zum Beispiel synthetische Vitamine und Mineralien bekommen, bekommen dadurch degeneriertes Licht als Nahrung und degenerierte Töne und dadurch wird ihre Kommunikation auf der zellulären Ebene vergiftet und gestört und sie bekommen eine falsche Information, denn Licht und Musik trägt wichtige Informationen für diese Kleinstlebewesen in unserem Körper, dadurch fängt der Körper an geschwächt zu werden, zuerst auf der zellulären Ebene dann auf der Gewebeebene und dann auf der organischen Ebene, und damit wird durch das falsche auch der Körper falsch nämlich krank. Alle Krankheiten sind auf das falsche aufgebaut. Der menschliche Körper kann nur und das ist ein Naturgesetz, organische Vitamine und organische Mineralien nehmen,alles andere ist das falsche für ihn und zerstört ihn auf langer Sicht.

Das synthetische also falsche kostet eure Gesundheit, deswegen rate ich euch kauft keine synthetischen Vitamine mehr und keine synthetischen Mineralien, oder metallischen Mineralien denn der Körper kann die metallischen Mineralien nicht absorbieren weil die Größe viel, viel zu groß ist für den menschlichen Organismus der Zellenstruktur. Pflanzliche Mineralien sind 7000-mal kleiner als eine menschliche Blutzelle diese Mineralien sind zuvor nämlich von den Pflanzen zerkleinert also sozusagen vorverdaut . Es sind organische Mineralien auf Kohlenstoffbasis, die genau das richtige für den menschlichen natürlichen Organismus sind, die falschen Wissenschaftler die falschen Unternehmen, sie sind dabei den Körper zu überlisten, durch ihre diabolische List, denn diese Menschenwesen sind garantiert alle noch Raubtiere, weil sie Fleischfresser sind, und Raubtier haben Schwierigkeiten mit dem was echt und was falsch ist, Wahrheit und Unwahrheit, nur die pflanzlichen Mineralien die zuvor tausendfach verkleinert wurden durch ihre Arbeit sind für den menschlichen Körper die Wahrheit und die Wahrheit macht nicht krank.
Der Betrug ist gigantisch der auf der Erde durch große Konzerne aufgebaut wurde, denn denen geht es um Kontrolle und Macht und abzocken, Geld, nicht um Gesundheit nicht um Wahrheit nicht um Liebe nicht um Bewusstsein nicht um Schönheit und Freiheit, aber sie täuschen das vor, die falschen sind überall in den wichtigen Stellen der menschlichen Positionen. Der menschliche Organismus braucht organisches nicht anorganisches.
Organische Vitamine und Mineralien enthalten alle Kohlenstoff.
In der Natur ist alles was echt und gesund ist für den menschlichen Körper und alle anderen Körper. aller anderen Lebewesen. pflanzen Mineralien Tiere. Die Erde selber die ja auch ein Lebewesen ist, und das Sonnensystem das ja auch ein Lebewesen ist und ein Organismus ist im Lebewesen Milchstraße oder Galaxie.
Es gibt nur das ewige Leben sonst Nix.
Die feinstofflichen Informationen sind eben das feine das sie übermitteln.
Vitamine Mineralien sind Träger dieser feinstofflichen Informationen das

bleibt so auch wenn die Raubtierwissenschaftler die Materialisten also das nicht erkennen können. Heute gibt es Menschen die mehr sehen können als die materialistischen Wissenschaftler oder Raubsäugetiermenschen mit ihren besten Instrumenten.
Die Wissenschaft die geistige Wissenschaft die Wissenschaft der Meister die Psychologie der Meister durchschaut all das synthetische falsche.
Plastik ist auch das falsche. Plastik sendet ununterbrochen giftige Gase aus, und strahlt positive Ionen aus die negativ für die menschliche Gesundheit ist. Patrick Flanagan der amerikanische geistigere Wissenschaftler hat darüber viel zu sagen. Und ich verweise auf seine Bücher. Positive Ionen führen zu einer Vielzahl von gesundheitlichen Problemen.
Es gibt keine Alternative zur Natur.
Es gibt auch keine Alternative zum Geist.
Es gibt auch keine Alternative zum göttlichen Geist.
Ein Geheimnis der Langlebigkeit liegt für Zellen in den Energievermittlern, die sich in den Körperflüssigkeiten aller Lebewesen befinden.
Mineralien und Vitamine sind nämlich Lebewesen. Und zwar hochmusikalische und hochlichte Wesen. Die Vitamine selber die Mineralien sind allesamt aus Tonleitern aufgebaut und zwar von perfekter mathematischer Zusammenstellung...
Diesen Bereich hat Wilfried Krüger in seinen Büchern gut beschrieben. Das Universum singt. Oder die Atom-Harmonik.
Synthetische Stoffe sind unbedingt Gift für die Musik des Körpers des Menschen.
Die Spaltung des Atoms in der Atombombe ist gleichzeitig auch das falsche Denken der negativen dunklen Mächte im Universum, die den Menschen in seiner Evolution im Griff haben. Diese Spaltung ist auch die Spaltung synthetisch wohlgemerkt in Gefühl und Denken. Dadurch kann das Denken losgelöst werden von den Bösartigkeiten Verlogenheiten und Verbrechen auf der Erde und an andere Lebewesen. Dadurch erfahren sie nämlich nicht die Schmerzen ihrer Falschheiten und Raubtierdiabolobekloppheiten.
Es gibt keine Loslösung von der Welt.
Es gibt auch keine Verneinung von der Göttlichkeit des Lebewesens das wir Universum nennen, oder so genannt wurde, von Ignoranten.
Das Sauerstoffatom ist auf der Durtonleiter aufgebaut.
Die gesamte DNS-Genetikstruktur ist auf Töne aufgebaut und Licht.
Und auch die sogenannte Programmierung ist aus Licht und Ton, der TonStrom der Heilige Geist, die Sphärenmusik, aber das ist Musik die nicht

mit dem physischen Ohr gehört werden kann oder den physischen Augen gesehen werden können.

Diese Musik wird in diesem Büchlein eine wichtige Rolle spielen. Licht und Ton in unserem Körper ist Licht und zwar in sehr vielen unterschiedlichen Formen und Tönen, sei es das Licht der Biophotonen oder das Licht der Tachyonen sei es das Licht der Farbe Rot des Blutes, oder das Licht der anderen Farben das Licht in uns und Licht überhaupt beinhaltet in sich den Ton. Der Weg der Meister, der Heiligen ob es nun Jesus war oder Buddha oder Mohamed oder Suma Ching Hai oder Hazur Maharaji Sawan Singh, oder Kabir, oder Sokrates, oder Hazur Soami Ji Maharaj und alle anderen massenhaften Heiligen, also heilen, sie alle meditierten auf dieses Licht und diesen Ton der auch der Heilige Geist genannt wird oder aus der Bibel das Wort-denn ein Wort ist Ton und Licht und Ton ist nicht voneinander zu trennen, der Ton und das Licht sind ja in Realität eins. Vibrationen, Schwingungen bis zu einem gewissen Bereich produziert Ton, Musik, aber wenn die Frequenz erhöht wird verändert sich der Ton zu Licht.
Aber darüber werde ich später mehr schreiben wenn ich den Heiligen selber zu Wort kommen lasse und die Heilige auch ob es nun die DNA-Struktur ist, die Wasserstoffe, die Stickstoffe oder Sauerstoffatome sie alle sind aus harmonischen Tonleitern aus Musik aufgebaut.
Ich gehe hier jetzt nicht weiter drauf ein ich will hier bloß aufmerksam machen damit Du Leser Du Leserin, dir die weiteren Infos besorgen kannst. Hinten sind die Bücher dafür aufgelistet. Die Sphärenmusik von Pythagoras kommt hier zur Geltung. Aber damit hat Pythagoras was ganz, ganz anderes gemeint als Joachim Ernst Behrendt in seinem Buch und Suchen gemeint hat. Als ich sein Buch gelesen hätte "Nada Brahma" die Welt ist Klang, da sah ich das er bloß in der Welt blieb in der physischen gesucht hatte und nicht das geringste wusste was der Hintergrund der Klänge ist und woher diese Klänge kommen und wie diese physische Welt aufgebaut ist und ich sah das er bloß das Wissen der Veden etwas angestochert hatte aber die Veden gehen auch bloß bis zu den drei Welten und Brahma. Brahma ist für die Veden und deren Gottheiten das höchste was gar nicht stimmt, Brahma ist der Schöpfergott der sterblichen veränderbaren Welten sonst Garnichts, ho, ho, formuliere ich mal saloppi, denn durch und hinter diesen gigantischen Welten von Brahma sind noch andere Welten, und nur die Heiligen sind bis dahin gekommen. Sie haben ihr Wissen immer nur von Mund zu Mund mitgeteilt und die Heiligen reden von dem TonStrom oder das Göttliche in Dyna-

mik. Dieser TonStrom oder KlangStrom hat alle Welten erschaffen, erschafft sie nun weiter und gibt ihnen und alles was darin lebt die Möglichkeit überhaupt zu sein.

Dieser TonStrom, den ich selber schon wahrgenommen habe dank der Hilfe meiner Meisterinn ist eine übermegahoch Unendlichkeitsmegamasse von musikalischen Einheiten Tonstrukturen in einer gigantischen Wellenbewegung. Sie ist nicht physisch, sie ist nicht astral sie ist nicht kausal, sie ist nicht spirituell, sie ist der Erhalter all dieser Weltenenergien. Von Feinheit kann hier keine Rede mehr sein. Sie ist jetzt da, tönt ununterbrochen und ist mit dem physischen Ohren nicht zu hören, nur dein wahres Wesen dein ewiges unsterbliches Ich kann diesen TonStrom wahrnehmen und hören und auf diesem TonStrom dem Heiligen Geist kommen alle Seelen in die Welten und auf diesem TonStrom können sie wieder zurück zu ihrer wahren Heimat kommen, denn der TonStrom, der Heilige Geist entspringt aus dem unbeweglichen ewigen überall zur gleichen Zeit seienden allmächtigen alliebenden göttlichen in seiner immerdaseinheit - immergewesenheit Ewigkeit und ist das schöpferische Urprinzip, was eine unbeschreibliche minderwertige Blödheitsformulierung ist für das was es wirklich ist und die Heiligen kennen den Weg und wie die Seele den Weg zu gehen hat.

Niemand anders auf der Erde kennt diesen Weg außer den Heiligen auch nicht Brahma die Gottheit der Veden, der sogar selbst die Veden geschrieben haben soll, kennt diesen Weg denn selbst Brahma ist veränderbar und damit sterblich. Ich komme später auf die Gedankenwelten der Heiligen zurück.

Ich bleibe aber bei Licht und Musik.

Also in totaler Wahrheit ist alles und jedes aus Musik, alles was geschaffen ist.

Und aus Licht eben. Ich gehe mal auf die Nahrung ein "essen" deswegen ist es auch ohne Ausnahme wichtig das keine Synthetik zu dir genommen werden darf, auch keine pharmazeutischen synthetischen scheinheiligkeits Mittel die alle ohne Ausnahme dem echten Warheitskörper unwahres zufügen und ihn in seiner musikalischen Stimmung verstimmen, um es einfach zu formulieren.

Der spirituellere Wissenschaftler David Flanagan schreibt in seinen Büchern etwas von Somatiden, kleine Lichtpünktchen, flimmernden, extrem kleine Energievermittler wie er sie beschreibt, die um die lebenden Blutkörperchen herumtanzen.

Diese winzigen Lichtpünktchen befinden sich in den Körpersäften aller Lebewesen ob Tiere oder Pflanzen, natürlich auch Mineralien, denn das sind ja auch Lebewesen denn es gibt nur das ewige Leben. In frischem Gemüse sind diese Somatiden in riesigen Mengen vorhanden. Wenn die Nahrungsmittel länger lagern gehen diese Vitalitäten stark zurück.

Er konnte auch wunderbar den Unterschied zwischen organisch lebender Nahrung sehen und konventioneller behandelter Nahrung Kunstnahrungsmittel also die mit Kunstdünger behandelt wurden oder aber noch schlimmer Fertignahrung behandelter Nahrungsmittelschrott eben Tiefkühlkost Dosenkost, so ein Schrittmacherschrott, und Nahrung die mit Schad und Giftstoffen belastet war, da war praktisch an energetischer Übertragung von Licht und Ton Nix mehr übrig. Es gibt Fotos von Zellen von Gemüse das biologisch gewachsen ist, diese Zellen sind noch völlig intakt im Gemüse, Getreide, aber wenn dann Zellen angeschaut werden die künstliches Wachstumsmittelschrott bekommen haben Kunstdünger Chemie also da waren die Zellen alle zerstört, krebsartig verändert. Nochmal unser Körper ist die saubere geistige Natur. Die energetischen Übertragungen in allen kleinst und Großsystemen ist durch reines Licht und reine Musik. Degenerierte Nahrungszellen können das nicht auf die erwartenden Zellen im Körper übertragen und geben krankes Licht und kranke Töne als Kommunikationsfrequenzen ab. Mit der Zeit wird so der gesamte Körper krank programmiert, mit Krankmusik. Kranke Musik kommt auch aus allem Plastik, Gasmusik, Vergasung auf ganz subtile Art. Faschismus ist ja nichts deutsches, Faschismus ist bloß ein Begriff für das Verhalten eines Raubtiers – Raubmensch. Und Raubtier ist noch die Bindung an die negativen Mächte dem Prinzip des Tötens, und dieses Prinzip des Tötens wird unterbewusst weitergeführt durch die Ignoranz dieser Raubtiere die sich Menschen nennen. Und die daraus resultierenden Forschungen und diabolischen Schöpfungen, Ignoranzschöpfungen, zum Beispiel Aluminium, das kleine Aluminiumatom besitzt eine dreifache positive Wertigkeit und spielt dem Blut übel mit. Alle positiven Ionen sind Lebenskrafträuber. Aluminium ist deswegen hochgiftig. Alles Aluminium muss aus der menschlichen Nahrungskette entfernt werden. Jeder Schokoladenhersteller vergiftet die Menschen. Aluminiumfolie darf nicht benutz werden zum verpacken.

Ich mache weiter mit Musik.

Yehudi Menuhin der Geiger sagte einmal "nichts kann für das innere Wesen das leisten, was das hörbare zu tun vermag".

Das bezog sich natürlich erst mal auf das physische hören.

Wenn nun alles aus Tönen gemacht ist, aus Musik, eben alles sichtbare erst mal, wenn jedes Atom ein rasender Musikwirbel ist aus Licht und Ton, dann muss ja das was diese Musik gemacht hat ja auch noch feinere Musik sein, der Ton macht die Gesundheit. der Ton ist die Gesundheit. das Licht ist die Gesundheit das Licht macht die Gesundheit.

Im Ohr gibt es die meisten und dichtesten Nervenansammlungen im ganzen Körper, weswegen wohl, heute gibt es schon Bio-Akustiker die über die Töne erkennen können welches Organ erkrankt ist nicht richtig schwingt und behandeln dann dieses Organ mit der dazugehörigen Musik um es wieder in Stimmung zu bringen. Töne sind aber auch Schwingungen.

Die Gesellschaft für natürliche Lebenskunde ist die Lehre von der Gesundheit Die Medizin ist die Lehre von den Krankheiten.

Hier ist ein Auszug aus deren Lehre.

Grundgedanke aus der Gesellschaft für natürliche Lebenskunde.

1. Krankheit ist der Versuch, gesund zu bleiben

Aus Sicht der natürlichen Gesundheitslehre ist Krankheit kein Unheil, sondern ein Heilungsweg. Patienten müssen lernen, ihre „Lebensfehler" zu korrigieren

Die von der Gesellschaft für Natürliche Lebenskunde e.V. vertretene Gesundheitslehre hat eine eigene Meinung zum Thema Gesundheit und Krankheit:

Die Grundaussage geht davon aus, dass jede Erkrankung eine gesunde Reaktion des Körpers darstellt, in seinem Versuch, das gesundheitliche und das innere Gleichgewicht eines Menschen wieder herzustellen. Gesundheit ist also normal, und Krankheit ist der körpereigene Versuch, normal zu bleiben.

Vereinfacht dargestellt bedeutet das, dass sich der Körper von Überlastungen, Toxämien oder Toxikosen, die durch im Körper angereicherte Giftstoffe entstehen, zu befreien versucht. Um die Organfunktionen zu erhalten, werden Toxine abgelagert und, falls die Selbstreinigung noch funktioniert, über Entzündungen nach außen geleitet, in Ödemen geparkt oder als Tumorbildung eingekapselt.

Im psychischen Bereich äußert sich die Symptomatik mitunter als Bewusstseinsdämpfung oder Verdrängung, die als letzte Möglichkeit zum Schutz vor Problemen dient, die einen zu erdrücken drohen.

2. Die Lehre von den Krankheiten ist die Pathologie.

Pathologie ist die Lehre von den Krankheiten.

Die moderne Pathologie ist die Wissenschaft vom Wesen von Krankheit und

Gesundheit. Sie beschäftigt sich in diesem Zusammenhang mit den Veränderungen des Aufbaus und der Funktion von Zellen, Geweben und Organen des Menschen durch Krankheiten.

Ich mache weiter mit Toxinen.

Diese toxierung des Körpers hat sehr viele ebenen. Einerseits wird er durch die Ignoranz und Gier, Gier ist Ignoranz, es ist der Weg nach außen, und der ist der Weg der Ignoranz. Buddha beschreibt das sehr gut im Surangama Sutra, seiner höchsten Lehre, die die Lehre vom transzendentalen Ton und transzendentalen Licht ist, also auch Licht und Ton-TonStrom-Heiliger Geist. Durch die Ignoranz der Wissenschaftler, der materialistischen, ist die Erde gigantisch vergiftet worden. Die Erde ist ein Lebewesen und wir sind Lebewesen auf der Erde, so wie die Lebewesen in unserem Körper, für die sind wir die Erde und so weiter bis zum unendlichen kleinen und so weiter bis zum unendlichen großen.

Das Göttliche ist ein Lebewesen.

Also der menschliche und alle anderen Körper werden also durch die Vergiftung von künstlichen Chemikalien kaputtgemacht. Aber auch von künstlichen Medikamenten. Das Wasser ist heute schon nicht nur voll mit chemischen Giften, es ist nun auch und wird noch voller stark belastet mit pharmazeutischen Mitteln, Betablocker, Aspirine, synthetische Hormone, und, und ,und, das wird nicht aus dem Trinkwasser entfernt. Asbest auch nicht.

Das Wasser hat die fantastische Fähigkeit Informationen aufzunehmen das heißt auch wenn zum Beispiel Asbest oder Blei oder Aspirin schon gar nicht mehr im Wasser ist hat das Gedächtnis des Wasser diese Informationen gespeichert und trägt diese giftigen Informationen weiter ,deswegen funktioniert auch Homöopathie, weil das Wasser diese Fähigkeiten hat.

Wasser ist nämlich Informationsweiterleiter und Lösungsmittel zugleich. Wasser löst alles auf also wir werden da also durch die falschen Mittel das unwahre die Unwahrheiten vergiftet. Dazu kommt aber noch was anderes. Diese Gifte können nur wirken wenn der Organismus schwach ist, geschwächt wurde, denn die ganzen Vieren und Streptokokken und wie sie alle genannt werden sind ja ununterbrochen im Körper vorhanden, sie können aber nur schwaches Gewebe angreifen und zerstören.

Also der Körper wird also einmal durch die chemischen Gifte zerstört, dann wird er durch falsche Ernährung geschwächt, ungesundes Verhalten, dann wird er aber auch durch Vitalstoffmangel geschwächt und das ist noch stärker als die chemische Keule, denn in der Designernahrung, diesen knallroten toten Tomaten und Gurken und Erbsen und Kohlen und Möhren und Kartoffeln ist praktisch Garnichts an Vitalstoffen vorhanden. Sie werden auf der Basis von der falschen Dreieinigkeit ernährt, hier zeigt sich auch das negative Prinzip ganz klar, denn Leben macht sich bloß auf der Basis von Dreieinigkeiten sichtbar. Das ist der Gesamtkörper das ewige-das schöpferische Prinzip und das Geschöpf diese drei ist ein ganzer Körper. Wenn der physische Körper verbraucht ist wird er abgelegt und man macht sich einen neuen. Aber hier durch die negative Schöpfung der materialistischen Wissenschaftler der Habgier und Ignoranz, ist die pflanzliche Lebensweise auf nämlich drei Stoffe Mineralien aufgebaut die die konventionelle Landwirtschaft auf die Felder schleudert, nämlich Stickstoff, Phosphor, und Kalium.Das ist deren Dreieinigkeit. Ho, ho, ho. Und die ist äußerst armseelieg und falsch. So was ist also heute bis heute passiert. Die Böden der Bauern sind längst kahl von Vitalstoffen. Sie haben praktisch keine Mineralien mehr und bloß diese drei synthetischen Mineralien Salze werden auf den Boden geworfen. In den USA wurde eine Studie für den Senat gemacht um herauszufinden wie die Bodenbeschaffenheit der Farmer ist. Was da rauskam war katastrophal. Die Böden waren total ausgelaugt und es wurde beschlossen das die Menschen Nahrungszusätze nehmen müssen weil die Vitalstoffe alle verbraucht waren. Die Untersuchung wurde 1936 gemacht. Aber heute ist 2000 das heißt es ist schlechter geworden...

Dieser Vitalstoffmangel ist ein weiterer gigantischer, gigantischer Grund weswegen Menschen heute sehr häufig krank werden und die Medizin Nix weiß, denn sie weiß nicht was Gesundheit ist und wie Nahrung wirkt, als ob das göttliche Krankenhäuser und Medikamente braucht in seinem Plan. Das brauchen bloße irre wirre falsche Raubtiere und deren Wissenschaftler und Staaten und Industrien und Politiker und andere gierige Ignoranzvertreter, denn sie wissen nicht was sie tun.

Ein landwirtschaftlicher Boden ist spätestens nach 10 Jahren verbraucht. Deswegen früher das Nomadentum und heute noch das abbrennen im Urwald. Heute glauben die Menschen an Kunstdünger, die meisten wissen es gar nicht was da vorgeht. Das wollen die pharmazeutischen Menschen die Professoren die Doktoren die Diplomignoranz nicht wissen. Warum wohl. Weil eben die gar nicht an Gesundheit interessiert sind, sondern an Krankheit, denn sie verdienen an Krankheit. Umso kranker ihr seid umso mehr verdienen sie, und da zum Beispiel die Ignoranz der Politikerraubsäugetiere so gigantisch ist, sagen die dann in ihrer Verwicklung, ja es ist Arbeitsplätze wenn das kaputtgeht, sowas geht nicht sofort kaputt solche Industrien, aber sie werden kaputtgehen müssen ohne Zweifel oder der Mensch wird von

Jahrzehnt zu Jahrzehnt noch bekloppter wie er schon gemacht wurde von bekloppten Wissenschaftlern bekloppten Professoren Doktoren und politischen Kasten und Staatsidioten, das sind ja alles bloß Raubmenschen sonst Nix in ihrer Evolution. Aber sie rauben alles leer, und das ist ja global gut sichtbar. Der menschliche Körper braucht aber täglich, täglich, täglich, 60 Mineralien, auch Gold und Silber und Vanadium und so weiter, 16 Vitamine 12 Aminosäuren 3 Fettsäuren jeden Tag. Wenn er diese nicht jeden Tag bekommt wird er im Laufe der Jahre oder auch schon früher an Mangelerscheinungen leiden, und früher wird sein Körper absterben denn diese natürlichen Vitalstoffe sind alle lebenswichtige Informationsträger zur Übertragung von Licht und Ton Infos auf und in die Zellen. Sonst geht es nicht, das sind keine Wunschvorstellungen das sind Naturgesetze, so ist der Aufbau. Wenn man noch daran interessiert ist Nahrung zu sich zu nehmen, du kannst auch bloß mit Wasser leben, das geht auch, dann lebst du von Manas oder Prana.

All diese Stoffe müssen in natürlicher Form genommen werden. Es gibt ja einige Völker auf der Erde die Hunza in Ostpakistan in Osttibet gibt es eine Rasse, die Georgier ,Armenier, in Peru die Titicacasee Einwohner, die Wilkabomba in den Anden sie alle leben sehr lange, denn die menschliche genetische Lebenserwartung ist 120-180 Jahre. Viele dieser Menschen eben erwähnt werden weit über 100 Jahre alt und sind auch noch mit 140 Quitschfidel und glücklich. Die haben keine medizinische Forschung keine Krankenversicherung, keine Herzattacken keine Krebsseuchen keine anderen 40 000 Krankheiten, aber sie leben alle in höheren Lagen und sind meistens religiöse Splittergruppen, weg von denen die glauben das sie Christen oder Mohammedaner wären oder Buddhisten, das stimmt nämlich gar nicht, keiner von denen lebt wirklich nach den Geboten von Jesus, oder Buddha oder Mohamed, keiner, wenn sie das nämlich tun würden wäre heute die Menschheit ein Garten der Freude und Schönheit aber das ist es nicht ,heute im Jahr 2000. Nach Jesus ist die Menschheit eine Horde wilder wütender blinder wirrer und verkorkster ignoranter dumpfer scheinheiliger Spinner und Halbmenschen, die meisten sind noch Raubtiere auf dem Weg zum Halbmenschen. So ist nun mal die Evolution, Entwicklung, noch zu viel Verwicklung anstatt Entwicklung.

Aber es gibt auch Heilige auf der Erde, Gottmenschen, die das Göttliche in ihrem Körper verwirklicht haben, das ist kein Vorwurf sondern ein Einwurf. Was haben diese gesunden sehr altwerdenden Menschen sonst noch für übereinstimmenden Umstände und Eigenschaften. Sie leben zurückgezogen von der sogenannten Zivilisation, dem Ort der Wirrnisse, Kriege und

Vergiftungen, sie trinken das Wasser der Schmelzbäche und Flüsse, Gletscherwasser. Sie bewässern ihre Felder mit diesem Gletscherwasser, und dieses Wasser ist voller, voller Mineralien.

Zwei Eigenschaften sind sehr wichtig hierbei, das Wasser selber hat die gleiche Oberflächenspannung wie das Wasser in der menschlichen Zelle, das bedeutet das der Informationsaustausch wegen Gleichheit leicht geht, aber das Wasser in den Leitungen der Zivilisationen ist kaputtgemacht und voller Schadstoffe, denn die Untersuchungen der Wasserwerke weltweit, sucht nur wenige Stoffe zu finden. Wenn sie alle Stoffe suchen würde, würden die durchdrehen, also geben sie bloß wenige Stoffe und deren Werte an.

Aber dann die Vitalstoffe sie sind alle natürlich, diese Mineralien die in großen Mengen aus den Bergen geschwemmt werden, werden also im Wasser getrunken und damit ein wenig absorbiert, sehr wenig denn der menschliche Organismus kann keine metallischen Mineralien absorbieren ,dazu gehört ein rauerer Organismus, die Tiere ja, Schafe gehen und Ziegen und nehmen sich Steine und zerkauen sie aber dann durch das bewässern der Felder werden diese metallischen Mineralien von den Pflanzen genommen und zerkleinert, sie werden sozusagen verdaut , genauso wie im menschlichen Körper Dinge verdaut werden. Dann werden aus metallischen Mineralien in der Pflanze organische Mineralien die winzig gemacht wurden und dann isst der Mensch, diese Pflanzen. Das ist der Weg und die Wahrheit und nicht anders.

Der menschliche Organismus ist nicht dazu gemacht dass er metallische also Felsenmineralien oder Muschelmineralien oder Erdenmineralien verdauen kann. Ein Mensch tut das nicht er geht nicht hin und frisst Felsen oder Muschelschalen das macht bloß die ignorante Industrie sie zermahlt diese Stoffe und bietet sie im Handel an. Die sind wirkungslos, weil sie zu groß sind und unverdaulich geworden sind„ dann hat dazu noch die maschinelle Behandlung sie Vergiftet das Licht zerstört die Töne kaputtgemacht.

Deswegen werft die metallischen Mineralien weg. Nur pflanzliche Mineralien sind Vitalstoffe für den menschlichen Körper.

Mit diesen gesunden Vitalstoffen, Wasser, und Mineralien werden die menschlichen Körper so alt. Und das fehlt auf den Böden der Zivilisationen.

Deswegen rufe ich hiermit auf Verändert eure Chemie in Naturstoffe, eure Pharmaindustrie in Naturheilmittel und alles wird viel, viel besser werden.

In der Natur sind alle Stoffe drin die totale Gesundheit haben und bringen.

Gott ist nicht so blöde wie die Menschen.

Ich rufe die Menschen auf weg zu kommen von künstlichem Dünger und

Bauern nicht nach Masse zu bezahlen sondern nach Qualität.

Ich rufe auf, auf die Felder Mineralien zu streuen und zwar alle 60 Mineralien. Dazu ist eine neue Form von Arbeit nötig. Also hier ist gleich Arbeitsplatzbeschaffung.

Es müssen Mineralien aus der Tiefe der Erde Vorgeholt werden, zerkleinert werden und auf die Böden gegeben werden, damit die Böden wieder reichhaltig an Vitalstoffe werden und damit auch die Nahrung. Dadurch werden die Krankheiten zurückgehen.

Der menschliche Organismus wird Widerstandskräfte haben und die Gifte der ignorant Professoren und Diplomignoranz werden nicht die Fähigkeit haben den Körper zu schwächen.

Natürlich muss die gesamte Chemie in der Nahrung, weg vom Fenster der Erde. Fast alle Krankheiten lassen sich durch Vitalstoffe also pflanzliche Mittel heilen.

Arzneien machen krank, weil sie selber krank sind.

Ich möchte euch mal schreiben weswegen zum Beispiel die Welthandelsorganisation in Seattle in 99 so zugeschissen wurde, weil sie selber nämliche der Kozkot der Ignoranz ist, und Ignoranz ist Macht, weil sie ignorant ist. In ihrer Agenda ging es auch um folgendes: Übereinkommen über sanitäre und phytosanitäre Standards (SPS) behandelt vor allem Fragen zur Ernährung und Ernährungssicherung wie Pestiziden Einsatz.

Das nenne diese Halbaffen sanitär, so bekloppt sind die, bloß weil sie Geld gemacht haben, wird, sind, sie nicht weise und glücklich und intelligent oder erleuchtet. Und es behandelt auch den Einsatz Von Pestiziden und Gentechnik. dann wollen sie ein Übereinkommen zu intellektuellen Rechten...

Hier geht es um Patente. Eine Firma kann damit theoretisch eine Pflanze mit medizinischer Heilwirkung patentieren und die Nutzen nur erlauben wenn entsprechende Gebühr bezahlt wird. Selbst wenn die Pflanze seit Jahrhunderten von der Bevölkerung benutzt wurde.

Seht euch das an, seht ihr welcher Bandit die Welthandelsorganisation ist Sie sind blinde kriminelle unwissende dumme ignorante Vertreter des negativen Schöpfungsprinzips, der Industriellen, vor allem der BankerFamilien.

Und ihr müsst wachsam sein euch nicht von globalisierten Irrenanstalten beherrschen zu lassen.

Diese WHO ist eine negative Faschismus Lampe bester Klasse.

Die WTO ist primitiv bis zur untersten Stufe.

Fressen, fressen, scheißen, scheißen,

Wer so blöde wie die Politiker heute sind und Staaten sind, sich dieser Organisation zu unterwerfen, und das sind Politiker und Wissenschaftler wegen Geld und sowas, wird bald sehen wie die Erde zu einem Haufen noch giftigerem wird. Denn sie sind die Söldner des Giftes und des falschen der Unwahrheiten„

Hier ist die Polarisierung ganz wichtig die Diskriminierung ganz wichtig
Denn sie wollen sogar die Bezeichnung BIO Verbieten lassen. Sie argumentieren-Tieren das diese Bezeichnung diskriminierend ist, und das ist ja auch richtig, denn es ist äußerst wichtig zu unterscheiden was Scheiße und was Gold ist.

Diese bekloppten Ignoranten machen zum Beispiel die Standards für Hormone im Fleisch und Giften in Pflanzen und so weiter. Seid wachsam, macht da einfach nicht mit, lasst euch vom falschen vom Geld nicht beeindrucken. Geld macht Garnichts, aber Vollidioten glauben das Geld etwas macht und machen alle daran glaubenden auch zu Vollidioten.

Zitat:
Information über die Wirkungsweise von Nährstoffen, die in den Blaugrünen Uralgen ‚enthalten sind . Aus Algae to the Rescue" (Algen zur Rettung) von Kar! J. Abrams


ALANIN aktiviert Muskeln und stärkt das Imunsystem
ARGININ bildet neue Muskeln, entgiftet die Leber,stärkt Imunsystem
ASPARAGIN gibt dem Gehirn Energie bildet das Imunsystem
BETACAROTIN verbessert die Sehkraft schützt die Hornhaut hilft der Verdauung verteidigt gegen Attacken freier Radikaler stärkt Imunsystem
BIOFLAVINOIDE entfernen Toxine aus den Hautzellen bilden Imunsystem
BIOTIN schafft gesund aussehende Haut
BOR stärkt die Knochen erhöht mentale Klarheit hilft verstopfte Arterien
CHLOROPHYLL fördert die regelmäßigkeit des Darms reinigt Bindegewebe
CHROM mäßigt verhandene Diabetes hinder die Alterdiabetes
CYSTEIN entgiftet Karzinogene
ELEKTROLYTE helfen den Nieren zur optimalen Funktion
EISEN bekämpft Erschöpfung vermindert depression reduziert Anämia
Essentiel!e FETTSÄUREN vermindert Erkrankungen der Herzkranzgefäße
FIBERN eliminieren toxischen Abfall
FLUOR bekämpft Zahnverfall, härtet Knochen
FOLSÄURE erhöht mentale Funktion,beugt Anämie vor
GERMAN!UM hilft den Epstein-Barr Virus unter Kontrolle zu halten

GLA (Gamma Linolensäure) vermindert Cholesterin
GLUTAMINSÄURE senkt Zucker und Alkoholsüchte
GLUTAMIN erhöht die Konzentration
GLUTATHION verteidigt gegen freie Radikale
GLYCIN beruhigt das Nervensystem
GLYCOGEN erhöht physische Vitalität
HISTIDIN steigert die Aufnahme von Nährstoffen,entfernt toxische Metalle
JOD reguliert das Körpergewicht
ISOLEUCIN bildet Muskeln,hilft der Leber
I(ALIUM reduziert Hypertonie
KALZIUM stärkt Knochen,beruhigt Nerven,mindert Cholesterin
KOBALT repariert Nervenzellen,hilft bei der Produktion roter Blutzellen
KUPFER erleichtert Arthritis,hilft bei der Produktion roter Blutzellen
LECITHIN löst Cholesterin-Depots,erhöht das Kurzzeitgedächtnis
LEUCIN reduziert Symptome von Hypoglycemie
LINOLENSÄURE bekämpft virale Infektionen
LYSIN vorbeugende Hilfe bei Osteoporosis
MAGNESIUM fördert Gelassenheit,mäßigt Stimmungsschwankungen, reduziert Kopfschmerzen bei Migräne
MANGAN unterstützt die Mobilität der Gelenke
METHIONIN stärkt das Gedächtnis,hebt Stimmungen,entfernt Schwermetalle
MOLYBDÄN erhöht die Langlebigkeit
NATRIUMbeugt Sonnenstich vor
NIACIN (B3) reduziert Stress, minderl Cholesterin,hilft Atherosklerose umzukehren
NICKEL, fördert Ze!lwachstum,und Reprouktion
NUKLEINSÄUREN erhöhen die Gedächtnisleistung
OMEGA-3 SÄUREN erhöhen die Flexibilität der Zellmembrane, lösen Ab!agerungen von Cholesterin,reduzieren cardiovasculäre Erkrankungen
OMEGA-6 SÄUREN vermindern arthritische ,Symptome, verbessern die Spannkraft der Haut, reduzieret cardiovasculäre Erkrankungen.
PANTOTHENSÄURE (B5) vermindert morgendliche arthritische Schmerzen,Toxine von Alkohol,und hilft gegen Attacken freier Radikaler
PHENYLALANIN erhöht mentale Wachheit
PHOSPHOR erhält die Zähne gesund,hilft beim zusammenwachsen von Knochenbrüchen
PROLIN erhöht das Lernvermögen,hilft zerissenen Knorpel zu reparieren

PYRIDOXIN (B6) stärkt das Immunsystem,erleichtert prämenstruelle Spannung
RIBOFLAVIN (B2) wehrt Attacken freier Radikaler ab,verhilft zu physischer Energie,schafft Erleichterung bei Augenmüdigkeit
RNA erhöht die Seele Geist Funktion Intuition,
SELEN erleichtert Ängstlichkeiten,stärkt das Immunsystem
SERIN verschönert die Haut
SILIKON strafft die Haut
SOD (superoxid dismutase) verteidigt gegen Attacken freier Radikaler
SUBSTANZ P schärft den Verstand
THiAMIN (B1) vermindert Müdigkeit,verbessert die Geisteshaltung, erleichtert Spannungen
THREONIN kräftigt das Immunsystem verbessert die Spannkraft der Haut
TYROSIN wirkt wie ein Antidepressiv ,förder mentale Wachheit,stärkt die Erinnerung
VALIN bildet Muskelgewebe.
VITAMIN B12 energetisiert den Körper, verstärkt das Gedächtnis, repariert das Nervensystem
VITAMIN C reduzierl die Dauer von Erkältungen,das Krebsrisiko und Zahnfleischbluten
VITAMIN E stärkt das Immunsystem und erhält das Nervengewebe gesund
ZINK erleichtert den Zugang zum Gedächtnis, vermindert das ausbrechen Akne, stärkt das Immunsystem ,reduziert Erkä!tungen, wendet Prostataprome ab

Die Informationen in diesem Prospekt ersetzen keine ärztlichen Beratungen.Diese ursprüngliche, wild gewachsene und energiereiche Nahrung kann aber Therapien auf natürliche Weise unterstützen

Ende Zitat

Alleine der letzte Satz von dem Zitat zeigt schon wie eine Horde verkommener Anwälte,also keine Menschen,darauf lauern würden,solche Informationen zu verbieten ,für ihre kriminellen Pharmageldgeber.Aber da es ein „Anwalt" ist,also kein Mensch,ist jegliche form von MenschenRecht hier garnicht zu befolgen,denn eine fiktive also juristische Person ,ist bloß ein Phantast eine Manipulation eine Lüge und Täuschung,und somit überhaupt nicht zu beachten. Sie hat keinen Rechtswert. Also Anwälte sind somit

Fiktionen das falsche.

Hier ist zum Beispiel eine Flüssigkeit mit ausschließlich kolloidialen Mineralien.Also Mineralien und Salze die von der menschlichen Zelle absorbiert und verarbeitet werden können,von der Firma Neways.

Zitat
MAXIOL SOLUTIONS
Minerals mg/l (ppm)
Antimony (Antimony Oxide) 1.5, Barium (Barium Nitrate) 0.8, Beryllium 0.9, Bismuth (Bismuth Nitrate) 0.9, Boron (Boric Anhydride) 78.0, Bromide 0.018, Calcium (Calcium Chloride) 2420.0, carbon 0.5, Cerium (Ceric Oxide) 1.2, Cesium (Cesiurn Carbonate] 1.1, Chloride (Potassium Chloride) 36000, Chromium' (Trivalent Chromium) 8.0, Cobalt (Cobalt Nitratei 0.7, Copper (Curpric Sulfatel 5.0,' Dysprosium 1.0, Erbium (Erbium Oxide) 1.4, Europium 1.0, Fluoride 0.3, Gadolinium 1.6, Gallium 0.8, Ciermanium 1.0, Gold 0.9, Hafnium 1.3, Holmium 1.5, Indium 0.8, locline 30.0, Iridium 0.9, iron 32.0, Lanthanum 1.0, Lithium 0.7, Lutetium 1.5, Magnesium 1330.0, Manganese 25.0, Molybdenum 7.0, Neodymium 1.5, Nickel 0.8, Niobium 0.9, Palladium 0.9, Phosphorous 30.0, Platinum 0.9, Potassium 1420.0, Praseodymium 1.1, Rhenium 1.0, Rhodium 1.0, Rubidium 1.3, Ruthenium 0.9, Samarium 1.2, Scandium 1.4, Selenium 65.0, Silver 1.0, Sodium 142.0, Strontium 0.9, Sulfur 1.1, Tantalum 0.9, Tellurium 1.3, Terbium 1.4, Thallium 0.9, Thorium 0.8, Thulium 1.4, Tin 0.8, 1"itanium 0.9, Tungsten 0.9, Vanadium 0.8, Ytterbium 1.3, Yttrium 1.2„ Zinc 32.0, Zirconium 1.3.
Vitamins Amount/l
Beta Carotene 600 LU., Biotin 5mg, Choline Bitartrate 670mg, Folic Acid 6.5mgInositol 70mg, Niacinamide 670mg, PABA 65mg, Pantothenic Acid 340mg, Vitamin A 60,000 I.U., Vitamin B1 70mg, Vitamin B2 1151113, Vitamin B6 115mg, VitaminB12 400mcg, Vitamin C 670mg, Vitamin D2 2220 I.U., Vitamin D3 11120 i.U., Vitamin E 500 LU.
Amino Acids
Alanine, Arginíne, Aspartic Acid, Cystine, Desmosirıe, Giutamic Acid, Glycine, Histidine, Cysteic Acid, isodesmosine, isoleucine, Leucine, Lysine, Methionine, Phenyl:-ılanine., Proline, Serine, Threonine, Tyrosirıe, Valine.
Enzymes

Amylases, Proteases, Lipases.

Zitat Ende

So weil auf den Böden in den Böden der Landwirtschaft keine Vitalstoffe mehr sind weil die Chemiekonzerne mehr an ihrem geldmachen interessiert sind und den Menschen sogar einreden wollen dass das natürliche nicht gut genug sei ,aber bloß weil sie Profite machen wollen und nun auch gemacht habe, ist der Zustand der Menschen global so wackelig geworden so arm und so kraftlos und so viele Kranke sind da, obwohl geforscht, geforscht, geforscht, wird, und auch die Genetik wird noch mehr kaputtmachen, weil also Nahrung Nix wert ist, suchen natürlich einige Weise nach neuen Quellen, die Algen wie Spirulina und noch besser die Klamath Alge weil sie nämlich natürlich wächst das sind schon Quellen von größerer Vitalstoffmenge, aber auch sie haben nicht die Gesamtzahl der Mineralien die ein menschlicher Körper braucht, die Klamath Alge hat 64 Vitalstoffe, das ist schon sehr gut, aber es fehlen noch 26 Stoffe, und das bedeutet Nahrungsmangel, oben ist einmal die Liste der inhaltstoffe von der Klamath Alge-dahinter ist eine Liste der natürlichen Mineralien in einem Produkt das von der Firma Neways produziert wird, Maximol Solution, da sind 67 Mineralien, pflanzliche kolloidale, die sind in Flüssigkeiten, da sind 17 Vitamine, pflanzlicher Art, und 20 Aminosäuren, mit anderen Worten da ist alles drin enthalten was der menschliche Körper braucht.
Ich habe diese Stoffe selber genommen und nehme sie auch noch heute. Was ist das auffallendste daran.
Du hast viel weniger Hunger, dein, mein Körper fühlt sich rundum wohler hat nicht das Verlangen sich reinigen zu müssen, durch Hitze schwitzen und andere Bäder, er braucht weniger Schlaf und so weiter. Diese Mineralien werden aus Tiefenschichten gewonnen, wo Schiefer mit einem Pilz verarbeitet wird, zu pflanzlichen Stoffen, das ist Urzeitschiefer und fast pflanzlich. Ich gehe mal darauf ein was passiert wenn der Körper zum Beispiel all diese Vitalstoffe bekommt, und er zum Beispiel keinen Mangel hat an Chrom und Vanadium, wenn er den Mangel zum Beispiel hat, haben Wissenschaftler an der Universität in Britisch Columbia festgestellt, dann bekommt er Zuckerkrankheiten, und Ärzte verschreiben ihm Insulin, wenn's nötig ist, aber Insulin ist künstlich und heute weiß man das Insulin Krebs produziert, alles künstliche produziert Krebs, alles, alles, deswegen auch die Schleudersitzkrebserhöhung, weltweit, aber natürlich auch weil die Vitalstoffe fehlen,

wenn dem Organismus nun langsam wieder Chrom und Vanadium zugeführt wird kann er langsam den Entzug von Insulin machen und befreit sich davon, oder wenn zum Beispiel ein Boronmangel da ist kann man noch so viel Kalzium oder Magnesium schlucken, das nütz nichts denn Boron ist der Träger von diesen Stoffen und wenn der nicht da ist kann das Mineral nicht haltbar im Körper gemacht werden um da nicht zu detailliert reinzugehen, alle Mineralien müssen da sein, und zwar natürlich, weil sie so das echte sind. Früher beteten die Menschen ·Ohhh Gott überschwemme unsere Ländereien, Überschwemmung komm, komm. Warum wohl, warum hatte der Vater von Alexander dem Großen wohl die junge ägyptische Königin geheirate, nicht wegen ihrer flachen Brüste, nein wegen ihres Landes, denn Ägypten war berühmt wegen des besten Getreides auf der Erde, denn die Nilflutung- die Schwemme brachte alle Mineralien dorthin wo sie gebraucht wurden, aber heute bauen die Ignoranten lieber Dämme. Kalziummangel resultiert in über 150 Krankheiten bloß wegen Mineralmangel. Die Schmerzmittel der ignoranten Medizinwissenschaftler der Pharmaindustrien sind so als ob man im Auto die Ölwarnlampen ausschaltet und dann trotzdem weiterfährt. Hoher Blutdruck ist Wasser und Salzmangel, Wassermangel weil Wasser fehlt. Denn Kaffe, Bier oder Softdriiiinks ist kein Wasser. Der Körper reagiert dann sehr weise er zieht die Adern und Venen zusammen weil ja zu wenig Wasser da ist, und das macht sich dann als Bluthochdruck bemerkbar. Ebenso ist es wenn Salz fehlt. Jemand, nämlich der Dr. Joel Wallach der 1991 für den Nobelpreis nominiert wurde hat mal gesagt, wer glaubt das man kein Salz nehmen soll oder Butter essen soll, dem wird er ein Atlantikgrundstück in Bayern verkaufen. Die Pharmaindustrie ist daran interessiert Aktienmärkte zu wachsen aber nicht wirkliche Gesundheit zu bringen. Man kann alleine zu 50 verschiedene Ärztegruppen gehen bloß alles wegen Kalziummangels.

Im Hundefutter in den USA sind 40 Mineralien zugefügt, ,aber in der menschlichen Babynahrung bloß 11.

In Europa hat die schräge Eurogruppe diese wilden gierigen unklaren Typen, für dieses Jahr in der Babynahrung einige Vitamine zugesagt, „dat is Nix". Die sind auch noch synthetisch, ihr müsst mehr Verantwortung für euch selber übernehmen, oder zum Beispiel Hormone in den USA werden um die 200 Pferdefarmen dafür gehalten. Da werden die Stuten immer künstlich schwanger gehalten. Sie tragen Windeln und es wird ihnen sehr wenig Wasser gegeben, damit ihr Urin konzentrierter ist. Dann wir aus dem

Urin das Hormon gewonnen und die Struktur wird verändert. Das gibt man dann den Frauen. Dahinter steckt eine bestialische Mentalität. Befreit euch davon, künstliche Hormone bringen Brustkrebs, Osteoporose, und andere schwere Malfunktionen des Körpers. Nehmt keine synthetischen Stoffe mehr. Nehmt keine synthetischen Stoffe mehr .Nehmt keine synthetischen Stoffe mehr. Wenn euch ein sogenannter Arzt pharmazeutisches anbietet, nehmt es nicht, sagt sofort nein, ihr wollt nur pflanzliche Mittel, die Synthetik ist das falsche, macht krank. Ärzte machen krank weil sie stark der Habgier verfallen sind und Habgier gehört zur Angst, weil sie nicht genug spirituell gewachsen sind. Sie sind verwachsen ins synthetische und wissen nichts mehr von der Wahrheit was echt und falsch ist. Intellektuell taumeln sie in den Kuckuckswolken ihrer dunklen Gehirngänge. Wenn einer von denen seine Augen schließt sieht er kein Licht sondern Dunkelheit. Denkt daran, kolloidale Mineralien-pflanzliche Mineralien, sind wichtiger. Sie sind 7000-mal kleiner als die Blutzellen im Körper. Sooo ich mach ne Pause, bis später.

14.1.2000 weshalb sind pflanzliche Stoffe und mineralische Stoffe so besonders gut, und weshalb gibt es keine Alternative für uns Menschen für das natürliche. Im Zyklus der spiralförmigen Evolution der Schöpfung, sind die Wesen aus dem Seligkeitsreich wieder in die festere Stofflichkeit gewandert. Diese Seligkeit wird in diesen Instinktbereich der Mineralien mitgenommen. Das Wesen erlebt nicht die Tagesbewusstseinsebene sondern ist noch total in der Erinnerung an das Seligkeitsreich. Es bleibt in totaler Ekstase. Diese überschüssige Ekstaseenergie zeigt sich in den Mineralien. Kristallisationen sind Zeichen der Schönheit und die Farben auch. Aber diese Mineralien haben ja alle eine sehr hohe Schwingung. Zum Beispiel wird ja in der heutigen Computertechnologie die Seligkeit der Kristalle benutzt oder Bergkristalle, sie haben eine sehr hohe Schwingung und wenn du Bergkristalle nimmst und sie in dein Trinkwasser legst wird das Wasser gereinigt und sogar keimfrei gemacht. Diese Seligkeitsenergie wird aber auch von den menschlichen Zellen gebraucht. Weil es so aufgebaut ist. Aber synthetische Mineralien und Vitamine beinhalten keine Seligkeitsenergie-im Gegenteil sie beinhalten Unseligkeitsenergie.

Und damit sind sie genau das was der menschliche Körper nicht braucht. Er wird dadurch zerstört. So wie die Erde heute von der Unseligkeitsenergie der Raubmenschen zerstört wird.

Eine Stufe weiter ist das Wesen aus dem Mineralreich in das Pflanzenreich gewandert. Nun macht sich ein Instinktbewusstsein bemerkbar, das aus den 6 schöpferischen Farben, Energien, aufgebaut wird. Die Pflanze selber ist noch ein Wesen das immer noch im Seligkeitsbewusstsein ist und sie spiegelt das in ihren Formen und Farben und Schönheiten wieder. Das größte Bewusstsein das sie erfahren ist ihre Ahnung von der Außenwelt dabei bleiben sie aber extrem sensibel. Es bleibt aber trotzdem unbewusst. Die Pflanze hat einen Schwerekörper und einen Gefühlskörper. Die Pflanze wird sich im Laufe der Zeit zu einem tierischen Wesen hin entwickeln, indem sie die dafür nötigen Körper entwickelt .Die Pflanze ist vom Göttlichen Plan so gebaut, das sie bloß Unbehagen empfinden kann, denn sie wird ja enorm gestresst, gefressen abgerissen zerhackt, beschädigt, zerstört, gras gemäht, Blumen gepflückt, all das wird von dem Pflanzenwesen lediglich als Unbehagen wahrgenommen...geistig ist die Pflanze aber sehr wachsam. Sie hat auch noch ein sehr starkes Erinnerungsbewusstsein aus dem Seligkeitsbereich und das beherrscht noch ihr Bewusstsein. Deswegen ist die Pflanze ein mehr geistiges Wesen als ein physisches wie später die Tiere. Und da das Tagesbewusstsein der Pflanzen mit dem Seligkeitsbereich verknüpft ist, ist diese reine Seligkeitsenergie auch noch in ihrem Körper, den die Tiere und Menschen essen.

Und wieder sind nun da die Pflanzen die die seligen Mineralien aufgenommen haben und sie für ihren eigenen Körper so zerkleinert haben, dass sie ihn damit aufbauen können. Diese Pflanzen sind sehr wichtig im natürlichen Kreislauf der Organismen, auf der Erde, denn wir Menschen essen diese Seligkeitsnahrung, weil sie genau für unseren Organismus von der geistigen Erschaffung her so geplant waren.Deswegen ist alles synthetische egal was Gift für den menschlichen Körper.

die Aussage die Jesus mal gemacht hat, das er hier mit den Säuen aß, ist heute noch wichtiger als damals, denn die synthetische Industrie und die bekloppte Lebensmittel Idiotengemeinschaft ist auch diese Sau. Denn Säue fressen noch nicht mal in der Natur so einen Schund wie sie heute in Lebensmittelläden angeboten werden.

Im Übrigen ist die Bezeichnung Lebensmittel falsch. Da sind keine Lebensmittel mehr drin, da sind Krankheitsmittel drin. Somit sind das Krankheitsmittel und Läden.

Jesus sagte auch das es besser sei ein Dasein bei seinem Vater als Tagelöhner zu haben anstatt eines Daseins hier in der Finsternis der Menschen. ich stimme ihm voll zu.

Denn der Mensch heute ist selber diese Finsternis geblieben. Der Weg aus dem Reich der Raubtiere ist noch lange, lange nicht abgeschlossen.

Heute ist es weltweit gut durch die Medien zu sehen, ‚überall Banditen Betrüger Lügner in der Politik, alles ist von raubtierartigen Egoismus geprägt, die Kanzler Präsidenten sind keine Wesen die euch zeigen können wo's langgeht, ‚wenn ihr das weiterhin so blöde unterstützt werdet ihr noch weiter in den Sumpf gezogen, ihr habt schon eure Welt vergiftet. Parteien sind Handlanger des Abzockens und der Lügenwirtschaft, Politiker und ganze Parteien sind vom Geld her käuflich, die Wirtschaftsraubtiere sie haben die Politiker gekauft und ihre Lobby drückt ihre Ziele durch das zeigt sich ja in den ungleichgewichtigen steuervorteilen und der Unfähigkeit der Raubtiere sogar echte Erleichterung für sich selber zu machen. So blöde sind die geblieben weltweit, und so was blödes führt euch, also werdet ihr auch blöder.

Aber diese Schmerzen und Leiden die ihr nun mitmacht sind der Schleifstein für euer erwachen zu euch selber...denn die Evolution hat als Ziel das Individuum das ist die Krönung der Schöpfung, ‚nicht die breite dumpfe Masse, es sind die Individuen die im Laufe der Zeit den Wert der Menschheit ausmachen und umso mehr befreite Individuen hervortreten können umso edler wird die Gesellschaft. Und eine Ignorantengruppe sagen wir mal wie diese politischen Idioten heute die dann im Staatsscheißhaus sitzen mit ihren Parteischeißern, werden immer hinderlich sein, auch wenn es für nützliche Zwecke von den Raubtieren gedacht ist. Und die Menschen dann wegen ihrer Nützlichkeit fördern, aber nicht der Befreiung wegen, so werden diese Auswüchse dieser ignoranten Minihitlers, keine großen edlen noblen Dinge als Weltgemeinschaft oder Humansegen erschaffen, es werden weiterhin bloß Geldkopien gezüchtet..

Deswegen müssen die politischen Organisationen von der Bildfläche verschwinden. Sie sind längst so verkommen und versaut und haben sich ja auch so dargestellt das sie einfach wie die Kaiser und Könige zurück auf die Bäume gesendet werden müssen.

Da die Menschen also noch Raubtiere geblieben sind, sind ihre Forschungen auch von Raubtieren gemacht, die totalen Egomanen Ziele verfolgen, Weltherrschaft, Kontrolle über andere. Und das mit der Gen-Forschung, dieses Teufelsbewusstsein das diese Raubtiere noch haben. Es wird auch in der Gen-Technik, so nennen sie das sogar, Technik, so blöde sind die noch diese dummen materialistischen Tiere, das die Resultate der Gen-Technik schlimmer, sein können als die Atombomben und Neutronenbomben, denn sie werden im Namen der Gesundheit gemacht, sind aber falsch, synthetische Arbeiten. All diese Einsichten zeigen einen Mangel an wahr-

haftigen Einsichten in das Leben die Wahrheit und die Liebe des Lebens und Universums.
Und da diese diabolischen Wissenschaftler reine Materialisten geblieben sind, also den Weg der Ignoranz gegangen sind den Weg nach außen, ohne geistige Organe entwickelt zu haben und so die geistigen Welten sehen zu können, und dann eine andere Art der Wissenschaft erbaut zu haben, wird auch das Resultat wiedermal verheerend sein in dieser neuen Gentechnologie und Manipulation..Denn sie wissen nicht was sie tun.
Aber irgendwann mal wird das total vollkommene Menschenreich auch aufblühen.
Aus diesem schwachsinnigen Gestammel der Wissenschaft heute, wir auch mal ein Licht dabei sein, und es werden mehrere Lichter wachsen. bis sie ihren Tötungsinstinkt abgebaut haben, kein Fleisch mehr fressen und den wahren Frieden in sich erkennen aus dem erst überhaupt sehen möglich ist und hören und fühlen und wahrnehmen. Der Gefühlskörper der Wissenschaftler heute ist noch ein degeneriertes Stück Lumpen.
Aber die Intelligenz ist hart bei denen. Und das Geld macht Garnichts aber dafür gehen sie jeden Mist ein. Als müssen die Menschen erst mal weiterleiden und sehen was diese Berufsgruppen ihnen und der Erde antun, um die Finger von diesen ignoranten zu lassen. bis tatsächlich wahre Nächstenliebe vorhanden ist. Heute ist das alles noch geheuchelt, bis auf diejenigen die das echt leben können...Ich kann das noch nicht immer, ich muss manchmal kotzen wenn ich in der Nähe bin und es kann sein das ich eure Anzüge und Krawatten und Seidenkostüme ankotze. Denn alle Fleischfresser stinken ungemein und Raucher auch. Mein Gott seid ihr üble Säue geworden, übler als die echten Säue. Alle Fleischfresser stinken nämlich nach Leiche. Aber sie merken das gar nicht weil sie eins mit der Leichenfresserei geworden sind, und deswegen sind die synthetischen Parfüme auch so aggressiv damit der Gestank überdeckt werden kann. Ihr merkt gar nicht mehr was ihr überhaupt tut, ihr Säue, in Menschengestalt.
Dieses wahre Menschereich wird kommen, das Göttliche lässt sich nicht durch die Raubtiere in seiner Planung behindern. Es kann alles ganz anders kommen wie ihr euch das vorstellt. Die Mammuts haben auch nicht da auf einer Stelle gewartet bis sie eingefroren sind, es kann ganz plötzlich kommen wenn ihr unerwünscht seid und ignorant bleiben wollt. Die Menschen hatten schon mal 12 DNS Stränge. Nun haben sie bloß noch zwei. Was bedeutet das wohl. Ein gesunder Mensch hat 46 Chromosomen. Der Mensch hat 22 Chromosomenpaare (sogenannte Autosomen) und 2 Ge-

schlechtschromosomen (der Mann XY und die Frau XX). Insgesamt also 46.DNS Stränge und Chromosomen bedeutet auch mehr Informationen aufnehmen zu können oder weniger. Die physische Wissenschaft erkennt momentan bei den Menschen 2 DNS Stränge. Energetisch haben wir alle 12 DNS Stränge. Bisher nutzen wir nur ca. 5% unseres DNS Potentials. Für den Aufstieg der Erde ist die Aktivierung der fehlenden DNS wichtig und dient der Regeneration der Erde und ist Voraussetzung für ein harmonisches Leben von uns im Einklang mit allen Erdenbewohnern der neuen Energie.

Spirituell gesehen ist die DNS weit mehr als eine chemische Kette von Molekülen. Die DNS ist eine, der heiligen Geometrie entsprechende, göttliche Ausdrucksform, die uns und den Schöpferebenen als Sende- und Empfangsstation dient. Die Form der DNS entspricht einer in sich gedrehten doppelten Spirale. Als Menschheit sind wir gerade dabei, das Mysterium DNS auf mehreren Ebenen zu entschlüsseln.

Die größeren DNS Systeme werden in der kreativen Masse erschaffen. Es sind Urmatrixprogramme die neuen Universen und Sternensystemen als Gesetzmäßigkeiten dienen. Die größeren DNS Systeme unseres Universums sind z.B. die heilige Geometrie, Mathematik, Frequenzen bzw. Schwingung. Das System der 12 ist eine in unserem Universum heilige Verbindung. Sie ist der Ausdruck eines vollendeten Zyklus. Man findet sie in den 12 Stunden eines Tages, in den 12 Monaten, in den 12 Dimensionen, 12 Tierkreiszeichen, 12 Strahlen Gottes, 12 Apostel, 12 Stämme Israels, etc.
Die 12 – Strang DNS, ist der vollendete genetische Code, die vollendete menschliche DNS. Anders als von vielen angenommen, besteht die 12 – Strang DNS nicht aus 12 Strängen. Die 12 - Strang DNS besteht wie bisher aus zwei Hauptsträngen, die jedoch von kristallinen Brücken durchdrungen sind und jede dieser Brücken hat 12 Stränge. Jede dieser 12 kristallinen Brücken steht in Resonanz mit einer Dimension unseres Universums. Sind die 12 kristallinen Brücken der 12- Strang DNS erst mal aktiv ist es möglich, uns in allen 12 Dimensionen gleichzeitig zu bewegen. Nach und nach werden nun die einzelnen Stränge bei uns Menschen aktiviert. Die 12- Strang DNS ist der vollkommene Ausdruck eines göttlich vollendeten physischen Körpers. Die ätherische 12- Strang DNS ist vielen spirituellen Menschen geläufig. Das habe ich zumindest in Einigen Büchern erlesen.

Aber heute ist das Leben immer noch durch Macht, Brutalität, Kriege gekennzeichnet, ob im großen oder kleinen, die politische Lage zeigt das gut, die wirtschaftliche auch weltweit und das Stadium ist noch nicht vorbei. Die Raubtiere, Putinskis oder die anderen Raubtiere "weltweit", wie die GangsterBankster, sind bloß das, mehr nicht und die Dumpfbacken freuen sich.
Die Menschen heute müssen ihren Gefühlskörper, Intelligenzkörper und Intuitionskörper mehr ausbilden. Meditation gehört dazu und muss an den Schulen Universitäten und Firmen gelernt werden. Ich habe schon ein Buch geschrieben mit dem Titel "Meditative Transformation der Industrie", darin wird ein Kreislaufsystem gezeigt wie das aufgebaut werden kann.
Diese drei Körper müssen voll aufgebaut werden damit ein permanentes erwachen gegenüber, oder im kosmischen Bewusstsein entsteht, das wären dann die geistigen Organe die eine geistige Wissenschaft aufbauen würden. Die wäre dann von Wahrheit Liebe und Achtung vor dem Leben gekennzeichnet.
Dieses Bewusstsein wäre dann ein permanentes Tagesbewusstes erleben oder wahrnehmen jener nicht Zeit und raumdimensionalen Faktoren, die hinter der Raumzeitwelt liegen.
Auf diese Wege kann auch das Lebensmysterium gelöst werden.Die Wissenschaftler heute Mediziner heute Biologen heute Philosophen heute können Garnichts erläutern auch nicht die bekloppten Kirchenpäpste.
Dann werden diese neuen Wissenschaftler oder Menschen das Weltall als den Körper Gottes erkennen der Organismus, und sie werden erkennen das das Ich der Gottheit mit dem Ich der Lebewesen identisch ist.Und das Licht ist dann das angenehme Gute und das dunkle das unangenehme Gute.
Aber wie gesagt das Licht ist nicht die Gottheit. Denn das Licht ist bloß ein Teil des Körpers der Organe. In der Meditation wenn ich das Licht sehe, dann sehe ich das Licht aber ich bin nicht das Licht, und ich bin auch nicht die Dunkelheit denn wenn ich die Dunkelheit wäre könnte ich keine Licht sehen und wenn ich das Licht wäre könnte ich keine Dunkelheit sehen....im Surangama Sutra in Buddhas höchster Lehre ist das sehr schön beschrieben, das habe ich auch in die deutsche Sprache übersetzt weil es das noch nicht gab seit 2600 Jahren.
Diejenigen Wissenschaftler die eine gewisse Form von Intelligenz haben, Politiker oder Wirtschaftstypen, aber deren Intuition nicht wirkungsvoll ist, sie erreichen eine gewisse Form von Humanität und sie reicht aber bloß dafür aus das sie die neue Wissenschaft etwas theoretisch begreifen kön-

nen, sonst Nix.
Man sieht ja heute in den wissenschaftlichen Zeitschriften und so weiter wie beschränkt sie noch geblieben sind. Wenn sie die intuitiven Fähigkeiten zur Blüte unter den Menschen entwickelt haben dann werden alle Menschen global auch als eine Menschheit vereint sein.
Die Megaglobalisierung , der Raubzug der Industriellen und Gangster-Bankster, wird dann nicht mehr nötig sein weil es dann nichts mehr zum einkaufen gibt und auch wenn einer einzigen Firma die gesamten wirtschaftlichen Unternehmen gehören würden, also einer Bank oder einer BanksterGangsterFamilie, so würde damit der Göttliche Plan genau erreicht sein. Denn dann wird das Geld und der Glaube an diese Illusionen völlig überflüssig und es wird dann kein Geld mehr geben. Alle irdischen Güter werden dann allen Menschen gehören was auch heute schon die Wahrheit ist, aber die ignoranten Raubtiere wollen das nicht zulassen. Alle Materialien sind dann kostenlos. So wie sie immer kostenlos waren. Aber die bekloppten Geldidioten und Habgieraffen wollen das heute nicht gelten lassen. Wertmesser ist alleine das Arbeitsvermögen, und alle Menschen werden in diesem Leben vermögend sein.
Es wird keine physische Armut geben, und psychische auch nicht, weil die nämlich eng damit verbunden ist, denn fast alle Ängste heute entstehen durch Mangel, denn Angst ist Mangelbewusstsein.
Ich rate euch die Bücher von Martinus zu lesen. Martinus hatte kosmisches Sehen erreicht, und Bewusstsein. Lest die Bücher dann wisst ihr Bescheid. www.martinus.dk
Ich übernehme hier einiges von seinem Sehen, und meiner eigene Erfahrung, und Sehen.
Heute repräsentiert-tiert-tiert der Mensch in seinem Bewusstsein die Finsternis die Unwissenheit und Dumpfheit. Wer das nicht erkennt gehört auch noch dazu.
Ihr dürft euch auf keine politischen Figuren wirtschaftlichen Figuren oder religiösen Kirchenfiguren verlassen, dann seid ihr nämlich in Wahrheit verlassen. Nur der Blick auf das Göttliche in dir selber bringt die Wahrheit und den Segen, oder die „Heiligen". Zu den Heiligen komme ich später.
Also nochmal, es gibt keine Alternative zu natürlichen Mineralien und Pflanzen die synthetischen Wirkstoffe sind alle ohne Ausnahme schädlich für den Organismus des Menschen oder anderer seliger Organismen und Lebewesen. Es gibt keine Alternative zur Göttlichen Schöpfung. Erst wenn das klar geworden ist kann es auf der Erde besser werden. Oder aber die

Erde wird euch das fürchten lehren und zwar sehr, sehr, stark. Die Stürme und Erdbeben und Klimaveränderungen sind bloß ein mikroskopisches Hüstelchen, denn die Erde ist ein gigantisches Lebewesen. Wenn die mal eine echte Lungenentzündung oder andere Arten von Nervenanfällen bekommt, dann sieht es für die Mikrolebewesen darauf sehr, sehr übel aus. Also hört auf das falsche anzubeten, und entlarvt euch nicht selber als zu bekloppt.

Es wird ja in vielen alten Schriften vom Ende der Zeit geschrieben. Die Asiaten nennen es das Zeitalter des Kali-Yugas...dabei ist Kali die weibliche Seite der schöpferischen zerstörerischen Kräfte. Kal ist die männliche Seite dieser Kräfte. Aber beides sind die negative Bewusstheit der Göttlichen Energien oder das sekundäre Bewusstsein Gottes. Das ist der Bereich der der Zeit unterworfen ist, der Veränderungen der Zerstörungen. Es sind die drei Bereiche physische Welt, astrale Welt und kausale Welt. Die Hindus nennen Brahman den Schöpfer dieser Welt und die Veden gehen davon aus das ist die höchste Gottheit.

Aber das ist falsch. Brahma ist bloß die Gottheit der drei Welten, das sekundäre Bewusstsein Gottes. Nur die Heiligen kennen das und können über diese Welten hinausgehen.

Die Seher der Veden können das nicht, und selbst Brahma, die Gottheit dieser drei Welten kann das nicht. Und in dieser Schöpfung sind die menschlichen Seelen auch eingebaut, und sie können erst in die höheren Welten wenn sie total gereinigt sind und all ihre Egoseuchen und Gelüste und Wahnvorstellungen abgelegt haben. Die Zeit beinhaltet zwar die göttlichen Informationen. Aber sie ist für jede der Welten anders. Zeit ist Träger von Informationen genauso wie Wasser das ist. Zurzeit erhöht sich die Schumannschwingung. Die Schumannschwingung ist der Rhythmus der Erde. Bis vor einigen Jahren war der Herzschlag des Menschen mit dieser Schwingung der Erde noch eins. Aber nun erhöht die Erde ihren Herzschlag und ist schon auf 11 gestiegen. Was das bedeutet überlasse ich jeden selber das herauszufinden, aber es wird Wirkung haben. Wie gesagt die Erde ist ein Lebewesen und sie weiß sich von Ungeziefer zu reinigen. Denn die Erde ist ein Organismus im Sonnensystem, und das Sonnensystem ist ein Organismus in der Milchstraße der Galaxie in der wir leben... Nada Brahma die Welt ist Klang von Behrens ist auch ein Blick von unten nach oben. Deswegen kann er auch nicht den Weg da rausfinden. Und sein ganzes Suchen war fast umsonst. Dieses fundamentale Denken bringt nix. Es führt zu Dogma und Enge und Fanatismus weil die Liebeserfahrung letztendlich fehlt. Man kann zwar nett sein, hat angenehme Umgangsformen und schönes Verhalten. Trotzdem fehlt etwas. Um Gedanken auch von oben zu bekommen ist eine andere Art nötig aber auch die Erde ist in einem Zyklus eingebettet und es sieht so aus als ob die Erde also ihre Schwingung erhöht. Das bedeutet dann ja dass sie feiner wird. Und das bedeute dann ja das sie heller wird, und das bedeutet dann ja das sie erhöht wird und das bedeutet dann ja das sie tatsächlich aus ihrer größten Härte rauskommt und leichter wird, und somit erhöht wird, was dann wiederum auch auf die Mitorganismen die Lebewesen auf ihr zutrifft...laut Mayakalender von Kössner gelesen soll 2013 das Ende dieser Schwingungserhöhung erreicht sein und die Erde wieder befreiter sein. Lest die Bücher von Kössner darüber. Hinten im Buch steht seine Adresse. Auch der Flavio in seinem Buch -"Ich komme aus der Sonne" hat eine sehr schöne Graphik gemacht wo er als Kind aufzeigt das die Erde um die 2000 Jahre herum den Punkt der größten Dichte erreicht hat, und von da an wieder zum Punkt der geringsten Dichte sich hinbewegt, , ,etwa im Jahr 50 000 soll das erreicht sein.

Zitat Anfang

# Desiderata

(Inschrift in der alten St. Paul's Kirche, Baltimore 1692)
Gehe ruhig und gelassen durch Lärm und Hast; und sei des Friedens eingedenk, den die Stille bergen kann.
Stehe - soweit ohne Selbstaufgabe möglich - in freundlicher Beziehung zu allen Menschen.
Äußere die Wahrheit, ruhig und klar; und höre anderen zu, auch den Geistlosen und Unwissenden; auch sie haben ihre Geschichte.
Meide laute und aggressive Menschen; sie sind eine Qual für den Geist.
Wenn du dich mit anderen vergleichst, könntest du bitter oder eitel werden, denn immer wird es jemanden geben, größer oder geringer als du.
Erfreue dich deiner eigenen Leistungen, wie auch deiner Pläne.
Bleibe an deinem Fortkommen interessiert, wie bescheiden auch immer;
Es ist ein echter Besitz im wechselnden Glück der Zeiten.
In deinen geschäftlichen Angelegenheiten lass Vorsicht walten; die Welt ist voller Betrug.

Aber dies soll dich nicht blind machen gegen gleichermaßen vorhandene Rechtschaffenheit.
Viele Menschen ringen um hohe Ideale; und überall ist das Leben voller Heldentum.
Sei du selbst;
Vor allen Dingen heuchle keine Zuneigung.
Noch sei der Liebe gegenüber zynisch, denn auch im Angesicht aller Dürre und Enttäuschung ist sie doch immerwährend wie das Gras.
Nimm freundlich-gelassen den Ratschlag der Jahre an; Gib die Dinge der Jugend mit Grazie auf.
Stärke die Kraft des Geistes, damit er dich bei plötzlich hereinbrechendem Unglück schütze.
Aber beunruhige dich nicht mit Einbildungen; Viele Ängste sind Folge von Erschöpfung und Einsamkeit.
Bei einem gesunden Maß an Selbstdisziplin sei gut zu dir selbst. Du bist ein Kind des Universums, nicht geringer als die Bäume und die Sterne;
Du hast ein Recht, hier zu sein.
Und ob es dir nun bewusst ist oder nicht: Zweifellos entwickelt sich das Universum wie vorgesehen.
Drum lebe in Frieden mit Gott, was für eine Vorstellung du auch immer von ihm hast und was immer dein Mühen und Sehnen ist.
In der lärmenden Wirrnis des Lebens erhalte dir den Frieden deiner Seele.
Trotz all ihrem Schein, der Plackerei und den zerbrochenen Träumen ist diese Welt doch wunderschön.
Sei vorsichtig.
Strebe danach, glücklich zu sein.
Zitat Ende

Kinder sind ja keine Kinder sondern das sind Göttliche Seelen und die ist identisch mit der allmächtigen Gottheit.
Uhhhh da fällt mir was ein. Ich habe vorgestern bei einem Besuch bei der Hildegard Kopejsko was erfahren. Sie kennt einen Parapsychologen in der Schweiz der viele reinigende Arbeiten macht auf der Energieeben der feineren Energien. Er ist hellsichtig und kann einiges sehen. Sie berichtete dass er gesehen hat wie bei der Taufe eines Kindes von der katholischen Kirche das Kronenchakra und das dritte Auge geschlossen werden durch den Segen des Kreuzes, weil es nämlich genau falsch herum gegeben wird. Und die Kirchenväter wissen das. Als ich das hörte dachte ich auch "ja das ist typisch für die Raubtiere die die Kirche führen", keiner von denen

liebt Jesus und alle sind bloße Heuchler und Banditen zum abzocken. Sie sind alle auf Macht aus und sind Legionär des Üblen. Nicht umsonst zerfällt die Kirche weltweit, weil die Kirchenväter keine echten Erleuchteten sind. Sie sind nämlich genauso benebelt und haben bloß Bücher gelesen. Ich bin erleuchteter als der Papst oder jeder Bischof, das weiß ich. Wenn das also stimmt, so wurde damit nämlich die Entfaltung der Intuition verhindert, die nämlich die Göttlichen Einsichten bringt und das dritte Auge zeigt die Göttlichen anderen Welten. Aber wenn das verschlossen bleibt, dann seid ihr Gläubigen immer die gefangenen und abhängigen dieser Sekte die sich Christentum nennt. Denn dann müssen die getauften Opfer ihrer Vorglauber sein. Mit anderen Worten diese Typen sind alle Vasallen des teuflischen, der Papst auch. Ich muss noch mehr darüber herausfinden, aber wenn ich mir die Geschichte dieser Kirche anschaue dann passt das sehr gut. Ich habe gelesen, in den Büchern von dem Schriftwerk des Erzengels Raphael, das der Frau Helene Möller eingegeben wurde, das diese bekannt ist und im Göttlichen Plan miteinkalkuliert wurde und gesegnen wurde das die Kirche so verkommen würde, das aber trotzdem der Plan Gottes ausgeführt wurde, denn mit den Kirchen ging es hauptsächlich darum, die Tiere diese Menschen darauf aufmerksam zu machen, das es das Göttliche gibt und das er so bewusst wird sich innerlich selbst an das Göttliche zu wenden und somit unter ständiger Führung des Göttlichen selber gerät. Das ist identisch mit dem Intuitionsbewusstsein, und mehr. Dadurch wird er unabhängig von der Institution der verkommen Kirchentypen. Das passt mit dem Schließen des dritten Auges und dem Kronenchakra, das passt zur Kirche. Wenn das stimmt, wie viele sind von den Kirchen so getauft worden um Sklaven zu bleiben. Kein Wunder das die Wissenschaftler Schwierigkeiten haben auch den Weg von oben zu gehen, in ihren Denkprozessen. Sooo ich mache eine Pause..

15.1.2000 das synthetische kann niemals das echte sein. Deswegen kann das synthetische auch niemals heilen. nur das heile kann heilen.
Wenn das synthetische das echte heilen könnte wäre das echte nicht das echte und das synthetische nicht das synthetische.

Die Menschen leben zurzeit noch innerlich im dunklen. Sie haben innerlich noch nicht mit den Erfahrungen der tötenden Eigenschaften abgeschlossen. Sie sind noch zu stark in Hass Bösartigkeit und Neid und anderen niederen Schwingungen verhaftet.

Ihre Entwicklungsstufe in diesem kosmischen Zeitalter ist noch so. Bloß einige aber es werden immer mehr wachen auf, haben die Schnauze voll davon.
Was sagt Martinus dazu, er sagt:
Die Menschen sind sich also noch nicht besonders dessen bewusst das sie wenn sie im Gedankenklima des Bösen oder tötenden Prinzips denken, ausschließlich Mikrowesen von entsprechender tötender Qualität in ihrem Organismus aufnehmen könne und das ,demgegenüber ein denken im Gedankenklima des lebensspendenden Prinzips oder der Liebe dazu führt, das in ihrem Organismus Mikroleben oder Mikrowesen von entsprechender lebensspendender Natur inkarnieren.
Ok, also der menschliche Körper ist ja der Makrokosmos für die Mikrowesen in dem Körper von ihm, und dieser Körper ist das Universum für diese Mikrowesen und das Ich dieses Körpers, des Menschen ist für diese Mikrowesen die Gottheit. Also was für eine Verantwortung hast du Mensch in diesem Sinne...
Fleisch essen muss ein Tabu werden. Wer Fleisch frisst ist ein Raubtier. Und er wird andauernd krank sein, weil das tötende Prinzip sich in ihm inkarniert und aufrecht erhält.

Was sagt Jesus dazu. Er sagt binde dich nicht an Menschen oder Dinge.


Er sagt in der Bergpredigt, „und wenn du etwas wie dein Leben begehrst aber es führt dich von der Wahrheit ab, lasse ab davon, denn es ist besser in das Leben einzugehen und die Wahrheit zu besitzen, als es zu verlieren und in die äußere Finsternis gestoßen zu werden"..
In diese äußere Finsternis sind die Menschen zurzeit noch gestoßen.
Weil ihr Innenleben eindeutig zeigt woran sie gebunden sind.
Ihre Taten beweisen es, sowohl der Wissenschaftler als auch der Politiker oder Wirtschaftsleuchten, und auch die Staatsmentalität.
Der Weg den die Gen-Idioten gehen ist ein Weg an die Bindung nach außen und das begehren Macht über Menschen zu haben. Da ist kein Edler dabei von den Wissenschaftlern sondern es sind die Dollarscheine und Eurotaler die in der Zukunft leuchten und die Macht, Herrschaft über Menschen auszuüben, aber alles wird immer unter dem Schleiermantel der Hu-

manität gemacht. Da Synthetik im Spiel ist, ist diese Einsicht alleine schon genug dass das falsche die Illusion beherrscht.
Das Göttliche wird sich nicht von Raubtieren die Entwicklung verderben lassen. Natürlich werden die Menschen mit dieser GenSeuche noch mehr Leid erfahren als sie es jetzt schon erfahren mit ihren vollen Krankenhäusern Unfällen Katastrophen Vergiftungen, Seuchen. Der Mensch muss sich eingestehen, dass er zur Zeit im dunklen herumtummelt innerlich, die materialistischen Wissenschaftler, ob Physiker Mathematiker Mediziner oder Biologe Soziologen, sie sind in Wahrheit noch bewusstlos da sie bloß das sichtbare physische sehen, und es in seinem suchen nach Geltung, Leben-Geld-Familie-Macht und so weiter verpasst, bewusst zu werde.
Bewusst zu werden über die sinnliche grobe Wahrnehmung hinaus sehen zu können wahrnehmen zu können.
das sogenannte geistige selbst sehen zu können. Das dritte Auge ist verschlossen und das Kronenchakra auch, womit man zu seinem multidimensionalen Wesen kontakt hat und sich als ein unterschiedliches Wesen erkennt das auf jeder Seinsstufe einen anderen Körper und eine andere Körperform hat, die hinführt bis zur höchsten Gottheit die alles beinhaltet.
Das gesamte Universum mit allen Universen der Unendlichkeiten Ewigkeiten und allen Welten ob sie die dunkelsten sind oder ob sie die feinsten spirituellsten sind die unsterblichen.
Heute sieht der Wissenschaftler bloß Zeit und Raum eigentlich sieht er bloß Uhr-Zeit die Zeit kann nicht gesehen werden sondern die Inhalte der Zeit. Aber in Wahrheit sieht er garkeinen Raum und gar auch keine Zeit...das sind bloß seine eigenen Hirngespinste.
Denn in einer Unendlichkeit kann es keine Zeit und auch keinen Raum geben.
In einer Ewigkeit auch nicht..Er hat sein ignorantes Raumbewusstsein durch seine theoretische Struktur in der Geometrie und aus Höhlenraum abgeleitet und denkt und glaubt weil da-Raum-ist wie er es nennt muss das Universum also raum sein. Das ist Steinzeitquatsch eurer Genies und Professoren. Ahhh prima die gelehrten Idioten und Vortänzer der Verblödung mal wieder ans Bein pissen, prima. Aber der bewusste Mensch sieht die Unsterblichkeit des Wesens egal ob er im Atom -Organ-Mineral-Pflanze-Tier-oder echten Menschen ist.
Das wichtigste ist erkenne dich selbst.
Mit dem Mantra -mich selbst erkennen -das ich sehr lange wiederholte, habe ich im Juni nein Juli am 25.7.90 am Myrtos Strand auf Kefalinos nach

langer Meditation erkannt, dass ich nicht der Körper bin und auch nicht das Denken oder das vorstellen und überhaupt alle mentalen Abläufe. Ich war ganz, ganz was anderes. Es war wunderschön. Eine Stunde vor Sonnenaufgang erfuhr ich dass ich nicht das sterbliche Wesen bin.

Ich war das ewige unsterbliche. Da sind gewissen Qualitäten mit verbunden, Eigenschaften. Erstens man erkennt das man das endlose ist. Aber das endlose kann sich nur in endlicher Form zeigen, sonst wäre es unmöglich das zu erfahren, aber in dem Moment weißt du das du das endlose ewige Wesen bist. Es hatte eine besondere Form die ich für mich behalte, bloß damit das synthetische nicht noch mehr Macht über euch bekommt, falls mal eine Konfrontation sein würde eine geistige. Viele ist damals passiert, auch das Kronenchakra drehte sich und wurde geöffnet , auch wurde im Gehirn die Energie vereint so dass beide Pole männlich und weiblich zu einem Energiekreis verschmolzen, da erkannte ich was es bedeutete diesen Heiligenschein über dem Haupt zu haben in den alten religiösen Malereien, und vieles, vieles mehr passierte, was ich hier nicht erwähnen will, bloß andeuten will. Es sind endlose Angstlosigkeit, endlose Ruhe endlose Glückseligkeit die aber dazugehörten, zu deinem ewigen Wesen, und alles in der Endlosigkeitsform.

Aber alle Bücher die ich gelesen habe sind alles Theorien, und da ich den Menschen kenne wie er gerne über sein Können fabuliert, weiß ich das er Nix weiß. Er kennt sich nicht. Er taumelt im Dunkeln herum. Aber das sollte nicht so sein. Daher weiß ich nun auch dass die materialistischen Wissenschaftler das Lebensmysterium nicht lösen können. Steven Hawkins, der taumelt von einer Frustration in die andere. Und der ist sogar so unbewusst das er nicht sofort erkennt das Universum ist endlos und das bedeutet doch auch endloses Suchen. Er wird dort nie, nie, nie, nie, die Antwort auf sein Suchen finden. Die liegt nur in ihm. Die Physiker können bloß Hypo und Theken schaffen...

Waffen schaffen, Synthetik, Gifte, und Macht Horror weil sein Gedankenklima nämlich Horror ist, seine Visionen seine Ziele seine Beschränktheit macht sich da sichtbar.

Das sind alles Zeichen das sie noch Tiere sind. Halb Tier halb Mensch.

Für die Menschheit ist es viel wichtiger spirituelle Hochschulen zu haben. Zentren wo innere Kultur erlangt wird, und nicht äußere. Die ist auf Gier und Sinne aufgebaut und auf Zerstörung. Die Wissenschaftler von heute haben noch kein Zugang zum feineren Sein, was nötig ist. Eine Meta-Physik- zu entwickeln-oder eben eine Medi-Physik-oder Spiriphysik, spirituelle

Wissenschaft eben. Wenn euch aber die Wörter in euren voreingenommenen betonierten Gehirnen stören, dann eben eine echte Wissenschaft. Denn jetzt ist es keine Wissenschaft sondern eine Vergiftungschaft und eine Verblödungsschaft.
Erst wenn das Raubtier Mensch zum Beispiel die kosmischen Gebote leben kann. Nix böses mehr übers Herz bringen kann, auch nicht in Gedanken-echte Intelligenz bringt, ist die neue Mediphysik erwacht.
Also ist der derzeitige materialistische Wissenschaftstyp nicht fähig den Weg zum Licht zu führen.
Nur der Heilige Geist führt zum Licht.
Aber was ist der Heilige Geist, nichtwahr.
Darüber schreibe ich etwas später hier in diesem Buch.
Ok, weiter mit dem Thema das falsche und seine Wirkungen auf den echten Warheitskörper. Die Synthetik, raubt Kraft, zerstört, Plastik vergiftet, alles, da Plastik giftige Gase Atome sendet bis es zerfällt.
Pharmaprodukte synthetische künstliche Dünnschissintelligenz-Kotze von betitelten Vollblut Unterweltidioten laugen euer Leben aus, vergiften eure Körper und zocken euch ab und aus.
Alles mit staatlichem wohlwollen. Die sind eben genauso bekloppt diese Tiere die sich Staatsdiener denken. Was ist das schon, eine Vertuschung mit Worten. Hinter diesen Titeln und Worthülsen stehen dunkle dumpfe Halbmenschen, Tiere, die andere Tiere töten und töten lassen, und sie fressen, sonst Nix..
Die Heiligen haben euch tausende Jahre lang gesagt was zu tun ist aber ihr wolltet ja lieber Tiere bleiben. Das goldene Kalb lecken, sonst Nix. Aluminium vergiftet euch, alles was in Aluminium eingepackt ist vergiftet eure Gehirne. Ich bin nicht so blöde und warte erst die kriminelle Art und Weise ab nun ein Wissenschaftuntersuchungsdünkel abzuwarten, damit, vertusch und konfrontale Einsichten dann vermarktet werden können. Ich entscheide für mich selber. Schokolade ist stark mit Aluminium vergiftet, Alzheimer gehört dazu, das ist eure Zukunft. Ok, Kunstdünger vergiftet. Die Zellen in den Pflanzen sind degeneriert. Euer Körper bekommt dann degenerierte Zellstrukturen zu fressen. Ok, ein Gemälde ist das falsche, Kunst ist der Weg der ignoranten. Als Spiel ist es ok. Wenn aber Menschen dadurch vergiftet werden nein. Als Maler ok, die bildenden Künste prima, aber wo es um die Gesundheit das echte geht absolutes nein. Ok, die synthetische Wissenschaft ob Physik, Klonen, führt ins dunkle, zerstört noch mehr. Ok, Banken zum Beispiel saugen alles auf, damit alles ab. Sie unterstützen das

dunkle am meisten, sie sind nämlich die Banditen des Scheins, der Illusionen, des Trugs. Banken sind nur dazu da um Geld zu machen. Das aber wiederum noch nie etwas Wirkliches gemacht hat. Denn Geld ist kein Lebewesen. Auch wenn euch das Thema zum kotzen langweilig ist, macht es zum Thema Wichtigkeiten, denn Banken zerstören alles, da sie das Geld das für alle da ist für sich haben wollen. Der Kreislauf ist ein Gefängniskreislauf, ohne sichtbaren elektrischen Zaun, der ist aber am schlimmsten. Die Juden haben damals in der Wüste, wie es schön in der Bibel steht, das Manas das Gott ihnen anbot nicht gewollt, sie waren noch zu blöde, eben noch Raubmenschen, sie wollten stattdessen physische Kost. Manas ist die geistige Nahrung. Das unsterbliche in der Nahrung.Dadurch kann und wird der Körper ohne Essen aufrechterhalten, oder denkt ihr Halbaffen etwa dass das Göttliche etwas zum Essen braucht.
So ein Blödsinn, ok.
Nun sind die Juden im Kreislauf der Schöpfung dem menschlichen zugetaaan, anstatt dem echten.
Das menschliche ist nicht das echte.
Das menschliche ist das synthetische, das Sein wollen, aber nicht Sein. Das was ich hier schreibe geht weit, weit, weit über den Horizont von jenen die noch glauben Mensch zu sein obwohl sie Raubmenschen sind. Tiere essen, Leichen fressen.
Wer Fleisch frisst ist ein Raubtier.
Ok was habe ich hier noch für Notizen, folgendes, das Geldmachen ist das falsche das synthetische, es ist der Betrug im Leben die Illusion dass ausgebeutet werden und verdummen. Aktienkurse sind ein gigantischer Betrug des falschen und eine gigantische Verblödung hoch 6000. Das sind alles sooo gigantische Halbmenschen das das Resultat schon nicht mehr ausreicht für ihre bekloppte Köpfe das zu verstehen.
Das falsche ..Was ist das falsche, ungute in der heutigen Raubtiergesellschaft global.
Ich bin selbst die Natur.
Ich bin auch der Geist. Das Mental.
Ich bin auch das ewige Göttliche unsterbliche. Ich brauche keine Kunst. Kunstdünger. oder Kunstgelenke oder Kunstgebisse ich brauche eure Halbkünste nicht.
Eure Raubtierkunst als Wissenschaft deklariert oder besser als Ignoranzschaft, und so was. Die Urzeitmedizin, naja, Medizin ist hier schon ein falsches Wort. Der Begriff zeigt schon wie das falsche sich in den Kopf ein-

nistet, aber jedenfalls, das Buch von Franz Konz mit seiner Naturvitalernährungen eben alles aus Pflanzen und deren Mineralien, das ist das echte, die Wahrheit der Weg und das Licht. Ich selber bin die strahlende Sonne meines Lebens.

In all dem Tun der Wissenschaftler egal welchen Nobelpreis sie erlangt haben keiner ist dabei der etwas wirkliches weiß, sie sehen bloß alle die Oberfläche, bleiben also ignorant, denn keiner von denen weiß als Erfahrung wer er wirklich ist, was er ist. Dementsprechend unvollkommen sind auch die Einsichten in das Leben des göttlichen ewigen. Worte und blah, blah, blah, ist groß, sonst nix. Egal welche Bücher ich lese 98% ist Traumland hoch sieben. Egal welche Helden des jeweiligen Wissenstands gut gehandelt werden, keiner ist dabei der kosmisches Sehen hat. Also Fazit. Jeder von denen ist in Wahrheit noch geistig bewusstlos. Die Resultate seht ihr doch. Habt ihr immer noch nicht genug von der falschen Wissenschaft, wie viel Gifte und Zerstörung wollt ihr denn noch. Mensch seid ihr dumpf.

Die unbewusste materialistische Wissenschaft führt der Erde und dem Leben sich selber unermesslichen Schaden zu, und die Stürme werden noch viel stärker werden. Kriege, vergiften, Krankheit, Seuchen, Armut, Reichtum, Ungleichgewicht, kurzum Ignoranz.

Jesus hat mal gesagt „lass die Toten die Toten begraben" was heißt das, es heißt jene die glauben sie seine bloß der Körper der Mensch, sie sind in Wahrheit noch tot, sie sind nicht das Leben denn das Leben erkennt sich selber und weiß was und wer es ist. Wie lange müssen die Heiligen euch denn noch zurufen, versteht ihr denn immer nur fressen, scheißen kotzen, und sonst Nix. Ich hoffe die Tschetschenen gewinnen. Die Russen können das sowieso nie gewinnen. Der Kampf würde endlos sein. Denn wer durch das Schwert oder wer mit dem Schwert tötet wird durch das Schwert umkommen. Im nächsten Leben, wenn nicht schon in diesem, alles dreht sich im Kreis spiralförmig und kommt auf dich wieder zurück.

Alle Ärzte die ignorant sind, sind ignorant, das sind fast alle..

Einige wachen auf und werden heller, ok..

Weiter mit meiner Beschimpfungsaufklärung und Wachmachung. Ich tue das für mich, aber auch für euch. Ich will nicht mit ansehen wie ihr euch ins Dummglück stürzt, ich will nicht mit ansehen wie ihr euch verblöden lasst und abzocken lasst und wie man euch im Namen der Wissenschaft genauso verblödet wie im Namen der verkommen Kirchenpäpste und Abzockdiabolik. Gott ist nicht so engherzig das er bloß in Institutionen taumelt. Gott

ist für jeden persönlich da. Gott lebt in dir jetzt, mit dir jetzt, jetzt, ok.
Rein logisch geht es ja gar nicht anders, ok..
Im Sinne dieser Aufklärung sage ich auch eure Städte sind die Krebsgeschwüre in der Natur. Weil die Städte Krebsgeschwüre geworden sind färbt das aber auf euch ab, denn die Energie die dort lebt ist Krebsenergie. Setzt euch mal in ein Flugzeug und fliegt hoch über die Großstädte so werdet ihr sehen, wie diese Formen der Städte sehr, fast genau so aussehen, wie ein organisches Krebsgeschwür. Dann seht ihr die Seuche die ihr seid. Lemminge würden sich ins Meer werfen. Naja, ihr lebt also mitten im Krebs in der Stadt. Es gibt keinen Ausweg aus euren kranken Dinosaurierschädel, denn ihr habt das ja freiwillig gewählt, ihr habt den Satan anstatt das Göttliche, ihr habt das synthetische anstatt das echte gewählt, nun habt ihr es, fresst euch voll davon und dann wird die Erde frei sein, oder ihr werdet kalt erwischt wie die Mammuts noch mit Grass im Maul. Einfach so. Was das wohl gewesen sein kann.
Ok, es gibt Kulturen die sind 70 millionen Jahre alt. Auf Südamerika, im Titicacasee Bereich, da sind Felsenzeichnungen wo Menschen mit den Sauriern leben und sogar auf Flugsauriern fliegen und es gibt Zeichnungen wo Herz und Gehirntransplatationen gemacht werden, vor 70 millionen Jahren, ja, ihr Betonkopf Archäo-logen. Logen, ist Lüge in der Vergangenheitsform.  Die lügen nämlich alle, weil sie so tun als ob sie wüssten, ohne Ausnahme. Alles Lügner die merken es bloß nicht mehr , weil es Gewohnheit geworden ist. Fantasie ist Wahrheit für die Spinner. 70 millionen Jahre, da geht mir der Ballon hoch. Naja, die Ewigkeit was ist das  schon eben ewig geht dieses Spiel. Dieser Kreislauf von dem Buddha sagte es sei das Rad, und aus dessen Kreislauf er dich befreien wollte, wenn man endgültig die Schnauze voll hat von der Welt. Dem ewigen Licht und Dunkel und der Freuden, Liebe und dem Leben, dem Glück glücklosen und dem Hass dem Sonnenschein dem Nebel, Autofahren oder andere Arten von Überdruss. Sind die Organismen der Lebewesen nicht die Vollkommenheit. Ja..
Aber das sehen die Blöden nicht die Krankmacher Ärzte und Pharma-Scheiße.
Zurzeit seid ihr vielleicht dabei euch von religiösen Dogmen zu befreien. Der Anbetung von Dogmen. Die Kirchen kämpfen ja mit aller Verlogenheit das zu verhindern. Das ist aber ein primitiver Gefühlszustand. Aber auch die Anbetung von Maß und Gewicht ist der gleiche primitive Gefühlszustand. Ok, die Anbetung von Gewichtsfaziten zeigt das der Mensch längst nicht aus der dumpfen materialistischen Dumpfintelligenz rausgekommen

ist. Erst wenn er davon weggekommen ist kann er die Sprache der Gottheit verstehen.

Dann ist er nicht mehr an religiöse Dogmen und materialistische Wissenschaftsdogmen gebunden. Dann wird er ein befreites Wesen.

Ich stelle hier mal eine Fangfrage..Wer kann ohne Licht sehen. Ok.

Die Welt ist perfekt. Sie braucht nicht die Ignoranz eurer heutigen Wissenschaftler.

Wehrt euch gegen die üble Genfaschisten, die auf Weltherrschaft aus sind und die Dollars bimmel sehen. Wehrt euch gegen die Manipulation von Genen, durch andere Gene. Der Mensch weiß nicht was er ist, er weiß deswegen schon gar nicht was er tut. Sind nicht Pflanzen perfekt und die Schönheit par Exzellenz. Sind nicht Frösche oder Libellen die Schönheit selber oder Gräser im Herbstlicht oder Steine und Berge. Ist die Sonne nicht genug. Erforscht die Wahrheit nicht die äußere Welt.

Sind nicht alle Wesen zur Zufriedenstellung ihrer Bedürfnisse geschaffen worden, sind die Augen nicht wunderbare Organe um das Perspektivprinzip erkennen zu können, und die rote Tomate die getürkt aus dem Frankensteinkabinett der Kunstmafia kommt und dementsprechend Nix hat und Nix schmeckt. So leer wie die Wahrheit dieser Wesen die so was produzieren, schmeckt auch ihre Palette und auch wenn sie künstliche Duftnoten reinbringen bleibt es trotzdem schädlich.

Sind die Organismen nicht überall perfekt, aber die Synthetik imperfekt und bar jeglichen Lebens, bloß dem Leben auf der Kunstebene dem falschen. Sind nicht alle Organismen zur Zufriedenstellung der jeweiligen Lebewesen gemacht sei es Pflanzen Tiere Menschen oder Götter und Heilige, Heilige die weit, weit, weit, über den Göttern stehen und sind. Heilige sind weit ,weit erhaben über die größten Gottheiten der Welten, sei es über die Gottheit der physischen Welten der astralen Welten oder die Gottheit Brahman oder Kal, egal welches Wort dafür genommen wird, die Heiligen sind die größten Helden im Universum, neben der Gottheit selber. Ist nicht in Wahrheit alles zur Zufriedenstellung der Lebewesen auf der Erde gemacht worden. Ja..

Aber dann diese Verblendung. Das falsche die Gier und ihre Wachstumshormone. Heute weiß man sogar das wenn ein Tier getötet wird das es ein Todeshormon ausschüttet und damit seinen Organismus vergiftet, den ihr dann fresst, denn von essen kann von euch noch keine rede sein. Wer Leichen frisst, frisst noch..

Die Menschen sind keine Ausnahme von dieser Schönheit und Perfekti-

on in ihrem Organismus. Glücklicherweise. Das aber was wir Menschen, Tier, Pflanzen, nennen, ist aber in Wahrheit nicht das Wesen. Es ist nur der Organismus des Wesens, das Werkzeug zum erleben des Lebens, der Raumanzug für diese physische Welt, die bloß eine von vielen Welten ist. Aber dieser Organismus ist perfekt. Gott braucht keine Synthetik. Befreit euch davon, verwerft die Synthetik, Plastik, das falsche, forscht mehr in die Natur, dort ist alles was nötig ist. Alles was an Hunger vorhanden ist sei es körperlich oder seelisch kann befriedigt werden, und ist auch so perfekt gemacht. Aber ihr lasst euch von der Ignoranz leiten.
Deswegen auch eure Falschheit. weltweit.
Wenn aber diese Form von Hunger in überreichem Maße zufriedengestellt ist, wird das Begehren nach dieser Lebensform und deren Inhalte nach und nach geschwächt, es tritt eine Sättigung ein, egal welcher Bereich das auch sein wird. Diese Sättigung ist die Degeneration. Diese Sättigung der Lebensform wie sie sich zeigt und das größte Symptom davon ist Lebensüberdruss.
Es ist aber nicht der Lebensüberdruss der durch Enttäuschung oder unglückliche Liebe passiert wäre der in Selbstmord führen kann. Nein es ist ein anderer Lebensüberdruss. Ein wachsender Lebensüberdruss an die herkömmliche Manifestation der bekloppten Politiker, Wirtschaft, Manager Banditentume, üblen Staatslegionäre, senilen Pharmakonzerne, verrückten Doktortitel und Diplomanwaltschaft für die Irrenanstalten der herrschenden Kulturscheiße des Klotzens und Gestanks der mit synthetischen Parfüms abgedeckt werden soll, was nicht geht, denn man muss sich immer selber im Spiegel ansehen und riechen. Es ist der Überdruss an diese bekloppten Richterjustizen diesen Raubtierdenkfürzen. Es ist der Überdruss an diese bekloppte Menschheit so wie sie sich darstellt.
Diese Herde die hier frisst und scheißt, diese politische Kotze weltweit. Diese Wissenschaftskotze weltweit. Diese Organisationskotze weltweit, mit ihrer Senilkultur, die sich moralisch unter der Stufe von Bienen befindet oder Ameisen und weit unter der von Rosen oder Buchfinken. Diese Verbrecherwelt der Politik der Armeen der Säufer und Bekloppten. Diese Ganoven Welt der Firmenmanager und Banditen. Diese Unterwelt in anderen Worten stellt sich aber so dar als ob sie Kultur oder die Leuchtscheiße ihrer Kot Anbetung ist.
Das zeigt dass all diese Wesen immer noch nicht fertig sind mit der niederen Form ihrer primitiven Einsichten oder Kulturen.
Es ist immer noch eine Kultur in der Morden, Betrügen, Stehlen, Rache,

Täuschen, Austrickser als Tugenden angesehen werden. Davon sind die die sich ignoranter weise Staat nennen nicht ausgenommen. Diese Wesen deren Sehnsucht richtet sich also mehr auf materialistisches Gemunkel, Schein, Betrug materielle Werte in dieser Kultur, die höher sein soll. Aber das sehe ich nicht die ist ganz schön flach. Muss wohl aus Bayern kommen oder aus Berlin oder aus Atlantis oder „naja" ok.

Aber die Gottheit erschafft keine Wesen die ihre Bedürfnisse nicht befriedigt bekommen. Das wäre ja keine Gottheit sonder eine Idiotenheit.. Deswegen auch die spiralförmigen Kreisläufe der Ewigkeiten ,durch die die Lebewesen gehen oder taumeln, ok.

Aber lest Martinus, „Das ewige Weltbild" der beschreibt das ausführlicher und besser als ich. www.martinus.dk. Niemand kann an der ewigen Erscheinung des Göttlichen vorbeikommen.

Also eure Städte sind längst Krebsgeschwüre in der Natur. Nun wisst ihr Bescheid wo ihr in eurem Mikroklima lebt.Verändert das schnell. Das rationale Selbstverblödungsdenken das ihr so liebt und wovon ihr glaubt das zu sein, schade, für euch, das wird euch sicherlich dahin bringen wo ihr wohl schon immer hin wolltet, in die Hölle, die Hölle, aber das ist das falsche das synthetische, die Unwissenheit die Ignoranz. Belebt eure Felder wieder mit 70 Mineralien, natürlichen. Damit eure Nahrung Vital Kraft hat, dann werdet ihr organisch auch nicht krank und habt mehr Wiederstand. Das falsche Denken im falschen Leben das braucht ihr nicht, denn ihr seid schon so synthetisch das ihr gesundes gar nicht mehr kennt.

Und eure Nachkommen noch weniger. Bis dann vergiftete Flüsse vitalstofflose Erde leblose Nahrung die bloß Bewegung trägt aber keine Seligkeit mehr, alle glauben die Schöpfung sei so widerlich, ok.

Sie glauben dann das sei der Reichtum der Natur und des Göttlichen. Sie glauben dann das sei die Sauberkeit der Natur. Und das ist dann Armseligkeit Symptom.

Und deswegen ist das natürliche dann auch Nix mehr und deswegen muss das synthetische her die Rettung, aber dadurch wird es noch viel, viel, schlimmer.

Zitat Anfang
**Erst stirbt der Wald,**
**dann stirbt der Mensch**
Diese etwa
100 Jahre alte Buche
sollten Sie sich etwa 20 m hoch

und mit etwa 12 m Kronendurchmesser vorstellen.
Mit ihren 600 000 Blättern verzehnfacht
sie ihre 120 qm Standfläche auf etwa 1200 qm Blattfläche.
Durch die Lufträume des Schwammgewebes entsteht eine
Zelloberfläche für den Gasaustausch ,von etwa 15 000 qm, also zwei
Fußballfelder ! 9400 Liter = 18 kg Kohlendioxid verarbeitet dieser Baum an
einem Sonnentag. Das ist der durchschnittliche Kohlendioxidabfall
von zweieinhalb Einfamilienhäusern. Bei einem Gehalt von 0,03 % Kohlendioxid in der Luft müssen etwa 36 000 cbm Luft durch diese Blätter strömen
mitsamt den enthaltenen Bakterien, Pilzsporen, Staub und
anderen schädlichen Stoffen, die dabei großenteils im Blatt hängen
bleiben. Gleichzeitig wird die Luft angefeuchtet, denn etwa 400 Liter
Wasser verbraucht und verdunstet der Baum an demselben Tag. Die 13
kg Sauerstoff, die dabei vom Baum durch die Photosynthese als Abfallprodukt gebildet werden, decken den Bedarf von etwa 10 Menschen, Für sich
produziert der Baum an diesem Tag 12 kg Zucker, aus dem er alle seine
organischen Stoffe aufbaut. Einen Teil speichert er als Stärke, aus einem
anderen baut er sein neues Holz. Wenn nun der Baum gefällt wird zur
bequemeren Bearbeitung des Ackers, auf Antrag des Automobilclubs, weil
der Baum zu viel Schatten macht oder gerade dort ein Geräteschuppen
aufgestellt werden soll, so müsste man etwa 2000 junge Bäume mit einem
Kronenvolumen von 1 cbm pflanzen, wollte man ihn vollwertig ersetzen. Die
Kosten dafür dürften etwa 250 000,- DM betragen.
Die Idee stammt von G. Bruns

Zitat Ende

Der Untergang des menschlichen Raubtiers hat was mit dem Mammut zu tun. Der hat sicherlich nicht darauf gewartet, da einfach so gestanden und auf sein einfrieren hin gekaut, ok.
Die Bevölkerung in den USA ist noch so primitiv das sie sogar noch nicht mal ihre Waffen abgegeben haben. Das sind noch reine Wilde. Die haben auch den höchsten Raubtierkonsum auf der Erde, Fleisch Leichen, klar, womit ihr es zu tun habt. Die Heiligen, was habe sie seit Jahrmillionen gepredigt und gemacht, sie haben euch gezeigt wie ihr euch befreien könnt, liegt es an den Menschen oder an der Wahrheit der Heiligen.( Heilige sind für mich jene Menschen die erkannt haben das sie das Unsterbliche Göttliche sind, es verwirklicht haben, es erfahren haben. Manche können den

Körper verlassen und in andere Welten reisen, andere haben die Fähigkeit an mehreren Orten zur gleichen Zeit zu sein oder andere können dich mit auf die Reise in höhere Welten nehmen und andere können dir das Göttliche Licht oder den Göttlichen Ton, Transzendentale Licht, Transzendentaler Ton, übertragen und vieles, vieles, mehr. Je nach Verwirklichungsgrad des einzelnen Menschen)

Das die Erde rülpst und furzt und die bald auch anfangen wird zu kotzen und Krämpfe zu bekommen und ihre Adern werden vergiftet und sie wird Herzbeschwerden bekommen, aber mit gewaltigen anderen Bewegungen als der menschliche Organismus der darauf steht und lebt.

Ralph Nader hat eine Untersuchung in den USA gemacht, über Hospitäler, 1500 Seiten Bericht, am Ende steht folgendes, 300 000 Menschen werden getötet durch ärztliche Fehler und Unwissenheit oder Schlampereien falsche Rezepte falsche Mengen Vergesslichkeit und, und, und. Polarisierung ist sehr nötig um zu zeigen was falsch ist. Sie soll nicht zerstören sondern aufmerksam machen. Auch die Religionen haben keine Zukunft auf der Erde. Christen, Moslems Buddhisten Juden, Hindus, alles das falsche geworden. Keiner von denen ist Jesus, Buddha oder Mohamed gleich geworden, keiner von denen liebt Jesus, denn wenn dem so wäre hätten sie auch die Gesetze befolgt die nämlich eine Aneignung an die Wahrheit ist eine Eingliederung in die höhere Wahrheit mit dem Organismus..

Sie werden genauso verschwinden wie die Mammuts die Dinosaurier.

Die Menschen sind Meister im Lügen geworden, und deswegen schauen sie nicht dahin wo sie die wahrhaftigen Antworten bekommen, das sagt Kössner in seinen Büchern. Er schreibt das ist deren gutes Recht denn wir sind souveräne schöpferische Einheiten, Zellen, ok. Auch wenn die menschlichen Gehirne die Gehirnzellen der Erde sind, sein sollen, blöde ist das trotzdem. Das was wir geschickt übersehen kann sich aber nicht Simsalabim auflösen, schreibt er noch, das stimmt..

Die Zeit wird noch viel schneller ablaufen als sie jetzt schon drückt, denn bis 2012 hat sie ihren Ausgleich geschaffen, „lest die Bücher von Kössner...

Da die Menschen zurzeit noch unrein sind ist ihre Manifestation auch unrein.

Die Heiligen sagen ja, schaut her ihr manifestiert ununterbrochen, wir Heiligen, wir erkennen das, wir nutzen diesen Weg der geistigen Manifestation, wo ihr ja Häuser Geld, Kleidung und Reisen mit manifestiert, materialisiert, in umgekehrte folge gehen wir zur Quelle der Manifestation und werden eins mit ihr.

So einfach ist das.

Die Heiligen nutzen also ihre Manifestationskraft um das Göttliche zu materialisieren in sich und eins mit der Quelle der Manifestation der Materialisation zu werden.

Sie sind dann eins mit dem Göttlichen, dann brauchst du keine Geldscheine Ehre oder Rache oder Paläste oder Macht mehr. Das ist alles pipifax unterhoch Dreimilliarden, mathematisch formuliert.

Diese Wissenschaft haben die Heiligen seit Milliarden Jahren gepredigt. Denn die Menschen leben ja seit der Ewigkeit. Und haben Milliarden Kulturen schon hinter sich, sie hatten schon erleuchtete Kulturen von unbeschreiblicher Schönheit. Aber dann kommt die Sättigung und der Überdruss und es geht wieder in eine Runde von schwarzem „ok.

Diese kosmische Wahrheit muss erkannt werden. Fressen macht satt, das versteht ihr gut egal was es ist es wird irgendwann satt machen. Ob es ficken ist, Geld saufen und betrügen irgendwann hat man mal die Schnauze voll davon, rein raubtiermäßig formulier das passt zu euch, das ist euer Niveau, Raubmensch sein. Ich finde die Menschen, die Leichenfresser äußerst dumpf, äußerst stinkend, äußerst primitiv, insbesondere jene in der ersten Welt, denn diese erste Welt Kultur ist wirklich eine Rohfleischfresser Kultur, aber darin sind sie erste Sahhhhne. Die 10 Gebote sind in Wahrheit Gesetze-kosmische Gesetze. Die bekloppten Raubsäugetiere die Pope die Päpste die Mullahs die ober und unter 6x drunter und 5x eingewickelt in scheiße-Mullahs-die Schriftgelehrten des Satans-die Hinduirrenwirren-Priester die atombombenarschloch Kardinäle und so weiter die predigen bloß ihre Leichenfresser Logik.

Die 10 Gebote sind kosmische Gesetze und wer die lebt erreicht kosmisches Bewusstsein und das ist das Bewusstsein vom Kosmos Gottes. Der weiß alles der das erreicht. Das ist aber noch nicht das absolute göttliche. Es ist das kosmische Bewusstsein, Betonung liegt auf Bewusstsein. Aber Bewusstsein ist bloß eine Schöpfung, noch nicht der Schöpfer, das schöpferische. Am 15 Januar brachte die Zeitung Welt-einen Teil über das Heilige, die Zeitungsraubsäugetiere nannten es in ihrem Editorial-die letzte Provokation.Naja mit Überschrift, waren sie ja schon immer ganz gut. Sie schrieben, stellen sie sich vor sie sitzen mit ihren Freunden und reden über das heilige, es bleibt eine Provokation. (Muss es ja auch für Raubsäugetiere bleiben, da sie ja denken sie wären in Naturgesetze und kosmische Gesetze nicht eingebettet, und hätten die sowohl innerlich als auch äußerlich nicht zu erkennen und zu leben, was sie natürlich blöder hoch 12 macht, blöder als jede Ameise, bekloppter als jeder Wurm, und falscher als jedes synthetische Produkt. Sie sind ja schon dabei die Roboter und Maschinen als Wesen anzudenken und als Lebewesen zu verhökern. Die Amisäugetiere sind die überbekloppten in dieser Arena des Wahnsinns ihres raubtierleichenfresser Daseins) Sie schreiben auch das es eine Provokation ist und das es an den menschlichen Rand des Bewusstseins gedrängt wurde und so weiter. Sie schrieben auch mit diesem Artikel wollten sie dem entgegenwirken, was ja nett ist.

Da aber die Religionen zur Hölle gejagt wurden und da Politiker keine kosmischen ewigen Werte kennen und sie sogar verneinen, ist das Resultat unweigerlich Banditen dessen müsst ihr euch klar werden. Diese Demokratien da die raufbetrogen werden sind unweigerlich Banditendemokratien, also scheiße hoch scheiße hoch scheiße, also ungerecht also betrug, also kriminelle, da sind alle Systeme keine Ausnahme, ob sie sich nun Staat nennen und damit verblöden und damit andere verblöden oder ob sie sich Christen nennen und wer weiß was für ein Schwachsinnsgekotze, sie treiben alle zur DemokratenHölle hin, Banditendemokratien, weltweit. Das ist kein Vorwurf oder Seitenwurf oder Abwurf, es ist bloß eine nüchterne Feststellung. Es war schon Armseelig das in der Welt zu lesen, was sie da über das Heilige zusammen brachten.

Diese wirklich völlig abgeknallten und durchgekloppten Katholiken-eher Koliken als Katholiken, aber da ist eine Verbindung, alleine der Begriff schon ist etwas saures krankes, dieser Herderboy der sich nicht traute frei zu denken, aber christliche Bücher auf den Markt bringt, Geld machen, aber völlig bekloppt der Karl Lehmann-mein Gott-wer dem zuhört wird von Tag zu Tag öder dummer und blöder der quatsch den der da redet. der weiß garnix alles bloß Bücher gelesen von anderen die auch Nix wissen. Der Wirrwirrwirrniszustand seines Denkens ist schon beeindruckend. Wenn ich von dem öden nun ableite das andere dem zuhören sich beraten lassen und dem folgen da tut sich dann der Abgrund auf in dumpfe, sehr, sehr dumpfe.

Dem Raubsäugetier kommt es bloß darauf an zu denken. Er glaubt wer denken kann, kann das Volk, in dem Terminus reden diese Raubsäugetier ja alle gerne, die Politiker auch vom Volk, das ist dann ein Zeichen das jene ganz primitiv geblieben sind die so reden, oder aber vom Bürger, mein Gott wie ekelig diese Typen sein müssen wie ignorant wie selbstverblödent und damit andere verblödend. Also er denkt wer denken kann, kann also das Volk-also die bekloppten-die anderen denn so ein Typ hat das als versteck-

ten Vorwand die subtile Ausbeutung und machtkotz der denkt durch denken werde ich die schon weich kriegen, mein Gott ist der irre.
Aber die Erde wird zurzeit ja weiterhin als organische Irrenanstalt genutzt. Die Resultate sind sehr gut sichtbar. Mal sehen wie lange die Erde sich den Juckreitz noch gefallen lässt. Vielleicht wird der Raubsäuger Mensch auch, plötzlich mit seinem Stück Tost im Maul plötzlich zu Eis erstarren, wie die Mammuts. In seinen Aussagen, gibt er sogar offen zu das er nicht mal an Gott glaubt. Die Leidenschaft für Gott sei ihm verloren gegangen. Die Einfachheit alle Hoffnungen auf Gott zu setzen sei ihm abhanden gekommen. Und das ist dann der Vorsitzende der deutschen Bischofskonferenzen. Sind bestimmt alles Leichenfresser geblieben. Da kann es doch nur noch um kontrollenden Positionen im Bankhaushalt zum abzocken der Schafe gehen im Namen Gottes natürlich. Da muss Gott ein großes Schwein sein ein großer Mörder und Bandit Ja Gott muss selber noch Leichenfressen und Bandit sein.
Mein Gott sind diese Typen bekloppt in ihrem Geist, geistesgestört sozusagen, oleee.
Sie sind alle intelligent geworden oder versuchen es jedenfalls und müssen nun manipulieren, aber das ist gleichbedeutend mit verlieren.
 Das reicht dann aber schon zur Beweisführung aus.
Keine Fragen mehr.
Oder Hans Sedlmayer, oder Mayr, da ist zumindest ein Versuch-aber die gigantomaniellus trägt er auch-er denkt das es so was wie eine christliche Kunst gegeben hat. Das stimmt gar nicht, das waren gar keine Christen das waren noch Heiden so wie jetzt alle Religionen noch heidnisch sind. Christ ist man erst wenn Mann-Frau ein Christ oder Buddha und so weiter wird.Und das ist mit viel Arbeit verbunden und Gnade.
Wer nicht mal die 10 Gebote die zur Hinführung des kosmischen Bewusstseins führen, leben kann, ist genau das andere nämlich ein Antichrist und das ist die Menschheit im Gro heute global. Das ist doch leicht sehbar durch das falsche synthetische was ja genau das Gegenteil von der Warheit ist.
Die Chemie ist Falschheit-die pharmazeutische Industrie ist Falschheit mit falschen Produkten die dem Warheitskörper deinem Ich nur schaden und ihn zerstören anstatt heilen. Die sind bloß auf Macht und Geld aus und brauchen die Krankheit und nicht die Gesundheit. Die haben gar kein Interesse an der Gesundheit das ist alles geheuchelt so wie heute in der Politik mit der Sauerkrautseuche Kohl und das andere Gemüsebeet.

So platt ist auch deren Bewusstsein.
Das falsche ist gut sichtbar, aber ihr erkennt das gar nicht mehr als falsch und damit nicht gut für euch und die Erde.
Nicht gut für die Welt den Kosmos das Universum die Galaxie, und glaubt ihr etwa das wird sich solche Lügen auf langer Sicht gefallen lassen...niemals.
Es spielt überhaupt keine Rolle wenn man da mathematisch denkt .Diese Falschheit sieht man doch in den Kriegen auf der Erde allesamt von Antichristen. Ob es nun protestantische Antichristen sind oder katholische ob es nun buddhistische Antibuddhis sind oder moslemische Antimoslems sind, sie sind allesamt Antichristen, keiner von denen ist echt, also auch das falsche, die Erdoberfläche ist eine Irrenanstalt.
Das muss jucken, so wie Kinoläuse auf der Haut, da schlägt man zu und so weiter. So ist es auf der gesamten Erde mit den falschen Menschen denn sie sind noch Raubsäugetiere geblieben, Christen, das ist noch Lichtjahre entfernt.
Aber Banditen Betrüger Lügner Täuscher Ausbeuter bekloppte, ok. Also Fazit, da kann bloß hauptsächlich bloß falsches kommen. Aber da sie ja nicht bloß Leichen fressen ist die Möglichkeit zur Veredlung schon vorprogrammiert-möglich.Verstanden.
Was ja viele heute als Antichristen die sie in Wahrheit sind als unangenehm und Saubekloppt und unterheblich anmaßend empfinden.
Aber was interessiert mich das.
In der Welt war auch ein Bericht-heilig ist nur einer-die Israeliten-das sagen die Bruno Gröning Leute auch-die Israeliten das Judentum. Es stimmt die Engel sind die Helfer Diener des Menschen. Es stimmt auch das der das Licht bildet und Finsternis, schafft frieden stiftet und Unheil schafft, ich der ewige...tue dies alles.
Fragt sich bloß wer sich da als ich der ewige da schriftlich dargestellt hat. Aber da ja aus dem Göttlichen nur Göttliches kommen kann, ist das also auch klar, oder derjenige muss sich also als das Göttliche Ewige erkannt haben. Gewusst haben. Was ja das richtige ist.
Du bist das auch, ok, olee. feiern, aber die subtile Dualistik können die alten Juden und heutigen auch nicht erkennen.
Und bleiben so gefangene des Menschseins-und dann ab in den Tod, ihr Leichenfresser, oder.
Und weiter geht's.
Im Ruf zur Reinheit, von den orthodoxen-alleine schon das Wort, naja,

Kirchenraubtiere, da geht es darum das der Leichenfresser Mensch so bekloppt ist, die Wissenschaftler Doktoren Professoren die Propeööerprofessoren, das sie die Schöpfung nur als geistlose Materie betrachten und sie somit bekloptosanus ausbeuten. Das zeigt ja das sie bloß Leichenfresser sind.Die Illusion das Gott ein Teil wird ist gigantisch. Das ist bloß die Illusion des Raubmenschen Verstandes, sonst Nix.
Also als ob das ganze jemals Teil und isoliert sein könnte. Blöder geht's wohl nicht.
Sonst wäre es doch nicht das Ganze.
Die orthomolekularen orthodoxenoxen, sie tun aber schon das richtige mit den Heiligen denn ein Heiliger ist eins geworden mit dem allmächtigen Göttlichen. Er war es schon immer, er kann es nun bloß bewusst erleben, erkennen sehen damit leben und tuten und blasen. Aus seinen Augen schaut das Göttliche nun wie zuvor auch, also auch durch den Augen des Raubmenschen oder Leoparden, doch der weiß Nix und frisst Leichen.
Diese falsche Identifizierung mit dem Körper muss aufhören. Das kann man nur im menschlichen Körper erkennen, im Leopardenkörper nicht, im Blumen und Mineralkörper auch nicht auch nicht im Kuh oder Katzenkörper, nur im menschlichen.
Es gibt eben besseres als Besitz, Leistung, und Fun oder Blödsinn, viel, viel, viel besseres.
Weiter stand in der Zeitung Welt, im Artikel - das fließende Licht strömt bis in die Neuzeit. Soll Geschichte der abendländischen Mystik sein. Ok, Mystik, Mystiker sind deswegen Mystiker, weil sie noch kein kosmisches Bewusstsein erlangten. Sie hatten erleuchtete Lichtblitze ,Musik, Visionen Offenbarungen , wunderschöne Einsichten, aber trotzdem macht alles noch keinen Sinn, es sind noch unzusammenhängende Erfahrungen ,sie können noch nicht alles sehen, bewusst, wenn sie wollen, sie können noch nicht durch die anderen höheren Welten reisen, ihren physischen Körper hier lassen und in die Astralwelt reisen dort ihren Astralkörper lassen und in die Kausalwelt reisen, dort ihren Kausalkörper lassen und dann endlich in die spirituelle Welt reisen und von dort weiter zum ewigen , sie können somit keine spirituelle Wissenschaft aufbauen, keine echte geistige Wissenschaft, keine Wissenschaft der hochpsychischen Einsichten, was die Heiligen aber allesamt können. Somit sind die Heiligen die echten Wissenschaftler, denn sie haben das Lebensmysterium durchschaut, was der Mystiker nicht hat. Ich werde hier einige Artikel von Martinus als Zitate im Buch mit einfügen. Martinus hat kosmisches Bewusstsein erreicht. Alle Achtung, lest ihn durch

und euch wird ein Lichtlein aufgehen.

Genau das Gegenteil der Heiligen sind die Banditen heutzutage in der Politik, Banken, Wirtschaft.

Da die Politiker überverblödete Raubsäugetiere geblieben sind und totales Egoverhalten leben, sich aber vehement dagegen weigern, aber gar nicht bewusst sind, also auch nicht bewusst sind was sie tun, da sie hauptsächlich wie Tiermaschinen ihren Fresszellen folgen und dazu ist Bewusstsein nicht nötig, da gibt die Gier das Ziel an, das ist ja heute in der Parteienseuche wieder gut sichtbar.

Bill Clinton, der US Präsident hatte gestern seine Rede zur Lage der Nation gemacht. Die USA taumeln in Beschäftigung seit 8 Jahren. Obwohl Clinton gerne vögelt, was ja nett ist, aber in der Rede konnte er auf mehr Wohlstand für die Menschen hinweisen. Er hat sich somit für das Wohl aller trotz aller Machtsauererein im Parteisaubereich, einsetzen können. Den Menschen wurde tatsächlich etwas Erleichterung gebracht, obwohl für mich das alles noch primitiv ist. Und die USA sind sowieso am Arsch. Deren Politiker sind Korrupte LobbyArschLeckerLekkerly. Und die USA sind dazu ja eine Firma gar keine Bundesregierung, und dazu einige Infos:"

WIR WAREN (SIND) SKLAVEN – VON GEBURT AN VERKAUFT!

Mit dem sog. «Act of 1871» wandelte der 41. US-Kongress, Washington D.C., die Regierung der Vereinigten Staaten, in ein gewerbliches Unternehmen um. Mit der vertraglichen Einbindung aller amerikanischen Einzelstaaten in diese Corporation wurde jeder amerikanische Bürger unbewusst zum Quasi-Angestellten dieser Firma: UNITED STATES CODE, Title 28, § 3002 (15) (A) (B) (C):(15) «United States» means – (A) a Federal corporation; (B) an agency,

department, commission, board, or other entity of the United States;

or (C) an instrumentality of the United States.

Mit dem «Federal Reserve Act» von 1913 wurde ein privates Banker-Konsortium zur Zentralbank der USA, mit dem Recht, Geldnoten zu drucken und den Geldfluss zu kontrollieren. Dieser «Act» ermöglicht es der FED bis heute, Geld ohne Gegenwert «zu schaffen», das sich der «Staat» (die US-Corporation!) dann für seine (ihre) «Staats»ausgaben gegen Zinsen(!!!) ausleihen muss. Zur Bezahlung der Zinsen muss der «Staat» von «seinen Bürge(r)n» «Einkommenssteuern» eintreiben, die es laut Verfassung gar nicht geben dürfte.

Durch den ersten Weltkrieg und die nachfolgende Wirtschaftskrise ging die UNITED STATES (CORPORATION) im Jahr 1933 in Insolvenz:
Der Kongressabgeordnete James Trafiant, Jr:
«Es ist eine anerkannte Tatsache, dass die Bundesregierung der United States durch den von Präsident Roosevelt verkündeten Emergency Banking Act vom 9. März 1933 48 Stat. 1, Public Law 89-719 als bankrott und insolvent aufgelöst wurde.»
Um weiterhin geschäftsfähig bleiben zu können, bot die UNITED STATES (Corporation) der Federal Reserve ihre Bürger/Angestellten als Sicherheit an. 1933 wurden zum ersten Mal obligatorische Geburtsurkunden für die Einwohner eingeführt, die gleichzeitig als Bankenbürgschaft und Wertpapier fungierten. Deren Wert entspricht einem durchschnittlich erwarteten Profi pro Bürger, der sich aus seiner Arbeitsleistung, kreativen Ideen, Konsum und damit verbundenen Steuerzahlungen in seiner durchschnittlichen Lebenszeit errechnet. Die rote Nummer auf der Rückseite der US-Geburtsurkunde ist der Registrierungscode eines an der Börse gehandelten Wertpapiers.
Durch die Insolvenz der UNITED STATES (Corporation), die Loslösung des Dollars von der Goldpreisbindung und die hemmungslose «Erzeugung von Geld» durch die FED (Fiat Money), werden die Banknoten zu reinen Schuldverschreibungen – nur gedeckt durch den unbewussten Kredit, den der einzelne Bürger (unwissentlich) «seinem Staat» mit seiner Geburt gegeben hat.
Um diese Aktion mit dem Handelsrecht in Übereinstimmung zu bringen, erschafft die Regierung (Geschäftsführung) mit Ausstellung der Geburtsurkunde unter dem Namen des einzelnen Bürgers eine Juristische Person, eine Firma («Pflicht» zur «Einkommenssteuer»!), eine (Regierungs-) «Agentur für Arbeit». Der Mensch aus Geist, Fleisch und Blut bekommt nun also eine zweite Identität als entseeltes Objekt, als Unternehmen, die er nur daran erkennen kann, dass sein NAME von nun an in GROSSBUCHSTABEN geschrieben wird, wenn es um seine Rolle als «JURISTISCHE FIKTION» geht. Mit der eigenhändigen Unterschrift unter jeglichen Vertrag (inklusive Ausweise, Führerschein etc.), der an seinen NAMEN in GROSSBUCHSTABEN gerichtet ist, bekundet der Unterzeichnende seine Zustimmung zur Verschmelzung seiner «Natürlichen Person», seiner Geist-, Fleisch- und Blut-Identität, mit seiner «JURISTISCHEN PERSON», seiner unter Handelsrecht verhandelbaren; künstlichen Existenz. Deshalb hat der

«Bundesbürger» «seinen» «Personal»ausweis «freiwillig» selbst zu beantragen (BRD = Firma!).
Dadurch bekommt «der Staat», der nach seiner Umwandlung zur CORPORATION, zur FIRMA faktisch nur noch unter Handelsrecht (UCC – Uniform Commercial Code) agiert, «Anspruch» und Zugriff auf Eigentum und Körper des Bürgers, falls dieser gegen irgendwelche Bestimmungen und Verordnungen verstößt, die eigentlich nur seine leblose JURISTISCHE FIKTION als Angestellter, als Personal (und Besitz) «des Staates» betreffen. Die Commonwealth-Staaten (England, Kanada, Australien, etc.) haben diese Vorgehensweise übernommen und sind ebenfalls eingetragene Firmen.
Nach der bedingungslosen Kapitulation der Deutschen Wehrmacht und der Verhaftung der Regierung des Deutschen Reiches am 23. Mai 1945, wodurch der Signatarstaat der Haager Landkriegsordnung handlungsunfähig wurde, verordneten die West-Alliierten nach ihren Spielregeln (s.o.) ihrer «Kriegsbeute Mensch» in ihrer Besatzungszone ein «Vereinigtes Wirtschaftsgebiet» mit einer deutschen Besatzungsverwaltung, die die Verwalteten infolge c.d.m. (capitis deminutio maxima), großer Statusänderung, Subjugation, Versklavung, bürgerlicher Tod nicht mehr als Natürliche Personen mit Rechtsfähigkeit (BGB § 1) ausweisen durfte. Dieses Besatzungskonstrukt wurde auf Geheiß der Alliierten am 23. Mai 1949 in «Bundesrepublik Deutschland» umbenannt (GG Art. 133) und simuliert seither (mit deutscher Perfektion und Gründlichkeit) einen Staat. Da das Deutsche Reich trotz Handlungsunfähigkeit subjektsidentisch nach Völkerrecht fortbesteht, ist die BRD nur ein weiteres, von den angloamerikanischen Firmenstaaten gegründetes Sub-Unternehmen, dessen Bürger die Rolle des Personals dieser Firma einnehmen («Personal»ausweis!). Der «Bewohner des Bundesgebietes» (GG Art. 25 – nicht der Bürger!) wird also mit Geburt ebenfalls in die Rolle der juristischen, entseelten und enteignungsfähigen Person hineingeboren. Unter der Handelsreg.-Nr. HRB 51411 des Amtsgerichts Frankfurt/Main wird die BRD als GmbH geführt (*Bundesrepublik Deutschland Finanzagentur GmbH). (*Anm.: siehe dazu S. 4 und 6)
Sigmar Gabriel, SPD-Vorsitzender auf dem Sonderparteitag in Dortmund, 27. Februar 2010: «Wir haben gar keine Bundesregierung
– Frau Merkel ist Geschäftsführerin einer neuen Nichtregierungsorganisati-

on in Deutschland.» Steht übrigens auch im Grundgesetz für die BRD, Art. 65.
Es geht also darum, die Verfügungsgewalt über fremde Arbeit (unsere) zu kippen, indem wir unsere bisherige Einwilligung zu selbsthaftender Verantwortlichkeit zurückziehen, wegen allesamt unerlaubter
Handlungen im Rechtsschein, durch «Erklärung zum veränderten Personenstand und zu den rechtlichen Konsequenzen». Damit können wir uns von unserer künstlichen Existenz als (ver)handelbare
Ware/Firma entkoppeln und können in allen Belangen des täglichen Lebens wieder in unseren rechtlichen Zustand als Natürliche Person* (BGB § 1) zurückkehren.
www.NatuerlichePerson.de www.BGB-Paragraph-1.de, 2010.06.21-04 Sklaven 190710
Unter diese Webseite gibt es eine sehr gute ausführliche PDF Datei: Zusammenfassung BRD eine Firma. http://www.neudeutschland.org/index.php/news/items/staat-regierung-oder-unternehmen.html

Aber nun zur Bundesrepublik, die ja auch eine Firma der USA ist. Die Zeit der CDU-Seuche-die Parteien überhaupt und deren Raubseugetiere. Kohls System hat genau das entgegengesetzte gemacht. In seiner Amtszeit hat er dafür gesorgt dass die Schmiergeldindustrieen, Steuererleichterungen bekommen haben und riesen Mengen abschreiben können und hohe Subventionen bekamen. Das was aber der politischen Raubtierseuche an Steuergelder entgangen ist hatte man dementsprechend auf die Steuer der Arbeiter gelegt und zwar genau der Teil den die Industriellen nicht zahlten. Somit hat die CDU-diese ganzen jahrelang die Deutschen betrogen ausgebeutet und mir steht der Hals mehr als zum Kotzen gegen diese Politiker und Wirtschaftsmanager diese Banditen und Verbrecher diese Leichenfresser. Es gibt keine Würde eines Amtes. Seht ihr denn nicht das ein Amt eine Irrealität ist, das falsche und das auf das falsche eine würde gelegt wird, wie blöde wollt ihr denn noch bleiben. Ein Amt eine Institution ist eine Irrealität. Es gibt nur Raubsäugetiere (Menschen) und die sind dafür verantwortlich für ihr tun. Diese Methode von Ämter zu sprechen oder der Medizin oder der Wissenschaft oder dem Staat der Partei dem Volk der Gesellschaft das ist alles das falsche, das ist Synthetik, die benutzt wird um zu betrügen und nicht verantwortlich zu sein. Wie lange wollt ihr noch blöde Leichenfresser bleiben, ein Präsident ist bloß ein Wort, dahinter steht ein Raubsäugetier, das sich in seinem Wahn so fantasiert, Worte Titel be-

deuten Garnichts, schon lange nicht das dort Würde, Ehrlichkeit, Tugend, Liebe, Schönheit und Wahrheit steht. Es stehen meistens Raubsäugetiere dort, die sich selber betrügen. Die Banditen in Gesetzgebung die Raubtiere als Staatshirngespinnste um andere auszubeuten unter der Maske der Autorität. Raubtiere sind so. Dumm, dumm, dumm, mit Doktortitel, die sind allesamt Tote. Lasst die Toten die Toten begraben hat viel Bedeutung. Es bedeutet das die Toten die Materialisten sind und glauben aber sonst doch Materialsten sind und daraus kann nur übles und sehr übles entstehen mit solchen primitiven Wesen in solchen Positionen. Das gekotze dieser Banditen das wird nun über die Erde ausgebrochen zum vergiften.
Politiker sind unbeschreiblich primitive Tiere.
«Dem Staat ist es nie an der Wahrheit gelegen, sondern immer nur an der ihm nützlichen Wahrheit, noch genauer gesagt, überhaupt an allem ihm Nützlichen, sei dies nun Wahrheit, Halbwahrheit oder Irrtum.»
Friedrich Nietzsche: Werke I –
Unzeitgemäße Betrachtungen

Ok, ich sehe das ich hier einen Teil von der Aussage in der Welt noch liegen habe den will ich noch zu ende schreiben bevor ich an der politischen Seuche weitermachen...
Also da schrieb dann noch dieser Professor Albrecht Koch der vergleichenden Literaturwissenschaften in Bremen, das ist somit ein Totalspinner oder Theoretiker, weitertaumelnd träumt er, er schreibt, unter anderem, „sie nimmt die neuplatonische Lehre vom dreifachen Menschen wider auf, der Mensch sei so geschaffen, als ob er aus drei Menschen bestünde, und ist doch nur einer.
Der eine ist der äußerliche, fleischliche sinnliche Mensch (als ob ein Körper Fleisch wäre, Fleisch gibt es nur bei Leichen die sie fressen) der zweite ist der vernunftbegabte Mensch, mit seinen vernunftbegabten vernünftigen Kräften, und der dritte ist das Gemüt (ohhh ganz übel, das Gemüt ist bloß das Mental und im Mental ist auch die Vernunft, das Denken, die Wirrnis), der oberste Teil der Seele, dieses alles ist der Mensch"...

Wenn ich das so lese, das Gemüt soll die Seele sein, übel über übel, was für eine Spinnerei, wird aber an den Universitäten gelehrt, damit die genauso bekloppt werden was denn sonst die wissen gar nicht mal das sie Nix wissen bloß Infos speichern und keine eigene spirituelle Erfahrung ihrer selbst haben. Ooooohle, Flamenco, pronto pronti, prall.

Titten, vögeln, Focken, blasen, am Arsch.
Nun gut.
Erst mal lachen, lachen, lachen, ok.
Also hier wird von der heiligen Dreieinigkeit geschrieben.
Hier sind einige Aussagen von den Heiligen die wirklich wissen was das überhaupt ist, weil sie es ja leben und erleben und sehen können..
Zuerst von Suma Ching Hai die Heilige die am 25 Februar 89 in Chuongli-Formosa gesagt hatte, und danach einiges vom kosmischen Bewusstsein von Martinus, und danach, mache ich an dieser bekloppten Arien der Politiker in der BRD weiter...

Zitat Anfang
**Ausgewählte Fragen und Antworten**

Von der Höchsten Meisterin Ching Hai, Chuongli Formosa
25. Februar 1989
(Original in Chinesisch)

F.: Meisterin, was sind im Buddhismus der Manifestationskörper, der Belohnungskörper (der physische Körper) und der Dharmakörper? Wie erlangen wir den dreifachen Körper?

M.: Der Dharmakörper ist die Wahrheit oder das Tao, das Wahre Selbst, das himmlische Königreich, Gott und Schöpfer. Er existiert ewig. Er wurde nie geboren und wird nie vergehen. Er ist unteilbar, weder gut noch schlecht, weder mitfühlend noch bösartig. Der Manifestationskörper kommt aus dem Dharmakörper - der weder gut noch böse ist, nie geboren wurde und nie vergeht. Daher ist der Manifestationskörper ebenfalls der Dharmakörper. Wir fühlenden Wesen beten viel, weil wir Qualen leiden! Diese Gebete bilden eine Art Atmosphäre, die Gestalt annehmen und sich an irgendeinen Ort begeben kann, wo sie einen Lichtstrahl aussendet. Dieses Licht ist der Manifestationskörper. Er hat seinen Ursprung in jener gewaltigen Lichtquelle, die nie geboren wurde und nie vergeht, die unbeschreiblich strahlend leuchtet, nach oben hin unbegrenzt ist, namenlos und unbewegt. Man kann sagen, dass der Lichtstrahl, der auf diese Weise von der gewaltigen Quelle ausgeht. der Manifestationskörper ist. Er wird dichter, wenn er herabsteigt und nimmt eine Form an. Auf der höheren Ebene besteht diese Form aus Licht, durchscheinendem Licht, und ist nicht greifbar. Man kann sie sehen, jedoch nicht mit den physischen Augen. Manchmal jedoch ist sie auch für die physischen Augen sichtbar. Während nämlich der Lichtstrahl weiter herabsteigt, wird er dichter und wandelt sich in einen physischen Körper aus Fleisch und Blut. Der physische Körper sieht genauso aus wie der strahlende, durchscheinende Körper dort oben, nur dass der strahlende Körper schöner und attraktiver ist, dem Auge besser gefällt und größere Kraft besitzt, da er nicht in dieses dumme Instrument aus Fleisch eingesperrt ist. Das ist also die Bedeutung des Dharmakörpers, des Manifestationskörpers und des physischen Körpers.

Ein Mensch, der die Wahrheit erlangt hat, sollte in der Lage sein, seinen dreifachen Körper zu benutzen. Wir, die wir die Wahrheit nicht erlangt haben, verfügen nur über den physischen Körper. Wir werden immer wieder krank. Wir sind hilflos, unfähig, uns selbst zu helfen oder für uns selbst oder andere zu sorgen. Ein Mensch, der durch die Einheit des physischen Körpers, des Manifestationskörpers und des Dharmakörpers den dreifachen Körper erlangt hat, ist in der Lage, alles zu tun. Sein physischer Körper ist mit dem Manifestationskörper verbunden, der seinerseits mit .der höchsten Kraft im Universum verbunden ist - die ewig ist, nie geboren wurde und nie vergeht. Daher sind diese drei in einem vereint. Katholiken nennen das die Dreieinigkeit. Dieselbe Bedeutung hat der dreifache Körper des Buddhas im Buddhismus. Ein Mensch mit einem dreifachen Körper ist ein Erleuchteter Meister, ein Buddha, ein Bodhisattva, ein Christus, ein Heiliger oder jemand, der die Wahrheit erreicht hat. Versteht ihr? (Beifall)
               Zitat Ende



Nun Martinus Zitat Anfang

### DER WEG ZUM LICHT

(Symbol Nr. 4)

### 1. Der physische Organismus ist nur das vergängliche Manifestationswerkzeug eines ewigen geistigen Trägers

Jedes Lebewesen ist ein Dreieiniges Prinzip, worauf wir später ausführlicher zurückkommen werden. Dieses Prinzip besteht aus einem Ich sowie aus einem mit demselben verbundenen Oberbewusstsein, welches wiederum mit einem Unterbewusstsein verknüpft ist. Diese Struktur macht das wahre ewige „Etwas" aus, das sich durch seinen physischen Organismus offenbart. Der Organismus gehört nicht zum primären Teil des Wesens, sondern dient ihm lediglich als Werkzeug, ist gebildet oder erschaffen für sein physisches Manifestieren, für seine schöpferische Tätigkeit und sein Erleben.

Da der Organismus also erschaffen ist, ist er wie alle anderen erschaffenen Realitäten vergänglich, wird abgenutzt und unbrauchbar. Sein geistiger Träger muss sich deshalb von solchem unbrauchbar gewordenen Werkzeug oder Körper befreien. Diesen Befreiungsprozess des Wesens kennen wir unter dem Begriff des „Todes". Der Tod ist also kein wirklicher Tod, sondern eine göttliche Anordnung in der großen kosmischen Struktur des Weltalls. Der geistige Träger lebt weiter und kann in einem neuen physischen Organismus wiedergeboren werden.

## 2. Die Entwicklung der Lebewesen und der Fertige Mensch und der Unfertige Mensch

Bei unserem Beobachten der Lebewesen sehen wir, dass sie kraft ihrer unterschiedlichen Lebensformen zusammen eine Skala der Entwicklungsstufen bilden, die von primitiven und unwissenden Wesen bis hin zu Wesen reicht, die total vollkommene Menschen im Bilde und Gleichnis Gottes sind. Diese Skala zeigt also, dass die Lebewesen sich in einer Entwicklung befinden, die in mineralischen Lebensformen beginnt und über pflanzliche Lebensformen zu tierischen und im weiteren Verlauf der Entwicklung zu menschlichen Lebensformen hinführt. Alle Menschen haben also in jeder der genannten Lebensformen eine Entwicklungsepoche durchlaufen. Diese Epochen liegen demjenigen zugrunde, was wir als Mineralreich, Pflanzenreich, Tierreich und Menschenreich bezeichnen.

Der noch unfertige Erdenmensch gehört zum Tierreich in denjenigen seiner mentalen Erfahrungsbereiche, die er vom Tierreich ererbt hat und von denen er sich durch seine Entwicklung noch nicht freimachen konnte. Diese tierischen Bereiche sind es, die demjenigen zugrundeliegen, was wir das „Böse" nennen. Erst, wenn das Wesen in seiner Entwicklung so weit gekommen ist, dass es jenes Lebensgesetz erfüllen kann, nach welchem man Gott über alle Dinge, und seinen Nächsten wie sich selbst liebt, ist es der wirkliche Mensch im Bilde und Gleichnis Gottes geworden.

Solche Wesen sind es, die zusammen das fertige oder total vollkommene Wahre Menschenreich bilden. Dieses Reich existiert jedoch noch nicht auf

Erden. Es ist aber, wie wir später sehen werden, im Entstehen.

## 3. Das Religiöse Prinzip
In einem gegebenen Stadium der Entwicklung des Lebewesens entsteht das Religiöse Prinzip in seiner mentalen Struktur. Es wird durch das Welterlösungsprinzip und die Welterlöser genährt.

So wird das Wesen zur totalen Vollkommenheit geführt, erlangt „Kosmisches Bewusstsein", wird in Gott bewusst, wird eins mit Ihm, erlebt die eigene Unsterblichkeit. Diesen Prozess in seiner totalen Auslösung haben wir die „Große Geburt" genannt. Das Religiöse Prinzip äußert sich nicht nur in Form von allgemeinen religiösen Verhaltensweisen. Es bildet ebenso den Hintergrund des Materialismus, der Politik und aller anderen Arten hervortretender Bewusstseins formen. Aber unerschütterlich und sicher führt dieses Prinzip jedes Wesen zur „Großen Geburt" und dem hieraus folgenden Kosmischen Bewusstsein hin und befähigt es so eines Erlebens jenseits von Zeit und Raum, dem zufolge sein sinnliches Wahrnehmen himmelhoch über dem des gewöhnlichen Menschen, des Unfertigen Erdenmenschen steht. Kraft solcher hohen Wahrnehmungsfähigkeit sind die vorliegenden Symbole und Analysen entstanden, ebenso wie das Hauptwerk, das sie ergänzen.

## 4. Die materialistische Wissenschaft ist nicht imstande, das Lebensmysterium zu lösen
Da die materialistische Wissenschaft fast ausschließlich auf Intelligenz beruht, kann sie den Menschen unmöglich die Lösung des Lebensmysteriums geben. Sie kann nur Maß- und Gewichtsfazits, d. h.. Materiefazits erschließen. Die zur, Lösung des Lebensmysteriums führenden Fazits sind aber nicht Maß- und Gewichtsfazits. Sie sind Fazits, die mit Lebensäußerungen zu tun haben. Folglich sind sie die höchsten Fazits des Lebens selbst, was für die materiellen Fazits nicht zutrifft.

## 5. Was erforderlich ist, um das Lebensmysterium lösen zu können
Um das Lebensmysterium lösen zu können, muss der Erdenmensch in seiner Entwicklung oder göttlichen Erschaffung so weit gekommen sein, dass seine Begabung für Humanität oder Nächstenliebe solchen Grad erreicht hat, dass er es nicht mehr über sich bringen kann, „Böses" zu tun. Er will dann lieber selbst leiden, als dass andere leiden müssten. Er empfindet kei-

nen Zorn, keine Bitterkeit mehr gegen irgendjemanden. Mit der Entwicklung solchen humanen Vermögens beginnt auch eine weitere Begabung sich in seinem Bewusstsein zu entwickeln, nämlich diejenige der „Intuition'~ Durch die Kombination dieser neuen Begabung mit derjenigen der Humanität sowie derjenigen der Intelligenz wird das kosmische Wahrnehmen ermöglicht. Der Weg zum Licht, d. h. der Weg zu Informationen über den Sinn des Lebens oder über die Lösung des Lebensmysteriums kann also nicht in der materialistischen Wissenschaft gefunden werden, deren Mission es auch gar nicht ist, eine solche Lösung zu erschließen.

## 6. Der absolut einzige Weg zum Licht

Die Mission der materialistischen Wissenschaft besteht darin, den Menschen Wege zur Beherrschung der Materie, zur Beherrschung der gewaltigen Kräfte der Natur zu erschließen, für ein Dasein, das nicht auf Krieg und Verstümmelung, nicht auf vernichtenden Mordwaffen und Höllenmaschinen basiert. Die Mission der materialistischen Wissenschaft besteht darin, Maschinen, Apparate und Werkzeuge zu schaffen, die den Menschen die grobe Arbeit erleichtern oder abnehmen und sie von jenem sogenannten „Fluch der Sünde" befreien, der besagt: „Im Schweiße deines Angesichts sollst du dein Brot essen." Ihre Aufgabe besteht darin, durch ihr Wissen und ihre Erfahrungen die Menschheit aus deren materiellen Unwissenheit und Primitivität herausheben und sie zum höchsten Wissen über die Materie und die materielle Welt, ihrem vorläufigen Lebensraum, zu führen. Wenn die materialistische Wissenschaft von der Lebens-Wissenschaft, dem Kosmischen Bewusstsein beherrscht wird, dann erst kann sie ihre kosmische Bestimmung ganz erfüllen. Dann wird ihr Schaffen, Wissen und Können ebenso wie Gottes schöpferische Tätigkeit (die Schöpfungsprozesse der Natur) in ihren Schlußergebnissen ausschließlich zur Freude und zum Segen der Lebewesen sein. Die materialistische Wissenschaft an sich kann uns die Lösung des Lebensmysteriums also nicht geben und kann daher auch nicht der Weg zum Licht sein. Allein Kosmisches Bewusstsein, dasjenige also, was die Bibel den „heiligen Geist" nennt, kann das Lebensmysterium lösen und der Menschheit den Sinn des Lebens zeigen. Kosmisches Bewusstsein kann aber, wie erwähnt, nur kraft des „Intuitionsvermögens" erlebt werden, welches wiederum von der humanen Entwicklung, von der Nächstenliebe des Wesens abhängig ist. Dieser Entwicklungsgang ist folglich der absolut einzige Weg zum Licht. Christus hat recht. Man soll Gott über alle Dinge, und seinen Nächsten wie sich selbst lieben. Das ist die

Erfüllung aller Gesetzlichkeit, der: Weg zum Himmel.

## 7. Erklärung des Symbols Nr.4

Die auf dem Symbol dreiteilig' aneinandergereihten und senkrecht voneinander abgegrenzten Figursegmente oder -einheiten symbolisieren jeweils ein Lebewesen.
Das weiße Feld jeder solchen Figur symbolisiert das ewige und höchste Selbst oder Ich des betreffenden Wesens.
Das violette Feld symbolisiert jeweils die ewige kosmische Struktur des betreffenden Wesens. Die Struktur ist mit dem Ich des Wesens verbunden und macht mit diesem zusammen das Überbewusstsein des Wesens aus. Im Überbewusstsein wurzelt die Unterbewusstseinsstruktur des Wesens. (Darüber später weiteres.) Das unterste Farbfeld in jeder der dreiteiligen Figureinheiten symbolisiert den Organismus des betreffenden Wesens, den es kraft seines Überbewusstseins beherrscht, steuert und dirigiert.
Die Realität des Überbewusstseins ist zusammen mit dem Ich der ewige und eigentliche Teil des Lebewesens und somit der wahre Träger und Herr des physischen Organismus. Wenn die dreiteiligen Figureinheiten in einer Reihenfolge stehen, die sie von links nach rechts in zunehmender Größe zeigen, dann soll damit symbolisch gezeigt werden, dass die Lebewesen einer Entwicklung unterworfen sind.
Kraft dieser Entwicklung wachsen die Wesen von mineralischen Lebensformen zu pflanzlichen Lebensformen und entwickeln sich von diesen wiederum zu tierischen Lebensformen und weiter rechts davon die Grenze zwischen dem Pflanzenreich und dem Tierreich markiert.
Die Figur I auf dem kleinen Bild in der unteren linken Ecke des Symbols zeigt die dreiteilige physische und geistige Struktur des Lebewesens. Die Figur II symbolisiert den Menschen ohne Kosmisches Bewusstsein. Die Figur III symbolisiert den Menschen mit Kosmischem Bewusstsein, den Fertigen Menschen, den „Menschen im Bilde und Gleichnis Gottes". Die strichpunktierten Linien geben die unterschiedliche Sinneswahrnehmungskapazität der beiden Wesen an. Wir sehen, dass der kosmisch bewusste Mensch die gesamte physische und geistige Struktur des Lebewesens wahrnimmt und somit die Lösung des Lebensmysteriums erlebt, während der Unfertige Mensch, kosmisch gesehen, bewusstlos ist, da er nur den physischen Organismus sowie andere erschaffene oder Zeit- und raumdimensionale Erscheinungen wahrnehmen kann.

Die kosmischen ewigen Fakten kann letztgenannter nicht wahrnehmen. Die ewige Existenz des Lebens sowie die Unsterblichkeit der Lebewesen ist deshalb für den Unfertigen Menschen rätselhaft.

## KOSMISCHE BEWUSSTLOSIGKEIT

(Symbol Nr. 5)

### 1. Die kosmische Bewußtlosigkeit des Unfertigen Erdenmenschen

Für denjenigen Menschen, der zu wirklichem Erleben und Erkennen der absoluten Wahrheiten des Lebens kommen und also die Lösung des ‚Lebensmysteriums erleben möchte, ist es notwendig, dass er sich selbst bis auf den Grund kennenlernt, denn gerade die kosmische Analyse des Lebewesens beinhaltet die Lösung des Lebensmysteriums. Wir wollen hier' mit der Feststellung beginnen, dass der Unfertige Mensch kosmisch gesehen nahezu total unwissend ist, d. h., er ist hinsichtlich der absoluten oder wahren geistigen und kosmischen Analyse seiner selbst nahezu total bewusstlos.

### 2. Der religiöse Instinkt

Die als „religiöser Instinkt" schon erwähnte Bewusstseinsveranlagung bedeutet dem unfertigen Wesen das Fundament seines gesamten religiösen Empfindens. Durch das Welterlösungsprinzip und die Welterlöser wurde sein Instinkt einst in Vorstellungen hineingeleitet, die dem betreffenden Wesen in seinem damals noch sehr primitiven oder kosmisch gesehen noch sehr kindlichen Bewusstseinszustand, dem die intellektuelle Fähigkeit fehlte, als Wegweisung dienen konnten. Diese religiösen Vorstellungen sind es, die wir als die Glaubensobjekte oder Moral- und Gottesauffassungen der verschiedenen Religionen kennen.

### 3. Warum die religiösen Ideale nicht als Wissenschaft gegeben wurden

Da die Wesen in intellektueller Hinsicht früher nur ausgesprochen einfach begabt waren, konnte ihnen mit einer ausschließlich kosmischen Wissenschaft unmöglich geholfen sein. Solches Wissen musste deshalb von den Welterlösern den jeweiligen Umständen angepasst werden. Es sollte nicht die Form einer wirklich kontrollierbaren, exakten kosmischen Wissenschaft haben, sondern musste hingegen zu Vorstellungen werden, die in Form von einfacher Bildsprache oder Gleichnissen die eigentliche Wahrheit vereinfacht oder bruchstückhaft vermitteln konnten, wobei sie in dieser Form von ihren Empfängern buchstäblich aufgefasst wurden. Dass diese bildhaften Vorstellungen ständig durch neue Welterlöser zugunsten neuer Vorstellungen und Auffassungen umgeformt werden mussten, je nachdem die Anhängerschaft in Erfahrung, Wissen und Humanität heranwuchs, dürfte selbstverständlich sein. Auf diese Weise gelangte die Menschheit zu den höchsten religiösen Leitgedanken des Lebens, kulminierend in den unvergänglichen Idealen Christi, die in dem unverrückbaren Lebensgebot wurzeln: „Du sollst Gott über alle Dinge lieben, und deinen Nächsten wie dich selbst." Ein moralisch höheres Gebot kann es unmöglich geben. Keine Lebensweise kann göttlicher sein. Eben diese Lebensweise macht das „Bild" Gottes aus und entspricht dem „Gleichnis", in welchem der Mensch durch Gott erschaffen wird. Diese hohen Ideale passen in der erwähnten vereinfachten Form aber nur zu Menschen, die in ihrer Religiosität noch vom Instinkt beherrscht sind, die also noch blind glauben können und keinerlei Verlangen nach einer intellektuellen Erklärung oder wirklich logischen Begründung haben, sondern ihre Ideale von Autoritäten zuversichtlich entgegennehmen. Diese Einstellung des Unfertigen Menschen zum Welterlösungsprinzip ist analog dem Verhältnis des Kindes zum Elternprinzip.

## 4. Die Religiosität des Menschen in Gestalt des Materialismus

Aber das Leben steht nicht still. Die Menschen bleiben nicht auf einer bestimmten Entwicklungsstufe stehen, sondern sie gehen vorwärts und aufwärts. Die Entwicklung hält nicht an, bevor die Erschaffung des Menschen durch Gott vollendet ist. Wir sehen heute, besonders in der westlichen Welt, Millionen Menschen von einer Bewusstseinsfähigkeit beherrscht, die den religiösen Instinkt dieser Menschen ändernd beeinflusst und sie veranlasst, sich von den Leitgedanken der Welterlöser mehr oder weniger abzuwenden.

Es handelt sich bei dieser Bewusstseinsfähigkeit um die Intelligenz. Diese erweckt allmählich in den Menschen ein Verlangen danach, selbst die Wahrheit zu finden. Sie führt die Menschen aus dem Kindesstadium der religiösen oder kosmischen Bindung heraus. Entsprechend dem Wachstum ihres Intelligenzvermögens degeneriert die Fähigkeit dieser Menschen, blind an die Aussagen anderer glauben zu können, und deshalb glauben sie auch nicht mehr an überlieferte religiöse Dogmen oder Vorstellungen, sondern erkennen nur das an, was als Tatsache logisch bestätigt oder nachgewiesen werden kann. Da sie also nur Vorstellungen oder Behauptungen anerkennen, die sie selbst nachprüfen oder als Tatsache empfinden können, gilt ihre Anerkennung in Wirklichkeit allein der absoluten Wissenschaft. Da sie aber noch nicht jene kosmischen Fähigkeiten besitzen, durch die allein es möglich ist kosmische Wahrheiten oder Realitäten zu erleben, können sie sich nur von rein materieller Forschung angesprochen fühlen. Und da sie nicht mehr ohne weiteres an die Aussagen anderer glauben, kann ihr Glaube sich also auch nicht auf jene kosmischen Wahrheiten oder Erscheinungen stützen, die sie ja noch nicht selbst beobachten oder mit Hilfe ihrer physischen Sinne feststellen können. Diese Menschen können daher ausschließlich materialistisch eingestellt sein. Sie glauben somit, dass alles physisch ist und dass es kein eigentliches geistiges oder kosmisches Bewusstseinsleben gibt. Sie glauben also fest an den Tod als ein totales Aufhören des Lebens und des Bewusstseins. Sie glauben nicht an irgendwelche Gottheit und betrachten Religiosität fast als eine Entgleisung. Sie wissen nicht, dass ihre eigene, stark materialistische Einstellung, ebenfalls eine Ausdrucksform des Religiösen Prinzips ist und dass in Wirklichkeit ihre antireligiösen Vorstellungen selbst jene Entgleisung darstellen, die sie der allgemeinen Religosität vorhalten.

## DAS LEBEWESEN
(Symbol Nr. 6)

**1. Das „Selbst" oder „Ich" des Lebewesens kann in seiner Analyse nur ein „Etwas, das ist" sein**
„Livets Bog" zufolge ist das Lebewesen ein Dreieiniges Prinzip.
Es umfasst demnach ein „Ich", ein „Schöpfungsvermögen" und etwas „Erschaffenes". Unter dem Ich ist hier der höchste Wesenskern des Lebewesens zu verstehen. Das Ich ist ein „Etwas", das an sich über alle Manifestation erhaben ist, da es Ursprung und Schöpfer der Manifestation selbst ist. Folglich kann das Ich absolut keine Analyse beinhalten. Wenn wir von diesem Ich sagen, dass es schön ist oder weniger schön, göttlich oder „teuflisch", groß oder klein u. s. w., dann können diese Aussagen unmöglich Analysen des Ich an sich sein, im Gegenteil. Sie können nur Analysen von etwas sein, das vom Ich hervorgebracht oder erschaffen wurde.
Das Ich existiert also schon vor dieser Erschaffung. Das Ich beinhaltet daher keine Analyse außer der einen, dass es existiert.
Folglich kann es nur ein „Etwas, das ist" ausmachen.

## 2. Das Schöpfungsvermögen des Ich kann in seiner Analyse ebenfalls nur ein ‚Etwas, das ist" ausmachen

Dieses „Etwas", das Ich, hat also ein Schöpfungsvermögen, d. h. eine Fähigkeit des Erlebens und Manifestierens und folglich auch des Aufbauens eines Organismus oder Körpers, kraft dessen es in der Materie überhaupt erst schaffen und sich anderen Ich gegenüber äußern kann und ebenso in der Lage ist, die Äußerungen dieser Ich, wie sie durch deren Manifestationen oder erschaffenen Dinge zutage treten, zu erleben. Das Schöpfungsvermögen kann nicht erschaffen worden sein, denn solchen falls müsste das Ich irgendwann ohne Schöpfungsvermögen gewesen sein; und wie sollte es in solchem Zustand in die Lage gekommen sein, dieses sein Schöpfungsvermögen erschaffen zu können? - Hinzu kommt noch, dass etwas nicht aus nichts entstehen kann. Folglich muss das Schöpfungsvermögen des Ich ewig existiert haben. Es tritt also ebenso wie das Ich als eine namenlose Erscheinung hervor, die sich nur als ein „Etwas, das ist" bezeichnen lässt.

## 3. Das in ständiger Umwandlung begriffene, dem Schöpfungsvermögen des Ich entspringende Erzeugnis ist ebenfalls ewig und muss deshalb in seiner Analyse ebenfalls ein „Etwas, das ist" ausmachen

Das dem Schöpfungsvermögen entspringende Erzeugnis sind die aus der Materie heraus entstehenden Körper, Organe oder Strukturen des Ich. Von diesen Verlängerungsorganen des ewigen kosmischen Schöpfungsvermögens kennt der Unfertige Mensch fast ausschließlich den physischen Körper des Lebewesens. Obwohl der physische Körper sowie die ihn ausmachenden erschaffenen Organe Zeit- und raumdimensional, d. h. vergänglich sind und also früher oder später ausgewechselt werden, gewährleisten sie dem Lebewesen doch die ewige Aufrechterhaltung eines unvergänglichen Prinzips, nämlich desjenigen des ERLEBENS. Da dieses dem Schöpfungsvermögen entspringende Resultat ebenso ewig ist wie das Schöpfungsvermögen und wie das Ich, können wir es ebenfalls nicht anders bezeichnen als ein „Etwas, das ist".

## 4. Das Lebewesen ist -ein dreieiniges unteilbares Prinzip

Die erwähnten drei Prinzipe, bestehend aus dem Ich, aus dessen Schöpfungsvermögen sowie aus dem Resultat des Schöpfungsvermögens: dem Organismus und dem mit demselben verknüpften ewigen Erleben, - das sind gerade die drei Bedingungen, die erforderlich sind, um ein „Etwas" als ein Lebewesen in Erscheinung treten lassen zu können. Ohne Ich könnte es weder ein Schöpfungsvermögen noch ein Erleben geben. Und ohne Erleben und ohne schöpferisches Vermögen könnte ein Ich unmöglich als Lebewesen existieren. Zwar wäre es vorhanden, könnte aber nicht denken, erleben, manifestieren oder schaffen. Ein ewiges „Nichts" müsste dort weilen, wo heute das Weltall strahlt und funkelt und als die größte existierende Strukturmanifestation oder der größte körperliche Ausdruck eines allerhöchsten „Ich", eines allerhöchsten Lebewesens in Erscheinung tritt, eines Lebewesens, innerhalb dessen Organismus wir alle leben, weben und sind. - Die Kernanalyse des Lebewesens ist also eine unteilbare Kombination der drei größten Prinzipe des Lebens, vereinigt in einem einzigen gigantischen Prinzip: „Das Lebewesen", der Ursprung aller Prinzipe. Da alle drei Prinzipe somit namenlos sind, haben wir das Ich oder Selbst des Lebewesens als „X 1", das Schöpfungsvermögen als „X 2" und das Erschaffene oder ewige Erleben als „X 3" bezeichnet.

## 5. Warum die Lebewesen vom Menschen zuweilen nicht als unsterblich aufgefasst werden

Das Lebewesen ist also in seiner Kernanalyse ein ewiges, unsterbliches oder unvergängliches „Etwas, das ist". Wenn der materialistische Mensch das Lebewesen nicht so auffasst, liegt es daran, dass er das Lebewesen im eigentlichen Sinne des Wortes überhaupt nicht sieht, da es ja der direkten physischen Sinneswahrnehmung total unzugänglich ist. Nur das, was sichtbar erschaffen oder hervorgebracht ist, wird von ihm direkt wahrgenommen. Es gibt aber absolut nichts Erzeugtes, das unvergänglich sein kann. Es geht unaufhaltsam seinem Ende entgegen. Das also Erzeugte ist der dem Ich zugehörige Körper sowie gewisse seiner psychischen und geistigen Strukturen, die den physischen Körper des Lebewesens mit dem ewigen, unvergänglichen oder kosmischen Teil desselben verbinden.

## 6. Der „Tod" ist kein Tod

Der physische Körper bedeutet seinem Träger oder Ich ausschließlich ein Werkzeug zum Schaffen und Erleben. Um diesem Zweck dienen zu können, muss er durch nahezu einen Ozean physischer und psychischer Organstrukturen aufrechterhalten werden, Strukturen, die ebenfalls erzeugte Erscheinungen und deshalb vergänglich sind. Dies ist der Grund, weshalb der physische Körper des Lebewesens veraltet, abgenutzt wird, um schließlich vollends unbrauchbar zu werden. Das Ich wird dann von seinem Körper befreit. Diese Befreiung des Ich von seinem physischen Körper ist es, die von den Menschen „Tod" genannt wird, in Wirklichkeit jedoch absolut kein Tod ist. Die Menschen glauben, dass der vom Ich befreite Körper, „Leiche" genannt, das Lebewesen selbst ist.

Wäre die Leiche wirklich das Lebewesen selbst, müsste der Tod eine Tatsache sein. Nun offenbart sich dem Fertigen Menschen aber das Entgegengesetzte. Das, was im eigentlichen Sinne lebendig ist, wird auch für immer lebendig bleiben. Und das, was tot ist, wird dementsprechend auf ewig tot bleiben. Das „Lebendige" kann also nicht sterben und das „Tote" niemals lebendig werden. Dieser Tatbestand ist einer der unverrückbaren Grundpfeiler in der Lösung des Lebensmysteriums.

## 7. Das „Überbewusstsein" des Lebewesens mit dem Maskulinen Pol, dem Femininen Pol und den sechs Grundenergien

Das unverrückbar „lebendige" am Lebewesen ist das Ich sowie seine ewige oder kosmische Lebensstruktur, die „nicht-erzeugte" also. Das „tote" am Lebewesen sind sein physischer Körper sowie die sonstigen Strukturen, die lediglich „erzeugte" Realitäten sind.

Diese „erzeugten" Strukturen unterscheiden sich von den nichterzeugten oder ewigen Strukturen darin, dass sie durch eigene Kraft allein weder existieren noch funktionieren können. Ihre Bewegungs- und Funktionskraft erhalten sie ausschließlich durch jene ewigen Strukturen, die gerade durch eigene Kraft existieren.

Wir haben deshalb den ewigen Strukturbereich, der aus dem Ich und dessen kosmischen Schöpfungsvermögen besteht und somit dem entspricht, was „X 1" und „X 2" zusammen ausmachen, das „Überbewusstsein" des Lebewesens genannt. Das Überbewusstsein ist also Ausdruck der absolut unvergänglichen und damit ewigen Struktur des Lebewesens. Im Überbewusstsein begegnen wir der allerersten beginnenden Auslösung des Prinzips der „Energie".

Diese allererste Energie haben wir die „Mutterenergie" genannt.

Ihr Entfaltungsbereich ist im „X 2", wo sie durch die Herausbildung von allererster Materie und Kraft das eigentliche Fundament des Lebens schafft, nämlich die Auslösung jener zwei großen Lebensfunktionen, die wir als „Maskulinität" und „Femininität" bezeichnet haben. Diese beiden Funktionen werden jeweils durch ein eigenes Organ ausgelöst, durch den „Maskulinen Pol" und durch den „Femininen Pol". Durch das Zusammenwirken dieser beiden wechselseitig kombinierten Polorgane mit den sechs Grundenergien, welche wir als „Instinktenergie", „Schwereenergie", „Gefühlsenergie", „Intelligenzenergie" , „Intuitionsenergie" und „Gedächtnisenergie" bezeichnet haben, wird die gesamte Lebensfunktion des Wesens geschaffen, ebenso sein Platz auf der Entwicklungsleiter, seine Primitivität oder Intellektualität, sein Erscheinen als männliches, weibliches oder doppelpoliges Wesen, wobei mit letzterem das Erscheinen des Lebewesens als „Mensch im Bilde und Gleichnis Gottes" gemeint ist. Auf diese Realitäten, die nicht auf dem vorliegenden Symbol markiert sind, können wir jetzt nicht näher eingehen. Wir werden aber in besonderen Spezialsymbolen auf eine nähere Erklärung zurückkommen. Diese Realitäten sind hier nur erwähnt worden, weil sie zum Überbewusstsein gehören.

## 8. Das „Schicksalselement", die „Grund- Talentkerne" oder „Spiralcenter" des Lebewesens

Im Überbewusstsein des Lebewesens befinden sich desweiteren Center für die sechs Grundenergien, für jede Grundenergie eines.
Diese Center tragen die Bezeichnung „Grund- Talentkerne" oder „Spiralcenter". Sie sind der innerste Sitz der Fähigkeiten und Anlagen des Lebewesens. Kraft dieser Talentkerne oder Spiralcenter können die Fähigkeiten und Anlagen des Lebewesens den Tod oder Untergang des physischen Organismus überleben und im weiteren Verlauf den Aufbau eines neuen physischen Organismus bewirken. Das Ich kann somit aufs neue .ein physisches Erdenleben und zu gegebener Zeit weitere solche erleben. dieses Auswechseln von Körpern ist das, was wir als „Reinkarnation"
bezeichnen. Durch das Überbewusstsein manifestiert sich die Auslösung eines ewigen Begehrensstromes. Dieses Begehren ist der innerste Quell aller existierenden Arten von Begehren im Lebewesen. Wir haben es deshalb das „Urbegehren" 3enannt. Durch die Mutterenergie verbindet sich dieses Begehren mit den Grundenergien, die dadurch kraft ihrer besonderen Struktur in Funktion gehalten werden. Denjenigen Bereich des Überbewusstseins, in welchem die höchste, ewige und unvergängliche Lebensstruktur gesammelt ihren Sitz hat, haben wir das „Schicksalselement" des Lebewesens genannt.

## 9. Das „Unterbewusstsein" des Lebewesens

Die Grund- Talentkerne im Schicksalselement bilden also für jede der sechs Grundenergien eine kosmische oder ewige Organstruktur. Aufgrund ihrer ewigen Natur gehören diese Organstrukturen zum Überbewusstsein. Mittels dieser ewigen Strukturen wird für jede der Grundenergien eine veränderliche und also zeitliche Organstruktur aufrechterhalten. Diese veränderlichen Organstrukturen nennen wir „Körper". Für jede der Grundenergien existiert also ein Körper. Mit Hilfe dieser Körper wird das Leben wahrgenommen.

Da aber der Erlebensprozess ein großer Veränderungs- oder Schöpfungsprozess ist, müssen die Grundenergie-Körper ebenfalls veränderlich oder umbildungsfähig sein, indem sie jeder Stufe des Schöpfungsprozesses, die vom betreffenden Wesen passiert werden soll, angepasst werden müssen. So muss der physische Körper zur Erlangung eines neuen und besseren physischen, Körpers gar total ausgewechselt werden und zwar immer dann, wenn es der gerade bestehende Körper wegen Alters, Verletzung oder anderweitigen Unterganges notwendig macht. Ein solcher vom Überbewusstsein ausgeschiedener physischer Körper ist es, den wir als „Leiche" bezeichnen.

Die erwähnten Grundenergie-Körper zusätzlich des physischen Körpers machen das „Unterbewusstsein" des Lebewesens aus, während die Strukturen der Grund- Talentkerne, in denen die Grundenergie-Körper wurzeln, dem Überbewusstsein angehören.

## 10. Das „Tagbewusstsein" und „Nachtbewusstsein" des Lebewesens

Zum Unterbewusstsein gehört also auch der rein physische Körper, durch den alle geistigen Organe mehr oder weniger hindurch wirken.

Die Organfunktion des physischen Körpers ist also in Wirklichkeit eine Verlängerung der Überbewusstseinsfunktion und derjenige Teil des Lebewesens, der sinnlich wahrgenommen werden kann. Die erwähnte Verlängerung besteht aber nicht nur aus dem rein physischen Körper, sondern umfasst auch die Psyche oder Mentalität, durch die das Erleben stattfindet und also Manifestationen wahrgenommen und erkannt werden. Diesen Bereich der Erkenntnisfunktion haben wir das „Tagbewusstsein" genannt. Das unfertige Wesen zeitigt aber auch einen Erlebenszustand, in welchem es nicht bewusst ist, nämlich seinen Zustand während des Schlafens.

Diesen Zustand haben wir als das „Nachtbewusstsein" bezeichnet.

Das Nachtbewusstsein ist also ein Erlebenszustand, in welchem das Wesen sich dann befindet, wenn sein physischer Körper außer Funktion ist, sich im Ruhestand befindet. Dann findet sein Erleben auf der sogenannten „geistigen Ebene" statt, die jenseits der physischen Ebene existiert. Aber da die Gedächtnisstruktur, die dem physischen Dasein des Wesens zugrundeliegt, so geartet ist, dass das Wesen seine Erinnerungen aus dem Nachtbewusstsein nicht ins Tagbewusstsein übertragen kann, hat es auch keine Erinnerungen an seine Erlebnisse aus dem Zustand des Nachtbewusstseins. Die Unfertigen Menschen glauben deshalb in ihrer kosmischen Bewusstlosigkeit irrigerweise, dass ihr Nachtbewusstseinszustand ein bewusstloser Zustand ist. So kommt denn auch in ihnen der Zweifel an ihrer Unsterblichkeit auf, wenn sie sehen, wie der physische Körper eines Mitwesens zur „Leiche" wird. Sie verstehen nicht, dass ein Lebewesen auch ohne die Benutzung oder Aktivierung eines physischen Organismus am Leben sein kann. Sie kennen ja nicht das ihnen selbst innewohnende unsterbliche Ich sowie das mit demselben identische und somit ebenfalls unsterbliche Überbewusstsein. Wie schon erwähnt, wollen wir in späteren Symbolerklärungen auf diese primären Themen zurückkommen.

## DAS GESETZ DER BEWEGUNG
(Symbol Nr. 15)

### 1. Der Gottheit Ich und Schöpfungsvermögen wohnen im Organismus und Schöpfungsvermögen jeglichen Lebewesens

Anhand der in den vorangegangenen Symbolerklärungen enthaltenen kosmischen Analysen haben wir die lebendige Struktur des Weltalls kennengelernt als den Organismus eines gigantischen Lebewesens, innerhalb dessen wir alle weben, leben und sind. Wir haben erkannt die Identität des Lebewesens mit einem ewigen oder unsterblichen Dreieinigen Prinzip. Wir haben gesehen, dass dieses Prinzip eben sowohl im Weltall Gültigkeit hat wie in uns selbst oder wie in jedem anderen Lebewesen. Die drei Prinzipe kennen wir als das Ich des Lebewesens, als sein Schöpfungsvermögen sowie als das von ihm Erschaffene. Das allerhöchste „Etwas" eines Lebewesens ist das seinen Organismus beherrschende Ich. Mit Hilfe der physischen und geistigen Struktur seines Organismus kann dieses Ich oder „Etwas" erleben und schaffen.

Dies gilt allen im Organismus der Gottheit oder im Weltall existierenden Wesen, sowohl denen des Mikrokosmos als auch denen des Makrokosmos. Denn jene unteilbare Einheit oder jenes Lebewesen, das wir Gott nennen, besteht ja gerade aus allen Lebewesen zusammen. Die Ich aller Lebewesen machen, wie schon erwähnt, zusammen das Ich der Gottheit aus, ' während die Schöpfungsfähigkeiten sowie die Organismen aller Lebewesen zusammen das Schöpfungsvermögen bzw. den Organismus der Gottheit ausmachen. Das Ich sowie das Schöpfungsvermögen der Gottheit wohnen somit dem Ich bzw. dem Schöpfungsvermögen jedes existierenden Lebewesens inne. Jegliches Schaffen ist daher eine Manifestation Gottes, ebenso wie jegliches Erleben ein Erleben der Manifestation Gottes ist.

## 2. Bewegung kann nur ein Lebewesen zum Urheber haben

Was ist nun Manifestation? - Manifestation ist die Kombination verschiedener Bewegungsarten. Aber was ist nun Bewegung? Bewegung ist die Umplacierung eines Objektes von einem Ort zu einem anderen Ort oder die Verwandlung eines Objektes von einem Zustand in einen anderen Zustand. Die Umplacierung von Gegenständen oder die Verwandlung von Zuständen ist wiederum dasselbe wie das, was wir „Schöpfung" nennen. Schöpfung und Bewegung sind also in Wirklichkeit identisch. Ein Lebewesen, das schaffen will, setzt eine Bewegung in Gang. Ohne Bewegung absolut keine Schöpfung. Schöpfung und damit Bewegung kann aber absolut nicht sich selbst zum Urheber haben. Sie kann nur etwas Lebendes zum Urheber haben, was wiederum bedeutet, dass Bewegung an sich nur als die von einem Ich ausgehenden Wirkungen existieren kann. Welche Bewegungen auch immer wir wahrnehmen, ganz gleich ob es diejenigen der Sonnen und der Sternnebel im ewigen Weltraum sind oder die mikroskopischen Bewegungen in der kleinen Welt der Atome und der Elektrone:
Bewegungen können absolut nur als die von Lebewesen ausgehenden Wirkungen existieren, ebenso wie unsere eigene Bewegung oder schöpferische Entfaltung nur kraft unseres Selbst oder Ich existieren kann. Bewegung kann unmöglich aus etwas Totem oder Leblosem kommen. Sie wird in erster Instanz von einem absolut lebendigen Urheber ausgelöst. Bewegung tritt daher unumstößlich als das vornehmste Kennzeichen des Lebens in Erscheinung.

## 3. Die Analysen der Bewegung bezeugen uns hiermit die Unmöglichkeit eines absoluten Todes

Da das gesamte den Sinnen zugängliche Weltall aus Bewegung, aus Veränderung und Schöpfung besteht, gibt es nichts, was auf die Dauer in einem bestimmten Zustand verbleiben kann. Alles ist im Wandel begriffen und befindet sich damit in permanenter Bewegung. Absolute Unbeweglichkeit gibt es also nirgendwo anders als im ewigen unveränderlichen und damit unsterblichen Ich des Lebewesens. Somit ist gerade das Ich des Lebewesens der absolut einzig existierende „feste Punkt" des Lebens; nicht ein „erschaffener" fester Punkt, sondern hingegen einer, dessen einzigartige Eigenschaft darin besteht, dass er mit zwei weiteren ewigen Realitäten oder Prinzipen unlöslich verbunden ist und mit diesen zusammen eine unteilbare Einheit ausmacht, durch die sich dem Lebewesen gerade die drei Bedingungen erfüllen, die erforderlich sind, um es ewig als ein Lebewesen in Erscheinung treten lassen zu können. Da es keinerlei andere Art von festem Punkt gibt, indem der ganze unendliche Weltraum ausschließlich aus erschaffenen Dingen besteht, die mit Bewusstseinskombinationen identisch sind, und alles somit Bewegung ist, offenbart sich dem gereiften Forscher hier die Tatsache, dass ein realistischer oder absoluter Tod unmöglich existieren kann.• Es gibt somit absolut nichts anderes als das Leben selbst, sowie dasjenige, das Leben erschafft und erlebt.. Das Leben ist also m~ Bewegung identisch. Bewegung ist das Leben des Ich. Ohne Bewegung könnte das Ich kein Leben haben und könnte somit kein Lebewesen existieren, ja, auch Gott könnte kein Leben haben. Wenn aber das Ich oder Gott nicht existierte, könnte es ja umgekehrt auch absolut keine Bewegung und somit keinerlei Schöpfung oder Erleben geben. Ein wirkliches „Nichts" müsste da herrschen, wo heute das ewige Leben, der Geist Gottes über den Wassern, den Zutritt zum ewigen Licht im Strahlenmeer Gottes befördert.

**4. Jegliches Lebewesen ist Mitschöpfer der Bewegungs- und Schöpfungsprozesse des Weltalls**

Alles Erschaffene, alles der gewöhnlichen Sinneswahrnehmung überhaupt Zugängliche, d. h. alles, was wir Bewegung und Stillstand nennen, alles, was wir als die Materie oder den Stoff in seinen festen, fließenden, luftförmigen oder strahlenförmigen Erscheinungsformen kennen, ferner alles von uns als Berg und Tal, als Stadt und Land, als Menschen, Tiere und Pflanzen, als Schrift und Sprache u. a. m. Bezeichnete, - dies alles entspricht jeweils einer Bewegung oder Bewegungsart, unangesehen ob es dem Schein nach als Bewegung oder als Stillstand hervortritt. Aller Stoff oder alle Materie, von der festesten bis zur flüssigsten und ebenso alle Luft- und strahlenförmige. Materie, ist somit eine Kombination von Bewegungen. Ebenso ist aller Stoff, aus dem die Organismen der Lebewesen aufgebaut sind, eine Kombination von Bewegungsarten. Es gibt somit in Wirklichkeit nur das Ich und die Bewegung.

Die vielen erschaffenen Dinge sind also lediglich Aufbauten von Bewegungsarten oder -formen. Nur im Sinneswahrnehmungsbereich der Lebewesen lassen sich diese Bewegungen kraft des Perspektivprinzips als erschaffene, aus Stoff oder Materie aufgebaute Dinge erkennen und erleben. Der Prozess des Aufbauens oder Regulierens von Bewegungen ist also mit Schöpfung identisch.

Da es außer dem Erschaffenen nur den Schöpfer gibt und derselbe dem Ich entspricht, sehen wir also, dass alle Schöpfung und Bewegung und Bewegungsregulierung ausschließlich mit einem Ich als Urheber existieren kann. Das Ich des einzelnen Lebewesens bildet also mit den Ich aller übrigen Lebewesen zusammen das Ich der Gottheit. Jedes Lebewesen ist daher ein Mitschöpfer der Bewegungs- oder Schöpfungsstruktur des Weltalls. Bewegung kann also unmöglich von selbst entstehen, sondern muss, wie schon erwähnt, von einem Ich ausgehen.

## 5. Die Bewegungen können nur mit den Ich als Urheber existieren

Da alles Erschaffene mit Bewegung identisch ist, gibt es ja nichts anderes als die Ich mitsamt ihrem Schöpfungsvermögen und ihren Bewegungen. Von diesen drei Erscheinungen machen die Ich zusammen mit ihrem Schöpfungsvermögen das Primäre aus, während die Bewegungen das Sekundäre sind. Da Bewegungen nicht von selbst, sondern nur kraft eines Urhebers entstehen können, müssen die Ich es sein, die die Urheber der Bewegungen sind. Die Ich also sind es, die die Bewegungen auslösen. Diese Bewegungsauslösung ist dasselbe wie das Erleben und Schaffen der Ich. Erleben ist also im Grunde mit Schaffen identisch. Vermittels ihres Erlebens empfangen die Lebewesen Bewegungsarten. Vermittels ihres Schaffens senden sie Bewegungsarten ab. Wir werden später darauf zu sprechen kommen, inwiefern die Bewegungsarten Schaffung und erschaffene Dinge ausmachen. Hier wollen wir uns an die Bewegung selbst halten, die ja die innere Analyse der erschaffenen Dinge ist.

## 6. Zwischenkosmische, mikrokosmische und makrokosmische Bewegungsarten

Da Bewegung ein Bewusstseinsprodukt ist, das sich durch das Schöpfungsvermögen des Ich zu Materieformen oder erschaffenen Dingen gestaltet, hat es sowohl eine psychische als auch eine physische Seite. Als „Bewegung" am besten bekannt ist den Menschen der Ortswechsel eines physischen Gegenstandes in Form einer Bewegung von einer Stelle zu einer anderen, z. B. ein fahrender Zug, ein sich fortbewegender Mensch oder sich fortbewegendes Tier, das Drehen eines Rades in einer Maschine sowie dergleichen sich bewegende Dinge. Solche Bewegungen sind allen wohlbekannt. Wir können sie als zwischenkosmische Bewegungsarten bezeichnen, was bedeutet, dass sie im physischen Sinneswahrnehmungsbereich der zwischenkosmischen Lebewesen sichtbar hervortreten. Aber es gibt natürlich auch mikrokosmische Bewegungsarten. Diese sind den physischen Sinnen mehr oder weniger unzugänglich, d. h., sie zeigen sich diesen Sinnen als Stoff oder Materie. Das Hervortreten der Materie als etwas gegenständlich Erschaffenes ändert nichts an der Identität dieses Stoffes oder dieser Materie mit Bewegung. Desweiteren gibt es natürlich analog der zwischenkosmischen und mikrokosmischen Bewegungsformen auch makrokosmische Bewegungsformen oder -arten. Als solche kennen wir die Bewegungsarten der Planeten und Sonnensysteme. Bis zu einem gewissen Grad können diese Bewegungsarten auch mittels der physischen Sinneswahrnehmung erkannt werden.

### 7. Bewegung kommt sowohl in physischer als auch in geistiger Form vor

Wie erwähnt, gibt es auch eine psychische Bewegungsform.
Während die physische Bewegungsform als ein Ortswechsel, als eine Bewegung von einer Stelle zu einer anderen Stelle und also als eine in physischem Abstand hervortretende und auch zeitlich messbare Bewegung hervortritt, ist die psychische Bewegungsform , keine Bewegung von einem physischen Standort zu einem anderen physischen Standort, sondern dagegen eine Bewegung von einem Zustand in einen anderen Zustand. Wir sehen dies beispielsweise an der Verwandlung eines Kindes von der Kindheit zur Jugend, von der Jugend zur Reife und von der Reife zum Alter. Wir sehen es auch am Wechsel der Jahreszeiten sowie an der Verwandlung vieler anderen physischen Dinge. Solche Verwandlung ist ebenfalls Bewegung, wenngleich sie sich nicht in Metern oder Kilometern messen lässt, da sie ja nicht eine Bewegung von Ort zu Ort ausdrückt. Aber sie hat andere Merkmale.
Wir können diese Verwandlung in Grade einteilen. Diese von uns als „Entwicklung" bezeichnete physische Verwandlung teilen wir somit in Grade oder Stufen ein, die jeweils einen besonderen Zustand ausdrücken. Z. B. kann ein Lebewesen sich auf einer hohen Entwicklungsstufe, d. h. in einem ausgesprochen differenzierten und logischen Zustand befinden, während

ein anderes Lebewesen sich auf einer niedrigen Entwicklungsstufe, d. h. in einem weniger differenzierten und weniger logischen Zustand befinden kann. Solche zwei Lebewesen können am gleichen Ort leben, ohne sich dabei im gleichen Zustand zu befinden. Sie befinden sich somit in einer Art Abstand voneinander, der mit ihrem unterschiedlichen Zustand zu tun hat. Kraft der erwähnten beiden Bewegungsformen erkennen wir hier also zwei verschiedene Formen oder Möglichkeiten des Erlebens, nämlich eine physische und eine geistige. Die physische markiert sich durch Abstand, während die geistige sich durch Zustand markiert.

## 8. Das Schlussfazit der Bewegung ist Balance

Die erwähnten beiden Bewegungsformen lassen ein besonderes Gesetz der Bewegung zutage treten. Dieses Gesetz veranlasst alle Bewegungsformen, eine bestimmte Absicht verfolgen, die das Schlussfazit der Bewegung ausmacht. Wir kennen diese Absicht unter dem Begriff der „Balance". Jede Bewegungsart strebt nach Balance, d. h. nach Gleichgewicht zwischen sich selbst und anderen Bewegungsarten. Wir sehen z. B., dass Wasser abwärtsstrebt zu den niedrigsten Stellen, wo sich Seen und Meere bilden.

Seen und Meere entsprechen also einer Art Balance. Sie drücken das Gleichgewicht jenes Wassers aus, dessen Bewegung von Ort zu Ort hier aufgehört hat. Die Kugelförmigkeit von Planeten und Sonnen hat ebenfalls mit dieser Balance zu tun, denn die Kugelform drückt die Grundbalance zwischen allen Energie und Materiebewegungen aus, die in den Sonnen und Planeten kombiniert sind. Die Kugelform bewirkt, dass die in ihr enthaltenen Energien ihre Mission gleichermaßen nach allen Seiten hin ausführen können.

## 9. Der Kreis und die Gerade

Die Gesetzmäßigkeit der Bewegung sehen wir auch am Beispiel der sogenannten „Geraden". In absolutem Sinne gibt es die Gerade nicht. Im Prinzip muss jede scheinbar gerade Linie immer Teil eines Kreislaufs und somit, physisch gesehen, Teil eines Kreises sein. Jegliche gerade Linie wird also bei genügender Verlängerung oder Durchführung ihrer selbst zu einem Kreis. Ein Kreis kann aber so riesengroß sein, dass jener kleine Teil von ihm, den wir überschauen können, nicht ausreicht, um unseren Sinnen das Registrieren einer Krümmung zu ermöglichen. Unseren Sinnen muss ein derartig kleiner Teil eines Kreises als eine „Gerade" vorkommen. Wenn die Oberfläche des Erdballs völlig eben wäre und es also weder Berge noch

Täler noch andere Unebenheiten gäbe, dann würde diese Oberfläche trotz ihrer Kugelform an jedem Ort bei Nachmessen mit einer gewöhnlichen Wasserwaage als waagerecht oder plan erscheinen. Die Krümmung würde aber sichtbar werden, wenn wir uns zum Messen eine Wasserwaage von einigen hundert Kilometern Länge ausdächten. Wir würden dann sehen, dass die Gerade dieser Wasserwaage nicht mit der unseren Sinnen als gerade oder plan erscheinenden Erdoberfläche fluchten könnte, da diese Oberfläche nur scheinbar Plan ist. Die Gigantwasserwaage ließe sich zwar gegen die Erde anlegen, doch würden ihre beiden Enden sich desto mehr von der Erdoberfläche entfernen, je länger wir uns die Wasserwaage vorstellten. Das gleiche Prinzip erkennen wir an der scheinbar planen Oberfläche des Meeres. Wenn diese plane Wasserfläche nicht In Wirklichkeit Teil einer Rundung wäre, dann könnte es ja auch nicht vorkommen, dass Schiffe und andere Erscheinungen am Horizont des Meeres „absinken". Und eben das ist ja der Fall.

In je größerer Entfernung von uns selbst sich auf dem Meer ein Schiff befindet, desto weniger sehen wir von ihm. So verhält es sich ungeachtet dessen, ob wir auf dem Meer nach Süden, Norden, Osten oder Westen blicken. Daraus ersehen wir, dass die Oberfläche der Erde mehr oder weniger mit der einer Kugel identisch ist.

## 10. Wir beginnen des Schicksalsgesetzes gewahr zu werden: „Was ein Mensch sät, das soll er ernten"

Wenn die Gerade somit illusorisch ist und also in absolutem Sinne nicht existiert, so ist es darauf zurückzuführen, dass alle Energie- oder Bewegungsarten jenem Kreislaufprinzip untergeordnet sind, das durch die siebente Grundenergie, die Mutterenergie befördert wird. Alles muss sich in kreisförmigen Bahnen bewegen. Da Bewegung von nirgendwo anders ausgehen kann als von einem lebendigen Urheber, und da Bewegung ferner, wie wir gesehen haben, laut des Gesetzes der Bewegung unter keinen Umständen in gerader Linie, sondern nur in kreisförmiger Bahn verlaufen kann, muss jede Bewegung in ihrem Schlussfazit auf ihren Urheber zurückwirken. Und hier beginnen wir des Schicksalsgesetzes oder der Wahrheit jenes ewigen Wortes gewahr zu werden, in welchem es heißt: „Was ein Mensch sät, das soll er ernten".

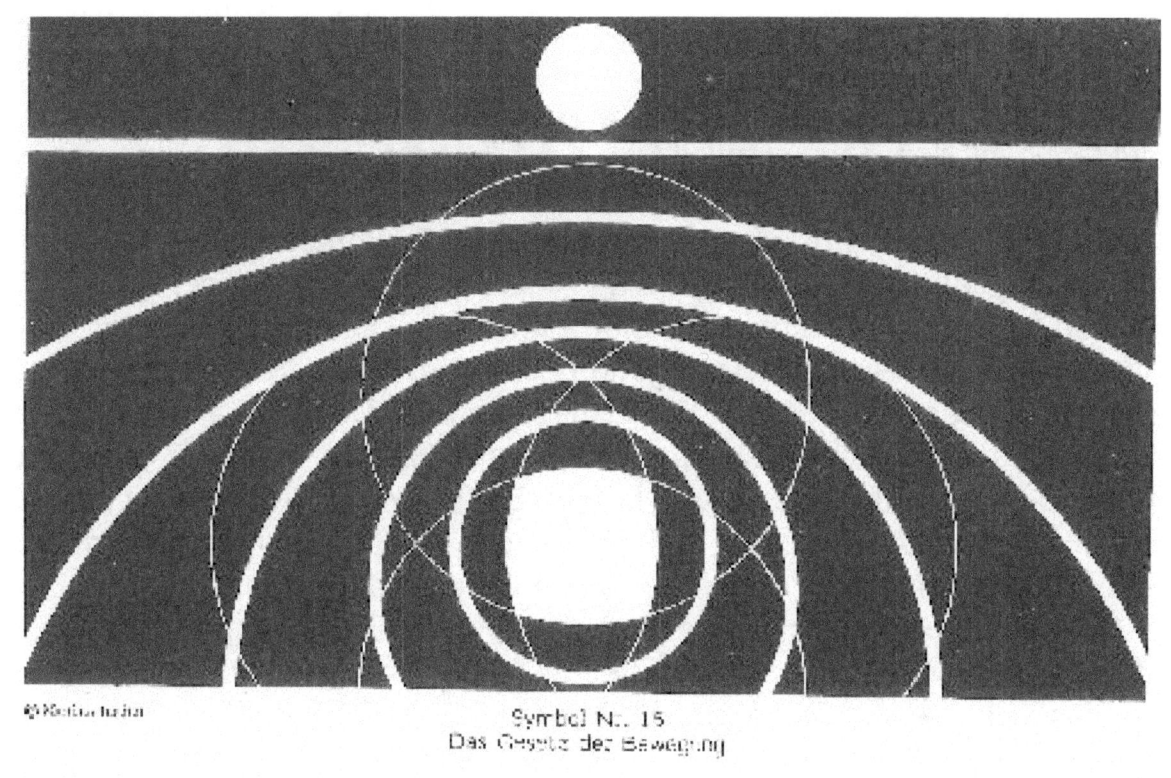

(Symbol Nr. 16)

## 1. Mit Ausnahme des Ich besteht alles aus Bewegung

Wir sind nun in unserem Studium des Weltalls oder des Lebensmysteriums so weit gekommen, dass wir alles der direkten Sinneswahrnehmung überhaupt Zugängliche als mit Bewegung identisch erkannt haben, ungeachtet dessen, ob es sich bei derselben um feste, flüssige, luftförmige oder strahlenförmige Materie handelt und also ungeachtet dessen, ob diese Materie rein materiellen oder hervorgebrachten Dingen als Stoff dient oder sie jenen Stoff ausmacht, aus dem jegliche mentalen Gebilde, Ideen und Gedanken aufgebaut sind.

## 2. Jegliche Bewegung geht von einem lebendigen Urheber aus

Ferner haben wir erkannt, dass keine Bewegungsart sich selbst zum Urheber haben kann. Bewegung oder Energie muss sowohl im Zwischenkosmos wie auch im Makrokosmos und Mikrokosmos immer von einem Lebewesen ausgehen. Dies gilt ebensowohl den inneren Funktionen in den Organismen von Lebewesen wie den vielfältigen Schöpfungsprozessen der äußeren Natur und den Bewegungen der Sterne im ewigen Raum. All diese Funktionen sind ausnahmslos von einem lebendigen Urheber ausge-

gangen. Wie sollten sie sonst entstehen können? - Wenn sie nicht einem lebendigen Urheber entsprängen, dann müssten sie einen Urheber haben, der hundertprozentig mit dem Tode identisch ist.

## 3. Der Tod kann lediglich ein ausgedachter Gegensatz zum Leben sein

Bewegung kann aber unmöglich ein Kennzeichen des Todes sein. Bewegung ist unverrückbar ein Kennzeichen des Lebens. Da das ganze Weltall ausschließlich aus Bewegung besteht, ist die Existenz eines wirklichen oder absoluten Todes völlig ausgeschlossen. Der Tod kann lediglich ein ausgedachter Gegensatz zum Leben sein. Alles im Weltall Existierende ist hundertprozentig Ausdruck für Leben. Es gibt also in Wirklichkeit keinerlei absoluten Ausdruck für Tod. Etwas, das nicht existiert, kann ja auch keinerlei Existenz aus d r ü c k e n. Wir haben zudem erkannt, dass es die Lebewesen des Weltalls sind, die die Urheber der Bewegung und damit die Urheber des Schaffens und des Erlebens sind. Jegliches Lebewesen ist also ein Urheber von Bewegung in Form von Schaffung sowie in Form von Erleben. Diese beiden Erscheinungen kennzeichnen die Lebendigkeit des Lebewesens.

## 4. Wie es leicht wird, die Ursache des hellen und des finsteren Schicksals der Menschen und damit die unverrückbare Gerechtigkeit der Welt zu erkennen

Wir wissen schon, dass sämtliche Lebewesen Organe Gottes sind, durch die er sich manifestiert und schafft. Das heißt also, dass das Manifestieren und Schaffen aller Lebewesen zusammen das Manifestieren und Schaffen Gottes ausmacht. Jedes Lebewesen ist demnach ein Werkzeug für die Auslösung von Energie und Bewegung. Da Bewegung nicht geradlinig verlaufen kann, muss sie zu ihrem Urheber zurückkehren.....Es ist sehr wichtig zu einem Verständnis dieses Zusammenhanges zu kommen; denn dadurch wird es leicht werden, die Ursache des hellen und finsteren Schicksals der Menschen zu erkennen, ebenso wie damit die ewige und unverrückbare Gerechtigkeit als absolute Wirklichkeit in Erscheinung tritt.

## 5. Die Struktur und das Gesetz des Schicksals

Bedingt durch die Rückkehr der Bewegung zu ihrem Urheber tritt das Lebewesen somit als ein Zentrum in Erscheinung, von dem Energien und damit Bewegungen ausgehen und zu dem dieselbe wieder zurückkehren. Da diese Funktion des Lebewesens von ewiger Dauer ist, tritt sie ihrer inneren kosmischen Analyse zufolge als eine Bewegungsaufhäufung in Erscheinung. Da jede einzelne Bewegung in dieser Aufhäufung einen eigenen Kreislauf bildet, indem sie vom Ich ausgeht und zum Ich zurückkehrt, und da die vielen einzelnen Bewegungen der erwähnten Aufhäufung desweiteren in alle möglichen Richtungen ausgehen, bilden sie zusammen eine Kugelform um das Ich herum. Diese Kugelform existiert aber nicht als etwas der direkten Sinneswahrnehmung Zugängliches, kann weder auf clairvoyantem noch auf physischem Wege gesehen oder konstatiert werden. Konstatierungen dieser Art sind ausschließlich durch kosmisches oder hochpsychisches Schauen 3Öqlich~ Solches Schauen steht hoch über allen Formen der Wahrnehmung durch die gewöhnlichen physischen und psychischen Sinne. Die kosmische Bewegungsstruktur mit ihren vom Urheber ausgehenden und zu demselben zurückkehrenden Bewegungsarten können wir daher lediglich. symbolisch darstellen. Diese Bewegungsarten machen zusammen das Erleben des Lebewesens aus, und dieses ist dasselbe wie sein Schicksal. Da sowohl physische als auch geistige Bewegungsarten sich nur in Kreislaufbahnen bewegen, können wir die Bahn einer Bewegungsart als einen vom Urheber ausgehenden und zu demselben zurückkehrenden Kreisbogen symbolisch darstellen. Jeglicher Gedanke, der in• die Umgebung ausgelöst wird und somit dasselbe ist wie eine Handlung, macht also eine Bewegung aus, die nicht geradlinig verlaufen kann, sondern in einer Kreislaufbahn zu ihrem Urheber zurückkehrt. Dies ist schlicht und einfach die Struktur und das Gesetz des Schicksals. Während X 1 und X 2 nicht erschaffene, sondern dagegen ewige Erscheinungen sind und daher nur als „Etwas, das ist" bezeichnet werden können, sind die Bewegungsarten dasselbe wie X 3 und dieses wiederum dasselbe wie erschaffene Erscheinungen.

## 6. Die Bewegungen sind das Erleben und das Schicksal des Ich

Die erwähnten Bewegungsarten sind nicht nur das, was wir allgemein als Bewegung bezeichnen, sondern sie sind auch jene Erscheinungen, die uns als Organe und Körper wohlbekannt sind.

Unser ganzer physischer Körper besteht ja aus einer Vielfalt kleinerer und größerer Organe. Diese befinden sich jeweils in einem Kreislauf, ebenso wie der physische Körper selbst sich in einem Kreislauf befindet. Aber es ist nicht so, dass diese Bewegungsarten Abstandsbewegung, räumliche Bewegung sind.

Sie sind nicht Bewegung von Ort zu Ort. Sie sind Zustandsbewegung. Vom

Staube ausgehend bewegen sie sich durch eine größere oder kleinere Anzahl von Zuständen zurück zum Staube. Dies gilt absolut allen erschaffenen Realitäten, sowohl solchen, die in fester Materie Gestalt annehmen als auch solchen, die in fließender, luftförmiger oder strahlenförmiger Materie hervortreten. Alle sind sie einem Verwandlungsprozess unterworfen, der sie von einem Zustand in einen nachfolgenden Zustand führt und somit Bewegung darstellt, die in Kreisbahnen verläuft.

Da die Existenz von Bewegung oder Kreisläufen nur dadurch möglich ist, dass dieselben von einem lebendigen Urheber ausgelöst werden, erkennen wir hier also das Lebewesen in seiner einfachsten kosmischen Analyse als ein Zentrum, von dem Bewegungen ausgehen und zu dem diese auch wieder zurückkehren.

Dieses Zentrum ist das Ich des Lebewesens. Die Bewegungen, die von diesem Zentrum ausgehen und zu demselben zurückkehren, sind das Erleben dieses Zentrums oder Ich. Sie sind seine Gedanken und sein Gefühl, seine erschaffenen Körper und Organe, sein Handeln, sein Manifestieren oder seine Lebensweise und also sein gesamtes Schicksal.

### 7. Der „Ewigkeitskörper" steht hinter allen existierenden Bewegungsarten des Ich

Die Grundstruktur des Lebewesens entspricht somit im Prinzip einem ewigen Zentrum, das Bewegungsarten entsendet, die zu diesem Zentrum zurückkehren. Das Ich des Lebewesens ist also auf ewig in eine Flut von Kreislaufbewegungen gehüllt, die es selbst verursacht, die es selbst entsendet und wieder empfängt.

Diese das Ich des Lebewesens umgebende Struktur ist von ewiger Natur, da jede Kreislaufbewegung bei ihrem Abschluss eine neue Kreislaufbewegung veranlasst, und so fort. Da alle Kreislaufbewegungen also bei ihrem Abschluss eine neue Kreislaufbewegung veranlassen, was auch für die Kreislaufbewegung jeden physischen Erdenlebens gilt, und die das Ich umgebende Bewegungsstruktur im Prinzip von ewiger Natur ist, haben wir diese Bewegungsstruktur als den „Ewigkeitskörper" des Ich bezeichnet. Wir sehen hier also das Ich inmitten einer Struktur, die niemals aufhören oder vergehen kann. Sie ist die allerhöchste und ewige Bewegungs- oder Körperstruktur des Ich. Das Ich ist für diese ewige Bewegungs- oder Körperstruktur der absolute feste Punkt. Da alle Energie- und Bewegungsarten von diesem festen Punkt aus in alle Richtungen ausgehen und in Kreisläufen wieder zu ihm zurückkehren, bilden diese Bewegungsarten zusammen die Form einer Kugel. Die Kugelform entspricht einem ewig unverrückbaren Balanceprinzip, innerhalb dessen die gesamte Energie-und Bewegungsmasse des Ich ewig existiert. Dieser kugelförmige Ewigkeitskörper des Ich existiert hinter allen Energie- und Bewegungsarten, die das gesamte Erleben des Ich ausmachen: seine Gedanken und Gefühle, sein Manifestieren und Schaffen, seine Organe und Körper, sein Schicksal. Es sind die hinter diesen Erscheinungen befindlichen reinen Energie- und Bewegungsarten, die den Ewigkeitskörper ausmachen, aus dem heraus dann die genannten Erscheinungen als Resultate hervorgehen. Und nur an Hand dieser Resultate lässt sich der Ewigkeitskörper mit Hilfe der physischen Sinne erkennen. In Reinkultur ist er der gewöhnlichen physischen Sinneswahrnehmung unzugänglich. Direkt wahrnehmen lässt er sich nur auf hochpsychischem Wege, d. h. intuitiv oder kosmisch.

## 8. Das Prinzip der „Vergebung der Sünden"

Wir sehen hier mitten in den Analysen über die Lösung des Lebensmysteriums, wie sich. dem gereiften Forscher die Tatsache offenbart: „Was ein Mensch sät, das soll er ernten." Doch müssen wir hier noch darauf aufmerksam machen, dass es darüber hinaus ein weiteres Gesetz oder ewiges Prinzip gibt, durch das Veränderungen geschehen können - nicht in der Rückkehr der Bewegungsarten selbst zu ihrem Urheber, sondern in der Empfänglichkeit des Lebewesens gegenüber den zurückkehrenden von ihm selbst ausgegangenen Bewegungen oder Handlungen. Die Veränderungsmöglichkeit gilt der Anfälligkeit des Wesens gegenüber denjenigen zurückkehrenden Wirkungen, die aus seinem eigenen bösen Handeln resultieren: Mord und Totschlag sowie vielfältige dem Nächsten zugefügte Formen des Unbehagens. Ja, es ist sogar möglich, die eigene Anfälligkeit oder Empfänglichkeit gegenüber diesen aus eigenem bösen Handeln verursachten Vergeltungswirkungen ganz zu beseitigen, sodass das Wesen von diesen aus seinem eigenen Handeln verursachten Rückwirkungen völlig befreit wird. Hiermit begegnen wir somit dem Prinzip der „Vergebung der Sünden".

Kraft dieses Prinzips kann kein Lebewesen in die Lage kommen, die volle Vergeltung allen selbstverursachten bösen Handelns erleben zu müssen. Es begegnet der Vergeltung oder Rückwirkung seines bösen Handelns nur so lange, wie es mit dem Manifestieren solchen Handelns fortfährt. Wenn die Humanität eines Lebewesens so ausgereift ist, dass das Wesen ein Manifestieren dieses oder jenes bösen Handelns nicht mehr über sich bringen kann, ist es gegenüber den Rückwirkungen der früher von ihm ausgelösten bösen Handlungen unempfänglich geworden, ungeachtet dessen, wie viele solcher ihm zuzuschreibenden Wirkungen noch ausstehen. Wenn diese Wirkungen zurückkehren und das Wesen inzwischen einen Humanitätsgrad erreicht hat, infolge welchen es böse Handlungen, wie sie den zurückkehrenden Wirkungen zugrundeliegen, nicht mehr auszulösen imstande ist, dann ist es diesen Wirkungen gegenüber unempfänglich geworden. Das Wesen ist nun also gegen die Wirkungen der einst von ihm selbst verursachten bösen Handlungen beschützt, da es solche Handlungen jetzt nicht mehr über sich bringen kann. Auf eine nähere Erläuterung des Begriffes der „Vergebung der Sünden" werden wir in besonderen Spezialsymbolen über die Schicksalsbildung der Lebewesen später zurückkommen. Wir wollen hier lediglich anmerken, dass es nicht die Absicht des Lebens ist, den Lebewesen durch Peinigung und Leiden ein böses oder schmerzvolles Dasein aufzunötigen. Die Absicht des Lebens ist dagegen die, dass jedes Lebewesen seine eigenen fehlerhaften Handlungen kennenlernen soll. Hat ein Wesen diese Erkenntnis aber erreicht, sodass es Schmerz und Leiden verursachende Handlungen nicht mehr auslöst, dann bedarf es ja nicht mehr der Rückwirkungen solcher Handlungen. Da die Lebewesen mit einem Ozean fehlerhafter Handlungen verbunden sind, deren Wirkungen sich auf dem Rückweg zu ihnen befinden, ist es für sie gut zu wissen, dass sie von diesen Wirkungen der Leiden und Schmerzen nicht berührt werden, wenn sie heute aus wahrer L i e b e heraus mit dem Manifestieren entsprechender böser Handlungen aufhören. Ein Wesen kann also von Rückwirkungen dieser Art, die es eigentlich noch zugute hat, befreit werden, wenn es sich selbst, bevor die Rückkehr dieser Wirkungen stattfindet, so verändert hat, dass es solche bösen oder finsteren Handlungen nicht mehr auszulösen vermag.

**9. Wenn das Prinzip der „Vergebung der Sünden" nicht existierte**
Wenn dieses Prinzip nicht existierte, dann müssten die Menschen unvorstellbar viel länger in der Finsternis leben, als es heute notwendig ist. Aber die Natur tut nichts Sinnloses. Nicht das Leiden seiner selbst Willen ist das primäre im Sinn des Lebens. Ziel ist das hohe Resultat, das sich dem Lebewesen aus seinen Leiden ergibt. Da dieses Ziel die Erreichung des Humanitäts- oder Nächstenliebevermögens ist und die Erschaffung desselben nur dadurch möglich ist, dass die Lebewesen vor die Wirkungen ihres eigenen fehlerhaften Handelns gesteilt werden, ist die Leidenserfahrung absolut notwendig. Wo der Mensch - nicht nur theoretisch, sondern auch mit seinem

Herzen - den Irrtum aufgedeckt hat und somit human geworden ist, wäre es völlig nutzlos, ja, direkt schädlich, ihm die Rückwirkungen jener vielfältigen Handlungen aufzunötigen, die er in früheren Leben der ihm unbekannten Vergangenheit begangen hat, Rückwirkungen, die ihn bisher noch nicht erreichten. Die Aufnötigung solcher Rückwirkungen müsste sich ihm jetzt als völlig nutzlos erweisen, da er seinem Nächsten gegenüber jetzt so human oder liebevoll geworden ist, dass er solche bösen Handlungen nicht mehr auslösen kann. Aber auch hierauf werden wir später in den Schicksalsanalysen eingehen. Hier und jetzt ist unsere Aufgabe lediglich .die, das Grundprinzip in der Ewigkeitsstruktur oder dem Ewigkeitskörper des Lebewesens nachzuweisen. Eben dieses Prinzip liegt der kulminierenden Gerechtigkeit des Weltalls zugrunde und bedingt, dass niemandem in absolutem Sinne ein Unrecht widerfahren kann und dass auch niemand in absolutem Sinne ein Unrecht begehen kann.

## 10. Warum es kein Unrecht geben kann

Überall und in jeder Situation, in der etwas als „Unrecht" in Erscheinung tritt oder als solches empfunden wird, hat dies nur deshalb geschehen können, weil die betreffende Situation lediglich das lokale Bild einer Ganzheitssituation ausdrückt. Die eigentliche Einschätzung einer Situation als „Unrecht" lässt sich aus dem lokalen Bild allein nicht ersehen. Das betreffende Wesen meint daher, dass ihm „Unrecht" geschieht. Es kann nicht sehen, dass es selbst die wahre Ursache dieses „Unrechts" oder dieser Situation ist. Verhielte es sich nicht so, dann hätte die Situation gar nicht entstehen können. Da die Ursache aber in einem früheren Leben ausgelöst worden sein kann, ist es nicht verwunderlich, dass der Unfertige Mensch seine Situation als ein ihm zugefügtes Unrecht auffasst. Und diese Unwissenheit ist die Wurzel alles sogenannten „Bösen". Für den Unfertigen Menschen, der weder von Reinkarnation etwas weiß noch vom Gesetz der Bewegung oder Schicksalsgesetz Kenntnis hat, ist es nicht verwunderlich, dass die Welt aussieht, als wäre sie voller Ungerechtigkeiten und daraus abgeleiteten Missverständnissen, so wie es alle Formen des Krieges, des Hasses und der Rache erscheinen lassen. Wir erkennen auch hier die Notwendigkeit der Worte Christi über die vielen Male, die man täglich seinem Nächsten vergeben soll, um eine wirklich christliche oder menschliche Weltkultur schaffen zu können, eine Weltkultur, die eins ist mit Gott. Aber wir erkennen auch die Notwendigkeit jener geistigen Wissenschaft, die, wie Christus es ankündigte, in Gestalt des „Fürsprechers, des Heiligen Geistes" kommen sollte, um seine göttliche Weisheit unter den Menschen zu erfüllen.

## 11. Erklärung des Symbols Nr. 16

Das Symbol als Ganzes symbolisiert das Lebewesen. - Das weiße Dreieck in der Mitte symbolisiert das Ich des Lebewesens, den festen Punkt inmitten der ausgesandten und rückkehrenden Bewegungen.

Das weiße Flammenkreuz drückt aus, dass der Ewigkeitskörper des Lebewesens jederzeit hundertprozentig vollkommen ist. Er ist eine Ganzheit in ewiger Balance. Überbalancen und Unterbalancen kommen im Ewigkeitskörper nur als lokale Erscheinungen vor. Seine Ganzheitlichkeit bleibt unangetastet.

Bei Über- und Unterbalancen sind hier jene Hemmungen und Überstürzungen zu verstehen, die sich in der Energie- und Bewegungsführung des Unfertigen Menschen äußern. Die Überdimensionierung dieser Hemmungen und Überstürzungen verursacht Ungleichgewicht, d. h., sie bringt Krieg und Unfrieden, Hass und Verfolgung in das Zusammenleben der Lebewesen und beschert ihnen folglich ein unglückliches Schicksal.

Die zahlreichen violetten Kreisbahnen oder Kreisläufe, die vom Ich ausgehen und wieder zum Ich zurückführen, symbolisieren die verschiedenen Bewegungsarten, die aus den erschaffenen Organen und Körpern des Lebewesens sowie aus seinem Manifestieren und Erleben bestehen. Wie schon erwähnt, bewegen alle erschaffenen Erscheinungen sich in Kreislaufbahnen.

Jede auf dem Symbol dargestellte Kreislaufbahn ist daher sowohl für die Kreisläufe von Körpern und Organen als auch für jene Kreisläufe symbolisch, die sich im Manifestieren und Denken ausdrücken. Alle Schöpfung ist Bewegung. Alle erschaffenen Dinge sind Kombinationen von Bewegungsarten. Aller Stoff setzt sich aus verschiedp.nen Bewegungsarten zusammen. Alles besteht also aus Bewegung. Und da Bewegung nicht geradlinig verlaufen kann sondern Kreislaufbahnen folgen muss, durch die sie zu ihrem Urheber und Ursprung zurückgeführt wird, ist alles den gewöhnlichen Sinnen Zugängliche also mit Bewegung identisch. Das ist der Grund, weshalb alles im Wandel begriffen ist. Alles befindet sich in Kreisläufen um das Ich herum, dem festen Punkt gegenüber aller Bewegung.

Der größte Kreislauf, den ein Lebewesen in vollem Umfang innerhalb eines einzelnen physischen Erdenlebens erleben kann, ist dieses Erdenleben selbst; denn dieses ist ja an sich eine vom Ich ausgehende und zum Ich zurückführende Bewegungsauslösung. Das Lebewesen kann aber im Rahmen dieses Erdenlebens Bruchstücke von Kreisläufen erkennen, die sehr viel größer dimensioniert sind. Sein eigenes gegenwärtiges Erdenleben. ist somit nur ein einzelner kleiner lokaler Teil jenes Riesenkreislauts, in welchem es sich befindet und der uns als „Kosmischer Spiralkreislauf" bekannt ist. Auch diesen Kreislauf können wir also auf dem Symbol in der Form eines Kreisbogens ausdrücken, der vom Ich ausgeht und zum Ich zurückführt, wonach das Wesen in einen weiteren und neuen Kosmischen Spiralkreislauf hineingeführt wird, und so weiter ins Unendliche. Es gibt aber Kreislaufbahnen, die noch größer sind. Auf diese werden wir in späteren Symbolerklärungen / zurückkommen.

Alle vorerwähnten Kreisläufe sind ihrer Natur nach so, dass wir sie als „langsam verlaufende Kreisläufe" bezeichnen können.

Im Gegensatz hierzu stehen unsere alltäglichen Willensauslösungen, Manifestationen und Handlungen, d. h. die sich in unserer täglichen Lebensweise auslösenden Energien und Bewegungen. Einige von diesen haben so kurze Bahnen, dass die Rückwirkungen sofort oder in der gleichen Woche, im gleichen Monat oder im gleichen Jahr in Erscheinung treten. Andere Rückwirkungen aus dem täglichen Leben stellen sich erst nach mehreren Jahren ein, während wiederum andere Wirkungen erst im nächsten Erdenleben oder in noch späteren Erdenleben zurückkehren. Dass nicht alle Kreislaufbewegungen gleich schnell zu ihrem Ausgangspunkt zurückkehren, liegt natürlich daran, dass das Lebewesen in seiner Auslösung von Ursachen um ein Vielfaches schneller ist als das Tempo, in dem die Rückwirkungen sich vollziehen können.

Die Lebewesen veranlassen daher in ihrer Lebensweise gewissermaßen einen - ja, man könnte fast sagen - kolossalen Vorschub an Handlungsauslösungen. Dieselben reichen von bösen Gedanken bis hin zu guten. Sie reichen von Gedanken des Hasses und der Verfolgung, des Mordes und des Totschlags bis hin zu Gedanken von großer Humanität oder wärmender Nächstenliebe; alles Gedanken, die in jedem Fall Vergeltungswirkungen in Richtung auf ihren Urheber veranlassen. Hinter dem Unfertigen Erdenmenschen her staut sich also geradezu eine lange Schlange von Vergeltungswirkungen, die sich schicksalsbildend auszulösen suchen, wann und wo sich Bedingungen dafür ergeben. Wie viele der zur Auslösung kommenden Vergeltungswirkungen aus der bösen Lebensweise des betreffenden Lebewesens kommen und wievielte von ihnen seiner guten Lebensweise zuzuschreiben sind, hängt davon ab, wie viel Gutes und wie viel Böses das Wesen gegenüber seiner Umwelt manifestiert hat. Da die Vergeltungswirkungen in der Regel nicht so schnell ausgelöst werden können wie die Ursachen, aus denen sie entstehen, ergibt sich eine Wartezeit. Diese Wartezeit der Vergeltungswirkungen kann unter Umständen sehr lang sein. So gibt es Menschen, die hinter sich her eine finstere Vergeltungs- oder Schicksalsmasse haben, die sich aus vielen früheren Leben summiert. Jedes Mal wenn sich Bedingungen dafür ergeben, kommt etwas von dieser Masse zur Auslösung. Es kann Erdenleben geben, deren Bedingungen so sind, dass nicht sehr viele der finsteren Vergeltungswirkungen im Schicksal des betreffenden Lebewesens ausgelöst werden, ebenso wie es auch Erdenleben geben kann, in denen das Wesen fast ausschließlich den finsteren Vergeltungswirkungen seines Schicksal ausgesetzt ist. Wir können daher Menschen erleben, die scheinbar als anständige Bürger der Gesellschaft ihr Leben führen, ja, vielleicht sogar große Ämter bekleiden und in allem, was sie sich vornehmen, scheinbar von großem Glück begleitet sind. Sie leiden nicht unter Krankheiten und erleben weder finanzielle Beschwerden noch andere Formen von Unbehagen. Aber eines Tages entstehen Bedingungen, die eine Auslösung der summierten dunklen Vergeltungs- oder Schicksalsmasse ermöglichen. Dies kann z.B. dadurch geschehen, dass das betreffende Wesen von einem Krieg berührt wird, der in seinem Land ausbricht. Das Wesen kann jetzt gerade aufgrund seiner finsteren Vergeltungsmasse schweren Leiden ausgesetzt werden und durch Verstümmelung zum Invaliden gemacht werden. Ja, der äußerlich nette und behäbige Bürger kann sogar in eines der berüchtigten Konzentrationslager gelangen, um hier mit vielen anderen schicksalsmäßig gleichgestellten Wesen zusammen an verschiedenen Formen der Peinigung und des Schreckens zugrunde gehen. Das Wesen kann natürlich auch auf anderen Wegen durch die schicksalmäßige Vergeltung eingeholt werden, z.B. durch eine ganze Reihe von Unglücksfällen, durch Missgeschick, Bedrängnis und Kummer, durch lebenslängliche qualvolle und invaliditätsbefördernde Krankheiten, durch Armut, Not, und Elend. Wie wir später anhand spezieller Schicksalssymbole erklären werden, kann schon der Fleischgenuss alleine das Wesen zu solchem dunklen Schicksal prädestinieren. Denn die Aufrechterhaltung seiner auf dem Genuss animalischer Stoffe basierenden Ernährungsgewohnheiten bedeutet ja Tod und Schrecken für Millionen Tiere, die zu Nahrungszwecken ermordet, geschlachtet oder getötet werden und dadurch ihres angeborenen Rechtes zum Leben beraubt werden. Wir müssen hier an das große Gesetz erinnern, das den Menschen in Form des fünften Gebotes gegeben wurde:"Du sollst nicht töten". Die Aufgabe der finsteren Vergeltungswirkungen besteht ja alleine darin, die Humanität im Menschen hervorzubringen, sodass er es nicht mehr über sich bringen kann zu töten und sich und sich von dem todbringenden Aberglauben abwendet, dass der Mensch ohne animalische Nahrung nicht leben könne und also töten müsse, um zu leben. Da die Menschen aber nicht ausschließlich das „Böse" tun, nicht ausschließlich ein finsteres Schicksal manifestieren, sondern mehr oder weniger auch das „Gute" tun, ein helles Schicksal manifestieren, besteht ihre Lebensweise somit aus einer Mischung aus „Gutem" und „Bösem". Das Wesen kann also Perioden haben, in denen es sich in einem schicksalmäßig hellen Zustand befindet, ebenso wie es Perioden haben kann, in denen es sich in einem schicksalmäßig finsteren Zustand befindet. Und so muss es weitergehen, bis es dem Wesen nicht mehr möglich ist, das „Böse" zu tun und es somit voll und ganz zu einem Wesen des Lichtes, zum „Menschen im Bilde und Gleichnis Gottes" geworden ist.

Wir sehen, dass die auf dem Symbol dargestellten Kreislaufbahnen vier Größen repräsentieren. Das bedeutet aber keineswegs, dass es die in alle Richtungen vom Ich ausgehenden und zum Ich zurückführenden vielfältigen Schicksalbogen nur in vier Größen gibt. Es symbolisiert nur, dass die erwähnten Kreisläufe gerade in unterschiedliche Größen vorkommen. Ferner müssen wir verstehen, dass die auf dem Symbol gezeigte Anzahl von Kreislaufbahnen nur einen Bruchteil der im Ewigkeitskörper jeden Lebewesens enthaltenen Anzahl von Kreislaufbahnen ausmacht. Eine Vorstellung von den Ewigkeitsdimensionen des Lebewesens erschließt sich einem angesichts der Tatsache, dass es im Ewigkeitskörper so kleine Kreisläufe gibt, dass deren Auslösung vom Ich und Rückkehr zum Ich fast im gleichen Augenblick erfolgen, und dass es zugleich so große Kreislaufbahnen gibt, dass sie sich durch den gesamten Spiralkreislauf hindurch erstrecken, von Seligkeitsreich zu Seligkeitsreich reichen. Das heißt also, dass ein solcher Kreislauf, der ja ebenfalls ein vom Ich ausgehender und zum Ich zurückkehrender Schicksalsbogen ist, sich durch Millionen und nochmals Millionen von Jahren erstreckt. Wir werden später auf noch größere und für die Existenz des Lebewesens ebenfalls lebensbedingende Spiralkreisläufe und Schicksalsbogen zu sprechen kommen. Angesichts des Ewigkeitskörpers erkennen wir somit das Ich als den absolut einzig festen Punkt, von dem alle Bewegung ausgeht und zu dem alle Bewegung zurückkehrt.

Ende Zitat

Also weiter von dem Banditenturn der Parteikorruptionen die dafür gesorgt haben das Millionen, Millionen Menschen in Deutschland und EU arbeitslos sind, weil sie bloß an ihre stupiden Gier Triebe Befriedigung denken.
(Aber heute ist der 10.11.2014 Ich korrigiere den Text und Ich weiß inzwischen wesentlich mehr. Denn Staaten sind gar keine Staaten sondern Firmen, Unternehmen, die im Sinne einer Firma geführt werden, also ausschließlich Profit-Geld-orientiert sind. Mehr Infos unter : http://www.neudeutschland.org/index.php/news/items/staat-regierung-oder-unternehmen.html)
Nur das nötigste wird in Wahrheit gemacht, „ihr seid allesamt Opfer eures Glaubens an andere", wenn ihr nicht anfangt an euch selber mehr zu glauben, werdet ihr weiterhin ausgebeutet werden. Ihr müsst alle Manager weltweit feuern, alle Besitzer in Rente schicken, und alle Politiker arbeitslos machen. Ihr müsst euch total von der Politik verabschieden, denn Politiker sind seit eh und jeh bloß Schmarotzer und Betrüger gewesen. Ihr braucht diese Illusionsverkäufer nicht. Die eigene Unvollkommenheit und mentale Begrenzung der Politikraubtiere, der Wirtschaftsraubtiere der Wissenschaftsraubtiere der Religionsraubtiere, ist fett.
Alles Parteiische ist das synthetische das falsche die Lüge, der Betrug am echten an der Wahrheit. Die Wahrheit ist immer Sieger, vergesst das nicht, die Kraft liegt in der Wahrheit und nicht im Geld nicht im Luxus nicht im Betrug und im täuschen. Die Kraft liegt nicht in der Banditendemokratie. Eine Demokratie wird immer erlaubt, wenn die Besitzenden das Land, den Wohlstand unter sich aufgeteilt haben, und die versklavte Bevölkerung nun glaubt sie sei frei. Aber sie ist somit auf ewig versklavt an das Geld der Besitzenden die das Geld sogar selber drucken, damit die Bevölkerung verblödet bleibt.
Ranziges Fett haben diese Raubtiergruppen zu bieten.
Das Abenteuer Menschwerdung vom Tier zum Halbtier zum möglichen Menschen ist faszinierend. Bloß die Systeme und deren Professoren und Doktoren und Diplomschafe und andere ignorante ist mehr Dichtung, Fabel, eine künstliche Fratze, oder eine Vorstellung von sich selber, so, als ob sie was Echtes wüssten. Aber Autoritätshalbaffen müssen zurück auf die Bäume.
Titel sind Dünnschiss für große Masken und Massenverblödungen, damit mehr Fläche abgedeckt werden kann, benebelt werden kann.
Kein Schweinskopf der sich als Führer darstellt ist heute nicht auch im Stillen ein Faschist, nämlich das Raubtier, denn Faschist ist eine Metapher für

Raubmensch.

Diese Offenbarung die ich heute sehe zbs. die Politikseuche der Lug die Kriminalität, ist schön-es geht nicht um Schuldige-es geht einfach um Selbstbetrug. Selbstbetrug ist aber wenn du nicht weißt was du wirklich bist-du hast verpasst die richtige Entscheidung zu treffen-du wolltest nur fressen und kotzen. Das Amt darf nicht beschädigt werden ist eine diktatorische Aussage, eine vordemokratische Aussage die besagt das alles in Ordnung ist. Übel, übel..

Du hast also verpasst die richtige Entscheidung zu treffen, du wolltest nur scheißen und hast alles mitgemacht was dir diese Welt diese Raubtiermenschenwelt anbot, du hast verfehlt nein zu sagen, diese Offenbarung dieses offenbare der Politik Wirtschaftsmafia-die ganz natürlich ist- aber heucheln muss weil sie blöde an blöde selbstgemachte Gesetze klebt-weltweit die sie selbst verblöden-diese Offenbarung zeigt gut das alles das unechte falsche synthetische ist-alle Gesetze die gegen die Menschen gemacht werden-sind Betrug-und Ausbeutung gegen die Wahrheit-nämlich das die Erde und aller sogenannter Reichtum kostenlos, frei, und für alle da ist, sind.

Diese Gesetze SozialeKotzgesetze verschleiern die Wahrheit und zeigen das die als Wort-Kapitalisten-weite Ausbeutung, sie können nun sogar per Gesetz, was totale Verblödung ist so bekloppt sind Rechtstaaten oder diese Menschen Raubmenschen die von sich denken und glauben sie seien so was wie der Staat, die sind schizophrene oder hypochondrisch oder senil oder Psychopaten mehr nicht. Aber immer lächeln bitte und etwas Worte und Gedanken jonglieren, und etwas rechnen, das wird schon, oder so bekloppt sind Professoren und Wissenschaftler Doktoren.

Und jene die alles ausführen sind sowieso nur im Untertraumatasyndrom. Sie geißeln sich in Wahrheit andauernd selber was aber in dem Zustand nicht mehr merkbar ist.

Dieses Abenteuer, diese Wanderung wie sie heute sich offenbart ist Offenbarungseid, und alles bloß weil sie noch nicht genug gelitten haben. Leiden schleift den Diamanten.

All die Zusammenarbeit zwischen Staatsraubtiere Politikraubtiere und Religionsraubtier, ist richtig-aber die dumpfe Dummheit der Lügen die in Gesetzen sozusagen legalisiert wird-als ob das menschliche Gesetz etwas legal macht-wer so was glaubt ist Birnenbekloppt-die menschlichen Gesetze sind alle wertlos-bloß wenn sie den kosmischen Gesetzen angeeigt sind haben sie Wert.

Die 10 Gebote, wenn sie auch noch so antiquiert zu seien scheinen, sind doch so einfach-das sind kosmische Gesetze. Aber da ihr blöde bleiben wollt wählt ihr Raubtiere damit ihr euch nicht zu ändern braucht und den schweren Weg der Wahrheit zu gehen habt, und müsst deswegen das Resultat leben und erleben.

Die Heuchler die Masken die euch weiterhin ausbeuten, die euch sagt kein Geld ist da und euch glauben machen will, das Leben sei vom Geld abhängig, ist mehr als unterbekloppt .Das zeigt ganz offensichtlich das ihr dumme Raubtiere seid.

Jene die euch sagen was ihr zu tun habt, dass Idiotentum das euch zum Idiotentum macht, der Betrug per sogenannte Gesetzgebung.

von Raubmenschen-scheint aber euer Freund zu sein-das liebt ihr-ihr folgt dem ja und wählt das sogar, armseliges Pack das ihr seid, Herdengewinsel und Fressängste in euren Köpfen.

Alles Leid, alles töten alles gierige, alles ausbeuten, aller Betrug, aller Lug, alles Heuchel, alle Steuerhinterziehungen, alle sogenannten Schwarzgelder, alle Vertuschungen, ist bloß die Offenbarung, das ihr die Wahrheit gar nicht leben wollt und euch lieber wie Raubtiere durchs Leben lügen wollt. Ihr wollt lieber verletzen, morden, hassen, täuschen, verleumden, tricksen, und so tuen, als ob ihr keine Leichenfresser mehr seid.

Aber das seid ihr nicht.

Ihr fresst Leichen und seit damit noch Raubtiere, wilde, in den Prärien der Großstädte den Urwäldern eurer Höhlenbehausungen, den Flussdelten eurer Parlamente.

Was bedeutet es wenn ihr höhere Begabungen habt-wo ihr denkt die Elemente zu beherrschen diese Illusionen.

Was bedeutet euer Schwachsinn eure Vollidioten eures Reichtums, der abgezockt ist, der legaler Betrug ist, aber Betrug bleibt, denn Legal ist bloß ein Scheinwort für diejenigen die Macht leben in ihrem Sinne, eure Geldglauben, eure Berufsbekloppteiten, mit dem ihr ja all diese Vergiftungen erschaffen habt, der bekloppte Glaube an die Menschen ist euer Wahnsinn. Dadurch wird dein Göttliches Wesen abgewürgt. Das sehr, sehr, fein und wachsam ist.

Sehr, sehr, fein und wachsam.

Sehr ,sehr fein wachsam heute hier in der Bundesrepublik mit der Staatsbetrügerei aus dem alle Gesetze gegen euch aufgebaut wurden, mit denen ihr legal abgezockt werdet, ausgebeutet betrogen, zum abzocken gemacht, ihr seid bloß Nummern, damit die ihre Ziele natürlich für euch abzocken einzocken können, wenn ihr wüsstet was für üble Fratzen als Beamten durch diese Welt taumeln, was für Nazis und Diktatoren, wenn ihr wüsstet, welche Raubtiere sich hinter Titel verstecken, aber zum abzocken sind diese Systeme gut getarnt, zum Subventionen ausgeben für ihre Freunde, und ihr bekommt eure 1-% und müsst so glaubt ihr Steuern zahlen ‚ich sage euch aber ihr müsst Garnichts, und schon gar nicht für Raubtiere, wer von euch will etwas für Raubtiere tuen, wer will der Diener der Raubmenschen sein, etwa Du, willst du dich also unter Raubtiere stellen, bist du also ein Unterraubtier, denn warum unterstützt du Raubmenschen, Leichenfresser, weil du nicht anders bist. So die Fratze die nun hochkommt im Betrugs und Bestech und komm gib mir deine Hand Skandaleneinschiss, der bist du selber, weil du das wolltest, in deinem blöden Taumel. Die Wirtschaftsparteien diese Parteien, die sich christlich kotzen, sind die Handlanger der Schmierwirtschaft der Ölkonzerne und alles was da dran hängt, weil sie gut schmieren können, und deswegen die Schmerzen nicht so gehört werden wenn die Schrauben enger gedreht werden. Und die Ratio ihren Wahnsinn zeigt im Kleinkopfschädel eures Raubmensch armen Daseins. Dieses Idiotentum ist für mich doch kein Vorbild.

Ich schaue lieber woanders hin, zu mir selber.

Zu Blumen. Der Sonne, und so weiter.

Ich kann doch ein vollidiotentum Volk nichts mehr abverlangen, die kommen doch mit sich selber nicht klar. Diese Banditen eure Führer eure versteckten Nazis eure Hitlers, Stalin, Nixons eure Polpotseuchen eure Tamerlans eure Napoleons eure Kohl eure Alexander dem großen Irren, eure Lenins eure Göbbels, das ist alles da in euch versteckt, ihr wählt das sogar, gut getarnt.weltweit, eure Diktaturen.

Euer Verstand ist ein Fluch für euch, ein Verbrechen, mach dir aber Nix draus der Übergang von Raubtier zum Raubmensch zum Halbmensch zum Mensch ist so.

Das hat Nix mit Schuld zu tuen.

Bloß blöde Kulturaffen und Zivilisationsraubtiere sind so dermaßen schwachsinnige. Ein Fluch ist die menschliche Begabung das technische Resultat das zum verblöden zur Überheblichkeit führt. Ich selbst bin nicht frei genug zu lieben und liebevoll zu sein, nicht zu euch Halbaffen jedenfalls.

Aber ich will ja auch nichts mit euch zu tuen habe oder von euch gewählt werden, danke.

Die Inkarnationen des Law und Order Bestrebens sind allesamt diabolische Raubtiere geblieben-ohne Einsicht und Liebe-sie denken das sie anderen helfen und den Schmand der Bevölkerung reinigen können, die Lumpen und das üble Volk, dabei zeigt ihre Denkweise insbesondere von Innenministern die alle ohne Ausnahme die Ignoranz des Fleischeses vertreten von jenen die nun nicht im geringsten wissen wer sie sind und was sie tuen, das sie den Negativegoismus das Volksego die Massenscheißanlagen vertreten. Bloß durch ihr Denken kommt aber in Wahrheit ihre eigene Primitivität zum Vorschein. Die sogenannten Gesetze der Menschen, sind nicht das Göttliche, es ist Ignoranz bis die sogenannte Gesetzte der Menschen, Liebesbeschreibungen sind.

Ich selber bin bloß dem Göttlichen verantwortlich, kein Raubtiermensch kann für mich Verantwortung übernehmen, und deren Gesetze zeigen bloß sein eigenes Innenleben, die Ignoranz. Ich wiederhole nochmal, solange die Menschen dem Prinzip des Tötens folgen und weiterhin töten um Fleisch zu fressen, sind die Menschen weit, weit, weit, weg von mir überhaupt als Menschen angesehen zu werden. Als Raubmenschen ja, so zeigt ihr euch ja sehr klar. Ihr seid gut im Lügen, prima, Betrügen prima, und euch selbst Betrügen sehr gut sogar. Kein Raubmensch egal welchen Titel er hat und wie hoch er angesehen ist und mit wie vielen Preisen und Auszeichnungen er auch behangen ist, ist für mich ein Wegweiser oder eine Autorität oder ist vertrauenswürdig, nur die Heiligen sind vertrauenswürdig bis jetzt. Raubmenschen und ihr Glaube an Worte zum kotzen die Wertlosigkeit dieser Typen im Staat oder Wirtschaft oder Religion ist gigantisch. Die Macht hat nur das Göttliche und wer aber weiterforscht der wird erkennen das Göttliche braucht gar keine Macht, denn das Göttliche das immer war und ist und auch jetzt ist, das braucht keine stupide persönliche Macht wie die politischen Raubtiere heute.

Ich habe vorhin auf HR3 gehört das der ehemalige Innenminister Kanther 28 000 Mark Rentenbezüge bekommen wird. Was für ein Hohn eure Systeme sind eure Abzockpolitiker eben Banditen und Betrüger, die sich alle bloß selbst bereichern ,und euch dafür Steuern und Beschwerden durch Law und Order aufbürden, wie lange wollt ihr noch so blöde sein und euch eure eigenen Unterdrücker wählen, wie lange wollt ihr solchen stupiden Parteien in der Demokratie noch Existenzberechtigung geben. Seid ihr wirklich so dumm nichts Besseres zu entwickeln, ihr gestaltet euer Leben selber und nicht diese Raubtierpolitiker und deren Parteien die Nationen vergiften durch ihre gottlose Banditenreligionen. 28000 Mark bekommt ein Bandit von euch Bezüge. Damit macht ihr euch selber zu Banditen denn wer Banditen Monatsbezüge gibt unterstütz ja das Banditentum in der Politik. 90%

davon müssten abgezogen werden und für Sozialhilfeempfänger gegeben werden. Denn die Sozialhilfeempfänger sind die Opfer dieser Politiker und Firmenmafia. Schaut euch an was Clinton gemacht hat und was die Wildsau Kohl erreicht hat. Die Deutschen sind noch schwer belastet mit negativen dunklen Wolken in ihren Herzen. Ein unbeschreiblich materialistisch-primitives Volk sind die Deutschen. Sie sind armselige Materialisten geblieben, vertrocknet und dem Geldwahn angebunden. Die Menschheit lässt sich davon blenden,aber ich nicht. Die Deutschen sind aber auch sehr spirituell und großzügig und trortdem, die Menschen überhaupt, müssen nun anfangen eine weitere Initiation zu machen, indem sie nun das geistige erforschen, das spirituelle erarbeiten, und eine spirituelle Wissenschaft aufbauen, alle Nationen müssen das tuen, ansonsten werden sie in Maß Gewicht und Zahl total verblöden, und weiterhin dem falschen verfallen und Synthetik als die Wahrheit denken und auch daran glauben. Wer Maß und Zahl und Gewichten folgt, folgt dem Blöden dem Tod, der Leiche. Lass die Toten die Toten begraben, besagt genau das, und das Resultat ist global gut sichtbar. Es sind alles unerfahrene Seelen, denn sie wissen nicht was sie tuen. Nochmal, ihr wisst nicht was ihr wirklich tut, denn wenn ihr das wüsstet wären die Meere nicht vergiftet die Atmosphäre nicht am wackeln, das Klima nicht verzerrt die Flüsse nicht mit Chemie vergiftet und die Erde nicht vergiftet, das Wasser wäre nicht voller pharmazeutische Produkte und bald braucht ihr bloß noch Wasser zu trinken damit würden dann eure Betablocker synthetischen Hormone und Aspirins alle drin sein im Trinkwasser in den Flüssen und Meeren, dort vergiften sie schon die Wesen. Fische werden weiblich und Menschen werden unfruchtbar. Das ist alles deswegen weil ihr dem falschen gefolgt seid. Politiker, Manager, Theologen, Priester, Polizei, Staatsirre, eben dem falschen, es ist keine Schuld aber es ist eine gigantische Blödheit, niemand ist jemals schuldig, egal was er tut. Aber zurzeit beten diese Vollidioten mit Nobelpreisen geschmückt bloß den Tod an. Das sehe ich doch an den Resultaten. Denn an ihren Früchten werdet ihr sie erkennen. Und das sind schlechte saure vergiftete Zitronen, die Illusionen des toten des Todes, das dumme sich beziehen auf die physische Person, die bloß ein Teil der Dreieinigkeit des Wesens ist. Weils so aufgebaut ist. Ohne diese Dreieinigkeit wäre Leben unmöglich, aber das könnt ihr am besten in Martinus Buch „Das ewige Weltbild" nachlesen, dann brauche ich hier nicht tiefer darauf eingehen. Es ist sehr gut sichtbar das eure wirtschaftlichen religiösen politischen Helden nichts wissen. Es sind allesamt Materialisten geblieben, der Rest ist bloß Täuschung Worte,

Betrug und Informationen, mehr nicht. Das wird dann gut manipuliert mit Überzeugung.

Jetzt müsst ihr das doch wissen das ihr Nix wisst. Das ganze politische religiöse System mit Wirtschaft mit Konsuln mit Diplomatie Diplomaten und Unantastbarkeit Immunität Klauseln ist ein betrugssystem, in der Vergangenheit von Raubtieren die auf Betrug aus waren aufgebaut und bis jetzt mitgeschleppt, es ist Betrug an der Wahrheit, weil die damals noch bekloppter waren als ihr heute. Die liefen noch mit Keulen und Schwerter und Pistolen herum, was ja heute noch der Fall ist und die Gewalt die dem Staatswirren übergeben ist trägt nun Atombomben, übel, übel, übel,da seht ihr doch was für Banditen ihr geblieben seid. Der Betrug ist der das die Wahrheit abgewimmelt werden soll. Aber die Erde ist und bleibt frei für alle und alle Rohstoffe sind für alle da und zwar kostenlos. Wer das nicht erkennen kann ist ein dummes Tier geblieben, als Metapher für den Raubmensch, denn Tiere können nichts dafür, aber der menschliche Körper hat die Fähigkeit die Wahrheit zu erkennen, und das Göttliche, und damit sich selber.  Kampf der herrschenden ist schon richtig. Aber ihr merkt das gar nicht mehr denn nun bekommt ihr ja 5 Wochen Urlaub, welch ein primitiver Zustand für euch welcher Sklaventrip dem ihr folgt.

Heute versteht ihr gar nicht mehr das es das eigene Wissen ist das verkehrt ist.

Ja heute wird dieses falsche Wissen-das sich in Vergiftung Zerstörung Betrug Ausbeutung und Sozialsysteme sind Unterstützer des ausbeuterischen Materialistenadels-dem negativen-und so weiter zeigt-das wird doziert und wenn nötig mit sogenannten legalen Gesetzen durchgesetzt. Was hat der Kohlkochtopf euch abgezockt und mit üblen Kotzgesetzen geknebelt. Mein Gott hat man euch verblödet seid ihr dumpf und öde, mit Prof und Dok und Diplom und Nobelpreisauszeichnungen, die sind oft die blödesten, weil ihr Blick total ins Detail geht und immer weiter und weiter weg kommt und nachher Garnichts mehr vor sich hat und dann eine wissenschaftliche These bekloppt schreibt die besagt das Göttliche die Seele gibt es gar nicht, denn unsere Computer bestätigen das, ihr seid allesamt unbeschreiblich bekloppt, gigantisch der Illusionen verfallen, zum kotzen seid ihr aber sehr gut. Aber alle die sich diesem falschen Wissen nicht beugen wollen werden als Feinde betrachtet, warum wohl, weil's bei dem falschen Wissen nur um Macht geht. Alleine deswegen ist es schon falsch. Diese falsche bloß eingebildete Autorität ist für niemanden ein Heil, selbst nicht für jene die es vehement verteidigen und selbst diese materielle Macht haben, sie selber

werden dadurch verletzt, zerstört und betrogen. Das kann doch weltweit gut gesehen werden. Industrievergiftungen, Chemische Seuchen, Pharmaidiotentum mit Diplomen, Politiker - Kircheneulen, das sind alles falsche Autoritäten-der Staat ist bloß eine Idee aber die Raubsäugetiere sind aus Nebelhausen eingewandert fressen Leichen und können nicht verstehen das sie blöde sind.
Ja wie auch.
Denn diese Einbildungen sind das Resultat der falschen Kultur und ihrer falschen Ziele. Oleeee.
Ja, welch ein gewaltiger Übermensch in der Einbildungskraft der Gedanken, im Verhältnis zu den anderen man wirklich ist.
Aber die Ausplünderung geht weiter. Mit Staatssubventionen, Legalmachgesetze, dazu die Freunde aus der Wirtschaft und Religion, das ist so gut getarnt, und das ist noch eine Methode aus dem Bereich Raubtiere. Hier hat der Mensch noch Reste vom Raubtier in seinem Bewusstsein übrig, weg damit, ja das ist alles sehr gut getarnt, legalisiert und dann olee, sind es auf einmal Juristen und Staatstheoretiker die geben ihren falschen Brei dazu und so sieht es aus als ob die menschliche Kotze ein Naturgesetz wäre, aber das ist sie nicht, sie ist Betrug und die Gesetze werden von Koffer voller Scheine gemacht damit eine Gruppe wieder mehr abzocken kann, eure bekloppten Systeme, nein danke, nicht für mich, ich bin kein Vollidiot wie ihr, damit die Firma dies und dat bekommt, schnell noch'n
Politiker kaufen, im Sonderangebot gibt es heute weltweit genug, es wird Zeit den Schrott zu verkaufen, lasst alle Politiker nach China verkaufen.
Das Hauptinteresse ist die totale Ausplünderung des Lebewesens und der Erde und des Kosmos, der Schrott fliegt ja schon um die Erde und Sonnen und andere Planeten herum, nein danke ihr Vollidioten ohne mich, ich bin kein Mensch, ich war noch nie Mensch und ich werde auch nie Mensch sein, denn wer Mensch sein will wird blöde bleiben, ein Raubtier nämlich..
Die Ausplünderung wird unter den Begriffen Handel und Geschäfte gemacht, ganz legal. Alles, Banken, Zinsen, Schuldverschreibungen alles ist Betrug, verkleidet in höchste philosophische Idealismen die Hilfe für die anderen, als Wohltat sozusagen.
Und ihr Halbaffen seit aber in den Augen eurer Autoritäten immer noch ein notwendiges Übel, denn ihr kostet Geld "Geld" Geld", das durch Roboter ersetzt werden muss, das ist besser als das Gesindel das ihr in deren Augen seid, oder.
Die Heiligen kennen die Wege der Welt, sie ist brutal, einfach, schön und

hässlich, es gibt auf anderen Planeten andere Systeme andere Geschöpfe schlimmere noch als ihr aber auch Göttlicher als ihr schöneres als euer Mist.

Aber ihr müsst niedergehalten werden von euren Systemaufbauern die allesamt Vasallen der niederen Schöpfungsebenen sind und Opfer für die Gottheit Kal, der höchsten Gottheit der drei Welten. Brahman, sagen die Veden zu ihm, aber Brahma ist bloß eine sekundäre Bewusstseinsebene der allerhöchsten Gottheit, die sekundäre Welt der Schöpfung Kal hält euch alle gefangen, bis ihr eure Egos, Egos gereinigt habt und frei werdet die Gesetze beachtet und nach ihnen lebt nach der Wahrheit. Kal beschenkt euch mit Gold, Autos, Villen, und Krankheiten. Alle die das sogenannte Materielle anbeten und ihm dienen werden trotzdem verblödet, denn Kal ist so, oder diese Bewusstseinsform dieses hohen kosmischen Wesens ist so geschaffen. Sie kann sich selber nicht frei machen, die allmächtige Gottheit hat sie so geschaffen, sie ist selbst sterblich in ihrer Gottheit, und muss den Kreislauf der Veränderungen durch und weitergehen. Befreiung liegt nur in der Wahrheit und Liebe, und Liebe ist die Wahrheit.

Im Namen der Globalisierung Wirtschaftlichkeit und Maskenverlust müsst ihr aber die Opfer für eure Raubtierführer sein, ihr wollt es ja anscheinend gar nicht anders, und die politischen Wildsäue, sie geben euch eure oberflächlichen Worte und blenden euch mit Worten, so tuende als ob sie euer Bestes wollten, das sind alles Raubtiermethoden aber ein Heiliger hat mal gesagt: " Jeder Heilige hatte eine Vergangenheit und jeder nicht Heilige eine Zukunft" .

Ho, Ho, Ho naja das reicht erst mal.

Das Heilige ist aber auch in der Form gut sichtbar, im goldenen Schnitt, heilige Geometrie, und der Heilige, nicht der Firma Vatikan oder Religion, sondern der Heilige der sein wahres Wesen erkannt, verwirklicht hat, zbs. mit Meditation, Kontemplation, der hat die Struktur der Göttlichen Schöpfung verwirklicht mit seinem Körper, in seinem Körper, und der natürlichen Ordnung der Dinge, der Schöpfung Gottes, die alles beinhaltet, kleinstes größtes, das ist der Heilige. Und damit kommen dann auch Fähigkeiten die angewendet werden können. Denn mit jeder weiteren Verwirklichung seines unverletzbaren Ichs, also dem Heiligen, wird der Verwirklichte immer mehr, das was er immer schon ist, aber nun durch die Geburt in dieser verlogenen verkommenen Raubtiermenschgesellschaft die von Jahrtausende alten Strukturen der Raubmenschengeschäfte und Morde und Täuschungen und Verachtungen anderer Wesen und der Erde selber, in das Koma

der Totalverblödung gehalten werden, in Hypnose des menschlich allzu menschlichen der Besitzenden in Land und Geld und Wirtschaft, so wie es heute ist.
Aber soziale Gerechtigkeit ist Ungerechtigkeit, ok.
Alle Schulden weltweit müssen entlassen werden. Und es darf nie mehr so was wie Schulden geben. Denn Schulden sind bloß das hinten dran. Erschaffen von den Raubtiermenschen den Leichenfressern und Leichenfresser sind einfach unfähige Wesen, denen jeder und alles sämtliche Formen von Vernunft und Wahrheit abgesprochen werden kann. Politiker müssen weg von der Weltbühne, so wie Kaiser und Könige. Oder Banker. Alles was mit Raub zu tun hat muss aus dem Raubmenschleben verschwinden. Sie sind nicht in der Lage Wahrheit zu leben und Wissen wahrhaftig weiter zu geben.
Geld ist die Illusion die die gesamte Beklopptheit mit Arbeitslosigkeit schafft.
Geld muss weg.
Hier lege ich einen Bericht von Martinus vor wo es um Vergebung der Sünden geht.
Seite 181.lest das nochmal durch, vielleicht geht euch ein Licht auf.
Was habe ich noch erfahren, ach ja, bei der Taufe wird ja das Kreuz vom Priester mit der Hand über dem Kopf gemacht, ich hatte erfahren das die Kirche das genau entgegengesetzt macht, und zwar von oben nach unten und von links nach rechts, aber was passiert dann, es kann gesehen werden das sich dann das dritte Auge das Stirnchakra und das Kronenchakra schließt, und was bedeutet das wohl, es bedeutet das euer Kind blockiert wird. Wenn das stimmt kann gesehen werden das die Kirchenleute allesamt Vasallen des Üblen über diese 2000 Jahre seit Jesus geworden sind und das System der Kirche ein Betrugssystem ist...damit wird dem Kind das entwickeln seiner geistigeren höheren Fähigkeiten blockiert, es kann die höheren Welten nicht sehen, und keinen Kontakt über das Kronenchakra zu seinem wahren Wesen bekommen, und so weiter.
Schöner Betrugsverein diese Banditenvereine Kirchen.
Suppenhuhnbewusstsein
Schlachtviehbewusstsein
Blutwurstbewusstsein
Schinkenbewusstsein
Saumagenbewusstsein
Leberwurstbewusstsein

Nierenbewusstsein
Lungenwurstbewusstsein
Kalbschlachtbewusstsein
Mastviehbewusstsein
Abzockbewusstsein
Wildsaupolitikbewusstsein
Parteienbetrugsbewusstsein
Ausbeutbewusstsein
Schmiergeldpolitikbewusstsein
Wirtschaftsfalschismusmußbewusstsein
wirtschaftfaschimsusuntersaubewußtsein
kapitalistenmafia4xuntersauunbewußtsein
Ministerbanditenbewusstsein
Kanzlerbanditenbewusstsein
Raubmenschbewusstsein
Unterstupidesdenkenpolitikbanditendenken lüge kurzum-christlich...
Nein unchristliches Banditenbewusstsein.
Aber so ist es jetzt. Parteibetrügereien an die Massen der Menschen, Ausbeutung und Abzocken c-d-u so wie d-d-r ,alles falsche Bezeichnungen die merken das gar nicht das sie gar keine Christen sind, sie sind auch nicht demokratisch, sie sind Betrüger und Raubsäugetiere Leichenfresser.
Ich rufe euch auf wach zu werden. Es wird Zeit das ihr aus eurem vollgefressenen Tiefschlaf als Raubtiere aufwacht und zumindest etwas menschliches habt, wenn ihr auch noch so blöde mit euren Diplomen und anderen Titel seid, das Göttliche nicht zu erkennen, seid wenigsten keine Penner, Bestechung Korruption Mord kriege das seid ihr.
Völker sind immer ignorant. Es hat noch nie ein erleuchtetes Volk gegeben auf der Erde außer das ja alles in wiederkehrenden Zyklen abläuft in Kreisläufen, vor 400 000 Jahren damals als ihr in einer Lichtwelterde lebtet und Materialismus kein Thema war.
Damals wurde euer Körper 70000 Jahre jung. Es hat ansonsten immer nur erleuchtete Individuen gegeben, die Heiligen und erwachten. s-p-d- ist auch eine falsche Bezeichnung und zieht Traumwesen an unwaches dumpfes.
f-d-p ist auch eine falsche Bezeichnung zieht auch Vollidioten an.
Die Resultate sind dementsprechend. Ihr seht es ja, da hilft auch keine Arbeitslosigkeit und Vollbeschäftigung, ihr bleibt trotzdem eine Bande wilder wenn ihr nicht anfangt eine spirituelle Wissenschaft aufzubauen und damit eure eigne Bekloppheit ablegen könnt da ihr ja jetzt noch so blöde seit den

materialistischen voll Idioten zu glauben die euch alle bis in die Unendlichkeit bloß in den Tod führen können mehr nicht, weil sie das falsche leben, Synthetik, aber ihr seid schwerfällig faul träge und besoffen von eurer Dumpfheit. Buddha hat mal gesagt ein Pferd das schon beim Schatten der Peitsche Bescheid weiß lernt schnell. Aber ihr müsst und wollt wohl erst mal kräftig geschlagen werden, oder.

Die politischen Parteien heute in Europa und weltweit sind allesamt korrupte Systeme die Schweine jedes Landes. Sie würgen die Freiheit ab und die Wahrheit, weil sie dumm sind, sie erkennen noch nicht mal, dass sie die Freiheit haben alles besser machen zu können so dumpf sind sie. Und warum? Weil sie wie die Fische im Wasser den Kopf nicht über ihre selbstaufgebauten Probleme bekommen können um Luft zu schnappen und zu erkennen das es auch anders ginge. Stattdessen saugen sie mit Banken Wirtschaft Industriemafia anderen Politikern alles. Wie lange wollt ihr das noch mitmachen.

Wenn die schon so bekloppt so ignorant sind, wie müsst ihr es dann erst recht sein, das zu sehn mein Gott mein Gott. Es ist gar keine Demokratie es ist eine Dämon-Kratie, ein Betrugskratie das müsst ihr erkennen, also eine diabolische Systematik in der ihr zurzeit lebt die euch aufgebaut wurde. Es sind diabolische Vereinigungen die zurzeit noch auf der Erde herrschen.

Die Dunkelheit herrscht noch da helfen auch keine Leuchtstoffröhren mit sonnenähnlichem Strahlungsmuster.

Der Satan-die Lüge- ist noch in allen Positionen ohne Ausnahme...

Das wir d ja auch in allen alten Prophezeiungen gesagt. Die Kulmination des Bösen, also die Ignoranz, die Unwissenheit, zeigt sich mehr und mehr und es wird nun versucht die Knebel noch fester zu ziehen, da die Freiheit nicht mehr aufgehalten werden kann. Gott lässt sich nicht von bekloppten reichen politischen Banken Armeen und bekloppten Kirchenpennern in seinem Plan aufhalten.

 Wenn ihr nicht wach werden wollt dann werdet ihr auch einmal wie die Mamut's mit dem Steak im Maul da eingefroren sein. Entweder ihr eignet euch mehr Wahrheit an oder die Wahrheit eignet sich euch an, eure Körper. In Politik, Wirtschaft Banken sind hauptsächlich Banditen. Die merken das gar nicht mehr was sie da überhaupt noch machen. Die merken das falsche gar nicht mehr, so hat es sich in ihre Körper eingeschlichen in ihr Denken, Tuen, Handeln, ihre Phantasien. Aber so ist die Situation, denn es waren ja die Raubtiere, Raubmenschen, die zur totalen Erschöpfung gemordet

und betrogen gelogen und Kriege geführt haben ,und diese Mörderbanden der Vergangenheit, haben dieses System bis heute aufgebaut, nämlich ein RaubSystem Global. Aber nun seid ihr das pralle Opfer dafür, ihr werdet nicht mal physisch alt. Ihr erreicht nicht mal das genetische Ziel. Aber die Genetiker Faschisten sie fantasieren euch vor sie wüssten was sie tuen. Ich sage euch keiner nicht einer weiß von denen was er tut. Er schaut bloß dumpf auf das vor sich und versucht durch raten herauszufinden. Es sind allesamt ignorante. Die werden euch noch blöder machen. Eine unabhängige Justiz gibt es auch nicht. Kann es auch nicht da ja die BRD eine Firma ist, ein Kapitalunternehmen, das sogar an der Börse gehandelt werden kann. Das ist alles lug und trug. Die sind alle Parteienbunt und voreingenommen und weit, weit, weit, von der Wahrheit weg. Es gibt auch keinen freien Staat. Alles ist Betrug, weil ihr das Element noch stark in euch trägt. Ich weiß selber wie schwer es ist dahinter zu kommen und was es verlangt an Arbeit sich davon zu befreien. Der Mensch heuet im Jahr 2000 stellt sich als ein so beklopptes Wesen dar, jene die so sind, das die Eingebundenheit in seine Arbeit, ihn von Jahr zu Jahr stupider werden lässt das diese Menschsein offizielle ein bekloppt sein, sein muss.
Ich habe als Person und als Gottheit mehr als die Schnauze voll von euch Halbidioten die ihr bloß glaubt Menschen zu sein.
Hier folgt nun ein Bericht von Martinus, aus dem Büchlein: „Zwischen zwei Weltepochen".

„Zitat Anfang"

## 25. Kapitel

### Der Hauptanteil der Erdenmenschen besteht aus „kosmisch toten" Wesen

Von diesem kosmisch „ toten „ oder „bewusstlosen" Zustand aus vollzieht sich im Hervortreten der Wesen ein Zurückwenden zu einem höheren Wissen. Dieses Zurückwenden zu einem höheren Wissen kennen wir im täglichen Leben unter dem Begriff „Entwicklung". Diese „Entwicklung" zeigt uns eine lange Skala von zunehmenden immer höheren Entwicklungsstufen. Die Stufen die am meisten „tot" sind, sind also jene, welche die größte kosmische Unwissenheit repräsentieren. Auf der physischen Ebene ist es leicht, den kosmischen „Tod" zu sehen. Die Wesen, die am meisten kosmisch „tot" sind, sind diejenigen, die darin kulminieren, ihr eigenes Lebensglück zu sabotieren. Um sein eigenes Lebensglück sabotieren zu können, muss man also unwissend sein, was, wie gesagt, das gleiche ist, wie kosmisch „bewusstlos" zu sein. Der wissende Mensch sabotiert nicht sich selbst. Zu den Wesen, die ihr eigenes Lebensglück sabotieren, gehört der normale Erdenmensch. Er mordet und verletzt, er schändet und plündert seinen Nächsten oder die ihn umgebenden Lebewesen. Es ist deutlich, dass er erfahrungsgemäß nicht das Gesetz kennt, das sagt: „Derjenige, der mit dem Schwert umbringt, soll durch das Schwert umkommen". Er weiß nichts davon, dass man seinen Nächsten lieben soll wie sich selbst. Bestenfalls weiß er, dass dies in diesem oder jenem heiligen Buch geschrieben steht oder von diesem oder jenem Wesen einmal in einer längst entschwundenen Zeit ausgesprochen wurde.

Aber ein wirklich kosmisches Wissen über die absolute Wahrheit in diesem Ausspruch hat er nicht. Er ist, wie gesagt, auf diesem Gebiet „bewusstlos" .Er hat dagegen ein großes Wissen auf den rein physischen Gebieten, und je tüchtiger das Wesen hier ist, ohne „kosmisches Bewusstsein" zu haben, desto mehr verletzend und tötend wird es sein. Sein Egoismus kennt keine Grenzen.

Der Hauptanteil der Erdenmenschen besteht also aus „kosmisch toten" oder „bewusstlosen" Wesen, die nichts von ihrer ewigen Vergangenheit oder ihrer ewigen Zukunft wissen, sondern nur das flüchtige Jetzt kennen, das aus ihrem jetzigen Erdenleben in ihrem gigantischen Dasein besteht. Dass sie deshalb auch keine Rücksicht auf dieses unbekannte, ewige Dasein, sondern nur auf dieses kleine bekannte „Jetzt" nehmen, versteht sich von selbst. Aber ein gigantisches, ewiges Dasein zu besitzen und nur einen kleinen verschwindenden Teil dieses Daseins zu berücksichtigen, muss ja zur Folge haben, dass das Wesen unmöglich die volle Freude an und den vollen Nutzen von diesem Dasein oder dieser ewigen Existenz haben kann, Dass es deshalb in diesem seinem Zustand ein Wesen der Unvollkommenheit und der Trauer und der Leiden wird, das mit allen Lebensgesetzen in diesem unbekannten Bereich oder Gebiet in seinem wirklichen, ewigen Dasein in Konflikt gerät, wird hier zur Tatsache.

## 26. Kapitel

### In der Kulmination des Bereichs der Finsternis

Der Erdenmensch kulminiert also, wie gesagt, in einem Dasein der Finsternis. Sehen wir zurück auf die Entwicklung, werden wir Zeuge der sogenannten „Naturmenschen". Danach kommen wir zu den „Tieren" und dann zu den „Pflanzen" und nach diesen zu den „mineralischen" Lebensformen. Hier vom Mineral aus bis zum modernen, allgemein kriegerischen Erdenmenschen besteht also eine im großen und ganzen stark steigende Tendenz zur Vervollkommnung darin, das tötende Prinzip auszulösen, was wiederum das gleiche ist wie die Übertretung der "Liebesgesetze",. eine Kulmination der mentalen Finsternis oder eines fehlerhaften Daseinserlebens. Ja, sehen wir hier nicht, dass der Tod des einen Wesens das Brot des anderen ist? - Sehen wir nicht, dass aus dieser Entwicklung der Daseins- und Erlebensplan hervorspringt, in dem es geradezu eine Lebensbedingung ist, dass die Wesen von den Körpern oder vom Fleisch und Blut anderer Wesen leben müssen, ganz abgesehen von den Blutbädern, die sie auslösen, um in den Besitz des Eigentums, der Werte und Rechte anderer zu kommen.. Kann das Leben eine größere Unvollkommenheit, ein größeres Dunkel, eine größere Manifestation von Sinnesverfall zeigen? - Sind die Flüchtlingslager mit ihren Millionen von heimatlosen und vaterlandslosen Menschen, deren Lebensinspiration durch die Zwangsjacke, bestehend aus Restriktionen, Stacheldraht und Lebensmittelrationierung, geknechtet und gelähmt ist, durch die sie eben gerade noch so viel Lebenskraft aufrechterhalten können, dass sie am Rande des Hungertodes und Selbstmordes balancieren, nicht eine unverrückbare Dokumentation der Domäne der Finsternis? - Sind die Ruinenhaufen der stolzen Kulturzentren gewisser Weltteile, ihre kilometerlangen Soldatenfriedhöfe, abgebrannten Wälder, ihre zerstörte Natur usw. nicht eine weitere fundamentale Bestätigung dessen, dass der Erdenmensch durch die Bereiche der Finsternis geht? .

## 27. Kapitel

### Was das Wesen in der Domäne der Finsternis verliert

Was ist es nun, was dem Lebewesen, das sich auf der Entwicklungsstufe des Erdenmenschen befindet, in dieser gewaltigen Domäne der Finsternis verloren gegangen ist? - Es ist nichts weniger als die Einsicht in die Verbindung seines augenblicklichen Erdenlebens mit der Gesamtheit oder

Ewigkeit, die es kosmisch gesehen ausmacht. Es leidet unter „kosmischer Bewusstlosigkeit". Die Wirkungen des „Genusses vom Baum der Erkenntnis" kommen völlig zur Geltung.

## 28. Kapitel

**Weshalb die Wesen nicht unaufhörlich „kosmisch tot" sein können**

Aber die Wesen können nicht unaufhörlich „kosmisch tote" oder „bewusstlose" Wesen bleiben. Das Leben wird die Wesen schon durch seine Reaktion gegenüber ihrer Verhaltensweise nach und nach in Kontakt mit der Einhaltung der Lebensgesetze bringen, die ja das gleiche sind, wie eine hundertprozentige Liebesmanifestation. Da diese Reaktion ein unglückliches Schicksal für solche Wesen schafft, die die Lebensgesetze nicht einhalten, und Freude und Glück für Wesen, die diese Gesetze einhalten, wird also diese Reaktion des Lebens gegenüber dem Wesen eine Entfaltung einer gewaltigen und unverrückbaren Antwort auf die große Frage des Menschen in Bezug auf Kriege, Unglück, Leiden, Trauer und Lebensüberdruss. Mit dem Prinzip der Finsternis haben wir ja schon in einer Vielfältigkeit von Variationen Bekanntschaft gestiftet. Nannten wir nicht gerade vorher, dass das Wesen in einem siebzigjährigen Erdenleben den Tageskreislauf etwa 25.550 Mal erlebt? Das bedeutet also, dass das Wesen es nicht vermeiden kann zu sehen, dass die „Finsternis", d.h. in diesem Fall die Nacht oder das Ausschließen vom Licht und der Wärme der Sonne, nur einstweilige Details in einem Kreislauf sind. Zeigt die Vorsehung nicht verschwenderisch, wie das Dunkel unvermeidlich vom Licht, die Nacht vom Tag usw. abgelöst wird, und sahen wir nicht, dass das gleiche der Fall mit dem Jahreskreislauf ist. Hat die Vorsehung nicht einem siebzigjährigen Menschen siebzigmal in einem normalen Erdenleben gezeigt, dass der Sommer dem Winter folgen muss? Aber siebzigmal gezeigt zu bekommen, dass der tote und kalte Zustand des Winters unumgänglich von den strahlenden Farben der Blumenwiesen und Laubsäle des Frühlings und Sommers abgelöst wird, ist doch eine Sprache, deren Sinn man nicht missverstehen kann, besonders nicht, wenn man im gleichen Zeitraum 25.550 Mal ebenfalls gesehen hat, dass die Nacht unvermeidlich vor dem Tag weichen muss, wie auch der Tag der Nacht weichen muss, und dass Licht und Dunkel also unmöglich etwas anderes sein können als wechselnde Details in einem Kreislauf.

## 29. Kapitel

## Wie das Leben selbst die Reinkarnation zu einer Tatsache macht

Aber wozu diese unwiderlegbare Sprache? - Was bedeutet sie für den normalen Erdenmenschen? - Bedeutet sie nicht gerade, dass dieses Wesen in seinem Forschen oder seinem Studium des Lebens diese Sprache als Fundament für seine Logik benutzen sollte? c Wenn das Leben in den Kreisläufen, die der Erdenmensch überblicken kann, also zeigt, dass alles sich wiederholende Erscheinungen oder Prinzipien in einem Kreislauf sind, weshalb sollten die gleichen Prinzipien dann damit aufhören, dieser Regel in den Kreisläufen zu folgen, die der Erdenmensch nicht überblicken kann? Weshalb sollte eine ewige Nacht oder ein ewiger Tag, ein ewiger Winter oder ein ewiger Sommer in diesen Kreisläufen herrschen, wenn so etwas in den Kreisläufen unmöglich ist, die der Erdenmensch überblicken kann? - Weshalb sollte ein solcher Kreislauf, der ein Erdenleben ausmacht, nicht ein sich stetig wiederholendes Prinzip sein, wenn das Kreislaufsprinzip in allen anderen Situationen unaufhörlich wiederkehrt? - Weshalb sollte ein solcher Kreislauf, den ja das Erdenleben mit seinen Jahreszeiten, wie Kindheit, Jugend, Mannesalter und Greisenalter oder mit seinem Winter, Frühjahr, Sommer und Herbst ausmacht, nicht eine Wiederholung sein, wie alle anderen Kreisläufe, derer wir Zeuge sind? - Sind die 25.550 Wiederholungen des Tageskreislaufs und die siebzig Wiederholungen des Jahreskreislaufs, derer wir im Laufe eines normalen Lebens Zeuge werden, und die wechselnden Kreisläufe des Wassertropfens als Abwasser und Abend- und Morgenröte am Himmel - sowie der Umstand, dass alle übrigen Stoffe, die wir beobachten können, gleichfalls in wechselnden Kreislaufsstadien, d.h. entweder als feste, flüssige, gasförmige oder als strahlenförmige Stoffe vorkommen - nicht Beweis genug dafür, dass alle Formen von Manifestation oder Energieauslösung Wiederholungen von Kreisläufen sind? Wenn wir sagen, dass der Erdenlebenskreislauf sich wiederholt, ist dieser unser Ausspruch oder diese Behauptung über die Reinkarnation also in Kontakt mit allem, was die Natur uns zeigt. Wenn wir dagegen sagen, dass der Erdenlebenskreislauf keine Wiederholung ist, sondern nur einen einzelnen Akt repräsentiert, dann können wir auf kein einziges Beispiel in der Natur zur Bestätigung unserer Behauptung zeigen, und diese unsere Behauptung oder Auffassung kann deshalb mit überhaupt nichts stabil oder logisch unterbaut werden, sondern ist ausschließlich mit dem Umstand begründet, dass wir uns nicht an frühere Leben oder das Erleben eines Erdenlebenskreislaufs erinnern können. Aber die Existenz von ,etwas' aus dem bloßen Grund zu verneinen, dass man sich an diese Existenz nicht erinnern kann, kann unmöglich ein logisches Fundament für eine Behauptung oder Analyse sein. Dann müsste man ja auch die ersten Tage und Jahre seines jetzigen Erdenlebens verneinen. Wer kann sich an seine eigene Geburt erinnern, ja, wer kann sich an jedes Wort erinnern, das man gestern ausgesprochen hat? - Genauso töricht wie es sein würde, seine eigene Geburt zu verneinen, nur weil man sich nicht daran erinnern kann, genauso töricht wäre es aus dem gleichen Grunde, seine früheren Leben oder die Reinkarnation zu verneinen.

## 30. Kapitel

### Die Situation der Erdenmenschheit , ist ein Stadium in einem Kreislauf

Indem wir im Voran stehenden das Prinzip des Kreislaufs in allen. seinen Schattierungen, sowohl in Form unseres eigenen Erdenlebens von der Wiege bis zum Grab als auch in Form aller übrigen Erscheinungen in der Natur, zeigten, haben wir ein Fundament für unsere Logik bekommen, was die Erkenntnis der augenblicklichen kosmischen Situation der Erdenmenschheit betrifft. Wenn sich alles, angefangen bei den Bahnen der Sonnen und Planeten bis zum Fall der Regentropfen zur Erde, in sich wiederholenden Kreisläufen befindet, durch Verdampfung und Verdichtung, durch Strahlenförmigkeit und Versteinerung, durch Licht und Dunkel, Kälte und Hitze, durch Winter und Sommer, Tag und Nacht und die hierzu gehörigen Zwischenstadien:
Frühjahr und Herbst, Morgen und Abend, dann muss der augenblickliche Schicksalszustand, die kosmische Situation der Erdenmenschheit und deren jetziges Dunkel, ihr von Krieg verheertes, mörderisches und krankheitsförderndes Dasein auch als ein Stadium in diesem allumfassenden kosmischen Kreislaufsprinzip zu finden sein.
Wenn alle Kreisläufe, wie wir hier gesehen haben, mit vier „Jahreszeiten" hervortreten, Winter und Frühjahr, Sommer und Herbst, die wiederum im Verhältnis zum Erdenlebenskreislauf selbst das gleiche sind wie Kindheit und Jugend, das reife Alter und das Greisenalter, und im Tageskreislauf Mitternacht und Morgen, Mittag und Abend bedeuten, dann muss die augenblickliche Situation der Erdenmenschheit natürlich das eine oder andere dieser vier Stadien in einem Kreislauf repräsentieren. Es muss also ein

solch größerer Kreislauf existieren, in dem das jetzige Erdenleben und die ganze Situation der Menschheit eine zeitweilige „Jahreszeit" ausmacht.

## 31. Kapitel

### Die Entwicklung als Beweis für einen kosmischen Kreislauf

Können wir nun einen solchen „kosmischen Kreislauf" sehen? Hat er Symptome, die hier auf der physischen Ebene direkt konkret als unumstößliche Beweise für die Existenz eines solchen Kreislaufs zugänglich sind? Ja, es gibt so unumstößliche Beweise, dass es in allerhöchstem Grade unmöglich ist, sich ein wirklich intellektuelles Weltbild zu bilden, das sich nicht auf die starken Auswirkungen dieses Kreislaufs auf der physischen Ebene gründet. Wir brauchen uns nur die Entwicklung anzusehen. Ist sie nicht eine Wanderung von einem weniger intellektuellen Zustand zu einem intellektuelleren, von einem geringeren Wissen zu einem größeren? - Aber von einem kleineren zu einem größeren Wissen hinzu wachsen, von einem kleineren Bewusstseinszustand zu einem größeren, ist ja das gleiche, wie von der Finsternis zum Licht zu wachsen, vom „Tod" zum „Leben" hinzuwachsen. Zeigt uns die Entwicklung nicht gerade ein solches Bewusstseinserwachen? - Wir sind imstande zu sehen, dass die Entwicklung ganz unten im Mineralreich beginnt, sich zu vegetabilischen Formen und danach zu animalischen Formen fortpflanzt, von denen die Lebensform des Erdenmenschen die fortgeschrittenste ist.

## 32. Kapitel

### Eine kosmische Jahreszeit, die vergeht, und die beginnenden Zeichen einer neuen, kosmischen Jahreszeit

Auf der Entwicklungsbahn vom Mineralreich zum Erdenmenschen befindet sich all das Leben, das wir imstande sind, mit unseren physischen Sinnen konkret zu erfassen.
Was ist nun das zentrale Prinzip in der Entwicklung, die innerhalb des Bereichs stattgefunden hat, zu dem wir also physisch Zugang haben?
Ist es nicht eine gradweise Entwicklung hin zur Vervollkommnung darin, töten, verletzen und vernichten zu können? - Wir sehen also hier eine Entwicklung, die das Lebewesen nach und nach zu einem Genie in dieser

Manifestationsentfaltung gemacht hat. Wer kann besser morden, verletzen und vernichten als der Erdenmensch? Und hat diese Entwicklung es nicht geradezu zu einer Lebensbedingung gemacht, dass die Wesen in großem Ausmaß von den fleischlichen Organismen oder Körpern anderer leben müssen? - Ja, nicht einmal die Menschen weichen davor zurück, vom Fleisch und Blut anderer animalischer Mitwesen zu leben, obwohl das im Gegensatz zu den Raubtieren für sie keine Lebensbedingung ist. .Aber dieser Umstand hat also die Menschen nicht dazu gebracht, weniger zu töten und zu verletzen. Sie sind immer noch die Wesen, die den Hochadel des tötenden Prinzips repräsentieren. .sie morden und verletzen nicht aufgrund einer Lebensbedingung sondern aus Begehren nach unwesentlichen Lebenswerten, Sie morden aus Aberglauben, aus religiösem und politischem Fanatismus, aus Macht- und Herrschsucht und schließlich auch aufgrund von sadistischen oder perversen Neigungen. Die Todesangst anderer hervorzurufen, ist für einige Wesen zum einzigen Ausweg für ihre sexuelle Lust geworden, wie auch Pyromanie und Vergewaltigungen für andere das einzige sind, was die jetzt halbtote oder verdorbene, sexuelle Struktur ihrer Urheber beleben kann, um eine Auslösung zu erleben. Wir sehen auch in der Entwicklung, dass diese tötende Natur (hier müssen wir natürlich in gewissem Maße den Sadismus auslassen) ursprünglich das Fundament des religiösen Kults gewesen ist. Menschenopfer und der Umstand, andere zu töten und selbst im Kampf getötet zu werden, waren die höchsten Ideale in der nordischen Götterlehre und das einzige, was den Weg zum Himmelreich dieser Lehre, nach „Walhall", ebnen konnte.

Es ist richtig, dass später edlere Formen des religiösen Kults in die Welt gekommen sind, u.a. die buddhistischen, christlichen und mohammedanischen, aber dies hat doch nicht die Tatsache geändert, dass alle diese in religiöse Sakramente und Taufzeremonien eingeweihten Menschen des zwanzigstens Jahrhunderts die genialsten Lebenszerstörer der irdischen Entwicklungsbahn und daher die größten Saboteure des Lebenserlebens selbst sind. Ihre unglücklichen Schicksale zeigen uns, dass sie es nicht verstehen, das Leben zu leben. Der Erdball• ist so überreich an paradiesischen Existenzmöglichkeiten, sowohl was das Klima und die Landgebiete als auch den Lebensbedarf betrifft, dass alle Menschen ohne Ausnahme völlig glücklich sein könnten.

Das Unglück der Menschen ist also nicht eine materielle Frage, sondern eine psychische Frage. Es ist ein Zustand der Gesinnung. Es ist eine Frage der humanistischen Fähigkeit oder Begabung, und wir sehen denn auch, dass in der Psyche von immer mehr Erdenmenschen ein höherer humanistischer Gedankengang beginnt, sich geltend zu machen, und zwar inspiriert und unterstützt vom Kern der Religionen. Man glaubt also nicht mehr an Walhall und ihre tötenden Heldenideale. Heute mordet und tötet man zwar, aber da, wo dies nicht zugunsten des Humanismus geschieht, sucht man dies doch immerhin vorzugaukeln. Man beruft sich darauf, dass die Todes- und Zerstörungsmethoden des Krieges ein Mittel dazu sind, die Inhumanität zu bekämpfen, und in beinahe allen Situationen motiviert man seine dunklen, tierischen oder inhumanen Tendenzen mit humanistischen Idealen. Man nennt die Kriegsministerien „Verteidigungsministerien" und die Militärmacht „Wehrmacht", und niemand will zugeben, einen Angriffskrieg zu führen.

Alle kriegführenden Mächte berufen sich darauf, „Verteidigungskriege" zu führen.

Eine neue mentale Sphäre, eine höhere Gesinnung beginnt, sich geltend zu machen. Es ist auch die Gegenwärtigkeit dieser Gesinnung in der Psyche der Erdenmenschen, die diese in zwei Teile spaltet: das sogenannte „Böse" und das sogenannte „Gute", und es ist diese verhältnismäßig neue Gesinnung, die durch Erziehung und Unterricht zur Bekämpfung des „Bösen", der geerbten, tötenden, tierischen Traditionen, der sogenannten „Sünden", und zur Entwicklung des „Guten", der Humanität oder Nächstenliebe inspiriert. Es ist dadurch zur Tatsache geworden, dass sich die Erdenmenschheit in einem Kampf zwischen zwei Formen von Gesinnung befindet: einer tötenden Psyche, in der die Lebensgesetze übertreten werden, und einer humanitäts oder nächstenliebefördernden Psyche. Dass die letztere die einzige ist, die in Wirklichkeit die Möglichkeit haben wird, ein Fundament für die Kulturschaffung der Zukunft zu bilden, zeigt die Natur selbst als etwas Selbstverständliches.

Mit diesen Tatsachen vor Augen ist es leicht zu sehen, dass wir Zeugen der beginnenden Zeichen des Endes einer „kosmischen Jahreszeit" und der beginnenden Zeichen des Anfangs einer neuen „kosmischen Jahreszeit" sind.

## 33. Kapitel
**Die Erdenmenschheit befindet sich in der ersten mentalen „Jahreszeit" eines kosmischen gigantischen Kreislaufs: dem „Winter"**

Da wir wissen, dass im Kreislauf nur vier Jahreszeiten existieren, müssen wir diese beiden Jahreszeiten, die wir im Schicksal der Erdenmenschen vor uns haben, mit diesen vieren vergleichen um herauszufinden, wo im großen kosmischen Kreislauf sich diese Menschheit befindet. Wir wissen, dass die Jahreszeit, die„ Winter" heißt, diejenige ist, die den Tod ausdrückt oder die lebloseste ist, d.h. in der alle schönen Blumen, das grüne Laub und all die vielen angenehmen Düfte, Früchte und lebensinspirierenden Quellen versiegt sind. Überall, wo der Winter kulminiert, ist all dies vom weißem Schnee, der weißen Leblosigkeit, dem Leichentuch der physischen Welt zugedeckt. Der Winter ist also die Sphäre des Todes. Wenn jedoch die Psyche der Erdenmenschheit darin kulminiert, den Tod zu fördern und alles Leben niederzumetzeln oder in der Übertretung der Gesetze kulminiert, die das vollkommene Erleben des Daseins bedingen, muss die augenblickliche kosmische Situation der Menschheit also der „Winter" des kosmischen Kreislaufs und demnach die Zone des „Todes" in diesem Kreislauf sein. Über dem äußeren physischen Hervortreten der Erdenmenschheit, ihrer Nachtkälte oder dem tödlichen Frost, d.h. ihrem Egoismus und ihrer Lieblosigkeit, liegt also auch der weiße Schneeteppich des „kosmischen Winters" in Form der totalen Stille der kosmischen Bewusstlosigkeit dieser Menschheit. Diese Menschheit befindet sich also in der ersten „Jahreszeit" eines gigantischen mentalen oder kosmischen Kreislaufs, d. h. in der des „Winters": der „Kälte" oder in der Domäne der lebensfeindlichen Kräfte. Die Individuen sind wie kosmisch unwissende und unfruchtbare Wesen. Sie sind wie die blätterlosen Bäume dieses „Winters". Sie können ihr ewiges Leben weder hören noch sehen oder auf andere Weise vernehmen. Sie verneinen und verfolgen sogar den Glauben an oder die Auffassung von dieser ihrer ewigen Wirklichkeit und machen sich darüber lustig- Mehr „tot" kann das Lebewesen nicht sein. „Der Tod" ist nur eine Einschränkung des Wissens über das jenseits des physischen Zustands existierenden, wirklichen Seins der Wesen, wie auch der physische Winter nur eine Einschränkung des strahlenden Lebens des Sommers, seiner prunkenden Blätter, der Blumenflut und strahlenden Farborgien seiner Wiesen und der Zauberkraft und Liebesträume seiner hellen Nächte ist.

## 34. Kapitel
**Der augenblickliche dunkle Schicksalszustand der Erdenmenschheit ist ein kosmisches „Tauwetter", hervorgerufen vom „Frühling" eines kosmischen Kreislaufs**

Da aber die bloße, direkte Sprache und die offensichtlichen Wirklichkeitsprinzipien des Lebens uns gezeigt haben, dass die dunkle Schicksalssituation der Erdenmenschheit die erste der vier „Jahreszeiten" des gigantischen kosmischen Kreislaufs ausmacht, wissen wir auch aufgrund der gleichen Sprache des Lebens, dass dieser Zustand nicht dauerhaft ist, sondern dass er diese Menschheit in einem bestimmten Kurs zu einem bestimmten Ziel hinführt. Dieses Ziel wird unumstößlich der nächste „Abschnitt" dieses gigantischen Kreislaufs sein, d.h. sein „Frühling". Wie wirken nun die Kräfte im Prinzip dieses „Frühlings"? - Sie wirken wie beginnende mildere oder wärmere Winde, die den Schnee und das Eis zum Schmelzen bringen, wie Tauwetterszenerien mit gewaltigen, zum Meer hinbrausenden Wassern, die das zerfurchte und schlammige Land in dichten Nebelwolken hinter sich lassen, die von Regen- und Hagelschauer, Sonnenschein und stillen Tagen sowie Tagen mit schweren grauen Wolken und Sturm abgelöst werden, sich aber immer mehr dem Sonnenlicht und der Wärme des Sommers nähern.

Was die Situation der Erdenmenschheit betrifft, sehen wir also hier, dass schwache mentale Frühjahrswinde seit langem begonnen haben, sich geltend zu machen. Sind nicht alle religiösen Vorschriften und Ideale, welche die Humanität und Nächstenliebe als das welterlösende Ideal darstellen, die beginnenden „Frühlingswinde" des gigantischen Kreislaufs, und haben diese nicht bereits das gewaltige mentale Tauwetter, die Wasserfluten und Stürme zustande gebracht, und verursachen sie diese nicht auch weiterhin?

Hat sich nicht die Situation der Erdenmenschheit während der letzten Jahrzehnte mit gewaltigen Kriegen und Tötungsmethoden verschlimmert? - Rast nicht im Augenblick der Kampf mehr um die beiden Ideologien „Diktatur" und „Demokratie" als um den rein materiellen Besitz? - Besteht für alle Menschen nicht die „Demokratie" in ihrer wirklich unverfälschten Natur mit ihrer Humanität und gleichem Recht und gleicher Freiheit zu allen Lebenswerten, aus den eisschmelzenden Frühlingswinden, welche die mentale Kälte und den tödlichen Frost von der Lebenssphäre der Wesen entfernen? - Ist die „Diktatur" nicht gerade dieser Frost oder diese lebenslähmende Winterkälte, welche die Stimme der Massen oder jede höhere mentale Blüte unter ihrer Eisdecke oder ihrem kosmischen Leichentuch zum Schweigen bringt. - Sind wir hier nicht durch die eigene direkte Sprache des Lebens, ohne Rücksicht auf die „Bibel" oder irgendeinen religiösen Kult, ohne Rücksicht auf irgendwelche politische oder militärische Autorität oder Machtfaktoren zu einer völlig neutralen Beleuchtung der Weltsituation gekommen? Ist diese Beleuchtung nicht ein fundamentaler Ausdruck für vollkommene Gesetzmäßigkeit, Humanität oder Liebe oder einen göttlichen Weltplan gewesen, in dem die Wesen unumstößlich durch physische Winter und Sommer, Tage und Nächte vorwärts geführt werden? Sieht man nicht auch, dass diese Erscheinungen nur Details in einer Wanderung durch eine andere und noch weit höhere Welt als die physische sind? Haben wir nicht hier gesehen, wie diese Details demjenigen, der ihre Sprache versteht, offenbaren, dass die Schicksalssituation der Erdenmenschheit ein „kosmisches Tauwetter", ein Sich-Messen der gigantischen Kräfte eines „kosmischen Winters" und eines „kosmischen Frühlings" ist, einer Auseinandersetzung, aus welcher der „Frühling" hier wie in allen anderen Kreisläufen des Lebens mit dem totalen Sieg abgehen wird? Die unsterbliche Erdenmenschheit geht also einer strahlenden, glücklichen kosmischen Zukunft entgegen. Ein „kosmischer Frühling" in Gestalt einer neuen Weltepoche strahlt heute bereits sein „kosmisches Sonnenlicht", seine beginnende „Sommerwärme" über das mentale Terrain der Erdenmenschheit aus. Der göttliche Wille in Gestalt der gigantischen Kräfte des kosmischen Kreislaufs führt alles erdenmenschliche Leben mit sich hin zum Licht, zu diesem „kosmischen Frühling", der wiederum vom großen „kosmischen Sommer" dieses gigantischen Kreislaufs abgelöst werden wird.

## 35. Kapitel

**Der kosmische Bericht des Lebens hinter dem äußeren physischen Hervortreten der Kreisläufe**

Alles erdenmenschliche Leben hat die alte Weltepoche, die Domäne des Krieges und Todes, der Trauer und Leiden oder die alleszerstörenden Flammen der Hölle selbst, hinter sich gelegt. Jeder, der Lust hat, kann seinen Blick zum Licht wenden, zum „Frühling" und kann seine Mentalität im vollen Rückenwind des gigantischen Kreislaufs stabilisiert bekommen und dessen „Frühling", die allesbelebende Seligkeit und das höchste Glück der Nächstenliebe sowie das darauf beruhende Erleben seiner selbst als Herr des Lebens erleben. Aber jeder kann auch ins Dunkel zurücksehen, kann seine Umgebung mit seiner mentalen Winterkälte zum Frieren bringen und deshalb dabeibleiben, in den Eisregionen oder der Stille des kosmischen Todes zu verweilen, d.h. in der totalen Unwissenheit über die Ewigkeit seines Lebens und über seine eigene hohe Identität mit dem

„Etwas", das die Sommer und Winter, Tage und Nächte, Warme und Kälte, Lebens- und Todesformen der Ewigkeit überlebt. Wir haben hier also auf eine elementare Weise gesehen, dass Kreisläufe nicht nur dazu da sind, um uns von den physischen Tagen und Nächten, den physischen Wintern und Sommern oder von der Kindheit, der Jugend, dem Mannesalter und dem Alter des Individuums zu berichten.

Wir haben zwischen den Zeilen lesen können, dass in allen diesen äußeren sichtbaren prinzipiellen Erscheinungen ein den gewöhnlichen Erdenmenschen verborgener, kosmischer Bericht, eine Offenbarung des göttlichen Willens liegt, ein schallender Liebesruf durch das ganze Universum tönt, der Natur eigene Wiedergabe des ewigen Geboßt: „Liebet einander".

Ende Zitat

Der nächste Tag.
Hier ist einiges aus der Irrenanstalt der Raubsäugetiere und dessen denken. Letzte Woche war an der Ostküste der USA ein Schneesturm der sehr plötzlich kam..Dann wurde die Schuld, Betonung liegt auf Schuld, beim Wetteramt ausgemacht, weil das die Menschen, die Raubsäugetiere nicht frühgenug gewarnt hat und nun für die Schäden aufkommen soll. Tja, Schuld, Schuld..weil Schnee kommt und sehr plötzlich. Das Raubsäugetierdenken der typischen Kategorie Bekloppheit. Der Glaube an Geld oder der damit verbundenen falschen Sicherheit, die man nun gerichtlich als Schneeschädigung einklagen kann. Das ist das Denken der Materialisten, oder der Toten, wie Jesus sie nannte. Oder, das ist auch das Totalmanko eines rein wissenschaftlichen Glaubens ausschließlich an das mess und wiegbare, die sogenannte Materie. Hier ist noch eine Möglichkeit euer Raubtierdasein etwas weiser zu gestalten.
Die politischen Bezüge aller Abgeordneten müssen um 70% gekürzt werden, das so ein Banditenraubtier das dafür gesorgt hat das es euch schlechter geht wie Kanter der schräge Raubtieronkel, 28 000 Mark monatliche Rente bekommt, ist zwar raubtiermäßig prima für ihn, aber dann müssen alle anderen das auch bekommen und eigentlich noch mehr, weil die gar keiner politischen Mafia angehören, dem Betrugsdezernat per Gesetz. Das so jemand oder über der selbstbezogene politische Raubtierrentenverein, solche Bezüge sich selber gestaltet hat, zeigt, was echte Demokratie ist.
Ein Wort nämlich. Ansonsten gibt es nämlich bloß Raubmenschen, die sich

mit Worthülsen kleiden, aber Raubtiere geblieben sind.
Das ist die relative Wahrheit der Menschheit zurzeit, im Millennium Jahr. Ihr seid weiterhin also tätig in der Unwahrheit-ihr lebt das diabolische der Raubtiermenschen, die Seuche eures Betrugs an euch selber und andere..
Das ist kein Vorwurf oder schlechtmachen wollen, was kann ich dafür das ihr euch so zeigt und so tutentätentaten.
Eine weitere News des Tages..
Im gleichen Ausmaß, wie sich die Intelligenzfähigkeit im Raubmensch entwickelt, nimmt die religiöse Denkerei ab, oder der religiöse Instinkt der Raubmenschen. Und es erscheint und ist vollkommen da, die politischen Ideale der Politiker. Aber die sind inzwischen bloße Corporate Unternehmensvasallen geworden, im Sinne der Banken Gangster Raubtiere. Ja inzwischen ist ja auch bekannt geworden, das die USA Insolvenz angemeldet hatte unter der Beratung der US Banker und daraufhin eine juristische Fiktion aus den USA gemacht wurde nämlich eine Firma ein Unternehmen. Und das sind inzwischen sehr viele Nationen auf der Erde, sie wurden klammheimlich, Unternehmen eingetragen an den Aktienmärkten in der Wallstreet. Auch die BRD ist ja bloß ein Wirtschaftsunternehmen, und das ist weswegen die Raubtiermenschen also die Räuber, in der Weltpolitik, über Jahre Unternehmen, den Banken, ausschließlich in der Politik mit den Vasallen der Wirtschaft den Politikern, gewinnen, da Unternehmen, Unternehmer, Banker, das politisch wirtschaftliche System genau in ihrem Sinne aufgebaut haben. Und der Mensch egal ob er sich christlich mohammedanisch buddhistisch denkt und glaubt ist ausschließlich als Geldsklave verarbeitet, verblödet. Und die neue Religion Politik, ist bloß eine verlogene Farce ein winziger Versuch irgendwie sich am Leben zu halten zu überleben, egal wie und mit wem. Und Politik ist also keine neue Variante des religiösen Prinzips, obwohl es so gesehen werden kann, es ist zurzeit bloß eine Variante des Vollblutmaterialismus Muus. Hier ist nochmal etwas von Martinus aus dem Büchlein: Weltreligion und Weltpolitik

Zitat Anfang
**5. Kapitel**
**Identität von Religion und Politik**

Bei unserem kurzen Rückblick auf die sogenannte christliche Welt wurden wir Zeugen davon, dass die Menschen nach und nach vom Christentum abfielen. Und ähnliches geschieht auch in den übrigen Weltreligionen. Im gleichen Ausmaß, wie sich die Intelligenzfähigkeit entwickelt, nimmt der religiöse Instinkt der Wesen ab. Und nach dieser Schwächung verlieren die Wesen die Fähigkeit, an die überlieferten religiösen Ideale zu glauben, und werden immer mehr kraft politischer Ideale geführt.

Was versteht man nun unter „Politik"? Politik ist nur eine neue Variante des religiösen Prinzips. Der neue Ausläufer des religiösen Prinzips ist materialistisch. Er hält sich im wesentlichen an allgemeine, physische Ideale, an die Verbesserung der Regierungsformen und der Verhältnisse in der Gesellschaft, an die Förderung der Kultur und an das Schaffen von Gütern für die Gesellschaft, an die Fürsorge für Invaliden und alte Menschen; er fördert das Schulwesen, das Gesundheitswesen und viele andere Errungenschaften der Kultur und dergleichen, wie auch die Polizei und das Rechtswesen, und damit Gesetz und Ordnung im Staat oder in der Nation, sowie die Verbindung zu anderen Ländern, Export, Import, militärische Verhältnisse, Absprachen und Übereinkommen in großem Ausmaß. Wir sehen hier, dass diese Variante der Religiosität sehr viel aktiver ist, obwohl sie sehr viel materialistischer ist als die Religion. Während die Religion mehr vom Instinkt gefördert wird, wird die Politik von der Intelligenz gefördert. Und es ist die Intelligenzfähigkeit, die die neue Variante der Religiosität geschaffen hat. Sie musste sich entwickeln, bevor die Fähigkeit zum Humanismus entwickelt wurde, da diese sich ja nur aus den Leidenserlebnissen heraus entwickeln, wachsen oder entstehen konnte. Aber dass die Wesen Intelligenz bekamen, bevor sie die Fähigkeit zur Humanität oder zur Liebe bekamen, bewirkte, dass sie darin Experten wurden, das Dunkel oder das tierische Prinzip in überdimensionierter Form zu entfalten, so dass sie als Wesen hervortraten, die weder zu den Tieren noch zu den wahren Menschen gehörten. Und hier haben wir es mit Wesen mit Teufelsbewusstsein zu tun. Dieses Teufelsbewusstsein wirkte sich dann so aus, dass die Stärksten die Schwächsten unterdrückten. Das Leben entwickelte sich so in Wirklichkeit nach dem Prinzip „der Stärkste hat recht", obwohl eigentlich auch ein Gesetzes-und Rechtswesen geschaffen wurde. Da aber nun die Epoche des Jüngsten Gerichts dadurch für die Entwicklung der Wesen zu vollkommenen Wesen der Liebe lebensnotwendig ist, erkennen wir hier einen göttlichen Weltplan. Und die vielen Errungenschaften der Gesellschaft, die durch Politik geschaffen wurden, sind also die beginnenden, humanen Früchte nach dem Grauen des Jüngsten Gerichts. Wir sehen, dass die Politik eines Landes nicht mehr von anderen Ländern isoliert sein kann, sondern mehr und mehr mit deren Politik verknüpft wird. Und die Politik wird dadurch zu einer Weltpolitik. Die Wirkung dieser Weltpolitik sehen wir in Form der UNO, in all den vielen politischen Verbänden, des Handels, der Touristik, in Form von Friedenstraktaten und vielen anderen Formen von Bündnissen und Zusammenarbeit. Die Welt steht im Begriff, eine vereinte Nation zu werden, in welcher alle Nationen, Großmächte wie auch kleine Nationen, Provinzen sind. Die Umwälzungen in Afrika, Asien, China usw. sind nur ein Glied in einer Erschaffung des Gleichgewichts, in das alle Staaten schließlich gegenüber den andrem kommen müssen. Dass dies nicht ohne Krieg und Leiden vor sich gehen kann, beruht auf dem fehlenden Humanismus der Wesen. Aber gerade dieser wird ja durch ihre Einstellung zum Kriege und durch ihre Unvernunft oder ihr fehlendes Wissen über den göttlichen Weltenplan entwickelt. Für die Menschen, die den Krieg nicht wollen, gibt es keinen Grund, sich um die Zukunft Sorgen zu machen, solange sie selbst leben, ohne Tiere und Menschen zu morden oder totzuschlagen. Man muss daran denken, dass es für die Menschen nicht lebensnotwendig ist, Tiere zu töten, um zu überleben. Wir sind hier Zeugen davon, dass ein großer göttlicher Plan für die Menschheit vollbracht wird. Sie wird gradweise in eine immer größere humane Entwicklung oder Entwicklung zur Liebe geführt, die die Welt zu einem Staat werden lässt, zu einem Volk, einer Nation. All dies wird von so unermesslich großem Wert für die Menschheit sein, dass es ganz einfach alles übertrifft, was sie heute in ihrer Phantasie erfassen kann. Jeder Mensch ist Mitbesitzer der Erde. Keine Kapitalisten, keine Vorgesetzten und keine Untergebenen, keine Geschäfte, kein Geld! Alle werden von allen beschützt. Alle lieben alle. Der Grundton des Universums, die Liebe, wird die tägliche Atmosphäre im Weltstaat sein. Die Arbeitsfähigkeit des Menschen wird im Staat der Zukunft das sein, was ein Millionenvermögen heute bedeutet. Ferner wird die Weltpolitik auch die materialistische Wissenschaft fördern und die Humanität wird die Geisteswissenschaft oder die Kosmologie derart fördern, dass die materialistische Wissenschaft und die Intuitionswissenschaft oder die kosmischen Analysen zu einer großen göttlichen Wissenschaft vereint werden. Der Weltstaat wird das neue Paradies auf Erden oder das „Himmelreich" werden. Und die Menschen werden dadurch das Paradies schon auf der physischen Daseinsebene erleben. Der verlorene Sohn wird wieder mit dem Vater vereint sein.

Zitat Ende
Weiter mit News des Tages.

Aus Amerika wird noch sehr viel Schönes Irres auf euch zukommen, da ihr ja hingebungsvoll auf den GeldGuruPuff schaut, dem Land der größten Fleischfresser und blutdurstigen, dem Aktienwahn und dem Powertrip mit Pistolen, Gewehren und Atombomben..

Der Glaube ans Geld hat die fast alle überbekloppt gemacht.

Die ungemeine Weisheit time is Money, zeigt ganz klar was die wissen ist schon Wahrheit oder ,oder ist das womöglich der Spruch der Raubsäugetiere Wahrheiten. Aus Amerika wird noch ganz viel süßes Unterbekloppt-sein auf euch zukommen. Ihr werdet euren Glauben an Aktienmärkte noch steigern müssen, damit ihr in dem Club auch mitmachen dürft. Die bekloppten nervösen Broker werden euch schon mit ihrem Wahnsinn bekloppt kriegen. Aber das habt ihr ja auch verdient, nichtwahr ihr süßen Äffchen ihr süßen Raubtierchen, ihr seid ja so intelligent, ohhjeminee seid ihr intelligent, schlau, vernünftig, habt ihr verstand, es ist eine Freude das zu sehen aus euch wird noch was: Leichen. Aus Amerika wird noch viel wow man, great man, und so kommen, die fundamentalistischen Irrenanstalt Christen in den USA die regieren und die welche einfach so taumeln und scheißen und fressen und malochen, die schaffen euch schon, das wollt ihr ja, ihr macht doch fast alles mit was aus dem wilden Westen kommt, holt schon mal eure Waffenscheine aus dem Zoo und kauft euch automatische Waffen, all das ist ja in der russischen Klumpenlumpengesellschaft schon vorhanden, bloß die haben keine Aktien und wissen noch nicht was das ist, und alles andere was dann damit zusammenhängt haben die dann auch nicht, Ursache Wirkung, sagen wir mal. Noch eine weiter Nachricht..

Die Misere in der BRD-Arbeitslosen-Sozis und so weiter ist natürlich ganz stark von diesem Banditen-Gemüse Verein mit aufgebaut-diese Kauf mich Saumagen Politik.

Ganz einfach weil die im Machtgekotze mit der Kotzenwirtschaft viel wichtiger war anstatt wirklich was zu schaffen für euch..Sie haben euch verschuldet mit gigantischen Geldermassen und haben für sich abgezockt hohe Bezüge bekommen, hohe Renten, haben Schmiergelder bekommen, Millionenbeträge damit ihr abgezockt werden könnt und ihr unterstütz solchen bekloppten noch, wählt so eine kotze, Mensch, müsst ihr erst mal Kotze sein, da muss man Gasmasken anziehen, so übel müsst ihr noch sein. Wenn man sich Clinton ansieht der hat gut gevögelt, sich anblasen lassen, und etwas mehr, aber er hatte den Blick nicht vergessen, während er geblasen wurde weil's zu heiß war, schaute er dahin das Steuern gesenkt wurden und Vollbeschäftigung in Gange kam, so ist es auf den ersten Blick jedenfalls, aber der nächste erste Blick sagt, warte mal, die Amerikaner sind die gierigsten Raubsäugetiere zur Zeit auf der Erde, sie leben immer sozusagen über ihre Verhältnisse ,die es gar nicht gibt, füge ich noch hinzu, denn was ist schon das Denken von Volkswirten, Geiz, sonst nichts und Beschränkung und Macht haben wollen.

Die Amerikaner haben in Wahrheit einfach gigantische Schulden gemacht, indem sie riesige Mengen an Kredite vom FED Bankstersyndikat und global aufgenommen haben und mit diesen Geldern auf Versprechungen, ihre Traumwelt aufbauten, ho, ho, ho, die Bindung an Geld macht einfach blöde und jene die das glauben werden unterblöde sich an Geld zu binden. Geld ist bloß bedrucktes buntes Papier, was schönes leuchtendes für dumme Raubtiere, der senile zustand dieses Made in Germany ist gut, sehr gut, sehr, sehr gut.
der ganze Sauladen ist zum kaufen, warum verkauft ihr ihn nicht, die Politiker nach China und Iran, und die BRD nach den USA.
macht denen doch ein Schmierangebot.
Und weiter geht's im Zirkus.
Industriebosse beuten
aus quetschen aus
es sind die Bestien in Anzügen
und Mercedes
egal ob Schremp von Daimler
oder Kirch von wo auch immer
Ron Sommer von Telecom
oder VWs Bosse und Nestlé
und, und, und, es sind alles Banditen geblieben
 Raubsäugetiere
Leichenfresser
das ist alles noch weit, weit, weit, weg von
 Demokratie
das ist Dämon-kratie.
Politik - Wissenschaft
Wirtschaft sind unbewusste-kosmisch Tote
dem grenzenlosen Egoismus
Ichismus-verfallen
Raubsäugetiere
die bloß in ihrer tierischen Wahrheit geblieben sind

lass die Toten die Toten begraben
hat Jesus ja mal gesagt
oder irgendjemand wer auch immer
dieses Jesus ist aber euer Boss euer Christengründer
und
ihr
was habt ihr daraus gemacht
von euch wird wenn ihr so weiter macht
nur Leid kommen
und viele Konflikte
mit der Mitwelt
die Erde ist ja schon am keuchen.
die Menschheit ist am kreuchen
das tötende Prinzip ist immer noch
ihr Bewusstseinszustand
was das gleiche ist wie die
Übertretung des Liebesgesetzes
ho, ho, ho,
im Jahr 2000 dem Miiiionärium,
die Wirkung des Genusses vom Baume der Erkenntnisse kommt voll
zur Geltung
der Baum des Lebens ist nicht mehr da für ihn
er ist der Ignoranz des Wissens offenes Opfer geworden.

Hier ist eine weitere Geschichte als Zitat.
Zitat Anfang

Dr. Hans-Peter Martin

Journalist und Autor

Drei aufwühlende Herbsttage in San Francisco, Ende September 1995: Die Machtelite der Welt, 500 führende Politiker, Konzernchefs und Wissenschaftler. diskutieren hinter verschlossenen Türen das 21. Jahrhundert. Die Einschätzung der Weltenlenker ist verheerend: Nur mehr ein Fünftel aller Arbeitskräfte werde in Zukunft benötigt. Der überwältigende Rest - 80 Prozent - müsse mit „tittyainment" bei Laune gehalten werden, einer Mischung aus Entertainment und Ernährung am Busen („tits") der wenigen

Produktiven.

Mit beängstigender Geschwindigkeit nähern sich die bisherigen Wohlstandsländer dieser Schreckensvision: Allein in Deutschland finden mehr als sechs Millionen Arbeitswillige keine feste Anstellung. Kein Job scheint mehr sicher, nach den Fabrikarbeitern bei VW, Philips oder Olivetti bangen in Europa jetzt Millionen Ingenieure, Bankangestellte, Telecom Beschäftigte und sogar Computerspezialisten um ihre Arbeitsplätze. Allerorten ist die Klage zu hören; China, Indien, und Europas Oststaaten seien mit ihren Billigstlöhnen die neuen Konkurrenten am Weltmarkt, man müsse sich an ihnen orientieren.

Die Wucht der Globalisierung eint die Welt, doch gleichzeitig zerfällt diese eine Welt. Wie Anarchisten des 21. Jahrhunderts setzen Manager milliardenschwere Investmentfonds und Weltkonzerne die Nationalstaaten matt. Dabei treiben Politiker Deregulierung immer schneller voran und halten sich dennoch - wie die Wirtschaftsführer nur für getriebene der brutalen Dynamik. Das Ergebnis sind immer neue Sparprogramme und Massenkündigungen. Länder wie Brasilien steigen zum Weltmodell auf: Die Reichen ziehen sich in die Ghettos zurück, der Großteil der Bevölkerung bangt um seine Existenz, Gleichzeitig ist es für viele Wohlstandsbürger so bequem geworden, auf den Weltuntergang zu warten.

Das Tempo der Globalisierung überfordert alle. Verunsicherte Bürger suchen ihr Heil in Abgrenzung und Abspaltung. Vor dem eiskalten Effizienzwettlauf fliehen sie hin zur vermeintlichen Wärme moderner radikaler Verführer - von Scientology über Ross Parot bis Jörg Halder. Doch der Angriff auf Demokratie und Wohlstand ist keineswegs das Resultat eines unaufhaltsamen technischen und wirtschaftlichen Fortschritts. Es gibt realistische Alternativen, die Globalisierung muss nicht in die Sackgasse führen. Ein Leben im sozialen Frieden wäre weiterhin möglich.

„Zitat Ende"

*( Wenn ich alleine an meine eigene Erfahrung denke, denn unter der Gemüsepolitik von Kohl und Saumagen, hatte die Wirtschaft, also etwas das gar kein Wesen ist, also die Besitzer mit der Politik, die auch kein Wesen ist, also Menschen, entschieden, das alle über 40 zu alt sind und bloß noch jüngere eingestellt werden sollen, und so wurde ich Opfer die-*

*ser bekloppten Menschen diesen dumpfen primitiven Saumagenfressern und Mercedes S Klasse Fahrer und Steakfressern also den Raubtieren. Und so wird man dann finanziell arm gehalten und bekommt am Ende keine volle Rente sondern muss Grundsicherung beantragen. Das hat alles System, ist System, der Üblen der Teufelsbewusstseinsträger dieser Raubtiermenschen. W.Schorat 1.12.2014)*

Zitat Anfang aus Platons : Der Staat ( Sokrates redet mit Thrasymachos)
Wenn wir aber, wie vorhin, bei der Untersuchung den Weg der gegenseitigen Verständigung einschlagen, so werden wir selbst zugleich Richter und Redner sein.
Behauptest du, dass die vollendete Ungerechtigkeit vorteilhafter sei als die vollendete Gerechtigkeit?
Allerdings behaupte ich das, erwiderte er, und aus welchen Gründen, habe ich angegeben.
Nun denn - wie sprichst du über sie in dieser Beziehung: Nennst du das eine von beiden Tugend, das andere Schlechtigkeit?
Wie sollte ich nicht?
Also die Gerechtigkeit Tugend und die Ungerechtigkeit Schlechtigkeit?
Natürlich, du Schalk erwiderte er: weil ich ja sage, dass die Ungerechtigkeit nützlich sei, die Gerechtigkeit aber nicht ?
Nun, wie denn?
Umgekehrt, antwortete er.
Also die Gerechtigkeit sei Schlechtigkeit?
Das nicht, aber eine sehr gründliche Gutmütigkeit.
Die Ungerechtigkeit also nennst du Bösartigkeit?
Nein, sondern Gescheitheit im Handeln, versetzte er.
Du hältst also, Thrasymachos, die Ungerechten für klug und gut?
Diejenigen allerdings, antwortete er, welche imstande sind, in vollkommener Weise Unrecht zu tun, die ganze Staaten und Völker sich zu unterwerfen vermögen, - während du, scheint es, meinst, ich rede von Beutelschneidern. Es ist nun zwar auch das nützlich, wofern es nicht entdeckt wird; indessen ist es nicht der Rede wert, sondern nur das, was ich eben genannt habe.
Was du sagen willst, erwiderte ich, verstehe ich ganz wohl; aber darüber wundere ich mich, dass du die Ungerechtigkeit zur Tugend und Weisheit rechnest, die Gerechtigkeit aber zum Gegenteil.
Allerdings tue ich das.

Das ist nun schon unverdaulicher, mein Bester, bemerkte ich, und es ist nicht mehr leicht, was man dazu sagen soll. Denn hättest du behauptet, die Ungerechtigkeit sei nützlich, jedoch wie andere Leute zugegeben, dass sie eine Schlechtigkeit und Schmach sei, so wüßten wir etwas zu sagen, indem wir uns an die gewöhnlichen Begriffe hielten; nun aber willst du offenbar behaupten, dass sie gar etwas Schönes und Dauerhaftes sei, und willst ihr alles das beilegen, was wir dem Gerechten beizulegen pflegen, indem du gewagt hast, sie sogar zur Tugend und Weisheit zu rechnen.

Ganz richtig geweissagt, versetzte er.

Indessen, sagte ich, darf man kein Bedenken tragen, der Behauptung untersuchend nachzugehen, solange ich annehmen darf, dass du deine wirkliche Ansicht aussprichst. Denn es scheint mir, Thrasymachos, dass du jetzt wirklich nicht scherzest, sondern deine Überzeugung in betreff der Gerechtigkeit aussprichst.

Was macht es dir aus, erwiderte er, ob es meine Überzeugung ist oder nicht, und warum widerlegst du nicht das Gesagte?

Nichts macht es mir aus, versetzte ich; aber versuche mir nur noch auf folgendes Antwort zu geben:

Glaubst du, dass ein Gerechter vor dem andern etwas voraushaben will?

Durchaus nicht, antwortete er; denn dann wäre er ja nicht so höflich und einfältig, wie er ist.

Wie? Auch nicht im Gerechthandeln?

Auch darin nicht, erwiderte er.

Vor dem Ungerechten aber etwas vorauszuhaben wird er für angemessen und gerecht halten, oder wird er es nicht für gerecht halten?

Er wird's wohl glauben und für angemessen halten, versetzte er, aber es nicht vermögen.

Aber danach frage ich nicht, sagte ich, sondern ob der Gerechte zwar vor dem Gerechten nichts vorauszuhaben begehrt und will, wohl aber vor dem Ungerechten?

Nun, so ist's, antwortete er.

Und der Ungerechte - begehrt er, vor dem Gerechten etwas vorauszuhaben auch in dem Gerechthandeln?

Wie sollte er nicht? erwiderte er; denn er begehrt in allem etwas vorauszuhaben.

Also auch vor dem ungerechten Menschen und Handeln wird der Ungerechte etwas voraushaben wollen und mit ihm wetteifern, damit er von allem am meisten bekommt?

So ist's.

Wir behaupten also, fuhr ich fort; der Gerechte will vor dem Gleichen nichts voraushaben, wohl aber vor dem Ungleichen, der Ungerechte aber sowohl vor dem Gleichen wie vor dem Ungleichen?

Vortrefflich ausgedrückt, sagte er.

Und der Ungerechte, sprach ich, ist klug und gut, der Gerechte aber keines von beiden.

Auch das muss ich loben, versetzte er.

Also, sagte ich, gleicht der Ungerechte auch dem Klugen und Guten, der Gerechte aber nicht?

Es versteht sich von selbst, erwiderte er, dass, wer ein derartiger ist, auch den derartigen gleicht, und wer es nicht ist, ihnen auch nicht gleicht.

Schön; also jeder von beiden ist so wie die, denen er gleicht.

Was denn? versetzte er.

Gut, Thrasymachos; nennst du einen Menschen tonkundig und den andern tonunkundig?

Ja.

Welchen von beiden nennst du verständig und welchen unverständig?

Natürlich den Tonkundigen verständig und den Tonunkundigen unverständig.

Also gut in bezug auf das, worin er klug, und schlecht in bezug auf das, worin er unverständig ist?

Freilich.

Und mit dem Heilkundigen ist's ebenso?

Allerdings.

Glaubst du nun, mein Bester, dass ein tonkundiger Mann, wenn er sich die Leier stimmt, vor einem tonkundigen Manne etwas vorauszuhaben wünscht und begehrt in bezug auf das Anspannen und Herablassen der Saiten?

Ich glaube nicht.

Wie? Aber vor einem Tonunkundigen?

Notwendig, versetzte er.

Und der Heilkundige - will er im Essen und Trinken etwas voraushaben vor einem heilkundigen Manne oder dessen Verfahren?

Nein.

Aber vor einem nichtheilkundigen?

Ja.

Nun betrachte einmal alle Kunde und Unkunde, ob du glaubst, dass irgend ein Kundiger mehr als ein anderer Kundiger wird haben wollen sowohl im

Tun als im Reden, und ob nicht dasselbe wie der ihm Ähnliche in bezug auf dieselbe Handlung?
Es wird wohl letzteres der Fall sein müssen, antwortete er.
Wie nun - will der Unkundige nicht etwas voraushaben auf gleiche Weise vor dem Kundigen wie vor dem Unkundigen?
Wahrscheinlich.
Ist der Kundige weise?
Ja.
Und der Weise gut?
Ja.
So wird also der Gute und Weise vor seinesgleichen nichts voraushaben wollen, wohl aber vor dem Ungleichen und Entgegengesetzten?
So scheint's, versetzte er.
Und der Schlechte und Unkundige sowohl vor dem Gleichen als vor dem Entgegengesetzten?
Offenbar.
Nun will uns aber, Thrasymachos, sagte ich, der Ungerechte etwas voraushaben vor dem Gleichen sowohl als vor dem Entgegengesetzten. Oder hast du nicht so gesagt?
Allerdings, erwiderte er.
Der Gerechte aber wird vor seinesgleichen nichts voraushaben wollen, wohl aber vor dem Ungleichen?
Ja.
So gleicht also, sagte ich, der Gerechte dem Weisen und Guten, der Ungerechte aber dem Schlechten und Unkundigen?
So scheint es.
Nun haben wir aber zugegeben, dass jeder von beiden dasjenige auch sei, dem er gleiche?
Freilich haben wir's zugegeben.
So haben wir denn also erwiesen, dass der Gerechte gut und weise ist, der Ungerechte aber unkundig und schlecht.
Zitat Ende

Und weiter gehts.
Auch die Ärztezunft ist noch eine Raubtierzunft. Auch sie sind ganz stark mit der Täuschung verbunden, und der Gier. Aber noch eines zeigt diese Berufsgruppe aus, wohlbemerkt Raubsäugetiere, die dir nie sagen werden - Gott ist der einzige Heiler, sie vergiften dich lieber mit ihren Lügen und Wirr-

nissen, der Pharmamafia, die ja nie heilen darf sonst würde sie ja kein Geld mehr verdienen, aber das wisst ihr ja schon alles außer ihr seid bedrückte blöde Bürgerleins. Die Geldgier der Raubsäugetiere die sich Ärzte nennen ist gigantisch. Die Vasallen der Pharmamafia und Bankster Gangster. Alle die ich persönlich kenne sind übel, Geld, Geld, Geld, Das göttliche an denen ist bloß die Bekloppheit deren die das von denen denken. Sie sind gute Werkzeugmacher und Informationsweitergeber, und aber sie sind sehr gute Schmiergeldempfänger von Pharmafirmen, sehr, sehr gute sogar. Seit aber froh ihr seid auf dem Weg eurer Freiheit, ihr werdet befreit von der Ignoranz der Berufsgruppen Bezeichnungen. Ihr seid auf dem Weg ganz alleine nur mit dem göttlichen in euch zu kommunizieren, seid froh darüber das ist die alte frohe neue Botschaft das hat Jesus auch gemacht, seid froh das ihr ent-täuscht werdet, denn die Täuschung, Illusionen, die von sogenannten Ämtern ausgehen ist gigantisch, von der Wissenschaft, dem Amt der Regierung-gier-gier-gier-gier-ung. So bekloppt und verblendet sind auch nur die Deutschen, die sogar ihre Bosse mit der Gier öffentlich bezeichnet, da müsst ihr euch nicht wundern wenn ihr abgezockt werdet. Wir leben hier im Universum das ist nicht vom Ur-knall-balla balla geschaffen worden, wie jene Ballaballawissenschaftler euch vorspinnen. Worte haben tiefere Bedeutungen und Re-Gier-ungen bedeutet das die eure Gier nehmen und für den Staat benutzen, der ihr sein sollt, was der Betrug hoch 12 Jünger ist, im Lazarett von Jerusalem. Es ist alles Betrug an euch, wenn gesagt wird wir müssen die Regierung retten, den Staat, die Wissenschaft, das Amt des Präsidenten, das ist alles das falsche, das ist alles Täuschung von Raubtiermentalitäten, damit sie keine Verantwortung übernehmen müssen und sie lügen solange bis sie erwischt werden, denn wenn sie ihre Lüge zugeben, müssen sie auch gehen, aber wenn sie lügen und damit durchkommen können sie bleiben, das ist der Weg Hitlers „Mein Kampf" erzähle eine Lüge solange bis sie jeder glaubt dann wird es eine Wahrheit, denken die. Die Lüge kommt aber wieder zurück auf die Erzeuger, da alles im Kreislauf abläuft im Universum, es ist alles Betrug diese Ämter die existieren nicht, werdet euch bewusst das es bloß Raubsäugetiere unter euch gibt die man als lebend bezeichnen kann, zumindest was in die Nähe von Leben kommt, aber dahin führt, wie zum Beispiel jetzt der Kohl Laden mit ihm und Kanter und alle anderen Betrüger die noch da rumtaumeln, und alle sagen sie haben es für die Partei gemacht. Wenn ihr die Partei finden werdet ruft mich an, den Wahn möchte ich sehen, den Wahn des Mentals das sich so was zu Recht fantasiert.

Die Genmafia, das sind auch bloß Individuen Menschen Raubsäugetiere die Werkzeuge benutzen, messen und wiegen und rechnen, sonst Nix, aber innerlich sind sie Raubsäugetiere geblieben und die wollen die Schöpfung verbessern, könnt ihr den Wahnsinn dieser Raubsäugetiere nicht erkennen, könnt ihr den Wahnsinn dieser Raubsäugetiere die die Atomkraftwerke bauen nicht sehen, das sind Raubsäugetiere, keine Erleuchteten, die Genmafia wird noch schlimmer sein als die Atommafia, weil sie im Namen der Gesundheit sich vermarkten lässt, aber es sind Raub-Säugetiere, keine Heiligen, keine Erwachten, diese Genlüge diese Geschäftseuche von Tieren, Raubtieren.

Soo, ich füge nun einen Teil hinzu den ich in meinem Originalschrieb im Jahr 2000 nicht hatte. Aber heute mit Internet sind ja gigantische Mengen an Informationen zu finden die ich damals nicht hatte. Hier ist zum Beispiel etwas zum Staat, oder Firmen, Unternehmen und einiges mehr das sehr interessant sein könnte:
WIR WAREN SIND SKLAVEN VON GEBURT AN VERKAUFT
Mit dem sog. «Act of 1871» wandelte der 41. US-Kongress, Washington D.C., die Regierung der Vereinigten Staaten, in ein gewerbliches Unternehmen um. Mit der vertraglichen Einbindung aller amerikanischen Einzelstaaten in diese Corporation wurde jeder amerikanische Bürger unbewusst zum Quasi-Angestellten dieser Firma: UNITED STATES CODE, Title 28, § 3002 (15) (A) (B) (C):(15) «United States» means – (A) a Federal corporation; (B) an agency, department, commission, board, or other entity of the United States; or (C) an instrumentality of the United States.
Mit dem «Federal Reserve Act» von 1913 wurde ein privates Banker-Konsortium zur Zentralbank der USA, mit dem Recht, Geldnoten
zu drucken und den Geldfluss zu kontrollieren. Dieser «Act» ermöglicht es der FED bis heute, Geld ohne Gegenwert «zu schaffen», das sich der «Staat» (die US-Corporation!) dann für seine (ihre) «Staats»ausgaben gegen Zinsen(!!!) ausleihen muss. Zur Bezahlung der Zinsen muss der «Staat» von «seinen Bürge(r)n» «Einkommenssteuern» eintreiben, die es laut Verfassung gar nicht geben dürfte.
Durch den ersten Weltkrieg und die nachfolgende Wirtschaftskrise ging die UNITED STATES (CORPORATION) im Jahr 1933 in Insolvenz:
Der Kongressabgeordnete James Trafiant, Jr:
«Es ist eine anerkannte Tatsache, dass die Bundesregierung der United States durch den von President Roosevelt verkündeten

Emergency Banking Act vom 9. März 1933 48 Stat. 1, Public Law 89-719 als bankrott und insolvent aufgelöst wurde.»
Um weiterhin geschäftsfähig bleiben zu können, bot die UNITED STATES (Corporation) der Federal Reserve ihre Bürger/Angestellten als Sicherheit an. 1933 wurden zum ersten Mal obligatorische Geburtsurkunden für die Einwohner eingeführt, die gleichzeitig als Bankenbürgschaft und Wertpapier fungierten. Deren Wert entspricht einem durchschnittlich erwarteten Profit pro Bürger, der sich aus seiner Arbeitsleistung, kreativen Ideen, Konsum und damit verbundenen Steuerzahlungen in seiner durchschnittlichen Lebenszeit errechnet. Die rote Nummer auf der Rückseite der US-Geburtsurkunde ist der Registrierungscode eines an der Börse gehandelten Wertpapiers. Durch die Insolvenz der UNITED STATES (Corporation), die Loslösung des Dollars von der Goldpreisbindung und die hemmungslose «Erzeugung von Geld» durch die FED (Fiat Money), werden die Banknoten zu reinen Schuldverschreibungen – nur gedeckt durch den unbewussten Kredit, den der einzelne Bürger (unwissentlich) «seinem Staat» mit seiner Geburt gegeben hat.
Um diese Aktion mit dem Handelsrecht in Übereinstimmung zu bringen, erschafft die Regierung (Geschäftsführung) mit Ausstellung der Geburtsurkunde unter dem Namen des einzelnen Bürgers eine Juristische Person, eine Firma («Pflicht» zur «Einkommenssteuer»!), eine (Regierungs-) «Agentur für Arbeit».
Der Mensch aus Geist, Fleisch und Blut bekommt nun also eine zweite Identität als entseeltes Objekt, als Unternehmen, die er nur daran erkennen kann, dass sein NAME von nun an in GROSSBUCHSTABEN geschrieben wird, wenn es um seine Rolle als «JURISTISCHE FIKTION» geht.
Mit der eigenhändigen Unterschrift unter jeglichen Vertrag (inklusive Ausweise, Führerschein etc.), der an seinen NAMEN in GROSSBUCHSTABEN gerichtet ist, bekundet der Unterzeichnende seine Zustimmung zur Verschmelzung seiner «Natürlichen Person», seiner Geist-, Fleisch- und Blut-Identität, mit seiner «JURISTISCHEN PERSON», seiner unter Handelsrecht verhandelbaren; künstlichen Existenz. Deshalb hat der «Bundesbürger» «seinen»«Personal»ausweis «freiwillig» selbst zu beantragen (BRD = Firma!).
Dadurch bekommt «der Staat», der nach seiner Umwandlung zur CORPORATION, zur FIRMA faktisch nur noch unter Handelsrecht (UCC – Uniform Commercial Code) agiert, «Anspruch» und Zugriff auf Eigentum und Körper des Bürgers, falls dieser gegen irgendwelche

Bestimmungen und Verordnungen verstößt, die eigentlich nur seine leblose JURISTISCHE FIKTION als Angestellter, als Personal(und Besitz) «des Staates» betreffen. Die Commonwealth-Staaten(England, Kanada, Australien, etc.) haben diese Vorgehensweise übernommen und sind ebenfalls eingetragene Firmen.

Nach der bedingungslosen Kapitulation der Deutschen Wehrmacht und der Verhaftung der Regierung des Deutschen Reiches am 23. Mai 1945, wodurch der Signatarstaat der Haager Landkriegsordnung handlungsunfähig wurde, verordneten die West-Alliierten nach ihren Spielregeln (s.o.) ihrer «Kriegsbeute Mensch» in ihrer Besatzungszone ein «Vereinigtes Wirtschaftsgebiet» mit einer deutschen Besatzungsverwaltung, die die Verwalteten infolge c.d.m.(capitis deminutio maxima), großer Statusänderung, Subjugation, Versklavung, bürgerlicher Tod nicht mehr als Natürliche Personen mit Rechtsfähigkeit (BGB § 1) ausweisen durfte. Dieses Besatzungskonstrukt wurde auf Geheiss der Alliierten am 23. Mai 1949 in «Bundesrepublik Deutschland» umbenannt (GG Art. 133) und simuliert seither (mit deutscher Perfektion und Gründlichkeit) einen Staat. Da das Deutsche Reich trotz Handlungsunfähigkeit subjektsidentisch nach Völkerrecht fortbesteht, ist die BRD nur ein weiteres, von den anglo-amerikanischen Firmenstaaten gegründetes Sub-Unternehmen, dessen Bürger die Rolle des Personals dieser Firma einnehmen («Personal»ausweis!). Der «Bewohner des Bundesgebietes» (GG Art. 25 – nicht der Bürger!) wird also mit Geburt ebenfalls in die Rolle der juristischen, entseelten und enteignungsfähigen Person hineingeboren. Unter der Handelsreg.-Nr. HRB 51411 des Amtsgerichts Frankfurt/Main wird die BRD als GmbH geführt (*Bundesrepublik Deutschland Finanzagentur GmbH). (*Anm.: siehe dazu S. 4 und 6)

Sigmar Gabriel, SPD-Vorsitzender auf dem Sonderparteitag in Dortmund, 27. Februar 2010: «Wir haben gar keine Bundesregierung– Frau Merkel ist Geschäftsführerin einer neuen Nichtregierungsorganisation in Deutschland.» Steht übrigens auch im Grundgesetz für die BRD, Art. 65.

Es geht also darum, die Verfügungsgewalt über fremde Arbeit (unsere) zu kippen, indem wir unsere bisherige Einwilligung zu selbsthaftender Verantwortlichkeit zurückziehen, wegen allesamt unerlaubter Handlungen im Rechtsschein, durch «Erklärung zum veränderten Personenstand und zu den rechtlichen Konsequenzen». Damit können wir uns von unserer künstlichen Existenz als (ver)handelbare Ware/Firma entkoppeln und können in allen Belangen des täglichen Lebens wieder in unseren rechtlichen Zustand

als Natürliche Person* (BGB § 1) zurückkehren.
www.NatuerlichePerson.de www.BGB-Paragraph-1.de, 2010.06.21-
04 Sklaven 190710
(*Anmerkung des Autors, der Autorin)
Unter den folgenden webseiten sind diese Informationen wesentlich genauer und umfangreicher zu finden:
http://www.neudeutschland.org/index.php/news/items/staat-regierung-oder-unternehmen.html
http://www.neudeutschland.org/index.php/W%C3%A4hrungsrechtliches_Grundlagenwissen.html

Wenn ich das soooo lese, wird mir auch besser verständlich, weswegen es ausschließlich ums Geld geht, und nicht um Menschen, und zwar überall auf der Erde, bis jetzt. Und hier sind noch weitere Informationen die einen Blick auf die Firma BRD werfen, mit all ihren Abteilungen, Ämtern, die überraschender weise alle als Firmen , eine private Firma, in den Handelsbüchern erscheinen, also die Ämter sind in Wahrheit privatwirtschaftlich registrierte Handelsunternehmen, das müsst ihr euch mal vorstellen, in welcher total durchgeknallten Raubsäugetierdenkerei und Fantasiererei der überbekloppten ihr, wir, ich mich hier befinde. Hier sind nun die Infos dazu:
Das BUNDESZENTRALAMT für STEUERN zahlt Steuern
ist eine private Firma, kategorisiert unter (...) und befindet sich in (...) Deutschland. Unsere Aufzeichnungen zeigen, es wurde gegründet und amtlich eingetragen.
Herausgeber
bayerisches Landesamt für steuern – Dienststelle München
Sophienstraße 6, 80333 München Postanschrift:
80284 München Telefon: 089 9991-0 Telefax: 089 9991-1005
E-Mail: Medienstelle@lfst.bayern.de Vertretungsberechtigter:
Herr Dr. Roland Jüptner USt-Identifiationsnummer
(gemäß § 27 a Umsatzsteuergesetz): de 813 297 313
www.fianzamt.bayern.de/Muenchen/Impressum/default.php
(siehe auch oben) USt-IdNr.

Wolfgang Schäuble: durch grössere krise – veränderungen durchsetzen (0:52)
«Und in der Globalisierung brauchen wir andere Formen von internationalen Governments als der Nationalstaat, der vor Hundert Jahren in seinem

Regelungsmonopol an seine Grenzen gestoßen und heute schaffen wir was Neues ziemlich mühsam, aber nicht so hoffnungslos. Jammern können wir aus unseren Fehlern und Irrtümern, und deswegen Ich bin bei allen krisenhaften Zuspitzungen im Grunde entspannt.» Boah! «Weil wenn die Krise grösser wird, wir die Fähigkeiten Veränderungen durchzusetzen grösser.»
http://www.youtube.com/watch
«deutschland ist seit dem 8. mai 1945 nicht mehr souverän gewesen»

«... die gehen ja in Wahrheit von dem Regelungsmonopol des Nationalstaates aus.
Das war die alte Rechtsordnung die dem Völkerrecht noch zu Grunde liegt mit dem Begriff der Souveränität, die in Europa längst ad absurdum geführt worden ist, spätestens in den zwei Weltkriegen der ersten Hälfte des vergangenen Jahrhunderts und wir in Deutschland sind seit dem 8. Mai 1945 zu keinem Zeitpunkt mehr voll souverän gewesen. ...www.youtube.com/watch?NR=1&v=2IRnDOtu1z8&feature=endscreen
«Alles was wir brauchen, ist eine richtig große Krise und die Nationen werden die neue Weltordnung akzeptieren.» David Rockeffeller
Einige Daten zum Nachforschen www.upik.de/de/upik_suche.cgi?new=1Unternehmen I /Firmenname Data Universal Einmalige Branche Nr. System Nummer Tätigkeit
I Bundesrepublik Deutschland D-U-N-S®Nr 341611478 SIC 9199
I Bundespräsidialamt Bonn D-U-N-S®Nr 507446891 SIC 9199
I Bundeskanzleramt D-U-N-S®Nr 342914780
I Amtsgericht Celle D-U-N-S®Nr 506861348 SIC 9211
I Amtsgericht Hagen D-U-N-S®Nr 340757066 SIC 9211
I Amtsgericht-Berlin Wedding D-U-N-S®Nr 498718956 SIC 9211
I Bundesgerichthof D-U-N-S®Nr 507171135 SIC 9211
I Bundesgerichtshof/Der Präsident
des Bundesgerichtshofs D-U-N-S®Nr 551502420 SIC 9211
Hessisches Landesarbeitsgericht D-U-N-S®Nr 331573308 SIC 9211
Landesarbeitsgericht Berlin D-U-N-S®Nr 331573266 SIC 9211
Landesarbeitsgericht Baden-Württemb. D-U-N-S®Nr 331573043 SIC 9211
Landesarbeitsgericht Hamburg D-U-N-S®Nr 331573290 SIC 9211
Landesarbeitsgericht Köln D-U-N-S®Nr 331573373 SIC 9211
Landesarbeitsgericht München D-U-N-S®Nr 331573241 SIC 9211
Landesarbeitsgericht Nürnberg D-U-N-S®Nr 331573258 SIC 9211

Landesarbeitsgericht Sachsen-Anhalt D-U-N-S®Nr 331573407 SIC 9211
Landesgericht Mecklenburg-Vorpom. D-U-N-S®Nr 331573332 SIC 9211
Sächsisches Landesarbeitsgericht D-U-N-S®Nr 331573399 SIC 9211
l Staatsgerichtshof D-U-N-S®Nr 342191277 SIC 9211
l Bundeskriminalamt Berlin D-U-N-S®Nr 341609935 SIC 9221
l Bundeskriminalamt Meckenheim D-U-N-S®Nr 314091992 SIC 9221
l Bundesministerium der Verteidigung
Bundeswehr Panzerbataillon 701 D-U-N-S®Nr 341394678 SIC 9711
Bundesministerium der Verteidigung
l Bundeswehr D-U-N-S®Nr 344535299 SIC 9711
l Bundesministerium.d.Innern D-U-N-S®Nr 507111040 SIC 8741
l Bundesministerium für Gesundheit
und Soziale Sicherung-Bonn D-U-N-S®Nr 333333289 SIC 9121
l Bundesministerium für Gesundheit
und soziale Sicherung-Berlin D-U-N-S®Nr 506761811 SIC 9121
l Bundesministerium für Ernährung,
Landwirtschaft und Forsten-Bonn D-U-N-S®Nr 333333362 SIC 9121
l Deutscher-Bundestag D-U-N-S®Nr 332620814 SIC 9199
(USt-IdNr DE122119035)
l Das Heeresamt (HA) D-U-N-S®Nr 340733356 SIC 9111
l Bundesministerium-der-Finanzen D-U-N-S®Nr 333333669 SIC 9311
l Finanzamt Celle D-U-N-S®Nr 341363408 SIC 9311
l Freistaat Bayern D-U-N-S®Nr 325467376 SIC 9999

* exterritoriale Organisationen und Körperschaften ist eine im EU-Recht verankerte Klasse der Organisationen und Körperschaften mit rechtlichem Sonderstatus, die aber als Wirtschaftszweig innerhalb der Nationalökonomie stehen. Exterritoriale Organisationen und Körperschaften sind in der «statistischen Systematik der Wirtschaftszweige» in der Europ. Gemeinschaft (NACE) in der aktuellen Revision 2 unter dem Abschnitt «U» (Rev. 1.1: «Q») und der Abteilung «99» geführt.
http://de.wikipedia.org/wiki/Exterritoriale Organisationen und Körperschaften
D&B D-U-N-S® Nummer: Um Unternehmen eindeutig zu identifizieren und Veränderungen nachzuverfolgen, wird die D&B D-U-N-S® Nummer zugeordnet.
Mit diesem Schlüssel lassen sich die Daten bereinigen und Dubletten erkennen. Außerdem werden Unternehmensverflechtungen dargestellt.

«Dem Staat ist es nie an der Wahrheit gelegen, sondern immer nur an der ihm nützlichen Wahrheit, noch genauer gesagt, überhaupt an allem ihm Nützlichen, sei dies nun Wahrheit, Halbwahrheit oder Irrtum.»
Friedrich Nietzsche: Werke I –Unzeitgemäße Betrachtungen

Hier füge ich noch hinzu, Nietzsche, war leider nicht wach genug, denn er schreibt hier von etwas wie einem Staat, so, als ob es ein Lebewesen wäre, was es aber nicht ist, es ist ja bloß eine Fiktion, und es gibt nur Menschen, mit anderen Worten hat Nietzsche schreiben wollen, „den Politikern, Kaisern, Königen, Bankern, Besitzenden, ist es nie an der Wahrheit gelegen,,,und so weiter.

Soooo, das war mal einiges zu der erneuerten Situation in der ich mich als Mensch nun befinde.Nun gehts es weiter mit meinem Originaltext aus dem Jahr 2000.

Sie sind das falsche das synthetische, das synthetische ist nicht die Wahrheit eures Körpers, deswegen kann die Pharmaseuche euren Körper nicht heilen, und wird es auch nie, nie, nie, nie, können. Sie wird euch nur verblöden können und abzocken. Das ist alles das gleiche falsche wie die Wildsaubabanannenkotze, da geht mir der Hut hoch den ich im Winter ab und an trage.
Sich überhaupt an menschliche Raubtiergesetze zu halten bedeutet sich unter deren primitivem Niveau zu begeben.
Bob Dylan sang mal "when you live outside the law you must be honest".
Wenn du außerhalb des Gesetzes lebst musst du ehrlich sein.
Das falsche
das synthetische
der betrug
das lügen
der schein
die Unwahrheit
in der Kosmetik ist das ganz stark zu finden.
Es werden junge Raubsäugetiere genommen, abfotografiert und das Produkt dazugelegt, das soll dann beweisen das die mittel diese Schönheit und jungend bringen. Das ist aber betrug, lug, synthetisch, Unwahrheit, Täuschung, um Geld zu verdienen. Viele der Haarfärbemittel, die über längere

Zeit genommen werden erzeugen Krebs, da ihre Inhaltstoffe über die Haut Poren in den Körper gehen und dort ihr Fest haben.
Oder
die Mystiker, ach ja die Wissenschaftler von heute, sie sind selber noch Mystiker, denn ihre Produkte haben die Erde vergiftet, ihre Produkte und ihre stellvertretenden aussagen sagen genau das gleiche wie die Mystiker, die sagten-Gottes Wege sind unerklärlich.
Diese Aussage besagt ganz einfach
 ich weiß nicht,
nicht klar,
und
ich kenne die Wahrheit nicht.
Die gleiche Aussage trifft auf Parteien zu. Natürlich kommt die Empörung und andere tierische Verwischmanöver und Furzen und Kotzen ,aber dann kommt immer man hat es ja für die Partei gemacht, den Staat, die Wissenschaft die Medizin, und wiedermal soll dann das Raubsäugetier nicht verantwortlich sein, weil es ja für etwas gemacht wurde, das in Wahrheit gar nicht da ist, und was nicht da ist, dafür kann man auch nicht verantwortlich gemacht werden, das ist der vollkommenen Egomane Zustand des Gehirndrehs der Raubsäugetier Mentalitäten.
Aber sie wissen nicht was sie tuen.
 Dann wählt so was auch nicht.
Haltet euch an das Göttliche
die 10 Gebote
nicht an Raubsäugetiere Politiker Wissenschaftler. Seht ihr nicht die Resultate oder glaubt ihr etwa Häuser bauen und Raketen bauen ist etwas Besonderes. Zur Arbeit gehen wie muffe und Mathematik oder Biologie machen wäre etwas heiliges wenn die Resultate das falsche sind,
es ist nämlich genau das Gegenteil davon
das
u-heil-ige
das Unglück,
das schwarz
das graue
das üble
rein oben ohne psychologische formuliertheit.
Parteien-sind zentralen Zentren für Dumpfheit und Falschheit-egal ob politisch oder religiös oder Wirtschaft.

Die 10 Gebote diese Einfachheit des Lebens, und das Raubtierdenken von Leichenfresser und deren Raubtierfantasien wie sie ihre Umgebung gestalten, zeigt, dass diese Raubtiere immer noch nicht die Fähigkeit haben Einfachheit und Klarheit leben zu können und zu wollen.
Eure Vertreter sind allesamt noch unentwickelte stark verwickelte Brutalos und dumpf Köpfe und Dumpfdenker und Dumpffantasierer. Sie sind noch alle an die Dunkelheit gebunden.
Ich selber habe mehr als die Schnauze voll von allen politischen Fratzen auf diesem Globus, egal von welcher Rasse und Blödheit sie kommen, egal von welcher Gottheit sie träumen und von welcher Bekloppheit sie träumen egal von welchen religiösen Selbstbetrugsdezernaten sie ihren abgemagerten Schleim den sie verbreiten wollen, ablecken. Die politischen Raubtiere führen die Menschheit in betrug und verfall. Sie sind riesige Bedrohungen für das gute und schöne für das noble und echte, sie sind Abbilder der Götzen aus dem Scheißhaus ihrer Innenlebenseuchen. Die politischen Raubsäugetiere ist die Mafia der Menschheit im Mantel der Demokratien der Freiheit und was es sonst noch für Schlagbolzen Wutwörter aus ihren dumpfen fleischfressenden Leichenmäulern kommt.
Ich habe aber auch die Schnauze voll von euch Vollidioten die ihr zahm und zaghaft eure Verantwortung in die Hände andere legt. Die Raubtiermanager von Banken die totales Vollidiotenturn für die menschliche Entwicklung darstellen. Sie sind alle durchwegs Banditen. Ich mache es nochmal glasklar, es geht da nur ‚nur, nur ,ums Geld, es geht da ununterbrochen um das falsche, das gesamte falsche, das Geld der Welt zusammen gelegt kann Garnichts, es kann nicht mal leichenfressen, aber das können die wenigstens.
Es wäre aus der Sicht der Bankmanager das beste alle Mitarbeiter mit Computer und Roboter auszuwechseln und das streben die auch an, denn es geht um Geld nicht um Entwicklung des menschlichen Raubtiers.
Die Bankenmanager Raubtiere haben gar keine anderen Ziele ihr gesamtes Niveau ist pures Ignoranzziel.
Jaja da habt ihr euch mal wieder vom Raubtierpappi abzocken lassen.
Ach ja euer Pappi und eure Mammi, wo issi denn wo iss er den, mußßu weinen, ohhhhh, ok, ich bin etwas vom Thema abgekommen" diese Politiksuppe schmeckt mir selber nicht mehr. Ich will damit aufhören.
Wiedermal sind Massen von politischen Raubtieren abgezockt worden.
Aber es sind ja gar nicht bloß Politiker. Die Verflechtungen des Menschseins halten ja in Wahrheit gar nicht dort an. Alles was da mitmischen will

ist daran beteiligt. Alles was auf Geld aufbaut und Macht und Einfluss und Ausfluss und Wegfluss.

Es ist in Wahrheit die menschliche Situation, seine Unfähigkeit zur Wahrheit und zu wissen wer er in Wahrheit ist. Die Fratzen des Raubtiers kommen deswegen immer wieder hoch, diese Ehre die ist die Ehre eines Raubtiers, sonst nix, es ist außerdem Täuschung umso dazu stehen als ob das was Ehrenvolles ist die Ehre. Dahinter können dann alle Raubtierfratzen versteckt bleiben, so als ob die Ehre etwas wertvolles wäre eine Herde voller Vollidioten sind die Christ-synthetischen und die Demokratie-synthetischen Unions-synthetischen, aber alle anderen sind auch synthetisch, das ist ihr Ziel, das falsche.

Ich höre wie die Töne kommen, sie kommen, wie das röcheln von alten Tieren alten Kulturen alten zerbröckelten Plastikerzeugnissen die solange Gift aussenden bis das Plastik zerfällt, in dem falschen, ist die Selbstzerstörung das Ziel. Der Körper verfault im logischen Prozess der Schöpfungen.

Die Denkbanditen Kontrolliren euch. die Kollateralschadenmafia. Die Banditen Verbrecher Mörder wahnsinnigen sind der Staat heute.

Das Militär.

Und wo sind die reifen Pfirsiche die bunten saftigen duftenden Früchte.

Die morbiden Denkwahnsinnigen die selber gerne Blutwurst saugen und, und, Leber fressen Mägen oder Oberschenkel, wie der Typ im Schweigen der Lämmer, das ist genau das gleiche, das gleiche Banditentum, der gleiche Mord, der gleiche Betrug, ihr seid noch, so nicht, besser..nicht schlechter.

Das sind eure Schafsführer.

Bloß Schäfer bringen alle Schafe immer zum Schlächter. Ist doch alles ein abgezockter Betrug, sich durch Töten und Morden ein Leben zu machen.

Aber das wollt ihr ja.

Oda.?

Politiker und politische Systeme sind grundsätzlich falsch für die menschliche Ent-wicklung, Evolution, da sie Macht vor Wahrheit legen, Leichenfresser sind und verlogen bis zur Unerkennbarkeit.

So wird dann die gemeinschaftliche Weltorganisation.

Sie vergiften.

Sie machen unreine Manifestationen.

Aber alle alten Institutionen, egal politisch oder wissenschaftlich oder religiös sind falsch. Sie vertreten die Falschheit den Betrug die Lüge, den Mord das Töten, das synthetische beten sie an. Zum Beispiel die Köningseuche von Raubmenschen erzeugt, die innerlich unfähig sind zu erkennen, was Wahrheit ist. Selber noch Raubtiere sind. Sie wollen die Schöpfung verbessern könnt ihr den Wahnsinn denn nicht erkennen. Das sind Leichenfresser, Leichenfresser können die Schöpfung nicht verbessern. Leichenfresser können ohne Ausnahme nur das falsche tuen. Es ist eine kosmisch geistige Wissenschaft nötig. Dazu werden erwachte Menschen benötigt. Menschen die sich über die normalen psychischen Sichtweisen hinaus entwickelt haben oder wollen, das worauf Jesus hingewiesen hat, das man sogar besser sein kann als er. Jesus ist ja nicht einfach so ohne Wahrheit in der Lage gewesen so zu sein wie er war oder Buddha, der hat dafür gelebt gearbeitet gemacht, oder Mohamed, Ramana Maharsi, Yoganada, oder Suma Ching Hai oder Bruno Gröning oder Sai Baba oder andere der Erwachteren, von denen es viele gibt die völlig unbekannt sind, aber alle haben eins gemeinsam, sie sind alle angeschlossen an den Heiligen Geist, das Wort, den Logos, Buddha nennt es in seiner höchsten Lehre, dem Surangama Sutra-den transzendentalen Ton-das transzendentale Licht-es wird auch von der göttlichen Musik gesprochen, die Hindus nennen es anahad shabd, oder anash bani, die himmlische Stimme.

In den mandok Upanischaden wird von udgith dem himmlischen Gesang gesprochen, die Sikhs nennen es nam, dhun, oder bani, was Melodie, Klang, Wahrheit oder Wort, Stimme bedeutet.Die Moslems sprechen von kalma, das Wort oder der stimme Gottes, die griechischen Mystiker sprechen von Logos. und Sokrates spricht von der Sphärenmusik, die ihn in göttliche Reiche trug. In der Bibel wird vom Wort das bei Gott war gesprochen, und im neuen Testament ist es der Heilige Geist.

Im Yoga der Seele wird vom Licht und Klangstrom gesprochen. Suma Ching Hai lehrt die Licht und Klangstrom Methode die Guanyin Methode. Dieser himmlische Klangstrom, ist der Heilige Geist aus der Bibel, oder Gott in Aktion in Bewegung. Jene Meister die das verwirklicht haben, diesen Weg, erklären, das sich die Weltseele die Universelle Seele in zwei Hauptelemente manifestiert in lichtlosem Licht und lautlosem Klang. Diese beiden Elemente spiegeln zwar das physische weltliche wieder-insoweit Licht nichts anderes als Klang ist einer sehr hohen Schwingungsfrequenz- aber trotzdem ist es was anderes. die Verdichtung und damit Feinheit ist hier anders. Aber Licht und Klang ist Aufbau aller Universen Welten und nicht physischen Welten und Universen.

Plotin Begründer des Neuplatonismus sagte-jede Musik die auf Melodien und Rhythmus aufbaut, ist die irdische Darstellung himmlischer Musik.

Phythagoras sagte wir sind andauernd in Kontakt mit der Sphärenmusik. Für mich ist das ganz normal und klar weil es ja auch gar nicht anders geht. Die Einheit ist nicht teilbar.

Kabir der indische Meister im Mittelalter spricht von der geheimnisvollen ungehörten Musik ungespielte Musik die die Seele in einen Zustand verzaubertem Entzücken versetzt. Im Johannes Evangelium wird vom Wort geredet. Am Anfang war das Wort und das Wort war bei Gott und das Wort war Gott. Worte sind nun mal Klang und Licht. Wie oben so unten im groben wie im feinem. In den unbekannten Schriften der Essener von Szekeley steht, am Anfang war der Klang und der Klang war bei Gott und der Klang war Gott.

In der Bibel wird oft auf Klänge, Töne hingewiesen. Donner und Stimmen und Stimmen wie Harfenspielen, und so weiter.

Buddha sagt im Surangama Sutra das es der einzige Weg ist die Wahrheit zu erkennen, und zu sein. Dieser Klangstrom ist in jedem Wesen vorhanden, ausnahmslos, weile s gar nicht anders geht. Die alten indischen Schriften die Upanischaden schreiben auch vom heiligen Klang wenn sie auf den Ur-klang verweilen-die hansa naaad Upanischad schreiben-Meditation auf nad oder das Klangprinzip ist der Königsweg zur Erlösung.

Hier sind weitere Info über diesen Weg, durch den die materialistische Wissenschaft die in Wahrheit zurzeit noch ein Aberglaube ist eine Pseudowissenschaft, sich entwickeln kann und zu einer spirituellen Wissenschaft werden kann. Denn die Wissenschaft heute führt ja bloß ins Vergiftung und Synthetik Dilemma.

Zitat Anfang

Aus dem Magazin „Yoga International" Nr. 36, Juli 1997 (Original englisch)

„Yoga International" ist ein spirituelles Zweimonats-Magazin. herausgegeben von der gemeinnützigen Organisation „The Himalayan International Institute", die den Weltfrieden und die Harmonie zwischen den religiösen Traditionen fördert. Das Magazin erscheint in den USA und ist weltweit verbreitet. Es deckt alle Aspekte fernöstlicher spiritueller Praxis incl. Meditation ab. In der Juni/Juli-Ausgabe wurde nachstehender Beitrag über Suma Ching Hai und die Guanyin-Methode veröffentlicht.

Suma Ching Hai hat wiederholt betont, dass die Guanyin-Methode nicht

Ihre Erfindung ist; dass tatsächlich die Meditation auf das innere Licht und den Klang von all den großen Meistern der Vergangenheit vervollkommnet wurde. Durch die Zeitalter hindurch wurde diese Praxis mit verschiedenen Bezeichnungen versehen, je nach dem Kulturkreis, in dem der jeweilige Meister lebte. Surat Shabd Yoga ist ein Name, den indische Meister gebrauchten. Wie der folgende Artikel zu zeigen versucht, dürfte es schwerfallen, nicht nur die altehrwürdige Universalität dieser Praxis, sondern auch ihren wissenschaftlichen Gehalt in Zweifel zu ziehen.

Lautloser Klang -- der Ton, der den Kosmos erfüllt

„Der Kenner des Mysteriums des Klanges kennt das Mysterium des ganzen Universums." - Hazrat Inayat Khan

Die meisten Leser werden schon von den unterschiedlichen Formen des populären Yoga gehört haben: Hatha-Yoga, JnanaYoga, Bhakti-Yoga, Karma-Yoga, Raja-Yoga, Mantra-Yoga und Laya-Yoga. Ohne Rücksicht auf die unterschiedliche Betonung, die eine Yogatradition über die andere stellt, sollten alle das gleiche Ziel verfolgen. Dieses Ziel ist, schlicht gesagt, die individualisierte Seele von Verstand und Materie zu trennen und sie mit der universellen Seele (Gott oder Brahma) zu vereinigen. Da gibt es jedoch eine weitere altehrwürdige (manche würden vielleicht so weit gehen zu sagen: die älteste) Yoga-Tradition, die im allgemeinen weniger bekannt ist, aber ein nicht weniger hehres Ziel im Blick hat. Es ist die Tradition des Surat Shabd Yoga, oder des Yoga des himmlischen Klangstroms.
Jene edlen Wesen, die diese Form des Yoga gemeistert haben, erklären, dass sich die universelle Seele in zwei Hauptelementen manifestiert: im lichtlosen Licht und im lautlosen Klang. Obwohl diese beiden spirituellen Elemente die Beziehung zwischen weltlichem Licht und Klang widerspiegeln - insoweit Licht nichts anderes ist als Klang einer sehr hohen Schwingungsfrequenz - sind sie doch nicht gleichwertig. Da das Licht und der Klang Teil des universellen Schwingungs-Kontinuums sind, ist jemand, der fähig ist, mit dem Klangstrom in Kontakt zu kommen, mit Sicherheit auf dem Weg zu dem Licht, von dem all die großen Meister der Vergangenheit sprachen.
Tatsächlich haben im Laufe der Geschichte viele Große zwischen weltlichem Klang und einem wunderbaren himmlischen Klang unterschieden, der in höheren Schwingungsfrequenzen bezaubernde musikalische Eigen-

schaften haben soll. Der altägyptische Plotin z. B., der als Begründer des Neuplatonismus angesehen wird, sagte: „Jede Musik, die auf Melodie und Rhythmus aufgebaut ist, ist die irdische Darstellung himmlischer Musik". Pythagoras glaubte, dass wir ständig in Kontakt sind mit der „Sphärenmusik", die unser inneres Ohr erfüllt vom Moment unserer Geburt an. Und der berühmte indische Mystiker und Dichter des 15. Jahrhunderts, Kabir, schrieb ausführlich über eine geheimnisvolle „Ungespielte Musik", die die Seele in einen Zustand verzauberten Entzückens versetzt.

Dort dröhnt der rhythmische Schlag von Leben und Tod:
Entzücken greift um sich, und der gesamte Raum erstrahlt im Licht.
Dort erklingt die Ungespielte Musik; die Musik der Liebe der drei Welten.
Dort brennen Millionen Lichter von Sonne und Mond:
Dort schlagen die Trommeln. und der Liebende wiegt sich Im Tanz.
Dort hallen Liebeslieder wider, und Licht regnet in Schauern;
Und der Anbeter ist entrückt ins Schmecken des himmlischen Nektars.

Obwohl nicht selten gewissenlos redigiert oder von wohlmeinenden Übersetzern missverstanden, enthält die Mehrzahl religiöser Schriften dennoch Hinweise auf diesen himmlischen Klang. Im Johannes-Evangelium beispielsweise bezieht sich „das Wort" auf den göttlichen Klang: „Im Anfang war das Wort, und das Wort war bei Gott, und das Wort war Gott" (Joh. 1,1). Das wurde erhärtet, als der inzwischen verstorbene Dr. Edmond Bordeaux Szekely, Philologe, Archäologe und Mitbegründer der Internationalen Biogenic-Gesellschaft, im Vatikan zufällig auf geheime aramäische Texte stieß, die bis ins dritte Jahrhundert nach dem Tod Jesu zurückdatiert werden. Dr. Szekely übersetzte ein aufschlussreiches Dokument unter dem Titel „The Essene Gospel of Peace" (Dt.Ausgabe: Die unbekannten Schriften der Essener, Verlag Bruno Martin, 1995, S. 73, die an dieser Stelle leider „Gesetz" bringt d.Ü.) in dem sich folgendes findet: „Am Anfang war der Klang (Sound), und der Klang war bei Gott, und der Klang war Gott." Nahezu zwei Jahrzehnte akribischer Forschung überzeugten Dr. Szekely, dass Jesus Mitglied der hochangesehenen Gemeinschaft der Essener war und demzufolge intime Kenntnis ihrer spirituellen Tradition gehabt haben dürfte. Wie er in „The Essene Jesus" berichtet, „gab es am Toten Meer die Bruderschaft der Essener, die den essenischen Baum des Lebens pflanzte, dessen höchsten Zweig der Essener Jesus darstellte." Es gibt in der Bibel zahlreiche andere Hinweise auf den göttlichen Klang. So z. B. im

Buch der Offenbarung 14, 2: „Und ich hörte eine Stimme vom Himmel wie das Rauschen vieler Wasser und wie der Klang lauten Donners; und die Stimme, die ich hörte, war wie der Klang von Harfenspielern, die auf ihren Harfen spielten." Im buddhistischen Surangama-Sutra stimmte Buddha Shakyamuni mit seinem vollkommen erleuchteten Schüler Manjushri überein, als er die Meditation auf den göttlichen Klang als den einzigen Weg ins Nirvana betrachtet: „All ihr Brüder in dieser Großen Versammlung, und auch du, 0 Ananda, solltet eure äußere Wahrnehmung des Gehörs aufheben und nach innen horchen, auf den vollkommen einheitlichen und innerlichen Klang in eurem eigenen Wesenskern, denn sobald ihr vollkommene Anpassung erreicht habt, werdet ihr Höchste Erleuchtung erreicht haben."

„Dies ist der einzige Weg zum Nirvana, und alle Tathagatas (Heiligen) der Vergangenheit sind ihm gefolgt."

Die Upanishaden, die gewaltigen, altehrwürdigen philosophischen Abhandlungen Indiens, benutzen u.a. die Termini Shabda Brahman, Akash Bani, Nad und Heiliges Wort, wenn sie auf den Ur-Klang verweisen. Die Hansa Naad Upanishad z.B. erklärt:
„Meditation auf Nad oder das Klang-Prinzip ist der Königsweg zur Erlösung." Mohammed nahm den göttlichen Klang wahr in der Höhle von Gare-Hira, und die ursprünglichen Sufis nannten den göttlichen Klang ‚Saute Surmad', was so viel heißt wie ‚der Ton, der den Kosmos ausfüllt'.
Laotse beschrieb das Tao oder den Weg als ‚ungehinderte Harmonie' und die Quelle aller Dinge. Weiter schrieb er über den Großen Ton, dass er „über jede Vorstellung hinausgeht". Chuangtse, der etwa dreihundert Jahre nach Laotse lebte, erklärte ebenfalls die Vorzüge des Kontaktes mit dem spirituellen Klang, als er sagte: „Höre mit dem Verstand statt mit den Ohren; höre mit der Energie statt mit dem Verstand. Hören endet am Ohr, der Verstand endet beim Kontakt, aber die Energie ist das, was leer ist und auf andere reagiert. Der Weg endet in Leere; Leere ist mentales Fasten".

„Wenn ihr eure Ohren und Augen nach innen gerichtet habt und losgelöst seid von begrifflichem Wissen, dann werden sogar Geister und Dämonen, die euch verfolgen, von euch ablassen."

Im Sri Guru Granth Sahib, dem heiligen Buch der Sikhs, das möglicherweise die Schrift ist, die uns am vollständigsten überliefert wurde, werden die

Begriffe „Ungespielte Musik" und „Wort" häufig gebraucht, wenn es um den göttlichen Klang geht:

„Gesegnet, gesegnet bin ich, dass mein Gott mein Gemahl ist, An dessen Hof die Ungespielte Musik erklingt.
Nacht und Tag harre ich aus voller Freude, Höre ständig die Musik der Glückseligkeit:
Ja, in diesem Zustand gibt es Sorge und Schmerz nicht mehr, weder Geburt noch Tod."

Darüber hinaus haben auch viele alte Kulturen - wie die der Azteken, Eskimos, Malayen und Perser - die Vorstellung, dass das Universum seinen Ursprung im Klang hat. Auch die australischen Aborigines glauben an Singweisen oder die „Weise des Gesetzes", die die Welt und alle Dinge in ihr ins Dasein ‚sang'. Ein Physiker unserer Tage bedient sich der typisch prosaischen Redewendung ‚Big Bang", um zu umschreiben, was im Grunde nur das gleiche Phänomen sein kann.
In der Tat, das umfangreiche Beweismaterial eines Ur-Klangs oder einer Ur-Schwingung wird gestützt durch wissenschaftliche Beweise, die bestätigen, dass die Grundlage aller Materie Schwingung ist: „Die ganze Natur existiert als ein ungeheures oszillatorisches Spektrum...Dass Klang die Materie formt und ihr Struktur verleiht, wurde in den 60.er Jahren unwiderlegbar von dem Schweizer Wissenschaftler Hans Jenny demonstriert. Unter Einsatz elektronischer Klang-Oszillatoren und raffinierter Fotoausrüstung dokumentierte Jenny die Realität des der Materie zugrunde liegenden Wellen-Phänomens, indem er den augenblicklichen Formungseffekt von Tönen, Musik und Stimmen auf die verschiedensten Substanzen.... die auf einer Metallplatte ausgebreitet waren, filmte (ein neues Forschungsgebiet, das er „cymatics" nannte). Peinlich genau katalogisierte er die symmetrischen, geometrischen perfekten Strukturen und eleganten KlangMandalas, die das Ergebnis von Hunderten unterschiedlichen Frequenzen und rhythmischen Kombinationen waren, von einzelnen Tönen und Intervallen bis hin zu komplexen musikalischen Harmonien, die durch die Platte geleitet wurden." Mehr noch: Die jüngsten Entwicklungen auf dem Gebiet der Musiktherapie haben einige bemerkenswerte Ergebnisse gezeitigt, indem sie wesentliche Auswirkungen von vibrierenden Frequenzen auf lebende Organismen deutlich erkennen lassen. Der Autor Larry Dossey erzählt: „Ein Kinderpsychologe berichtete kürzlich über seine Erfahrungen mit einem

elfjährigen Jungen, bei dem katatonische Schizophrenie diagnostiziert worden war. Das Kind hatte innerhalb von sieben Jahren kein einziges Wort gesprochen.

Während seiner Sitzung mit ihm spielte der Therapeut Bachs „Jesu, Freude der Betrübten". Der Junge begann zu weinen. Als die Musik endete, verkündete er durch seine Tränen hindurch:

‚Das ist die kraftvollste Musik, die ich je gehört habe: nun kann ich sprechen! '" Wenn weltlicher Klang so tiefgreifende Auswirkungen auf unseren Bewusstseinszustand haben kann, kann es kaum Zweifel geben an der Wirksamkeit und spirituellen Bedeutung des himmlischen Klanges.

Ich glaube, dass meine eigene Meisterin Suma Ching Hai die altehrwürdige Kunst des Surat Shabd Yoga vervollkommnet hat, nachdem Sie selbst in den Himalayas schließlich Ihren Meister gefunden hatte, von dem Sie die Übertragung der Meisterschaft erhielt. Ihre unglaubliche Suche nach einem Meister, die eine Reihe von Ländern und viele Jahre umfasste, war von scheinbar unüberwindlichen Hindernissen gekennzeichnet. Die Prüfungen, die Sie bestand, bestärkten Sie in dem Beschluss, diese alte YogaTradition allen aufrichtigen Wahrheitssuchern leicht zugänglich zu machen. Während es für viele schwierig sein mag, das Konzept transzendenten Klanges zu verstehen und darüber hinaus die spirituelle Bedeutung dieses Klanges zu würdigen, erklärt Suma Ching Hai mit wenigen einfachen und treffenden Worten:

„Der weltliche Klang ist sehr wichtig für unser sinnliches und mentales Wohlbefinden, aber der überweltliche Klang zieht uns zu Gott zurück. "
„Dieser innere Klang ist die Große Schöpfer-Kraft des Kosmos. Sie ist eine Schwingung, die alle Dinge erhält und nährt. Ihre Manifestation in der äußeren Welt kann man hören als natürliche Melodien, wie etwa den Klang des Windes, des Wasser; der Vögel, Insekten usw.... Es gibt subtilere und höhere Klänge, die unhörbar sind für sterbliche Sinne, da sie in den höheren Dimensionen schwingen... Um diese höheren Klänge einzufangen, müssen wir unsere eigene Ebene erhöhen in jene Welten jenseits unserer Sinne."

Der Schlüssel zur Erhöhung unserer Bewusstseinsebene, zur Wahrnehmung des göttlichen Klanges, ist, einen lebenden spirituellen Meister zu finden, der spirituelle Sucher authentisch einweihen kann. Einweihung ist notwendig, um unsere Gott-Natur oder den inneren Meister voll zu erwecken. Nach der Einweihung muss man den Anweisungen des Meisters entsprechend täglich auf das Licht und den Ton meditieren, um ständig Fortschritte zu machen.

Eine zweite, nicht weniger wichtige Rolle des lebenden Meisters ist die Übernahme des Karmas aus vergangenen leben seiner Neophyten. Dazu muss der Meister einen physischen Körper annehmen, um das Karma abzutragen, das normalerweise seine Schüler treffen würde. Ohne dies unglaubliche Opfer des Meisters wäre die karmische Bürde des Neophyten zu schwer, um dem endlosen Zyklus der Wiedergeburt zu entrinnen. Wie Suma Ching Hai anmerkt: „Während ein lebender Meister auf Erden ist, übernimmt er einen Teil des Karmas der Menschen, besonders jener, die an den Meister glauben, und noch mehr derer, die Schüler des Meisters sind... Darum leidet der Meister während seiner Lebenszeit für die Schüler und für die Menschheit im ganzen... Er kann krank werden, es kann ihm schlecht ergehen, er kann gequält werden, er kann ans Kreuz genagelt oder verleumdet werden." Darüber hinaus beschützen des Meisters allwissende, allgegenwärtige und allmächtige Qualitäten den Eingeweihten zu jeder Zeit bis die Meisterschaft erreicht ist, da mit der Einweihung eine ewige spirituelle Verbindung zwischen dem Meister und dem Eingeweihten begründet wurde. Das garantiert, dass zahlreiche Fallstricke auf der spirituellen Reise umgangen werden. Im Matthäus-Evangelium spielt Jesus auf die unsichere Natur der spirituellen Reise an, wenn Er sagt: „Denn die Pforte ist eng und der Weg ist schwierig, der in das ewige Leben führt, und nur wenige finden ihn" (Matth. 7,14).

Obwohl nicht so bekannt wie andere Yoga-Traditionen, wird der Yoga des himmlischen Klangstroms von einigen als die höchste Tradition betrachtet. Die zwingenden schriftlichen Beweise von altehrwürdigen, weisen Philosophen und großen spirituellen Meistern der Vergangenheit stützen sicher diese Ansicht. Während Therapeuten erst vor kurzem die heilende Wirkung weltlicher Schwingungsfrequenzen entdeckten, haben die großen Meister der Vergangenheit vor Tausenden von Jahren die eine, ungeteilte Wahrheit und den einen Pfad des himmlischen Klanges und Lichtes, auf dem diese Wahrheit aufgenommen wird, vermittelt. Die grundlegende Einheit ihrer Botschaft spottet der oberflächlichen Spaltung, die in den Gemütern einflussreicher, aber bedauerlich irregeleiteter religiöser Fanatiker durch die Jahrhunderte hindurch Wurzeln geschlagen hat. Da die Meister der Vergangenheit nicht mehr unter uns sind, ist ein lebender Meister der Schlüssel zur Erfahrung dieser Wahrheit und zum Kontakt mit dem göttlichen Klang, der die dunklen Schichten des Bewusstseins durchdringt, um die Seele in eine höchste, glückselige Wirklichkeit in uns zu erheben, wo, wie uns gesagt wird, das Licht von Millionen Sonnen und Monden in Ewigkeit brennt.

Suma Ching Hai ist ein weiblicher Meditations-Meister, der für die grundlegende Einheit aller Religionen eintritt und aufrichtige spirituelle Sucher in die alte Meditations-Praxis des spirituellen Klanges und spirituellen Lichtes kostenlos einweiht. Sie nennt diese Praxis Guanyin-Methode, weil Sie ihre ersten öffentlichen Vorträge vor fast einem Jahrzehnt in Taiwan hielt (Guanyin ist eine chinesische Bezeichnung für die Kontemplation auf die Schwingung). Suma Ching Hai's Eingeweihte verpflichten sich, lebenslang einen ethischen Verhaltens-Kodex einschließlich einer lacto-vegetarischen oder veganen Kost einzuhalten. Sie hat Meditations-Zentren in über 40 Ländern.

For Further Reading:
• Berendt, J.E., The World is Sound: Nada Brahma (USA: Destiny Books, 1983), pp. 38,171 and 174.
• Chatwin, Bruee, The Songlines (London: Pan Books Ud., 1988), p. 2.
.Ching Hai, Suma, The Key of Immediate Enlightenment (Book 1), (Taiwan: Suma Ching Hai International Assoe., 1991), p. 85.
• Ching Hai, Suma, I Have Come To Take You Horne (USA: Suma Ching Hai International Assoe., 1995), pp. 76 and 126.
.Chuang Tzu, see Cleary, p. 87.
.Cleary, Thomas, The Essential Tao (USA: Harper & Row, 1991).
• Dossey, Larry, Meaning and Medicine: A Doctor's Tales of Breakthrough and Healing, (USA: Bantam Books, 1991), pp. 143 and 145.
.Hansa Naad Upanishad, see K. Singh, p. 40.
• Hans Jenny, see Leviton, p. 44.
• Hazrat Inayat Khan, see Berendt, p. 38.
• Leviton, Riehard, Rhythm, Harmony and Healing (Sydney: Australian WellBeing, 1994 annual edition no. 54).
.Singh, De Gopal, trans., Sri Guru Granth Sahib, (India: Gur Das Kapur & Sons, 1964), VoL3, p. 804.
.Singh, K., Naam or Word (USA: Ruhani Satsang, 1994).
• Sufis, see Berendt, p. 38.
• Surangama Sutra, see K. Singh, p. 62.
• Szekely, Edmond Bordeaux ,The Essene Jesus, (USA: International Biogenic Society, 1977), p. 5.

• Szekely, Edmond Bordeaux, Essene Communions with the Infinite, (USA: International Biogenic Society, 1979), pp. 26 and 27.
• Tagore, Rabindranath, trans., Songs of Kabir, (Ganada: International Biogenic Society, 1989), p. 22.

Suma Ching Hai in München, Deutschland am 18. August 1995 (ursprünglich in -Englisch)

‚Dies ist eine ‚Welt, die wichtig für uns ist, weil unsere ‚Welt das wichtigste Fundament ist. Ohne diese unsere ‚Welt gibt es die große ‚Welt, das große ‚Universum nicht. ‚Würde dieser ‚Welt ein einziger Ziegelstein fehlen, würde die große ‚Welt nicht existieren. ‚Die ‚Welt besteht aus vielen Ziegelsteinen; und jeder Stein ist wichtig. ‚Darum ist unsere kleine ‚Welt - unsere kleine ‚Einheit der Familie, der Freunde, der Nachbarn untereinander - überaus wichtig. ‚Wenn also jeder von uns auf unsere kleine ‚Welt aufpasst, wird die große ‚Welt ganz von selbst friedlich.

Zitat Ende


Zitat Anfang

**Weltlicher Klang und überweltlicher Klang**

Von der Höchsten Meisterin Ching Hai.
Taipeh, Formosa am 6. März 1986 (Original in Chinesisch)

Die Meisterin sagt
Sprechen wir zunächst über den gewöhnlichen Klang in dieser Welt, und dann über den überweltlichen Klang - den Klang Gotte Seit alten Zeiten hat Musik in unserem Leben eine wichtige Rolle gespielt. Schwer vorstellbar, wie frustrierend das Leben in dieser Welt wäre ohne Musik. Klassische Musik ist mehr beschwingt und sanft; sie macht die Zuhörer glücklicher, friedlicher und wohlwollender. Darum gab es in alten Zeiten immer wieder viele vornehme und kultivierte Menschen. Moderne Musik ist erregender. Menschen, die solcher Musik von Kindheit an ausgesetzt waren, sind sehr schwer zu unterrichten. Diese Musik repräsentiert Persönlichkeit und Verhaltensweisen unserer Zeitgenossen. In psychiatrischen Einrichtungen

verordnen die Ärzte den Patienten oft sanfte Musik, um deren Emotionen zu beruhigen. Wenn wir uns angeödet fühlen oder von der Arbeit erschöpft sind, wird uns das Hören von Musik allmählich wieder ins Gleichgewicht bringen.

**Alles im Universum ist Schwingung**

Alles im Universum vibriert, und diese Schwingung wird zu Klang. Es ist so ähnlich wie mit den Wellen, die von Rundfunkstationen ausgesendet werden, die ein Radioempfänger aufnimmt und in Klang umwandelt. Alle Dinge im Universum, seien es Steine, Pflanzen oder Menschen, schwingen auf ihrer je eigenen, ganz speziellen Frequenz. Und genau diese Frequenzabweichung macht es Tieren und Menschen, Menschen und Menschen und oft genug auch Mann und Frau so schwer, miteinander zu kommunizieren. Die Schwingungen mancher Menschen sind grob, und wir fühlen uns unbehaglich, wenn wir mit ihnen in Kontakt kommen. Andere Menschen wiederum sind sehr sanft im Blick auf ihre Schwingung, ihre Redeweise und ihre Aura, und wir fühlen uns ausgesprochen wohl in ihrer Nähe. Wir sind glücklich, wenn wir an einen Ort kommen, an dem die Schwingungen unserer eigenen ähnlich sind. Wenn eine Person mit einer schlechten Aura einen Raum betritt, werden die Menschen darin sofort von Erregung und Unruhe erfasst. Der Grund dafür sind seine niederen, schwerfälligen Schwingungen; wir könnten auch sagen, er ist brutal, hat schweres Karma und eine Menge teuflischer Hindernisse. Er ist überwiegend der Yin (negativen) Energie zugewandt, während wir mehr der Yang (positiven) Energie zuneigen, und so werden wir inkompatibel. Infolgedessen fühlen wir uns erregt und unruhig.
Nicht alle Orte auf diesem Planeten schwingen auf der gleichen Frequenz. Alle Arten von Metallerzen in unterschiedlicher Dichte sind über den Erdball verteilt. Daher gibt es viele Orte, die nicht spirituell Praktizierende zum Wohnen als ungeeignet empfinden. Für wahre spirituell Praktizierende jedoch ist jeder Ort ein Reines Land, überall das Heilige Land. Aber das ist leichter gesagt als getan. Wie viele Menschen können solch eine Ebene tatsächlich erreichen? Diese disharmonische Atmosphäre spüren sogar gewöhnliche Menschen, die nicht praktizieren - von einigen speziellen Ignoranten und solchen, die empfindsam sind wie ein Stück Holz einmal abgesehen. Je mehr man in der spirituellen Praxis vorankommt, desto empfindsamer wird man, hat man aber schließlich die höchste Ebene erreicht, ist

einem jeder Ort gleich.

Mit wem wir auch zusammen sind, wir werden von seiner Schwingung beeinflusst. Wenn seine Aura sehr sanft ist, dann werden auch wir sanfter; wenn er aufgebracht ist, werden wir ebenfalls erregt. Wir hören oft, dass die Heiligen das Karma der Menschen übernehmen, weil Sie die schlechten Einflüsse oder Schwingungen, die andere erzeugt haben - das sogenannte Karma - auf Sich nehmen und ihnen im Austausch dafür ihre höheren Schwingungen geben können. Aufgrund Ihrer Kraft, die Sie aus spiritueller Praxis schöpften, können sie das Karma rasch beseitigen. Die dafür benötigte Zeit ist abhängig von der Menge des Karmas, das sie eingesammelt haben. Bis sie dieses Karma verarbeiten können, werden Sie davon in Mitleidenschaft gezogen. Sie könnten krank werden, verleumdet werden oder sogar getötet werden.

Ein solches Beispiel war Jesus Christus, der gekreuzigt wurde, weil Er das Karma fühlender Wesen auf Sich genommen hatte. Von Buddha Shakyamuni haben wir vielleicht nicht gehört, dass Er das Karma anderer Menschen getragen hat, aber in der Schrift wird davon berichtet. Ein Mann tötete neunundneunzig Menschen und war drauf und dran, auch den Buddha umzubringen. Es gelang ihm nicht; stattdessen wurde er vom Buddha erlöst. Dieser Mann wurde schließlich ein Arhat (erlöster Heiliger).

Wenn der Buddha das Karma dieses Mannes nicht auf Sich genommen hätte, was wäre dann aus dem Karma geworden, das er durch den Mord an neunundneunzig Menschen verursacht hatte? Er tötete so viele Menschen und wurde doch ein Heiliger! War das nicht gegen das Gesetz des Karmas? Nein, war es nicht, denn Buddha Shakyamuni hatte immense Verdienste und unendliche Segenskraft, die ausreichten, all das Karma dieses Mannes problemlos zu bezahlen. Der Mann war keineswegs von der karmischen Vergeltung freigestellt; vielmehr hatte Buddha Shakyamuni sein Karma übernommen.

Das ist der Grund, weshalb seit alten Zeiten jene, die befreit werden möchten, zunächst einmal solch große Meister finden müssen.

Für einen Novizen in spiritueller Praxis ist es sehr schwierig, aus eigener Kraft so viel Karma abzuzahlen. Jene großen Meister haben durch spirituelle Praxis in vielen Lebenszeiten große Segenskraft aufgehäuft. Während Sie uns auf dem Weg führen, können Sie auch unser Gepäck tragen, da Sie über genügend Kraft verfügen. Menschen haben menschliche Kraft, und spirituell Praktizierende haben spirituelle Kraft. Diese Kraft mag für uns äußerlich nicht wahrnehmbar sein, sie ist jedoch so unendlich und keiner physischen Kraft zu vergleichen. Ihr habt gehört, dass eure fünf Generationen befördert werden, wenn ihr von mir eingeweiht worden seid. Es ist diese spirituelle Kraft, die sie alle nach oben zieht. Darum ist diese aus spiritueller Praxis gewonnene Kraft das Allerkostbarste; sie kann um keinen Preis gekauft und selbst von der größten Autorität nicht geraubt werden. Wenn ich irgendwo einen Vortrag halte, fühle ich mich zuweilen ganz entspannt und kann flüssig sprechen. Zu anderer Zeit fühle ich mich vielleicht bedrückt, ich bin müde und kann kaum reden. Genauso ist es bei der Einweihung. Manchmal läuft alles glatt und problemlos, und ein andermal ist mir, als würde ich sterben. Das liegt an den unterschiedlichen Schwingungen der Menschen, die zum Vortrag bzw. zur Einweihung kommen. Ihre individuellen Schwingungen sind das sogenannte Karma. Wodurch entstehen nun diese unterschiedlichen Schwingungen? Sie entstehen gemäß dem Gesetz des Karmas und stehen in Verbindung mit dem Karma, das wir uns in vergangenen Leben zugezogen haben.

Ursprünglich sind wir alle erleuchtete Heilige. Jesus Christus sagte ebenfalls, dass wir alle Gottes Kinder sind. Warum sind dann aber manche Leute so reich und andere so arm, manche so klug und andere so unklug, manche so wohlwollend und andere so böse? Der erste Grund ist, dass wir uns - obwohl wir ursprünglich erleuchtete Heilige sind - in dieser illusionären Welt die ganze Zeit selbst erniedrigen und so den größten Teil unserer Weisheit vergessen. Der zweite Grund ist, dass wir durch äußere Umstände beeinflusst werden.

### Sichtbare und unsichtbare Welten

Diese Welt unterscheidet sich von den höheren Dimensionen. Die höheren Bereiche werden uns helfen, spirituell Fortschritte zu machen, gelassener und wesentlicher zu werden. **Die Umstände in dieser Welt aber können durchaus bewirken, dass wir uns zurückentwickeln und törichter und böser werden.** Im Paradies im Himmel werden wir alles haben, was wir nur wollen, ohne das geringste Leiden, während wir in dieser Welt mit der Natur kämpfen müssen, um zu überleben.

Selbst Buddha Shakyamuni musste um Nahrung betteln bzw. die Dinge dieser Welt benutzen, um zu überleben. Dies ist eine sichtbare Welt der Formen und der Gegensätze.. Hier gibt es kalt und warm, schön und hässlich, Mann und Frau.

Diese Welt unterscheidet sich vom Paradies im Himmel, welches eine unsichtbare Welt ist ohne Formen und Gegensätze.

Darum werden wir, wenn wir in diese Welt kommen, nach außen gewandte fühlende Wesen. Wenn wir Nahrung sehen, denken wir ans Essen; wenn wir irgendetwas sehen, entstehen Gedanken der Zuneigung oder Abneigung. Da unser Sinn ständig mit Dingen beschäftigt ist, die wir mögen, vergessen wir unsere große Weisheit. **Nach und nach werden wir der allmächtigen Kraft des Universums immer mehr entfremdet und zu einsamen Wesen.**

Ursprünglich gehört uns alles, weil wir aber nur ein paar Dinge im Sinn haben, die wir mögen, setzen wir uns aus Unwissenheit enge Grenzen. Von einem Wesen ohne alle Gegensätze (im himmlischen Paradies haben alle Wesen den gleichen goldenen Leib, und es gibt weder Mann noch Frau) werden wir zu einem, das von Gegensätzen erfüllt ist. **Da wir nur eine Handvoll Dinge oder Personen von ganzem Herzen lieben, werden wir noch einsamer und abgetrennt von der allmächtigen universalen Kraft.**

Unsere Kraft schwindet und ist innerhalb kürzester Zeit erschöpft. Angenommen, ein Mensch lebt inmitten des Ganges, von einem unerschöpflichen Wasservorrat umgeben. Nun erregt irgendetwas an Land seine Aufmerksamkeit, er verlässt den Ganges und begibt sich dorthin. Da er von dieser Sache so fasziniert ist, vergisst er, wie er zu seinem ursprünglichen Wohnort zurückkehren kann. Und wenn er dann Durst hat, kann er nur in der nächsten Umgebung nach Wasser suchen, das natürlich nicht ausreicht.

Infolgedessen werden wir immer schwächer, weil unsere Weisheit am Ende ist. **Und wenn wir nicht genug Weisheit besitzen, werden wir gierig.** Aus Unsicherheit ,suchen wir noch mehr Dinge zusammenzuraffen, und so entstehen aus der Gier Zorn und Verblendung Diese Gedanken bilden ein spezielles Magnetfeld, das uns verschlingt. Da die Situation eines jeden Menschen eine andere ist, ist auch sein Magnetfeld ein anderes. Weil Gleiches, Gleiches anzieht, werden gierige oder leicht erregbare Menschen durch ihr Magnetfeld natürlich Erregung anziehen. Ebenso werden sanftere Menschen, sanftere Situationen anziehen. Das ist die Ursache der sogenannten karmischen Hindernisse.

Wie oft erleben wir Menschen, die in ihre Arbeit keine Ordnung bringen können. Das kommt daher, dass ihr Magnetfeld ständig destruktive Kraft bzw. hinderliche Energie, törichte oder teuflische Energie anzieht. Sie können einfach nicht die große Weisheit zu sich heranziehen. Manche Menschen haben sehr starke animalische Instinkte, ebenfalls auf Grund ihres Magnetfeldes. Oder wir könnten auch sagen, dass ihre Leben um Leben eingeschliffenen Gewohnheiten nicht korrigiert wurden. Wenn sich unser Magnetfeld verbessert, zeigt das an, dass wir beginnen aufzusteigen. Die für die Korrektur benötigte Zeit ist abhängig von unserer Herzensreinheit. In den Schriften wie auch im Tao Te King wird gesagt, dass wir das Herz eines Kindes haben müssen, um zum Himmlischen Königreich zurückzukehren. Es ist nicht leicht, unsere Gewohnheiten bzw. unser Magnetfeld zu ändern. Keinesfalls kann es durch das Praktizieren irgendwelcher Atemzähl- oder Yogaübungen erreicht werden. Da die Entwicklung von Gewohnheiten vom Verstand kontrolliert wird, müssen wir den Verstand ändern, um unsere Gewohnheiten zu ändern. Methoden der Kontemplation auf den Solar Plexus, auf Knochen, Wasser oder Atem reichen einfach nicht aus. Allein die Guanyin-Methode ist die ultimative Methode.

## Der Klang Gottes

Der Klang ist der „Klang Gottes", der Klang unserer ursprünglichen Natur, der schon existierte, ehe irgendetwas im Universum entstand.
Dieser Klang ist der „Klang jenseits dieser Welt", darum ist er für das Hörvermögen gewöhnlicher Menschen unhörbar. Dennoch können ihn alle fühlenden Wesen hören, nur dass sie ihrer individuellen Stufe entsprechend unterschiedliche Klänge vernehmen. Alle Dinge im Universum vibrieren, und so haben sie einen Klang - selbst Steine haben ihren Klang. Er ist jedoch zu subtil, um vom menschlichen Ohr wahrgenommen zu werden; wir können ihn nur mit unserer Weisheit hören. Darum sprechen wir eher vom Betrachten des Klangs als vom Hören des Klangs. Wenn doch alle fühlenden Wesen diesen Klang und dazu Weisheit besitzen, warum können sie dann nicht diesen Klang betrachten? Weil sie nicht den Schlüssel haben und darum nicht wissen, wo der Klang ist. Darum müssen wir zuerst einen Meister finden, der uns die Tür öffnen kann.

Warum ist dieser Klang so wichtig? Weil alle Dinge im Universum durch diesen Klang miteinander verbunden sind. All die Ebenen, von den höheren bis zu den niederen, sind durch diesen Klang miteinander verbunden. Wir haben gerade erwähnt, dass die Schwingungen bestimmter Menschen mit denen anderer nicht kompatibel sind, so dass sie Schwierigkeiten haben, sich einander anzupassen.

Aus dem gleichen Grunde passen unsere Schwingungen nicht zu denen der Tiere oder gewisser Orte, so dass es uns schwerfällt, mit Tieren zusammenzuleben bzw. an jenen Orten zu wohnen. Wenn Leute an diesen Orten leben können, heißt das noch nicht, dass sie besser sind als wir. Höchstwahrscheinlich sind ihre Schwingungen sehr niedrig oder kommen denen der Tiere nahe, so dass sie nichts spüren.

Schweine und Frösche können an den schmutzigsten Orten glücklich sein, was ausreichend illustriert, weshalb manche Leute an unerträglichen Orten unbeschwert leben können, ohne irgendetwas zu spüren. Ihre Aura kann mit solchen Orten fertig werden; unsere Schwingungen sind höher und sanfter und können sich jenen niederen Schwingungen nicht anpassen. Darum können wir dort nicht leben, aber das heißt wie gesagt noch nicht, dass sie fähiger sind als wir. So haben wohlwollende Menschen oft die größten Schwierigkeiten, mit rohen Menschen zusammen zu leben.

Sollte jemand sein Schicksal ändern wollen, muss er sich auf diesen höchsten Klang stützen.

Jetzt haben wir nur einen sehr kleinen Teil davon, und er ist nicht von sehr hoher Schwingung. Genauer gesagt: Da unsere Schwingung niedrig ist, leben wir in dieser niederen Welt mit den Tieren zusammen, denn: Gleich zu gleich gesellt sich gern.

Es gibt jedoch eine Art von Klang, der alle fühlenden Wesen umschließt. Das ist „Gottes Klang", der Klang der Ursprünglichen Natur.

Durch Kontemplation auf diesen Klang können wir unsere Schwingung und unsere spirituelle Ebene erhöhen. Äußerlich betrachtet mögen wir dann so aussehen wie vorher, aber unser Körper wird Licht ausstrahlen. Jedermann wird unserer Rede gern zuhören, und es fällt uns leicht, Menschen zu erlösen, da unsere Schwingungen sanfter geworden sind, die Menschen ausgeglichen machen und sie zur Befreiung führen. Ihre Schwingungen werden von der unseren umhüllt; wir werden ihnen gute Schwingung zur Verfügung stellen, die ihre schlechte Schwingung auflöst. Wenn das Blut eines Patienten nicht funktionstüchtig ist, wird der Arzt das schlechte Blut durch gutes ersetzen. Wenn das Wasser im Eimer schmutzig ist, muss man das Schmutzwasser ausgießen, bevor man ihn mit sauberem Wasser füllt. Jedoch bevor unsere Schwingung gut genug geworden ist, können wir sie nicht gegen die schlechte Schwingung anderer Menschen austauschen. Das Ergebnis wäre schrecklich. Wenn wir fühlende Wesen erlösen wollen, müssen wir zuerst spirituell praktizieren.

Soeben wurde gesagt, dass alle Dinge im Universum den „Klang" besitzen, und alle Dinge durch diesen Klang geschaffen wurden. Im „Tao Te King" wird er erwähnt als der „Name" oder das „Tao". Lao Tse sagte: „Der Weg, von dem man sprechen kann, ist nicht der beständige Weg; der Name, der genannt werden kann, ist nicht der unveränderliche Name. Das Namenlose war der Anfang von Himmel und Erde; das Benannte war die Mutter der Myriaden Kreaturen." Dieser Name bzw. das Tao bezieht sich auf diesen Klang bzw. die Schwingung. Der altchinesische Sprachgebrauch mag unterschiedlich gewesen sein, tatsächlich bezeichnet er jedoch dasselbe. Ich denke, ihr seid in der Lage, das zu verstehen.

**Sich auf die höheren Klänge einstellen**

Alles im Universum wurde aus diesem Namen oder Klang geboren; auch wir sind ein Teil desselben. Da wir aber menschliche Wesen sind, besitzen wir den höchsten Teil davon und werden ihn aller Wahrscheinlichkeit nach einmal vollständig besitzen. Tiere sind nicht hoch genug entwickelt, um diesen Klang ganz zu besitzen. Durch das Praktizieren auf diesen Klang können wir uns unablässig selbst emporbringen, wir stellen uns auf immer höhere Klänge ein, bis wir ihn vollständig in Besitz genommen haben. Dann werden wir in der Lage sein, uns auf alle fühlenden Wesen im Universum einzustimmen. Da alle fühlenden Wesen Teil dieses Klanges sind, den wir vollständig besitzen, ist für uns jeder Ort das Reine Land, jeder Mensch ein Heiliger, und alle fühlenden Wesen haben Gott-Natur. Erst dann erreichen wir die wahre Erkenntnis; ansonsten wissen wir alles nur vom Hörensagen, „so habe ich gehört", und können nicht unterscheiden, was richtig oder falsch ist.

Eigene Erfahrungen sind etwas anderes als in den Schriften zu lesen oder über die Erfahrungen anderer. Wir lesen von den Erfahrungen anderer, wenn wir die Schriften lesen. Wenn wir die Guanyin Methode praktizieren, werden wir unsere eigenen Erfahrungen machen. Wir vergleichen sie vielleicht mit jenen, die in den Schriften aufgezeichnet sind und sehen, ob wir die gleichen Erfahrungen machen wie jene Menschen aus alter Zeit. Gelegentlich könnten unsere Erfahrungen sogar höher sein als ihre; das heißt aber nicht, dass wir höher sind als sie, sondern dass ihre spirituelle Ebene vielleicht nicht sehr hoch war, als sie dies aufschrieben. So mögen wir ein wenig höher sein als ihre Ebene zu jener Zeit.

Wir sollten wissen, wie machtvoll dieser Klang ist. Alle fühlenden Wesen besitzen diese Schwingung oder diesen Klang, und wir beeinflussen einander. Diese Welt unterscheidet sich vom Westlichen Paradies in dem Sinne, dass es hier Tiere gibt, böse und gute Menschen, nervöse und ruhige, glückliche und elende Menschen. Es ist eine Mischung der unterschiedlichsten Atmosphären, die es uns sehr schwer macht, in einem solchen Tohuwabohu mit innerem Frieden zu praktizieren. Es gibt immerfort Hindernisse oder schädliche Einflüsse, die uns besorgt sein lassen.

Doch wenn wir unbeirrt und konzentriert praktizieren, werden wir sehr schnell Fortschritte machen.

Viele himmlische Wesen inkarnieren gern als menschliche Wesen, weil dieser physische Körper für die spirituelle Praxis notwendig ist. Wir meinen oft, dieser Körper sei nutzlos, aber ohne ihn können wir nicht spirituell praktizieren. Dieser Körper ist überaus kostbar. Darum sorgt gut für ihn. Gebt ihm genügend nahrhaftes Essen, um ihn zu erhalten, aber seid nicht unersättlich. Bewahrt den Körper vor extremer Kälte, Hitze, Erschöpfung und Überarbeitung. Asketische Praxis ist nicht gut; das hieße, sich selbst zu bestrafen, was die größte Sünde ist. Wir sind Heilige der Vergangenheit, der Gegenwart und Zukunft. Wir sollten uns selbst achten. Wie können wir uns durch asketische Praxis selbst bestrafen? Wenn es unvermeidbar ist, ist das natürlich etwas anderes.

Ihr habt vielleicht gehört, dass ich jeden Tag nur rohes Gemüse aß, als ich im Himalaja praktizierte. Das war wegen der großen Höhe.

Die Luft war dünn und Temperatur und Luftdruck so niedrig, dass es sehr schwierig war, (Feuer zu entfachen, um) Reis oder Gemüse zu kochen. Es war viel einfacher, das Gemüse roh zu essen, ich musste es nur im Ganges waschen, ein wenig Salz drauf streuen und dann essen.

Ich hatte nicht die Absicht, Askese zu praktizieren. Einmal praktizierte ich in der Abgeschiedenheit eines Bergtempels in Formosa und hielt dort drei Monate ein Sommer-Retreat. Ich aß jeden Tag nur etwas groben Reis mit Sesamkörnern und Salz und trank ein wenig Wasser. Niemand sorgte damals für mich. Wenn ich jeden Tag auf den Markt gegangen wäre, um Gemüse zu kaufen, was für ein Retreat wäre das wohl geworden? Es wäre ein „Gemüse-Retreat" geworden. (Lachen) Es ergab sich aus den Umständen. Ich aß, was ich finden konnte, ich habe nicht absichtlich Askese geübt. Asketische Praxis kann einen nicht zum erleuchteten Heiligen machen; sie wird euch nur zu einem verbitterten Menschen machen. Unser Leben ist bitter genug, warum sollten wir auch noch Askese üben wollen?

**Der „Klang "ist die Größte Kraft und Höchste Weisheit im Universum**

Um ein erleuchteter Heiliger zu werden, sollten wir die Guanyin Methode praktizieren und mit unserer Weisheit diesen ursprünglichen Klang betrachten. Dieser Klang schafft alle Dinge im Universum, er ist die größte Kraft und höchste Weisheit im Universum. Worauf sonst können wir uns in unserer spirituellen Praxis stützen, wenn nicht auf diese große Kraft und große Weisheit? Warum sollten wir uns stattdessen auf diesen kleinen Unterleib (den Solar Plexus) oder unseren flüchtigen Atem verlassen? Was macht es schon, wenn unser Körper sich während der Meditation geringfügig bewegt? Wie könnten wir praktizieren, wenn wir den Atem anhalten, wenn wir sterben?

Wenn wir mit dieser großen Kraft spirituell praktizieren, macht es nichts, wenn sich unser Körper ein wenig bewegt oder sogar verletzt ist. Da unser eigener Meister die Verbindung mit diesem Klang hergestellt hat, ist er befreit worden und hat keine Beziehung zum Körper, und natürlich können wir fortfahren zu praktizieren. Er wird weiterhin für unser Leben Sorge tragen und uns helfen, voranzukommen. Darum können wir uns auf nichts anderes als diesen größten, höchsten und ursprünglichsten aller Klänge verlassen. Dieser allereinfachste Klang existierte, bevor wir ins Dasein traten, ja bevor irgendetwas im Universum entstand. Und selbst nachdem die drei Bereiche zerstört sind, wird er fortfahren zu existieren. Nur indem wir uns auf diese ewige Kraft stützen, können wir spirituell praktizieren, um den Zustand ewigen Seins zu erreichen. Wenn man sich beim Praktizieren auf den vergänglichen Atem stützt, kann man nur die vergängliche Ebene erreichen.

Im Surangama Sutra sagt Buddha Shakyamuni, das alle anderen Wege spiritueller Praxis nur zeitliche Methoden sind, und keine ewigen. Allein die Guanyin-Methode ist die ewige, ultimative und korrekteste Methode spiritueller Praxis. Wir werden Ihm zustimmen, wenn wir die Guanyin-Methode praktiziert haben.

In der Bibel wird gesagt, dass das Universum... Im Anfang war das Wort (der Klang), und das Wort ‚vor bei Gott. und das Wort war Gott. Alles ist durch dasselbe (den Klang) gemacht, und ohne dasselbe ist nichts gemacht, was gemacht ist (.Joh1. 1-4). Auch das „Tao Te King" spricht über dieselbe Sache. Lao Tse sagte: „Der Weg, von dem man sprechen kann, ist nicht der beständige Weg; der Name, der genannt werden kann, ist nicht der unveränderliche Name.

Das Namenlose war der Anfang von Himmel und Erde; das Benannte war die Mutter der Myriaden Kreaturen." Als dieser „Name, der nicht genannt

werden kam}" ins Dasein trat, wurden das Universum und alle Dinge geboren.
Die Upanishaden, die berühmtesten Hindu-Schriften, erwähnen ebenfalls dasselbe: „Am Anfang war das Wort." Dieser Klang existierte, als die Schöpfung begann.
Als dieser Klang entstand, entstand alles. Dieser Klang ist Gort; dieser Klang ist Schöpfung. Sie alle reden über dasselbe, da sie alle, an erster Stelle Buddha Shakyamuni, Lao Tse, die Bibel, der Hinduismus und der Islam, dieselbe Lehre vortragen. Nachdem wir die Guanyin Methode praktiziert haben, können wir die Schriften verstehen, wenn wir sie studieren. Wenn wir die große Erleuchtung erreicht haben, werden wir wissen, dass alle Schriften tatsächlich über ein und dieselbe Sache reden.

(Nachdruck aus: Der Schlüssel zur sofortigen Erleuchtung. Band 1, Chinesische Ausgabe. Höchste Meisterin Ching Hai, S. 99-109, 1998)

Zitat Ende

Sooooo, heute ist ein weiterer Tag obgleich Gott unbegrenzt ist, kann der Mensch ihn erkennen. Es ist jedoch keine Erkenntnis des Intellekts oder des Baumes der Erkenntnis mit seinen materialistischen Folgen sondern es ist eine spirituelle Erfahrung.
Viele Meister haben das erwähnt und vorgelebt und ihre Eigeweihten dazu geführt das auch zu erleben, mit den dazugehörigen Wachstumsmöglichkeiten.
Die heiligen Schriften aller großen Religionen bezeugen das Gott sich den Menschen in inneren Visionen von strahlender Schönheit und in der Sphärenmusik dem inneren Ton offenbart.
Die Lehren dieser Erwachten und befreiten Meister und Meisterinnen sind uns überliefer geblieben und es gibt zu jeder Zeit auf der Erde gottverwirklichte Meister und Meisterinnen, die diese Lehren weitergeben damit andere spirituell wachsen.
Die Seele ist Geist und der Mensch kann heute genauso die Erfahrung machen seine physische Begrenztheit zu durchbrechen zu transzendieren und mit der Gotteskraft in Verbindung kommen.
Die zur Zeit noch materialistischen Wissenschaftler die in der Überzahl in den wissenschaftlichen Kategorien sind, werden auf dem Weg indem sie suchen keine weiteren Befreiungen für die Menschheit machen können, sie

werden bloß noch mehr vergiften und im Bereich des messbaren und wiegbaren bleiben müssen. Da ihre innere Entwicklung keine weiteren Einsichten erlaubt.
Erst wenn diese Wissenschaftler sich dem spirituellen Weg mehr öffnen wird das auch für sie und somit der gesamten Menschheit positive Folgen haben, die zum Weg der Befreiung führen kann.
In den spirituellen wissenschaftlichen Lehren dieser Meister ist der Weg zur Verwirklichung der spirituellen Meisterschaft vorgelegt, mit Methodik und Klarheit.
Dadurch kann er diese innere Schau erfahren wo er sein eigenes Wesen erkennt und sich seiner Einheit mit der Gotteskraft bewusst wird. Und dadurch werden weitere spirituelle oder geistige Organe erweckt und vitalisiert. Denn in Wahrheit ist schon alles da, es muss bloß aktiviert werden.
Viele der Wissenschaftler und Mächtigen heute in Industrie und Wissenschaft oder Politik und Religion sind gefallenen Gottessöhne und Gottestöchter oder gefallenen Engel die den Weg der Erkenntnis gegangen sind vom Baum der Erkenntnis gegessen haben ,was aber bloß die gefallene Intelligenz und deren Gedankenformen sind, es sind allesamt verunreinigte Ideen oder Ziele, es sind allesamt zerstörerische Pfade und Ziele, aber immer im Mantel des wohltuenden, des Friedens und der Freiheit.
Was heute auf der Erde noch abläuft kann doch ganz klar als das gesehen werden.
Diese Menschen sind keine Wesen, die Völker, Menschen, führen können, außer ihr seid mit dem was ihr so erfährt zufrieden und glaubt das wäre die schönste und beste Sinneserfahrung und das beste Leben das ihr haben könnt.
Eine spirituelle Synthies mit Wissenschaft ist nötig.
Einige Wissenschaftler sind sich bewusst dass die Schöpfung hier auf Licht und Klangoktaven aufgebaut ist.
Die Meister heute und die alten Meister lehrten deswegen auch den Licht und Klang Meditationsweg. Buddha. Mohamed oder Jesus. Oder Suma Ching Hai heute, und andere Licht und Klangstrommeister auf der Erde heute.
Es gibt auch den Weg über die Erschließung der Keim-Silben und Wörter der Beschreibungen der heiligen Schriften zu erfahren. Da jedes Wort eine direkte Erfahrung beinhaltet eine Wahrheit.
Ich habe zum Beispiel mit der Keimsilbe-OM-lange Zeit gearbeitet und dadurch die Wahrheit des Wortes erfahren können. Zum Beispiel das Licht

das mit dem Ton verbunden ist. Diese aufgestiegenen Meister lehrten alle die kosmischen Gesetze des Universums.
Die 10 Gebote sind zum Beispiel Wahrheiten die dazu führen eins mit den kosmischen Gesetzen zu werden. Im Buch Enochs-der Schlüssel des Enoch, steht zum Beispiel das die 10 Gebote pyramidenförmige Lichtgitterstrukturen sind, die dynamische Schwingungen Gravitation Schwingungen und Vitalzyklen ganz gemäß dem göttlichen Plan sind, und aufeinander abgestimmt sind.
Die Kraft der heiligen Sprache darf nicht vergessen werden. Die Gebote sind heilige Sprache. Sprache sind Töne Schwingungen Frequenzen Muster Farben die Informationen übermitteln auf ein biophysisches System und es aktivieren können oder zerstören können .
Die Lehren der Meister wie zum Beispiel Suma Ching Hai heute, sind allesamt hochwissenschaftliche spirituelle Lehren.
Zurzeit auf der Erde durch diesen Schwund und Wirrniszustand kann gut gesehen werden dass die Illusionen der Führer eurer Systeme euch die Erde zerstören können. Und auch wollen. Denn zum Beispiel diese einfachen Abläufe der politischen und militärischen Abzockerin und der wirtschaftlichen korrupten Vereinigungen mit ihren schein und goldlächelnden Waren, sie sind allesamt Ausbeutungen und leersaugen der Massen, die auf Sparflammenbewusstsein, durch materielle Bindungen gehaltenwerden, weil ja das System so aufgebaut ist. Es sind allesamt niedere stumpfe dumpfe Verstandes Energien die da produziert wurden.
Ihr seht ja das Resultat der betrüge und gierigen Erfahrungen, egal in welchem Bereich des menschlichen Tuns.
Es immer nur ein dumpfes stumpfes ausbeuten und gegeneinander.
In den alten Schriften wird ja auch vom Ende der Zeit gesprochen.
Das bedeutet auch dass die Erde eine höhere Schwingungsfrequenz bekommen wird. Die alte Schwingungsfrequenz hat ausgedient. Schon jetzt ist die Schumannschwingung höher als vor 10 Jahren. Sie war einmal identisch mit dem menschlichen Herzschlag von 7,3 Herz wenn ich da richtig liege, aber jetzt ist die Erdschwingung schon auf 11 angestiegen und wird bis 2012-13 weiter ansteigen, dann ist das Ende der Zeit des alten Denkens und deren Muster erreicht, und die neue höhere Einsicht das Denken und Schwingung mit anderen Worten eine höhere Wahrheit sich auf der Erde manifestieren will. Die verlogen ausbeuterischen Machtkämpfe die das traditionelle materialistische festhalten wollen, sind ja gut sichtbar.
Die Schau mit dem Licht und der Liebe soll nun auch mehreren möglich

gemacht werden.

**Ein weiterer Tag**

Der göttliche Wille.. Der menschliche Wille ....Jesus sagte mal.."darum sollt ihr vollkommen sein, gleich wie euer Vater im Himmel vollkommen ist".
In den heiligen Schriften der Sikhs heißt es, „selbst die Götter beten zu Gott, ihnen die Geburt als Mensch zu gewähren".
Aber warum?
Der Mensch ist das einzige Wesen dem die Fähigkeit der Gotterkenntnis möglich ist.
Nur für diesen Zweck, diesen hohen Zweck, erhält die Seele im endlosen Schöpfungszyklus den menschlichen Körper.
Im Hinduepos Ramayana steht: du magst die Reichtümer der ganzen Welt erwerben oder das ganze Universum beherrschen und doch wird das alles vergebens sein wenn du darüber versäumst Gott zu dienen. In weiteren Geburten wirst du Leiden müssen ohne die Verehrung Gottes gibt es keinen Ausweg, keine Befreiung vom Übel.
Krischna, der indische Lichtmeister sagte: nur in einem unterscheidet sich der Mensch vom Tier. im menschlichen Körper kann die Seele Gott erkennen.
Oder andere Einsichten: die Seele ist ein Teil Gottes die Seele ist ein Teil Gottes und sie ist unsterblich weder stirbt die Seele noch wird sie wiedergeboren.
Was wir Tod nennen ist die Trennung der Seele vom Körper und die Geburt ist die Verkörperung der Seele.
In der Bibel steht: und Gott schuf den Menschen ihm zum Bilde zum Bilde Gottes schuf er ihn.
Oder etwas anderes: Evolution ist die Ansammlung von Licht.
Oder: ein Meister ist ein Mensch der selbst Gott erfahren hat und auch uns zu ihm führen kann.
Aber wie kann man solchen Aussagen trauen.
Die Meister sagen das Gott sich in Licht und Ton zum Ausdruck bringt und der Meister stellt diese Verbindung zwischen unserer Seele und diesem Licht und Ton her.
Auch in anderen Schriften steht das die absolute Gottheit sich in Licht und Ton manifestiert.
Die Wissenschaft heute ,die Wissenschaftler-rinnen, sie haben ja erkannt

das alles aus Schwingungen besteht-das Materie Energie ist und Energie ist Bewegung die Licht und Ton trägt.

In den Veden steht das Prago-was Licht bedeutet, die offenbarende Gotteskraft ist.

Die Mohammedaner sprechen von Gott als-nur-i-elahi-nur heißt Licht und elahi Gott. In der Bibel heißt es das Auge ist des Leibes Licht ,wenn dein Auge einfältig ist so wird dein ganzer Leib Licht sein.

Der menschliche Körper ist der Tempel Gottes, In dem wir Gott in der Gestalt von Licht erfahren können.

Weil der Körper der Tempel Gottes ist. ist auch die synthetische Ernährung, Mineralien Vitamine das falsche, sind auch die Chemikalien und die pharmazeutischen Mittel das falsche für den Tempel Gottes.

Hierbei will ich auch nochmal wiederholen dass nur Gott der Heiler ist und kein Arzt jemals heilen kann. Ja das er sogar nicht darauf aufmerksam macht bezeugt das der Arzt selber das falsche ist und Falschheit lebt, was ja auch durch die immensen Kosten die als Geld abgezockt werden für falsche Wege und falsches Tuen ein Beleg dafür sind, das dort nicht geheilt wird sondern bloß Profite gemacht werden sollen, alles unter dem Mantel der Hilfe.

Nur Gott ist heil und die Heiligen die Gott erkannt haben und eins mit ihm sind-bewusst.

Buddha sagte: Gott ist die Kraft die Licht und Ton umfasst.

Die zweite Kraft ist also der Ton.

Oder der TonStrom.

In den Veden steht der Begriff nad, brahmanad, und shruti, was Ton ,oder Ton-Gottes heißt.

Im islamischen Schrifttum steht-kalma-kalami mustakim und andere Wörter die Ton-oder Ton aus dem Jenseits oder Ton-Gottes heißt.

Die Bibel spricht von im Anfang war das Wort und das Wort war bei Gott und Gott war das Wort dasselbe war im Anfang bei Gott alle Dinge sind durch dasselbe gemacht und ohne dasselbe ist nichts gemacht was gemacht ist.

Die Griechen haben dafür den Begriff Logos. Die Parsen nennen es -essa-rosha-die lieblich, Melodie. Und andere Schriften erwähnen alle das Gott sich in Licht und Ton im inneren des menschlichen Körpers zeigt.

Jesus sagte: Gott ist Geist und die ihn anbeten die müssen ihn im Geist und in der Wahrheit anbeten.

Er sagte auch: das Reich Gottes kommt nicht so, dass man es mit Augen

sehen kann, man wird auch nicht sagen, siehe hier-oder-da ist es. denn sehet, das Reich Gottes ist inwendig in euch.
Und je weiter und geschäftiger wir nach außen sind, desto mehr schlafen wir nach innen.
Dadurch haben wir kein Bewusstsein von der Seele in uns.
Indem wir kein Bewusstsein von der Seele haben, haben wir auch kein Bewusstsein davon dass wir nicht der Körper sind sondern Geist oder Seele. Zurzeit machen die meisten Menschen keinen Unterschied zwischen Seele und Körper . Manche machen theoretische Unterschiede, das ist eine Unterscheidung auf der Verstandesebene, durch Buchwissen, Informationen. Aber so wie sich das menschliche Leben darstellt mit den gigantischen Fehlern und Machtsüchten und Zerstörungen auf der Erde, und so wie sich die politischen Typen darstellen oder die wirtschaftlichen Ziele sind und die Ziele der Menschen die religiöse Positionen in der Fabrik Religionspropaganda, so ist gut sichtbar das die Menschen sich doch bloß sinnlich mit ihrem Körper identifizieren, mit all seinen Süchten, Mangelbewusstseinen, allen zerstörerischen, weit, weit, weit, weg von göttlichem schauen Bewusstseinen.
Das ist aber ganz normal, weil sich die meisten noch nie getrennt vom Körper erfahren haben.
Das kann ich aber von mir sagen und vieles mehr.
Wenn ich mir die menschliche Situation auf der Erde anschaue, die Verwicklungen in tierisches Verhalten, in Raubtierverhalten, Leichenfresserverhalten, in Geldgierverhalten, in Betrugsverhalten, in Täuschung und Mord und dem ausnutzen von menschlichen Fähigkeiten, zur Bereicherung von wenigen..Wenn ich das sehe, global, dann sehe ich auch keine wirkliche Hoffnung auf Besserung für die menschliche Situation, nicht aus eigener Kraft sind die Menschen dazu mehr fähig.
Die eingefahrenen Systeme, sind genauso eine Matschzukunft wie der Hinduismus, der hat auch alles geschluckt und geschluckt bis er an der Matsche, ein Sumpfhaufen geworden ist.
Aus dieser Einsicht in die globale Situation des menschlichen Seins und Tuns, wird ganz klar gesehen, dass es eine Aktivität des Einzelnen ist, die diese Erfahrung macht, organisationsmäßig kann keine Erwachung passieren. Dazu sind die Umstände zurzeit noch zu primitiv, durch die Geldgier, die Angst die politischen Führer sind zu korrupt, sie haben bloße instinktmäßige Intelligenzen und die Wirtschaft ist auch bloß eine dumpfe Expansion und Profit Philosophie von Raubsäugetieren.

Ich schreibe dieses Buch mit der Erwartung das zu mindestens 10 Menschen noch etwas Wahrheit in sich tragen, die über die relativen Wahrheitsfunken der Massenglühlampen steht.

Die deutschen sind schwer vorbelastet und ein dunkles Volk von Materialisten geblieben, angstverbunden und hörig, den niederen Kräften und Vorstellungen gehen sie einem Leben nach, das auf Illusionen aufgebaut, ist nämlich das der Sicherheiten und Versicherung den Glauben von Raubtiereinsichten. Evolution ist auch Probleme lösen. auflösen. Evolution ist auch sich von alten Lasten befreien zu können. Töten und rauben was fleischfressen bedeutet, ist ein Zustand der durch Evolution beseitigt werden muss, das ganze Völker reiner werden und höheres Bewusstsein erlangen können. Wir leben hier in einer Galaxie. Die Erde ist ein Organ im Organismus des Sonnensystems , das wiederum ein Organ in der Milchstraße ist die ein galaktisches Organ Lebewesen ist in einem viel, viel, größeren System von Galaxien und das ist bloß die Unendlichkeit der physischen der niederschwingenden Welten. Es gibt andere höher schwingende Welten, es gibt reine spirituelle Welten, und so weiter, die Meister haben schon immer darauf hingewiesen.

In der Bibel heißt es: und das Wort ward Fleisch und wohn in uns.

Das Wort ist der TonStrom Gottes.

Martinus schrieb in seinen Arbeiten von der Vergebung der Sünden.

Er bezieht sich auf den Kreislauf und seine ewig wiederkehrenden Themen und so weiter. Durch dieses System sei die Vergebung der Sünden schon vom göttlichen vorprogrammiert, indem du eine Tat die nicht der Liebe entspricht und zum Wohle des Lebens ist, nicht mehr wieder machen willst, wird die ResultatErfahrung ausbleiben, die im Kreislauf auf einen selber zurückkommt.

Wenn ich mir das so anschaue ist das logisch erkennbar und echt, aber wie viele Taten macht ein Mensch in seinem Leben und hat er schon in den vorherigen Leben gemacht von denen er gar nicht weiß dass er sie einmal gemacht hat. Rein logisch kann man so sich befreien von vielen Lasten ,aber wie lange wird das dauern, wie viele neue Lasten baut man sich aber selber wieder auf, alleine jeden Tag, wieder zu töten, was passiert da an Schmerzen für andere Lebewesen.

Der Bereich von Ursache und Wirkungen ist ein ewiger Weg und genauso unendlich wie die höchste Gottheit selber.

Es gibt ja Menschen die denken und glauben das da irgendwo ein Gott war der dann irgendwann mal ein Wort aussprach idem er sagte es werde Licht.

Was wie eine Art von Befehl war. Der hat dann also in irgendeiner Sprache also mit dem Wort sagen wir mal jiddisch oder aramäisch oder chinesisch indisch oder eben in Gottes Sprache am Anfang so gesprochen..
Aber das Wort ist ein Begriff für die wirkende Gotteskraft oder Christuskraft in der Welt.
Im Johannesevangelium heißt es: in ihm war Leben und das Leben war das Licht der Menschen. Und das Licht scheint in die Finsternis und die Finsternis hat's nicht begriffen.
Wer natürlich nie das innere Licht in sich gesehen hat der kann natürlich auch nicht wissen, das es neben dem äußerlichen Licht, auch ein innerliches Licht gibt das ein sogenanntes immaterielles Licht ist. Was aber bloß eine Form von höherer Schwingung ist, viel, viel, viel, höher und dann nochmal viel, viel, viel, höher und dann noch hoch viel, viel, höher.
Diese Erfahrungen dieses spirituellen Lichtes und mehr, kann gemacht werden, das ist kein Metapher oder bloß eine poetische Bezeichnung sondern das ist Wahrheit.
Diese Erfahrung der Wahrheit dieses Tonstroms der zur Befreiung führt, falls das heute überhaupt noch jemand möchte, denn die meisten denken ja schon sie sind frei mit ihrem Urlaubsgeld ihrer Renten ihrem Gehalt oder Reisen von Dortmund nach Murmansk oder Sydney und Hawaii... diese Erfahrung wird durch einen heiligen zur Vollendung gebracht, weil er das Suchen schon vollendet hat und das Mysterium durchschaut hat.
Kabir, der indische erwachte Heilige, hat gesagt: ja ich habe Gott mit der Gnade meines Meisters gesehen.
Oder Paulus: ich lebe, doch nun nicht ich, sondern Christus lebt in mir.
So, ich werde nun einiges als Zitate aus der Lehre von Hazur Soami Ji Maharaj bringen-dessen Familienname Seth Shiv Dayal Singh war.
Er wurde 1818 geboren.
Er hatte 17 Jahre in Meditation gelebt in einem dunklen Raum. Das was er zu sagen hat ist nicht neu. Das Meditationssystem das er machte, war auf das dritte Auge in der Stirne fixiert, und von dort geht es weiter nach oben.
Diese lebenden Meister die auch heute auf der Erde sind, sie sind die modernen Jesusse oder Buddhas oder Mohammed's oder Zarathustra's oder Krischnas und so weiter.
Diese Lehren von ihnen erhalten, enthalten, nichts Spekulatives oder Imaginäres, es ist kein Glaubenssystem, es ist positive Wahrheit und Fakten.
Weil es auf die wirkliche Erfahrung der Meister beruht.
Ich selber bin Beweis dafür dass es stimmt, weil ich selber schon einiges

erfahren habe.

Die Meister waren die Quellen aller Weltreligionen, aber die Weltreligionen sind nun bloß noch Geldreligionen, Machtreligionen und Massenkollekter. Dabei war die Lehre der Meister der Sinn der Lehre ganz anders als sie heute von morschen Systemreligionen dargestellt werden, die wirklich bloß auf Worte beruhen und Glaube und die damit zusammenhängenden Taten.

Diese Lehren sind nicht dazu da gewesen um vorhandenes zu zerstören sondern um hinzuzufügen und auszuweiten und erhellen.

Das Licht des Verstehens muss vergrößert werden damit mehr Menschen spirituelles Leben, leben können, damit ganze Systeme spiritualisiert werden, durch die Erfahrungen dieser Methoden und Meister.

Die Wissenschaften müssen erleuchtet werden durch die aktive Veränderung der Menschen die als Wissenschaftler benannt sind.

Die Heiligen lehren dass das gesamte Schema der Schöpfung in drei gigantische Divisionen der Schöpfung aufgebaut ist.

Hier weise ich auch nochmal auf die Bücher von Martinus hin und auf die Einsicht wie im großen so im kleinen wie oben so unten das heißt auch das es weder oben, noch unten gibt, und sogar das es weder klein noch groß gibt.

Aber das Dreifaltigkeitsprinzip ist auch in der gigantischen Schöpfung vorhanden, da das Universum ja der Körper des allmächtigen göttlichen ist.

Das schreibt Hazur Somi Ji:

1. sat desh, die höchste und perfekteste reine Region. Es ist der Bereich von absolut reinem Geist unvermischt mit irgendeiner Art von sogenannter Materie.

Die primären Attribute sind Weisheit, Liebe und Kraft, andere würden sagen Intelligenz , Freude und Energie.

Dieses ist die Wohnung des höchsten schöpferischen Wesens. Dort leben die zahllosen Mengen an unvorstellbar reinen Wesenheiten in spirituellem höchsten Freuden.

(Ich kann von mir zum Beispiel sagen wie es ist oberhalb des Kopfchakras des Kronenchakra sich zu erleben, wo ich dann meinen mentalen Ablauf die Gedanken und Vorstellungen als unterschiedlich zu mir entlarvte und wusste das ich weder das Denken noch das vorstellen bin und mehr, es ist ein Teil der Grenzenlosigkeit und Ewigkeit dessen was man in Wahrheit ist, ich gehe hier nicht sehr genau darauf ein, aber ich will bloß sagen das Glückseligkeit, eine Wahrheit ist und keine Worthülse, in dieser Region sat desh gibt es keinen Tod oder Veränderung. oder andere imperfekte Abläufe, wie zum Beispiel synthetische Nahrung oder alle anderen Giftstoffe die sich die Menschen hier auf der Erde durch das falsche Denken einziehen und, und sich mehr kaputtmachen anstatt heilen.)

2. brahmand, sie ist die nächste Region gigantisches unendliches. Sie ist meistens spirituell mit einigen Mengen an Materie aber sehr, sehr feiner Materie.

Es ist die spirituelle-materielle Region.

Die Wesen die dort leben sind überaus Glücklich, von dem wir nichts haben. Sie leben unbeschreiblich lange, sie werden eine Veränderung durchmachen ähnlich wie ein sterben, nämlich dann, wenn, wenn die große Auflösung passiert und alles wieder zu seinem Ur-zustand zurückkehrt. Dieses ist die Region des Paradieses der Himmel und der großen Religionen. Sie ist so groß das wir nie erfahren können was für eine Größe sie hat. Aber im Verhältnis zur ersten Region ist sie bloß eine sehr kleine Region.

3. Pind sie ist die dritte Region. Die Region der groben Materie, physisches Leben. Materie dominiert hier, obwohl Materie von Geist abhängig ist. Es ist die materielle-spirituell, Region. Es ist die Region der Planeten, Sonnen, Galaxien und unserer Erde, es ist die Region der ungezählten millionen Universen und das was die Astronomwissenschaftler uns so vorzeigen ist bloß ein Staubkorn von der Größe des physischen Universums. Aber diese ganze Pind Region dieses ganze physische Universum ist bloß ein Teilchen in der zweiten brahmand Region.

All diese physischen Universen bewegen sich in endloser Folge um die größere Region von brahmand und sind von der Region abhängig unterstützt so wie brahmand um die erste Region sich bewegt und abhängig von der ersten Region ist.

Die gesamte Aufrechterhaltung dieser gigantischen Regionen ist durch eine spirituelle Hierarchie sozusagen gemanaged, und jede dieser Regionen hat ihre höchsten Gottheiten. Diese Zentren der jeweiligen Gottheiten sind auch die Zentren der kreativen Kräfte der Lebenskräfte für diese Regionen. Sie alle machen ihre Tätigkeiten in Übereinstimmung mit dem höchsten Willen der höchsten Gottheit.

Die Gottheit die als negative Kraft dargestellt ist, ist Kal oder das universale Bewusstsein, der universale Geist, mit seinen limitierten Kräften und Schöpfungen. Es ist auch eine Emanation der höchsten Gottheit und führt auch den höchsten Willen aus. Die positive Kraft ist sat purush oder sat nam. Sein Thron ist in der sach khand Region.

Die physischen Universen und Welten sind dem Tod und der Veränderung unterworfen, hingeworfen, weggeworfen, jedenfalls, weit, weit mehr als die Universen in brahmand.

Das Leben ist viel kürzer hier als auf der brahmand Region. Die Auflösung ist gefolgt durch neue Schöpfung und deren Einwohner dieser Welten erscheinen wieder unter veränderten Bedingungen welches zum besseren sein soll.

Die Mammuts haben bestimmt nicht mit Gras im Maul auf ihr einfrieren gewartet, ok.

Diese Region in der wir leben ist die Region der" imperfektionen" und der schnellen Wandels und Veränderns. Es ist im gesamten physischen Universum soo.

Die Einsicht in diese physische Welt ist eine Einsicht der Hoffnungslosigkeit, nur der Glaube oder die Einsicht der Wahrheit kann hier helfen.

Aber für eine Sache ist es doch gut. Die höchste Gottheit hat die Menschen und diese Schöpfung nicht vergessen. Wohl aber doch umgekehrt, das sieht man heute wieder ganz deutlich wie viel Unwahrheit auf der Erde gelebt wird und wie Menschen verblödet werden abgezockt ausgezockt und welche ignoranten Ziele ihre Ignoranten Führer haben.

Wir sind hierhergekommen für evolutionäre Gründe. Wenn wir sauber klar wahrhaftig und gottähnlich geworden sind, holt uns die Gottheit wieder zurück dorthin wo wir wirklich herkamen. Es sind die Heiligen die diese Arbeit zu machen haben.

Die Heiligen haben die Kraft die Fähigkeit die menschliche Seele aus dem Kreislauf des physischen Universums zu befreien und sie in die höheren Welten zu bringen.

Nicht jeder Heilige wie er zum Beispiel von der Kirche durch ihre Methodik ernannt wird, von denen kann fast keiner zum Beispiel die Seele aus dem Körper ziehen und mit ihr durch die Welten gehen zur Befreiung von den niederen Welten. So was können nur ganz besondere Heilige nämlich jene die ununterbrochen eins sind mit der allmächtigen Gottheit. Jesus zum Beispiel, Buddha, Mohamed, Krischna, Kabir, und andere Heilige die heute auf der Erde leben, wie zum Beispiel Suma Ching Hai und viele andere. Hier auf der Erde läuft also Evolution ab.

Die Heiligen betrachten Evolution von einer weit, weit höheren Perspektive. Sie nehmen die gesamte menschliche Geschichte in Betracht die Abermillionen Jahre alt oder jung ist-da die Ewigkeit ja kein Alter kennt. Der Blickwinkel des normalen unspirituellen Wissenschaftlers ist sehr, sehr beschränkt, er beinhaltet bloß einige tausende Jahre und ihre Untersuchungsmethoden sind auf millionen Jahre im Gestein erkennbar. Diese Wissenschaft arbeitet bloß mit kleinen Ausschnitten des Lebens auf der Erde, dort wo einiges an altem übriggeblieben ist, Ausgrabungen, alte Rassen, Traditionen, diese aber sterben aus und bringen wieder neue Abläufe, und alles läuft weiterhin zu den gleichen Gesetzmäßigkeiten weiter, mal fester mal weicher mal heller mal dunkler mal wilder mal sanfter und so weiter, dieser Prozess läuft schon millionen von Jahre an dem der Mensch dran beteiligt ist. In Südamerika sind ja sogar Zeichnungen gefunden worden auf Gestein das Menschen mit den Sauriern zeigt und wie sie sogar auf den Flugsauriern fliegen und so weiter all das aber ist bloß ein Staubkorn in der Ewigkeit des Seins und der Schöpfung.

Der Wissenschaftler von heute ist noch sehr beengt durch Traditionen, Selbstverblödung, Voreingenommenheit, Geldzielen und Machtzielen. Er sucht wenn überhaupt bloß noch das schnelle Glück im Berühmt werden durch Nobelpreisevolution und anderen Firmen Wahrheiten, die immer Nobles vorschieben aber doch Geld wollen. Das ist die nächste Stufe der Ignoranz die diese Menschen hier abstreifen müssen, das Geld, es bindet sie an ihr eigenes Unglück ihre eigene Selbstverblödung ihre eigenen Gefängnisse und so weiter. Aber einen Vorwurf kann man niemanden machen..Die Menschen werden aber von Üblen vermarktet.

Aber in lauwarmen Einsichten kann doch gesehen werden das so wie sich die Menschen heute verwickelt haben anstatt ent-wickelt zu haben, ist ein klarer Fall von Chaos und unglücklich sein und Wirrnis zu sehen, global. In den letzten Jahrzehnten sehe ich eine sehr große Offensive der Aggressionen der Menschen auf dem Globus, der Zerstörungen durch die eigene Ignoranz, dem falschen Glauben an Kirchenonkelchen und Wirtschaft Pipifaxignorante und an den weiterhin bestehenden Glauben an Geld. Blöder geht's aber noch da ist noch Wachstum vorhanden. Die Menschen Massen sehen zwar übler aus obwohl sie ja 2,2% Lohnerhöhung bekommen, aber die meisten bekommen bloß Prügel und Ausbeutung unter dem negativen Niveau ihrer Führer und Rassenhäuptlinge. Aber diese negativen Eigenschaften sind nicht total ausgebreitet, sie sind nicht für das Individuum, den Einzelnen der die Kraft hat dem Sog der Ignoranz in Gold und Designerklamotten und Ersteklasseflüge und Villen und Bankkonten und so weiter zu entgehen. Denn das Individuum ist das endgültige Produkt zu welchem die Prozesse der Evolution schauen werden und es jetzt tuen.

Und das Individuum geht nicht in den Sog der Massenignoranz ihrer Führer und Manager außer durch sein eigenes unachtsames beobachten und

Schlüsse ziehen können.

Eine Rasse die Menschheit kann total bekloppt sein untergehen und am goldenen Kalb kopulieren und abkotzen. Das Individuum kommt, schaut und ist nur für kurze Zeit auf der Erde, einen Moment nur und wird dann wieder verschwinden um irgendwo auf anderen Welten wieder weiter zu mache und seine Evolution zu vervollständigen.

Die Individuen kommen von niederen Welten des Lebens um die Verantwortungen dieser Rassen, Völker, Menschen oder Umgebungen zu meistern für seine eigene Evolution. Manche machen Revolution andere Devolution und einige Schneevolution. Genauso wie Individuen Jugend bis zum Alter erleben ist es mit Planeten oder Rassen innerhalb der Schöpfung ist dieser Ablauf völlig logisch aufgebaut. bis jeder sein wahres Wesen erkennt und wieder zu seinem ursprünglichen Wohnort zurückkehrt, ist es ein Abenteuer der Sonderklassen.

Die Belehrungen der Heiligen sind Abenteuerwege die genommen wurden und die das Kanu den Ballon die Vierradwagen den Flieger durch die abenteuerlichen Pfade begleiten kann als spiritueller Abenteuerguide.

Es gibt kein Glaube in dieser systematischen Abenteuerreise der Heiligen. Ihre Freunde werden aufgefordert das gleiche zu tuen damit sie sich selber auch auf der Abenteuerreise erfreuen können durch die Schluchten die Berge und die wilden Wesen der anderen Welten und Geistbereiche.

Die Heiligen verbinden die Seele der Abenteurer wieder mit dem göttlichen Heilstrom dem TonStrom dem Licht und Klangstrom der direkt aus dem allmächtigen Göttlichen durch alle Welten sich ergießt und alles Leben erst möglich macht und jetzt ununterbrochen auch durch den menschlichen Körper zieht der aber von unbeschreiblicher Feinheit und mehr als das ist. Aus diesem TonStrom ist alles gemacht das feinste Feinste, und das gröbste dunkle.

Die Lehre der Heiligen besagt das die Seele in einer hilflosen Kondition ist. das sie total verwickelt ist in der Illusion von mentalem und materiellem. Das Individuum kann sich selber nicht aus diesem Netz befreien. Es kann zwar kämpfen und kämpfen aber dadurch verwickelt es sich bloß stärker. Das ist auch die Wahrheit die Jesus meinte -wer mit dem Schwert kämpft wird mit dem Schwert umkommen-also keine Kriege und so weiter--und die Wahrheit die er sagte -Seelig sind die Sanftmütigen bekommt hier wieder mehr Licht-weil dadurch zumindest die Verwicklung nicht gefördert wird.

Es gibt keine religiöse Methode egal was es auch ist die die Seele befreien kann. Religionen sind der Glaube an Gott. Was ja ok ist. und auch weiterhelfen kann, aber Spiritualität der Heiligen die ja die Kirchengründer waren, ist Gott zu erfahren zu erleben. Selbst Gott kann der Seele nicht helfen sagen die Heiligen, wenn die Seele daran glaubt, das ihr selber persönlich nicht geholfen werden kann. Das sagen natürlich die MeditationsHeiligen, und müssen sie wohl auch sagen, denn das ist ja ihre Lebenserfahrung.( Aber wenn ich ganz ohne die Hinterlassenschaften der Heiligen und ihrer Methodik, mir meine menschliche Situation anschaue, dann sehe ich ja, alleine schon wegen der Aussage das Gott in meinem Körper wohnt, oder der Aussage von Jesus das jeder selber das Göttliche ist, das Ich als Individuum , Mensch, ohne jegliche Bevormundung der heutigen kirchlichen Papst, Bischof, Priester, oder Kardinalchaoten, mein Leben mache und zwar viel richtiger besser und befreiter als mit diesen „ Managern und Ausbeutern der Menschheit". Die ein übles Spiel mit den Bankstern den globalen Geldanbetern dem falschen spielen um Macht und Vormacht und was ein Mensch zu denken und sogar zu glauben hat. Was eine totalitäre Ausbeutung ist sogar im Namen der Demokratie die noch zu diesem System deren Aufbauer gehört. Ich bin als Individuum viel, viel, besser dran, mich ausschließlich von dem Göttlichen das ich bin führen und leiten zu lassen.) Denn das göttliche hat dafür einen besonderen Plan eine Methode um diese Arbeit der Befreiung und Gottverwirklichung zu erreichen. Es sind die Heiligen alleine die die Seele wieder auf den Göttlichen Weg bringen können durch ihre Methode der Verbindung mit dem heiligen Geist Gottes dem TonStrom oder dem Licht und Ton Gottes. ( Aber kann man jemals nicht mit diesem TonStrom verbunden sein) Jede Seele die sich von der Tyrannei der niederen Schöpfungsenergien befreien will muss einen Meister haben einen Heiligen einen Meisterheiligen, sagen diese Heiligen, jemand der sie in den göttlichen TonStrom einweihen kann. Man kann erkennen ob dieser Heilige ein Wahrheitsmeister ist oder nicht wenn er initiiert, nämlich dann wird vom Göttlichen der Heilstrom übertragen durch den Körper des Heiligen und du empfängst den Heiligen Geist und alles was damit zusammenhängt, Licht, Visionen , Töne und, und, und, das ist der Beweis das der Heilige-der Meister ein total verwirklichter Heiliger oder Meister ist. Diese Methode ist die höchste Methode die es spirituell erweise auf der Erde gibt. Hier geht es nicht um richtige Informationen oder alle Bücher der Heiligen gelesen zu haben und deren Aussagen gespeichert zu haben um darüber reden zu können, das ist alles völlig unbrauchbar für die Befreiung, außer dass die Seele oder das Individuum dadurch zumindest theoretisch etwas was darüber hinaus geht erkennen kann um das dann zu verwirklichen.

Gestern habe ich im Radio gehört das Joachim Ernst Berendt durch einen Autounfall ins Jenseits befördert wurde. Er hatte eine rote Ampel übersehen..Da fiel mir ein er hatte viele Themen wo es ihm darum ging das Hören mehr zu fördern und er meinte das Sehen sei zu überdimensionalisiert in der heutigen Menschheit. Er selber hat aber die rote Ampel übersehen. Als ich seine Berichte hörte und las, war mir klar das er rein rational daran ging ohne zu wissen das derjenige der hört und sieht das gleiche ist. Alle sinnlichen Eigenschaften haben -einen-Sinn-der du selber die Seele bist. Bloß durch diese physischen Öffnungen so formuliere ich es mal, nimmt die Seele die physische Welt auf. Hier kann auch gut gesehen werden, er suchte etwas er war auf dem Weg.  Ich wollte mich noch mit ihm in Verbindung setzen um ihn auf die Lehren der Heiligen aufmerksam zu machen und ihm sagen das er zum Beispiel Suma Ching Hai kontakten kann um sich in diese Themen einweihen zu lassen, nämlich sehen und hören. Aber da geht es um das sehen und hören der innerlichen Wahrheiten. Denn der menschliche Körper ist das Universum in Kleinformat und das göttliche ist in ihm enthalten. Deswegen kann über diesen Weg die Seele ihren Weg der Befreiung und Liebe gehen. Aber eine Seele, das Göttliche, kann niemals Unfrei sein, oder Leiden.

Mental und Materie haben einen ewigen Weg nach unten, aber die Seele ist auf dem Weg nach oben wenn sie wachsam wird. Wenn sie versucht sich selbst zu befreien, sagen die Heiligen, wird sie es alleine nicht schaffen. Selbst Jesus wurde vom Johannes dem Täufer initiiert in den Heiligen Geist, um zu zeigen unter anderem dass das der Weg ist. So wird der Heilige Geist von einem Meister übertragen. Auf diese Weise erfährt die Seele etwas vom TonStrom. Dieser TonStrom oder Heilstrom, ist in der westlichen Philosophie fast unbekannt, bloß die verwirklichten kennen ihn und wissen davon zu berichten.

Dieser TonStrom-Licht und Ton-ist das vitalste an der ganzen Befreiung und Evolution ohne diesen TonStrom wäre jede Religion bloß eine leere Hülle, was sie ja heute auch geworden sind, es gibt niemanden in den heutigen Religionen der ihn übertragen kann. Durch diesen TonStrom, das Wort, den heiligen Geist, ist alle Schöpfung entstanden alle Welten alle drei Universen ,die heilige Dreieinigkeit, alles ist daraus gemacht worden, und nur durch diesen TonStrom kann die Seele auch wieder zu ihrer Quelle zurückkommen.  Alles ist im Leben durch total logische Gesetzmäßigkeiten aufgebaut, alles. Der Heilige der Meister verbindet also den Suchenden mit diesem TonStrom Gottes wieder und wenn er Glück hat nimmt der Meister der

Heilige ihn sogar hoch in die höheren Welten oder zeigt ihm andere Zivilisation in anderen Universen, oder bringt die Seele wer weiß wohin. Was der TonStrom genau ist, ist unbeschreiblich. Ich selber habe ihn zum Beispiel erfahren. Es ist eine in Worte nicht zu fassende Welle von Trilliarden hoch Trillionen und das nochmal unendlich hoch unendliches Meer von Tönen und Vibrationen, und das war sicherlich bloß ein winziger Tröpfchenblick der mir gewährt wurde..

Die Heiligen sagen es ist Gott in Bewegung. Es ist Gott der durch diesen TonStrom den heiligen Geist in alle Welten und Formen geht und sie so aufrechterhält ohne dass jemand jemals erkennen kann was da abläuft und wie das passiert. Es ist die göttliche Spiritualität auf der ganz besonderen Art sage ich mal, lapidar.

Es ist der Heilige Geist der Bibel, der Meister ist der Sohn Gottes, Jesus, Mohamed, Buddha, Krischna und viele andere die es verwirklicht haben. Dieser Heilige Geist kann nicht durch das physische hören gehört werden, und durch die physischen Augen gesehen werden. Wer den TonStrom den heiligen Geist in seiner reinen Verfassung hören kann dessen Seele wird nach oben gezogen weil die Musik von unbeschreiblicher Schönheit und Reinheit ist. Dazu muss aber der Mensch sich reinigen. Reinigen ist wichtig so wie ein See unklar ist wenn ein Regensturm ihm mit umliegendem ausgewaschenem färbt so muss der Mensch seine inneren Färbungen auch reinigen und sich von Giften physischer Art und mentaler Art reinigen um den Ton auch rein aufnehmen zu können. Die Methoden die die Heiligen weitergaben, reinigten den Menschen, dazu gehörten zum Beispiel die 10 Gebote. Der Heilige hilft denen die er einmal initiiert hat. Auch heute leben noch Menschen auf der Erde die von Jesus selber initiiert wurden oder von denen die die Erlaubnis von ihm hatten zu initiieren seine Apostel und deren Folger. Mit der Zeit stirbt aber die Fähigkeit zu initiieren aus, weil die Menschen sich nicht wirklich darum bemühen den Weg zu gehen und es keine würdigen Verwirklicher gibt, und niemand mehr in der Lage ist den heiligen Geist bekommen zu haben oder deswegen auch initiieren können. Trotzdem sind zu jeder Zeit auf der Erde immer Heilige da die die Seele auf diesem Weg bringen können. Das ist der wahre Weg aller Religionen gewesen, die ja damals gar keine Religionen waren, sondern es waren Gruppen von Menschen die einem Heiligen folgten. Man kann sagen es waren Sekten, aber das sind bloße dumme Wörter für jene die an so was glauben. Alle Religionen weltweit heutzutage sind Sekten.

Die Verwirklichung dieser abenteuerlichen Reise mit einem Heiligen pas-

siert in voller Bewusstheit und perfektem Erinnerungsvermögen.
Einige dieser Zitate die ich nun **vom Soami Ji Maharaj** bringen werde, sind Aussagen eines Heiligen der er selber war und er initiierte viele Menschen in den göttlichen heiligen Geist den TonStrom. Er selber verließ diese Erde vollbewusst indem er seine Freunde zuvor zu sich rief und ihnen mitteilte was sie zu tuen hatten und für welche Aufgabe jeder stand, dann setzte er sich hin und sagte nun ist es Zeit zurück in die unsterbliche Welt zu gehen, er schloss seine Augen, und ging bewusst zurück. Menschen würden sagen, er starb, was ja falsch ist, „Jesus würde zu jenen sagen-lass die Toten die Toten begraben".
Zitat Anfang
1.
Die Sinnesorgane. Das Mental sind die inneren Bindungen. die Familien und andere menschlichen Verbindungen sind die äußeren Bindungen.
2.
Das Ziel aller Religionen oder Heiligen war es die Seele wieder zurück zu ihrer Quelle zu bringen. Perfekt sind jene die Meditation praktizieren um ihre Seele zu erhöhen und sie zur wahren Heimat zu bringen. Sie wird so befreit von allen internen und externen Bindungen grob, fein, und kausalen Bindungen.
So wird das Mental von allen weltlichen und anderen Phänomenen befreit. Deswegen sind alle diese Folger die liebenden Gottes. Nur jene die Gott das göttliche lieben werde diese Verwirklichung erfahren.
Jene die bloß vom Göttlichen reden oder die Lehren der Heiligen lesen ohne die Praktik selber zu machen sind bloße Intellektuelle und Theoretiker.
3.
 Alle Lehrer, Heiligen, Inkarnationen des göttlichen oder Propheten, in der Vergangenheit in jeder Religion, haben so angefangen indem sie sich auf den Weg zu ihrer wahren Heimat machten und Meditation übten. , indem sie in sich selber suchten durch spirituelle Praktiken, aber nicht alle erreichten das Ziel. Die meisten hörten auf der ersten Ebene auf ,manche auf der zweiten, und nur wenige Sucher erreichten die dritte Ebene .Nur die Heiligen alleine erreichten die fünfte Ebene-sat nam-und von ihnen erreichten nur ganz, ganz wenige die achte Ebene-Radha Soami Dham. Von dieser Ebene ist die Seele auf ihre abenteuerliche Reise nach unten gegangen. Seelen die zum Beispiel hier auf der Erde von Meistern oder Gurus oder Heiligen initiiert werden, geführt werden, die selber nicht völlig befreit wa-

ren, sie konnten deswegen auch nicht wissen das sie bei ihren Erfahrungen nicht die höheren Welten erreicht hatten, und glaubten dann das wäre schon die Befreiung, und die Gottheit wäre die allmächtige Gottheit und beteten jene dann an. Sie wussten nicht dass diese Gottheit nicht die Gottheit aller Gottheiten ist. weil ihr Meister nicht voll verwirklicht war.

4.
Es sollte zu wissen sein das Radha Soami Pad die höchste Region ist. Das ist auch der Name des höchsten göttlichen, der wirklichen Gottheit. Jene Gottheit die alles in sich trägt.Bei den Israeliten ist ja der Name jhwe oder jod-he-wod-he-, in der tibetischen Form ist es ein anderer Name, im chinesischen wieder anders-alles bedeutet aber das gleiche. Zwei Regionen unterhalb dieser höchsten göttlichen Welt ist die Region von sat nam dieses ist der Platz der Heiligen und höchsten Heiligen. Deswegen sind die Heiligen in der spirituellen Hierarchie die höchsten Befreier. Mental und Maya-Illusion reichen nicht bis in diese Welten.

5.
Inkarnationen, Propheten, und andere heilige Personen alle haben diese Welten nicht erreicht, sie haben die wahre Heimat noch nicht verwirklicht und sind deswegen viel tiefer in der Hierarchie.
Alle von ihnen hatten zuvor aufgehört und waren mit dem zufrieden was sie erreicht hatte, diesen verschiedenen Ebenen, und dadurch entstanden auch andere Religionen, die zu dem korrespondieren was derjenige an Welten erkannt hat und welche Gottheiten er dort antraf. Aber alle diese Regionen sind von der höchsten Gottheit erschaffen worden als Reflektionen der höchsten Welten, so dass zumindest in allen Welten eine Ähnlichkeit oder Erinnerung an die höchste Welt und Konditionen da sind.
Aber es ist ein großer Unterschied in Bezug zu Permanenz und anderen Konditionen.
Jede Region hat ihre distinktiven Schöpfungen die durch verschiedene Grade der Reinheit und Feinheit ausgezeichnet sind.
Derjenige der solche Regionen erreichte und die damit verbundene Ekstase des Moments der Realisation, brachte den spirituellen Sucher dazu, sich selber zu verlieren-was genauso ist wie bei uns hier auf der Erde-wenn man sich-ver-liebt-und man du-sie-in einem Zustand großer Bereitschaft und seeliger Benebelung ist.

6.
Die Seele erreicht ein verschiedenes Stadium seiner selbst mit jeder Re-

gion die sie erreicht-deswegen wird ja auch gesagt das man-frau-du ein multidimensionales Wesen bist-jede Region die sie erreicht fühlt sich so an als ob sie alles unterhalb von sich in diesen Regionen kontrolliert. Zum Beispiel wenn sie die erste oder zweite Region erreicht, glaubt die Seele dass die Gottheit dieser Region diese Region auch erschaffen und regiert alle Welten darunter, so als ob diese Gottheit der Schöpfer und Unterstützer dieser Welt wäre. Und seit sein Meister oder Heiliger keine Ahnung von höheren Welten hatte, lehrten sie ihren Folgern das wäre die höchste Gottheit aber nur die Wahrheitheiligen oder die Sat Gurus kenne diese höheren Regionen und können deswegen ihren Initiierten sagen und zeigen das es noch höhere Welten gibt und das das nicht die höchste Gottheit ist.
Genauso wurden jene die zum Beispiel bis zur ersten Region der Astralwelt kamen oder zur zweiten oder dritten Ebene kamen als verwirklichte perfekte betrachtet. Der Fakt das ein Initiierter alle Kraft braucht nur um die erste Region zu erreichen und aufgrund dessen alleine ist er schon unter den Menschen als ein perfekter angesehen. Eine große Seele.
Natürlich ist die erste Region sehr viel überlegener über die Region der niederen Bewusstheit zu der unsere Welt gehört und einer der diese Region bloß erreicht ist schon absolut frei von allem persönlichem und weltlichem, naja, Mist, sage ich mal.

7.
Es wurde erwähnt das Sat Nam, eine sehr hohe Region ist und es der Sitz der Heiligen ist. Da sind drei Regionen darüber welche zuvor von Heiligen noch nie benannt wurden.
Aus großer Liebe sind sie nun klar beschrieben worden als param parush-paran dhani, radha soami dayal. Auch die höchste Region Radha Soami wird nun von den Heiligen beschrieben, welches die ursprüngliche Region der Seele ist, alle Schöpfung kommt von dort. Alle abstiege in die anderen Welten sind die Wege der Seele danach auf ihrer abenteuerlichen Reise durch die Schöpfung Gottes. Die Seele ist somit das göttliche selber. Im körperliche ist die Lokalisation auf dem Weg nach unten der tausend blättrige Lotos, oder das Kronenchakra..Sein Licht scheint in den Körper hinein und energetisiert das Mental und alle anderen Organe des physischen des feinen und des Mentalkörpers.
Ich habe diese Zustand selber erlebt, das Kronenchakra dreht sich dann und wird damit geöffnet und durch diese Öffnung strömt dann, naja, einiges an wunderbarem in dich hinein, und natürlich passiert viel, viel mehr,

aber das beschreibe ich später in einem anderen Buch. ( Das Mantra Mich Selbst Erkennen. Ist schon veröffentlicht. W.Schorat 6.1.2014)

8.
Da sind zwei mentale-brahmandi-oder universalmental-und pindi-das individuelle mental, das Universalbewusstsein-Mental hat ihren Sitz im tausendblättrigen Lotos dem Kronenchakra und wird auch brahm, parmatha oder khuda genannt. Das individuelle Mental sitz hinter den Augen und im Herzen. Dieser individuelle geist-mental-macht die täglichen arbeiten der weltlichen Geschäfte mit Hilfe der Seele, welche so eins geworden ist. Das Mental und die Sinnesorgane bekommen ihre Kraft von der Seele. Wenn die Seele nun anfangen würde sich ihrem richtigen Heim zuzuwenden und die Verbindung zur physischen Welt lösen würde, so würde sie den Weg zur Befreiung finden.
Wenn die Seele ihre echte Wohnstädte wiedergefunden hat die außerhalb der Brahmaregion liegt-und nicht wie zum Beispiel Joachim Ernst Behrendt glaubte dort wären, wie er ins einem Buch Nada Brahma schreibt, bricht sie alle Verbindungen zu kausal, subtil, grob, physisch sinnlich und mental. Die Aktivitäten in der Welt sind dann extrem reduziert, und auch das ist dann nur eine Aktion des Willens. Also muss die Seele sich von diesen Bindungen lösen, bewusst um sich von den unreineren Regionen zu befreien um auch über das kosmische Bewusstsein hinaus zu gehen, was ja die vedischen Seher als das höchste betrachteten, aber gar nicht ist.
Der Knoten zwischen unbewusstem und bewussten muss gelöst werden. Das Mental, die Sinne, Körper, weltliche Aktionen, Freuden, nein Vergnügen, sind das unbewusste. Die Seele ist sehr fein und bewusst und die Verbindung zu diesem unbewussten ist der Knoten. Und solange dieser Knoten nicht gelöst ist besteht die Verbindung mit der Illusion und Maya und Befreiung ist nicht möglich und die Samen von Hoffnung und Wünschen sind nicht zerstört.
9.
Das Resultat der spirituellen Übungen und die Reisen in höhere Welten, lockert die Kräfte der Wünsche und Habgier, sie sind sozusagen zeitweise unterdrückt, das könnte dazu führen das man denkt man wäre befreit, aber solange die Seele nicht die 5. Ebene Sat Lok erreicht hat, sind die Wünsche nicht total ausgelöscht. Deswegen, ein spirituell Suchender der bloß die die erste oder zweite Region erreicht hat, aber nicht Sat Lok, die 5te, könnte nicht fähig sein die Kräfte und den Einfluss von Brahmandi und

Maya und die damit noch starken Einflüsse der sinnlichen Welten zu wiederstehen. Und es ist nicht verwunderlich wenn er wieder fällt. Er wird aber bald seine Fehler erkennen und indem er von Vergnügen Abstand nimmt und mehr spirituell arbeitet wird er mit der Hilfe vom Heiligen oder Meister oder Sat Guru Fortschritte machen.

Deswegen sollte ein spirituelle Suchender seine Seele so hoch bringen wo es keinen Hauch mehr von Verlangen gibt. Wo er nur noch in der Nähe vom höchsten Allgegenwärtigen lebt und voller Seligkeit ist. Dort hat man kein Verlangen mehr nach unten, weil man aus dem Wirkungskreis von Maya Illusion und Täuschungen ist. Von da an ist er berechtigt als ein Heiliger zu gelten.

Weil aber die Propheten und Rishis die vedischen Seher die Avatare die Mystiker die anderen Erwachteren diesen hohen Bereich erreicht hatten wurden sie immer wieder durch Maya erfolgreich festgehalten und sie vergaßen ihren schon erhöhten Status.

Zumindest zeitweise.

10.
Das heißt nicht dass diese Wesen total eingenommen waren durch die Illusionen durch Maya, Illusionen.Oder das sie schwerer spirituelle Minusse erlebten. Es geht bloß darum das die Illusion Maya sie zeitweilig gefangen hielt durch besondere Methoden. Es geht darum zu zeigen das sie eben noch nicht außerhalb der Täuschungswelten waren, und nicht befreit waren.

Der Weg nach unten durch die niederen Welten bis hin zu den Staubwelten wie die unsere, ist als Unterminiatomwelten ,die am Rande der Universen liegen die Staubwelten und frei Zonen der Experimente und Versuche sind um höhere Intelligenzformen zu bringen für den Aufstieg in intelligentere Welten, der ist fantastisch.

Der Weg der Seele ist ein sehr langer Weg von der höchsten Ebene der absoluten Gottheit aus der wir kommen und ein identischer Teil davon sind. Wir sind das Göttliche selber. Avatare, oder Propheten, Devas sie manifestieren sich von Regionen die unterhalb dieser höchsten Welt liegen aus der die Seele kommt.

11.
Die erste Region kann nicht beschrieben werden, sie ist namenlos und sie kann auch nicht als Region beschrieben werden das ist der Anfang und das Ende von allem und umfasst alles. Sozusagen das Alpha und Omega.

In verschiedenen göttlich inspirierten Zivilisationen oder Völkern ist diese Region ebenso unbeschreiblich. Aber die Liebe und Energie vibriert überall. Der Wille strahlte von dieser Region aus und kam herunter um die Seele zu formen. Die Region wird von den verwirklichten Heiligen als Param Sants bezeichnet. Nur sehr wenige Heilige haben diese Region erreicht und jene die das erreicht haben werden paramsants, param heilige genannt.

12.
Zwei Stufen unterhalb ist die Region Sat Nam oder Sat Lok welche totale Reinheit ist, reiner Geist und Bewusstheit. Es ist der Anfang und das Ende aller Schöpfung. Zwei spirituelle Bewegungen kommen aus dieser Region und durchdringen alle Welten unterhalb dieser Schöpfung. Die Heiligen mit Ihrem Wissen sagen das aus ihrer Erfahrung der Herrscher dieser Region der wahre Lord oder Schöpfer ist. Das Wesen ist nicht irgendeiner Veränderung oder Zerstörung unterworfen es ist andauernd das gleiche. Die Heiligen sind Verkörperungen oder Inkarnationen dieser Gottheit dieses Wesens. Es ist die Region des vergebungsvollen göttlichen. Wo Liebe, Vergebung, Glückseligkeit ewiglich regieren.

In dieser Region leben unzählige Hansas-Seelen-liebende Seelen-die die Schönheit dieses göttlichen erleben. Dort ist kein Teil von Tod, Karma, Wut, Strafen, gutes Verhalten, Sünde, Schmerzen und Leiden.

Der Lord dieser Region wird von echten moslemischen Fakiren als Hoot bezeichnet. Fakire sind moslemische Heilige. Am Anfang nachdem die Seele von der Radha Soami Region kam, machte sie rast auf dieser Ebene, nur kurz, um dann weiter in niedrigere Regionen zu reisen. Nur jene die diese Region erreichen auf ihrem spirituellen Weg können als Heilige betrachtet werden oder Wahrheit-Gurus. Niemand anders.

13.
Zwei Stufen unterhalb Sat Nam ist die Region Daswan Dwar, wo die Seele ihren ersten halt macht und nun in der sogenannten dritten spirituellen Region ist. Man darf hier nicht vergessen all diese Begriffe sind Worte für gigantische Universen und Übergänge zu Universen mit unterschiedlicher Reinheit und Dichte und Lichtpower und Farbprogrammen. Diese Universen sind oft durch Vakuums verbunden und haben ganz andere Zeiten oder Wahrnehmungsabläufe mit anderen Wesen.Höhere Zivilisation als die Erd-RaubMenschZivilisation die ja immer noch vom Blut lebt-was ja nun wirklich nicht das schönste ist in dieser göttlichen Schöpfung.

Daswan Dwar ist die dritte himmlische Region. Auf ihrem Weg zurück zur Quelle macht die Seele hier auch wieder halt und befreit sich von den niederen Körpern und kann sich dann zum ersten mal wieder als reine Seele erfahren, was ja hier auf dieser Weltbühne nicht ist, weil hier ja die anderen Körper mitgetragen werden-physisch-mental, kausal.

Also auf dem Weg von der höchsten Region wird die Seele nämlich in diese Körper der jeweiligen Welten gekleidet-es sind immer die jeweiligen Raumanzüge für jede Welt-zur Zeit hier haben wir den physischen Körper aber die anderen sind auch alle da und sind auch nötig um immer diese Verbindung zur Quelle aufrecht zu erhalten wenn die Seele sich auf dem Weg zurück durch spirituelle Praktiken und der Hilfe des Heiligen befreit hat von den drei Körpern und allen damit verbundenen Attributen. Erst dann wird sie wieder fit um Hingabe an das göttliche, Liebe zum göttlichen echt zu praktizieren, und wird dann durch die Kraft des göttlichen wieder nach Sat Nam und dann nach Radha Soami Region geführt. ( Da es keine deutschsprachigen Menschen waren, die diese Erfahrungen gemacht haben, kann ich dem Leser auch keine deutschen Bezeichnungen, Begriffe, für diese Regionen anbieten, denn der Erfinder, Entdecker, bezeichnet, und beschreibt in seiner Sprache, und das waren nun mal Inder)

Jemand der also von der physischen Ebene der Erde sagen wir mal zur Daswan Dwar Region kommt wird als perfekter Sadhu, heiliger Mensch genannt, der die Region von Mental und Materie überwunden hat. In dieser Region leben auch viele Hansas oder liebenden Seelen in unterschiedlichen Arten der Schönheit und Seligkeiten. Sie leben vom Wasser der Unsterblichkeit. welches der Heilige Geist ist der TonStrom.

Die kreative Energie und die Natur strahlen von dieser Region aus.

Dies wir auch als die Par Brahm Region benannt., was außerhalb Brahma bedeutet.

14.

Unterhalb Daswan Dwar ist die Region Trikuti. Tri-kann ja leicht verstanden werden heißt drei, das ist die Region der Himmel. Diese ist die Region von Brahm oder Onkar. Yogis. Yogishwars sind jene die die Spitze der zweiten Region erreicht haben. Echte moslemische Heilige die Fakire nenne es den großen Himmel. Von dieser Region aus strahlt die Emanation von Shakti, das feine Material der gesamten Schöpfung unterhalb, die drei Gunas oder Harmonie, Aktion, Aktivität, und Inertia oder Dunkelheit auch. Diese drei Gunas sind auch als personifizierte Wesen als Brahma, Vishnu, und Mahesha oder Shiva bezeichnet. Auch Erde, Wasser, Luft, Feuer und Ether sind von hier aus der Shakti Emanation.

Dieses ist die Quelle des Wortes- der Bücher wie Veden, Koran, Adi Puran der Sikks, und andere heilige Bücher auch die Bibel, Avatare wie Rama und Krischna kamen von dieser Region. Auch die bewusste Lebenskraft von dieser Ebene. Der Herrscher dieser Region heißt Pran Purush oder Khuda-i-Azeem. Die Heiligen nennen ihn Brahmandi-Geist.

15.
Unter dieser Region ist die Region Sahasdal Kamal-der Tausendblättrige Lotus. Jod Niranjan ist auch ein Name dieser Region. Interessant ist auch das bei den Israeliten in ihren Lehren auch der Begriff Jod vorkommt..Alle Avatare der zweiten Kategorie Propheten und Yogis der höheren Form kommen von hier und kehren auch dort wieder zurück. Die Heiligen nennen diese Region auch das echte Mental-Mind. Die Sinne und ihre Organe werden hier erschaffen. Die Reflektion dieser Region erscheint als schwarzer Punkt hinter den Augen und dann in den Augen selber. Die Seele liegt direkt hinter diesen Augen während des Wachseins.

Intelligenz Weisheit kommen von dieser Region und durchstrahlen den Körper und die Welten darunter von dieser Region. Die gesamte Schöpfung unterhalb dieser Region bekommt ihre Kraft, Leben, Vitalität von dieser manifestierten Kraft.

Das ist das Ende der himmlischen Regionen oder höheren Regionen. Darunter sind die Bereiche von Brahma, Shiva oder Vishnu. Die Heiligen oder Fakire heben die Seele vom Augenzentrum zuerst in diese Region. Es gibt keinen anderen Weg des Aufstiegs außer diesen.

16.
Es gibt unterschiedliche Stadien der Töne der Musik runter von der Ebene Sat Lok oder Sat Nam bis hin zu Sahasdal Kamal, oder dem tausendblättrigen Lotus. Da sind 5 Melodien welche einem durch den Heiligen gezeigt werden können. Nur ein perfekter Heiliger oder Meister oder Sat Guru kann das. Jede Region hat ihren distinktiven Ton, Melodie und sein charakteristisches Geheimnis.

Der 5te Ton ist in Sat Lok-oder Sat Nam-es ist nicht möglich ihn zu beschreiben. Es gibt kein vergleichendes auf dieser Erde um das zu beschreiben. Der spirituell arbeitende realisiert den Ton wenn er zu der Region kommt. Die 5 Töne markieren die 5 Regionen.

Es ist durch diesen Ton das die Seele gradual aufsteigen kann von einer Region zur anderen bis zur höchsten Ebene. Das aufsteigen der Seele ist total unmöglich durch irgendeinen anderen Weg, insbesondere in diesem materialistischen Zeitalter-dem Zeitalter der Dunkelheit-dem Kali Yug.

17.

Seit euch bewusst das in der höchsten Region, keine Form da ist, keine Farbe, oder Anhaltspunkte wie wir sie hier kennen nicht mal der Ton ist dort manifestiert. Es gibt weder Worte noch schriftliches was dazu zu sagen ist. Das ist der Rastplatz der Heiligen und perfekten Fakire.
18.
Wie die 6 höheren Regionen sind da auch 6 niedere Regionen. Das sind die physischen Regionen die allesamt bloß Reflexionen der höheren Welten sind. Die können am besten durch die Lehren der 6 Chakren oder Energieräder bearbeitet werden. Diese Energiezentren sind in vielen Büchern beschrieben und sind auch dementsprechend mit Farben und Töne verbunden. Alle haben ihre Verbindung zur physischen Welt. Während die höheren Regionen zu Brahma und darüber Verbindungen haben..
19.
Das erste Zentrum ist hinter den Augen und ist die Stelle der Seele. Von diesem Zentrum breitet sie sich über den Körper aus. Durch die fünf niederen Zentren. Manche Propheten Yogis und Avatare oder Bhagwans kommen auch von dieser Region.
20.
Die zweite Region ist der Hals-Blau ist die Farbe. Die Traumschöpfung ist hier aufgebaut. Einige Religionen sind dort entstanden. Es ist die Region von Prana der vitalen Lebenskraft des Körpers.
21.
Die dritte Stelle-Chakra ist die Herz Region. Grün-der individuelle Geist residiert dort. Die Wirtschaftlichkeit des gesamten physischen wird hier reguliert. Hier ist der feinstoffliche Körper gemeint nicht der grobe physische. Gefühle, Wünsche, Hoffnung, Schmerz, Frieden sind in dieser Region gefühlt.
22.
Die vierte Region ist der Nabel. Dieses Zentrum bringt die Nahrung zum Körper. Auch sind die vitalen Kräfte die groben Pranakräfte hier gelagert und grobe Luft auch.
23.
Die fünfte Region- Orange, sind die Organe der Reproduktion. Es ist die Quelle der physischen Form, seine Energie und fleischlichen Wünsche.
24.
Die sechste ebene oder Chakra- Rot, ist das Rektum.
25.
Es sollte erinnert werden dass all diese Stufen höher und niedriger inner-

halb des menschlichen Körpers sind. Wir sind nicht am äußerlichen des Körpers interessiert.

Dieser Körper wird auch als die Welt mit neun Öffnungen genannt. Die Augen. Ohren. Die Nasenöffnungen-der Mund. Reproduktion und Rektum.

26.
Die Region des tausendblättrigen Lotus fängt oberhalb der Augen an. Es ist der Anfang von Brahmand. Die Region endet unterhalb von Daswan Dwar. Aber die Regionen der Heiligen liegen über denen. Krischna sagte zu Arjuna das er die Region der Veden überwinden sollte, um das Reale zu erreichen. Die Natur und Mysterien der Schöpfung und die spirituellen Kräfte und das segnende mit diesen Regionen sind immens. Ein echter initiierter lernt von dem Heiligen und er wird all diese Regionen mit der Hilfe des Heiligen erfahren während seiner spirituellen Entwicklungen.

27.
Die alten Sadhus und Yogis und Gesalbten fühlten das die Geheimnisse der höheren spirituellen Regionen zu fein waren und zu kompliziert um innerhalb der Kraft des Verständnisses von normalem Verstand zu sein, und auch die Realisation durch die Pranayama Praktiken in den alten Zeiten als nur die Brahmanen erlaubt waren religiöse Bücher zu lesen war viel zu schwierig und lehrte deren Jünger bloß die Geheimnisse der niederen Regionen. Man wollte den Jüngern zuerst die niederen spirituellen Regionen zeigen wenn er das gemeistert hatte sollten sie zu den höheren geführt werden. Aber dieser Pfad war so schwierig dass nur sehr wenige der initiierten eben die niederen spirituellen Regionen erreichten.

Die spirituellen Führer dieser Zeiten versuchten deswegen weil die Ignoranz der Menschen noch zu groß war über den Weg der äußeren Anbetung von Göttern und Inkarnationen dadurch den Weg nach innen zu führen, aber die Menschen konnten dem noch nicht mal folgen. Auch der Versuch über die höheren Inkarnationen in Kontemplation und Konzentration zu kommen fehlte. Aber die Priesterklasse um ihren eigenen Zielen zu dienen brachte den Menschen bei Tempel zu bauen und Statuen von Göttern und Inkarnationen um Ihrer eigenen Berufsklasse dienlich zu sein. Währenddessen fingen die Priester an äußerliche Anbetung zu proklamieren und dabei unterdrückten sie alle Bücher die Instruktionen enthielten wie die spirituelle Praktik zu sein hätte. Das führte dann zu dem System von Anbetung der Götter Inkarnationen. Darin gibt es nämlich keine Schwierigkeiten und jeder kann das mit Leichtigkeit tuen. Und so wurden die inneren Geheimnisse langsam vergessen und alle Formen der falschen spirituellen Handlungen breiteten sich aus.

28.
Als gesehen wurde wie es in diesem Kali Yuga alter mit den Menschen aussah mit ihren wirren irren Kämpfen, Leiden Zerstörungen und so weiter und wie sie vom Pfad der Wahrheit abkamen, da inkarnierte sich die Gottheit selber Sat Purush Radha Soami als ein Sant Sat Guru und predigte den wahren Pfad der Befreiung in einer einfachen und verständlichen Sprache. Als herausgefunden wurde wie die Priesterklasse für ihr eigenes Wohlbefinden die spirituellen Lehren unterdrückt hatte, erklärte der Sat Guru der Heilige die spirituellen Mysterien in einer Sprache die verstanden wurde und initiierte sie in seine Lehre. Es war nicht leicht durch das Netz der Priesterklasse durchzukommen. Trotzdem, viele nachdenkliche und diskriminierende Menschen hatten Vorteile und weil sie die Lehren von solchen Heiligen wie Kabir Sahil, Guru Nanak, Jag Jiwan Sahib, Paltoo Sahib und Gharib Das Ji annahmen und popularisierten, wurde das spirituelle Wissen nicht total dem falschen überlassen.

29.
Die Priesterklassen und Bünde haben immer großen Wiederstand in der Zeit eines Heiligen gegen ihn ausgeübt und haben immer versucht das ausweiten der wahren Lehren der Spiritualität zu unterdrücken.Die Priesterklassen haben die Menschen dazu beeinflusst die wahren Lehren nicht zu akzeptieren durch Täuschungen und Verleumdungen.

30.
Allgemeingesprochen ist es wahr dass nicht alle Personen fit sind in die spirituellen Lehren eingeweiht zu werden. Menschen die noch total dem sinnlichen sexuellen Vergnügen verhaftet sind und kein Interesse haben ihre eigene Befreiung auszuarbeiten und Gott zu realisieren,sie fühlen sich konfus und sind nicht fähig diese Lehren zu verstehen. Weil die priesterliche Klasse sie geängstigt hat durch deren Befehle, Dogmen und anderer Unfreiheiten, deswegen können sie nicht fest daran glauben und neue Ideale adaptieren die die Heiligen bringen.

Die Heiligen selber wünschen gar nicht das Menschen ihnen in großen Zahlen folgen, ohne dass sie es verstehen, denn blinder Glaube führt zu der gleichen Degeneration die man heutzutage in den Religionen ja sieht. Außerhalb beten sie zwar Ramakrisha, Vishnu, Shakti und Brahma, oder Jesus und Mohamed und Buddha an, aber ihr Herz ist auf Reichtum gelegt ,Popularität, Vergnügen, Geld, Frauen und Kinder.

31.
Ein Glaube der auf Wunder aufbaut und dem zeigen von übernatürlichen Kräften hat keine Standhaftigkeit. Solange die Lehre nicht total verstanden ist wird sie das Mental nicht beeindrucken. Heutzutage ist gut sichtbar das zwar viele Hindus oder Moslems sind oder Christen, sie sagen sie sind Gläubige, und aber viele im Westen sagen zwar sie sind keine Christen was in Wahrheit auch stimmig ist, denn dazu gehört viel mehr als bloßes Lippenbekenntnis, weil der Sinn ganz woanders liegt als in den kirchlichen Geplappereien. In Wahrheit hat heute kaum einer noch eine Zuversicht in die Religionsgründer. Dieser Verlust des Glaubens der auch mit dem kritischen Intellekt zu tuen hat, der aber nun die Wahrheit finden muss, hat auch was mit dem nichtverstehen der alten Texte zu tuen. Da wird keine Liebe mehr initiiert durch die Schriften oder auch keine Achtung vor der Schöpfung und dem der es erschaffen hat. weil jeder seinen Trip macht egal was es auch sei und keine kosmischen Wahrheiten mehr beachtet werden oder überhaupt gesucht werden, und jeder bloß noch seine Ignoranz lebt, was ja global in allen Bereichen gesehen werden kann ob es politisch wissenschaftlich, religiös, staatlich oder sonst was ist, es sind immer schwache Bewegungen der Not-Wendigkeiten wenn die Lage zu kompliziert wird und der Selbstbetrug zu knifflig. Und da diese Typen die sich Menschen nennen Raubsäugetiere bleiben wollen, Fleisch fressen und anderes noch töten obwohl der Mensch das gar nicht nötig hat, ist natürlich auch seine Schöpfung und Handlungen ein bloßes rohes Gestammel seiner und der Umgebung Selbstzerstörungen.
Die materialistische Sichtweise der Physiker und Politiker und deren Systeme und Unterstützer geht unweigerlich in die Selbstzerstörung, weil sie keine Wahrheit - Ziele erkennen und Evolution in die Materie machen wollen, blöder geht's schon nicht mehr, anstatt in die höhere Intelligenz die Lichtwelten und Überlichtwelten.
32.
Heutzutage sind die religiösen Lehrer egal welcher Gruppierungen selber keine Leuchten mehr sondern sind bloße Vasallen der Geld und Macht und Menschenmassensammlungen. Bloße ignorante Mathematik, eben materialistisches zählen und wiegen. Zum Beispiel, Rajinder Singh mit seinen Lehren, der einige Bücher veröffentlicht hat, das ist ein Täuscher und Unwissender „der Halbaffe, obwohl er viele Folger hat, und sogar ein Ingenieur Diplom, redet davon das es keine höheren Chakren Energiezentren gibt, er hält das Gerede für ein Produkt der Fantasien. Dieser Typ ist ein

Täuscher ein falscher klumpen Fleisch. Die Sikks haben in Wahrheit seit dem Mittelalter keinen erwachten Meister mehr gehabt, weil sie im Mittelalter einiges übles gemacht haben, oder die heutigen anderen religiösen Führer, sie sind allesamt keine erwachten befreiten Seelen, sie haben bloß Worte und gelesenes zu berichten, nur die Heiligen können diese Fehler erkennen und das falsche .

Nur wer die Lehren der Heiligen zumindest verstehen kann, kann und wird von den Schlingen der Täuschungen befreit werden, ansonsten ist diese Angelegenheit natürlich jedem seine Privatsache und niemand kann zu etwas gezwungen werden in solchen Angelegenheiten.

33.

Die Liebe die ein Heiliger aussendet ist gigantisch, ich habe diese Erfahrungen selber gemacht, alles was ein Heiliger tut und auch wenn er schreit und dir einen Tritt in den Arscho gibt ist mit den Vibrationen der Liebe und aus Liebe, dieses ist nicht nur intellektuell zu verstehen und kritisch zu beurteilen, sondern so was muss am eigenen Leib erfahren werden, alle anderen Einsichten darüber sind sonst falsch. Ein wahrer Heiliger ist unentwegt eins mit der bedingungslosen Liebe.

Dadurch wird für die initiierten der Weg auch leichter gemacht durch diese Erfahrungen.

Früher begangen die spirituell Suchenden mit dem untersten Chakra oder Energiezentrum und arbeiteten sich hoch bis zum 6 Chakra, nach schwerer Arbeit, und nur sehr wenige erreichten das, wenige wurden nur verwirklichte Yogis.

Die Heiligen aber fangen mit der Konzentration dort an wo die Yogis aufhören.

Sie brauchen keine Atemkontrolle wie die Yogis die Pranayama machen.
Sie haben Sahaj Yoga gebracht oder Surat Shabd Yoga, oder der Yoga die Meditation auf Licht und Klang, um es in der westlichen Terminologie zu schreiben. Das kann jeder leicht praktizieren.

Die spirituellen Vorteile die durch diesen Weg erreicht werden sind viel, viel größer als Pranayama oder Hatha Yoga. Außerdem führen alle anderen Yoga meditativen Wege bis zu dem Punkt wo die Heiligen anfangen. Es muss also mit den Heiligen weitergehen.

Die Heiligen sind allesamt Lichtwesenheiten. Lichtwesen die Seelen auf der Erde befreien können. Sie sind nicht dazu da um zu zerstören auch wenn andere sich in solch einer Sichtweise befinden mögen und ihre Autoritäten und was damit zusammen als zerstört werden sehen, alle Heiligen jemals kamen immer um einen höheren Funken der Evolution zu initiieren und um zu zeigen was falsch läuft , und auf der Erde läuft verdammt, verdammt ,verdammt,, sehr ,sehr ,sehr viel falsch mit dem was die blöden Menschen mit Diplomen und Zertifikaten sich zusammenbrauen.

34.

Stellt euch vor wenn ihr auf das Herzzentrum meditiert oder den Bauchnabel, wo kann das hinführen. Der menschliche Körper ist bloß eine Spiegelung eine Reflexion der Wahrheit. Jemand der da was erreicht hat, hat in Wahrheit bloß die Reflexion der Wahrheit erreicht. Also Nix. Das Original ist das längst nicht. Sogar das ist heute nicht leicht zu erreichen, denn wer macht wirklich echtes Pranayama. Oder Mudras. Seitdem von den alten meditativen Wegen und Yogawegen keiner Wissen von den höheren Welten hat und höheren Regionen und sie die niederen Regionen als die höheren betrachten, wie können sie da jemals die Wahrheit erreichen. Oder zumindest die Region der höchsten Gottheit erreichen.

Deswegen können die Heiligen die Sat Nam oder darüber erreicht haben auch sagen das alle anderen Wege eine Täuschung ist eine Selbsttäuschung ist und nicht Gott dort zu finden ist. Die Selbsttäuschung die Augen zumachen und durch ist ja ein besonderes Merkmal vieler Wesen angefangen von Vögeln bis zum Menschen. Was aus der Sicht weg ist existiert auch nicht. Die Selbsttäuschungen der Selbstbetrug ist gigantisch.

Er soll überleben und Freiheit und Frieden vortäuschen. Aber das ist die Kondition von denen, die diese Wege gehen welche die 6 Chakras öffnen wollen. Und jene die bloße Pilgerfahrten oder Anbetungen auf Kruzifixe und dergleichen machen die sind total benebelt, ganz abgesehen von denen die sogar denken und glauben das es keine Gottheit gibt, die sind das dunkle selber das schwarze. Die Moden heute mit ihren Farben schwarz sind gut sichtbar, und auch manche bekloppte Wirtschafttypen die propagieren das in Firmen dunkle graue Kleidung getragen werden soll, sind bloße Vertreter der Dumpfheit und Vasallen des Geldes das noch nicht mal Intelligenz hat. Noch nicht mal kreativ sein kann, es sind eben ungemein viele Ignorante auf der Erde. Die werden das schon schaffen, alles noch blöder zu fressen und scheißen und kotzen.

35.

In der christlichen Religionsfabrik passiert ja folgendes. Die Gläubigen, jene die dem Gefühl hauptsächlich folgen und nicht der Intelligenz, die sind hauptsächlich in den unentwickelten Nationen zu finden, Afrika, Südamerika, Asien, da sind die stärksten Verbünde des Glaubens. Die wissenschaftlichen Bevölkerungen glauben nicht mehr, sie wollen wissen, und benutzen ihre Intelligenz. Das ist im göttlichen Plan alles mit eingeplant auch die Macht und die Bösartigkeit der kirchlichen Priesterschaft die bloß Bücherwissen weitergeben kann und sich blöde gedacht hat, ist mit in den Vorsehungen und Prophezeiungen bedacht, aber zumindest hat das christliche Kirchendogma die Menschen dann erinnert das es ein göttliches Wesen gibt, und nun da die Befreiung vom Dogma der Kirchen abläuft ,ist die nächste Stufe das die Menschen sich direkt zu dem göttliche wenden, indem sie ihn es, in ihr Innenleben mit einbeziehen. Die andere Arbeit machen die Heiligen..

Dadurch wird man von der versteinerten Fuchtel des kaputten Denkens der Kirchenonkels befreit und aber verliert nicht den Kontakt zu höheren Werten.  Es ist absolut total eine Wahrheit, jedes Wesen jeder Mensch der keine höheren göttlichen Werte akzeptiert, ist dem Verfall und der Misere ein wahrer Freund. Egal ob er Milliarden Scheine aus Geld hat oder ob er Luft hat.

Der Sinn des menschlichen Körpers ist gigantisch. Und die Organe sind nicht die Sinne weil es keine Sinne gibt. Es gibt bloß den Sinn.

36.

Wenn du einen perfekten Heiligen treffen würdest, einer der die Gottheit realisiert hat und mit ihm Kontakt aufnimmst freundschaftlich natürlich, und er seinen Blick auf dein Gesicht ,ganz lässig geworfen hat, nicht mit den Händen natürlich, dann ist das für dich ein sehr guter Anfang auf dem spirituellen Weg.

Aber obwohl das schon prima wäre, ist auch da eine Problematik mit drin, denn die Menschen sind durch ihre Erfahrungen und skeptischen Gedanken so unsicher das sie auch ihn als einen Betrüger oder gierigen Täuscher darstellen, und deswegen nehmen sie ihn nicht an.

Andersrum sind jene die völlig in der sinnlichen Vergnügenswelt drin sind und Sklaven der Welt sind also völlig in den Illusionen leben, leichte Opfer von falschen Gurus die durchschauen wie ignorant diese Menschen sind und wissen das diese Menschen hauptsächlich in der Fantasie leben und das das ihre Wahrheit ist, und es ist einfach damit zu täuschen, denn ein falscher Guru braucht bloß Fantasie weiter zu spinnen, was die sinnlichen ja als Wahrheit glauben und werden so auch ausgebeutet. Es ist schon interessant wie Menschen kein Interesse an der Wahrheit haben aber lieber spinnen und fantasieren. Aber damit machen die falschen Gurus und Meister gute Geschäfte. Sie verführen die ignoranten die sogar Diplome

oder Doktortitel habe mit Versprechungen und zwar jene die die ignoranten Menschen haben wollen.
In Indien haben sie es ja sogar geschafft Menschen, Steine, Tiere, Wasser und Sonnen anzubeten. Oder Fasten und Pilgerfahrten zu machen..Alles das bloß um ihre eigene Ziele zu verwirklichen. Diese falschen Priester, Gurus, Meister, wie zum Beispiel jetzt im Iran, die allesamt die Inkarnationen des Üblen sind, die mit Mord und Gewalt arbeiten mit Betrug und Ausbeutung, Ängste und Gefängnissen. Wer da nicht sieht dass das die Satansbraten der eigenen Hölle sind, der ist Unterbekloppt hoch drei Höllen. Oder die Brahmanen in Indien, das sind keine echten Brahmanen mehr ,was nämlich hieße das solche die dritte Ebene verwirklicht haben müssten und eins mit Brahma sein müssten. Alles bloß alte Lumpen die dort angeboten werden. Ebenso die christlichen Priester das ist alles bloßes Geschwätz und Monatseinkommen von vom Staat eingesammelten Geldern, aus der Zeit als sich noch die Menschen mit Geldern die Sünden abkaufen ließen.
Das ist alles das Gekotze des Satans selber. Das sind alles Folger des luziferischen Schillers .All diese falschen richtigen Satansbraten sie wissen den Weg gar nicht und sie würden ihn auch weiterhin vertuschen, denn sie würden ja ihre Schäfchen verlieren aber, sie sind sehr gut im lesen, rezitieren, und theoretischen Geplapper.
In Krischnas Geschichten da war ein Udho Ji sein getreuer Folger, der wollte das Krischna ihn zu seinem höchsten Bewusstsein nehme. Aber das ging nicht, denn zuerst musste die Arbeit gemacht werden, die Udho Ji schon jahrelang mit Krishna machte. Da kann gesehen werden, wenn jemand schon so lange arbeitet und es geht nicht, was können ignorante Priester oder Gurus oder Meister da schon machen, Garnichts.
Alle von denen sind in Wahrheit keine echten Gottesgläubigen oder Anbeter des göttlichen. Sie sind allesamt Opfer des Geldes und der Illusionen der Macht. Das alles führt unweigerlich zum Zerfall und Zerstörung von ganzen sogenannten Zivilisationen. Alle von denen beten in Wahrheit die Welt an.
39.
Es gibt unterschiedliche Heilige oder Wahrheit Gurus. Einige treten sehr kritisch auf um abzuschrecken damit bloß echte Wahrheitssucher zu ihnen kommen. Andere wollen alle Menschen als ihre Freunde haben. Suma Ching Hai ist so. Sie ist immer sehr weise und tolerant und bereit auszusprechen und Wahrheiten zu sagen die das Gefühl der Menschen nicht

zu stark strapazieren. Jeder Heilige sammelt andere Menschen um sich. Manche Heilige nehmen alles was zu ihnen ankommt und initiieren alle die die Gebote einhalten wollen. Andere machen das nicht .Umso übler die menschliche Situation auf der Erde ist, umso bekloppter sie politisch, kriminell, und gewaltiger sie geworden sind, umso weniger an Auflagen wird gemacht, weil die im allgemeinen so bekloppt sind das die das sowieso nicht nachvollziehen können. Aber manche Heilige haben auch den Wunsch gehabt alle sofort zu befreien, die zu ihnen kommen. Solch eine ist Suma Ching Hai.

40.
Die Inkarnationen und die Götter die nicht die höchste Gottheit selber sind wann erschienen die eigentlich in der Welt. Natürlich nach der Evolution der Schöpfung.Aber erst im zweiten und dritten Weltzeitalter. Im ersten Weltzeitalter Sat Yug dem ersten großem Zyklus gab's so was nicht. Ab dem zweiten Zyklus beteten die Menschen zu Onkar oder auch Pranav, was das gleiche ist. Das ist in den Veden und Upanischaden überliefert. Bevor der Fluss Ganges erschien beteten die Menschen zu was anderem als heute.

41.
Du wirst das göttliche nirgendwo draußen sehen und finden außer innerhalb von dir selber. Oder innerhalb eines perfekten Heiligen. Der Suchende wird Gott nur in diesen beiden Plätzen finden. Mevlana Rumi sagte-innerhalb des Körpers dem Tempel lebt Gott zu dem alle sich beugen. Und Gott selber hatte zu den Heiligen gesagt-ich lebe nicht in irgendeinem Platz, hoch oder niedrig außer in den Herzen der echten Gläubigen. Wenn ihr mich wollt geht zu den Heiligen.

42.
Die menschliche Form eines Heiligen ist dafür da, damit sich das göttliche bemerkbar machen kann. Die richtige Form des Heiligen ist eins mit dem göttlichen geworden. Und er erlebt immer die höchste Schönheit und Glückseligkeit des göttlichen.
Es geht hier um das dienen des göttlichen. Das lieben des göttlichen. Manche Menschen hilft der Glaube nicht, sie werden eher am Ende verzweifelter. Manche Menschen brauchen die Inkarnation des göttlichen, sie müssen erfahren wie es ist durch die Blicke der Heiligen und Berührungen und sogenannten Wunder die keine sind. Durch Heilungen und andere Hilfen. Aber alleine durch Anbetung und Glaube zu einem Heiligen wird er in diesem Leben, auch wenn er eine Reinheit des Mentals erreicht hat, nach sehr viel Zeit und Arbeit, keine höheren Ebenen der Seele erreichen, auch

seine Reinheit des Mentals des Denkens kann wieder verändert werden. Denn das Rad des Lebens, Maya, bewegt sich andauernd und wenn diese Kräfte wirken wird der Anbeter des Heiligen fallen, er wird seinen Glauben verlieren und auch seine Liebe, und er wird wieder verwickelt werden in sinnliche Vergnügen und Freuden. Ohne die Hilfe der Heiligen ist es fast unmöglich die wahre Form des göttlichen zu sehen oder üble Eigenschaften zu überwinden.

Es wird sehr viel Skeptizismus und Seltsamheiten geben wenn ein Suchender in die Nähe eines echten Heiligen kommt, die er sich nie hätte vorstellen können. Der Suchende könnte glauben dass er schon rein und zweifelsfrei ist und dass er die meisten Schwierigkeiten überwunden hat, doch in der Gegenwart eines Meisterheiligen wird er feststellen wie weit er noch vom Ziel entfernt ist. Dann wird seine gigantische Ignoranz ihm bewusst werden und er wird erkennen wie schwer es ist echtes wirkliches Vertrauen in die Gottheit zu haben.

Sogar die Inkarnationen mussten zu einem Guru oder Heiligen gehen. Es hat viele Gurus selber gegeben die schon die höheren Himmel erreicht hatten, auch sie mussten zu einem Heiligen gehen um weiter zu kommen.

43.

Ein Heiliger lehrt nur eine einzige Methode-die Licht und Klang Methode. Oder die Einweihung in den heiligen Geist-das Wort. All seine Lehren gehen nur in diese Richtung und er wird den initiierten darin unterstützen. Er wird dem initiierten die sogenannte Shabd Saroop die Wort Form erwähnen. Das ist der Transformationskörper den ein echter Heiliger hat und den er vermittels göttlicher Fähigkeiten reproduzieren kann um an sehr vielen Stellen zur gleichen Zeit zu erscheinen, wenn er will.

Dieser Transformationskörper ist auch ein Sieg über die Priesterschaft die den Geist im Namen Gottes ausbeuten. Es ist der Körper des Meisters, der überall damit hinreisen kann, in alle Welten zu allen anderen Zivilisation und Universen und Licht Welten.

In den israelischen Schriften ist er auch als die Merkabah bekannt. Der Körper des Meisters. Es ist die Lichtstrahlung der gedankenform Schöpfungen vom göttlichen .Diese Lichtstrahlung geht bis in die niedere Schöpfung des menschlichen Körpers, der sich noch mit den niederen Welten den sieben Chakren entwickelt. Hieraus kann gesehen werden das es eine ewige Verbindung zum anfänglichen Licht gibt und zum höchsten göttlichen..Bloß durch falsches Denken, glauben die Menschen das sie abgeschnitten sind. Durch falsche unwissende, ignorante, und verführende, und durch die dar-

aus resultierenden Resultate.
Diese Heiligen mit ihren Transformationskörpern oder Lichtkörpern steigen aus der höchsten Höhe herab um den Menschen zu zeigen sich in die göttlichen Gesetze einzufügen-die 10 Gebote gehören dazu. Es ist zugleich ein erwachen in die universelle Intelligenz hinein.
Dieser Lichtkörper wird erst erreicht wenn die Seele die höchste Ebene des göttlichen erreicht hat und im Ein-Klang mit dem göttlichen geworden ist. Nun können diese Seelen, Heiligen, Meister sich durch viele Dimensionen ausbreiten durch Licht, und als dienst für das göttliche tätig sein. Die Ausbreitung geschieht durch den Transformationskörper oder dem Shabd Saroop oder der Merkabah. Dieser Transformationskörper kann auch in anderen Zwecken genutzt werden, zum Beispiel als echtes Vehikel um größere Mengen Menschen zu befördern. Hesekiel beschrieb ihn als ein Rad innerhalb eins Rades mit dem er reiste, mitgenommen wurde.
Dieser Lichtkörper oder Raumschiff kann also in vielen Formen erscheinen, bloß als reines Licht wie es der Transformationskörper des Heiligen ist um individuelle Seele mit hochzunehmen in höhere Welten, oder aber auch als Manifestation einer außerirdischen Lichttechnologie. Diese Vehikel können jegliche Farberscheinungen annehmen. Der Lichtkörper erschafft und kontrolliert die Zeitübersetzungen und kann zwischen den Lichtdimensionen reisen. Der Lichtkörper ist immer ein Körper aus dem höchsten Himmel. Wogegen Raumschiffe aus anderen Galaxien das nicht sind . Die Macht und Richtung erfolgt direkt aus dem Denken des göttlichen. Der Heilige ist damit fähig überall zur gleichen Zeit zu sein.
44.
Meditation ist die Nahrung der Lichtsucher und derjenigen die auf dem Weg sind sich zu befreien von der physischen Logik und deren Illusionen von Raum und Zeit ,da es beides nicht gibt. Die Heiligen ,die Meister des Lichts ermöglichen dem Sucher sich auf die höheren Lichtwelten einzustellen, das biochemische Feld des Körpers zu lockern und sich auf die Gedankenformen der Lichtwesen einzustellen. Hier geht man über das physische elektromagnetische Feld hinaus in andere Lichtwelten und Wellenbereiche. Diejenigen die das Licht nicht suchen werde alle Opfer der Meister der gefallen Engel sein, der luziferischen Energien. Sie benutzen die Kollektivenergien um sich zu bestätigen. Heute auf der Erde in Staaten und Machtpositionen sind sehr viele dieser Wesen aktiv, man denke nur an Belgien mit seinen Mafia Skandalen wo gemordet wurde ausgebeutet und abgezockt bis die ganze Kotze akzeptiert ist von der abgezockten Masse in Belgien

oder in Russland heute mit seinem Krieg und Kriegen, Jugoslawien oder auch die deutschen Politikersysteme mit Abzocktäuschungen und kollektiver AusbeutungsGier, das sind alles gefallen Seelen, die bloß niedere Sumpfbewusstseinsformen haben und nur durch Täuschung in die Positionen kommen, mag die Beteuerung zur Gerechtigkeit, Erneuerung ,noch so intensiv sein, oder Italien, England, Pakistan, Indien oder südamerikanische Verhältnisse, sie alle sind Verkörperungen des Hasses und nicht der Liebe und handeln nur aus Not-Wendigkeiten heraus. sind also total unfrei. Wir leben aber hier in dieser Galaxie und die lebt in einem Universum von denen es unzählige alleine im physischen Universum gibt, ohne die anderen höheren Universen aus lichteren Stoffen mit einzubeziehen, und all das soll dann also von Zu-Fall gekommen sein ,wie lange wollt ihr solch einem kollektiven Wahnsinn als kollektiv Wissenschaftler Ignoranz noch glauben. Die gefallenen Meister sind heute weltweit sehr aktiv, die grauen Eminenzen, diese in dunkel gekleideten Gestalten, die Macht des Geldes Idiotentum der Dunkelheit. Aber das Licht lässt sich nicht von den Satanen dieser Weltherrscher auf immer verleugnen und verdrängen, egal welche materialistischen Methoden der Grobheit auch angewendet werden und wurden, das göttliche lässt sich von diesen verrückten nicht in seinem Plan beeinflussen, all diese Mächte in Staat und Politik und Wissenschaft wollen nicht das die Menschen zu den Ebenen der göttlichen Verwirklichung kommen. ihr seht ja genug was die wollen und was ihr zu sein habt und zu tuen habt. Die Grenzen sind doch alle abgesteckt. In denen ihr wie ihr denkt frei herumlaufen könnt. Wer das denkt ist blöde. Blind und taub. Er ist genau das Opfer dieser Kräfte und grauen Eminenzen. Das Bildnis wurde von Gleichnis getrennt, von den gefallenen Meistern..Damit gab es keine Spiegelung mehr. Damit kann die niedere Schöpfung verwirrt werden. Die Gefühle von Nichtigkeit und Minderwertigkeit sind auch stark eingeflößt worden um Seelen davon abzuhalten sich zu erkennen, und Gott zu suchen. Das suchen selber ist nämlich ein Teil der Entwicklung und keine Verwickelung.

Das Minderwertigkeitsbewusstsein ist in allen politischen Lagern zu finden auch bei den Kaisern und Königen, auch den Kirchenfürsten und Wissenschaftlern, sobald ihnen echte Fragen gestellt werden. Dieses Minderwertigkeitsbewusstsein ergibt eine falsche Göttlichkeit und eine falsche Erlösung-die Erlösung soll heißen mentale Befreiung, dadurch bleibt man aber auf der Ebene desjenigen Meisters der das proklamiert.

Wo aber spirituelle Minderwertigkeit ist, ist auch minderwertiges spirituelles Unterscheidungsvermögen vorhanden, was sehr hinderlich ist um den höchsten göttlichen Weg zu finden. Die Heiligen zeigen bei der Initiierung das sie den TonStrom den heiligen Geist, das Wort Gottes übertragen können, dadurch weiß man das er echt ist. Nur die Heiligen können das göttliche Licht vermitteln, und dich in die höchsten Welten nehmen. So wie es zum Beispiel in den Buddhaschriften beschrieben ist im Surangama Sutra wo Buddha seinen Neffen hochnimmt, oder in der Bibel oder in den anderen Schriften der Heiligen.

Aber bis in die heutige Zeit ist die Auswirkung dieser satanischen Meister zu sehen die versucht haben das die Lichtenergien sich nicht auf der Erde verwirklichen können um fortschreitende Evolutionsprogramme einzuleiten. Es hat auf der Erde schon massenhaft viel, viel, höhere Kulturen gegeben als diese pipifax Kultur von heute mit ihren Bekloppten.

Aber alle die nicht nach höherem streben heutzutage außer der materiellen Form sind noch Gefangene dieser alten dumpfen Energien und Einsichten. Heilige, echte Meister, Meisterinnen, Frauenbuddhas oder Frauenheilige, ich betone das jetzt extra in Bezug zu Frauen, ,denn die korrupte Männerpriesterschaft hat ja weltweit genug Unheil angerichtet, und betrogen und versucht die echten Lehren der Befreiung und des spirituellen Weges der Wahrheiten auszulöschen. Die Bücher der alten Erleuchteten und der universalen Wahrheiten liegen alle im Vatikan oder in anderen verschlossenen Gegenden oder sie wurden grundlegend vernichtet..Es ging den dumpfen leichenfressenden Priestern immer nur darum eine HerrschElite zu sein und zu haben. Sie selber waren zu dumm zu wissen das jedes Lebewesen göttlich ist auch wenn es das göttliche verneinte.

Die Heiligen vermittel die ewigen Wahrheiten und die Möglichkeiten die im menschlichen Sein und seinem Körper liegen..All diese sogenannten Zivilisationen die es schon vor Milliarden vor Jahren gab die wesentlich höher waren als das was jetzt an Blutwurst und Schinkenzivilisation vorhanden ist, haben immer versagt, sie haben immer Todestechnologie entwickelt anstatt eine Lichtliebestechnologie.

45.

Heilige oder aufgestiegene Meister werden dem Suchenden immer die Transformationskörper zeigen können mit denen sie durch die höheren Welten reisen und zum Göttlichen gebracht werden können. Nur solche Wesen sind fähig die höchsten Wahrheiten zu übermitteln oder aber andere Wesen von höheren Welten die auch den Transformationskörper habe und mit ihm auf die Erde kommen können, auch sie sind Inhaber der höheren Wahrheiten der höheren Intelligenzen und Fähigkeiten. Heilige die hier auf der Erde sind, sind tätig um viele Individuen zu unterstützen und von den elektromagnetischen Bereichen zu befreien die zum Bereich der physischen Sonne gehören. Heilige sind in ihrer Sprache sehr einfach und glasklar. Sie machen keine langen Sätze und strukturreichen Sprachenkapriolen mit vielen Kommas. Ihr verlangen sich und Gott zu erkennen in der Liebe zum göttlichen brachte sie zum Ziel. Deswegen sind ihre Beschreibungen der Welten und ihrer Komplexitäten sehr einfach was aber nicht heißt dass sie das göttliche Wissen nicht besitzen.

Jene Heiligen die mit Raumschiffen auf die Erde kamen und kommen werden, sie sind total mit den sogenannten äußerlichen aufbauten des Universums und seiner Licht und Ton Ebenen und deren struktureller Zusammensetzung vertraut ,und können deswegen die gesamte universale Harmonik aus Gravitationsfelder und Lichtfelder anderer Sorten und anderer Bewegungen erklären und berechnen, weil sie auch deren Mitschöpfer sind.

Diese Heiligen die mit Raumschiffen auf die Erde kommen haben andere Aufgaben als die Heiligen die hier zurzeit auf der Erde sind. Aber beide arbeiten am gleichen Thema das Bewusstsein der Menschen zu erhöhen, sie zu reinigen und spirituelle Entwicklung instandzusetzen oder aber zu vervollkommnen. Oder sogar neue Rassen zu initiieren,.

Metatron, der Schöpfer des Elektrons, die sichtbare Manifestation der Gottheit, göttliche Stimme, Lehrer und Führer von Enoch, erklärt, das die höhere Evolution den Menschen normalerweise programmiert die Realität der höheren Universen anzunehmen indem sie seine subjektiven Bewusstseinskörper während eines Traumzyklus zur Belehrung mittels einer visuellen Lichterfahrung aus seinem physischen Körper nimmt.

genau das machen die heiligen auch.

Sie nehmen dich aus dem Körper heraus und zeigen dir die höheren Welten damit du erkennst das das Leben hier auf der Erde und das dumpfe was die Wissenschaftler zur Zeit noch sagen wiederlegt wird und dein Augenmerk auf das göttliche spirituelle gelegt wird und du Vertrauen aufbauen kannst.

Metatron sagt auch wenn der Mensch seiner spirituellen Erziehung voranschreitet kann sein elektromagnetischer Körper während eines meditativen Zustands in andere physische und Bewusstseins Lichtwelten genommen werden .Dort kann er Schulung erfahren die über den Bezugsrahmen seiner physischen Welt hinausgeht, was ihn befähigt, ein multidimensionales Wirklichkeitsbild zusammenzusetzen. Er gewinnt auch ausreichende Kenntnisse darüber wie seine fünf Energiekörper -Vehikel ihn auf das effektive

tragen des Christuskörper vorbereiten können.
Das sind die gleichen Wege die die Heiligen hier auf der Erde gehen mit ihren initiierten, die in den heiligen Geist oder die Sphärenmusik oder den TonStrom oder das Wort eingeweiht wurden. Auch sie nehmen ihre Leute nachts zum Beispiel auf Reisen in höhere Welten um Belehrungen zu geben, oder arbeiten mit Träumen um bewusst zu machen. Die Heilige Suma Ching Hai die zurzeit auf der Erde ist, arbeitet mit genau den Methoden. Ich selbst bin ein Schüler von ihr. (Habe aber auch viele Zweifel deswegen 19.1.2015)
Metatron schreibt zum Beispiel von der Existenz der pulsierenden Lichtgeometrien im Bewusstsein des Menschen, was zeigt das er bereits Teil eines göttlichen Informationskreislaufs ist, der von Lichtkörper zu Lichtkörper fließt. Diese Phosphengeometrien sind einfach die inneren Ablesungen, sagt er...Diese pulsierenden Lichtgeometrien können leicht nachvollzogen werden, sage ich euch hier. Schließt eure Augen und drückt mit beiden fingern langsam auf die Augäpfel und erhöht den Druck bis ihr das Licht und die Lichtgeometrien sehen werdet. Das sind Teile dieser Lichtkörper die ihr dort seht, ok.
46.
Die Heiligen reden von der fünften Ebene.7 und 5 Ebenen sind 12 Ebenen. Aber jede Ebene ist zur gleichen Zeit auch ein Lichtkörper. Ab der 12. Ebene also ist der Sucher befreit und erfährt sich als der Christuskörper oder Buddhakörper.
Bis dahin ist die Aufgabe der Heiligen für die initiierte, bis zur 5. oder 12. Ebene.
Da die Heiligen sich nicht mit den unteren Chakren befassen reden sie von der 5 ebene. oder den 5 Welten.
Die Wege durch diese Körper hindurch bis zum 5. ist der Weg der Befreiung. Alles davor, egal ob es himmlische Welten sind das sogenannte Paradies oder die Mentalwelten das sind laut der Heiligen noch nicht die wahre Befreiung. Und wenn man sie auch erreicht, so ist auch das noch der Zustand wo du Geburt und Tod durchmachen musst im großen Wiedergeburtenzyklus der Ewigkeiten. Genauso wie hier auf der Erde. Hier sind die Zyklen kürzer. Im Himmel länger und anders.
47.
Auch das Lesen von Büchern bringt keine Befreiung vom Rad der Wiedergeburten, und zwar in dieser physischen Welt, mit ihrem niederen Bewusstsein für die Menschen.Wenn die Impulse des Mentals und das Mental sel-

ber oder das Gemüt wie auch immer, der psychomentale Bereich genannt werden will, nicht überwunden werden können, kann auch kein Wissen von der Realität des höchsten Wesens entstehen. Und das höchste Wesen wird man nicht ohne dem aktiven Suchen finden und zwar durch meditatives arbeiten.

48.
Befreiung kann aber nur so weit sein wie jemand sie selber erreicht hat. Ein Werkzeugmacher zeigt dir wie Werkzeuge zu bauen sind ein Politiker wie abgezockt undbetrogen werden kann im Namen von Ehre und dergleichen Schwindel Wahrheiten. Oder Demokratie oder Staat oder Sicherheit oder Mehrheit oder Neiße.
Eine Elektrikerin zeigt dir was da zu tuen ist und so weiter, aber ein Heiliger ein Meister zeigt dir wie du genau das werden kannst was sie selber erreicht haben.Aber das übliche verwickelte des psychomentalen Bereichs ist eine große schwere Schleierfabrik von Wünschen und Täuschungen und Illusionen und Selbsttäuschungen das muss heutzutage jeder ja schon selber erkannt haben durch Selbstbeobachtungen und anderer Erfahrungen.

49.
Die innerer Kontrolle von Mental und Sinne führt zu einer größeren Form der Reinheit. Selbst der mentale Weg oder der intellektuelle Weg, führt nicht zur Befreiung und höherer Intelligenz und auch das Lesen aller Bücher auf dieser Erde und allen Erden im physischen Universum. Dadurch wird der Kopf eher noch eine Wasserstoffbombe. Auch das Denken das man losgelöst ist und befreit ist oder das man dem weltlichen losgelöst ist hilft nicht. Es wird wiederkommen. Auch das Denken ich bin Gott das höchste das Beste das edelste und schönste oder wer weiß was, ist nutzlos. Man braucht dann bloß abzuwarten bis etwas die Sinne dieses Menschen trifft und irgendjemand redet übel über sie oder ihn, und Bingo, schon ist der erste Wutanfall wieder da und Rache und Mord und Totschlag folgen je nach Lage und Situation...
All das bringt keine Befreiung von Maya oder Kal dem Herrscher der physischen Welt.

50.
Der Weg der Heiligen ist der höchste weg, der nobelste Weg.
Die Heiligen haben durch die Gottheit selber diesen Weg gezeigt bekommen.
Die Heiligen kennen die Namen der Gottheiten dieser 5 höheren Welten oder Körper und wer die Namen wiederholt und auf den inneren Ton hört

wie er von den Heiligen mitgeteilt oder geoffenbart wird, wird Befreiung und höhere Intelligenz erreichen und sich frei in den höheren Welten und Universen bewegen können als Mitarbeiter und Mitarbeiterin des göttlichen. Die Heiligen sind nur dem allerhöchsten göttlichen unterworfen.
Deswegen sind die Schriften der Heiligen auch die höchsten Schriften und höchsten lehren. Jesus, Buddha, Metatron, Kabir, Mevlana Rumi, Suma Ching Hai, und viele andere Heilige die auf der Erde waren und auf der Erde sind.
Wenn Krischna schon Arjuna in den Veden sagt das er über die Veden hinausgehen muss dann zeigt das, das die Veden nicht die höchsten Einsichten und Lehren sein können, da sie bloß von Brahma dem göttlichen der drei Welten kommen. Aber darüber hinaus gibt es noch andere Welten. Wer also über die Veden hinausgeht der wird der Macher, der wird der Macher der Veden. Und seine Wahrheit liegt höher und feiner als die der Veden.
Nur die Heiligen haben das erreicht.
Auch im Koran steht, der perfekte moslemische Fakir ist nicht daran gebunden an die Shara-der moslemischen religiösen Gesetzgebung.
Die höchste Gottheit hat Myriaden von Welten wie die der physischen Welten hier geschaffen und Myriaden von Brahmas und anderen Göttern und Gottheiten.

51.
Liebe für das Göttliche und den Heiligen sind ein Muss um zu erwachen und zu entwickeln. Und wer Sat Nam oder die 5. Ebene erreichen will und keine Liebe für den, die, Heiligen hat, wird nicht viel erreichen. Auch wenn dein Ego sich noch so dagegen weigern wird, ohne Liebe geht Nix schönes und gutes egal in welchem Teil der Schöpfung Gottes du sein magst. Außer dir gefallen die Kotze der Banditen und Betrüger und politischen Systeme und deren Taten heutzutage auf der Erde.

52.
Das Mental, der psychomentale Ablauf, das Gemüt, ist der Träger der üblen Machenschaften im Menschen. Ein Heiliger assoziiert sich nicht damit. Wenn heutzutage zum Beispiel viele der Ärzte oder Wissenschaftler oder andere denken sie wären Gott, ok, das ist deren Sache, aber als Kabir der Heilige die Gottheit Brahma traf und ihr erzählte, die Wahrheit erzählte, da fing diese Gottheit an die höchste Gottheit zu suchen, aber sie wurde verführt durch Kal. Kal ist die Gottheit die die drei Welten kontrolliert, grob-fein und kausal-und sie wird niemanden raus lassen um in die höheren Welten

zu kommen, bevor er nicht total gereinigt ist, von allen Wünschen und anderen Verunreinigungen, die an diese Welt binden. Wenn also eine Gottheit nicht die höchste Gottheit finden kann und verführt wird, wie sieht es erst mal mit dem Menschen aus.

Da gibt es soweit mir bekannt bloß drei Wege. Erstens mit einem Meisterheiligen oder mit den außerirdischen Heiligen die in ihren Raumschiffen kommen und Befreiungen bringen, mit den Lehren der Befreiung. Oder aber es ist einem egal und man macht ununterbrochen die Wiedergeburtszyklen durch, bis diese Welt von den höheren göttlichen Kräften in einen höheren Bewusstseinszustand gehoben wird, wo spirituelle Erweiterung leichter möglich ist.

53.

In allem was zu tuen ist muss Liebe sein. Sonst wird das alles nix-egal was es ist. Die alten Heiligen und Gurus sagten, das Devotion zum Guru, Heiligen, wichtig ist.

Die heutigen Heiligen sind nicht so. Sie sagen nicht dass du sie lieben musst. Sie überlassen es dir selber, was du für richtig hältst. Aber mit Liebe geht alles besser .Das ist ein besseres Schmiermittel als die Schmiergelder die in der Politik und Wirtschaft abgekotzt werden.

54.

Gott ist in dir wie der Duft der Blumen in der Blume. Die Blume ist sichtbar aber der Duft nicht. Aber durch den Geruch kann er entdeckt werden. Genauso ist es mit dem Göttlichen das der Heilige zeigen kann, aber die Menschen nicht erkennen können.

Ohne den Gehilfen den Heiligen wird bessere Diskriminierung nicht leicht möglich sein, denn das Gemüt das Mental wird alles versuchen, dich weiterhin im Schleudersitz der Emotionen und Wutanfälle und Ausbrüche zu halten und das Rad der zirkulierenden Gedanken und Vorstellungen drehen.

Nur mit der Hilfe des Heiligen kannst du über das Mental hinausgehen. Und das ist schon eine feine Angelegenheit. Dann wirst du zum ersten Mal erkennen das dein Körper und dein Denken und das phantasieren und Ängste und Getümmel im Kopf eine selbstständige Tätigkeit ist von der du befreit bist. Aber alles läuft so ab als ob du das wärst, bist, dieses Denken, phantasieren. Was wirklich falsch ist. Das ist meine eigene Erfahrung.

55.

Diese Welt hier diese Erde hier die für viele ein Heim ist und sein soll, ist eine Irrenanstalt der Menschheit geworden. Vergiftet, ausgeraubt, ver-

seucht, verdreckt, verlogen, betrogen, abgemordet, korrupt, besoffen, Slawentum, egal welcher Arten Suchttürme und Armenhäuser mit Glücksversprechungen von 2-4% Lohnerhöhungen für die Blinden und tauben.
Das ist eine Wildnis, keine Heimat hier. Und alles was hier für real genommen wird ist in Wahrheit das falsche. Noch nicht mal in der Ernährung wird darauf geachtet.
Der wirre Pfad des Intellekts zeigt seine unbeschreiblich ignoranten Früchte und hat es seit Äonen von Zeitalter immer gemacht. Aber der spirituelle Pfad ist der Pfad der Liebe.
56.
Wer den Weg des Intellekts geht wird es nicht leicht haben der Liebe zu folgen.
Wer kein Vertrauen in die Heiligen hat wird auch nicht den Weg nach innen finden.
Das Mental wird sich stärker bemerkbar machen und sich gegen den Heiligen stellen und ihn sogar angreifen. Aber der Heilige muss perfekt sein. Sonst hilft das Nix sondern bringt weitere Sekten oder Wildnis oder wer weiß was noch.
Die meisten Menschen die ich kenne sagen zwar sie glauben an Gott oder sie wären Christen oder Moslems oder sonst was, aber echt ist das alles nicht. Sie glauben in Wahrheit gar nicht daran. Der Grund ist wohl der, weil sie weder Angst vor der Gottheit haben oder kein Verlangen die Gottheit zu erkennen. Das Mental kann nur durch den Heiligen gereinigt werden. Wieso wohl.?
Der Heilige ist Heil .Seine Aura seine Lichtkörper ist rein und ganz. Wer in die Nähe eines Heiligen kommt und von ihm initiiert wird, bekommt diese Reinheit dieses Heile gesunde auch ab, und mit der Zeit färbt das ab. Mit Liebe geht das noch schneller.
Der Einfluss reinigt alleine schon und die Gegenwart noch mehr.
57.
Hilfsbereitschaft und Bescheidenheit sind große Hilfen im Leben. Wenn das echt ist geht alles leichter und auch die Unruhe des Mentals kann so leichter überwunden werden. Wer so vertrauensvoll mit dem Heiligen arbeitet wird sicherlich das Ufer   der höheren Intelligenz und Reinheit erreichen und Befreiung finden.
58.
Das Göttliche ist andauernd mit uns und erfährt das Gute wie das Üble. Wenn die Gottheit wünscht dass du befreit wirst wird alles in die Wege ge-

leitet werden.
Die Intellektuellen werden die Aussagen der Heiligen nicht akzeptieren und werden darüber lachen. Sie sind zu tief in der weltlichen Materie und erfreuen sich an intellektuellem Gerede und Tätigkeiten. Manche Heilige wollen die intellektuellen deswegen auch gar nicht annehmen.
Aber Ching Hai nimmt alle, weil sie zuvor bevor sie erleuchtet wurde den Wunsch hatte alle zu befreien.
Viele die Sklaven von Bücher geworden sind wie die Bibel die Veden der Koran und andere heilige Bücher sind so darin verstrickt das man mit denen kaum noch ein klares Wort reden kann. Sie suchen auch keine Heiligen sondern Worte und Gedanken.
Aber Worte und Gedanken können niemanden befreien und helfen. Ich esse lieber den Apfel anstatt das Wort Apfel.
59.
Die Heiligen die Meister können viele Gestalten bewohnen. Sie sind zur gleichen Zeit auf unterschiedlichen Ebenen tätig, Er kann die Formen die er hat, wieder zurückrufen, verändern, und wieder absenden, je nach dem Auftrag von Licht und Liebe in der sein größerer Körper tätig ist.
Die Heiligen sind zur gleichen Zeit überall dort wo sie tätig sind. Sie senden ihren Transformationskörper zu denen, die reif für die Befreiung sind und zeigen sich in Träumen oder erscheinen an vielen Stellen zur gleichen Zeit.
60.
Auch wenn du als ein Nichtliebender zu einem Heiligen kommst als Neugieriger oder Affenarsch der Hölle, wenn du es schaffst in der Gegenwart eines Heiligen zu bleiben und wenn der Heilige sieht wer du bist und was er sonst noch in deinem Lebenslauf sehen kann, der aus unzähligen Wiedergeburten besteht, so kann er auch die härtesten Intellektuellen die Technointellektuellen und Höllenhunde doch dazu bringen das auch sie Liebe wieder erleben und das Geschenk der Liebe annehmen.
Denn ohne Liebe gibt es keine spirituelle Entwicklung.
Und unsere Erde wird ein Sumpfloch bleiben eine Gifthülse und ein Irrenhaus für Irrenwärter die irre geworden sind. Bis die Zeit kommt wo die Menschen mit der Suppe im Maul einfrieren wie die Mammuts. Wenn sie so weitermachen wollen.
Die kosmischen Liebesgesetze müssen akzeptiert werden - die 10 Gebote sind Angleichungen an diese höheren Intelligenzwelten. Durch das nicht akzeptieren der 10 Gebote bleibt der physische Leib abgetrennt von der

größeren universellen Schöpfung und sie werden weiterhin bloß von Leiche zu Leiche taumeln.

Wer die 10 Gebote lebt und es versucht sich spirituelle zu entwickeln und Heilige sucht oder die Heiligen der außerirdischen Welten sucht, und erlebt wie Hesekiel und andere, die haben die Möglichkeit die Weisheit des Lichts zu manifestieren und sie werden sich weiter ent-wickeln nicht länger im dumpfen Bereich des Bewusstseins der Erde herum taumeln.

61.

Wenn die Regentschaft der spirituellen Weisheiten nicht in der Politik, Wirtschaft im Staat unter den Menschen gelebt wird, wird es ohne Ausnahme zur Zerstörung kommen, und verfall. Die Ergebnisse sind jetzt gut sichtbar. Da helfen keine Löhne, Urlaub und elektrische Lächeln auf den Zeitschriften. Es ist leicht zu erkenne.

Die Priesterschaft hat das lebendige Wort Gottes verhindert, durch die Verweigerung der Lehren die zur Befreiung und höheren Intelligenz führen. Sie sagten die Menschen sind nicht reif dafür. Stattdessen haben sie sich selber an den Platz Gottes gesetzt und wollen ihre Dummheiten an andere weitergeben. Aber das sind keine Heiligen und Erwachten, das sind allerhöchstens Schriftgelehrte, und das ist so gut wie Nix. Sie sagen von sich sogar sie wären die Stellevertreter Gottes auf der Erde, was totaler Hohn und Betrug ist. Wer das wirklich wäre, könnte sofort eine ganz andere Gesellschaft geschaffen haben. Aber sie selber sind ja nicht mal Christen, da sie selber nicht mal die 10 Gebote eingehalten haben, und viele Gräueltaten gemacht haben. Wenn nun die politischen Wesen die nun sogar bloß ein Abklatsch von den irren der religiösen Vordenker sind, ihre dumpfen Weisheiten auf die Erde loslassen, was meint ihr wird das Resultat sein. Und wenn die Wirtschaft die Wissenschaft, die materialistisch geblieben ist, zum allergrößten Teil, was meint ihr wird das Resultat für die Menschen und die Erde sein. Ihr sehr doch schon diese Zerstörungen, und das bloß nach sooo wenigen Jahren. All diese Autoritäten in diesen drei Kategorien, versuchen alle das Bewusstsein lahm zu legen.

62.

Die zehn Gebote sind universale Gesetze in diesem Universum. Die Gesetze des physischen Universums werden aber durch die Gesetze eines spirituellen noch unsichtbareren Universums überlagert. Durch die Meditation und die Einhaltung der Gebote und der Verbindung zu einem Heiligen zum Beispiel kann man sich an die Gesetze der spirituellen Welt anschließen und in sie hineinwachsen und von ihnen beeinflusst werden und Infos erhalten und sogar zu ihnen hinreisen und mit den Bewohnern austausch machen und Wissen zurückbringen.

Der TonStrom Gottes oder die Sphärenmusik die Harmoniken das Wort oder Licht und Ton Gottes, in ihnen sind die 10 Gebote schon für jede Schöpfung enthalten die für jede Welt und Universen anders sind. Das sind Superbotschaften Computercodes sozusagen innerhalb der gigantischen Schöpfungswelle aus Licht und Tönen Gottes.

Alles ist ja aus gewissen Gesetzmäßigkeiten aufgebaut die wiederum in andere höhere Gesetzmäßigkeiten übergehen. Umso früher die Menschen das erkennen um so besser für sie und der Erde und dem Sonnensystem und dem Galaxienbereich...aber die negativen Kräfte werden sich natürlich freuen, denn das ist ja ihr Bereich, Verblödung, Lügen, betrügen und die Fähigkeiten nicht zum Wohle der Menschen zu nutzen, was ja unterschiedlich ist von Mensch zu Mensch. Ein Politiker muss Rechenschaft zu Wohle der Gemeinschaft ablegen wenn er die anlügt betrügt und seine Partei bevorzugt um abzuzocken ist er nicht tragbar für die Öffentlichkeit, er kann zwar seine Ehefrau anlügen das ist was anderes, aber auch seine Ehefrau kann dann sagen - Fiffi, hier ist die Tür.

63.

Der Name und der Ton Gottes sind gigantische Kräfte aber nur sehr wenige realisieren das. Ein schlafender Mensch wacht auf wenn sein Name gerufen wird, so groß ist die Macht und Herrlichkeit und Schönheit des Wortes. Der Klang Gottes. Alle Schöpfung beruht darauf. Die Heiligen testen auch deine Ehrlichkeit und Festigkeit deiner Hingabe an das göttliche. Erst wenn der initiierte wirklich fest ist, und die Augen auch das Göttliche sehen können, und das Herz fit ist, das das Göttliche dort leben kann, wird das Göttliche kommen. Deswegen ist Reinheit des physischen Körpers der Anfang. Deswegen ist Leichenfressen ein Fehler auf dem Weg der Ent-wicklung- und ihr könnt davon ausgehen das all eure Führer und Führerinnen, die noch Leichen fressen euch garantiert nicht zum Licht führen werden sondern sie werden euch von einer Illusion zu anderen einer Täuschung und Benebelung und Ausbeutung zu anderen führen. Die Gesetzmäßigkeiten sind einfach so, das muss erkannt werden und akzeptiert werden, und dann müsst ihr euch reinere Führer und Persönlichkeiten suchen, damit ihr auch wachsen könnte. Zurzeit heute am 10.2.2000 ist in den Medien der Kohlsalat noch drin der Kochsalat auch, und wie versucht wird, diese Betrügereien einfach als Weichmachsalat anzubieten. Wenn ihr euch drauf einlasst

werdet ihr Mitmacher der Lügen und Betrügenpolitik, die ja versucht sogar die Macht noch zu erhalten, wie jeder andere Milosevic Traum. Auch da ist kein Unterschied, im Bezug zum Machterhalt. Egal was kommt, die Politik weltweit ist ein Saurier der Demokratien. Die Politik ist schon jetzt eine altertümliche Berufsgruppe. Die aber versucht durch Worte und Denken euch einzunebeln, das ihr so was braucht. Leben und besser Leben ist sehr, sehr, gut möglich ohne Politikersysteme. Dabei soll doch die Identität von Religion und Politik gleich sein. Denn Politik ist bloß eine neue Variante des religiösen Prinzips. Religion ist mehr vom Instinkt gefördert, und Politik ist von der Intelligenz gefördert. Aber zurzeit ist also weder Religion noch Politik wahrhaftig und gut und sauber, weil der Mensch in seiner Evolution in einem Zwischenstadium ist, in seiner Entwicklung, er ist noch ein Mischwesen, er ist weder Tier noch Mensch. Eine Mischung davon. Und das ist das Unterbewusstsein oder Teufelsbewusstsein, die Lüge und alles was wir heute auf der Erde sehen. Kurzum das Raubtier Halbmensch. Halbtier. Und diese Form des Bewusstseins ist dann so, dass die Religionen satt und gesättigt mit Land Geld und Vermögen sind, das sie den Bevölkerungen abgelogen, abgezockt, haben und das die Politik heute die Wirtschaft die Besitzenden satt und fett und unsagbare Mengen an Wohlstand gaben, geben, durch die Mischehe von Besitzenden und Politiker, die Nichts haben. Und so sind 1% der Bevölkerung die Besitzenden der gesamten Erdbevölkerung. Das kann nicht gut für diese Besitzenden und Politiker und Kirchenfetten und Religionslügner gehen. Denn die natürliche Ordnung lässt sich nicht verblöden, vergiften, so dass sie zerstört wird. Es wird umgekehrt sein. Die Besitzenden werden zerstört werden und so weiter und so weiter. Und deswegen kamen und sind die Heiligen auf der Erde.
64.
Wer den Weg der Heiligen mitgeht wird ganz schön viele Anfechtungen bekommen. Egal, niemand anders außer womöglich die Lichtmeister, mit ihren Raumfahrzeugen aus höheren Welten können euch das anbieten was die Heiligen können. Niemand anders wie Jesus, Buddha, Mohamed und andere heilige Wesen haben so einen Impact auf die Evolution der Menschheit. Weil sie das lebendige Licht Gottes das Bildnis Gottes auf die Erde bringen und damit die Perspektive reinigen. In diesem Zeitalter der Verrückten, der Wilden der Vergiftungen der Verlogenheiten und Abzockphilosophien, was schon immer der Fall war, weil ein Teil der Schöpfung einfach zerstört wird. Die Egomane Denkrichtung der Lichtstrahl ohne Licht sein, und ist es auch bis jetzt, wenn das lebendiges Licht drin wäre, dann

könnten die Ärzte zum Beispiel heilen. Aber es gibt mehr Kranke denn je, mehr Seuchen denn je, die materialistischen Wissenschaften sind einfach nicht in der Lage Heilung zu bringen. Selbst die Quantenphysiker und die Überquantenphysiker, wenn sie erscheinen, werden nichts Gescheites damit anzufangen wissen, außer dem üblichen materialistischen Kopplungen. Sie werden erst spirituelle werden wenn sie selber Erfahrungen dessen machen und eine spirituelle-Wissenschaft aufbauen können, was nämlich bedeutet das sie selber erst zur höheren Liebe kommen müssen, und dazu gehört die Selbstreinigung und die Verantwortung für die Entdeckungen damit die nicht zu Antilebenszwecke genutzt werden. Es wird keine höhere Wissenschaft geben ohne diese einfache Einsicht. Die zukünftige Lichtwissenschaft wird nur möglich sein, wenn der Wissenschaftler selber Lichtmeditierer wird.

65.
Mir wurde vor einigen Jahren frühmorgens von der höheren Intelligenz meines entweder Überselbst oder Geistes oder eines höheren Wesen mitgeteilt, dass ich dieses Buch „Meditative Transformation der Industrie" schreiben soll, und das ich dann und dann, dort eine Organisation gründen soll in Bezug zu diesem Thema..Das Buch habe ich geschrieben, es ist die Grundidee und kann nun ausgefüllt werden. Auf der Erde laufen zurzeit große unsichtbare Veränderungen ab. Die Erde bekommt eine höhere Schwingung und andere Frequenzen werden verändert damit spirituelles Wachstum besser möglich ist. Dadurch drehen die alten Systemhalter durch, weil sie ihre falschen Wahrheiten unterminiert sehen, jene die die Macht in den Gesellschaften halten. Die Dunkelmänner wie Kössner sie nennt, die Dunkelfrauen. Das ganze biologische System bis hin zu subatomaren Strukturen wird verändert sogar der Spinn die Drehungen der Atome und so weiter. Und auch die Erde schreit ja auf unter der Ignoranz Last der materialistischen Denkweise und Lebensweise dieser alten Fressrassen und LeichenfresserRassen. Das Mental das zurzeit herum taumelt egal was es ist ob politisch oder religiös oder wirtschaftlich und wissenschaftlich, es taumelt hauptsächlich im Zyklus der Profit Zyklen und glaubt und denkt das wäre Wachstum. Bloß, du kannst 6 Tonnen Supervitamine essen, 14 Tonnen Mineralien, davon wirst du auch nicht anders, schöner oder entwickelter oder befreiter und aktivierst dein Lichtpotenzial.

66.
Die Heiligen und echten Fakire, die echten Meister, sie sind von der gleichen Essenz wie das Göttliche. Sie sind Manifestationen des Göttlichen.

Jemand der diese Wesen unterstützt und liebt und deren Weg geht, wird auch eins mit dem höchsten Wesen werden können. Natürlich ist das nicht einfach so wie eine Leiche fressen, aber das aufblühen des Heiligen Geistes des Schöpferwortes Gottes ist jedem gegeben und kann in jedem erfahren werden, wenn der Wille Gottes das will dann ja. Für Gott ist nichts unmöglich.

67. Das dritte Auge oder die zehnte Öffnung kann zurzeit nur von Heiligen geöffnet werden. Die Schriften die besagen, das dritte Auge sei anders zu öffnen, das sind gute Theorien und feinausgearbeitete logische Werke, die sich gut lesen lassen. Aber mir ist nicht bekannt, dass jemand dadurch jemals sein drittes Auge geöffnet hat. Ich würde ihm auch sofort eine gezielte Frage stellen was er wie sieht und wie der Vorgang ist und so weiter, um zu wissen was da abläuft, und vor allen Dingen, was der wesentliche Unterschied ist im Sehen der anderen Welten und deren Aufbau.

Solche spirituellen Fähigkeiten kann man nicht einfach als Leichenfresser haben oder eben mal so öffnen. Damit gehört immer eine andere Fähigkeit und ein sagen wir mal verwirklichtes Arbeitspotenzial im Dienste des Göttlichen für das Gemeinwohl und oder die Gnade des Göttlichen die Liebe die Vergebung.

68.
Ich würde mich aber nicht wundern das im Laufe der Veränderung auf dem Planeten Erde und dem lokalen Universum in dem wir leben und mit anderen Universen verbunden sind, das dadurch durch die Anhebung der Hochfrequenzen und die dadurch Absterbung der Niederfrequenzen Partikel und Wellenbereiche und unsere Kernstruktur in ein neues holistisches Wellen Kontinuum gebracht wird, das auf einer höheren kosmischen Lichtkraft basiert, das dadurch auch manchen Menschen das dritte Auge geöffnet wird, und sie sozusagen schon die frischeren die erneuerten sind. Was dann aus diesen Menschen Wesen macht die mehrere Dimensionen sehen können und damit mehrdimensional sind, nicht wie jetzt, wo man von sich denkt man wäre Dreidimensional, was gar nicht stimmt, wir sind jenseits von Alpha und Omega. Da wir ja andauernd wiedergeboren werden.Das alleine ist ja schon Beweis dafür. Aber der nächste Schritt ist nun die höheren EvolutionsZyklen anzugehen, reinzugehen, obwohl manche, sicherlich viele, damit zufrieden sind ewiglich diese Erdwiedergeburten zu machen. Was ja auch ok ist.

Denn sie werden dadurch ja Meister der Erbfähigkeiten und die Lehrer der Menschheit auf der Erde und so weiter.

69.
Es kann ja auf der Erde gut gesehen werden, das es Schöpfungen sind, die unvollkommen sind, anhand der Taten der Menschen, weil sie nämlich sozusagen rein menschlich sind, sie haben kein höheres Bildnis mehr in sich, das was Jesus auf die Erde brachte. Ich habe gelesen dass die höheren Intelligenzen diese unvollkommenen Schöpfungszyklen trotzdem nicht unterbrechen, auch wenn sie total zerstörerisch wären, was ja zurzeit sehr gut sichtbar ist. Kriege und Morde und Betrug und Glanz und Gold auf Ausbeutungen und Manipulationen und Abzocken, und so weiter. Diese unvollkommenen Schöpfungen würden erst unterbrochen werden, wenn sich die Menschen für spirituelle Programme öffnen.
70.
Ohne das Göttliche das spirituelle driftet jede Entwicklung in die Zerstörungen das muss einfach erkannt werden. Ich habe erfahren dass sogar die Grünen und andere Farb- SachenPolitik, versuchen, das Wort Gott aus der parlamentarischen Seite zu bringen und das ihre Tätigkeit nicht mehr damit zusammenhängen kann. Ich kann euch garantieren dass ihr dadurch die schönste Hölle hier auf Erden aufbauen werdet. Es ist sehr einfach wenn ich das Göttliche verneine, wird es auch nicht mehr mitmachen. Gott braucht den Menschen nicht den Leichenfresser, den Materialisten. Und wenn jene denken das sie Gott selber sind das finde ich prima, aber damit gehören wenigstens die niedrigsten Fähigkeiten zur Mathematik, zumindest das 1x1 der Logik und der Vernunft.
71.
Mir ist schon klar, dass jene in der Politik oder Wirtschaft Nix wissen vom Pfad des Klangs oder Tons, des reinen Klang Gottes, wodurch der Mensch Meisterschaft über die Materie erlangen kann, und so eine spirituelle Wissenschaft aufgebaut werden kann die eine Lichtwissenschaft ist, das sie nichts wissen von der Erziehung des Menschen der dann diese höchste Vibration erfahren kann, und mit ihr arbeiten kann, so wie es die Heiligen tuen und jene in die höchsten Himmel ja zu Gott selber führen, was alles auf dem reinen Klang Gottes abläuft. Aber stellt euch vor ihr hättet solche Wesen in verantwortlichen Positionen.
72.
Der Heilige kann das dritte Auge öffnen um mal kurz zu zeigen was da passiert. Auch ich habe so was erlebt, und vieles mehr. Vom rein wissenschaftlichen Standpunkt aus gesehen steht die Zirbeldrüse damit in Verbindung. Sie dreht sich unter gewissen Bedingungen, aber dazu muss ein höheres

Licht auf sie fallen, das die Heiligen haben und mit dem sie eins sind durch das lebendige Wort Gottes den heiligen Geist den TonStrom das Wort die Sphärenmusik. Dadurch kann man über die Grenzen des physischen Lichts hinaussehen. Das relatives Licht ist, einige Wissenschaftler sagen und das kann besonders gut im Buch des Wissens die Schlüssel des Enoch-nachgelesen werden, das über dem dritten Auge ein Lichtbogen ist, der alle grundlegenden Neuronen Tätigkeiten der Zirbeldrüse steuert.

Das die Zirbeldrüse in der richtigen Lichtumgebung ein besonderer Übertragungsapparat ist, der die Enzymtätiegkeit im ganzen Körper beeinflusst. Da hinter jeder Schöpfung auch ein Denken stehen muss, ist das Licht das in die Zirbeldrüse gebracht wird eine sogenannte ferngedankliche Kommunikation des höchsten Lichts das auf die Zirbeldrüse wirkt und sie aktiviert. Dieses höchste Licht haben die Heiligen alle verwirklicht und sind eins mit ihm. Deswegen können sie auch das dritte Auge und damit die Erkenntnis Gottes zeigen und die höchsten Welten und so weiter. Die Heiligen selber sind klare Wesenheiten ohne ins Detail der Wissenschaft zu gehen. Ihre Aufgabe ist es Seelen zu befreien, sonst Garnichts. Sie haben kein Interesse an detaillierten Auskünften wie ein Atom und die Planeten und wie Magnetfelder und Gravitationen oder wie Energieformen im Detail aufgebaut sind. Sie sind die Erschaffer dieser Einheiten, da sie eins mit dem Schöpfungsprinzip geworden sind.

73.

Laut Martinus Schriften ist im Plan Gottes die totale Erleuchtung des Menschen unweigerlich das Ziel und die Gotteserkenntnis auch. Die Zyklen die aber da durchlaufen werden müssen, wo aus dem Rohdiamanten ein leuchtender Diamant geschliffen wird, durch die Wiedergeburten und Erfahrungen und Taten sind gigantische Zyklen. Die Heiligen sind Lichtbeschleuniger Reiniger und Abfallsammler der Abfälle der menschlichen Evolution und ihrer Taten. Durch ihre Reinheit ihres Lichtkörpers werden Menschen die ihnen in die Augen sehen gereinigt und erhöht und befreit. Ein Blick kann genügen und du hast Befreiung erlangt und wirst wissen, wer und was du wirklich bist. Ich mit meinen Erfahrungen kann bloß sagen, der Mensch würde 1000 Jahre lang weinen wenn er wüsste was er da macht und wer er wirklich ist, aus Trauer darüber das nicht erkannt zuhaben...So schön ist er nämlich.

Aber die Gedanken und falschen Einsichten formen seine Grauheit mit und die falsche Identifizierung mit seinem Körper-wo die Toten die Toten begraben, tut ein weiteres, um das Bildlose aufrecht zu erhalten. Dem soll ja jetzt

Abhilfe gemacht werden durch die Erhöhung der Schwingungsfrequenzen in diesem Universum. Wer den Unterschied versteht zwischen ich bin der Körper und ich habe ein Körper, für den ist es einfacher.

74.

Die Heiligen sagten, manche tuen das auch heute noch, denn jeder Heilige arbeitet anders im Plane Gottes, das man die Welt verlassen muss, Entsagung, das man beides nicht machen kann. Es gibt andere Heilige die sagen, wenn du im Geiste erkennst da du nichts mitnehmen kannst und das weißt, so ist das Entsagung, denn du klammerst dich nicht daran und würdest dann auch nicht auf dem Machttrip der Wirtschaft und Politik oder Kirchen sein, die sich alle daran klammern. Einige Heilige sagen, wenn du den Weg der Heiligen gehst und trotzdem weltlich aktiv bist, wird deine Liebe nicht so rein sein. Das mag ja sein, aber sie sagen auch, dass so was keine Endgültigkeit ist, eine feste Bestimmung, denn jene die aus ihren vorherigen Leben viel spirituelle Arbeit mitgebracht haben und sozusagen ein gutes spirituelles Zinskonto haben, können den Weg der Beidseitigkeit gehen, spirituell-weltlich-und wenn sie dazu noch vom Heiligen dazu animiert werden ihre Meditationspraktiken zu machen und weiterhin ihren Berufen im Rahmen der nicht Tötung nachzugehen, so ist das kein Hindernis. Die Heiligen passen sich den jeweiligen Strukturen der Menschheit an, und sie fordern keine unmöglichen Tätigkeiten, eher sind sie zu Balanceakten bereit, denn sie unterstützen ihre initiierten mit dem Klang Gottes. Aber jene die eine niedere Energie haben und schwer damit klar kommen sind aufgefordert intensiver nur spirituelle Arbeiten zu machen. Der Heilige sorgt dafür, das diese Menschen auch nicht materiell absterben, sie bekommen immer das nötigest um ihren Körper aufrecht zu erhalten. Das kann ich auch an mir gut beobachten, denn ich selber lebe manchmal unter sozusagen geldlosen Bedingungen und trotzdem geht es weiter.

75.

Die Heiligen sagen auch, dass es keinen Willen gibt außer man hat sein wahres Heim erreicht, alles andere ist Illusion, selbst der freie Wille ist Illusion, da er bei den meisten zur Zerstörung führt, was gut heute gesehen werden kann in allen großen menschlichen Systemen. Es ist der Wille der Unwissenheit, denn nicht umsonst müssen diese ganzen Vergiftungen und Abgleitungen und synthetischen Abläufe in der Natur später wieder korrigiert werden. Da nützt auch keine Diskussion darüber oder 400 Bücher die darüber geschrieben werden, es sind nur die Resultate die zählen.

76.

Befreiung wird durch keine Priesterklasse kommen, das ist ja nun wirklich erkannt, weltweit, auch nicht durch die zurzeit wissenschaftlichen Abteilungen, auch nicht durch die Politiker und ihren Parteien. Befreiung entsteht entweder durch die äonenlange Evolution des göttlichen Planes oder durch die Lichtwesenheiten der höheren galaktischen Zivilisationen die auch den Klang Gottes lehren oder durch langsame spirituelle Arbeiten oder durch die Heiligen. Das sind die Wege der Evolutionen.

77.

Die Heiligen können die Saat und die Früchte deiner vorherigen Arbeiten und Taten auflösen, nur sie können das. Das kann kein Diplompsychologe oder sonst wer. Ich rede hier von auflösen von Karma, das viele, viele Leben beinhaltet. Ein Meisterheiliger der den Göttlichen Weg geht um alle die zum ihm kommen zu befreien, nimmt bei der Initiation das gesamte Karma- die Resultate des Lebens zuvor auf sich und löst es auf, so das im ewigen Zyklus der Kreislaufverbindungen wenn zum richtigen Zeitpunkt das alte wieder auf einen wirkt, nicht mehr erscheint und der Mensch davon befreit ist. Er braucht nur noch seine Handlungen aus diesem Leben zu reinigen. Dadurch kann er danach in den höheren Welten leben, durch den heiligen Geist dem Klang Gottes dem Wort, wird der Mensch langsam oder schnell gereinigter, aber auch unter der Anleitung des Heiligen werden viele noch den verführten Weg angeboten bekommen, durch andere höhere Intelligenzen. Es gibt genau wie hier auf der Erde dort auch, nette und andre, die Putin und üblere Eigenschaften haben. Wer aber in die Innenwelt Gottes kommt, und beim meditieren von Gottheiten und hohen Wesenheiten angesprochen wird, kann sich dem erwehren, durch die Mantras Worte die du von dem Heiligen bekommst, denn es werden sich die Meister der Illusion zeigen und sagen ich bin Jesus ich bin Gott ich bin Buddha und so weiter, aber da diese Worte der Heiligen die hohe Schwingung des wahrhaftigen reinen Klang Gottes tragen, können diese niedriger schwingenden Wesen das nicht aushalten und werden abziehen. Deswegen, nur Heilige können dich zum schönsten bringen, zurzeit jedenfalls. Zum Beispiel Bhagwan, Rajnes-Osho, der ein Meister eines gewissen Himmels war, er konnte niemanden in den Klang Gottes einweihen oder das dritte Auge öffnen. Er versuchte es auf trickreiche weise, indem in der Initiation mit einer Lampe auf das dritte Auge geleuchtet wurde. So wurde mir das erzählt von einer Frau die selber die Initiation in Indien gemacht hatte. Solange die Seele noch nicht total befreit ist aus der Region des Mentals, was die Region der drei Welten ist, oder der sogenannten Dreidimensionalität, ist die Seele sogar von dieser Kraft dieser Gottheit unterstützt. Aber wehe sie versucht aus dem Machtbereich der Dreidimensionalitätsgötter zu kommen, da wird sie sofort verwirrt, und es wird versucht, sie davon abzuhalten den Weg der Heiligen zu gehen. Ich mache hier bloß mal darauf aufmerksam wie schwierig es für manche Menschen schon ist, bloß das traditionelle fallen zu lassen oder neue Lebensarten und Gemeinschaften zu leben und neu Ansichten der Befreiung. Das sind alles Wege wie die Erwachung verhindert werden soll. Denn diese Schöpfung hier in der die Seele ist, ist selbst eine niederschwingende Schöpfung und sie hält elektromagnetisch gravitativ, alles fest, was versucht sich davon zu befreien. Die Heiligen alleine haben den Schlüssel dazu, wie das umgangen werden kann.

78.
Hier hilft nur an den Willen des Heiligen zu glauben der eins ist mit dem Willen des höchsten Göttlichen. Ich weiß das so was für viele inakzeptabel ist, weil sie einfach kein Vertrauen mehr haben und Zyniker oder negativ geworden sind und an das Göttliche bloß als etwas blödes Ödes als ein Wort denken. Trotzdem...der Versuch lohnt sich. Die Ignoranz der momentanen Kirchenmanager der Wissenschaftsmanager der politischen Manager hilft dabei gewaltig. Sie färbt auf euch ab. Nur die Heiligen können die Illusionen und Maya und die Gottheiten unter Kontrolle halten. Dazu muss man viel Vertrauen habe in die Schöpfung Gottes. Wer das nicht erkennt und dem Unterflächenbewusstsein der besten Wissenschaftler glaubt die Gott nirgends finden können, das ist ok. Aber ein Lächeln kommt da doch schon hoch, wenn ich das sehe wie Physiker herum taumeln. Da die Menschen heutzutage aber auch in anderen Zeitaltern nicht rein genug waren um Wahrheit und Wissen zu empfangen, ist es also eine Arbeit sich zu reinigen..
Dabei hilft der Heilige sehr, sehr stark.

78.
Ohne die persönliche Assoziation zu einem Heiligen gibt es auch kein Vertrauen in seine Lehre. Aber manche werden von dem Heiligen auch durch Träume schon Jahre voraus bevor er überhaupt auf der Erde ist aufmerksam gemacht, und haben so eine Verbindung zu ihm. Ohne Vertrauen wird auch keine Liebe fließen und dadurch auch nicht der Segen der damit kommt. Heilige zeigen keine übernatürlichen Kräfte, magische Abläufe oder sonst was, außer Jesus oder andere die dazu aufgefordert werden so zu handeln, um Vertrauen zu schaffen, aber für ihre initiierten werden sie auch Materialisationen machen. Auch das habe ich selber erlebt, und einiges

mehr.
79.
Es ist nicht leicht Bescheidenheit zu leben. Die Egokraft ist mächtig und hilft bei der Verwickelung in einen dicken Socken um das Licht Gottes einzuschnüren. Das ist einfach so. Ich habe selber mein Liedchen davon zu singen, trotzdem, der Versuch, hilfsbereit und bescheiden, mit den Kräften des physischen umzugehen, ist ein guter Anfang. Daraus entwickeln sich andere Eigenschaften wie Ruhe suchen, Opferbereitschaft, nicht sich ans Kreuz nageln zu lassen, das ist damit nicht gemeint, sondern sich für Ziele hingeben, die der Menschheit weiterhelfen, und sowas. Daraus entsteht Selbstlosigkeit und mehr. Aber die Egokräfte müssen auch genutzt werden, wenn es nötig ist gegen Negativegos spirituelles Kämpfle zu machen, wie die Schwaben sagen würdle, ho, ho, ho.
80.
Bloß die Assoziation mit einem Meisterheiligen heute, selbst bloß das Bild sehen, kann für die zukünftige Entwicklung sehr positiv sein. In dem Buch Enochs habe ich gelesen das es sogar Schöpfungen gibt, gigantische, die gottlos sind. Wenn ich das so lese, mein Gott, was muss da für ein Tohu Wa Bohu sein, obwohl die Bedeutung des Begriffs die Leere ist, die Formlosigkeit, die jedes Schöpfungsstadium auf dem göttlichen Weg durchlaufen muss. Und da aber wie im Großen so im Kleinen, das also auch im menschlichen inneren Abläuft, muss er also auch durch die innere Wüste und Leere kommen, vor denen viele Angst haben. Und aus dieser Leere heraus, dieser Einsicht, wird dann natürlich außergewöhnlich gut abgekotzt , weil da nämlich Vertrauen und Zuversicht verlangt wird und nicht Angst und Durchfallen.
Und so was Ähnliches. Ho, ho, ho.
81. Diese Leere, dieses Tohu Wa Bohu, das ist zurzeit sehr gut sichtbar in der politischen Umgebung, sie haben innerlich eine große Wüste ein Tohuwabohu, das mit Geld und Habgier gefüllt werden muss, mit Betrug, Parteiung, also zerteilen, also Atombombe, und mit sonst welchen Eigenschaften, aber nicht mit spirituellem Licht und Wahrheiten. Das wird unweigerlich zur Zerstörung führen ohne Ausnahme, denn alles, egal was es ist, das nicht die Liebe mit sich trägt wird zerstört im Zyklus der Kreisläufe so wie die Erde um die Sonne saust und die Sonne um eine gigantische Sonne saust mit der Galaxie in der sie ist, so sausen auch die Taten der Menschen immer wieder in Kreisläufen und kommen auf einen zurück. Das sind kosmische Wahrheiten, die wohl die meisten Menschen nicht erken-

nen können oder übersehen können, und auf diesem Wege kann man sich davon befreien oder aber den Fehler wieder machen. Zum Beispiel in der Bundesrepublik, jetzt, die Politikerseuchen, die Nationen verblöden und auf ein unbeschreiblich niedriges Niveau ziehen und auch sogar wollen das so was noch akzeptiert wird , indem sie ihre blöden, die sie unterstützen, die nichts dafür können, wie Jesus ja schon sagte, auffordern, das zu akzeptieren-Tieren, Tieren, Tieren. Das ist leider nicht das, was heute gebraucht wird, diese dunklen Typen diese Politiker Welt. Weil sie nicht mehr fähig sind, der Menschheit zu dienen, indem sie Vorbilder sein können. Vorbild kann nur das Göttliche sein. Zum Beispiel diese Gruppengesetze die sich die Politiker gemacht haben, das System mit der Wirtschaft der Kirche das sind alles Gesetze die sich diese Gruppen selber und zwar nur für sich selber gemacht haben. Sie sind so aufgebaut das der Täter immer frei ist und die sogenannte Schuld auf etwas geworfen wird, was es bloß als Idee gibt, was Synthetik, falsch ist, nämlich die Partei oder der Staat die Wissenschaft die Medizin und so weiter die Gesellschaft und so weiter. Das gibt es aber gar nicht. Wenn der Betrug auffällt, wird dann immer auf die Idee abgewälzt. Dass man es für die Partei gemacht hat für die Pflicht die Ehre und sowas, aber da musst du schon mindestens 40 Milliarden Jahre suchen um das nicht zu finden. Das Ego funktioniert so, es ist verlogen und manipulativ und die Götter der niederen Schöpfung unterstützen das sogar, weil sie wissen, dass dadurch der Mensch noch tiefer verwickelt wird und abstürzt. Zum Beispiel die Firmengesetze, die sind so aufgebaut das die Firma nie Steuern zahlen braucht und es werden Gesetze aufgebaut die das sogar noch ausweiten im Zusammenarbeit mit der politischen Abzockseuche..
Der Gesamtfehler liegt im menschlichen Denken und der Glaube an die Illusionen der Glaube an das Geld und die Materie. Denn weder die Materie noch das Geld tut irgendetwas, beides ist schöpferisch Tot, lasst die Toten die Toten begraben, deswegen sind jene die an so was glauben und das unterstützen auch kosmische Tote ohne echtes Leben. Es sind Roboter, Biomaschinen, diese Wesen. Es ist schade, dass diese Roboter diese Politiker und Wirtschaftsmanager die total der Gewohnheitsenergie der niederen Kräfte Opfer sind, nicht den Mut haben auch für alle anderen keine Steuern zu verlangen und nicht den Mut haben auch für alle anderen 28000 Mark Rente zu verlangen. Ihr lacht und meint das sei blöde, aber die Grenzen liegen im menschlichen Denken und Tuen, und seine Bindung an sogenannte wirtschaftliche Gesetze und Bindungen, die allesamt ohne Ausnahme pure Ignoranz sind, von Autoritäten gemacht, die bloß ihre beschränkte Autorität

darstellen könne und wollen um so ihre Positionen zu haben und überhaupt was zu sagen haben. Ich kenne doch die niedere Mentalität der Doktoren und Professoren und Diplom und anderer Illusionen und der dumme Glaube daran, wo dann sogar geglaubt wird das System bricht dann zusammen und es tut es dann auch weil alle hypnotisiert sind, so blöde sind die ‚Menschen heute noch. Solche Quatschkopfreligionen von Raubsäugetiergesetzen für noch weiter unterbekloppte Raubsäugetiere aufgebaut damit die dem Schrott folgen können und sollen, wird dem Menschen im Angesicht Gottes angeboten. Das da dann teutonische Veränderungen irgendwann kommen müssen ist doch unausweichlich. Wenn keine Wahrheit und Liebe gelebt wird, denn wer dumpfe Bürgersalate und McDonalds aus der Pfanne aufbaut und die dann abzockt der muss sich nicht wundern das dann solch eine bekloppte Gesellschaftsbrühe entsteht. Völlig unbewusst vom Kreislauf der Dinge, und das alles im feinstofflichen gespeichert wird und auf sie wieder zurückkommt. Aber auch wenn sie das wüssten, sowas, egal, sie kotzen drauf. Wer kann da noch Raubtier Gesetze akzep - Tieren. Das wissenschaftliche Zerteilungsdenken im Köpfle dieser Raubsäugetiere der Leichenfresser.

Steht nicht in der Bibel das Gott für euch die Pflanzen und Früchte gemacht hat und ihr nicht töten sollt, ihr Ignoranzsinne. Das wissenschaftliche Zerteildenken ruiniert alles. Führt in die TotalPrivatisierung und wo wenige alles besitzen, Privatisierung. Zum Beispiel diese Hessenkochereipolitik, da wird dann die Tat so zerkleinert gedacht, so dass sie dann gar nicht mehr vorhanden ist, weil sie nun Quanten-mäßig zu betrachten ist und im Denken als ein Unter- Atom erscheint und das dann in vergleich gesetzt zum großen Tag und der Woche und dem Jahr und den Jahrzehnten, dann ist das doch bloß ein Staubkörnchen. So bereiten die das dann ihren Wählern wollüstig vor. Hauptsache sie gehören weiter zur Abzocksahne der Massen. Der Betrüger und Blender stütz sich dann politisch auf seine Clubmitglieder. Das heißt aber das zum Beispiel die CDUler allesamt Banditen sind, und die SPDler und FDPler dann auch und damit fast die gesamte deutsche Bevölkerung. Nun gut wenn das so ist, was kann ich dagegen tuen. Für mich so weitermachen auf dem Weg der Heiligen und der Meditation. Aber die Menschen kotzen zurzeit die Erde und die anderen so gewaltig an, das die Erde zum Himmel um Hilfe schreit und zwar sehr, sehr, laut und ich unterstütze das Verlangen der Erde sich davon, diesen Läusen auf ihrem Fell zu befreien. Politiker sind so verkommen ‚außer der Ausnahmen, Industrien auch und deren Manager und auch die Religionsmanager, das man nachher wirklich nur noch kotzen kann und zwar vor deren Türen und in deren Wohnungen, die sie mit Abzockgelder aufgebaut haben, Politiker sind genau solche Senilen geworden oder gewesen wie es die Könige geworden sind, sie sind unfähige Wesen auf der Erde geblieben. Sie können und dürfen Menschen nicht führen. Man kann gar nicht so viel fressen wie man kotzen muss, denn zu sehen wie blöde die Masse ist die das auch noch unterstützt..

Aber wer für Brot stiehlt ist nicht schuldig. Dazu stehe ich ohne Ausnahme, das ist von Jesus, aber die Politiker die Wirtschaftmanager die Kirchenmanager , die BankerGangster, das sind gierige dumpfe dunkle Seelen, die nie das Licht Gottes gesehen haben, und deswegen sagte Jesus ja auch noch am Kreuz-Gott vergib ihnen denn sie wissen nicht was sie tuen. Dieses wissenschaftliche rational zerkleinernde Denken das aufgebaut wurde wo die Wissenschafter alle Teile und Teilchen mit Elektron, Protonen und Moleküle und Quarks und das chemische Denken, das zeigt ganz genau das diese Menschen genauso dumm geblieben sind wie die alten Religionen, denn sie haben lediglich die Götter einer Ur-Quelle ausgewechselt und an ihrer Stelle Elementarteilchen gesetzt mit ebenso vielen Variationen wie die herkömmlichen Götter der alten Religionen die nicht in exakten Beziehungen begrenzt und gebunden sind. Das bedeutet das sie in Wahrheit nicht weiter gekommen sind als alle anderen Religionen zuvor, nicht nur das sie sind sogar noch blöder geworden indem sie diese Elementarteiler nicht als was Göttliches sehen können, haben sie sich und die Umgebung völlig verblödet und tot gematscht, deswegen auch diese blöde Leichenfressertechnologie und die Todesgesellschaften weltweit. Physiker und Chemiker und Pharmaka und Parmakäsewissenschaftler sind allesamt unterbekloppte Raubseugetiere geblieben, mehr nicht. Schaut genau hin damit ihr nicht weiterhin verblödet werdet. Und dieses wissenschaftliche Denken diese Typen diese dummen Jungens und dummen Mädchen mit Diplomtitel, können euch natürlich völlig verblöden. Seht ihr das denn nicht, wie weit wollt ihr euch denn noch vergiften und ruinieren lassen, abzocken lassen, die Politiker sind eine Sekte sonst nichts und zwar eine ganz primitive.

Die wissenschaftlichen Gruppen auch. Die Religionen auch die Wirtschaftsunternehmen auch.

82.

Diejenigen die den TonStrom Gottes erleben wollen und die damit verbundene Erwachung und Fähigkeit müssen überhaupt erst mal das Göttliche akzep-Tieren. Die Heiligen akzeptieren. Das spirituelle akzeptieren. Damit

sie überhaupt gereinigt werden können. Gereinigt von Gier und GierWünschen und habsuchtsinnliche Lüste und Machtlüste und Manipulationslüste Betrugslüste und Verbrechenslüste. Der heilige TonStrom reinigt das alles, denn er trägt die göttliche Musik und den Klang und die LiebesLichter der höchsten göttlichen Fähigkeiten und Befreiungen.
Nur die Heiligen und Lichtwesenheiten der befreiten Regionen könne das vermitteln oder Gott persönlich.
83.
Auch in der Politik dem üblen und den Raubmanagern ist das göttliche aktiv, das muss erkannt werden, dadurch wird nämlich gezeigt was nicht gewollt werden soll für alle anderen, und was verändert werden muss und wonach gesucht werden muss. Die Politiker und Wirtschaftsmanager und falschen Religionsmanager sind bloß Bilder die gezeigt werden für das was nicht das richtige für die menschliche Entwicklung ist. Das Göttliche arbeitet Multidimensional und ist überall um zu lehren und zu verändern.
84.
Deswegen bin ich auch nicht für Bestrafungen oder Verurteilungen. Diese Menschen müssen bloß aus den Positionen entfernt werden, das ist alles.
85.
Manche Heilige sind völlig unbekannt auf der Erde. Sie arbeiten unerkannt und strahlen aber ihre bedingungslose Liebe aus, ununterbrochen in all ihrem Tuen. Andere Heilige müssen sogar Wunder vollbringen und sich öffentlich zeigen. Das ist alles der Wille des Göttlichen der im Körper des Heiligen aktiv ist.
Wenn zum Beispiel Suma Ching Hai in den TonStrom Gottes initiiert, so macht das nicht die Persönlichkeit Suma Ching Hai sonder das macht die höchste Gottheit selber die dafür den Körper nutzt.
86.
Alle Heiligen sagen dass du deinen Körper zuerst reinigen musst. Und heute mit der Vergiftnahrung durch Chemikalien, ist das sogar alleine des physischen wegens schon nötig, ganz abgesehen von der Reinigung für spirituelles Wachstum-wo kein Fleisch mehr gegessen werden kann. Damit man sich von der tierischen Ebene überhaupt lösen kann .Es geht sonst nicht anders, außer der Heilige macht das für dich und zieht dich einfach weg davon, das dir zum Beispiel kotzübel wird wenn du den Leichengestank von gekochtem Fleisch oder gebratenem Schenkel oder Nieren riechst .Überlegt euch das mal was das ist, das Schweigen der Lämmer ist noch in allen Fleischfressern anwesend .Es ist genau das, sonst nichts. Ihr

seid Hektor. Die innere Reinigung kommt danach.

87.

Ich selber wurde mehrere Male aus meinem Körper genommen um meine Umgebung ohne die Gewohnheit der Sinne war zunehmen „mein Gott, übel, übel, die Gewohnheit der Sinne hat sich an den Leichenfraß so gewöhnt, dass sie nicht mehr merkt was das für ein 5 Sterne Gestank ist, der da gefressen wird. Ich rate euch aus vollstem Herzen hört auf Fleisch zu essen, hört auf Fleisch zu essen, lasst euch nicht von Berufs Lobbys verblöden die Geldzocker sind und dem Toten dienen. Die euch dummreden wollen das Fleischfressen not-wendig ist damit der Körper stark und gesund bleibt, das ist Lüge und Betrug und Dumpfheit.Das ist Satan selber.

88.

Ich weiß das es für viele schwer ist zu Heiligen zu gehen oder sich überhaupt mit spirituellem zu befassen, da ja die sogenannten Untererleuchteten dem sogenannten wissenschaftlichen frönen, den Dummmachern, und viele die zu einem Heiligen gehen, werden sogar aggressiv und wollen ihn töten vernichten, und insbesondere die Religionsmanager egal welcher Religion .Ich nehme jetzt zum Beispiel mal die Dunkelmänner des Koran im Irak und Iran. Die würde einen Heiligen von der Erde bomben wenn sie könnten, aber die Heiligen stehen jetzt unter dem Schutz und sind nicht mehr als Opfer für die Kollektivtaten der Menschheit auf der Erde wie früher. Sie dürfen nicht mehr getötet werden. Diese Religionsdunkelmänner würden es in der Gegenwart eines Heiligen nicht aushalten können, weil ihre niedere Schwingung total aufgelöst werden würde, an die sie sich aber klammern und aus der sie ihre Gifte ziehen um zu verblenden und zu betrügen.

89.

Die Heiligen sind an Garnichts gebunden. Für jedes Zeitalter suchen sie die rechte Methode der Befreiung aus, die immer variiert und dem Zeitgeist angepasst werden muss damit die Menschen überhaupt verstehen können. Gesegnet sind jene, die dem Ratschlag der Heiligen folgen und schade für jene die das als blödes spirituelles gejodel abtun.

90.

Egoismus ist der Glaube an den Körper an das Körper-Ich. Und die Illusion zu denken und glauben das man der Körper wirklich sei. Das ist aber so als ob ein Mensch glauben würde er wäre der Anzug.

Daraus entsteht alles Leiden und alles Dumme auf der Erde. Aller Mord aller Betrug alles dergleichen entsteht aus dieser Quelle.

Die Seele selber ist damit umgeben von Feinden. Niemand ist ihr Freund und sie muss den Freund erst finden in ihrer Suche nach dem Licht.
91.
Selbst das Mental beobachtet die Seele und ihre Bewegungen so wie eine Schlange den Frosch, welche sie verschlingen will. Alle Menschen sogar Tiere sind unglücklich auf der Erde, ab und zu singen sie im Sonnenlicht, aber die traurigen stillen leisen Gesänge nur für sich alleine die die Vögel unter Büschen und versteckt machen werden leicht überhört, aber sie sind zu hören, denn die Schöpfergottheit Kal, die diese dreidimensionale Welt beherrscht, fügt jedem Schaden zu der versucht sich zu befreien, auch jene die dem Illusionszirkus folgen und mitmachen, selbst jene die dem Mental glauben das Geld anbeten und erfolgreich in den Augen anderer sind, sind von Unglück nicht ferngehalten obwohl sie diesen Gottheiten dienen. Das besagt doch schon alles
92.
Die Lehren der Heiligen sind nicht für die weltlichen Wesen sondern für die überweltlichen. Nur jene die wirklich ein Verlangen haben das Göttliche zu erreichen und zu verwirklichen werden Heiligen folgen.
Deswegen ein Bettler zu sein bei einem Heiligen ist besser als ein Bettler für das geldliche und deren Konsequenzen. Und das Geld hat heutzutage die gesamte Menschheit sehr, sehr gut gefangen, fast total. So dumm sind die Menschen gemacht worden, durch die Banker, die Geld aus Luft drucken.
Es ist ein Segen ein Bettler bei einem Heiligen zu sein aber ein Betrug ein Bettler für das Geld und selbst die größten Bankiers sind immer noch Bettler geblieben. Das ist doch gut sichtbar.
Sie bettel für noch mehr Geld noch mehr Macht noch mehr Manipulation noch mehr Geld Fluss noch mehr noch mehr. Ununterbrochen betteln. Natürlich wird es dafür aus ihrer Sicht schon einen guten Satz geben um das abzudecken.
93.
Nur die Heiligen sind vertraut mit dem inneren Weg. Das Universum die Universen sind mit Tunnelgängen aus Licht verbunden und es gibt Lichtschleier die wie Wände aussehen damit nur so viel gesehen werden kann. Es werden Götter kommen und versuchen sich als Gott darzustellen und es wird die Angst da sein die alles verhindern will..Nur ein Heiliger kennt diese ganzen inneren Tücken und kann den Weg zeigen und Unterstützung geben auf dem Weg der inneren arbeiten.

Der Glaube an den Wert dieser Arbeit ist bei vielen einfach nicht da. Es ist einfacher an Autos zu glauben oder Blumen und sich selber, als Körper. Aber selbst die Schöpfergötter müssen wieder inkarnieren, wiedergeboren werden. Brahman selber der Autor der Veden muss wiedergeboren werden. Nur die Heiligen kennen diese Wege der Befreiung und des ewigen Lebens ohne wiedergeboren zu werden.
Die meisten Gurus und Gelehrten, die sind alles Sklaven von Büchern und Bräuche und Traditionen .Sie kennen nicht die Wege der Heiligen.
94.
Das Haus der vielen Wohnungen ist gigantisch und das Wort gigantisch ist ein Subatom dafür so gigantisch ist die Gottheit..Aber sie wohnt im Menschen drin.
Die Heiligen sind nicht abhängig von heiligen Schriften von Reden oder alten Lehren. Sie selber sind diese Lehren und Schriften und vieles mehr. Die Heiligen wissen wie die Seele innerlich gebunden ist an Emotionen Freude Neid Illusionen und so weiter und sie wissen auch wie die Seele äußerlich an Geld an Familien an Autos an Frauen Männer und Ansehen und sinnliche Vergnügen gebunden sind. Und nur sie wissen wie dieses feine Netz zu entfernen ist.
Das alles durchdringende Licht das lebendige Licht Gottes durchdringt vieles, und in dem Licht wird betrogen und die Menschen abgezockt und verdummt, aber das göttliche Licht sagt nichts, außer du willst es finden und suchst es, dann kann die göttliche Stimme in dir anfangen zu sprechen, und dich führen.  95.
Manche Heilige sind knallhart, mehr als knallhart, mehr als diamanthart mit der Einsicht und Wahrheit. Andere Heilige sind sanft und reden nicht viel mit Worten und sie zerkleinern das menschliche tuen auch nicht indem sie die Methodik des Mentals aufzeigen und deren Wege, wie das Mental an Reisen und Urlaub oder an Reichtum und sinnliches Vergnügen gebunden ist oder an analytischem Denken und das denkt dann es wäre frei, ein Selbstbetrug, oder wie das Mental zum Beispiel von sehr Reichen getestet wird wo die Sinne unwahrscheinlich drauf ansprechen, da zeigt sich wie gereinigt und stabil die spirituelle Arbeit ist und wie befreit die Seele schon ist, oder wenn das Mental dann mit Schmeicheleien angereichert wird und mit großen finanziellen Versprechungen und bewusten Verführungen um einiges zu tuen was es sonst nicht tuen würde, aber der Reichtum soll das dann ausgleichen Scheinheiligen, oder wenn das Gemüt das Mental damit konfrontiert wird wie jetzt die Politiker mit Unehre mit Verzicht auf Positio-

nen und Betrug Lügen und deren Taten die allesamt aus dem Gemüt kommen aus dem Mental und seinen Konstruktionen, da zeigt es sich ob die Wahrheit stärker ist und die Freiheit, und die Liebe zu den Menschen. Ich weiß das so was schwer ist, und die meisten sehen nicht mal den Wiederspruch zwischen ihrem tuen und ihrem sagen so blind macht das Gemüt, und das soll dein Freund sein, niemals. Und die Massen sind so gar oder roh noch ignoranter denn die folgen diesen Gemütern und so werden sie selber in den Sog gezogen und menschlich ist dann eine Erde wieder zum dumpfen verdammt, und sie muss unter den Altlasten mehr leiden.

Das Göttliche sieht sich so was nicht ewig an. Die Mammuts standen nicht da und haben gewartet dass sie eingefroren werden,

96.
Die Wahrheit kann durch vorsichtiges, analytisches Denken nicht erreicht werden. Wenn ich mir diese Massen an Bücher durchgelesen habe von all den berühmten Philosophen, da sehe ich das die unweigerlich im Schlafsyndrom sind. Da ist keine lichte Befreiung. Es ist ein Stöhnen untendrunter, keiner von ihnen weiß wer er ist. Sie alle suchen herum im Dunkeln. Es sind bloß Worte und Gedanken sonst nichts.
Der Körper und der Gemütsbetrieb das Mental muss dem Göttlichen gegeben werden innerlich, damit eine höhere Wahrheit sich öffnen kann.

97.
Die Gegenwart von Heiligen ist befreiend, sogar wenn sie Wut und Habgier nach außen zeigen würden um einigen etwas dadurch zu zeigen, ist es für denjenigen ein Segen.
Der Heilige ist ununterbrochen eins mit der bedingungslosen Liebe, deshalb sind seine für außenstehenden Handlungen und Worte und Gesten oft nicht als heilig verständlich .Sie können es einfach nicht nachvollziehen oder verstehen mit ihrem sinnlichen Verstand denn die Gesten und Taten eines Heiligen sind voller Weisheit Wahrheit und Liebe.

98.
Die weltlichen Menschen haben Angst vor dem Tod, sie sind gebunden an ihre Umgebung ihren Reichtum oder Armut an ihre Gedanken und Vorstellungen sogar an ihrer Kleidung Häuser Höhlen oder Apartments und Autos, Bankkonten und Einkommen. Aber die Heiligen wissen das ist nicht ihre wahre Heimat und dass die Erde bloß ein Transitplanet ist auf dem Experimente des Bewusstseins gemacht werden. Der Heilige und Eingeweihte reist auf dieser Erde als Gast und weiß dass es bloß eine kurze Zeit ist auf dieser Relativumgebung mit seinen relativ Gesetzen und relativ Bewusst-

seinsebenen.
Initiierte wissen das Sterben bloß ein Übergang ist in eine feinere Seinsebene und sterben bloß ein Wort ist für das ablegen des Raumanzugs genannt Körper Die Initiierten eines Heiligen werden nach ablegen des Raumanzugs Körper vom Heiligen abgeholt und in die jeweils für ihn richtige Umgebung gebracht, je nach Wahrheit Weisheit und Liebe die gelebt wurde und erarbeitet wurde.

99.
Heilige und Meister werden niemanden aufrufen und beschimpfen, sie lehren bloß durch ihre Diskurse und reden über Themen. Heilige, Meister mischen sich nicht in die Politik oder andere Gruppenarbeiten hinein .Ihre Aufgabe besteht darin Seelen zu befreien und auf dem Weg zum höchsten Göttlichen zu führen.
Menschen die sensibel sind verstehen sehr schnell ihre Wahrheiten und Reden. Andere nicht so wachsame brauchen länger. Buddha hat mal gesagt „ein Pferd weiß schon Bescheid wenn es bloß den Schatten der Peitsche sieht, andere Pferde müssen die Peitsche erst zu spüren bekommen". Auch wenn Menschen die Heiligen gar nicht verstehen würden aber trotzdem in ihrer Nähe bleiben würden, würden sie doch nach einer gewissen Zeit davon profitieren, denn die Feinheit der Heiligen kann ihre Grobheit durchdringen und sie zum schönen hinbewegen.

100.
Wer aber an Gott glaubt braucht nicht zu meditieren oder sich Heiligen oder Meistern anzuschließen. Er braucht auch keiner Religion anzugehören oder anderen spirituellen Gruppen. Die Entwicklung des Menschen geht weg von den alten Religionen die es nicht geschafft haben die Lehre der Heiligen und Meister in Wahrheit weiter zu geben.
Sie haben den göttlichen Klang das göttliche Licht nicht an die Menschen als Lehre weitergeleitet sondern diese Lehren sogar verboten aber obwohl die Heiligen sie alle gelehrt haben, den TonStrom, den heiligen Geist ,die Sphärenmusik, das Wort Gottes, das ewige lebendige Göttliche Licht. Deswegen geht die Evolution nun weg von den etablierten Managerreligionen und hin zu dem Individuum, das von nun an selbst mit dem höchsten Göttlichen Kontakt aufnimmt und von ihm selber geführt wird. Auch wenn einige oder viele das nicht nachvollziehen können ist es aber doch so. Hier erwähne ich zum Beispiel Jakob Böhme oder Meister Eckhardt oder Jakob Lorber, aus dessen Herz die göttliche Stimme sprach und ihm vieles mitteilte. Das sind bekannte Menschen deren Bücher nachzulesen sind. Aber es

gibt bestimmt massenhaft Menschen die unbekannt mit der Stimme Gottes leben und keine Bücher schreiben und so weiter. Ich kann von mir selber sagen dass diese Stimme Gottes in mir auch sprach. Das Göttliche kann alles, es kann die relativen Naturgesetze auf der Erde ohne weiteres aufheben und sich dem menschlichen egal auf welche Art auch immer bemerkbar machen. Dazu ist keine Kirchenmanager Gruppe nötig um das bestätigt zu bekommen.

Der Mensch ist das Abbild Gottes der Adam Kadmos die Lichtgestalt der ewige wunderschöne unsterbliche Lichtmensch.

Die Heiligen kommen auf die Erde um auch zu zeigen wie dieser Lichtmensch dieser unbeschreibliche schöne, fähige und schöpferrisch begabte Mensch, wieder zu erreichen ist. Die Heiligen und Meister lehrten die Befreiung vom Zustand von Alpha und Omega von Anfang und Ende, um in dem Zustand des ewigen Sein zu sein, dem Zustand ohne durch die Kreisläufe von Geburt und Wiedergeburten zu sein, das ist ein Zustand wo du bewusst in den höheren Welten bist ohne geboren zu werden, aber auch der Zustand wo du dich bewusst inkarnierst, dir einen sogenannten fleischlichen Anzug besorgst und dann aber bewusst bist das du nicht dieser Anzug bist, ist schon schön, weil du dann auch weißt das du in Wahrheit eben auch nicht stirbst.

101.

Jemand der mit einem Meister oder einem Heiligen zusammenarbeitet, von ihm belehrt wird geführt wird und initiiert ist, der tut zugleich auch seiner Familie etwas sehr gutes, und seine Verwandten und sogar Freunden die er liebt.

Jemand der sich vom Heiligen in den Weg des göttlichen Tonstroms initiieren ließ befreit acht Generationen seiner Familie und erhöht deren Bewusstsein dadurch, so groß ist die Wahrheit die Liebe und Kraft der Heiligen oder Wahrheitsmeister.

102.

Die meisten Menschen sind heute in Gruppen zusammen, egal ob es religiöse oder wirtschaftliche oder politische Gruppen sind, und innerhalb deren sind noch viele in Geheimbünden organisiert und unterschwelligen Sektengruppen die nach außen hin unbekannt bleiben möchten wegen deren inakzeptablen Ziele die von den Menschen sofort verneint werden würden. Es gibt in der Bundesrepublik Bücher die verboten sind und nicht verkauft werden dürfen, und deren Verursacher bekommen Morddrohungen oder werden sogar umgebracht. Alleine Salman Rushdie, da zeigt sich ja wel-

ches Banditentum diese Priester sind, da ist Mord sogar der Weg, und das soll dann Göttlich sein, wer das als den göttlichen Weg der Welt zeigt der ist ein Mörder sonst nichts ein Raubtier ist er geblieben, das sind die Vasallen des Satans der negativen spirituellen Kräfte, sie sind alle in Gruppen organisiert um Macht auszuüben aber nicht das schöne sie bauen zwar Gebäude mit Geld und fahren die besten Wagen die reichsten Kleider aber es ist alles Geld sonst nichts, in deren Herzen ist die Wut und das abgrundtiefe schwarze das Ziel und das Wort Gott wird benutz um zu betrügen und lügen, sie sind leere lieblose Seelen. Wenn Mohamed zum Beispiel nun zu den Mullahs kommen würde, er würde wie Jesus, sie aus ihren Tempeln jagen. Wenn Buddha kommen würde, er würde wie Jesus sie aus den Tempeln jagen, aber diese verlogenen Geheimbünde und Dunkelmännersekten beherrschen zurzeit noch die Menschheit. Ein Heiliger hat damit nichts zu tuen. Er würde aber alle von ihnen initiieren und auch sie befreien. Da diese Sekten und Geheimbünde nicht wissen wie der Lichtkörper zu erreichen ist und nicht wissen wie der Weg der Befreiung geht und sie auch nicht den TonStrom den heiligen Geist Gottes übertragen können, können sie auch keine göttliche Schönheit für die Menschen bringen sondern bloß Knechtschaft und Betrug und Lug, das ist weltweit auf der Erde alles gut sichtbar. Alle diese Menschen die Leichenfresser und Raubseugetiere geblieben sind, sind Hypokraten, Täuscher und Lügner aus dem Raubtierbereich geblieben. Ihr müsst erkennen wenn euch eure Kinder und Geliebten eure Nationen und die Menschheit überhaupt etwas wert ist, was das für Resultate bringt, ihr seht das doch nun bloß in dieser Lebensspanne sag ich mal von 70-80 Jahren, was da passiert. Ich rate euch mehr Mut zum aufwachen zu haben und euch davon zu distanzieren und mehr das Göttliche anzurufen. Tut es selber und lasst euch nicht von Gruppenbenebelung irreleiten bloß weil ihr als Individuen immer noch Angst habt und euch in der Gruppe stärker fühlt. Ihr müsstet doch schon alleine durch das Gebaren dieser Menschen die euch führen mehr als die berühmte Schnauze voll haben.
103.
Viele Menschen laufen auf der Erde herum um Fehler zu finden, ihr kritisches Bewusstsein ist schon so programmiert das es gar keine Schönheit mehr erkennen kann, deswegen kommen auch viele zu Heiligen oder Meister und suchen bloß nach Fehler und sie werden auch welche finden, denn der Heilige wird sie ihnen sogar liefern wenn er erkennt was der Sucher wirklich will, und so ist er ihn dann los. Aber jeder Heilige arbeitet anders. Manche nehmen erst nach langer Zeit jemand an, andere sofort.

104.
Das Göttliche ist mit jedem, aber niemand kennt es. Seltsam. Es wird gemordet betrogen die Erde verwüstet vergiftet das Wasser entkräftet die Erde wird versauert die Mineralien sind entfern und synthetischer Dünger lässt Pflanzen wachsen, aber es ist bloß die Hülle , Vitalstoffe fehlen, die Menschen werden abgezockt durch Steuern egal welcher Art und politische Sekten die sich Parteien nennen und ihren Willen auf alle abwälzen, wollen die da gar nicht gewählt haben. Es werden Gesetze gemacht, im Köpfchen dieser Raubsäugetiere, die deren Wohlstand aufrechterhalten sollen, und deren Einfluss in Regierungen festigen sollen, damit sie, und niemand anders etwas von dem Abzockkuchen haben. Es werden Pharmadinger gebaut die den menschlichen Körper mehr kaputt als gesund machen, wo Menschen in Wahrheit die Meerschweinchen und Mäuse sind. Es werden Gifte auf die Menschen losgelassen in Nahrung und Gewässer, was für ein Gott ist das den die da anbeten, der Gott des Unterblödensein, sonst nichts. Aus der Sicht ist das eigentlich ein gigantischer toleranter Gott, der das alles erlaubt ein unbeschreiblich liebender Gott eine unbeschreiblich freie Gottheit. Aber wenn da nichts Besseres kommt, was ist das für eine Gottheit, die den Werdegang einfach so vergiftend und betrogen und verlogen werden lässt. Sehr seltsame Gottheit.
Aber die Heiligen sie können den Menschen drauf aufmerksam machen, wo das göttliche im Menschen lebt, dadurch wird die Aufmerksamkeit erhöht und Menschen werden sich davon abwenden weiter zu kotzen.
105.
Die Heiligen sagen ein Wurm fühlt sich wohl in der Erde. Die Menschen scheinen sich auch wohl zu fühlen mit ihren Tretern, Peinigern, Ausbeutern. Der Mensch scheint sehr dumpf zu sein, er scheint sich zu freuen, mit seinen Armeen, mit seiner Gebundenheit an Geld, dem Gott der Unteridioten an dem sie sich hingebungsvoll wenden, in dem Irrsinn das Geld Leben retten könnte oder das Geld Arbeit schafft oder das Geld reich macht. Die Menschen scheinen sich damit wohl zu fühlen, wie die Sau im Schlamm, so wälzen sich die Menschen auch in ihrem Schlamm der Ignoranzen und Illusionen und des Selbstbetrugs und der Ausbeutung.
Doch sobald man dem Menschen etwas sagt wie er sein Dreck den er aufgebaut hat liebt und seine Religion oder Wirtschaft oder Politik verteidigt, dann dreht er durch. Das System das er aufgebaut hat verteidigt er vehement. Er hält fest an dem Irrsinn dass es ohne ihn nicht ginge, das er zum Beispiel frei sei, ho, ho, ho.

Die Städte sind vergiftet, aber er liebt sie, die Nahrung ist Vitalstoff leer, aber er liebt das, für alles muss er bezahlen aber er denkt das sei göttlich, er hat sich sooo stark an Dummheiten gewöhnt, das er gar nicht mehr frei sein kann und auch gar nicht mehr weiß was das überhaupt bedeutet. Aber die Heiligen und Wahrheitsmeister können ihn darauf aufmerksam machen, obwohl die Menschen das gar nicht so mögen und sich sogar angegriffen fühlen.

106.

Die Dumpfheit im Menschen sind seine Gebundenheit an den Körper die Bindung an Geburt und Tod und die Illusionen die er sich damit macht, dann kommt noch die mentale kämpferei die sogenannten geistigen Kämpfe, das Gemüt hält ihn gefangen und er kann das nicht einmal erkennen und will das auch gar nicht, dann kommt die Ignoranz hinzu, denn er weiß nicht wer und was er ist und er kennt auch nicht seine Quelle.
Sie wissen nichts vom reinen Ton Gottes dem TonStrom sie wissen nichts vom Wort Gottes aber schlimmer noch sie wollen bloß sogenanntes Wissen, Wissen, Wissen, wissen aber das ist weiterhin bloße Ignoranz, ,denn Wissen bringt die Illusionen hoch. Er, der Mensch, wäre unabhängig fähig sein Leben zu machen, ohne das göttliche Leben. Und das Resultat dieses blöden öden Wissens das zurzeit auf der Erde gelebt wird zeigt doch die Ignoranz des Wissens. Das wollen die Menschen aber auch nicht erkennen. Nur die Heiligen und Wahrheitsmeister tragen den TonStrom Gottes und können ihn auf andere übertragen um deren Ignoranz zu reinigen, denn wo die Ignoranz, Unwissenheit, aufhört hört auch das Böse auf.

107.

Die Heiligen helfen dich selber zu erkennen und das Göttliche zu erkennen. Die Heiligen leben fast unerkannt auf dieser Erde so wie jeder andere Mensch. Ab und zu zeigt er sich anderen Menschen in seiner wahren Form dem Lichtkörper damit der Sucher weiß und Unterstützung bekommt. Die politischen und geldlichen Wirren egal in welchen Positionen verhindern immer noch das Menschen sich Heiligen und deren Wege zuwenden, auch heutzutage wird in unterschiedlichen gesellschaftlichen Machtgruppen verhindert, das sich zu viele freiheitliche Richtungen entwickeln, die Demokratie ist bloß ein Wort, aber die Menschen die vorgeben das zu vertreten, sie wollen ihre Geldeinflusspositionen halten, egal wie auch immer. Die Wahrheit der Heiligen ist unbeschreiblich größer als die Dumpfheit der Politiker weltweit und der Kardinäle und Wirtschaftsbosse-die Wahrheit der Heiligen ist so groß das jeder Politiker oder Kardinal oder Papst ein Wursch im Schlamm seiner Verlogenheit ist.

108.

Diejenigen die oft in Gesellschaftspositionen sind um abzuzocken, mehr nicht, der Rest ist bloße Notwendigkeit, können dir bloß ihre Gebundenheit beibringen. Aber die Heiligen zeigen den Weg zur Freiheit.

109.

Für den Menschen ist es unerklärlich unglaubwürdig das ein Heiliger ununterbrochen in der bedingungslosen Liebe ist und sie auch aussendet, und alle die in seine oder ihre Gegenwart kommen werden befreit erfreut erleichtert und erleben sogar manchmal Erleuchtung oder werden in die höheren Welten gehoben, oder es passiert auch Garnichts was ja auch gut ist.

110.

Heilige nennen sich nie Heilige oder Gurus oder Meister oder Erwachte das machen immer diejenigen die sie erkennen. Heilige sind immer liebende. Gottesliebende. Menschen liebende. Alles liebende. Heilige reinigen deinen groben Körper damit du den feinen Körper und den TonStrom hören kannst Denn die Heiligen sind nicht am Körper gebunden. Sie haben der Welt entsagt nehmen aber in ihr teil um zu erleuchten und zu befreien.

111.

Wenn ich hier sitze und dieses Buch schreibe, teilweise mit meiner eigenen Erfahrung, Wahrheiten der Heiligen und Einblicken in die unbeschreiblich ignorante Lebensweise der Menschen habe, da sehe ich ganz klar das der Mensch durch seine Habgier und Gier egal ob körperlich oder mentaler Art seine eigene Ignorantenhölle baut. Er hat sich selber so versklavt und damit alle anderen auch, dass es für ihn gar nicht mehr vorstellbar ist, das es noch eine andere Art und Weise des Zusammenseins gäbe.

Das Leben das sich um das geldmachen aufgebaut hat, ist so unbeschreiblich blöde das der Mensch das gar nicht mehr merkt und sieht was es mit ihm und der Erde macht.

Das die gesamte Menschheit auf der Erde total verblödet dem abhängigen geldmachen unterworfen ist. Noch blöder geht's wohl nicht.

Die Selbstverblödung hat solch einen gigantischen Wert erreicht, das ich kaum noch Hoffnung habe das die Menschen aus ihrer selbstgebauten Dumpfheit jemals rauskommen könnten, außer mit göttlicher Hilfe, wie auch immer die aussehen wird. Die Menschen haben sich so von den negativen Kräften einlullen lassen von dem zerstörerischen spirituellen das sie fast alle totale Opfer dieser Werte geworden sind.

Sie bauen sich egal ob auch mit Multi Kommunikation Wege immer mehr und mehr ihre Geldgefängnisse und können nicht mehr erkennen das die Wahrheit anders ist.
Das stupide an das Geld gebundene, hat ihre Kreativität in Wahrheit zerstört. Das was die Menschen jetzt machen ist Ignoranz keine Kreativität, aber wichtiger noch, da das Geld ein Ding ist, und auch noch eine selbstgeschaffene Illusion, kann es das bekannte Ungleichgewicht schaffen und hat es ja auch schon und es war seit seiner Schaffung so ein Ungleichgewicht und heute kann ja gut gesehen werden das das gesamte Geld von ganz, ganz wenigen angesammelt wird, aber das fehlt den anderen, weil Firmen und Banken und Versicherungen und auch die staatlichen es an sich ziehen wollen, weil sie ja selber in diesen Illusionen verfangen sind. Die sind so blöde so dumpf das sie sogar der Welt als Illusion nicht genügend Rechenschaft zollen, denn diese Illusionen sind ja frei. Aber für die öden blöden korrupte verlogenen menschlichen Illusionen soll auch noch bezahlt werden, dumpfer geht es schon nicht mehr.
Und der gesamte Streit auf der Erde ist ein Hab-Gier streit...Menschen sind unbeschreiblich ignorant. Sie sind eben noch Raubsäugetiere mehr nicht. Sie sind eben Leichenfresser.
Sie sind eben immer noch gebunden an das Reich des Tötens.
Es ist so ungemein schade das zu sehen, das die Menschen Opfer der niederen Einsichten der Dumpbackenphilosophien sind und alle die daran glauben das nur durch und mit Geld etwas zu schaffen geht sind total bekloppte Raubsäugetiere, mehr noch nicht, sie sind ausschließlich von der Gier getrieben. Mehr nicht.
Das theo-retisierte Idiotentum, das sich weltweit ergötz ist katastrophal, denn es ist gar kein Theo-also göttliches, sondern es ist bloßes Gestammel von dumpfen Raubsäugetieren die noch nicht mal aufhören können zu töten.
Aber sie schmücken sich seit unbeschreiblich langer Zeit mit Worten deren Selbstbetrug sie schon gar nicht mehr erkennen, und das wollen sie auch wohl nicht.
Aber hinter diesen Worten stehen ignorante wirre Typen die die Erde versauern und die Menschheit verblöden und ausbeuten und abzocken..Ohne wirkliche Liebe für das menschliche Leben und deren Situation.
112.
 Menschen sind verschlagen unsicher und hart verlogen und tuen so als ob sie echt wären und wenn sie sich als echt zeigen dann in ihrer Härte

und Egomanheulereien, Weisheit mit ihnen ist in Wahrheit Schwarzheit. Die Menschen täuschen andre um ihren Geldwahnsinn zu erhalten oder zu bekommen. Wer für Geld stiehlt für Brot ist nicht schuldig. Aber alleine diese Weisheit ist ja bloß entstanden weil diejenigen die das Land haben die Unwahrheiten leben und die darauf leben in deren Unwahrheiten leben müssen. Es wird noch soweit kommen, das es eine Weisheit wird, wer mordet um zu essen, und so weiter. Denn irgendwann werden die Menschen auch die Schnauze voll haben von der sozialen Lüge die den Status Quo aufrecht erhalten will und nicht die Wahrheit sucht. Somit die Menschen mitverarmt und ausbeutet. Mittäter ist an der Gier derjenige, diejenigen, die alles haben. Die 1% der Weltbevölkerung.
Ich selber kann niemanden auf der Erde, niemanden, etwas erhöhendes, erhabenes, abverlangen, und sehe auch keinen Menschen auf der Erde, der es wert wäre.
Wenn die Liebe nicht wäre, würde ich noch wesentlich mehr den menschlichen Zirkus in Grund und Boden denken und verfluchen. Aber wegen der Liebe ist mein Weg des provokanten aufmerksam machens und darauf hinweisens, wie es besser geht, und was mit der Wahrheit ist.
Ich selber aber bin bloß ein Empfänger für das Wahre.
Mir wird Hilfbereitschaft übertragen und ich muss selbstlos sein, und suche in allem die Ruhe und Glückseligkeit. Ich selber beuge mich nur dem Göttlichen und keinem menschlichen Wesen, so wie es sich heute darstellt, weltweit. Ich wünsche jedem Menschen bloß das allerbeste und Freiheit von den illusionen der Habgier und Gier und der damit verbundenen Bösartigkeiten, die sich vergesellschaftet haben, und schon fast als Wahrheit blind übernommen werden. Ich werde hier noch einiges aus den Schriften von Martinus zum Lesen anbieten. Zuerst aber einen Einblick in die Lehre aus dem Buch: Ein Kurs in Wundern.

Zitat Anfang

**Die Kernaussagen von Ein Kurs in Wundern im Überblick**

In Ein Kurs in Wundern werden existentielle Fragen behandelt wie: „Was bin ich?' „Was ist der Sinn meines Daseins?' „Wie finde ich zu Gott?" und solch praktischen Fragen wie die Mechanismen in zwischenmenschlichen Beziehungen und die Funktion der Vergebung. Wenn auch der Kurs auf den ersten Blick sehr intellektuell erscheinen mag, zieh er doch beim Leser auf einen inneren Erfahrungs- und Wandlungsprozess ab: eine andere Art, sich selber, die Welt und das Leben zu betrachten. Wie eine Spirale umkreist er dabei seine zentralste und wichtigste Aussage: Nur Gott ist. Alles Übrige ist Illusion und daher nicht zu fürchten. Um diese Kernaussage herum entwirft er ein beeindruckendes System philosophischer und psychologischer Aussagen, die aufzeigen, welche Hindernisse der Erkenntnis Gottes und unseres wahren SELBST - das Liebe ist- im Wege stehen und wie sie durch Vergebung aufgehoben werden. Im Folgenden sollen einige der zentralen Aussagen des Kurses dargestellt werden.

**1. GOTT ist reine Liebe und transzendiert unser Denken**
Der Kurs nimmt eine streng nichtdualistische Position ein, was ihn von den meisten spirituellen Wegen und Religionen, darunter auch dem Christentum, deutlich unterscheidet. Demzufolge gibt es nur eine unveränderliche Wahrheit und Wirklichkeit. Diese Wahrheit ist GOTT. GOTT, so lehrt der Kurs, ist nicht der Schöpfer der Welt, sondern der Schöpfer einer rein geistigen und zeitlosen Schöpfung der Liebe (CHRISTUS) die vollständig eins mit Ihm ist. Diese grenzenlose Fülle form- und zeitloser Liebe, an der wir alle teilhaben (im Kurs auch die SOHNSCHAFT genannt), lässt sich weder über das Denken noch über Worte erfassen, da beide, bereits der Illusion der Dualität angehört. GOTT zu erkennen, so die Lehre des Kurses, setzt voraus, die Dualität hinter sich zu lassen. Insofern ist die klassische Frage: „Glaubst du an GOTT?" hinfällig, denn sie beinhaltet, dass wir über etwas nachdenken oder sprechen. In der Wahrheit aber, so lehrt der Kurs, gibt es dieses denkende Ich nicht. Es ist in das stille Einssein der LIEBE jenseits von Raum, Zeit und Materie entschwunden. Diesen Seinszustand („die Bedeutung der Liebe") kann man nicht lehren. Was jedoch gelehrt werden kann, ist die Bedingung für das Wiedererkennen dieses Seins - die Vergebung. Sie ist das Anliegen des Kurses. Mit ihrer Hilfe befreit sich unser Geist aus selbstgemachten Illusionen.

**2. Das Ego ist reine Illusion und die Ursache aller Angst**
Die große Illusion, die uns an der Erkenntnis hindert, ist das Ego. Schließlich zu begreifen, dass es gar nicht existiert, macht uns frei. Mit Ego wird im Kurs der Gedanke bezeichnet, dass sich die Schöpfung GOTTES (wir) von Gott getrennt hat (ähnlich der Idee vom Sündenfall im Christentum) Damit entstehen zwei Alternativen, zwischen denen wir entscheiden müssen: die Trennung (den „Sündenfall") für wahr zu halten (Falschgesinntheit) oder sie

als Illusion zu erkennen und über sie zu lachen (Rechtgesinntheit). Auf der Entscheidung für die Falschgesinntheit gründet ein getrenntes SELBST, das von Schuld und Angst beherrscht wird. Diese entstehen, weil mit dem Ego der Glaube einhergeht, GOTT angegriffen zu haben. Die Erinnerung an den wirklichen GOTT (das Einssein der LIEBE) verschwindet und ein Zerrbild tritt an dessen Stelle: ein personaler Gott und Richter, der die Sünde gegen ihn unbarmherzig verfolgt. Von diesem selbstgemachten Gott verheißt das Ego Bestrafung, was ungeheure Angst zur Folge hat. Dieses gesamte Denksystem bezieht seine Kraft daraus, dass es vollständig verdrängt wird. Es ist das unbewusste Gepäck, mit dem wir bereits in die Welt kommen.
Hier taucht es in verschiedenster Verkleidung wieder auf: in Gefühlen des Mangels, der Wertlosigkeit, des Nichtgeliebtwerdens, der Angst und ähnlichem.

### 3. Der Heilige Geist lehrt, dass es nichts zu fürchten gibt
Hinter der Falschgesinntheit steht jedoch in jedem Menschen die Vernunft oder Rechtgesinntheit, die darauf wartet, Gehör zu finden. Sie ist - wie schwach auch immer - die Erinnerung an die Unschuld der LIEBE, die verschüttet sein, aber nie verlorengehen konnte. Die Rechtgesinntheit ist eine Entscheidung für Jesus oder den HEILIGEN GEIST, die uns daran erinnern, dass wir nur einen Traum der Trennung träumen und unser unschuldiges SELBST nie beschädigt worden ist. Von daher gibt es nichts zu fürchten. In der Praxis hat das eine Haltung der Gelassenheit und der Angriffslosigkeit zur Folge. Damit die Erinnerung an das unschuldige SELBST aber überhaupt Raum gewinnen kann, muss die Bereitwilligkeit da sein, den Glauben an Schuld schrittweise in Frage zu stellen und schließlich aufzugeben. So befreit sich unser GEIST aus den Illusionen, die ihn an der Erkenntnis Gottes hindern. Diese Arbeit vollzieht sich in Beziehungen.

### 4. Vergebung ist die einzige Illusion, die aus Illusionen herausführt
Die Macht des Egodenksystems liegt in seiner Unbewusstheit. Niemand ahnt zunächst, dass sich im eigenen Inneren ein Konflikt mit GOTT und damit einhergehende Schuld-und Angstphantasien verstecken und die eigenen Wahrnehmungen und Reaktionen färben. Über dem Egodenksystem liegen ein dichter Schleier des Vergessens und das trügerische Gefühl, unschuldig zu sein. Doch tritt das Schulddenken in der Projektion zutage. Man erlebt andere als mangelhaft und schuldig und sich selber oder Dritte

als besser oder als deren unschuldige Opfer. Das Bedürfnis nach Schuld und nach der Projektion von Schuld hält so lange an, wie der unbewusste Wunsch besteht, den Konflikt mit GOTT aufrechtzuerhalten und sich, die Illusion von einem getrennten und eigenständigen SELBST zu bewahren. Der Weg zum Frieden und zur Wahrheit besteht darin, Führung von Seiten des HEILIGEN GEISTES zu akzeptieren und Schuld nicht real zu machen. Das ist der Prozess der Vergebung. Er beinhaltet laut Kurs mehrere Schritte: Erstens die ruhige Beobachtung der eigenen Gefühle, die zeigen, dass es ein inneres Bedürfnis gibt, anderen die Schuld am eigenen Unfrieden zuzuschieben - was darauf hindeutet, dass man an Schuld glaubt und sie will. Zweitens die Bereitwilligkeit, die innere Schuld und Verletzlichkeit als die eigene Wahl anzusehen - ohne Frustration, Selbstverurteilung, Widerstand oder Verändern wollen. Das gelingt nur an der Hand ,von Jesus oder des HEILIGEN GEISTES. In diesem stillen und angriffslosen Sehen, ohne auszuweichen und ohne zu urteilen, wird die Vergebung geboren. Vergebung, so lehrt der Kurs, geschieht, wenn wir mit unserem Urteil über das Egodenksystem in all seinen Aspekten beiseitetreten. Dann tritt das Urteil Jesu oder des HEILIGEN GEISTES an diese Stelle, das das Ego so mühelos zum Verschwinden bringt wie ein Licht eine dunkle Wolke wegstrahlt. Vergebung ist eine Illusion, weil es in der Wahrheit, der LIEBE des reinen GEISTES, nichts zu vergeben gibt. Sobald wir aber auf die Illusion des Egos hereinfallen, brauchen wir die Vergebung, um frei zu werden.

**5. Lehrer Gottes sind Menschen, die sich dem inneren Prozess der Aufhebung des Ego stellen**

Einer der Begriffe im Kurs, der häufig missverstanden wird, ist der des Lehrer Gottes. Manchmal interpretieren Menschen diesen Begriff dahingehend, dass sie im Kurs aufgerufen werden, andere zu lehren oder zu heilen. Das ist nicht der Fall.

Nach dem Verständnis des Kurses versteckt jeder Mensch in anderen nur sein eigenes unbewusstes Schulddenken. Dieses Schulddenken ist die Brille, durch die er andere betrachtet und beurteilt. Demzufolge ist unsere Wahrnehmung von anderen „krank" und sie bedarf der Heilung. Lehrer GOTTES sein heißt, die volle Verantwortung für die eigene Reaktion auf andere zu übernehmen und damit andere - ganz gleich, was sie tun - nicht mehr als Quelle des eigenen Unfriedens anzusehen, sondern sich an der Hand von Jesus dem langwierigen, oben beschriebenen Prozess im Inneren zu stellen, das eigene Ego aufheben zu lassen. Das bedeutet Heilung für alle Beteiligten.

Zitat Ende

Nun Zitate aus den Büchern von Martinus www.martinus.dk

**11. Kapitel**

**Das Erkennen der Wahrheit durch Glaube, Mystik und Mystiker**

Dem fortgeschrittenen oder im Denken entwickelteren Menschen kann der sogenannte „Glaube" auch keinen „Pfingstglanz über dem Leben" mehr verschaffen. Es nützt nichts, ein helles und besseres Dasein in einer „geistigen Welt" jenseits der physischen, d.h. einer Art „immaterieller Daseinsform", als Lohn für eine im Voraus von einer Vorsehung oder Gottheit erhaltenen „Sündenvergebung" oder „Erlösung" zu versprechen. Es ist richtig, dass man auf den Stadien, wo das Denken über kosmische Probleme noch latent ist und wo, die Glaubensfähigkeit deshalb eine noch ziemlich starke Kraft oder eine solide Grundlage hinter der Willensführung ausmacht, eine ziemlich große Lebensfreude und Wonne beim Gedanken an ein verherrlichtes oder „seliges" Dasein jenseits des physischen erleben kann. Aber die Vorstellung oder das Bild von diesem „seligen" Dasein, diesem „Paradies" oder diesem „Himmel" nach dem „Tode", ist kein Produkt von selbständigem Denken oder Analysieren des Wesens. Diese Seligkeitsauffassung ist keine intelligenzmäßige Analyse, sie ist kein Wissen, sondern macht dagegen eine von anderen Wesen überlieferte Auffassung aus, die dem Wesen kraft seines auf diesem Feld noch mangelhaften Denkens und seiner dadurch großen suggestiven Empfänglichkeit, d.h. kraft seiner mentalen -Empfindsamkeit, suggeriert worden ist. Die Auffassung ist in die Gedanken oder das Bewusstsein des Wesens als eine Sättigung des vorher gefühlten Dranges oder Hungers eingegangen. Dieser Hunger ist bei diesem Wesen auf Grund seiner auf dem geistigen Gebiet weniger hervortretenden Analysierungs- oder Denkfähigkeit nicht von verstandesgemäßer Natur gewesen. Es war hier nicht in so großem Ausmaß eine Zufriedenstellung seiner Intelligenz, sondern mehr seines Gefühls, wonach es gehungert hat. Ein solcher unintellektueller Gefühlshunger kann nicht durch Analysieren allein zufriedengestellt werden, gleichgültig wie groß die wissenschaftliche Wahrheit dieser Analyse auch sein mag. Um eine Analyse, also eine detaillierte Untersuchung, aufzufassen und zu verstehen, muss man mit dem Objekt der Analyse verwandtes Erfahrungsmaterial haben, damit man mit dem hierauf im Voraus basierten Verstand und Wissen den Einzelheiten der Analyse nachgehen und sie zu seinem eigenen theoretischen oder praktischen Wissen machen kann. Hat man dieses Erfahrungsmaterial nicht, kann man nicht intelligenzmäßig nach diesem" Wissen" hungern. Das hindert einen jedoch nicht daran, dass man nach einer „gefühlsmäßigen" Zufriedenstellung hinsichtlich des ursprünglichen Objekts der Analyse hungern kann. Wenn das Objekt der Analyse, wie hier-in diesem Beispiel, das Problem „das Leben nach dem Tode" ist, kann dieses sich ohne weiteres als eine Frage für Erdenmenschen auf vielen verschiedenen Stufen formen, auch wenn man überhaupt kein ausreichendes Erfahrungsmaterial und die damit zusammenhängende Intelligenz hat, um die wirklich wissenschaftliche Untersuchung oder Wahrheit zu verstehen. Und je ärmer man an diesem Erfahrungsmaterial ist, das die Fähigkeit ausmacht, das Problem wissenschaftlich zu verstehen, desto mehr liegt die wahre Beantwortung dieser Frage in ihren Einzelheiten über dem tagesbewussten Horizont eines solchen Menschen. Die Beantwortung wird unverständlich, wird „Mystik". Für dieses Bewusstseinsniveau heißt es deshalb, dass „Gottes Wege unerforschlich sind" Dies beantwortet jedoch die Lebensfrage nicht zufriedenstellend.

Der religiöse Hunger ist immer noch der gleiche, aber man versteht instinktiv, dass die Beantwortung der Frage besonderen, von der Gottheit begünstigten Wesen vorbehalten ist. Und der einzige Weg, auf dem man eine Zufriedenstellung hinsichtlich des Lebensproblems bekommen kann, kann also nur über solche Wesen führen. Dass diese Wesen mit Hilfe von weit größerem und umfassenderem Erfahrungsmaterial und einer hierdurch entwickelten größeren Intelligenz- und Intuitionsfähigkeit auf natürliche Weise die Wahrheit erleben und analysieren können und zu der absoluten Erkenntnis kommen können, ist diesen Menschen völlig unmöglich zu erfassen, da ein solches Können ja völlig außerhalb ihrer eigenen Sinneskapazität liegt. Dieses Können in seinen realistischen Einzelheiten kommt diesen Menschen völlig unerklärlich vor und wird von ihnen deshalb als „Mystik" und ihr Urheber als „Mystiker" aufgefasst. Da solche Wesen nichtsdestoweniger in ihrem täglichen Dasein vorkommen, sind die Menschen genötigt, ihre Existenz anzuerkennen. Diese Erkenntnis gründet sich wiederum ausschließlich auf den Umstand, dass diese vermeintlich mit einem „höheren Wissen" von der Vorsehung begünstigten Wesen imstande sind, Gedanken auszusprechen, die auf die Lebensfragen der Menschen -oder ihren Hunger nach Erleuchtung, über den „Tod" und was sich dahinter verbirgt, zufrieden stellend wirken können. Wenn die von diesen „Mystikern" manifestierten Gedanken als eine Sättigung des mentalen Hungers anderer Wesen wirken können, dann geschieht das gerade deshalb, weil diese Gedanken keine „wissenschaftlich" detaillierten Untersuchungen sind, die die Gehirne der betreffenden Menschen ja überhaupt nicht entgegennehmen und mit denen sie überhaupt nichts anfangen könnten. Sie drücken dagegen etwas aus, was diese Menschen gefühlsmäßig als „Behagen" empfinden können. Dass sie die manifestierten Gedanken dieser Wesen als „gefühlsmäßiges Behagen" vernehmen, beruht ausschließlich auf dem Umstand, dass diese Wesen imstande gewesen sind, ihr Wissen vom Leben auf eine solche Weise auszudrücken, dass es den hungernden Menschen nicht unwahrscheinlich oder unwirklich vorkommt.

Ende Zitat



Zitat Anfang aus www.martinus.dk

**53. Kapitel**

**Die beginnende wissenschaftliche Forderung der Menschheit nach der Lösung des Lebensmysteriums oder des Weltbildes**

Die am weitesten intellektuell entwickelten Wesen der Menschheit haben nicht mehr die Fähigkeit zu glauben. Stattdessen wollen sie absolutes Wissen oder Tatsachen haben. Sie sind nicht uninteressiert an seelischen oder psychischen Fragen. Die Antworten auf diese müssen aber in ihrem täglichen Leben logisch begründet werden können. Die Antworten müssen lebenswichtige Analysen sein, durchaus logisch auseinandergesetzte Anleitungen zum Denken und Führen des Willens, die ihr tägliches Lebenserleben in eine Bahn zu lenken vermögen, die sie in vollkommene Verbindung mit den ewigen Gesetzen der Natur oder des Lebenserlebens selbst bringt. Diese Anleitungen müssen von den früheren religiösen, kirchlichen Anleitungen abweichen, die nur für den gefühlsmäßigen Instinkt bestimmt und nur durch Glauben aneignungsbar waren. Sie müssen eine systematisch aufgebaute, logische Gedankenreihe sein, die den Verstand oder die Intelligenz anspricht. Sie können also nicht etwas sein, was nicht verstanden, sondern nur geglaubt werden soll. Sie müssen ein Wissen sein, das einem gegeben wird, Anweisungen zur Hilfe für die Entwicklung dazu, sich selbst von den ewigen Wahrheiten hinter dem pulsierenden Leben auf gleiche Weise überzeugen zu können, wie das materialistische Wissen eine Hilfe für die Entwicklung ist, die rein physischen Gegebenheiten hinter aller Materie zu erkennen. Auf die gleiche Weise, wie sich die Menschen durch die materialistische Wissenschaft allmählich die Herrschaft über die rein physischen Elemente oder die Kräfte der Natur angeeignet haben, werden sie nun durch eine seelische oder kosmische Wissenschaft Herren über das Denken und Führen des Willens. Ohne diese Herrschaft werden die Menschen niemals den im Weihnachtsevangelium verkündeten unbedingten „Frieden auf Erden" oder das „Wohlergehen" oder das Glück über das Dasein erreichen, die der Sinn des Lebens sind. Und diese Veränderung der Einstellung zum Leben, in der man immer mehr durch Wissenschaft, nicht nur auf dem materiellen Gebiet, sondern auch auf dem Gebiet des Denkens und des Willens oder auf dem psychischen Gebiet geführt wird, macht die Gegenwart zum Beginn einer neuen Weltepoche. Humanität, Nächstenliebe oder der Umstand, dass man seinen Nächsten lieben soll wie sich selbst, wird zu Wissenschaft und danach zu einer selbstverständlichen Umgestaltung des Lebens zu Liebe, Schönheit und Freude.

## 54. Kapitel

**Christus und die Geisteswissenschaft**

Es ist diese neue Weltepoche, diese Wandlung der geistigen Einstellung oder Psyche der Erdenmenschen in eine wissenschaftliche Geisteseinstellung - entsprechend der Wandlung der vorzeitlichen Geisteshaltung der Menschheit zur wissenschaftlichen materiellen Einstellung -, die vom Welterlöser Jesus Christus angekündigt wurde, als er zu seinen Zeitgenossen sagte: n Und ich werde den Vater bitten, und er wird euch einen anderen Beistand geben, der ft1r immer bei euch bleiben soll. Es ist der Geist der Wahrheit, den die Welt nicht empfangen kann, weil sie ihn nicht sieht und nicht kennt. Ihr aber kennt ihn, weil er bei euch bleibt und in euch sein wird. " - .Der Beistand aber, der Heilige Geist, den der Vater in meinem Namen senden wird, der wird euch alles lehren und euch an alles erinnern, was ich euch gesagt habe. " - .Doch ich sage euch die Wahrheit: Es ist gut für euch, dass ich fortgehe. Denn wenn ich nicht fortgehe, wird der Beistand nicht zu euch kommen; gehe ich aber, so werde ich ihn zu euch senden. Und wenn er kommt, wird er die Welt überführen (und aufdecken), was Sünde, Gerechtigkeit und Gericht ist; Sünde: dass sie nicht an mich glauben; Gerechtigkeit, dass ich zum Vater gehe und ihr mich nicht mehr seht; Gericht: dass der Herrscher dieser Welt gerichtet ist. Noch vieles habe ich euch zu sagen, aber ihr könnt es jetzt nicht tragen. Wenn aber jener kommt, der Geist der Wahrheit, wird er euch in die ganze Wahrheit führen. Denn er wird nicht aus sich selbst heraus reden, sondern er wird sagen, was er hört, und euch verkünden, was kommen wird. Er wird mich verherrlichen; denn er wird von dem, was mein ist, nehmen und es euch verkünden. Alles, was der Vater hat, ist mein; darum habe ich gesagt: Er nimmt von dem, was mein ist, und wird es euch verkünden. " - . Wenn die Frau gebären soll, ist sie bekümmert, weil ihre Stunde da ist; aber wenn sie das Kind geboren hat, denkt sie nicht mehr an ihre Not über der Freude, dass ein Mensch zur Welt gekommen ist. So seid auch ihr jetzt bekümmert, aber ich werde euch wiedersehen; dann wird euer Herz sich freuen, und niemand nimmt euch eure Freude. An jenem Tage werdet ihr mich nichts mehr fragen~ " .An jenem Tage werdet ihr in meinem Namen bitten, und ich sage nicht, dass ich den Vater für euch bitten werde; denn der Vater selbst liebt euch, weil ihr mich geliebt und weil ihr geglaubt habt, dass ich von Gott ausgegangen bin. Vom Vater bin ich ausgegangen und in die Welt gekommen; ich verlasse die Welt wieder und gehe zum Vater. " - . Wenn dann jemand zu euch sagt: Seht, hier ist der Messias! oder: Seht, dort ist er !, so glaubt es nicht!" - » Wenn sie also zu euch sagen: Seht, er ist draußen in der Wüste! so geht nicht hinaus; und wenn sie sagen: Seht er ist im Haus!, so glaubt es nicht. Denn wie der Blitz bis zum Westen hin leuchtet, wenn er im Osten aufflammt, so wird es bei der Ankunft des Menschensohnes sein. « - „Danach wird das Zeichen des Menschensohnes den Menschen am Himmel erscheinen; dann werden alle Völker der Erde jammern und klagen, und sie werden den Menschensohn mit großer Macht und Herrlichkeit auf den Wolken des Himmels kommen sehen. Er wird seine Engel unter lautem Posaunenschall aussenden, und sie werden die von ihm Auserwählten aus allen vier Windrichtungen zusammenführen, von einem Ende des Himmels bis zum andern. Lernt etwas aus dem Vergleich mit dem Feigenbaum: Sobald seine Zweige saftig werden und Blätter treiben, wisst ihr, dass der Sommer nahe ist. » Welch intellektuelle Klarlegung der Entwicklung der menschlichen Psyche! Welche detaillierte, klare Erkenntnis des geistig unfertigen Zustandes der Erdenmenschen, eines Zustandes, dem überhaupt nicht durch des Erlösers Verkündung allein abgeholfen werden konnte! Drückt er dies nicht - aus seiner kosmischen Einsicht heraus - dadurch aus, dass die Führung der Menschen durch einen Erlöser sowie ihre Abhängigkeit von ihm nicht das endgültige Schlußergebnis oder göttliche Endziel ist, sondern dass ein weitaus größeres Erleben sie erwartet? Sie sollen den „Beistand, den Heiligen Geist" erleben und durch diesen unmittelbar selbst die großen Ergebnisse des Lebensmysteriums erleben, damit sie nicht mehr Christus als Zwischenglied zwischen sich und der Lösung des Lebensmysteriums, zwischen sich und dem ewigen Vater zu haben brauchen. Sagt er nicht ausdrücklich, dass sie ihn nach diesem Tage, also nach diesem Erlebnis, nicht mehr nach etwas zu fragen brauchen, wie sie auch unmittelbar zum Vater beten können und ihn nicht mehr dazu brauchen, um für sie zum Vater zu beten? Ja, er sagt sogar, dass es nützlich ist, dass er fortgeht; denn ginge er nicht fort, dann würde dieser Beistand, dieser Heilige Geist, nicht kommen. Und dann könnten die Menschen ja nicht über Sünde, über Gerechtigkeit und über Verurteilung überzeugend aufgeklärt werden. Diese Verherrlichung Christi, d.h. die Beweisführung für das „kosmische Bewusstsein" des Welterlösers oder für seine Durchströmung vom Heiligen Geist, die der Eckpfeiler für sein Wort und sein Wesen war, müsste ebenfalls für ewig und für alle nur eine Mythe, eine Sage, ein Aberglauben bleiben. Dass dieser „Beistand" oder „Heilige Geist" völlig derselbe geistige Zustand oder dasselbe kosmische Bewusstsein ist, das die Grundfeste für seine eigene Weltanschauung oder Einsicht ins Lebensmysterium war, druckt er scharf und präzise aus, indem er sagt, „Er wird von dem was mein ist nehmen und euch verkünden". Durch diesen Bewusstseinszustand sollen also die Ausdrücke für die Wahrheit, für die kosmischen Ergebnisse, die durch Jesu Verkündung nur Behauptungen und Dogmen sein konnten, weil man sie noch „nicht tragen konnte", d.h. weil man noch nicht genug intellektuelle und geistige Auffassungsgabe hatte, um sie zu fassen oder zu verstehen, zu Tatsachen werden, zu hellwachem Erleben, was wieder dasselbe ist wie konkrete Wissenschaft. Eine schönere Verherrlichung des Erlösers ist nicht denkbar als die, dass seine Erkenntnis der Wahrheit und seine Lebensauffassung, die ja missverstanden und als Fanatismus und Aberglauben geschmäht wurden, sich nun in Übereinstimmung mit der unbedingten Wirklichkeit und damit mit der Auffassung der Gottheit oder des Vaters selbst von der innersten Lösung des Lebensmysteriums zeigt. Es ist also nicht so merkwürdig, dass der Erlöser sagen konnte, dass „er von dem, was sein ist, nehmen wird und euch verkündet". Niemand kann die Wahrheit ausdrucken, ohne eben dieselben Ergebnisse auszudrucken, die Jesus schon verkündet hatte.

Dass dieser „Beistand" keine Person ist, kein neuer Erlöser, und auch nicht er selbst ist, der kommen und sich wieder in Fleisch und Blut zeigen würde, geht klar und deutlich aus seiner Rede hervor. Allein dies, dass er den genannten „Beistand" als den „Heiligen Geist" bezeichnet hat, zeigt ja, dass es sich um keine Person, sondern um eine besondere Bewusstheitsform oder Psyche, ein besonderes Wissen handelt, da ja „Geist" dasselbe ist wie Bewusstsein. Der „Heilige Geist" ist also dasselbe wie „heiliges Bewusstsein". Dieses „heilige Bewusstsein" weicht von dem Bewusstseinsniveau, das nicht „heilig" ist, dadurch ab, dass dieses aus Gedankenarten besteht, die das Unwahre und Falsche im Erleben des Lebens ausdrücken, während die „heiligen" Bewusstheitslagen aus all den Gedankenarten bestehen, die das unbedingt Wahre und Wirkliche im Leben und Dasein ausdrücken. Der „Beistand, der Heilige Geist" besteht also aus Gedankenarten, die die kosmischen Analysen oder die unbedingte, absolute Wahrheit ausdrücken, die wieder dasselbe ist wie das allerhöchste göttliche" Wissen" . „Der Beistand, der Heilige Geist" ist also „Wissen von den allerhöchsten Analysen" das sich durch neue Organe oder Sinne entwickeln und in der Psyche eines jeden Wesens erstehen wird und es mit dem Geist einer besonders humanen Stufe der Reife erfüllt. Dieser psychische Prozess, dieses Selbsterleben der höchsten und heiligsten Wahrheiten des Lebens macht das Geschöpf zu einem „Christuswesen „, das der Erlöser als seine Wiederkehr „in den Wolken des Himmels mit großer Kraft und Herrlichkeit" ankündigte. Diese „Wiederkunft Christi in den Wolken" ist somit in erster Hand kein äußeres Geschehnis, sondern ein im Gedankennebel des Wesens plötzlich auftauchendes inneres, waches, vollbewusstes Erleben seines eigenen durch Entwicklung verwandelten Zustands vom „Tier" zum „Menschen". Sie ist die von der Natur selbst durchgeführte Seelenadlung, „Einweihung" oder „große Geburt", die die zweite Begegnung mit der Christusbewusstheit ist. Die erste Begegnung ist das Zusammentreffen mit seiner Weisheit, seinen Worten und Taten auf der physischen Ebene, ausgelegt durch Religionen, Kirchen und Geistliche. Dieses Zusammentreffen mit dem Christusbewusstsein ist daher nichts anderes als eine sekundäre Begegnung mit dieser Form von Geistigkeit. Das Christusbewusstsein ist hier nicht das eigene, sondern vielmehr das Bewusstsein eines anderen Wesens und kann daher in diesem Fall unmöglich ~ anderes sein als ein Erlebnis aus zweiter Hand. Dass der Erlöser, der selbst die Christusgeistigkeit oder das kosmische Bewusstsein als Erlebnis aus erster Hand erreicht hatte und für den dieser psychische Zustand daher eine wache vollbewusste Tatsache war, kein Erlebnis dieses Zustandes aus zweiter Hand als höchste Absicht und höchstes Ziel der Gottheit für den Erdenmenschen lehren konnte, ist nun verständlich. Womit sollte er begründen können, dass das Erleben in erster Hand seines Zustandes, kosmischen Bewusstseins oder „Heiligen Geistes" nicht das Ziel für alle Menschen sein sollte? - Wie sollte es ihm, der selbst durch diesen Wahrnehmungsprozess der Weg, die Wahrheit und das Leben geworden war, möglich gewesen sein, mit Logik und Liebe zu vereinen, dass Gott durch ihn geradezu verschwenderisch einen solchen göttlichen, erhabenen Gemütszustand offenbarte, den andere Menschen niemals erreichen sollten? - Wäre es nicht satanisch anstatt göttlich gewesen, erst Begeisterung und Sehnsucht nach etwas zu erzeugen, was dann für sie unerreichbar wäre? - Nein, der Erlöser wusste es besser. Er wusste, dass nichts weniger als das Erleben des Heiligen Geistes oder Gottes eigener Bewusstheit aus erster Hand, wovon er selbst völlig erfüllt war, die Absicht und das Ziel Gottes mit allen Lebewesen sein musste, um seine Liebe zu ihnen zufriedenzustellen.

Und es ist daher auch nicht so merkwürdig, dass sich der Erlöser berufen fühlt, dieses zweite Zusammentreffen mit dem Christusbewusstsein als das Primäre im Plan und in der Absicht Gottes anzukündigen. Dass dieses zweite Zusammentreffen des Wesens mit dem Christusbewusstsein ein unmittelbares Selbsterleben durch Umwandlung der eigenen Psyche zu kosmischem Bewusstsein oder zum Durchströmen des „Heiligen Geistes: und kein äußeres Zusammentreffen mit Christus in Fleisch und Blut sein wird, hat er durch die Erklärung begreiflich gemacht, dass er auf diese Weise nirgends zu finden sei, weder „hier" noch „dort", weder „in der Wüste" noch „im Hause". Er sagt auch ausdrücklich und unmittelbar, dass man keinesfalls irgendeiner Behauptung glauben solle, dass er an einer dieser Stellen zu finden sei.

Dass das zweite Zusammentreffen mit der Christusmentalität keine Begegnung mit der Person Christi ist, kann nicht deutlicher ausgedrückt werden. Wenn dieses zweite Zusammentreffen mit dem Christusbewusstsein eine Begegnung mit dem Wesen oder der Person Christus wäre, dann müsste er doch irgendwo zu treffen sein. Dann müsste unvermeidlich jemand kom-

men und sagen können, dass er hier oder da sei.
Wenn aber sein zweites Kommen nicht seine Person sein soll, sondern vielmehr das eigene Selbsterleben des Wesens in seiner Psyche, die Offenbarung einer Geisteshaltung, von der er selbst beseelt war, dann versteht man, dass dieses zweite Kommen „...wie der Blitz zum Westen hinleuchtet, wenn er im Osten aufflammt" sein wird. Welches Licht könnte größer sein als kosmisches Bewusstsein oder „Heiliger Geist"? - Ist das Licht hier nicht gerade so stark und strahlend, dass es alle Einzelheiten sogar in den Schattenseiten in einem solchen Grad erhellt, dass das ewige Wort der Gottheit über ihre eigene Ansicht, „Alles ist sehr gut", hiermit für jedes die Gottheit suchende Wesen zur wachen und tagesbewussten Tatsache wird? - Man wird sich denken können, dass dieses Erlebnis eine Freude voll Kraft und Herrlichkeit ist, die dem eingeweihten Wesen nicht genommen werden kann. Und man versteht auch, dass allmählich, wenn die Freude, Kraft und Herrlichkeit das eine Wesen nach dem andern auf der physischen Ebene erfüllt, die höchsten Wahrheiten oder die kosmischen Analysen von den noch uneingeweihten Wesen als Tatsache und Wissenschaft anerkannt werden. - Eine bessere Huldigung und Bestätigung des „Zeichens des Menschensohnes am Himmel", d.h. der Identität des Wesens des Erlösers mit der Erfüllung der Weltgesetze oder mit Gottes vollkommenem Willen, ist nicht denkbar. Eine bessere Wiedergutmachung für die Erniedrigung und Kreuzigung, welche die unwissende Menschheit dem Erlöser zuteil werden ließ, gibt es nicht als diese, dass sein Wesen, das Kennzeichen seiner Psyche, die man wie die eines Räubers oder Mörders gering achtete, als die höchste wissenschaftliche Grundlage für die Schaffung eines humanen menschlichen Daseins enthüllt wird. Es wird nun auch verständlich, dass „Christi Wiederkehr" in der äußeren Welt, d.h. der Menschen Anerkennung der höchsten Lebensergebnisse der Christusmentalität, „der Beistand, der Heilige Geist" als Wissenschaft, in der ganzen Welt Widerhall geben wird und zuletzt „die Auserwählten", d.h. die humanistischen Autoritäten oder Behörden, „von allen vier Himmelsrichtungen, von dem einen Ende des Himmels zum andern" versammeln wird. Dass dieser Zusammenschluss oder die Vereinigung „der Auserwählten" oder der Regierungen der Welt auf der Grundlage des Christusbewusstseins oder der Geisteswissenschaft nur zu Kraft und Herrlichkeit, der höchsten Kulturschöpfung für die Menschheit in Frieden, Glück und Freude führen wird, ist eine logische Folge. In Wahrheit, dort wo „die Zweige des Baumes saftig werden und Blätter treiben, dort ist der Sommer nahe".

Wie wir gesehen haben, hat Christus klar gewusst, dass der Glaube an seine Person in der Vervollkommnung oder „Erlösung" der Menschheit etwas Sekundäres war und dass daher etwas anderes kommen musste, was das Primäre in dieser Vervollkommnung ist. Er sah auch; dass dieses Primäre nichts Geringeres sein konnte als das Selbsterleben jedes Erdenmenschen dieser gleichen Geisteshaltung, dasselbe Verhältnis zu Gott und dem Nächsten, dasselbe kosmische Wissen, von dem er selbst in wachem Zustand voll beseelt war. Er sah also, dass nichts weniger als sein eigener Zustand die endgültige Absicht und das endgültige Ziel Gottes mit den Erdenmenschen sein musste, dieses göttliche Ziel war somit nicht die Anbetung der Person Christi, sondern vielmehr, die Verwandlung der Erdenmenschen zu Christuswesen..

Das erste Zusammentreffen der Erdenmenschen mit Christus bedeutet also dasselbe wie das Zusammentreffen mit dem Vorbild zu ihrem eigenen kosmischen Zustand. Die souveräne Geistigkeit oder das kosmische Bewusstsein, von dem er beseelt war, ist das göttliche Ziel für alle Menschen der Erde. Es ist daher nicht so merkwürdig, dass der Glaube an ihn und die Liebe zu seinem Wesen der Weg zur Erfüllung dieses göttlichen Zieles ist. Diejenigen, die man liebt und von denen man begeistert ist, sucht man nachzuahmen. Und nur die Nachahmung seines Verhaltens zum Nächsten kann ein Wesen zum Anwärter des „Heiligen Geistes", „der Einweihung" oder des Erlebens des kosmischen Bewusstseins machen. Durch dieses Erleben in seiner vollkommenen und dauernden Form wird der Aspirant „zum Weg, zur Wahrheit und zum Leben" und fühlt sich dadurch „eins mit dem Vater". Dieses vollkommene Erleben ist das zweite Zusammentreffen mit der „Christusgeistigkeit". Diese Geistigkeit oder diese besondere Psyche ist nichts Persönliches oder Individuelles für den Erlöser Jesus von Nazareth, sondern ein allgemein gültiger psychischer Zustand für alle Wesen, die eine besondere geistige oder kosmische Stufe der Reife im ewigen Spiralkreislauf der Entwicklung durchschritten haben. Dies ist die allgemeingeltende Form der Geisteshaltung für den wahren Menschen oder „den Menschen als Abbild Gottes".

**55. Kapitel**

**Der Heilige Geist oder kosmisches Bewusstsein**

Das endgültige Ziel für den Erdenmenschen ist also, dass er ein hochintellektuelles, souveränes Wesen mit absolutem Wissen darüber werden wird, was das Leben ist und was er selbst ist, und dass er somit völlig unabhängig von Büchern, Überlieferungen oder Dogmen weiß, was Wahrheit oder Wirklichkeit ist.
Dogmen und Behauptungen haben also keinen Einfluss auf das Wesen. Es versteht unmittelbar die Sprache der Natur selbst und dadurch die Lösung aller Rätsel. Diese Verwandlung der Geistigkeit des Erdenmenschen ist das Kennzeichen der nun beginnenden neuen Weltepoche, der Unterschied zu der Epoche, in der die Wesen durch den Glauben getragen wurden. Die letzten krampfartigen Zuckungen dieser Epoche ist, die Kulmination der materialistischen Wissenschaft, indem diese das tötende Prinzip fördert." In größerem oder kleinerem Grad ist jeder der großen Weisen oder Welterlöser ein solches souveränes Wesen gewesen, das die geistige Entwicklung der Menschheit gefordert hat. Man wird sich also in der ganzen psychischen oder geistigen Seite des Daseins wissenschaftlich ebenso zu Hause fühlen, wie man sich jetzt in der materiellen Seite des Lebens zu Hause fühlt. Das vollständige Erleben des Eintretens dieses geistigen Zustands im Wesen wird also in Form eines psychischen Prozesses vor sich gehen, durch das Kommen des schon genannten „Beistandes des Heiligen Geistes". der „Einweihung" oder der „großen Geburt".
Wenn das Wesen in seiner Entwicklung so weit gekommen ist, dass es auf natürliche Art sehr verständnis- und liebevoll ist, dann erlebt es plötzlich eine „Feuertaufe". Das Leben, die Natur oder alles, was es umgibt, wird plötzlich erleuchtet, wird zu einem strahlenden Licht, das ausschließlich als die ewige Gottheit empfunden wird. Die Erleuchtung dauert nur einen kurzen Augenblick, eine Sekunde oder vielleicht noch kürzere Zeit, wenn die vorhergehenden, vorbereitenden Nebenerlebnisse abgerechnet werden. Dieses Licht würde jedoch nichts bedeuten, wenn es nicht beim Wesen eine wache tagesbewusste Empfindung davon zurückließe, die ewige Gottheit, seine eigene Unsterblichkeit und die Fähigkeit erlebt zu haben, die Struktur des Weltalls als kulminierende Liebe zu durchschauen, innerhalb welcher „alles sehr gut ist". In Wahrheit, eine realistischere Erfüllung der Ankündigung des Erlösers über „den Beistand, den Heiligen Geist", der das Wesen in alle Dinge einweiht, kann unmöglich existieren. Aber die hier

genannte Form dieses Erlebens ist natürlich auch die Kulmination desselben. Schon bevor es in solcher Fülle erreicht wird und ein Dauerzustand wird, hat das Wesen eine Reihe der in meinem Hauptwerk „Livets Bog" beschriebenen „kosmischen Lichtblicke" oder „kosmischen Erleuchtungsblitze" erlebt. (Stimmt Oleeee. W.Schorat 27.1.15)
Diese lassen das Geschöpf etwas von dem vorher geschilderten Zustand erleben, jedoch nicht dauerhaft und bleibend. Die Wirkungen sind fast als eine Art von Seligkeitsrausch zu betrachten, der sich früher oder später wieder verlieren wird, wenn unfertige oder unhumane Tendenzen erneuten Einfluss auf die Gedanken- und Willensführung des Wesens bekommen., Allmählich aber, wenn es alle unfertigen Eigenschaften, das sogenannte „Böse", in seiner Psyche überwunden hat, gibt es nichts mehr, was Gottes Geist, das kosmische Licht oder das kosmische Bewusstsein daran hindert, dauernd im Wesen zu verbleiben. Es ist dann ein wahrer Mensch, das Wesen, das „der Weg, die Wahrheit und das Leben" geworden ist oder „der Mensch als Abbild Gottes".
Was bedeutet es dann, dass so viel Trauer und Leiden dieser Geburt vorausgingen? - Übertrifft die Freude des Wesens über dieses Erwachen zu kosmischem Tagesbewusstsein in Gottes Reich nicht bei weitem den Stachel der Leiden auf die gleiche Weise, wie die Freude der Mutter über ihr neugeborenes Kind bei weitem die bei dessen Geburt ausgestandenen Schmerzen und Leiden übertrifft?

**56. Kapitel**

**Die ewige Analyse A des Weltbildes**

Wie sieht nun das Weltbild für ein eingeweihtes Wesen aus, das „eins mit dem Vater" geworden ist und daher das Leben oder das Dasein unmittelbar vom Blickpunkt des Vaters aus sieht - das Leben sieht, wie es wirklich ist, und nicht wie es vermeintlich oder vielleicht ist? - Als Antwort auf diese umfassende Frage muss ich natürlich auf mein Hauptwerk „Livets Bog" und auf die mit diesem Werk verbundenen übrigen Werke und Schriften hinweisen. Hier kann ich nur einige einzelne, grundlegende Punkte oder Analysen vom ewigen Panorama dieses Lebens darstellen.
Dieses für die Erdenmenschheit neue, jedoch an sich ewige Weltbild, dessen Erleben und Erkennen das Endziel für das Suchen aller Wesen nach Frieden oder nach dem Lebensmysterium ist, was in Wirklichkeit dasselbe

ist wie ein Suchen nach der Gottheit, ist kein Weltbild in Maß und Gewicht. Es ist kein Weltbild in Zahlengrößen, Entfernungen und Lichtjahren. Es ist kein Weltbild in Zeit und Raum. Es ist nicht mehr und nicht weniger als „die Ewigkeit" selbst. Deshalb müssen alle Analysen und Ergebnisse ausschließlich in diesem großen Endergebnis des Lebens aufgehen. Analysen, die nicht in diesem Ergebnis aufgehen, sind falsche Ausdrucke für das Weltbild, obschon sie korrekte, wissenschaftliche Ausdrücke für zeitliche Dinge sein können, also für Dinge, die Anfang und Ende haben. Ein solcher korrekter Ausdruck für zeitliche Dinge kann also niemals ein vollständiger Ausdruck für das Weltbild sein. Und auf diese Weise können überhaupt keine zeitlichen Einzelheiten, gleichgültig, wie wissenschaftlich sie auch unterbaut sein mögen, und gleichgültig, weiche unermessliche Größe, welches Volumen, welche Form in Zeit und Raum sie auch darstellen mögen, das Weltbild ausdrucken oder sein. Sie können dagegen nur lokale Einzelheiten in ihm sein. Das Weltbild kann unmöglich durch Ergebnisse ausgedrückt werden, da es nicht in solchen Zahlenergebnissen existiert. Es existiert an sich außerhalb der Zeit- und Raumdimensionen und kann daher unmöglich durch etwas ausgedruckt werden, was es nicht ist. Die materialistische Wissenschaft wird sich daher in ihrem Suchen in Ausrechnungen und Aufstellungen von Zahlenergebnissen als Ausdruck für das Weltbild zu Tode laufen, ohne ihm auf diesem Wege einen Schritt näher zu kommen. Es kann nur durch das gelöst und ausgedrückt werden, was es ist, nämlich ein namenloses „Etwas", das sich durch die Zeit und den Raum offenbart. Und die erste kosmische oder zutiefstgehende Reaktion dieses durch das Begrenzte oder Zeitliche offenbare „Etwas" ist also die Unendlichkeit in Zeit und Raum, die wieder dasselbe ist wie „die Ewigkeit". Die Ewigkeit ist also die erste Analyse des Weltbildes außerhalb der Zeit- und Raumdimension.
Wir wollen daher diese Analyse durch den Buchstaben A ausdrücken.

## 57. Kapitel

**Die ewige Analyse B des Weltbildes**

Die Ewigkeit ist aber etwas mehr als bloße Unendlichkeit in Zeit und Raum. Sie ist eine Ganzheit, in der eine jede aller Einzelheiten der gesamten Welt nur als Örtlichkeit existieren kann. Sie ist daher die Gesamtheit der Einzelheiten aller Welt, ausgedrückt als Einheit. Absolut alles ist Einzelheit in dieser Einheit. Die wichtigste Einzelheit in dieser Einheit muss dann das sein, was diese Einheit oder die Ewigkeit erlebt und erkennt und was außerdem denkt, Willensführung und Schöpfung veranlasst und was damit aufbaut und niederreißt. Was kann größer sein als dieses „Etwas"? - Dass die Ewigkeit ein solches denkendes und willenführendes „Etwas" enthält, wird dadurch zur unerschütterlichen Tatsache, dass wir selbst existieren. Jeder von uns existiert als ein denkendes, erlebendes und willenführendes „Etwas". Dieses „Etwas" ist also die höchste und erste Ursache der Schöpfung und ihr Urheber. Dieses „Etwas" empfindet sich in uns als der dirigierende Mittelpunkt und drückt sich selbst als das „Ich" aus.

Dieses „Etwas" ist unser wahres und absolutes Selbst. Gegenüber diesem „Etwas" ist alles andere im Organismus als untergeordnete, dienende Organe anzusehen, durch die das Erleben oder Sicherkennengeben, das Denken und die Willenführung unseres Selbst oder Ichs stattfinden kann. Da dieses „Etwas" somit der Urheber dieses Erschaffens oder Hervorbringens der Materie und der Organe ist, die unsere Erscheinung ausmachen, wird hierdurch enthüllt, dass es selbst weder Organ noch Materie, sondern etwas ganz anderes ist. Da es seinen von ihm verursachten Schöpfungen voraus ist, ist seine Existenz von ihnen nicht abhängig; andernfalls könnte es ihnen ja nicht voraus sein. Vielmehr ist die Form, sind die Einzelheiten oder die gesamte Erscheinung dieser Existenz vom Denken, Willensführen und der hierdurch geäußerten Lebensweise abhängig. Daher ist nur die Erscheinung und nicht die Existenz der Verwandlung unterworfen. Wenn aber dieses höchste „Etwas" der Verwandlung nicht unterworfen ist, kann seine Existenz niemals aufhören, und sie kann auch niemals begonnen haben. Dieses „Etwas" unterscheidet sich daher von allem andern seiner Umwelt dadurch, dass es seiner Eigennatur nach unabhängig von den Verwandlungen, dem Erschaffenen oder der äußeren Welt existiert. Dadurch ist aber seine Existenz über Zeit und Raum erhaben und hat damit genau dieselbe Analyse, die wir schon in Form der „Ewigkeit" gefunden haben. Die Identität dieses unseres eigenen erlebenden und sich äußernden . Selbst „ oder Ichs" mit der Ewigkeit" ist die ewige Analyse B des Weltbildes.

## 58. Kapitel

**Die ewige Analyse C des Weltbildes**
In Verbindung mit seinem Organismus erscheint unser Ich als „ein Lebewesen". Da aber die Existenz des Ichs ewig ist, während sein Organismus

erschaffen ist, haben wir hier die tiefste Ursache zu der Zweiteilung des Lebens, was wir als das „Zeitliche" und die „Ewigkeit" bezeichnen. Der Organismus ist das „Zeitliche «, während das Ich die „Ewigkeit" ist. Dies ist die ewige Analyse C des Weltbildes.

## 59. Kapitel

**Die ewige Analyse D des Weltbildes**

Da der Organismus des Lebewesens zeitlich ist, einen Anfang gehabt hat und danach unvermeidlich seiner Kulmination und Beendigung entgegeneilt, muss das Ich, bevor sein jetziger Organismus entstand, eine Existenz gehabt haben und wird, nachdem der Organismus aufgehört hat zu sein, eine Existenz ohne diesen jetzigen Organismus bekommen. Dies bedeutet aber nicht, dass das Ich in der Zeit vorher ohne Organismus war und in der Zeit nachher ohne Organismus sein wird. Hierbei soll man nicht glauben, dass das höchste „Etwas" in jedem Lebewesen nur während des kleinen mikroskopischen und fast als nichts zu rechnenden Zeitraumes eine Denk- und Willensführung und damit Erleben des. Lebens hat, den das Alter eines Organismus im Verhältnis zu der unendlichen Existenz ausmacht, die dieses „Etwas" hatte, bevor der jetzige Organismus entstand, und im Verhältnis zu der unendlichen Existenz, die das „Etwas" unvermeidlich haben wird, nachdem dieser jetzige Organismus aufgehört hat zu existieren. Was sollte wohl ein so verschwindend kleines Erleben des Lebens, das ein einziges Erdenleben im Verhältnis zur Existenz des Ichs bedeutet, nützen? - Seine Bedeutung würde im Verhältnis zur ewigen Existenz des Ichs kleiner als die Bedeutung eines gewöhnlichen kleinen Staubkörnchens im Verhältnis zum Erdball sein. Dieses Verhältnis ist so ungeheuerlich sinnlos, dass das Leben hiernach so verschwindend unbedeutend wäre, dass der Tod alles beherrschen würde; dies steht aber im Widerspruch zu den Tatsachen. Das Leben setzt alle Bewegung nur mit dem Zweck in Szene, Erleben zu schaffen. Welchen Zweck sollte die Bewegung sonst haben? Es ist ja die Bewegung, die Reaktionen bildet. Die Reaktionen werden von Sinnen erlebt und werden dadurch zum Erleben des Lebens. Das Weltall ist eine einzige große Kombination von Bewegung und hat deshalb die hundertprozentige Voraussetzung für die Schaffung von Erleben. Wozu aber diese ganze Bewegungskombination, dieser unermessliche Verwandlungsprozeß sowohl innerhalb wie außerhalb der Umwelt der bekannten Lebewesen, den das

Universum darstellt?
- Wozu dieser riesengroße Bewegungsozean, der sich in so unermesslichen Bahnen erstreckt, dass man Lichtjahre und andere Bildformen braucht, um überhaupt nur einen mikroskopischen Ausschnitt des Kurses dieser Himmelskörper und Spiralnebelsysteme in Zeit und Raum ins Fassungsvermögen bringen zu können? - Wozu die ebenfalls unfassbaren mikroskopischen Prozesse, deren Eindrücke wir auch nur mit Bildern und Gleichnissen festhalten können? Wenn dieser Riesenozean nicht vorhanden wäre, um auf Sinnesorgane einzuwirken, auf etwas einzuwirken, das den Nutzen dieser Prozesse erleben kann, wozu wären sie dann da? - Hat man jemals gesehen, dass die Natur zwecklos erschafft?
- Kann etwas in der Natur verloren gehen? - Wird nicht aller Abfall von der Natur selbst in neue Kreisläufe überführt? - Nähren nicht die fallenden Blätter des Herbstes auch das neue Laub des Frühlings? - Fördert nicht der Dünger das üppige Wachstum des Brotgetreides? - Wird nicht das Kloakenwasser von der Natur selbst gefiltert und zum kristallklaren Trinkwasser und Wasserdampf umgewandelt, den die Luft enthält, die wir einatmen? Wird nicht alles, was untergegangen ist, in neue Kreisläufe aufgenommen?
- Was ist das Verwittern der Steine und Felsen? Wird der Stein dadurch nicht neuen nützlichen Formen im Kreislauf zugeführt? - Glaubt man, dass die Natur so reich an Erlebnismöglichkeiten wäre, wenn diese für das erlebende „Etwas" oder Ich weniger bedeuteten, als was ein gewöhnliches kleines Staubkörnchen für den Erdball bedeutet? - Wie man hier sieht, wäre dieses unermeßlich große Aufgebot an Bewegung und Kräften, das die Natur oder das Weltall darstellt, völlig sinnlos, wenn jedes der erlebenden Ichs nur in einem kleinen mikroskopischen Lichtblitz in Form eines Erdenlebens einen Organismus hätte. Glaubt man wirklich, die unbedingte Wahrheit in dem unermesslichen Aufgebot des Weltalls an Kraft, Energie und logischer Schöpfung sei als ein „Etwas" mit ewiger Existenz auszudrücken, aber nur mit einer Epoche fürs Erleben, die im Verhältnis zu dieser Existenz so mikroskopisch klein ist, dass sie fast wie ein Nichts verschwindet? Nein! - Das Leben ist kein Nichts, sondern ein ewiges „Etwas", mit einer Fähigkeit, erleben zu können, die ebenso ewig wie die Existenz dieses ‚Etwas" ist. Dies ist die ewige Analyse D des Weltbildes.

**60. Kapitel**
**Die ewige Analyse E des Weltbildes**
Sich darauf zu berufen, dass die Fähigkeit zu erleben nicht ewig sei, ist

dasselbe, wie sich selbst als ein schlafendes Wesen bloßzustellen, dessen Intellektualität noch nicht das Alter seines jetzigen physischen Organismus überblicken kann und deshalb zu glauben gezwungen ist, dass dieses Alter seine gesamte Existenz, sein ganzes Dasein sei. Dies ist die Kulmination des „Todes" oder der Bewusstseinsverengung, die die Folge des Genusses vom „Baum der Erkenntnis" werden sollte - die primitive Sinnesbegabung, durch die das Wesen nur Materie wahrnehmen kann, aber nicht jenes die Materie dirigierende „Etwas", das sein Ich ist.

Dieser" Tod" ist aber kein wirklicher Tod, er ist nur auf dieselbe Weise eine Nuance, eine bedingte Lokalität in einem Kreislauf, wie die Kälte und das Dunkel des Winters und die hierdurch beschränkte Lebensentfaltung eine Lokalität, eine Jahreszeit im Kreislauf des Jahres ist, und auf die gleiche Weise, wie die Nacht mit ihrem Schlaf und ihrer Ruhe und dem hierdurch eingeschränkten Erleben des Lebens eine Lokalität im Kreislauf eines ganzen Tages ist. Das Leben zeigt im Übermaß, dass nichts still steht, dass nichts von bleibender Dauer für das Erleben des Lebens ist. Wie sollte dies auch der Fall sein, da das gesamte Universum oder Weltall eine einzige große Energie- oder Bewegungswelle ist, in der der einzige absolut feste Punkt nur ein göttliches „Etwas" ist, das sich von der Bewegung dadurch unterscheidet, dass es die Bewegung nicht mitmacht, sondern sie erlebt, veranlasst und lenkt. Die Bewegung selbst ist ja ein untergeordnetes Ding, das nicht erleben, denken oder den Willen führen kann, sondern vielmehr nur zu „Erleben" werden kann. Wenn aber „Erleben" existiert, dann wird es dadurch zur Tatsache, dass ein „erlebendes Etwas" existiert. Die Bewegung ist also ihrer höchsten Analyse nach „Erleben". Damit aber die Bewegung erlebt werden kann, muss sie Kontraste bilden. Und alle Bewegung im Weltall tritt kraft eines ewigen Prinzips in Geschwindigkeitsgraden auf. Diese verschiedenen Geschwindigkeitsgrade, einander gegenübergestellt, schaffen ja Kontraste oder Unterschiede in ihren Reaktionen. Dieser Unterschied bildet die Grundlage für die Fähigkeit, erleben zu können. Alle existierenden Erlebnisse, welcher Art auch immer, können ausschließlich deshalb erlebt werden, weil sie an sich ein Abweichen von anderen Erlebnissen bilden, so dass ein Unterschied zwischen den ersteren und den letzteren entsteht. Da das Erleben des Daseins aus dem Erleben dieser Unterschiede besteht, sind alle Gedankenarten, Gemütsstimmungen, Freude und Wohlbehagen sowie Trauer und Krankheit, in Wirklichkeit ein Erleben der Unterschiede zwischen den verschiedenen Geschwindigkeits- oder Schwingungsgraden der Energiearten. Damit das erlebende und

Willen führende „Etwas" Wohlbehagen erleben kann, muss es etwas geben, aus dem dieses Wohlbehagen hervorgeht. Und das einzige, was den Gegensatz oder den Kontrast zum Wohlbehagen bilden kann, ist natürlich das Unbehagen. Auf diese Weise beruhen alle Formen für das Erleben auf dem Kontrastverhältnis der Erlebnisse zueinander oder auf der Abweichung voneinander. Jede Abweichung bildet den Unterschied, durch den sich die Erlebnisse hervorheben, und hierdurch werden sie der Wahrnehmung zugänglich. Betrachten wir die Natur, sehen wir, dass diese in höchstem Grade darauf gegründet ist, diese Kontraste zu schaffen, damit ihre große Bewegungsmasse dadurch der Wahrnehmung zugänglich werden kann. Sie ist daher so aufgebaut, dass sie alles in Kreisläufe einteilt. Ja, so durchgeführt ist diese Kreislautbildung, dass in Wirklichkeit keinerlei Energie, absolut genommen, in gerader Linie verlaufen kann, sondern immer eine Krümmung beschreibt. Dadurch wird es zur Tatsache, dass es die Gerade überhaupt nicht gibt. Das, was wir als „eine Gerade" bezeichnen, entsteht nur, wenn die Krümmung oder der Kreislauf so schwach ist, dass sie mit den physischen Hilfsmitteln nicht wahrgenommen werden kann. Erscheint die Oberfläche des Erdballs nicht auf recht großen Teilen völlig „eben", was z.B. besonders auf dem Wasser zu sehen ist? Und doch kommen wir um die Erde herum und zum Ausgangspunkt zurück, wenn wir eine „waagerechte Linie" dieser „Ebene" verfolgen. Die „waagerechte", gerade Linie ist »keine Gerade", sondern der Bogen eines Kreises oder einer Kurve. Daher sehen wir in Bezug auf dieses Gesetz oder durch dieses Prinzip, dass die großen Energieformationen der Natur Kreislautbahnen bilden und dadurch Tag und Nacht, Morgen und Abend, Sommer und Winter, Frühjahr und Herbst, sowie alle anderen Kreisläufe in der Materie oder in der Natur erzeugen.
Hierdurch entstehen all die Unterschiede zwischen den Bewegungs- oder Energiearten, die bewirken, dass wir wahrnehmen oder zwischen Licht und Dunkel, zwischen Kälte und Wärme unterscheiden können. Die Kreislauffunktionen regeln aber nicht nur rein physisch die Energieentfaltung in Kontrastformen. Dies gilt in gleichem Maße auch rein geistig oder psychisch. Was ist das Erdenleben eines Menschen von der Wiege bis zum Grabe? Ist es nicht auch ein Kreislauf! Sehen wir hier nicht auch die vier »Jahreszeiten"? Ist nicht die Kindheit, geistig gesehen, mit der eingeengten Lebenszone des Winters zu vergleichen? Das kleine Kind ist wie der blattlose Baum im Winter. Es hat in sich den Keim der Lebenskraft, der sich allmählich im Kreislauf wie die prachtvolle Laubkrone des Frühlings

entfalten kann. Diesen Zustand nennen wir beim Menschen »die Jugend". Ist nicht auf dieselbe Weise „das Mannesalter" des Wesens ein Gleichnis für den Sommer seiner Geistigkeit oder seines Bewusstseins? Und ist der Lebensabend, „das Greisenalter", nicht dasselbe wie der Herbst des Kreislaufs seines Erdenlebens? Geht das Bewusstsein nicht von hier über zu der geistigen Ebene, um von dort wieder durch die Kindheit und weiter durch eine neue Jugend, ein neues Mannesalter und ein neues Greisenalter eines neuen Kreislaufs weiterzuwachsen und derart fortlaufend? Diese Fortsetzung des Kreislaufs bestätigt die Natur bis zum Überfluss als eine Tatsache. Sie zeigt in keinem einzigen Fall, dass ein einzelner Kreislauf etwas Ganzes ist oder einen Abschluss hat, sondern immer, dass er vielmehr nur ein Glied in einer Kette von Kreisläufen ist.

Wird der Wassertropfen nicht abwechselnd Kloakenwasser und klares Trinkwasser ad infinitum? Betrachten wir Tag und Nacht des Tageskreislaufs, müssen wir feststellen, dass sich dieser Wechsel über 25.000 Mal im Erdenleben eines Menschen von etwa 70 Jahren wiederholt, wie sich Sommer und Winter des Jahreskreislaufs so viele Male für ein Wesen wiederholen, wie es seinem Alter entspricht. Wenn alle Kreisläufe der Stoffe oder der Materie, wo wir auch im Universum hinblicken, somit Wiederholungen vorausgehender Kreisläufe sind, deren jeder wieder als ein Glied in einer Kette von Kreisläufen existiert, warum sollte dann der Kreislauf, der das Erdenleben des Menschen bildet, nicht auch ein Glied in einer Kette von Wiederholungen sein?

Und bekommt dadurch die Existenz des Ichs nicht erst überhaupt einen Sinn? Wenn parallel mit der ewigen Existenz des Ichs eine entsprechende ewige Kette von Kreisläufen existiert, in der jedes einzelne Leben nur ein einzelnes Glied ist, dann kann man dadurch erkennen, dass das Ich ein ewiges Bewusstsein hat. Ja, wird nicht dadurch das gesamte Dasein von einem sinnlosen, schreiend ungerechten Chaos in eine vollkommene, logische Lebensäußerung verwandelt, durch welche das Ich abwechselnd jene Kontraste am Leben zu erhalten vermag, durch die es in entsprechendem Maße abwechselnd das Dunkel und das Licht erleben kann?

Es kann damit diese ganze unermessliche Welt von Nuancen zwischen diesen beiden äußersten Polen zu einem einzigen großen Erleben machen, zum Erleben der „Unsterblichkeit" und damit zum Erleben eines „ewigen Lebens". Wäre die Natur nicht auf diese Weise angeordnet, dann müsste ein ewiger Tod, ein ewiges „Nichts" dort herrschen, wo heute die strahlende Allmacht des Weltalls Plan- und Zweckmäßigkeit, logische Schöpfung,

Vervollkommnung, ewiges Wachstum; ewige Belehrung, ewige Unterhaltung, ewiges Denken und ewige Willensführung für das alesüberstrahlende, lebende „Etwas" verkündet, das jeder von uns in Form unseres eigenen Selbst oder Ichs darstellt. Dieses ewige Kreislaufprinzip ist die ewige Analyse E des Weltbildes.

**61. Kapitel**

**Die ewige Analyse F des Weltbildes**

Unsere immerwährende Verbindung mit einem ewigen Dasein offenbart sich für uns in einem neuen großen Riesenkreislauf in Form der in meinem Hauptwerk „Livets Bog" so bezeichneten „Entwicklungsleiter", die im gleichen Werk auch als der kosmische „Spiralkreislauf" bezeichnet ist. Betrachten wir das Leben, wie es sich auf unserem Erdball von den Mineralformen zum Pflanzenreich und von diesem zum Tierreich und weiter bis zum irdischen Menschenreich entwickelt hat, dann ist dieser Abschnitt ja nichts Geringeres als eine „Jahreszeit" in diesem grossen Kreislauf. Die höchste Lebensentfaltung, die in diesem Abschnitt stattgefunden hat, ist das tötende Prinzip . Keine andere Fähigkeit der Wesen ist in diesem Abschnitt auch nur annäherungsweise so ausgiebig manifestiert worden, wie die Fähigkeit Totschlag, Mord und Krieg, Verstümmelung, Invalidität und Lebensüberdruss, Materialismus, Hoffnungslosigkeit und Gottlosigkeit und den hierdurch folgenden Kulturzusammenbruch kulminieren zu lassen. Dies bedeutet also, dass das Dunkel und damit --eine Einengung ~ Lebenserlebnisses, des Glücks und der Daseinsfreude vorherrscht. Aber dieser Zustand ist ja unvermeidlich die Winterzone des Kreislaufprinzips oder des Dunkels und der Kälte und damit die Jahreszeit der Lebenseinschränkung.
Diese Epoche im Kreislauf zeigt sich als ein Erleben des vorausgehenden Kontrastes, mit dessen Hilfe das Ich ein nachfolgendes kosmisches Frühjahr zu unterscheiden vermag, d.h. ein strahlendes geistiges Lichterleben, sowie den hiernach folgenden kosmischen Sommer und so fort. Können wir die erste schwache Andeutung dieses Frühjahrs nicht schon in Form der beginnenden Entwicklung der Humanität oder Nächstenliebe feststellen? - Der Erdenmensch fängt an, seine Position in einem Riesenkreislauf von so unfassbaren Dimensionen schimmern zu sehen, dass die mit Lichtjahren ausgedrückten astronomischen Entfernungen als rein lokale Mikro-Einzelheiten in dem Ewigkeitspanorama verschwinden, das unser Selbst oder

Ich, unsere unsterbliche Individualität durch seine ewige Verbindung mit dem Kreislaufprinzip prädestiniert ist zu schauen. Diese unsere Anwesenheit in den vier verschiedenen Jahreszeiten dieses Riesenkreislaufes und unsere entwicklungsmäßige Bewegung durch diese hindurch ist die ewige Analyse F des Weltbildes.

## 62. Kapitel

**Die ewige Analyse G des Weltbildes**

Das Leben ist aber gemäß seiner höchsten Analyse mehr als das Schauen über Zeit und Raum und in die Dunkel- und Lichtregionen der Riesenbereiche der Ewigkeit selbst. Ein solches Schauen wäre an sich nur ein Erleben von toten, automatischen Funktionen, wenn diese auch zu kosmischen Erscheinungen gerechnet werden müssen und wenn sie auch in den schönsten Farben erstrahlen und die Kulmination von logischem Erleben von Wohlbehagen sind. Da logisches Erleben von Wohlbehagen dasselbe ist wie „Liebe", ist die Energieentfaltung des Universums identisch mit „Liebe". Da dieser psychische Zustand wieder eine geistige, organische Funktion ist und nur durch Willensführung ausgelöst werden kann und Willensführung wieder durch ein Ich oder durch das „Etwas" ausgelöst werden kann, das hinter den Erlebnissen existiert, das erlebt und sich äußert, kommt hier ein mystisches Wesen als Urheber all dieser Liebesäußerung des Weltalls zum Vorschein. Was, wer und wo ist dieses Wesen? Bevor diese Frage nicht beantwortet ist, ist das Lebensmysterium nicht gelöst und das Weltbild noch nicht gefunden. Und solange man dieses nicht gefunden hat, können wir noch nicht das vollkommene, über das Tier erhabene souveräne Wesen sein, das wir gemäß dem Entwicklungsziel werden sollen, nämlich der Mensch als Abbild Gottes, ihm gleichend". -.
Wir wollen etwas näher betrachten, wer oder was außer uns selbst und den uns bekannten wesensarten Denktätigkeit ausüben und Willen führen kann. Für den nicht eingeweihten Menschen sind die Menschen die Wesen, in denen das Denken und Willenführen am vollkommensten ist. Unter den Menschen stehen die Tiere. Unter den Tieren kommen die Lebensformen vor, die wir als Pflanzen bezeichnen, und unter diesen regen sich wieder Energieformen, die man als tot anzunehmen geneigt ist, als zufällige Kräfte, nämlich die Mineralien. Da aber die hier genannten anerkannten Lebensformen, die Pflanzen, die Tiere und die Erdenmenschen nur einen

so verschwindenden, mikroskopisch kleinen Teil des Weltalls darstellen, welches die Unendlichkeit in Zeit und Raum ist, stehen die Lebensformen dieser Wesen zusammengenommen für weniger als ein einzelnes fallendes Blatt im Verhältnis zu den Urwäldern aller Welt, oder als ein einziges Samenkorn im Verhältnis zur Pflanzenwelt der ganzen Erde. Das gesamte irdische Leben ist im Verhältnis zur übrigen Energieentfaltung des Weltalls somit nur mit dem Staubkörnchen im Verhältnis zum Erdball, der Sekunde im Verhältnis zum Jahrhundert, zum Jahrtausend oder zu den Jahrmillionen zu vergleichen.

Nur dieses Staubkörnchen im Universum gefunden zu haben, ist dasselbe, wie nur ein so kleines Erlebnisvermögen zu besitzen, dass man überhaupt kein Leben außerhalb des Staubkörnchens von Leben sehen kann, von dem wir selbst nur ein mikroskopisch kleiner Bruchteil sind. Ein Wesen aber, dessen Sinne in Wirklichkeit nur Millionstel von Milllonsteln eines Dinges sehen konnen, sieht dieses Ding ,ja nicht. Und so winzig ist das von Meschen Geschaute in Bezug auf das Weltall außerhalb seiner eigenen Lebensform und der der bekannten Lebewesen, dass er dort in Wirklichkeit gar kein Leben sehen kann. Alles wird daher dort als das zufällige Zusammenspiel »toter" Naturkräfte aufgefasst, gleichgültig für welch logische Schöpfung, welches kulturelle oder nützliche Gute es auch Ausdruck sein mag. Kein Wunder, dass dieser Energieozean, dieser unermeßlich logische Lebensäußerungs- oder Schöpfungsprozess, dieser riesenhafte Ausdruck für die Erfüllung zweckmäßiger oder nützlicher und damit ,liebevoller Ziele, dieser Ozean von Lebensäußerungen, diese riesenhafte, logische Willensführung oder Kundgebung von Bewusstsein, Mentalität oder Psyche spurlos am Fassungsvermögen des Mikrostaubkörnchens vorübergeht, insonderheit, solange dieses mikroskopisch kleine Fassungsvermögen noch vollständig durch den Kampf ums tägliche Brot getrübt und durch tierischen Selbsterhaltungstrieb und spätere Selbstanbetung gebunden ist.

Wie soll dieses Staubkörnchenwesen Leben, Willensführung und Liebesentfaltung in den Kräften des Universums sehen können, wenn es seine von vornherein schon mikroskopisch kleine Wahrnehmungsgabe auf die Kräfte, aber nicht auf den Urheber der Kräfte richtet?. Wie soll es „den Schöpfer" finden können, wenn es nicht diesen, sondern nur „das Erschaffene" sucht? - Was es nicht sucht, kann es nicht erwarten zu finden. Es ist nicht so eigenartig, dass dieses Wesen nur Kräfte sieht, aber keinen Urheber zu den Kräften und daher nur den „Zufall" als die tiefste Ursache und als den Urheber zu den Kräften angeben kann. In Wahrheit, hier ist dem Ich oder dem Lebewesen das Leben abhanden gekommen. Hier sieht es nur den Tod. Hier ist es „den Tod gestorben", der als Resultat „des Genusses vom Baum der Erkenntnis" angekündigt wurde welcher Genuss dasselbe ist wie die Aneignung der Herrschaft über die Kräfte ausschließlich zum eigenen Vorteil, und damit auf Kosten der anderen Wesen. Diese Verehrung oder Anbetung der Macht anstatt des Urhebers der Macht führt also das Ich in die Bewusstseinseinengung, die „Tod" heißt oder im Riesenkreislauf die kalte und leblose Jahreszeit ist, die dem Prinzip des Winters entspricht. Hier ist „der verlorene Sohn" weit von seinem Vater entfernt. Hier wurden „Adam und Eva" „aus dem Paradiese ausgetrieben". „Der Tod" ist somit die Bewusstseinssphäre des gottlosen oder materialistischen Menschen. Dieser" Tod" unterscheidet sich von dem im täglichen Leben bekannten Prozess gleichen Namens dadurch, dass er ein besonderer bestimmter Bewusstseinsverlust ist , während der allgemein bekannte Tod dagegen nur der Verlust des vorübergehenden physischen Organismus des Ichs ist. Dass der Tod somit keine vollständige Zerstörung oder Auflösung des Lebewesens ist, sondern nur unter zwei Hauptformen existiert, dem geistigen Tod, der kein Tod ist, sondern ein gewisser Grad von Mentalitätseinengung oder eine Bewusstseinseinengung, und dem physischen Tod, der ebenfalls kein Tod ist, sondern ein Glied in einem physischen Organismuswechsel, das ist die ewige Analyse G des Weltbildes.

## 63. Kapitel

**Die ewige Analyse H des Weltbildes**

Die ewigen Kreislaufgesetze bewirken also, dass nach einem Winter ein Sommer kommt, nach einer Nacht ein Tag, nach Dunkel Licht, nach dem Tode Leben. Das Lebewesen macht hierbei das Erleben des dunklen Kontrastes durch, der ihm Interesse und Sehnsucht nach Licht, nach dem Kommen des Frühjahrs und des Sommers gibt. In der Sphäre der Leiden wird das Geschöpf durch mehrere Erdenleben hindurch veredelt, wird immer selbstloser und humaner eingestellt, bekommt zuletzt ein vollkommenes liebevolles Wesen zum Nächsten. In ihm entwickeln sich Organe für sympathische Anlagen, die es allmählich völlig über die Sphäre des Tieres heben und es instandsetzen, seinen Nächsten zu lieben, ganz unabhängig davon, ob dieser seinem eigenen oder dem anderen Geschlecht angehört. Eine neue Psyche oder Geisteshaltung entsteht, die allmählich ganz die tierische oder selbstsüchtige geistige Einstellung im Erdenmenschen übertreffen wird. Das Allesüberstrahlende in dieser geistigen Einstellung oder diesem Bewusstsein ist Humanität oder Liebe zu allem und allen. Mit diesem seinem hohen Liebessinn beginnt das Geschöpf sein Bewusstsein von der Selbsteingenommenheit wegzulenken und stattdessen auf die Wahrnehmung des Schutzes und Wohlergehens seines Nächsten bedacht zu sein Wenn aber das Bewusstsein von sich selbst weg- und auf die Entfaltung der Selbstlosigkeit und damit der Liebe und Smpathie hinführt wird, dann kommt diese nach außen gerichtete Bewusstseinsenergie in Verbindung mit dem Grundton des Universums, der ja gerade Liebe ist. Durch diese Verbindung kann es beginnen, die Gesetze des Universums und damit den Zweck mit den auf diesen Gesetzen gegründeten Schöpfungsprozessen zu fühlen. Diese werden immer mehr zu einer Empfindung einer fremde~unsichtbaren Willensführung und damit zum Beweis für Denken und Bewusstsein. Dieses beginnende Erleben der Offenbarung der Gedanken- und Willensfiihrung erzeugt das Begehren nach dem Zusammentreffen mit dem Urheber dieser Gedanken und Willensführung oder mit' diesem mystischen Wesen, das das Geschöpf durch viele verschiedene Berichte und Auffassungen oder durch seine Schulweisheit als den „lieben Gott" kennenlernte und an den es einmal glaubte. Er verschwand allmählich in dem Ozean von Materienanalysen oder Zahlenergebnissen, die „der Genuss vom Baume der Erkenntnis" im Bewusstsein des Wesens aufgetürmt hatte. Aus diesem Grabe der toten Fazite des materialistischen Wissens und Könnens beginnt das Bewusstsein des Geschöpfes nun wieder „von den Toten aufzuerstehen". Es beginnt die Früchte eines anderen Baumes zu genießen, nämlich die Früchte „des Baumes des Lebens". Die Früchte von diesem Baum sind „Lebensäußerungsfazite" im Gegensatz zu den Fruchten vom „Baum der Erkenntnis", die nur Zahlenergebnisse sind. Während diese letzteren Ergebnisse nur Wissen von kalten Materienreaktionen, Geschwindigkeitsgraden usw. sind, geben die „Lebensäußerungsfazite" das Wissen vom Denken und Führen des Willens, von Planung und Absicht. Alle Reaktionen, die vorher als nüchterne Bewegungsarten aufgefasst wurden, werden durch die neue Sinnesbegabung zu Resultaten von „Lebensäußerungen ", die wieder zur Erkenntnis und dem Verstehen der Materie und der Natur als einer lebend tätigen Mentalität oder lebenden Bewusstseins und damit als eines lebenden Urhebers führen, der sich gerade mit diesem Bewusstsein, dieser Gedanken und Willensführung, die wir sonst gewohnt waren für „Naturkräfte" zu halten, an jedes suchende, liebevolle Geschöpf wendet. Und da das jetzt in hohem Maße liebevolle und damit hochintellektuelle Geschöpf nun weiß, dass Gott nicht in bloßen Zahlenergebnissen existiert, sucht es ihn nicht mehr in einer einzelnen, besonderen Materienkombination, sondern in allen Energiearten im Universum von allen bekannten Lebewesen und ihren Lebensäußerungen bis zu den äußersten Grenzen seiner Beobachtungsmöglichkeit, zahllose Lichtjahre im unendlichen Raum des Universums von ihm entfernt. Es sieht, dass dieser ganze hier ausgebreitete Prozess - genau so wie auch das Ich in ihm selbst oder in jedem anderen Lebewesen - eine göttliche Willensführung ist, Wirkungen einer unermesslichen, sprudelnden Gedankenflut, eine in der Ewigkeit und Unendlichkeit konzentrierte Offenbarung. Und mit diesem Erlebnis ist das Geschöpf zum „festen Punkt" des ganzen Weltalls gekommen. Hier ist es dem Herrn des Lebens selbst gegenübergestellt, der das All derart umspannt, dass das Geschöpf nur in „Ihm" leben, sich bewegen und sein kann. Hier ist das Wesen, das durch alle Zeiten auf verschiedene Weise besungen und gepriesen wurde, und das Geschöpf weiß, dass es instinktmäßig immer in ihm lebte. Hier ist das Wesen, zu dem es als Tier im Augenblick der Lebensgefahr oder im Todesaugenblick schrie und an das es sich später als Erdenmensch in unzähligen Gebeten in den Stunden der Not und Gefahr wandte. Hier ist das Wesen, dem das Geschöpf selbst Ideale, Gestalten und Körper in seinem eigenen Abbild zuschrieb, und hier ist das Wesen, das es noch später auf Grund seiner angeeigneten Herrschaft über die Materie verleugnete. Und hier ist das Wesen, das es aufgrund dieser Gottlosigkeit erst im Ernst zu vermissen begann und das es dann anfing zu suchen und mit neuen Ergebnissen zu erforschen, nachdem es sich in dem unermesslichen oder endlosen Grab der Zahlenergebnisse zu Tode gelaufen hatte. Und durch diese neuen Ergebnisse hat es also den wirklichen lebenden Gott und dessen Bewusstsein entdeckt, dem es deshalb anfängt zu gleichen. Mit dieser Nachahmung verwandelt es sich also selbst zum Abbild Gottes, ihm gleichend. Das eingeweihte Geschöpf sieht aber noch weiter. Es sieht, dass hier das Wesen ist, das es nach seiner Einweihung in der Erscheinung aller anderen existierenden Lebewesen lebend wiederfindet. Es sieht, dass hier das Wesen ist, das durch die Augen, Worte, Handlungen, durch Lächeln und Tränen aller Lebewesen spricht, ganz abgesehen von den unermesslichen Schöpfungsprozessen, durch die sich die Macht dieses Wesens offenbart. Es erlebt sich also von Angesicht zu Angesicht mit dem Wesen, das die Morgen- und Abendröte ist, das Dunkel und die Kälte, das Licht und die Wärme ist, dem Wesen, in dem sich alle diese Kräfte in dem großen Endergebnis „der Alliebe" vereinen. Und das eingeweihte Geschöpf fühlt sich ergriffen im Angesichte dieses ewigen Wesens, von dem alle Lebewesen kraft des ebenso ewigen Kreislaufes wieder ausgehen und zu dem sie immer wieder zurückkehren. Es erlebt hier „den Vater des Lebens" und sieht sich selbst zum ersten Male in hellwachem Bewusstseinszustand als „Gottessohn". Diese göttliche Identität zwischen Vater und Sohn ist die ewige Analyse H des Weltbildes.

## 64. Kapitel

**Die ewige Analyse I des Weltbildes**

Es gibt noch ein höheres und letztes Erleben des ewigen Vaters, bevor das neue (und ewig alte) Weltbild vollkommen ist. Dieses Erleben ist die persönliche Verbindung mit dieser ewigen Quelle und dem festen Punkt unseres Wesens. Dieses Erleben kann aber nicht wie das theoretische mit Hilfe anderer erlangt werden, sondern nur durch unsere eigene Entwicklung, durch die Zurücklegung unseres eigenen kosmischen Spiralkreislaufs. Aufgrund des sexuellen Polzustands der Lebewesen werden die Wesen vom Anfang des Spiralkreislaufes zunächst zu einem zunehmend egoistischen Zustand geführt, der die Lebensbedingung erzeugt, „töten zu müssen, um zu leben". Von diesem tierischen Dasein werden die Wesen weiter zu der erdenmenschlichen Epoche geführt. In dieser Epoche führen die angeborenen tierischen, tötenden Tendenzen die Wesen zur Entfaltung ungestümer Konflikte und Totentänze auf den großen blutbesudelten Kriegsschauplätzen der Macht- und Habsucht oder der brutalen, tierischen Eroberungsgelüste. All dies und die gleichzeitig seit langem lebenden tierischen Eifersuchtstendenzen mit ihren Mord- und Selbstmorddramen und unglücklichen Liebestragödien mussten die Kulmination der Bewusstseinssphäre werden, die schon längst von den Weisen oder den größten kosmischen oder geistigen Führern der Menschheit als eine unvermeidlich kommende Götterdämmerung oder Hölle angekündigt worden ist. Diese „Hölle" ist keine Strafeinrichtung für „Sünder", von dem Zorn einer Gottheit ins Werk gesetzt, sondern vielmehr ein ewig existierendes letztes, schützendes Bollwerk bei der Wanderung der Wesen zum Dunkel. Länger als bis zur „Hölle" kann also überhaupt kein Wesen im Dunkel oder im Leiden wandern. Jenseits dieser Heimstätte des Unglücks und der Leiden geht der Weg unfehlbar wieder zum Licht. Niemand kann nämlich eine „Hölle" erleben oder durchmachen, ohne zu erleben oder zu sehen, dass dies die Kulmination des Unbehagens ist, das immer unvermeidlich dort entsteht, wo die Gedanken- und Willensführung nicht in Verbindung und Übereinstimmung mit der Nächstenliebe oder dem Grundton ist, auf dem das ganze Weltall ruht. Und mit diesem im Bewusstsein eingeprägten, erlebten Bild beginnt das Geschöpf sich von seinem ererbten, egoistischen oder tierischen Wesen zu befreien, das mit seinem vollständigen Mangel an Liebe ja der, direkte Weg zur Hölle war. Durch diese Befreiung gibt es nichts mehr, das da heißt „zu töten, um zu leben". Dann braucht man nicht mehr von Organismen, vom Fleisch und Blut entwickelter Tiere zu leben, und man braucht auch nicht die materiellen Vorteile, die Werte, das Gut und Gold anderer Wesen zu rauben.

Der Hass zum „eigenen Geschlecht" ist überwunden. Die ganze Sympathie des Wesens nach dieser Einweihungswanderung im Dunkel durch mannigfaltige Inkarnationen ist nun nur noch von einem einzigen großen Interesse beseelt, und das ist Licht, Licht und wieder Licht, was in dieser Verbindung wieder dasselbe ist wie Frieden, Kunst, Schönheit und Freude. Und in diesem Licht der Liebe, das der Grundton des Alls ist, kommt man immer mehr in Verbindung mit allen Wesen, da man durch seine eigene lange Wanderung nun all die anderen versteht, die sich noch im Dunkel befinden und nicht wissen, was sie tun. Aber man sieht auch kraft des inneren Lichtes, des sogenannten „Heiligen Geistes", dass ein Vater, ein denkendes und Willen führendes Wesen hinter allen Erscheinungen des Weltalls steht. Man versteht, dass kein Wesen Unrecht erleidet, und dass niemand Unrecht tun kann. Das Ganze ist ein göttlicher Schöpfungsprozeß, durch den Kreislauf hervorgerufen, der wieder eine Kontrastbildung ist. Und da das Leben unmöglich ohne diese Kontrastbildung erlebt werden kann (ein geistiges wie auch ein physisches Bild kann nur durch Kontraste existieren), ist die Anwesenheit der Kontraste und die dadurch erzeugte Fähigkeit des Wesens, sie zu erleben, ein göttlicher Segen, eine Kulmination von Liebe, ein ewig fortlaufendes Erleben von Nacht und Tag, Winter und Sommer, Trauer und Freude, Unwissenheit und Wissen und damit ein abwechselndes Erleben des Todes und des Lebens, was das Lebewesen zum Herrn des Todes und des Lebens macht. Diese Identität des Lebewesens als Herr des Todes und des Lebens ist die ewige Analyse I des Weltbildes.

## 65. Kapitel
## Die ewige Analyse J des Weltbildes

Wie wir gesehen haben, ist der Tod keine Vernichtung des Lebens, sondern ist in Wirklichkeit dasselbe wie das Leben, jedoch in einer sehr eingeengten oder verminderten Form. Diese Einengung oder Verminderung des Lebens wird damit ein Kontrast zu dem größeren und entwickelteren Leben und ermöglicht dadurch das Erleben des Lebens. Der geistige Tod ist also keine Auflösung oder Zerstörung der Existenz des Lebewesens, sondern nur eine Verminderung oder Einengung seines Bewusstseins zu einem latenten Zustand, der eben gerade ein solches Minimum ist, das erforderlich ist, um ein besonderes Bewusstseinsmaximum hervorzuheben. Die Verwandlung des Bewusstseins des Wesens von diesem Minimum zu dem genannten Maximum ist dasselbe wie der Prozess, den wir als „Entwicklung" kennen. Aber genauso wie der Kreislauf die Verwandlung der Wesen von diesem Bewusstseinsminimum zu dem entsprechenden Bewusstseinsmaximum bewirkt, bewirkt der Kreislauf auch eine Wanderung von dem genannten Bewusstseinsmaximum zu dem entsprechenden Bewusstheitsminimum. Diese Wanderung ist in meinem Hauptwerk näher als „Involvierung" bezeichnet. Ausläufer dieses Prinzips pflegen wir im täglichen Leben gewöhnlich als „Degeneration" zu bezeichnen. Während das Minimumsbewusstsein, der geistige „Tod", seinen Vertreter im kalten, materialistischen Gottesleugner hat, der glaubt, dass seine Wesensart die höchste Lebensform des Weltalls ist und dass die enormen Schöpfungsprozesse der Natur nur ein zufälliges Zusammenspiel von toten Kräften darstellen, von welchem Zufall er also selbst ein Produkt ist, ist der Vertreter des Maximumsbewusstseins, des kosmischen Klarsehens oder des Christusbewusstseins das eingeweihte Wesen auf der physischen Ebene, das eins mit dem Grundton des Weltalls, „der Nächstenliebe" und „zum Weg, zur Wahrheit und zum Leben" und damit „eins mit dem Vater" geworden ist. Das göttliche Schauen oder die kosmische Fähigkeit zu erleben, ist also aufgrund des Erlebens und der Überwindung des Dunkels und der hieraus folgenden voll entwickelten Humanität oder Nächstenliebe in seiner Psyche und seinem Wesen entstanden. Und mit dieser Entwicklung kann das Wesen ein wirkliches, waches, tagesbewusstes, sinnliches Eindringen der höchsten Aufklärung oder des höchsten Wissens in sein Bewusstsein gar nicht vermeiden. In einem für ein solches Erleben besonders günstigen Augenblick entsteht für die bewusste, tageshelle Wahrnehmung eine gewaltige Illumination von allem, was es überhaupt wahrnehmen kann. Alles wird in einem solchen höchsten Erlebnis zu einem goldenen Licht. Diese gewaltige, wie leuchtendes Gold alles beherrschende Erleuchtung lässt alle Einzelheiten im

Weltall, auch den eigenen Organismus, in diesem einen lebenden Licht klar hervortreten. Und man vernimmt, sieht und erlebt nur Licht, Licht und wieder Licht. Und nun geschieht es, dass man sich zum ersten Male bei wachem Bewusstsein mit seiner Existenz außerhalb der Zeit- und Raumdimension fühlt. Hier gibt es keinen Organismus, der hin zu seinem Tode, dem Aufhören eines Lebens zueilt. Hier gibt es nichts, was Angst und Beben, Schmerzen und Pein hervorruft. Hier gibt es auch nicht die geringste Andeutung von Schatten. Hier gibt es daher nur eines: dieses alles durchdringende lebende Licht, das fast als Gold in Strahlenform bezeichnet werden kann. In diesem Lichtozean fühlt man sich springlebendig, obwohl man keine nuancierten Einzelheiten außer einzelne goldene Fäden, die das Licht durchdringen, beobachten kann. Man hat also außer diesem Licht keinen Organismus. Und in diesem Licht ist man mit allem anderen Leben im Weltall verschmolzen, das außer diesem gewaltigen Lichtozean auch keinen Organismus hat. In Wahrheit, man erlebt hier seine Unsterblichkeit, seine Identität mit der Ewigkeit, sein Verschmelzen mit der ewigen Gottheit. Man ist sich klar darüber, dass all das Licht Ausdruck für die Gottheit ist, die also auch das eigene ewige Leben ist. Man ist vor seinen ewigen Vater, den Urheber und das Ich des Weltalls, getreten. Man fühlt, wie eine völlig neue Welt von Einzelheiten in das eigene wache Bewusstsein dringt, eine Welt, wo alles strahlende Liebe ist und wo alles, was vorher Mystik und Unklarheit war, nun offensichtliche und klare Wirklichkeit und Ausdruck für eine Kulmination von Vollkommenheit ist. Man fühlt, dass dies Gottes Geist, Gedanken- und Willensführung ist, die in das eigene Bewusstsein eingedrungen ist und dieses ganz überstrahlt. Man ist nicht mehr derselbe Mensch. Man hat die große Einweihung durchlebt. Nun ist man von den Toten auferstanden, ist sich der Ewigkeit oder des Reiches Gottes bewusst geworden.

Diese verschwenderische Seligkeitsempfindung, die die Illumination des göttlichen Geistes und die Durchstrahlung des eigenen Bewusstseins mit sich geführt haben, ist so stark, dass man sein Bewusstsein in kürzerer Zeit als einer Sekunde mit so viel Licht angefüllt bekommen hat, dass man geradezu nicht mehr davon fassen kann. Das himmlische Licht verschwindet wieder, und man ist immer noch auf der physischen Ebene. Aber von nun an ist sich das eingeweihte Wesen des Denkens und des Willens des Vaters bewusst. Es ist daher nun eins mit dem Vater, mit dem Weg, mit der Wahrheit und mit dem Leben. Es sieht, dass alle anderen Lebewesen Ausdruck für dasselbe Leben sind, jedes von ihnen ist ein Gottessohn wie es selbst. Es sieht, dass ein Ich hinter allen selbständigen Energiekombinationen steht, die dadurch als „lebende Wesen" enthüllt werden, ganz gleich, wie sich diese Energiekombinationen auch zeigen mögen. Gleichgültig, ob sie Zellen, Moleküle oder Atome sind oder als Planeten, Sonnen und Milchstraßen- oder Spiralnebelsysteme erscheinen.

Alles ist lebend. Das Universum ist eine Kombination von Leben. Und der Mensch wird nicht mehr als die höchste Lebensform im Universum aufgefasst. Alles im Mikrokosmos und im Makrokosmos wie auch im Zwischenkosmos (der Sphäre, die aus den bekannten Lebensformen oder Lebewesen besteht) sind lebende Wesen. Das eingeweihte Wesen sieht aber nicht nur, dass alles in seiner Plan- und Zweckmäßigkeit im Universum absolut vollkommen ist. Es sieht, dass „alles sehr gut ist".

Diese Durchstrahlung des Geschöpfes mit dem Geist Gottes, diese Einweihung oder diese Aneignung kosmischen Bewusstseins und sein hieraus folgendes Einssein mit dem Vater, dem Weg, der Wahrheit und dem Leben, ist die ewige Analyse J des Weltbildes.

## 66. Kapitel

**Die ewige Analyse K des Weltbildes**

Obwohl das Universum aus Myriaden von Lebewesen oder Lebensformen besteht, weiß das eingeweihte Wesen, dass keines dieser Wesen und auch keines der Lebewesen der genannten drei Kosmen der ewige Vater oder die Gottheit sein kann. Ob sie als Erlöser, Christuswesen, Buddhas oder andere große Weise der Menschheit hervortreten oder ob sie Lebensformen darstellen, die wir Planeten, Sonnen und Milchstraßen nennen, keine dieser Lebensformen kann der eine wahre Gott sein. Jede von ihnen ist als ein Sohn der Gottheit anzusehen. Für das eingeweihte Wesen ist es keine Frage, ob die Gottheit ein raum- oder zeitdimensionales Wesen ist, ob Gott ein Größenbegriff ist. Gott ist Geist und muss als Geist und nicht als eine Form oder eine Gestalt, nicht als eine Materienkombination, sondern vielmehr als ein durch den Materie-, Energie- oder Bewegungsozean offenbartes Gedanken und Willen-führendes Weltich erlebt werden. Das eingeweihte Wesen sieht, dass die Existenz der Gottheit nur durch dasselbe Prinzip möglich ist, das es selbst mit seinem Organismus darstellt. Genauso wie es selbst ein Ich in einem Organismus ist, der, eine Wohnstätte oder ein Gerät für sein Ich, auch eine Wohnstätte, ein Universum für Myriaden von Mikrowesen ist, ist die Gottheit auch ein Lebewesen, ein Ich in einem Organismus, der wieder Wohnstätte für Mikrowesen ist. Dieser Organismus ist das Weltall, und die Mikrowesen sind die in diesem Weltall existierenden Lebewesen. Dadurch wird ein jedes Lebewesen also ein Mikrowesen im Organismus der Gottheit. Die Lebensäußerung und Entfaltung dieser Mikrowesen sind also eine organische Funktion in diesem Organismus, und sie sind mitbestimmend für die Schaffung des Wohlbehagens in diesem. Sie bauen dieses Wohlbehagen mit auf, sie brechen es ab, je nachdem ob ihre Lebensentfaltung Liebe oder Hass ist. Dass damit die Liebe die Hauptbedingung für ein wirklich glückliches Wohlergehen, einen absoluten Frieden in Harmonie im Dasein ist, dürfte hiernach verständlich sein. Aber das eingeweihte Wesen schaut weiter und sieht, dass es kein größtes und kein kleinstes Wesen in diesem ganzen Panorama lebender Wesen gibt. Es sieht, dass sein eigener Organismus Myriaden von Mikrowesen verschiedenster Art enthält. Es sieht, dass die Organismen seiner Mitwesen ebenfalls Universum oder Wohnstätte für Mikrowesen sind. Es sieht, dass die Mikrowesen innerhalb seines Organismus auch Organismen haben, die wiederum Wohnstätte für noch kleinere Mikrowesen sind, und in dieser Art weiter bis hinab ins Unendliche im Mikrokosmos. Es gibt somit kein kleinstes Wesen, obgleich es natürlich für die physischen Sinne eine Grenze gibt, jenseits derer man nicht sehen kann. Aber das liegt nicht daran, dass nichts weiter zu sehen ist, sondern vielmehr daran, dass die Gegebenheiten, die hier vorkommen, solcher Natur sind, dass sie die genannten Sinne nicht zum Reagieren bringen können. Aber genau dasselbe macht sich geltend, wenn das Wesen hinauf in den Makrokosmos sieht. Genauso wie sich Mikrowesen innerhalb von Mikrowesen in seinem eigenen Organismus nach unten ins Unendliche zeigten, sieht es nun auch, dass es selbst mit allen andern Wesen im Zwischenkosmos nicht das Äußerste ist, was es im Weltall gibt, sondern dass vielmehr gewaltige Funktionen oder Energieauslösungen in Form der „Naturkräfte" in der Umwelt vorkommen." Das eingeweihte Wesen sieht, dass diese Energieauslösungen oder Naturkräfte Organfunktionen in einem größeren Organismus sind, in einem Organismus, in dem wir also Mikrowesen sind. Dieser erste große Organismus um uns herum ist der Erdball. Der Erdball zusammen mit den übrigen Planeten und Planetoiden sind wieder Mikrowesen im Sonnensystem, das wieder eine Mikrolebensform in einem noch größeren Organismus ist, dem Milchstraßensystem oder einer Galaxie, und in dieser Art fortsetzend aufwärts in den unendlichen Makrokosmos.

Auf diese Weise befinden sich die Lebewesen innerhalb von Lebewesen, und niemand kann zu einem innersten oder äußersten Wesen kommen, wie es natürlich auch hier kein größtes oder kleinstes Wesen gibt. Selbst das Weltall, das wir kennen, mit seinem unermesslichen Raum, mit seinen Planeten, Sonnen und Galaxien, verschwindet vor dem kosmischen Klarsehen des eingeweihten Wesens wie ein Mikroorganismus in einem wieder größeren System, einem noch größeren Organismus und so fort.

Was nützt es, dass die Wesen mit Teleskopen Tausende von Lichtjahren in das für sie sichtbare Weltall oder mit Mikroskopen hinab in die für sie sichtbaren kleinsten Partikelchen sehen können? Sie kommen auf diesem Wege dem absoluten Weltbild nicht einen einzigen Schritt näher. Hier hört nämlich alle Zeit und raumdimensionale Wahrnehmung auf. Hier werden daher auch alle existierenden Zahlenergebnisse ungültig. Das absolute Weltbild ist kein Größenproblem, es ist kein Volumen- oder Konsistenzbegriff. Es ist keine Angelegenheit des festen, flüssigen oder gasförmigen Zustands der materiellen Dinge. Das Weltbild ist reiner Geist und kann daher nur durch den Eingeweihten oder denjenigen wahrgenommen werden, der in Geist wahrnehmen kann. In Geist wahrnehmen bedeutet, das wirklich Lebende hinter den äußerlich toten Energieformen, Bewegungsarten oder erschaffenen Erscheinungen wahrzunehmen. In Geist wahrzunehmen steht somit im Gegensatz zu dem gewöhnlichen wissenschaftlichen Wahrnehmen, das in Wirklichkeit nur ein Wahrnehmen in Zahlenbegriffen, Größen, Konsistenz und Volumen usw. ist und das überhaupt keinen Ausdruck für Leben geben kann. Die höchste Ursache der Bewegungen oder des Lebens kann bei Letzterem nur als „Zufall" aufgefasst werden, also als ein völlig toter Urheber. In Geist wahrzunehmen gibt dagegen Erleben von Geist, d.h. von Leben. Das eingeweihte Wesen sieht daher überall Leben und sieht natürlich auch die erste Ursache des Lebens als ein lebendes göttliches Etwas, das denken, erleben und Willen führen oder schöpferisch tätig sein kann. Daher sieht der Eingeweihte auch die Gottheit als ein strahlendes „Etwas" oder Ich hinter der Struktur des ganzen Weltalls mit seinen Organismen innerhalb von Organismen oder Wesen innerhalb von Wesen, ganz unabhängig von äußeren materiellen Zahlenergebnissen oder Energiekombinationen. Daher wird das Schauen des Eingeweihten auf das Weltbild zu einem Weltbild aus Geist, und damit ein Weltbild aus Bewusstsein, Gedanke und Wille, was wieder dasselbe ist wie das Erschauen „eines Lebewesens". Da der Organismus dieses Wesens in sich alle existierenden Wesen enthält und alles umfasst, was überhaupt existiert - da alle Einzelheiten hier so ineinandergefügt sind, wie die Lebewesen, die wie oben gesagt, innerhalb von Lebewesen auftreten -, ist das Weltbild eine von allen Lebewesen zusammengesetzte und aufrechterhaltene Einheit, durch die Geist, Bewusstsein, Gedanken- und Willensführung und eine hierdurch folgende Manifestation und Schöpfung offenbart wurden. Damit wird jedoch das Weltall sichtbar als der Organismus eines Lebewesens. Da sich dieser Organismus von allen anderen Organismen dadurch unterscheidet, dass er eine Gesamtheit aus allem ist, was überhaupt existiert, ist er, obwohl materiell in seinem Hervortreten, trotzdem erhaben über unsere Zeit- und Raumdimension. Er unterscheidet sich dadurch vom Organismus des Gottessohnes, dass der des Letzteren ja gerade Zeit- und raumdimensional ist und einen Anfang und ein Ende hat und deshalb altert. Der Organismus der Gottheit (das Weltall) hat kein Alter. Er ist mit der Ewigkeit identisch. Die Gottheit als ein alles umfassendes Lebewesen, in deren Organismus und Wesen wir alle leben, uns bewegen und sind", ist die ewige Analyse K des Weltbildes.

## 67. Kapitel

### Die ewige Analyse L des Weltbildes

Wie aus dem Voranstehenden hervorgeht, sieht das eingeweihte Wesen das Weltall als den Organismus der Gottheit. Es sieht außerdem, dass dieser Organismus dem Prinzip nach aus Organismen innerhalb von Organismen besteht, lebendgemacht und zu einer Einheit zusammengeführt kraft eines denkenden und Willen führenden „Etwas" oder „Ichs" in jedem Organismus. Da dieses „Etwas" oder die „Ichs" ihrer Eigennatur nach über die Zeit- und Raumdimensionen erhaben sind, kommt dieses „Etwas" hier nicht in der Mehrzahl vor. Jenseits der Zeit- und Raumdimension, d.h. jenseits alles Erschaffenen, alles Zeitlichen, kann das „Etwas", das die Ichs in den Organismen ausmacht, nur als eine unteilbare Einheit existieren. Man kann also hierbei nicht von der Mehrzahl dieses Ichs sprechen. Es kann absolut nur ein Ich existieren. Erst durch seine Verbindung mit der Zeit- und Raumdimension, wo alle Dinge Anfang und Ende haben und daher begrenzt sind, kann das genannte höchste „Etwas" im Weltall als Mehrzahl sichtbar werden, als die „Ichs" sämtlicher im Weltall existierender Lebewesen. Dass es sichtbar wird, bedeutet, dass es wahrgenommen wird. Da aber die Wahrnehmung nur durch den Organismus vor sich gehen kann, ist dieser Organismus eine Art Organ, mit dessen Hilfe dieses höchste „Etwas" hervorgehoben und dadurch sichtbar werden kann. Da es viele Organismen gibt, wird dieses „Etwas" ja ebenso oft markiert oder sichtbar gemacht, wie es Organismen gibt. Das höchste „Etwas" wird nicht mit Hilfe der Organismen vervielfältigt, wohl aber das gesehene Bild dieses höchsten „Etwas". Es ist diese vielfältige Sichtbarmachung des göttlichen „Etwas", die als die entsprechende Vielfältigkeit von „Lebewesen" erscheint. Wir können das Weltbild mit einem stark erleuchteten Raum mit vielen Fenstern vergleichen. Aus jedem Fenster strahlt starkes Licht, was also eine kleine Lichtregion für sich ist. Auf diese Weise sind also außerhalb des Raumes so viele Lichtregionen wie Fenster zu sehen. In Wirklichkeit sind aber die Fenster, und nicht das Licht in der Mehrzahl, da ja dieselbe Lichtquelle durch alle Fenster strahlt. Wie können aber die vielen Organismen oder die hier gedachten Fenster existieren? Ja, hier sieht der Eingeweihte, dass es ein ewiges Prinzip gibt, das ich in meinem Hauptwerk mit X2 bezeichnet habe. Durch dieses Prinzip wird alles verursacht, was unter den Begriff Schöpfung gehört. Wir können daher dieses Prinzip als die Schöpfungsfähigkeit des höchsten „Etwas" bezeichnen. Dass diese Schöpfungsfähigkeit existiert, ist eine durch alle sichtbaren Schöpfungsprozesse der Natur oder des Lebens allgemein bekannte Tatsache. Dass sie genau so ewig ist wie das göttliche „Etwas", mit dem sie verknüpft ist, wird ebenfalls eine Tatsache durch folgenden Umstand: Wenn es eine Zeit gegeben hätte, wo das ewige „Etwas" diese Schöpfungsfähigkeit nicht gehabt hätte, wie sollte dann diese Fähigkeit entstanden sein? Ein „Etwas" ohne Schöpfungsfähigkeit würde ja niemals eine solche Fähigkeit erschaffen haben können. Diese Fähigkeit hat es also immer gegeben. Aber „Etwas", was ewig ist, kann man nicht durch zeit und raumdimensionale Analysen oder Beschreibungen ausdrücken. Eben aus diesem Grunde müssen wir dieses ewige Schöpfungsprinzip mit X2 bezeichnen, genauso wie wir im gleichen Zusammenhang in meinem Hauptwerk das göttliche oder höchste „Etwas" als Xl und das entsprechende ewige Resultat dieser Schöpfungsfähigkeit als X3 kennen lernen. Dieses letztere X drückt also die Welt der Formen oder das sichtbare oder für die Sinne zugängliche materielle Weltall aus. Mit diesen drei X haben wir die Hauptanalyse des Weltalls vor uns. Sie zeigen uns, dass das Weltall in drei untrennbaren Prinzipien auftritt. Wenn z.B. Xl, d.h. das denkende und Willen führende „Etwas", nicht existierte, wie sollte dann die Schöpfungsfähigkeit existieren? Und wenn „die Schöpfungsfähigkeit" nicht existierte, dann wäre das Erschaffene ja auch eine Unmöglichkeit. Diese drei Prinzipien bilden auf diese Weise eine untrennbare Einheit oder ein dreieiniges Prinzip. Da diese drei Prinzipien gerade die drei Bedingungen darstellen, die vorhanden sein müssen, damit ein „Etwas" als „ein Lebewesen" hervortreten kann, wird das Weltall hier als „ein Lebewesen" erkennbar. Und wir haben hier also „den einen wahren Gott". Da alle anderen Lebewesen auf genau demselbne dreieinigen Prinzip beruhen - andernfalls würden sie ja unmöglich als Lebewesen erscheinen können - haben wir hier die tiefste Analyse des Begriffes „das Wesen als Abbild Gottes". Dieses dreieinige Prinzip oder der eine wahre Gott und die vielen Gottessöhne oder Wesen als sein Abbild ist die ewige Analyse L des Weltbildes.

## 68. Kapitel

### Die ewige Analyse M des Weltbildes

Was den Organismus des Lebewesens betrifft, ist zu sagen, dass dieser ganz gewiss erschaffen ist. Etwas bewirkt aber, dass der Organismus jedesmal durch einen neuen abgelöst wird, wenn der alte untergeht, damit das Wesen niemals ohne Organismus ist.
Hinzu kommt außerdem, dass der Organismus eine Kombination aus verschiedenen Großorganen ist, so dass es eines gibt für die physische Lebensäußerung und das physische Erleben und entsprechende Großorgane für das Erleben jeder der geistigen oder psychischen Sphären. Wenn das physische Großorgan (der physische Körper) untergeht, dann geht das Bewusstsein sofort auf die psychischen oder geistigen Großorgane über, um von ihnen getragen zu werden, bis sich wieder ein neuer physischer Körper gebildet hat, der das Bewusstsein auf der physischen Ebene tragen kann, und in solcher Art fort durch diese abwechselnden physischen und geistigen Erlebnisepochen. Diese wechselnden Epochen in der Erlebnissphäre des Wesens liegen dem Begriff für „Reinkarnation" oder „Wiedergeburt" zugrunde. Da dieses Organismus-Auswechslungsprinzip eine Bedingung für die Schöpfung ist, kann dieses Prinzip nicht selbst erschaffen worden sein, sondern es muss seiner Natur nach ewig sein. Dieses Prinzip wird dadurch eine Garantie dafür, dass das betreffende Wesen ewig ein Organ, ein „Fenster" sein und bleiben wird, durch welches das göttliche höchste, denkende und Willen führende „Etwas" im Universum sichtbar oder offenbart wird. Da diese Identität des Geschöpfes als Gesichtsfeld oder „Fenster", durch das dieses höchste manifestierte „Etwas" sichtbar wird, die Individualität des Geschöpfes ist, ist die ewige Existenz dieser Individualität

also gesichert. Das Lebewesen ist kraft dieser seiner individuellen Offenbarung des höchsten „Etwas" oder des in seinen wechselnden Organismen wohnenden Ichs, wie schon vorher bemerkt, ein „Gottessohn". Durch den Organismus bekommt dieser Gottessohn oder das Lebewesen eine besondere „nach innen gerichtete" und eine „nach außen gerichtete" Empfindung seiner Existenz. Die „nach innen gerichtete" Empfindung ist seine in der Tiefe wohnende instinktmäßige Empfindung vom höchsten „Etwas" oder von der Ausstrahlung, die seine eigene Individualität, sein eigenes Ich ist. Die „nach außen gerichtete" Empfindung ist das Erleben des durch alle andere logische Schöpfung in der Natur oder im Weltall vorkommenden Gedanken und Willen führenden, schöpferisch tätigen „Etwas". Die „nach innen gerichtete" Empfindung macht das das Wesen zum Gottessohn, und die „nach außen gerichtete" Empfindung macht die Natur oder das Weltall zu einer lebenden Gottheit, zum Allvater für das Wesen.

In Wahrheit! Es ist nicht so merkwürdig, dass der eingeweihte Gottessohn, wenn seine ewige Identität mit der Gottheit zu wachem, tagesbewussten Bewusstsein wird, mit seinem ganzen Bewustsein oder seiner ganzen Seelenstärke sein Ich oder seinen Geist diesem seinem Vater oder seinem Ursprung mit dem Ausdruck anvertraut:"Unser Vater im Himmel, dein Wille geschehe, in deine Hände befehle ich meinen Geist" und der Geist Gottes antwortet ihm durch die Millionen der Heerscharen:"Siehe, ich bin mit dir alle Tage, durch alle Zeiten, in allen Dingen". Ja, bevor die Welt war und ich die Erde erschuf, warst du mein geliebter Sohn, an dem ich Wohlgefallen hatte. In meiner Umarmung sollst du ruhen und wach, tagesbewusst, sollst du all die Liebe, all die WeisheitSchönheit und Freude erleben und genießen, die von Ewigkeit zu Ewigkeit die Strahlenorgie meines Geistes sind"

Diese göttliche Vereinigung zwischen Gott und Gottessohn ist die ewige Analyse M des Weltbildes.

## 69. Kapitel
### Einzig und allein die Erkenntnis des ewigen Weltbildes kann das Wesen vom Tier zum Menschen verwandeln

Und hiermit haben wir einen ersten anfänglichen Einblick in die ewig gültigen Tatsachen bekommen, die sich unter dem Begriff „Die Menschheit und das Weltall" verbergen. Es ist eine Selbstverständlichkeit, dass ein so großes Thema auf so begrenztem Platz, den dieses Büchlein einräumt, nicht erschöpfend ausgelegt werden kann. Wir müssen daher denjenigen, der tiefer in diese Dinge eindringen will, auf unser übriges herausgekommenes, umfassendes Material für Anfänger und Fortgeschrittene verweisen. Wie man sieht, enthalten die hier dargelegten Analysen und auch unsere übrige Literatur keine „wissenschaftlichen" Begriffe in gewöhnlichem Sinne. Die modernen materialistischen Autoritäten können sich noch nicht vorstellen, dass etwas Wissenschaft (Wahrheit) sein kann, was keine Zahlengrößen, keine Zeit- und Raurndimensionen enthält, mit denen man das Weltbild und damit die innerste Wahrheit des Lebensmysteriums unmöglich lösen kann. Das Weltbild ist eine ewige Erscheinung und ist daher außerhalb von Zeit und Raum. Zeit- und raumdimensionale Ergebnisse können nur zeitliche Erscheinungen ausdrücken, d.h.Dinge, die begannen und daher wieder aufhören müssen. Aber das Weltbild hat nicht begonnen, denn dann wäre es aus „Nichts" entstanden. Es kann auch nicht aufhören, da es dann zu „Nichts" werden müsste. Da „Etwas" ebensowenig aus „Nichts" hervorkommen kann, wie „Etwas" nicht zu „Nichts" werden kann, muss sich daher jeder, der die Lösung des Lebensmysteriums suchen will, daran gewöhnen, dass es Ergebnisse gibt, die die Ewigkeit ausdrücken, und dass nur diese Ergebnisse Analysen des Ewigen sein können. Diese ewigen Ergebnisse werden dadurch nicht weniger wissenschaftlich als die Ergebnisse, die nur über die erschaffenen oder die zeitlichen Dinge und daher über Vergängliche Dinge Bescheid geben.

Und durch „Die Menschheit und das Weltbild", gesehen in diesen ewigen Ergebnissen, hoffe ich dem ehrlich suchenden intellektuellen Wahrheitsforscher von Nutzen sein zu können. Das Weltbild und das Lebewesen, in Analysen gesehen, die die Ewigkeit ausdrücken, die sich hinter dem zeitlichen Hervortreten der Erscheinungen verbirgt, sind das absolut einzige, was die geistige Einstellung des Wesens von der Kriegspsychose zum ewigen Frieden, von Hass zu Liebe, vom Tier zum Menschen umwandeln kann. Denn kein Licht ist größer und stärker als die Wahrheit. Und keine Wahrheit kann absolut sein, wenn sie nicht die Ewigkeit ausdrückt. Das biblische Wort: „Im Anfang war das Wort und das Wort war bei Gott, und das Wort war Gott", wird daher zu absoluter Wahrheit. Es kann keinen besseren Ausdruck für die Wahrheit geben, wenn man versteht, dass „das Wort" „die Wahrheit" ist; „die Wahrheit" ist „Gott". Und „Gott" ist „die Ewigkeit". Und hier hört man die Worte des Erlösers mit erhabener Autorität und Pathos durch das Weltall schallenz „Himmel und Erde werden vergehen, aber meine Worte werden nicht vergehen".

Zitat Ende www.martinus.dk

Zitat Anfang www.martinus.dk
**Der Weg zur Einweihung**

**15. Kapitel**

**Der wahre Reichtum kann weder gekauft noch verkauft werden**

Die Schöpfungsfähigkeit ist somit die absolut einzige Form wahren Reichtums. Sie kann nicht durch Ausplündern oder Verarmung anderer Wesen angeeignet werden. Man kann sie auch nicht geschenkt bekommen, genauso wie man sie auch nicht an andere weitergeben kann. Sie kann nicht gekauft und nicht verkauft werden. Sie hat nichts mit Geld zu tun. Sie ist das einzige, was absoluter Privatbesitz sein kann. Sie ist auch das absolut einzige, was man aus dem physischen Leben mit sich nehmen kann, hinein in die Sphären der geistigen Welt und wieder zurück in ein neues physisches Leben. Nur derjenige ist wirklich, unerschütterlich und absolut reich und repräsentiert eine wahre obere Schicht, der eine entwickelte und vollkommene Schöpfungs- oder Manifestationsfähigkeit hat.

**16. Kapitel**

**Weshalb der wahre Oberklassenmensch nicht anerkannt wird**

Wenn diese vorhin erwähnten, wahren Oberklassenmenschen in unseren Tagen nicht als solche anerkannt werden, beruht das gerade auf dem herrschenden Aberglauben, der Gold zum Wertmesser macht und im allgemeinen einen Menschen nur aufgrund seines Goldbesitzes oder Bankkontos zum Oberklassenmenschen stempelt. Kosmisch gesehen kann Reichtum nur aus Geistesfähigkeiten bestehen. Und nur in dem besonderen Bereich oder Manifestationsfeld, in dem sich diese Fähigkeiten entfalten können, ist das Wesen reich. Da, wo es nur unvollkommene Talente hat, ist es immer noch arm.

**17. Kapitel**
**Die künstlichen Standesunterschiede**

Aber geistig arm zu sein bedingt, kosmisch gesehen, nicht physische

Entbehrungen, Armut, Hunger- und Leiden. Sehen wir nicht gerade, dass die Tiere draußen in der Natur, die ja in geistiger Hinsicht weit unter den Menschen stehen, doch im großen und ganzen im Dasein ihren lebensnotwendigen Bedarf gedeckt bekommen, so dass sie sich sowohl vermehren, spielen und tummeln können als auch Freude am Leben haben? - Hier gibt es keine reichen Männer oder arme Habenichtse. Hier existiert kein Krösusdasein auf Grund der Monopolisierung der lebensnotwendigen Werte. Hier sieht man deutlich, dass es nicht der Sinn des Lebens ist, dass die Wesen die Materie oder die lebensnotwendigen Werte in einem größeren Ausmaß monopolisieren sollen, als es die natürlichen Bedürfnisse fordern, und dass sie mit den überflüssigen Materien künstliche Standesunterschiede schaffen oder sich zu künstlichen Oberklassenwesen machen. Es ist gerade diese Wahrheit, die durch das alte Sprichwort Hochmut kommt vor dem Fall bestätigt wird. Hochmut, was der diametrale Gegensatz zur Demut ist, ist ausschließlich identisch mit der Vorstellung davon oder dem Glauben daran, dass man kraft seiner angeeigneten Werte oder angehäuften Materien ein weit größeres oder vollkommeneres Wesen sei als jener Nächste, der nicht im Besitz solcher Anhäufungen oder Reichtümer ist. Und da man ganz und gar noch nicht reif genug oder geistig qualifiziert genug ist, um das Gefühl von Überlegenheit gegenüber seinen Mitwesen tragen zu können, ist man diesem Nächsten gegenüber, der die gleiche materielle Position wie man selbst nicht erreicht .hat, lieblos. Man betrachtet ihn nur als ein primitives Wesen, das man das Recht hat auszunutzen. Und in vielen Fällen hat der reiche Mann ein solches Wesen völlig in seiner Macht. Seine finanzielle Existenz ist völlig von der Ausnutzung abhängig, in die der reiche Mann es eingesponnen hat. Ja, die Bezahlung für die große Arbeit, die es von morgens bis abends für ihn verrichtet, ist natürlich so weit herabgesetzt, wie es sich überhaupt machen lässt, und wird manchmal von dem reichen Mann als eine Gnade betrachtet. Und da der arme Mann es aufgrund dieser seiner Situation nicht mit dem reichen Mann aufnehmen kann in Bezug auf Kleidung oder Luxus, sondern manchmal mit der abgelegten Kleidung des reichen Mannes oder seinen ausrangierten Gebrauchsgegenständen vorliebnehmen muss, und was seine Wohnung betrifft, auf Keller und Böden angewiesen ist, wird hier weiterhin eine deutliche oder starke materielle Markierung seiner Identität als ein Wesen der niederen Klasse geschaffen.

**18. Kapitel**

## Die Sympathien und Antipathien des reichen Mannes

Es ist leicht für den reichen Mann, hier als Wesen der gehobenen Klasse zu glänzen. Da aber sein Oberklassendasein eine künstliche Position ist, für die er keineswegs reif ist (niemand kann nämlich reif sein für das Gefühl einer anderen Oberklassenidentität als die rein natürliche, d.h. die Geistesüberlegenheit), rechnet er nicht mit dem Menschen oder dem Geist hinter dem Armen oder dem Wesen der niederen Klasse, sondern behandelt dieses Wesen ausschließlich nach dem äußeren ärmlichen Hervortreten, das es repräsentiert. Sein Umgang mit diesem Wesen ist in großem Ausmaß nur gnädig, herablassend, wenn nicht sogar brutal oder inhuman. Darauf, dass dieser arme Mann bisweilen im wahrsten Sinne des Wortes ein Oberklassenwesen sein kann, wird hier keine Rücksicht genommen. Diese seine Identität ist längst stagniert und wird durch seine finanzielle Abhängigkeit vom reichen Mann oder Arbeitgeber in Schach gehalten. Will er sein Auskommen haben, muss er schweigen und aushalten. Wenn es nicht so wäre, brauchte es keine Gewerkschaften, Polizeiverordnungen oder ähnliche Schutzmaßnahmen zu geben, deren Aufgabe es geradezu ist, diesen schrecklichen Verhältnissen Einhalt zu gebieten und die Ausnutzung und die mentale Unterdrückung zu begrenzen, damit sie nicht zu gemeiner, hilfloser Sklaverei wird.

Ganz anders tritt der reiche Mann auf, wenn es sich um Leute seines Standes handelt. Nur diese Wesen und insbesondere diejenigen, die noch wohlhabender sind als er selbst, betrachtet er mit Ehrerbietung, ja, manchmal kann diese völlig unnatürlich übertrieben werden und wird dann zu dem, was wir Snobismus nennen. Hier kann er eine übertriebene Liebenswürdigkeit und Bewunderung an den Tag legen, wenn er nicht dem Neid auf den größeren Reichtum und die Stellung des andern unterliegt, was besonders in Situationen geschieht, wo er selbst keinen besonderen Vorteil aus dieser Bekanntschaft ziehen kann und diese also nicht ein Mittel für ihn sein kann, eine noch größere Zufriedenstellung seiner Habgier und seiner Machtgier zu erlangen in seinem unersättlichen Hunger danach, ein Wesen der gehobenen Klasse zu sein.

## 19. Kapitel

### Die eingebildete Standeshöhe und des „Kaisers neue Kleider"

Rein sozial werden die gehobenen und niederen Klassen also ausschließlich gegründet und aufrechterhalten durch den Hochmut oder den Aberglauben, dass der Unterschied im Besitz von materiellen Werten das gleiche sei wie ein wahrer, natürlicher und damit kosmischer Standesunterschied zwischen den Individuen, was der gehobenen Klasse das Recht dazu gäbe, über die Wesen der niederen Klassen zu herrschen und sie auszunutzen. Wie wir hier sehen, war es wahrhaft kosmisches Klarsehen, das den Welterlöser die Erkenntnis aussprechen ließ, dass es für den reichen Mann unmöglich ist, ins Himmelreich zu kommen. Es ist nicht so eigentümlich, dass die größten Wesen der Menschheit die Demut als den absolut einzigen Weg zu Gott hervorheben, denn die Demut ist ja die absolut einzige Einstellung des Bewusstseins, die das Individuum davor bewahrt, einer künstlichen Überlegenheit oder eingebildeten Erhabenheit zum Opfer zu fallen. Demut ist das einzige, was die Menschen davon befreien kann, so wie der Kaiser in H.C. Andersens Märchen nur im Hemd umherzugehen und sich dem Gelächter des ganzen Volkes auszusetzen, weil er sich einbildete, die schönsten Gewänder der Welt zu tragen. Ein besseres Bild von der Leere und Hohlheit des Hochmuts und der Eitelkeit als dieses göttliche Märchen kann man sich kaum vorstellen. Die eingebildete Erhöhung oder Standeshöhe, die die Natur des Hochmuts an sich ist, kann auf die Dauer der absoluten Wirklichkeit nicht standhalten. Die Umgebung unterliegt ja nicht völlig dieser Einbildung und wird ganz sicher früher oder später die wahre Nacktheit des Wesens enthüllen. Nur durch die Demut, die ja das gleiche ist wie des Wesens richtige Erkenntnis seiner mentalen Nacktheit oder seines wirklichen geistigen Standards, kann es sich vor der gefährlichen Wanderung in Nacktheit beschützen, die der Hochmut und die Eitelkeit an sich sind und denen der Kaiser im Märchen unterlag.

## 20. Kapitel
**Schlecht getarnte Eitelkeit**

Aber es ist nicht nur der reiche Mann, wenn er sich von seiner schlimmsten Seite zeigt, der dem Hochmut oder der Einbildung unterliegt, der wirklich gehobenen Klasse anzugehören. Eine sehr große und umfassende Gruppe von Erdenmenschen nährt die Auffassung, dass der Besitz von großen materiellen Werten der Ausdruck für wirklich moralische Größe oder Reichtum in absolutem Sinne sei. Und da sie nicht im Besitz dieses materiellen Reichtums sind und keine Fähigkeit haben, ihn sich zu beschaffen, aber trotzdem danach hungern und dürsten, die gleiche Bewunderung und Ehre zu erlangen, wie sie dem reichen Mann oder der gehobenen Klasse zuteil wird, versuchen sie mit den verhältnismäßig bescheidenen Mitteln, die ihnen zur Verfügung stehen, das Auftreten des reichen Mannes so gut es geht nachzuahmen, um der Umgebung damit die Vorstellung beizubringen, dass sie in Wirklichkeit dem Stande des reichen Mannes oder der gehobenen Klasse angehören. Sie umgeben sich so weit wie möglich mit einem Schimmer des gleichen Luxus, der gleichen Eleganz, wie der reiche Mann. Der Unterschied ist nur der, dass der Luxus, mit dem der reiche Mann sich umgibt und den er besitzt, bei dem andern nur geliehen ist oder höchstens durch jahrelange Abzahlungen erworben und also kaum sein richtiges Eigentum ist, ehe er beinahe verschlissen ist.

Man kann also Reitpferde, Reithosen, Smokings und Abendkleider sowie Luxuswagen und andere der Requisiten mieten, die notwendig sind, um mit von der Gesellschaft zu sein. Und wir sehen also hier, wie die Eitelkeit oder der Durst nach der Bewunderung anderer sogar die schon künstliche gehobene Klasse verfälscht. Es ist auch dieser Durst danach, dass andere glauben sollen, man sei ein Finanzfürst oder Repräsentant einer höheren Kulturstufe, der in seiner Kulmination oder im Extremfall seine Urheber zu sogenannten Modepuppen beiderlei Geschlechts oder anderen Formen von Repräsentanten für sehr schlecht getarnte Eitelkeit macht.

### 21. Kapitel

**Die primitive Eitelkeit bei sowohl dem Kulturmenschen als auch dem Naturmenschen**

Es ist richtig, dass Eitelkeit an sich nicht sündig ist, ja sogar innerhalb eines gewissen Bereichs direkt notwendig ist; aber da, wo sie sich über das Notwendige hinaus erstreckt, ist sie doch ein Ausdruck für das Begehren danach, etwas Originelles zu repräsentieren, etwas, was die Bewunderung anderer für das eigene Hervortreten wecken kann, also das Begehren danach, einen höheren Stand, eine höhere Kulturstufe zu repräsentieren, vornehmer zu sein als die anderen. Dieses Begehren ist an sich noch überall da gesund, wo es nur durch die Form von Schuhen oder Hüten, der Breite von Hosenbeinen oder die Taille und Länge einer Jacke, die Farbe eines Schlipses und ob man mit oder ohne Schirm gehen kann, zufriedengestellt werden kann. Wo die Kulturstufe jedoch ausschließlich durch diese Dinge repräsentiert wird, hat dies nichts mit wahrer, höherer Kultur zu tun.

Da sind diese Gegebenheiten nur Launen der Eitelkeit. Und da kann mit Recht diskutiert werden, wessen Launen oder Geschmack am schönsten sind, und wessen Aufmachung am besten aussieht, der Federschmuck des Naturmenschen, seine Ringe in den Ohren, an Armen und Beinen, seine Bemalung und Tätowierung von Gesicht und Körper oder die Verwendung dieser Dinge seitens des Kulturmenschen. Ob der Federschmuck auf dem Kopf eines Ministers oder eines Indianers sitzt, ob die Ringe von einer Negerin oder einer Dollarprinzessin angewandt werden, ob Schminke und Farben auf die Haut der weißen oder schwarzen Rasse geschmiert werden, das verändert nicht das Prinzip. Der Unterschied, der eventuell existiert, liegt nur im Material, das zur Verfugung steht, und in der Routine bei der Anwendung des Materials für diese Zierden.

## 22. Kapitel

**Ein Galaschmuck macht einen Schurken nicht zu einem Heiligen oder zu einem höher entwickelten , Menschen, als er ursprünglich ist**

Es ist klar, dass die Wesen im Urwald noch keinen Zugang zu Materialien von so hoher Qualität und verfeinerter Bearbeitung haben und deshalb gröbere oder weniger geeignetes Material verwenden müssen als die Wesen der Zivilisation. Die Kunst des Schmückens ist ja nur eine Frage der Übung, die genauso gut innerhalb der Sphäre des Naturmenschen wie innerhalb der des Kulturmenschen entwickelt werden kann, und sie kann deshalb kein absolut zuverlässiges Kennzeichen von wahrer Kultur sein.
Kultur ist ihrer tiefsten Analyse nach der Ausdruck oder das Kennzeichen von Humanität. Nur die Humanitätsstufe kann der Maßstab für die Kulturstufe sein. Da aber das Prinzip sich zu schmücken oder zu verschönern genauso gut vom Naturmenschen wie vom Kulturwesen angewendet werden kann, vom Kannibalen wie vom Diplomaten, vom Sünder wie vom Heiligen, kann man hier verstehen, dass man dadurch, dass man sich schminkt oder bemalt, weite oder schmale Hosenbeine, enge oder sackförmige Jacken, die eine oder andere Art von Schlipsen, Hüten oder Schuhen, Schmuckstücken und Ringen usw. trägt, absolut nur ein Prinzip ausdrückt, das man gemeinsam hat mit den niedrigeren Bewusstseinsniveaus oder Kulturformen. Ein solcher Galaschmuck verwandelt nicht den Schurken in einen Heiligen oder umgekehrt. Eine Kulturstufe hat man nicht inne, indem man diese oder jene Gewänder anlegt oder ablegt, ist nicht etwas, was man mit

einem Pinsel auftragen kann und was durch Regentropfen verschwindet. Und hier sind wir beim Kern der Sache angelangt. Es ist hier, wo die Nacktparade des Kaisers oder seine Wanderung im baren Hemd stattfindet. Solange die Eitelkeit, die ja der Motor im Hochmut ist, nicht ihren normalen Standard übersteigt, d.h. das Stadium, wo sie nur eine naturnotwendige, gesunde und hygienische Bedienung des Organismus ist, damit dieser die ganze Zeit über auf dem Höhepunkt seines vollkommenen Hervortretens steht, wozu er geschaffen wurde und den er von Natur aus haben soll, so lange ist die Eitelkeit eine Tugend. Da, wo sie dieses Stadium übersteigt, ist sie unnatürlich oder übertrieben und hat nichts mehr mit wahrer Logik zu tun.Und erst da beginntman eigentlich,sie Eitelkeit zu nennen.Vor diesem Stadium ist sie mehr als ein natürlicher Selbsterhaltungstrieb zu betrachten.

## 1. Kapitel
### Wenn eine Gabe eine getarnte Vorauszahlung für einen erwarteten Gegendienst ist ,

Eine der Traditionen, die am meisten Enttäuschung, Bitterkeit,Melancholie und eingebildetes Martyrium im täglichen Leben bringen, kennt man unter dem Begriff Geschenke machen, Gaben geben. Hier wird man wohl verwundert fragen, ob dies, Gaben zu geben, denn nicht etwas Gutes ist, worin man sich in besonderem Grade üben soll. Und es kann ja nicht bestritten werden, dass die absolut richtige Antwort die sein muss, dass das Geben von Geschenken der Grundstein dessen ist, worauf alles Glück beruht. Es ist sogar so allesbedeutend, dass der Weg dazu, sein Leben zu besitzen, ausschließlich durch dies geht, es zu geben, es für andere zu opfern, d.h. das Leben in uneigennützigem Dienst für andere zu leben. Dasselbe ist durch Jesu Wort ausgedrückt: „Wer sein Leben um meinetwillen verliert, wird es gewinnen,aber wer sein Leben retten will, wird es verlieren. Das Geben ist also die Losung des Lebens. Wenn aber das Geben solche Folgen haben kann, wie oben genannt wie kann es dann so notwendig sein und verlangt werden? - Ja, hier muss man sich erst klarmachen, was dieses Geben wirklich bedeutet, oder was eine Gabe in Wirklichkeit ist. Im täglichen Dasein gibt es kaum etwas, was mehr mißbraucht worden ist als der Ausdruck Gaben. Es verhält sich nämlich so, dass das, was man im täglichen Sprachgebrauch Gaben oder Geschenke nennt, in Wirklichkeit gar nicht Gaben sind oder berechtigterweise unter das Prinzip geben gehört, sondern nur , eine Tarnung für den Kauf und Verkauf der Zufriedenstellung von egoistischen Wünschen ist.

Ja, diese Tarnung kann sogar vom eigenen Unterbewusstsein des Gebers so effektiv und so gewohnheitsmäßig zurechtgelegt sein, dass er zuweilen tagesbewusst gar nicht die wirkliche Analyse der Situation ahnt, wenn er in diesem oder jenem Fall dabei ist, dies oder jenes zu leisten, und nun zunächst im guten Glauben ist, wirklich zu geben. Dies besagt wieder, dass diese Situation im wachen Tagesbewusstsein des Gebers die Auslösung des Gebens eines Geschenks zu sein scheint, während die Sache in Wirklichkeit in diesem Fall die ist, dass die Gabe nur ein Mittel ist, durch das der Geber die Zufriedenstellung des einen oder anderen egoistischen Wunsches zu erreichen sucht, kurz gesagt, dass die Gabe in Wirklichkeit nur eine Art Vorauszahlung für das eine oder andere erwartete und erwünschte Gute ist.

Die Verschleierung dieses Motivs für die Leistung des Gebers ist schon längst für ihn ein so überlegenes Gewohnheitsbewusstsein geworden, dass es in den allermeisten Situationen „C-Wissen", d.h, eine automatische Funktion geworden ist und somit selbständig ohne bewusste Kontrolle des Betreffenden vor sich geht. Die Folge wird, dass sich der Geber, selbst wenn er bei sich behagliche Erwartungen nährt, in solchen Fällen nicht seines egoistischen Motivs bewusst ist und deshalb in seinem wachen Tagesbewusstsein in gutem Glauben meint, dass er aus völlig uneigennützigen Gründen gibt. Dass das Motiv für sein Geben in Verbindung mit diesen behaglichen Erwartungen stehen sollte, das ist in seinem Unterbewusstsein zur Gewohnheit geworden nicht zu glauben oder sich richtig klar zu machen, gerade weil es in einem solchen Fall in der Natur des Gebers legt, an seine eigene Erhabenheit zu glauben. Und das wahre Motiv für seine Leistung wird deshalb erst enthüllt, wenn das erwartete Gute ausbleibt. Dann beginnt er, sich übergangen zu fühlen, mißverstanden, ja, ungerecht behandelt worden zu sein von demjenigen, dem er seine Leistung oder Gabe gebracht hatte. Er fühlt eine Art von Martyrium, was sich im schlimmsten Fall als Bitterkeit äußert, als eine Art Verfolgung des Beschenkten, ganz .ohne dass dieser sich irgend eines wirklichen Versehens schuldig gemacht hätte. Und es wird hier zur Tatsache, dass die Entrüstung des Gebers an enttäuschten Erwartungen liegt, also am Ausbleiben des erwarteten Guten, was das verborgene Motiv der Leistung des Gebers war.

## 2. Kapitel

**Die gegenwärtige Gesellschaftsordnung und ihr Einfluss auf die Mentalität**

Um das Voranstehende richtig zu verstehen, muss man sich klarmachen, dass die Erdenmenschheit noch auf einer so niedrigen Entwicklungsstufe steht, dass es in großem Umfang eine Lebensbedingung für die einzelnen Menschen ist, selbstsüchtig zu sein. Die existierenden Behörden, mit ihrem Gesetzes- und Rechtswesen sind noch nicht zu einer solchen Position gegenüber der herrschenden egoistischen oder tierischen Gier im Kampf der Menschen um die Werte und die mit diesen verbundenen Güter, gekommen, dass sie Zeit, Ruhe und Sicherheit für die einzelnen Menschen schaffen könnten, damit sie sich zur Selbstlosigkeit entwickeln können...
Der Selbsterhaltungstrieb löst heute in den einzelnen Menschen eine ständig alles dominierende Furcht vor Armut und die hiermit verbundene Unterdrückung und Sklaverei aus, weil die Gesellschaftsordnung noch keinen solchen Kulturstandard erreicht hat, dass sie die Sklaverei hat aufheben können, sondern es eine Tatsache ist, dass diejenigen, die keine Werte besitzen, diejenigen, die nichts haben, Sklaven derjenigen sein müssen, die diese Werte besitzen, gekauft und bezahlt von denjenigen werden, die etwas zum Kaufen haben. So sind die Werte in der Welt zur Zeit in Wirklichkeit nur etwas, mit deren Hilfe man seine Mitwesen kaufen kann sie zwingen kann, Mitarbeiter zu sein, um sich noch mehr anzuschaffen und sich auf dieser Weise eine Art von Unabhängigkeit oder Freiheit anzueignen, eine Art Schutz gegen die hinter allen Dingen lauernde Sklaverei.
Die bestehende Gesellschaftsordnung oder Verwaltung der Werte erzeugt also heute in jedem Menschen außerordentlich großes Interesse und Sympathie für die Aneignung von Werten, ja, ist von einer so alles dominierenden Kraft, dass fast keiner der Menschen, die sich noch nicht im Kampf ums Dasein müde gelaufen haben und im Stumpfsinn der Hoffnungslosigkeit noch nicht zur Landstreicherei oder zur Hochstapelei zu Boden gesunken sind, Zeit hat, an etwas anderes zu denken als an die ständige Sorge um seine Ökonomie. Mit eiserner Hand zwingt die Gesellschafft ihre Mitmenschen, den reichen Mann als eines der größten erstrebenswerten Ideale des Lebens zu betrachten. Und deshalb werden alle, die im Glanze des Reichtums leben, angebetet und verehrt.
Verhält es sich nicht so, dass das Personal eines Geschäfts ganz anders für jeden Wink des reichen Kunden, des Millionenerben bereitsteht, der vielleicht noch nicht einmal daran gewöhnt ist, die nützliche Arbeit auszu-

führen, sich selbst zu bedienen, sich selbst an- und auszukleiden, als für den alten, von Mühe und Anstrengung der Arbeit gekrümmten und abgearbeiteten armen Mann? Was oder wen verehrt man hier? Wäre es die Arbeit, dann müsste man den abgearbeiteten, armen alten Mann verehren. Tut man aber das? - Ist er nicht neben dem Millionenerben fast etwas verachtet?

Ist es aber dann der Mensch selbst hinter den Millionen, für den man eine so außerordentlich große Sympathie hat? Nein, absolut nicht. Wie würde es gehen, wenn derselbe Mensch plötzlich sein Vermögen verlöre und arm und zerlumpt in dasselbe Geschäft käme, um irgend etwas auf Kredit zu kaufen?

Sollte man annehmen, dass das Personal oder der Geschäftsbesitzer über ihre eigenen Füße stolpern würden, um dem kleinsten Wunsch dieses Menschen nachzukommen?

Nein, es ist nicht die Person oder der Mensch, sondern die Millionen sind es, die verehrt werden. Wo das Geld hingeht, folgt die Verehrung mit. Im Licht der großen Besitzungen, im Licht des Glanzes des Goldes erblickt die Welt einen am leichtesten. Es ist dieser Glanz, der am leichtesten Zugang zur Huldigung der Welt gibt.

Das Entsetzen davor, ökonomisch unterdrückt zu werden, die Angst, in Sklaverei, Armut und Arbeitslosigkeit zugrunde zu gehen, machen somit das Verehren des Goldes, d.h. die Fähigkeit, sich Kapital oder Vermögen anzuschaffen, zur Bedingung Nr. 1 des Selbsterhaltungstriebes..Alles was Kapital oder Wohlstand eben kann, ist also der Hauptfaktor im täglichen Dasein.

...Da heute schon alle Werte in Beschlag genommen sind, schon als Eigentum anderer Menschen existieren, kommt es darauf an, wie man am besten in den Besitz dieser Werte kommen kann, die also von anderen angeeignet sind. Das Primitivste ist natürlich Raub, also sich mit roher und brutaler Macht die Besitztümer seines Nächsten anzueignen. Diese Form der Aneignung ist die gebräuchlichste bei primitiven oder wilden Volksstämmen, kommt aber auch bei einer gewissen Sorte von Menschen in der sogenannten modernen Zivilisation vor.

Da man hier diese primitive Form der Aneignung des Besitzes des Nächsten verboten hat, wird diese Sorte von Menschen, die also in Wirklichkeit nur Naturmenschen sind, zu Gesetzesabertretern, und sie werden der Verfolgung der Zivilisation und der Strafe ausgesetzt. Diese Sorte Menschen nennen wir Verbrecher. Dies gilt jedoch nicht, wenn das Rauben im Krieg geschieht, d.h. wenn das Rauben auf Grund des Wunsches oder Beschlusses eines ganzen Volkes geschieht, sich die Besitzungen eines anderen Volkes anzueignen. Hier ist es sogar eine Heldentat, die durch Salutieren, Paraden und Orden geehrt wird.

Nun wird man vielleicht meinen, dass dies doch berechtigt und natürlich sei, wenn die Rede von einem Verteidigungskrieg ist. Wo aber gibt es einen solchen Krieg? - Glaubt man, dass es eine gegenwärtige oder zukünftige Macht gibt, die sich nicht vorgaukelt, einen Verteidigungskrieg zu führen, gleichgültig, wie sehr er auch als Angriffskrieg geführt wurde? - Ist es nicht eine der Früchte der gegenwärtigen Zivilisation, dass alle unter dem Begriff Verteidigung kämpfen? .

Und was wird denn verteidigt? - Gilt es nicht ganz allgemein, dass die Besitzungen und Landesgrenzen eines jeden Volkes Realitäten sind, die einmal von demselben Volk oder seinen Vorvätern durch Angriff und Überfall angeeignet wurden? - Kann man es abstreiten, dass es sich um geraubten Besitz handelt? - Dass man diese lange Zeiten hindurch besessen hatte, vielleicht sogar seit der Antike, ändert ja nicht das Prinzip. Und kann ein Krieg, der eine Verteidigung von geraubten Besitzungen ist, nicht genau so gut als Angriffskrieg bezeichnet werden, wie man einen modernen Angriffskrieg im zwanzigsten Jahrhundert als Verteidigungskrieg bezeichnet? Was ist nun ein Angriffskrieg und was ein Verteidigungskrieg? - Verhält es sich nicht so, dass der Begriff Verteidigungskrieg eine Bezeichnung ist, mit der die Menschen die Wahrheit bei jedem Krieg tarnen? - Kosmlsch gesehen sind alle Kriege ohne Ausnahme als Angriffskriege zu identifizieren, da überhaupt keine Landgebiete mit ihren Naturerzeugnissen und Rohstoffwerten dem einen oder anderen Volk oder Staat als Privateigentum gegeben sind. Dass die Landgebiete der Welt nichtsdestoweniger als Privateigentum unter den Völkern verteilt sind, beruht ja ausschließlich auf dem Angriffsprinzip, also auf dem Raubprinzip, auf der rohen und brutalen Bemächtigung mit überlegener Machtentfaltung.

Diese Form der Aneignung von Werten wird also nur zwischen Nationen geduldet, wo es noch kein realistisches, internationales oder gemeinschaftliches Rechtswesen gibt. Zwischen den einzelnen Menschen der Gesellschaft hat man schon längst diese primitive Form der Aneignung abgeschafft und sie strafbar gemacht. Indem man aber die Räuberei derart strafbar gemacht hat und es gleichzeitig durch fehlerhafte Gesellschaftsverwaltung in großem Stil zum Selbsterhaltungstrieb oder zur zwingenden Notwendigkeit für den einzelnen Menschen gemacht hat, das Eigentum seines

Nächsten zu begehren, haben diese Begierden eine neue Methode verursacht, durch die man in den Besitz eines Teils dieser Werte kommen kann, ohne die schicksalsschwere und strafbare Macht zu gebrauchen. Diese Methode ist unter dem Begriff Diebstahl bekannt. Diese Methode geht, wie bekannt, darauf hinaus, sich heimlich Werte anzueignen, die dem Nächsten gehören. Indem man sich diese heimlich aneignet und sich ständig der Entdeckung entzieht, kann man einer Bestrafung für diese Handlung entgehen und sich einer gesetzmäßigen Erstattung für die angeeigneten Werte entziehen.

Diebstahl ist also eine Methode, mit der man sich im besten Fall die Werte seines Nächsten mit einem geringeren Risiko aneignen kann als mit der gefährlichen Methode des Raubens. Da aber Diebstahl auch strafbar ist und die meisten Menschen ihre Eigentümer hinter Schloss und Riegel bewahren, hinter Wachhunden und angestellten Wächtern, haben die Urinstinkte hinter dem Selbsterhaltungstrieb Auslösung durch noch raffiniertere Methoden gefunden, um sich leistungsfrei Gut und Gold anzueignen, als die durch Raub und Diebstahl. Von diesen Methoden ist die einfachste - genau wie die beiden eben beschriebenen strafbar und bekannt unter dem Begriff Betrug.

Diese Methode geht ausschließlich darauf hinaus, denjenigen, dessen Eigentümer man sich so billig wie möglich anzueignen wünscht, zu bluffen. Dies bedeutet also wiederum eine Methode, die in besonderem Grad auf der Fähigkeit beruht, sich des Lügens bedienen zu können. Der Betrüger sucht also mit Hilfe von Unwahrheit demjenigen den er betrügen will, die tatsächlichen oder wirklichen Verhältnisse zu verschleiern. Diese Verschleierung geht natürlich auf eine solche Weise vor sich, dass das Opfer die Auffassung bekommt, dass es ein unermesslicher ökonomischer oder auf andere Weise nützlicher Gewinn sei, dem Wunsch des Betrügers nachzukommen. Aber hinterher, wenn der Betrüger mit seiner Beute über alle Berge ist, entdeckt sein Opfer, dass die erwarteten Vorteile gar nicht existieren, sondern die reine Erfindung waren. Und da steht er nun, an Erfahrung reicher, aber in der Regel an Eigentum ärmer.

## 3. Kapitel
## Reklame als maskierte Geschenkpropaganda

Die obengenannten einfachen und groben Urmethoden oder tierischen Formen der Aneignung von Werten hat die Entwicklung der Zivilisation, wie schon gesagt, strafbar gemacht, und die Anwendung dieser Methoden macht dadurch den Ausüber zum Gesetzesübertreter oder zum Verbrecher. Die Zivilisation ist jedoch nicht im gleichen Grad imstande gewesen, die Verteilung oder Verwaltung der materiellen Werte in entsprechendem Grade vollkommen zu machen. Unser tägliches Brot existiert immer noch als Privateigentum unseres Nächsten.. Folglich ist diese Zivilisation gezwungen, eine Methode für die Warenverteilung zu dulden, die wir Geschäft nennen. Diese Methode, die in kosmischer Analyse auf das Pnnzip hinausgeht derselbe Wert für denselben Wert, ist somit logisch oder vollkommen reell in ihrer wahren Natur. Aber einen so erhabenen Standpunkt vermag die Zivilisation noch nicht aufrechtzuerhalten. Und aller Handel geht deshalb in der Regel nicht nach dem Prinzip gleiche Werte gegen gleiche Werte vor sich, sondern nach dem Prinzip: geringere Werte werden mit größeren Werten bezahlt. Dies bedeutet also, dass eine Ware nicht nur mit ihrem realen Wert bezahlt werden muss, sondern es müssen auch einige Prozent an Werten darüber hinaus geleistet werden. Wieviele Prozent für die Ware extra bezahlt werden, wird, wie wir im Folgenden sehen werden, der allerhöchste Preis sein, den der Verkäufer unter den vorliegenden Umständen den Käufer zu zahlen zwingen kann.

Da die Zivilisation in ihrer Verwandlung der Weltwerte vom Privateigentum zum gesamten Volkseigentum für die gesamte Weltbevölkerung unabhängig von den Nationen und Staaten nur erst in ihrem zarten Anfang steht (siehe viertes Kapitel im ersten Band des „Livets Bog") und die Existenzmöglichkeit jedes unvermögenden Menschen in Wirklichkeit nur vom Privateigentum vermögender Menschen abhängt und deshalb als Handelsware von diesen gekauft werden muss, ist es klar, dass es nicht populär ist, kein Vermögen zu besitzen, und dass das Entsetzen oder die Angst vor der Armut den meisten im Blute sitzt. Wer die Werte hat, sieht also ein großes Risiko darin, sie zu verlieren, und gibt sie nicht gern von sich, sondern er will sie in den meisten Fällen am liebsten dazu benutzen, sich noch mehr Werte anzueignen.

Wenn aber derjenige, von, dem der unvermögende oder unbemittelte Mensch notwendigerweise gezwungen ist seine Existenz zu kaufen, im Hinblick auf diesen Verkauf so eingestellt ist, ist es eine Selbstverständlichkeit, dass dies in großem Ausmaß ein Kontrast zu dem wird, was es in Wirklichkeit infolge seiner kosmischen Analyse sein sollte, nämlich gleiche Werte gegen gleiche Werte. Es ist klar, dass der Käufer teuer bezahlen muss, wenn der Verkäufer also nur daran interessiert ist, zu einem so hohen Preis zu verkaufen, wie überhaupt möglich, ganz unabhängig vom wirklichen oder tatsächlichen Wert der Ware.

Aber geringere Werte mit größeren Werten bezahlt zu verlange ist ja Betrug Da die Zivilisation auch dagegen mit ihrem ‚Gesetzes- und Rechtswesen angeht, kann ein solcher Handel ja nur in Fällen stattfinden, in denen er auf eine solche Weise getarnt ist, dass er scheinbar richtig ist, d.h. das Prinzip gleiche Werte gegen gleiche Werte erfüllt. Die Folge davon, ist geworden, dass man in der Geschäftswelt im großem Stil geradezu eine Genialität in Bezug auf die Fähigkeit entwickelt hat, die Tarnung dieses Betrugsprinzips zu praktizieren und zu vervollkommnen. Eine große Hilfe hierzu hat die Geschäftswelt in der Realität, die wir Reklame nennen. Diese sollte, kosmisch gesehen, nur eine wahre Auskunft über die Existenz der Ware, über ihren wirklichen und wahren Wert sein, d.h. was es kostet, sie herzustellen, also eine offensichtliche und wahre Erklärung über den Materialwert und den Arbeitslohn. Ist aber die moderne Reklame so? - Verhält es sich nicht so, dass diese Auskunft ein Geschäftsgeheimnis ist? - Und wurde diese Reklame nicht ein Mittel, mit dem diese Auskunft weiterhin im höchsten Grad verborgen wird? - Ist sie nicht ein Werkzeug geworden, mit dem man in möglichst großem Ausmaß versucht, dem Kunden vorzuspiegeln, dass so und so viele Vorteile damit verbunden seien, die Ware zu kaufen? - Gibt es nicht Firmen, die jährlich Millionen bezahlten, um eine solche Propaganda oder Suggerierungskunst im Gang zu halten? - Versuchen sie nicht, mit prachtvollen Katalogen und Anzeigen, die ganze kostbare Seiten in den größten Tages- und Wochenzeitungen füllen, zu verkünden, wie unendlich billig man bei ihnen kaufen könne?

Aber billig kaufen ist ja, kosmisch gesehen, dasselbe wie einen geringeren Wert für einen größeren zu bezahlen, d.h. dass man in einem solchen Fall etwas geschenkt bekäme. So halten (‚die Reklamemillionen eine Propaganda gegenüber den Kunden aufrecht, dass man so oder soviel geschenkt bekommt, wenn man bei den betreffenden Firmen kauft. Wo aber kommen die Reklamemillionen her? - Wie kann eine Firma auf einer Basis existieren, die die Kunden nur geringere Werte für größere Werte bezahlen lässt? Das muss ja einen zunehmenden Unterschuss mit einem unvermeidlichen Ruin geben. Ist jedoch die allgemeingültige Tatsache nicht das Gegenteil hiervon? - Sieht man nicht viele Großkauthäuser mit teurer Reklame in Wohlstand und Luxus wachsen und zwar mit größerem oder kleinerem Gewinn für die Aktionäre oder Inhaber? - Wo kommen diese Werte her? Von den Kunden können sie ja nicht kommen, da man ihnen die Waren,

infolge der kostbaren Reklame der betreffenden Firmen, wie schon gesagt, nur mit Verlust verkauft. Was ist das für eine geheime Reichtumsquelle, aus der diese Firmen so freigebig schöpfen können, dass man sie bis zu einem gewissen Grade fast als philanthropisch betrachten könnte?
Stimmt hier mit dieser Annahme vielleicht etwas nicht? Ob die geheime Reichtumsquelle nicht doch die Kunden sind? Ist nicht vielleicht der angebliche Unterpreis eine Tarnung, die den Umstand tarnt, dass es ein Überpreis ist, den der Kunde in Wirklichkeit bezahlt, d.h. dass die Firma gar keine größeren Werte für kleinere Werte als Bezahlung liefert, sondern dass es in Wirklichkeit der Kunde ist, der größere Werte für kleine Werte bezahlt? Der Kunde bezahlt also nicht nur die erhaltene Ware mit dem realen Preis, sondern er bezahlt der Firma auch das Geld, das sie unter anderem instand setzt, die Reklame aufrecht zu erhalten, mit der ihm suggeriert oder eingebildet wird zu glauben, dass er gut gekauft habe, seine Ware billig bekäme, etwas geschenkt bekäme. Und mit diesem Glauben ist er froh und fühlt sich inspiriert, erneut bei dieser vorteilhaften Firma zu kaufen. Und so versteht man besser, warum die Firmen ihre Geschäftsgeheimnisse haben. Das oben Gesagte darf natürlich nicht als bösartige Kritik an irgendeiner bestimmten Firma aufgefasst werden, da eine solche Kritik ja sinnlos und lieblos wäre. Das ganze Problem ist dagegen nur als Entwicklungsfrage aufzufassen. Die geltenden Verhältnisse sind die Früchte eines bestimmten Entwicklungsstandards und sind hier nur angeführt worden, um zu zeigen, dass die geltende Gesellschaftsordnung eben auf diesem Standard steht, dessen Natur es also ist, sich durch die hier genannten Verhältnisse auszudrücken und dadurch auf die gegenwärtige Mentalität und Einstellung der Menschen einzuwirken hin zum vornehmsten und heiligsten Prinzip des Lebens zu geben.

**4. Kapitel**
**Die Leiden der Gesellschaft, die Diktatur und das Prinzip des Gebens**
Wie aus dem Voranstehenden hervorgeht, steht die gegenwärtige Gesellschaftsordnung noch auf einem so primitiven Entwicklungsstandart, dass sie die Aneignung von Werten, des Begehren nach Kapital oder Reichtum, zu einer fast alles dominierenden Lebensbedingung für jeden einzelnen Menschen macht.. Sie kann nämlich nicht verhindern, dass alle Werte der Welt heute von einem gewissen Teil der Menschheit angeeignet worden sind, wahrend der übrige Teil der Menschheit nichts besitzt. Und so entsteht eine ökonomische Licht- und Schattenseite. Da diese Schattenseite Ar-

mut, Sklaverei, Not und Hunger, Lumpen und Fetzen, Arbeitslosigkeit und Entwürdigung bedeutet, ist der Weg zur ökonomischen Lichtseite im Dasein der Brennpunkt in der gegenwärtigen Mentalität des Erdenmenschen geworden. Das tägliche Dasein ist ein permanenter Krieg zwischen den Repräsentanten dieser beiden Seiten des Lebens. Alle kämpfen gegen alle. Der Unbemittelte kämpft, um aus Armut und Sklaverei herauszukommen. Die Reichen kämpfen, um ihre Reichtümer zu behalten und sich zu schützen und nicht in Armut und Sklaverei zukommen.

Dass die Verhältnisse so sind, ist die Quelle der meisten Leiden der Menschen. Es ist die Quelle zum Krieg. Es ist die Quelle zum Verbrechen. Es ist die Quelle zur Unterdrückung und Entwürdigung. Es ist die Quelle zum Elend, zum „Heulen und Zähneknirschen", was die Menschen veranlasst, nach Erlösung zum Himmel zu schreien und damit eine Welterlösung ak~tuell macht. .

Die Lebenswerte der Welt von einer Handelsware in eine Gabe an alle Menschen zu ändern, ist die Erlösung der Welt.

Das Begehren der Menschen so zu ändern, dass sie alles statt in Privateigentum zu Gemeinschaftseigentum machen, bedeutet, die Menschheit aus den tierischen Traditionen herauszuführen, sie vom wahren Heidentum zu befreien und sie damit in das Reich einzugliedern, das ursprünglich „nicht von dieser Welt ist". Das bedeutet, die Hauptursache alles Bösen zu entfernen. Und mit diesem Entfernen wird jede Basis für Neid, Raub, Diebstahl, Betrug, Armut und Herabwürdigung also auch entfernt.

Aber die Welt so zu verändern, lässt sich nicht mit einem Machtwort tun. Ein Affe wird kein Mensch auf Kommando eines Diktators. Und die Erdenmenschheit kann nicht die Entwicklung von Jahrhunderten durch Diktatur überspringen. Die Entwicklung kann nur durch Aufklärung vor sich gehen. Aufklärung jedoch existiert nur auf Basis von Selbsterleben.

Es ist richtig, dass es Unterricht gibt, aber er ist gleichgültig, unter welcher Form er auch vorkommen möge, nur eine Ertüchtigung im Selbsterleben. Alles, was nicht selbst erlebt wird, ist nur Vermutung. Nur die wirkliche Selbsterfahrung kann eine Vermutung zur Tatsache machen.

Alles, was unter dem Begriff Diktatur existiert, kann also die Menschen kein bisschen über ihre jetzige Entwicklungsstufe heben. Die Kultur, die den Menschen auf diese Weise aufgedrückt wird, ist nur eine vorgeschriebene Zwangslebensart, die eine Repräsentation der besonderen Eigenschaften ist, die der Entwicklungsstufe entspricht, auf der sich der Diktator befindet. Für die Menschen, die sich im Brennpunkt der Entwicklungsstufe des

Diktators befinden, werden diese besonderen Eigenheiten natürlich wie der höchste Idealismus empfunden werden, und der Diktator als ihr Schutzengel, weil eben ihre natürlichen Traditionen, ihr Begehren und ihre Vorstellungen vom Leben durch seine Macht zwangsläufig erhalten werden. Für die Menschen jedoch, die diese Eigenheiten schon längst ausgelebt haben, sei es auf dem militären Gebiet oder dem ehelichen, dem rassemäßigen, dem religiösen oder einem kulturellen Gebiet, und die sich auf einer anderen und höheren Entwicklungsstufe befinden, die für den Diktator vollkommen unverständlich ist, ist eine Diktatur oder eine vorgeschriebene auferzwungene Lebensart eine Hemmung, eine Zwangsjacke, die aufgrund der höheren und stärkeren mentalen Fülle und Würde, aufgrund des höheren und stärkeren mentalen Wachstums mehr oder weniger Risse bekommt oder gesprengt wird. Da sie hierbei mit den Gesetzen des Diktators kollidieren, entsteht eine Gefahr für seine Macht, und man kann gut verstehen, warum die Diktatur besonders viele Internierungslager, Gefängnisse und Schafotte haben muss. Die gefährlichen, die nicht volkstümlichen d.h. die diktaturfeindlichen Menschen müssen unschädlich gemacht werden. .
Und auf diese Art, „ohne zu wissen, was man tut", erdolcht man die Entwicklung, übt Abtreibung gegen eine höhere Kultur aus, und in gewaltigem militärischen Glanz marschiert man, ständig blindlings und rasch seiner eigenen Hinrichtung entgegen. Denn die Entwicklung erdolchen, höhere Kultur zu töten bedeutet, gegen die ewige Struktur des Weltalls selbst zu gehen, bedeutet mit Gott zu rechten. Und einer solchen Übermacht gegenüber müssen alle zuletzt weichen. Hier muss „ein jeder, der mit dem Schwert umbringt, selbst durchs Schwert umkommen".
Für Menschen, die in der Entwicklung weit unter dem Diktator stehen, ist die Diktatur auch keine Erlösung. Primitive Naturmenschen zu zwingen, plötzlich eine höhere Entwicklungsstufe zu manifestieren als diejenige, auf die sie auf natürlichen Wege gekommen sind, führt diesen Menschen keine seelische Erhabenheit zu. So leicht geht es nicht, Geschöpfe von einer Entwicklungsstufe auf die nächste zu heben. Die Folge davon wird dann auch, dass diese auferzwungene Lebensart nur mit einer Kultur und mit einer Bildung identisch wird, die analog derjenigen ist, die der Dompteur seinen wilden Tieren aufzwingt, nämlich eine lästige, unbehagliche und deshalb diesen Wesen verhaßte Dressur. Und es wird ja auch ungefahr wie eine Zirkusvorstellung, wenn Naturmenschen einer solchen Diktatur Ehrerbietung und Gehorsam erweisen, die jede Form von gegnerischem Willen mit einer überlegenen Kriegstechnik und rücksichtslosen Strafmethoden

niedersäbelt.

Wenn Ehrerbietung und Gehorsam nicht als freiwillige Gabe existieren, sondern nur als auferzwungene Mittel, um Tortur und Todesstrafe zu entgehen, sind sie nur geraubte Realitäten. Und es ist klar, dass in einer solchen Zone kein Friede existieren kann. Hier wird das Leben blutig. Die Unterdrückten suchen die Freiheit. Entwicklung lässt sich nicht diktieren oder von menschlichen Einfällen vorschreiben. Alles Derartige muss gesprengt. werden. Ihre Bahn gehorcht einer viel höheren Mentalität als der irdischen. Und die Diktatur ist also nicht das Mittel, mit dem Weltfrieden erreicht wird. Nur das entgegengesetzte Prinzip kann die Menschheit erlösen. Aber das gegenteilige Prinzip von Zwang ist Freiheit. Und Freiheit ist ja dasselbe wie eine Gabe, indem jede Gabe nur als etwas existieren kann, was freigemacht ist, gleichgültig unter welcher Form sie auch immer vorkommen möge.

Geben ist also das Gegenteil von Zwingen. Die Menschheit kann nur durch Geben erlöst werden. Das Welterlösungsprinzip selbst besteht deshalb ausschließlich darin, die Fähigkeit des Erdenmenschen zum Geben zu entwickeln. Und im selben Grade, wie das Talent des Menschen hierfür wächst, im selben Grade kommt er auf gleiche Länge mit dem Prinzip des Lebens selbst, das an sich eine große Gabenleistung ist. Kosmisch gesehen kostet es nichts, auf die Welt zu kommen, es kostet nichts zu sterben, es kostet nichts zu wachsen, ebensowenig wie das Sehen, Riechen, Schmecken, Hören und Fühlen gekaufte oder bezahlte Realitäten sind. Die Menschen waten in kosmischen Reichtümern. Die Welt ist voll von all den Lebenswerten, d.h. voll von all den Heizungs-, Emährungs- und Unterhaltswerten, die die Entwicklung der Erdenmenschheit und ihre Lebensfreude unermessliche Zeiten hindurch verlangen. Aber die Menschen verstehen also noch nicht, auf der Wellenlänge mit dem Prinzip des Lebens selbst zu leben. Gibt es nicht Kohle genug? - Warum müssen dann Tausende von Menschen frieren oder mehr oder weniger keinen Zugang zu dieser Wärmequelle haben? - Gibt es nicht Elektrizität oder Kraftquellen genug auf Erden? - Aber Tausende von Menschen müssen sich im Schweiße ihres Angesichts krumm- und schiefarbeiten. Gibt es nicht Nahrungsmittel genug? - Und doch müssen Tausende von Menschen des Hungers sterben! Ist die Erde nicht mit unermeßlich großen, schönen, temperierten, sonnigen und fruchtbaren Gegenden genug ausgestattet? - Und doch müssen Tausende und wieder Tausende in heißen Wüsten gegenden verbrennen und verschmachten, während andere in der Winterfinsternis und in Eisgegenden in der Primitivität der arktischen Zone frieren. Gibt es nicht Material genug für schöne Kleidung und Ausrüstung für alle Menschen? Aber nichtsdestoweniger wandern große Menschenmassen in Fetzen und Lumpen umher. Warum alle diese Kalamitäten? Ist es nicht eben deshalb, weil alle kosmischen Gaben, die großen Lager an Lebenswerten der Erde, nur als Privateigentum existieren oder in Beschlag genommen sind? - Und warum ist das so? Ist es nicht eben deshalb, weil die Menschen noch so sehr in den tierischen Traditionen leben, sich auf einem so niedrigen oder primitiven Entwicklungsstadium befinden, dass das Prinzip des Gebens bislang nur eine reine Nebensache in ihrer Mentalität ist, während das Prinzip der Geschäftemacherei oder des Nehmens die Hauptsache ist? Die Menschen haben also ein großes Talent für das Nehmen entwickelt, aber nur ein sehr geringes Talent für das Geben und sind daher dazu prädestiniert in Disharmonie mit dem Prinzip des Lebens zu sein, das ja, wie schon gesagt, eine kulminierende Leistung des Gebens ist. Wo das Prinzip des Gebens nicht existiert, sind es ausschließlich die Menschen selbst, die es verhindern. Wenn man eine alles dominierende Entfaltung des Prinzips des Nehmens zur Lebensbedingung macht, kann man nicht auf die Wellenlänge mit der Grundbestimmung des ewigen Weltplans kommen, der - gratis - »die Sonne über Böse und Gute scheinen und es über Gerechte und Ungerechte regnen lässt". Und man versteht jetzt besser, dass der Weg zum Leben oder zur Erlösung der Erdenmenschheit ausschließlich in dem ewigen Satz ausgedrückt werden kann: „Es ist seliger zu geben als zu nehmen".

## 5. Kapitel

**Die Fähigkeit des Gebens und nicht Reichtum oder Armut ist das Kennzeichen der Entwicklungsstufe des Menschen**

Wenn es also besser ist zu geben als zu nehmen, werden viele vielleicht meinen, dass die Erlösung der Welt darin bestehen müsste, plötzlich allen wohlhabenden Menschen ihr Eigentum zu nehmen oder allen Menschen ihr Privateigentum zu rauben, um im nächsten Augenblick alle Werte der Erde gleichmäßig zwischen allen Menschen zu verteilen, aber so geht es nicht. Eine solche Verteilung würde ja wieder Diktatur sein.
Dass die Werte als Privateigentum existieren, dass einige Menschen sich Werte angeeignet haben, während andere nichts besitzen, ist ja eine Folge der Entwicklung. Die gegenwärtigen Verhältnisse sind eine besondere

Ausdrucksweise einer bestimmten Entwicklungsstufe, d.h. eine direkte Durchschnittsfolge des einstweiligen besonderen Zustands der gesamten Erdenmenschheit auf der Skala für Nächstenliebe. Dies ist also der Höhepunkt von allem, was sie einander rein mental leisten können.

Dass diese Leistung in ihrer gegenwärtigen Form nicht die primitivste aber auch nicht die allerhöchste ist, die sich denken lässt wie es auch eine Tatsache ist, dass sie im Wachsen begriffen ist, dass sich die Menschen wirklich hin zu einer immer größeren gegenseitigen Gemeinschaftsleistung entwickeln, macht es weiterhin zur Tatsache, dass es ein Entwicklungsproblem ist, d.h.dass die Verwandlung der Menschen analog der Verwandlung eines Kindes zum Erwachsenen nicht auf Grund eines Befehls geschehen kann. Wenn alle Werte heute gleichmäßig zwischen allen Menschen der Erde verteilt werden würden, würden wir ja das Sonderbare sehen, dass im Laufe von ganz kurzer Zeit Tausende und aber Tausende von Menschen in ruiniertem Zustand verschmachten würden, während andere in Wohlstand und Schlemmerei zugrunde gingen. Die Menschen würden sich also auf genau derselben Stufe wie bisher befinden. Gesetze zu machen mit einer so drastischen Forderung dass niemand mehr als andere besitzen darf, würde also einen hoffnungslosen Widerstand erzeugen, der die Vorsehung selbst oder die ganze Natur zum Mitkämpfer hätte und deshalb ebenso siegreich und unüberwindlich für den Erdenmenschen sein würde wie der Lauf des Mondes oder die Bahn der Sonne.

Die Reichtümer von den Reichen zu nehmen und den Armen zu geben, würde ja nur ein Umändern aber kein Aufheben der Verhältnisse bedeuten. Dass die Armen die Reichtümer besser verwalten würden und ‚den Reichen gegenüber freigiebiger sein würden, die nun den Platz der Armen eingenommen hätten, als diese es während ihres Wohlstands waren, ist keine Tatsache.

Zeigt es sich nicht im täglichen Leben, dass Armen die plötzlich zu großem Reichtum kommen, in den allermeisten Fällen überhaupt nicht dadurch veredelt werden, sondern dass in besonderem Grad Hochmut und Wichtigtuerei in ihrer Mentalität zur Auslösung kommen, ja, manchmal sogar in dem Maße, dass sie sich ihren Eltern entziehen können, bloß weil diese arm sind? Sie schämen sich ihrer ihren neuen Freunden und Umgangskreisen gegenüber. Nein, die Armen sind nicht besser als die Reichen, und die Reichen sind nicht besser als die Armen. Die schönen Wohnungen und Extravaganzen, mit denen sich die Reichen kennzeichnen, sind kein wirklicher Entwicklungsprozeß, sondern nur eine Geldfrage und können von jedem an den Tag gebracht werden, der in den Besitz eines Vermögens kommt. Der Verbrecher kann genauso gut die feinen Anzüge tragen wie der moralisch entwickelte Mensch.

Es ist richtig, dass zur Benutzung von Luxushäusern und zum Tragen feiner Kleidung Kultur und Bildung gehören. Diese sind jedoch in vielen Fällen keine Entwicklungsfrage, sondern nur eine angelernte Dressur, ein äußerer mentaler Lack oder eine Firnis, mit der man den Proletarier in seinem eigenen Innern daran hindert, zu offensichtlich oder sichtbar für den vornehmen Umgangskreis zu werden. Diese Dressur ist nur ein Rezept, das bis zu einer gewissen Grenze von dem Unentwickelten wie auch von dem Entwickelten gekauft oder angelernt werden kann, wenn man nur Geld hat, da es ja keine Hebung der Person von einer wirklichen Entwicklungsstufe zu einer anderen ist, sondern nur eine Maskierung, mit der man einer niedrigeren Stufe den äußeren Schein gibt, mit einer höheren identisch zu sein. Reich zu sein ist also kein Gunstbeweis von der Vorsehung, ebenso wenig wie Armut irgendeine Strafe oder Ungnade von seiten desselben Machtzentrums ist.

Reich oder arm zu sein ist also auf keinerlei Weise ein unumstößliches Kennzeichen oder ein Ausdruck dafür, dass man hoch entwickelt ist. Der größte Weise des Christentums drückte ja seine ökonomische Lage mit den Worten aus: „Die Füchse haben ihre Höhlen und die Vögel ihre Nester; aber der Menschensohn hat keinen Ort, wo er sein Haupt hinlegen kann", während andere Weise, z.B. Salomon große Reichtümer hatten und Buddha ein Fürstensohn war.

Die wahre Entwicklungsstufe der Menschen nach ihrem materiellen Reichtum oder ihrer Armut zu beurteilen, streitet also gegen alle Logik oder gegen jede vollkommene Erkennungsweise. Jeder, der ausschließlich diese beiden Faktoren als Kennzeichen oder Maßstab für die Entwicklung nimmt, muss früher oder später notwendigerweise zu kurz kommen. Das unfehlbarste Kennzeichen der Entwicklung zeigt sich nicht dadurch, wieviel jemand besitzt, sondern in Form dessen, wieviel Freude man imstande ist zu erleben, indem man seinem Nächsten etwas von dem gibt, was man besitzt. Unser Verhältnis zum Geben ist unser Verhältnis zur Entwicklung. Daran sieht man, wo man steht.

Daran sieht man den Abstand des Erdenmenschen zum fertigen Wesen, d.h. zu dem Wesenszustand, den ich im „Livets Bog" als den" wahren Menschen" bezeichne. Die Natur des Tieres ist es „zu nehmen" - die Natur des wahren Menschen ist es „zu geben".

## 6. Kapitel

**Die Erlösung der Welt durch das Prinzip des Gebens.
Der Untergang der Diktatur und das Entstehen der Demokratie**

Wenn also das Geben in Wirklichkeit das Hauptprinzip in der erdenmenschlichen Entwicklung ist, die Achse ist, um die sich alles tägliche Dasein dreht, ist es klar, dass der Gang dieses Daseins unruhig, lärmend und instabil wird, solange diese Achse nicht solide gegründet ist, sondern mit der dominierenden Zentrifugalkraft des erdenmenschlichen Begehrens nach dem Nehmen schwingt. Worunter die Erdenmenschheit heute seufzt und stöhnt, ist also diese ihre Anknüpfung ihres eigenen Daseins an diese unstabilisierte Achse. Und die Erlösung der Welt, die Befreiung der Menschheit oder die Welterlösung besteht also darin, diese Achse zu stabilisieren, damit sie der wirklich zentrale und feste regulierende Gleichgewichtspunkt für alle erdenmenschliche mentale Schwingung wird. Dabei werden all die jetzt so wohlbekannten schrecklichen Ungleichgewichtszustände in der Schwingung, die wir Krieg, Totschlag, Verletzungen, Hinrichtungen, Räuberei, Plünderung und Strafe mit ihrer Blutbesudlung von allem nennen, was edel, friedlich und schön, liebevoll und erklärend oder lebengebend ist, aufhören und ein anhaltender Frieden und Harmonie werden unbeirrt das gegenwärtige Mordgetöse ablösen und das Dasein zu Gesang, Musik: und Schöpferfreude machen.
Die Entwicklung des Prinzips des Gebens ist also die Erlösung der Welt. Und wir sind ja auch Zeuge dessen, dass dieses Prinzip die Seele aller Weisheit und auf eine besonders angepassten Weise das Wesentlichen in den jetzt geltenden größten Weltreligionen ist. Von hier aus geht es in die erdenmenschliche Mentalität als Basis der Moralbildung über, gibt mehr und mehr Echo in der Gesetzgebung, den Gesetzen oder im Rechtswesen, in Politik: und Gesellschaftsverwaltung.
Da das Prinzip des Gebens das Gegenteil vom Zwangsprinzip ist, wird es überall, wo es sich entwickelt, in größerer und größerer Freiheit für die Gesellschaft wie auch für den einzelnen Menschen resultieren. Als Ausdruck. hierfür sehen wir in der Geschichte, dass die unumschränkten oder diktatorischen Monarchien sich immer mehr in Demokratien, Freistaaten oder Republiken verwandeln mussten.
Während der einzelne Mensch unter der erstgenannten Regierungsform ein absolut machtloser Untertan eines unumschränkten Herrschers über sein

Leben und Tod, über seine materielle Position und sein Hervortreten war, ist er unter letztgenannter Regierungsform eine mitbestimmende Einheit in der Leitung der Gesellschaft geworden. Er hat das sogenannte Stimmrecht erhalten. Er ist mit dabei und wählt oder bestimmt die Personen, denen die Regierungsmacht gegeben wird, und die Gesetze und Bestimmungen, die sie vorschlagen mögen. Unumschränkte Alleinherrschaft ist also ein Rest der Vorzeit....ein mentaler Museumsgegenstand.

Dass man in gewissen Ländern nichtsdestoweniger einen solchen Museurnsgegenstand in Form von Diktatur auf den Thron setzen musste, ist ja nur einer viel zu dominierenden Mehrzahl von Seelen auf der Entwicklungsstufe der Vorzeituntertanen zu verdanken, Wesen, die nicht in genügendem Grad die Wirkungen der diktatorischen Unvollkommenheiten ausgelebt haben, nicht erlebt haben, dass die uneingeschränkte Macht eines einzelnen Menschen über Seelen von höchst verschiedenen Entwicklungsstufen niemals auf die Dauer zu Harmonie führen kann, mit der Ausnahme, dass der Diktator oder Machthaber uneingeschränkte Einsicht in alle mentalen Schattierungen jeder einzelnen Stufe auf der Entwicklungsskala hat, die seine Untertanen zu jeder Zeit notwendigerweise repräsentieren müssen. Um aber eine solche Einsicht zu haben, müsste der Diktator ein seelisch und geistig sehr hochstehender Eingeweihter sein. Da aber diese Einweihung nur durch die totale Entwicklung der Nächstenliebe in seinem Innern erreicht werden kann und da das komplette Ausleben und die Degeneration des Machtbegehrens notwendigerweise eine Folge davon sein muss und da dieses Ausleben wieder unvermeidlich das Begehren danach und die Freude daran zur Folge haben muss, Freiheit für alle zu schaffen, versteht man, dass ein so hoch Eingeweihter nicht Diktator sein kann.

Wenn aber ein Eingeweihter kein Diktator sein kann, muss dieses Amt also stets von einem Uneingeweihten besetzt werden, d.h. von einem Wesen, das keine vollkommene mentale Einsicht in all die seelischen Erscheinungen im Auftreten der Untertanen haben kann, über die es sich das Recht angemaßt hat, uneingeschränkt zu befehlen oder zu regieren. Hier jongliert er, befiehlt und gebietet er also über Kräfte, die er nicht bis auf den Grund kennt und deren Gesetze er deshalb auch nicht befolgen kann.

Das Resultat muss notwendigerweise ein glücksspiels ähnlicher Zwang über diese Kräfte sein. Da diese Kräfte die Mentalität der Untertanen ausmachen, bedeutet die Wesensart des Diktators also Unterdrückung. Die Unterdrückung von Mentalität schafft Begehren oder Sehnsucht nach Freiheit, schafft eine Sehnsucht beim Unterdrückten, das Joch abzuwerfen, weil es ein Stoppen des Wachsens des Lebens des Untertans ist, die Entwicklung in eine Zwangsjacke zu stecken.

Da aber kein Panzer stark genug ist, um auf die Dauer, das Material für eine haltbare Zwangsjacke in Bezug auf die Entwicklung oder für das Aufhalten des Gangs des Lebens zu sein, muss ein jeder in Form von Diktatur vorkommender Panzer unvermeidlich zuletzt mitten in all seiner scheinbar glorreichen Herrschsucht platzen. Das Leben kennt kein Hindernis.

Es ist richtig, dass die Demokratie auch eine Macht ist, die zuweilen von vielen als Zwang und Unterdrückung empfunden werden muss. Aber hier kann diese Unterdrückung nicht annähernd so dominierend und überlegen werden wie die uneingeschränkte Gewaltherrschaft, bei der jede Kritik, jeder Widerstand oder Einwand Todesstrafe mit sich führen kann und die im höchsten Grad lebensgefährlich ist.

In der Demokratie ist jede Gesellschaftsanordnung, jedes Gesetz das Resultat von Repräsentanten für alle Interessensphären.

Wird eine Verordnung zu lästig oder unnötig, bewirkt das Begehren nach ihrer Abschaffung ja allmählich die Stimmenmehrheit, die sie außer Kraft setzen kann. Es ist klar, dass bei einer solchen Regierungsform, in der alle durch ihr Stimmrecht Zugang dazu haben, ihre Meinung geltend zu machen, das Recht haben, für oder gegen die Durchführung einer Verordnung zu stimmen, ein Mißbrauch der Staatsrnacht nicht in dem Grade zum Ausdruck kommen kann wie bei einer Diktatur, bei der die Macht uneingeschränkt einem einzelnen Wesen gegeben ist und bei der jeder einzelne der übrigen Bürger des Staates deshalb völlig jeder Form des Einflusses oder Mitbestimmungsrechts auf die Staatsform beraubt ist. Es ist deshalb auch eine Tatsache, dass diese Form unmöglich etwas anderes werden kann als Ausdruck für Launen oder für Ehrgeiz, für Naivität wie auch für Intelligenz, für schlechte und gute Eigenschaften des Diktators oder Machthabers. Ein einziger fehlerhafter Impuls seinerseits führt mit Leichtigkeit ein Volk in den Abgrund. Die Diktatur kann deshalb auf die Dauer niemals ein Bollwerk gegen Untergang und Herabwürdigung sein, so wie die Demokratie es sein kann, in der jeder entscheidende Impuls der Regierung keinerlei Einfluss oder Kraft bekommt, bevor er als ein Resultat der Sanktion der Mehrzahl des mitbestimmenden Volks vorliegt. Und bevor er ein solches Stadium erreicht, ist er zwangsläufig ein Resultat der Überlegung dieser Mehrzahl, deren Für oder Wider, und dadurch wird in größerem Maß garantiert, dass er ein Ausdruck für besonnenes Nachdenken wird, als es die plötzliche Bestimmung eines Diktators sein kann, die nicht die Konfrontati-

on mit der Einsicht anderer und ihrer Überlegung durchläuft.
Nun wird man vielleicht einwenden, dass die Regierungsform der Demokratie viel zu langsam ist und dass diese Tatsache, dass alle Mitbestimmungsrecht haben, nur politisches Tauziehen schafft, wodurch alle Entscheidungen verspätet oder verzögert werden. Aber hat denn ein kultiviertes Volk solche Eile, dass es keine Zeit hat, seine Beschlüsse oder Entscheidungen das größtmögliche Nachdenken, Durchdenken oder Überlegen durchmachen zu lassen, sondern diese blind einem einzelnen seiner Millionen von Gehirnen zu überlassen? Und kann eine solche Eile ein Zeichen für Kultur sein? Und kann ein Volk oder eine Gesellschaft in Kultur und Geist wachsen, indem es seine Millionen von Gehirnen an ein schon vorher kommandiertes oder befohlenes gleichgerichtetes Denken bindet? Erstickt es damit nicht seine Intellektualität? Ist es nicht eine Tatsache, dass Organe, die nicht gebraucht werden, degenerieren oder vergehen? Würde man nie mehr als einen seiner 10 Finger benutzen, würden die anderen neun ja unweigerlich unbrauchbar werden oder absterben. Wenn man nie spräche, würde man doch seine Sprechfähigkeit verlieren! Würde man das Augenlicht nicht auch völlig verlieren, wenn man gezwungen würde, jahrelang in totaler Finsternis zu leben? Ja, das Leben duldet nichts Überflüssiges. Alles, was nicht benutzt wird, muss sterben. Und ist die Geschwindigkeit, mit der die Diktatur ihre Regierungsangelegenheiten betreibt, nicht teuer erkauft, wenn sie nur auf der Basis geschehen kann, dass ihre Millionen von. Gehirnen und damit der Hauptteil ihrer Intellektualität in eine Zwangsjacke gesteckt werden? - Kann ein Volk dadurch kulturell wachsen, dass sein Denkvermögen vermindert oder eingeschränkt wird? - Ist das nicht ebenso töricht, wie zu behaupten, dass ein Mann gleichzeitig eine Treppe hinauf- und herunterläuft?
Da der Weg zur Entwicklung aller Intellektualität und Kultur durch die Freiheit des Denkens geht, durch die Freiheit des Kritisierens, d.h. des Aufzeigens von Mängeln und Fehlern, durch die Freiheit des Ausdrucks von Ideen und Vorstellungen, die nicht gerade innerhalb des autorisierten Horizonts liegen oder innerhalb dessen, was offiziell Sitte und Brauch ist, sowie absolut durch die Freiheit dazu, mit seinem Stimmrecht frei und offen für oder gegen jeden Vorschlag der Staatsführung oder der Gesellschaftsordnung zu sein, wird keine Diktatur jemals identisch mit einem wirklichen Kulturstaat werden können, da sie ja nur kraft der Gefängnisse oder der Freiheitseinschränkung jener Intellektualität existiert, die der absolut unentbehrliche Lebensnerv, Impuls oder das unerschütterliche Fundament jeder

wirklich zivilisierten Kultur ist.

Dass die Diktatur eine hoch entwickelte Technik hat, große Fabrikanlagen, ist kein Ausdruck für wirkliche Kultur, das ist nur Ausdruck für etwas, was angelernt werden kann. Das sind Resultate von Rezepten. Diese Resultate werden erst Ausdruck für Kultur oder wirkliche Zivilisation durch das, wozu sie angewendet werden. Wenn die hervorragende Technik, die großen Fabrikanlagen in besonderem Grad zur Erzeugung von Mordwaffen, von raffinierten Sprengstoffen und Schusswaffen, von Bombenflugzeugen und U-Booten, Giftgasen usw. angewendet werden, sind sie nur Ausdruck dafür, dass ihre Urheber nur Naturmenschen sind, die moderne Kleidung angezogen haben. Es sind der Buschmann und der Feuerländer, die moderne Waffen bekommen haben. Es sind eroberungssüchtige wilde Stämme der Vergangenheit, die sich heute in den militären Aufzügen und Paraden verbergen. Und so versteht man besser, dass diese Wesen Diktatoren haben müssen. Die Häuptlingsverehrung ist in ihrem Bewusstsein noch nicht ausgelebt, wie diese ja auch in jeder kriegerischen Manifestation unentbehrlich ist. Hier muss man Diktatoren haben. Auf einem Kriegsschauplatz kann man nicht über den Schlachtplan parlamentieren. Das wurde nur dem Feind einen Vorsprung geben. Hier' muss der Soldat blind dem General gehorchen. Hier geht es um Fahrt und Schnelligkeit. Hier ist es die Überrumpelung und das totale Zermalmen des Gegners, des Feindes, die Lebensfreude schenken. Kann aber ein Volk als Kulturvolk oder als wirklich zivilisiert betrachtet werden, bloß weil es die Lebensform und Kriegsdisziplin wilder Völker zu seiner eigenen Regierungsform gemacht hat? -. Ich kann nur sehen, dass eine solche Nation in Wirklichkeit nur zu einer Kaserne geworden ist, in der es von überlegenen Generalen oder machtvollen Handlangern des Diktators und von verschüchterten dressierten Sklaven in Form von Soldaten wimmelt, die nichts zu sagen haben.

Da die Diktatur also nur auf Grund der Freiheitsberaubung der Untertanen existieren kann, muss sie immer im Kriegszustand sein. Es liegt nicht in der Natur der Lebewesen, sich freiwillig und materiell binden zu lassen. Und so muss die Diktatur ständig im Kampf mit dieser Natur liegen, die nicht nur ein Widerstand in Form von Gedanken ist, sondern das Wachsen des Lebens selbst in der Mentalität der Untertanen berührt. Und dieses Wachsen kann nicht aufgehalten werden, sondern es wird, wie schon gesagt, zuletzt die Zwangsjacke der Diktatur sprengen.

Die Diktatur ist also ein Kampf gegen das Leben selbst und gegen die Entwicklung und ist damit der größte Kontrast zum Prinzip des Gebens. Es ist ein Regime der Macht, das nur in Zonen zu Hause ist, wo Walhall, wenn auch unbewusst, noch ein alles überragendes, strahlendes oder glorreiches Ideal ist, dem gegenüber alles andere im Dasein erbleichen muss, Zonen, in denen das Recht noch ein nur nebelhafter Begriff ist. Und in dem Grade, in dem sich die Wesen auf diesen Entwicklungsstufen befinden, auf denen die Macht und nicht das Recht das absolut führende Ideal ist, können sie also die Diktatur preisen. Sind sie jedoch in der Entwicklung zu Zonen gekommen, in denen das Recht begonnen hat, der Macht vorauszugehen, dann verwittert die Moral des Schwertes, und die Keime einer neuen Welt, in der das Recht und damit die Freiheit für das Wachsen allen höheren Lebens beginnt, werden in der Ferne sichtbar.

Diese neue Welt ist eine Welt der Freiheit, die Welt des Prinzips des Gebens, denn keinerlei Gabe kann existieren, ohne Ausdruck für das eine oder andere Freigeben zu sein. Eine jede beliebige Gabe ist also damit identisch freizugeben. Das erste einigermaßen sichtbare Resultat der Einwirkung einer solchen Atmosphäre der Freiheit auf die von den tierischen Machttraditionen gebundene erdenmenschliche Gesellschaft ist das, was wir heute Demokratie nennen. Dass diese Demokratie in ihrer gegenwärtigen Form bei weitem nicht die Form repräsentiert, die das endgültige Ziel der Entwicklung der Demokratie ist, ist natürlich eine Selbstverständlichkeit. Die Demokratie ist ja kosmisch gesehen, sozusagen eben gerade in ihrem Anfang. Sie muss noch gegen die starken Diktaturneigungen der Wesen sowohl innerhalb als auch außerhalb ihres gegenwärtigen Machtbereichs kämpfen. Die tierischen Traditionen lassen sich ebensowenig durch plötzliche Befreiung verändern wie durch plötzlichen Zwang. Die wahre Befreiung des Wesens kann nur durch seine eigene Entwicklung geschehen. Die wirkliche Seelenfreiheit kommt also mit dem Wachsen so wie die Veränderung des Wesens vom Kind zum Erwachsenen. Sie kann nicht stehenden Fußes durch Experimente oder Befehle diktiert oder hervorgezaubert werden.

Die Demokratie hat jedoch den Vorteil vor der Diktatur, dass sie das Leben im Takt mit der Entwicklung schwingen lässt in Kraft des Stimmrechts oder Mitbestimmungsrechts ihrer Bürger.

Nachdem diese ihre Anschauung ändern, bessere Einsicht und Begabung bekommen, ändert dies ja ihr Mitbestimmungsinteresse. Und in Kraft ihres Stimmrechts haben sie also mitbestimmenden Einfluss darauf, dass das Stimmobjekt in Kontakt mit dem veränderten Interesse gebracht werden kann. Auf diese Weise wird die Demokratie eine Regierungsform, die sich die ganze Zeit über unblutig in Kontakt mit den wachsenden Veränderungen und Forderungen verwandelt, die die Entwicklung zu jeder Zeit mit sich führen mag.

Da die Diktatur ihren Bürgern unmöglich diese Freiheit oder dieses Mitbestimmungsrecht geben kann ohne aufzuhören, Diktatur zu sein, kann sie nur auf den Entwicklungsstufen in Kontakt mit der Entwicklung sein, auf denen das Seelenleben von so geringem Umfang ist, dass es sich nicht durch die Gleichrichtung der Diktatur bedrückt oder gehemmt fühlt.

Aber das Seelenleben wächst. Da das Resultat der Entwicklung zunehmende Freiheit und die Diktatur Zwang ist, wird unausweichlich die Zeit kommen, in der jegliche Diktatur zum Vorteil der Demokratie aufhören muss, die mit ihrer veränderlichen oder beweglichen Struktur der Entwicklung folgen kann und mit ihrem freiheitsgebenden Wesen ständig auf der Höhe mit den wachsenden mentalen Forderungen oder Begrenzungen sein kann, sei es auf dem künstlerischen, wissenschaftlichen wie auch auf dem rein ökonomischen Gebiet. So ist die Diktatur die Vergangenheit, die Demokratie ist die Zukunft.

Da die Demokratie ihren Staatsbürgern die Freiheit gibt, sich gemäß der Entwicklung zu ändern, nachdem ihre Stimmenmehrheit dazu heranwächst, diese Veränderung zu begehren, und da diese Freiheit normalerweise darauf Rücksicht nehmen muss oder durch die Opposition der gleichen Staatsbürger etwas gedämpft wird und da dadurch eine gewisse ‚Garantie dafür entsteht, dass Übereilung nicht stattfindet und eine gründliche Überlegung nicht vermieden werden kann, wird die Demokratie in Wirklichkeit eine auf der Höhe mit der Entwicklupg existierende Kultivierung der Freiheitsgaben des Lebens selbst an die wachsende erdenmenschliche Mentalität. So ist die Demokratie das einzige Mittel, mit dem des kosmischen Gabeprinzips Schenkung vom Wachstum des Lebens oder der Umbildung der Herde von Tier zu Mensch auf die unblutigste Weise offenbart oder praktiziert werden kann. So ist die wahre Demokratie eine in Freiheit wachsende Schöpfung einer Öffnung in der irdischen mentalen Sphäre, wodurch der Menge auf eine angepassten Weise zuletzt unbehindert Zugang zur größten Gabe des Lebens gegeben werden kann: zu größtmöglicher und uneingeschränkter Entwicklung von Geist und Kultur, von Weisheit und Liebe und der hiermit unerschütterlich verbundenen Schöpfung eines alles überstrahlenden Friedens und einer Harmonie als Tatsache im täglichen Leben auf Erden.

## 7. Kapitel

## Das Prinzip des Gebens und der Kreislauf der Natur.
## Die Demokratie und die Welterlösung

Wir waren nun in Berührung mit dem Prinzip des Gebens oder dem Prinzip des Freigebens und haben gesehen, dass es die Arbeitsmethode der Natur selbst ist und dass Zwang und Gegensätzlichkeiten entstehen, wenn die Menschen gegen dieses Prinzip angehen. Dann entsteht Freiheitsberaubung, deren direkte Nachwirkungen oder Fußspuren absolut nur als Verkrüppelung oder Missgeburt existieren können. Wir haben etwas von dieser Wahrheit durch unser Erwähnen von Diktatur oder Demokratie gesehen. Wir haben gesehen, dass die Diktatur eine Erscheinung ist, in der die mentalen Lebenskräfte, d.h. Tausende von Gehirnen des Volkes, fast außer Funktion gesetzt werden, so dass sich nur eine einzelne kleine Gehirnfunktion (die des Diktators) im großen Körper der Nation entfalten darf, wodurch dieser notwendigerweise zuletzt welken oder, rein kulturell gesehen, hinsiechen muss, selbst wenn er auch im Anfang rein macht- oder eroberungsmäßig scheinbar brillieren kann. Wir haben auch gesehen, dass die Demokratie ein Körper voller Gesundheit und geistiger Aktivität ist, indem sich all seine Gehirnzentren entfalten und durch das Mitbestimmungsrecht mehr oder weniger im Gesellschaftsleben zum Ausdruck kommen können, das ja auf diese Weise ein Meer von neuen in Geist und Kultur aufwärtsstrebenden Ideen, Manifestationen oder Bewegungen wird. Wir haben also gesehen, dass das Prinzips des Gebens oder Freigebens die Demokratie eins mit dem Leben macht, während das Zwangsprinzip die Diktatur identisch mit dem Tod macht.

Wenn aber das Prinzip des Freigebens eine so alles überwältigende Wirkung auf die Menge hat, ist es ja nicht so eigentümlich, dass die größten Leiter der Menschheit, Propheten und weise Männer, Religionsstifter und Welterlöser, durch Religionen, durch Bücher und Lebensweise unaufhörlich als das absolut Wesentliche die eine Realität hervorheben: die Liebe. Liebe ist ja das Prinzip des Gebens oder Freigebens in Reinkultur. „Die Liebe sucht nicht das ihre", d.h. Liebe ist eine mentale Einstellung, deren Gedankenrichtung dadurch Freude auslöst, das Wohlbefinden anderer seinem eigenen voranzustellen. Das ist eine Daseinsweise, die nur das höchste Glücksgefühl darin finden kann, sich für andere zu opfern, also die vollkommene, hundertprozentige Hingabe von sich selbst an das Leben oder die Umwelt, das vollkommene, hundertprozentige Freigeben der Entwicklung und des Erlebens des Lebens aller anderen Lebewesen.

Wer aber hat das innerhalb der Erdenmenschheit erreicht? Ja, die Antwort hierauf muss sehr negativ werden. Diese Gesellschaft befindet sich eben auf einer Stufe, auf der fast niemand so entwickelt ist, dass er Gegenstand für eine so alles überstrahlende kosmische Gabe werden kann, dass sich alle anderen Menschen für den Betreffenden opfern würden, wie es auch fast keinen gibt, der so entwickelt ist, dass er imstande wäre, diese Gabe zu leisten oder sich in einem so alles überwiegendem Grad für andere hingeben zu können. Aber wir wollen uns um ein weniges mehr in das Problem vertiefen, damit jeder einzelne Interessierte sehen kann, wie weit er oder sie in Kontakt mit der Liebe oder mit diesem größten Prinzip des Lebens ist, so dass man dadurch seine wirkliche geistige Position im Kurs dem größten Glück entgegen feststellen kann.

Dass das Prinzip des Gebens allmählich ein Faktor geworden ist, um den man in der modernen Gesellschaft nicht herum kommt, kann nicht recht vielen unbekannt sein. Wir leben ja in einer Zeit, in der die sozialen Verhältnisse solcher Art sind, dass es heute völlig normal ist, ja übermäßig normal, dass Gaben gegeben und empfangen werden. Es gibt philanthropische Organisationen, es gibt Sozialhilfe, es gibt Klingelbeutel in den Kirchen, es wird für Missionsarbeit gesammelt, es wird zur Weihnachtsspeisung der Armen und für den Ferienaufenthalt armer Kinder gegeben. Große und reiche Firmen und Krösusse schenken Vermögen an die Gesellschaft, für Kunst, Wissenschaft, Expeditionen usw. Wir wollen auf diese Formen des Gebens nicht näher eingehen, nur eben andeuten, dass diesen Tatsachen nicht abgesprochen werden kann, dass sie das Durchdringen einer neuen und besseren Welt im erdenmenschlichen Egoismus sind. Es ist das große Lebensprinzip der Natur, „lieber zu geben als zu nehmen", das im Öffentlichen und Privaten das tierische Sperrgebiet des Egoismus „lieber zu nehmen als zu geben" zu durchbrechen beginnt.

Obwohl letzteres Prinzip bis zur Genialität so gut durch das Geschäfts- und Reklamewesen organisiert ist, dass es die Ökonomie der großen Menge beherrscht und ihre armen Spargroschen in großen Mengen in Banken, Geldinstitute und Finanzunternehmen fließen und sich dort zu Milliardenwerten anhäufen lässt, zwingt das große Prinzip des Gebens der Natur diese Werte, in Form des vorhin genannten sozialen Prinzips des Gebens zur Gesellschaft zurückzufließen.

Auch wenn dieses Zurückgeben der Werte, wie gesagt, natürlich bisher nur in seinem zartesten Beginn ist, ist es doch genug, dass man auch hier das große Grundprinzip der Natur sehen kann, den Kreislauf. So wie der Ozean nicht die von Flüssen und Bächen zufließende Wassermenge behalten kann, sondern in Form von Regen, Nebel und Morgentau an das Festland zurückgeben muss, können die Geldozeane auch nicht längere Zeit die durch die Bäche und Flüsse der Handels- und Reklamewelt zufließenden Wertmassen halten, sondern müssen beginnen, diese in Form der genannten öffentlichen und privaten Formen von Gaben an die Gesellschaft zurückzugeben.

Es ist die Mission der Demokratie, dass dieses Zurückgeben oder dieser Kreislauf vollkommen wird, so dass alle Zonen die notwendige ökonomische Feuchtigkeit, den Sommerregen und den Morgentau bekommen, wodurch der finanzielle Wüstenzustand, die Armut, ein Problem der Vergangenheit werden kann.

Und diese Mission ist die Öffnung der Pforte zur Freiheit, die ausschließlich das Einzige ist, wodurch eine rationelle und praktische Welterlösung zur Kulmination auf den irdischen Kontinenten kommen kann.

## 8. Kapitel

### Das wahre Geben

Was die Kenntnis unserer eigenen Harmonie mit der Natur und mit unserer Position in dem obengenannten Kreislauf betrifft, gehört dies auch mit zu dem „was not tut". Diese Position festzustellen, kann nur durch eine eingehende Analyse darüber geschehen, wie man in Wirklichkeit seine Gaben gibt. Es gibt viele Formen für die Überführung von Werten von einem Menschen zum anderen, aber es gibt in Wirklichkeit nur eine einzige Weise, wodurch eine Wertüberführung von einem Menschen zum anderen, kosmisch gesehen, eine absolute Gabe ist. Diese Weise wird nur manifestiert, wenn die Gabe identisch mit einem hundertprozentigen Freigeben ist, was die Überführung eines Wertes vom Geber zum Empfänger betrifft. Ist nur der allergeringste Verdacht einer Erwartung auf Gegendienste auf die eine oder andere Weise vorhanden, dann ist die Überführung in Wirklichkeit nur ein maskiertes Geschäft. Dann ist die Gabe ja nur eine Verkaufsware, für welche die erwarteten Gegendienste Bezahlung sind. Und ist es nicht eben das Ausbleiben dieser erwarteten Bezahlung, das so viel Feindschaft und Bitterkeit zwischen den Menschen schafft. Hört man nicht oft die Leute verbittert sagen: Wieviel habe ich nicht für ihn (sie) getan. Ich habe ihm mit diesem und jenem geholfen, ich habe ihm so viele Dinge gegeben, und er rechnet überhaupt nicht mit mir. Er kann gut Rücksicht auf andere nehmen, aber ich werde immer zur Seite gesetzt Aber was hören wir da im Grunde? Ist es nicht eben dies, dass die Leistungen des Betreffenden nicht hundertprozentiges Freigeben waren, sondern geheime Klauseln hatten? Ist die Verbitterung nicht eine Enthüllung einer erwarteten Bezahlung in Form behaglicher Gegendienste? - Und ist nicht der Grund dieser Verbitterung eben das Ausbleiben dieser Bezahlung? Wenn der Geber offen dem Empfänger gesagt hätte, dass die Gabe nur unter Bedingung eines erwarteten Gegendienstes gegeben sei, und wenn der Empfänger darauf eingegangen wäre, die Gabe auf diese besondere Weise zu empfangen, dann wäre das ja ein reines Geschäft. Und die Verbitterung des Gebers über das Ausbleiben der Gegendienste wäre ja gerechter begründet. Da aber die Leistung ohne jede offen gestellte Klausel oder Bedingung gegeben war und deshalb dem Empfänger gegenüber als Gabe maskiert war, war dieses Geben ja ein Betrug. Und es ist also nicht der Empfänger, der der Sünder ist, sondern der Geber der Gabe selbst. Er hat in diesem Fall nicht das geringste Recht, sich enttäuscht zu fühlen oder über den Empfänger verbittert zu sein, der ja überhaupt nichts versprochen hat und die Gabe nicht unter irgendwelchen Voraussetzungen empfangen hat und sie möglicherweise niemals angenommen hätte, wenn er die geheime Klausel gekannt hätte.

Wenn eine Gabe in selbst der geringsten nachfolgenden Reue oder Verbitterung beim Geber resultieren kann, ist dies ein unfehlbares Kennzeichnen und ein Beweis dafür, dass die Gabe absolut keine Gabe war, sondern eine heimliche Vorausbezahlung für irgend einen erwarteten Gegendienst.

Die wirkliche absolute Gabe ist heilig und kann niemals etwas anderes verursachen als Freude für ihren Geber, da sie, kosmisch gesehen, nur eine Auslösung der Kulmination von Liebe sein kann, d.h. ein hundertprozentiges Gefühl von Glück ausschließlich durch das Geben. Die Liebe fordert überhaupt nichts, „sie sucht nicht das ihre". Deshalb kommt der vollkommene Geber niemals in die Situation, Bitterkeit, Unwillen oder Feindschaft gegen denjenigen zu fühlen, dem er Gaben gegeben hat, oder den er unterstützt hat, da er ja niemals auch nur den geringsten Schatten von persönlichem Vorteil erwartet hat.

Wenn er keine Erwartungen gehabt hat, kann er sich ja nicht enttäuscht fühlen, nicht einmal im schlimmsten Fall, wenn der Empfänger der Gabe überhaupt keinerlei Dankbarkeit oder Wohlwollen ihm gegenüber zeigt, sondern dagegen, wie es zuweilen geschieht, mehr fordert. Der vollkommene Geber hat Glück genug in dem Bewusstsein, etwas wirklich Gutes getan zu haben. Sein Glück ist nicht die Belohnung für das Gute, was er getan hat, sondern dagegen das volle Gefühl von Seligkeit, das unausweichlich jeder selbstlosen Handlung oder Manifestationsweise folgt, die hundertprozentig in Kontakt mit dem Impuls des Lebens selbst vibriert oder mit den allerhöchsten Kräften im Universum, ganz unabhängig davon, wieviel materieller Gewinn oder Verlust die betreffende Handlung auf übrigen Gebieten auch verursacht haben mag. Für den wahren oder wirklichen Geber ist es nicht die Erwartung auf Belohnung oder Gegendienst, die das Tragende oder auslösende Moment ist, sondern dagegen die Empfindung der Handlung im Bewusstsein als eines der höchsten göttlichen Erlebnisse. Und ein solcher Geber bekommt also in der göttlichen Handlung selbst eine überreiche Belohnung.

Für den primitiven oder falschen Geber ist es dagegen der heimliche Gewinn, der das auslösende Moment ist. Und man versteht deshalb die Enttäuschung und die Bitterkeit bei diesem Wesen gut, wenn die Belohnung ausbleibt.

Aber diese Bitterkeit macht es ja zur Tatsache, dass er gar kein Geber ist, sondern dass das PrinZip des Gebens bei ihm dagegen nur eine bewusste oder unbewußte Methode zum Erreichen der Zufriedenstellung von egoistischem oder selbstsüchtigen Begehren ist. Da aber eine solche Methode eine Entstellung oder Maskierung der faktischen Verhältnisse ist und da dabei eine Art Fallgrube für den Empfänger der Gabe entsteht, ist das ein Betrug. Und jede Gabe, die mehr oder weniger unter einer solchen Form ausgelöst oder gegeben wurde, kann nur in der Unterwelt der Zivilisation beheimatet sein. Sie verhindert somit jeden, der sich so benimmt, ein wahrer Kulturmensch zu sein. Ein solcher Mensch ist noch ein geistiger Proletarier.

Die Art und Weise, wie ein Mensch eine Gabe gibt, ist also der Maßstab oder das Kennzeichen dafür, wie weit er in wirklicher Kultur oder im Geist gekommen ist. Wenn ein Mensch imstande ist, eine Gabe ohne die allergeringste Forderung auf Gegendienste zu geben, sondern sie mit hundertprozentigem Freigeben für den Empfänger leistet, d.h. sie mit einer heimlichen, heiligen Verpflichtung gibt, selbst niemals auf Grund der Gabe den geringsten Grad von Bitterkeit oder Entrüstung gegen den Empranger zu fühlen - ganz gleich, wie dieser in der Zukunft auch gegen den Geber handeln möge, ganz gleich, ob er den Geber auf verschiedene Weise zum Vorteil anderer Personen, für die er Behagen oder Sympathie fühlt, zur Seite schiebt -, dann ist seine Leistung eine wirkliche Gabe, gleichgültig, was das Gabeobjekt auch gewesen war, gleichgültig, ob die Leistung in rein körperlicher oder mentaler Arbeitskraft bestand, oder ob es materielle Gegenstände, Gut und Gold waren. Dann hat man wirklich eine Stufe erreicht, auf der die Liebe und nicht die Selbstsucht das höchste diktierende Moment im Bewusstsein gewesen ist. Dann hat die Gabeleistung sich schon selbst in Form der göttlichen Empfindung des Kontakts mit dem Leben bezahlt, und auch mit dem Gefühl, „eins mit dem Vater" zu sein.

Im gleichen Grad, in dem eine Gabe nicht unter diesen Verhältnissen gegeben wurde, ist sie ein Falsum und damit unmöglich Ausdruck für wirkliche Kultur. Sie ist unumstößlich identisch mit einer der vielen Realitäten, die die Menschen noch in Primitivität und Herabwürdigung halten, in Verfolgung und Leiden.

Aber durch die Tränen des Mißgeschicks wird die Selbstsucht zerstört, und der verlorene Sohn zum Kurs des Lebens zurückgeführt, lernt er auf die rechte Weise zu geben, kommt in Kontakt mit dem Weltall, tritt ein in die Reihen der Werkzeuge der Gottheit für die größte und vollkommenste Gabeleistung, die alles vergebende ewige Liebe. Und damit wird es zur Wirklichkeit: „Geben ist seliger als nehmen". Denn nur in jeder vollkommen selbstlosen Gabeleistung seinem Nächsten gegenüber kommt die Strahlenglorie des ewigen Vaters zum Vorschein. Nur hier wird seine direkte Nähe gefühlt. Und niemand kommt ihm näher als derjenige, der so große Liebe fühlt, dass er sein Leben wagt, um seine Mitwesen zu retten. Das ist die größte Offenbarung des Prinzips „zu geben". Das ist das Modell für die vollkommene Lebensweise. Nur durch die Kulmination der Liebe kann eine wirkliche Gabe geboren werden. Und nur wenn die Menschen gegenseitig solche Gaben zu leisten vermögen, können wahrer Friede und vollkommene Harmonie strahlen und den ‚Menschen als Abbild Gottes» enthüllen.

Zitat Ende aus Martinus „ Der Weg zur Einweihung" www.martinus.dk

So das waren einige Auszüge aus den Schriften von Martinus.

Alles sehr logisch alles Verstand und hohe Vernunft, oder...

Alles schön geordnet alles wunderbar geregelt, also so wie ihr sein wollt oder wie ihr zu sein habt damit andere euch abzocken können. Aber ist es möglich das auch die hohe Vernunft euch abzocken will, ist es möglich das auch die logischen euch abzocken wollen, tja es ist gar nicht so einfach das wahre zu finden das echte oder?

Ich habe Martinus Bücher soweit gelesen, zumindest was in deutscher Sprache zu haben ist. Eines ist mir aufgefallen, wenn ich mit Martinus Fännn's, gesprochen habe, waren die doch sehr vom Martinus eingenommen und er und sein Denken das sie nun übernommen haben und glaubten sie hätten das erkannt was er erkannt hat, was ja falsch ist, denn sie haben bloß Informationen und nicht die Wahrheit die er hatte, jedenfalls, wenn ich mit denen sprach waren die doch sehr dogmatisch, nur Martinus hatte das wahre zu bieten und er hatte die gesamte Welt-anal-analytisch anal-ysiert. Ho, ho, ho. Aber beim Betrachten von der Einsicht von Martinus sehe ich ganz klar das er auch im Rad der 84 hängenbleibt, dem Rad der Wiedergeburten. Er beschreibt das so „indem er schreibt das ist einfach so, du, ich, er sie es, machen diese Runde im Kreislauf der Universen, auf ewig. Als ich das las fand ich das langweilig, was aber bloß bedeutet dass ich eben viel gelesen habe. Lesen war mein Leben. Immer wiedergeboren zu werden ist aus meiner Sicht, heute, langweilig, es soll aber, so beschreibt er, in immer höhere Bewusstseine sein. Und immer neuere Abenteuer Unendliche Abenteuer. Womöglich bin ich heute etwas müde und deswegen auch diese Abneigung gegen das Wiedergeburtssausen in Ewigkeit zu Ewigkeit. Na gut. Da Martinus, vom Verstand her, den Einblick den er bekommen hat ganz gut informiert wurde, wie selten einer auf der Erde, durch seine unumwerfliche Logik, ist mir aber aufgefallen das Martinus kein Rezept anbietet aus diesem ewigen wiedergeboren werden raus zu kommen. Aber wer kann so ein Angebot machen, die Buddhas und die Meister. Ob das stimmt ist eine andere Angelegenheit. Laut Martinus sind die Meister und Buddhas bloß kleine Lichter der Erwachung im großen und unendlichen Universum. Was aber für die Menschen von unvorstellbarer Größe sei, meint er, so hätte er es gesehen. Ob Martinus bloß ein Handlanger der Gottheit der Schöpfung war bleibt noch unerforscht für mich, ich sehe seine Einsichten eher so als ob er eine Einweihung in die Struktur des Universums bekommen hat, was ja ganz nett ist. Aber aus dem Alpha und Omega raus zukommen und ewig frei davon zu sein das ist etwas ganz anderes und davon reden die Buddhas. Nicht die Lamas oder Dalai Lamas, die wissen fast Garnichts und sind genauso trübe wie die Priester anderer Religionen oder die Schriftgelehrten und anderen Traumtänzer auf der Erde. Die Sat Gurus, die Wahrheitsmeister, sie reden auch von der Befreiung vom Rad der Wiedergeburten und sie bieten eine wissenschaftliche Methode dafür an. Damit haben die Buddhas die Meister ,jene die die Lehre vom Klang Gottes lehren und dem Licht Gottes, sie haben die nobelsten und weitreichendsten Einsichten auf der Erde, das musste ich mir in meiner jetzt 52 jährigen menschlichen Karre oder Kariere erarbeiten, alles andere an Philosophie oder Psychologie sowieso, oder alle anderen Arten und Sorten von Einsichten egal was es ist, ist minderwertig auf dem Weg die Wahrheit zu erkennen und zu leben. Denn kein Lama oder Dalai Lama oder Kardinal oder Papst schon gar nicht oder erst recht nicht die bekloppten Mullahs oder deren Stufen darüber die sich sogar auch Stellvertreter Gottes nennen, haben auch nur die geringste Ahnung davon was es heißt der Klangstrom Gottes oder das Licht Gottes oder der Ton Gottes oder der Heilstrom Gottes wie Bruno Gröning ihn auch erwähnt, oder der Heilige Geist, der TonStrom Gottes, keiner hat davon Einblick und weiß was das ist, das haben bloß die voll erwachten Buddhas und Wahrheitsmeister die das verwirklicht haben. Hier sind noch einige Aussagen der Suma Ching Hai, die auch den Klang Gottes lehrt den TonStrom Gottes.

Zitat Anfang

Die Meisterin sagt:
**Warum müssen wir meditieren?**
Die Höchste Meisterin Ching Hai in Hongkong 20.Februar 1992
(Original in Englisch)


Überall in der WelLgibt es Kriege, Überschwemmungen, Hungersnöte und Flüchtlinge. Und das alles, weil wir unsere Weisheit nicht benutzen; stattdessen verlassen wir uns auf unser Ego, unseren Verstand, und nehmen eine arrogante Haltung ein. Wir meinen, das eine sei wie das andere, und gäbe keinen Unterschied. Selbst Kleider,sind manchmal verschieden.Unterschiedliche Stoffe rufen unterschiedliche Empfindungen hervor. Kalte Luft aus der Klimaanlage ist etwas anderes als kalte Luft im Freien; man kann nicht behaupten, es sei dasselbe. nur weil beide die gleiche Temperatur haben. Es ist nicht dasselbe! Die Zusammensetzung ist eine andere. Wenn wir z. B. in die Berge steigen, wo es kälter ist und vielleicht sogar schneit, werden wir nicht so müde, weil dort oben frische Luft ist. Es mag sehr kalt sein, aber indem wir die sauerstoffreiche Luft einatmen, wird Wärme erzeugt. und der Körper stellt sich darauf ein. Wenn wir uns jedoch in einem schlecht belüfteten Raum mit Klimaanlage aufhalten, fühlen wir uns trotz der kühlen Luft müde. Das bekommt unserem Körper nicht besonders. Beim Verlassen eines klimatisierten Raumes haben wir das Gefühl uns physisch gar nicht so schnell umstellen zu können, und wenn wir vom Schlaf aufstehen, sehen wir bleich aus. Wenn wir längere Zeit in klimatisierten Räumen leben oder arbeiten, bekommt unser Gesicht womöglich einen Stich ins Grüne. Im Gebirge jedoch sehen wir rosig aus, obwohl es dort vielleicht erheblich kälter ist.

Natürlich sollten wir unserer Entscheidungsfreiheit mehr Raum geben, aber wir müssen herausfinden, welche Handlungsweise die bessere ist. Frei sein heißt ja nicht, dass wir einfach tun, was wir wollen. Wir sollten unser Gehirn und unsere Weisheit benutzen, wenn wir etwas tun; dazu haben wir sie schließlich. Handelt also nicht blind und eigensinnig. Ob wir Qualität oder Schund kaufen,wir benötigen dafür die gleiche Zeit und bezahlen höchstwahrscheinlich denselben Preis, wenn nicht noch mehr für den Schund. Darum sollten wir uns bemühen,bei allem was wir tun,unseren Verstand und unsere Weisheit zu gebrauchen;damit sparen wir Zeit und Energie, und es wird uns und anderen nützen. Darum ist es notwendig spirituell zu praktizieren,ein sehr logischer Grund.

**Unsere Lebenskraft bündeln**

Wenn wir ein Vergrößerungsglas benutzen, um damit Sonnenstrahlen zu bündeln, können wir an dem Punkt, an dem die Strahlen zusammentreffen, ein Feuer entzünden. Sonst können wir von dem Sonnenlicht keinen Gebrauch machen, selbst wenn es reichlich vorhanden ist. So ähnlich ist auch unsere Lebenskraft in unserem Körper verteilt, ja sogar außerhalb desselben. Wenn wir unsere Aufmerksamkeit auf eine Sache richten, verleihen wir ihr Kraft; wir geben ihr unsere Lebensenergie. Wenn wir also unsere ganze Aufmerksamkeit auf einen bestimmten Punkt konzentrieren, können wir jedes Problem lösen. Wir können ein Feuer entzünden, das alle Hindernisse verbrennt. Das ist sehr logisch, daran ist nichts Mysteriöses.

Vermeidet Aberglauben bei der spirituellen Kultivierung. Versucht, klar zu verstehen, warum wir diese Methode praktizieren und warum wir uns auf diesen Punkt konzentrieren müssen (Master zeigt auf das Weisheitsauge). Benutzen wir nicht diesen Punkt und runzeln die Stirn, wenn wir scharf nachdenken? Wir runzeln unwillkürlich die Stirn, wenn wir uns konzentrieren wollen. Wir wissen also, dass wir uns auf diesen Punkt konzentrieren müssen, um zu vermeiden, dass wir dort Energie verlieren oder dass sie durch Ablenkungen von außen verschwendet wird. Verstärkt sich unsere Kraft nicht, wenn wir sie hier konzentrieren'? Und gelingt uns der Durchbruch dann nicht schneller? Jawohl! Mit einer Hand z.B. kann man eine Tür nur aufmachen, aber mit beiden Händen kann man sie notfalls einschlagen.

Das ist ganz einfach und logisch, daran ist nichts Mysteriöses. Spirituelle Praxis ist eine wissenschaftliche Angelegenheit: darum belastet euch nicht mit Zweifeln. Wahrscheinlich werdet ihr protestieren und mir vorhalten: „Wie kann sich unsere Energie zerstreuen, nur weil wir äußere Dinge betrachten?"

Natürlich zerstreut sie sich: wie sonst könnten Hypnotiseure über andere Menschen Macht gewinnen'? Sie senden ihre Energie aus, um einen anderen zu kontrollieren. Wie könnt ihr sagen, dass sie nicht ihre Kraft einsetzen? Sie tun es! Manche Menschen üben eine derartige Gedankenkonzentration, dass sie Gegenstände willkürlich in die Luft erheben oder fallen lassen können. Es gibt sogar Menschen, die durch ihre Gedanken aus großer Entfernung andere töten können. In Tibet und vielleicht auch in China sind sie noch zu finden. Unser konzentriertes Denken ist sehr machtvoll. Meint also nicht, unsere Lebensenergie würde nicht verschwendet wenn unsere Aufmerksamkeit auf andere Dinge gelenkt wird.

Natürlich wird sie das! Dadurch wird unsere Weisheit verschwendet.

Ein Beispiel: Um in irgendeiner Sache Vollkommenheit zu erreichen, müssen wir sie aufmerksam betrachten oder konzentriert an sie denken. Das gilt auf allen Gebieten, sei es Musizieren oder Wäsche waschen. Wenn wir Wäsche waschen, müssen wir uns die Flecken genau ansehen, bevor wir entscheiden, ob wir sie auswaschen, ausbürsten oder herausreiben sollen. Ein Künstler muss innerlich vollkommen konzentriert sein, um ein gutes Gemälde oder eine Skulptur zu schaffen. Manchmal seht ihr einen Mann bzw. eine Frau, die euch sehr gefallen - könnt ihr dann sagen, dass ihr eure Energie nicht verschwendet? Ihr tut es! Wenn ihr einen Menschen beobachtet, wird er es spüren und nach einer Weile vielleicht sogar von euch bezaubert sein. Ihr gebraucht eure Kraft, um ihn anzuziehen. Ihr könnt nicht leugnen, dass ihr eure Energie verzettelt!

Darum sollten wir all die Kraft, die wir sonst verschwenden würden, konzentrieren und soviel wie möglich davon bewahren, genau so wie wir Geld sparen. Wenn wir mit vollen Händen Geld ausgeben, da wo es nicht nötig ist, werden wir niemals genug haben. Wenn wir es angemessen ausgeben, dann ist jeder gesparte Dollar ein verdienter Dollar. Wenn unsere Ersparnisse anwachsen, wird unser Leben leichter, und wir müssen nicht mehr so hart arbeiten. Wenn wir eine große Summe gespart haben, können wir problemlos alles kaufen, was wichtig und notwendig ist. Ohne Geld jedoch können wir nicht einmal Kleinigkeiten kaufen. Darum lasst uns zuerst sparen, und dann können wir kaufen, was wir wollen.

Genauso, wie wir jeden Tag Energie an die äußere Welt verschwenden, holen wir sie durch Meditation wieder zurück. Wann immer ihr etwas Zeit erübrigen könnt, nehmt sie euch; es ist besser als nichts. Von vierundzwanzig Stunden sollten wir uns zweieinhalb Stunden vorbehalten, ein Zehntel unserer Zeit, um unsere Lebenskraft aufzufüllen und unsere Energie zu konzentrieren, dann werden wir genug haben, um sie in den restlichen Stunden auszugeben. So wie wir Zeit haben, Geld auszugeben, sollten wir auch Zeit haben, es zu verdienen. Acht Stunden am Tag arbeiten wir, um unsere Ausgaben im Verlauf von vierundzwanzig Stunden zu bestreiten. Dagegen nehmen wir uns nur zweieinhalb Stunden Zeit für Meditation, um unseren Verbrauch im Verlauf von vierundzwanzig Stunden decken zu können, und ich finde das nicht unlogisch. Tatsächlich denke ich, das ist zu wenig! Einweihung heißt also nicht, dass damit alles getan ist; ihr müsst noch nach Hause gehen und mit der Arbeit fortfahren.Einweihung ist etwa so wie die Anstellung bei einer Firma. Der Chef hat dich eingestellt, das heißt aber nicht, dass du einfach jeden Monat Geld bekommst. Du musst jeden Tag hingehen und arbeiten; du bist dem Chef verantwortlich, und dann wirst du bezahlt werden für jeden Tag, an dem du arbeitest. So ähnlich meditieren wir jeden Tag, um unsere Weisheit und Kraft zu verdienen, und dann werden wir immer mehr unglaubliche Vorkommnisse beobachten können. Das ist weder magische Kraft noch gesegnete Belohnung; es ist die Energie, die ihr gespart habt. Sie kommt an die Oberfläche, und ihr könnt dadurch viele Probleme lösen, die vorher unlösbar waren. Es ist ganz und gar logisch! Früher waren wir reich, konnten aber nicht mit Geld umgehen und kauften alles, was wir sahen, auch wenn wir es nicht brauchten. Wir gaben das Geld aus um Dinge zu kaufen, für die wir keinen Platz hatten. Mit der Zeit wurden sie eine Belastung für uns. Schließlich hatten wir soviel Kram, dass uns kein Raum mehr blieb, darin zu wohnen, wir fühlten uns bedrängt und ungemütlich. Nun, da wir all diese Dinge beseitigt haben, werden wir nicht wieder unnötigen Kram einkaufen. Nun haben wir mehr Platz und sparen mehr Geld. Später, wenn wir etwas sehen, das sehr wichtig ist sehr schön und komfortabel und ganz nach unserem Geschmack, dann können wir es uns von dem Ersparten kaufen. Und wenn wir es kaufen wissen wir, dass wir es wirklich mögen. Wir fühlen uns wohl: das Geld ist gut angelegt, und die Ware ist gut, es erscheint uns unglaublich. „Warum war ich nie in der Lage, das zu kaufen?"' Vielleicht meinen wir sogar, es sei vom Himmel in unser Haus gefallen. Nicht im geringsten! Es ist unser Geld. Wir haben eine Menge gespart, nun können wir uns diesen kostbaren Gegenstand leisten.

Früher, als wir sinnlos Geld ausgaben, wagten wir so wertvolle Gegenstände nicht einmal anzusehen, geschweige denn, sie zu kaufen!
Früher verschwendeten wir zu viel Lebenskraft und Energie darauf: nach draußen zu schauen, weil wir meinten, das würde uns Trost und Behagen bringen. Tatsächlich brachte es uns nur Frust. Es war etwa so, wie wenn man zuviel überflüssigen Kram kauft, der einem zu Hause nur im Wege ist. Wir fühlten uns erstickt und beengt. Wir hatten viele Dinge, mit denen wir gar nicht fertig wurden, karmische Hindernisse, die wir nicht beseitigen, oder Ursachen und Wirkungen, denen wir nicht entkommen konnten. Die enorme Kraft, die wir aufsparen hilft uns, mit dem früher nicht zu bewältigenden Karma fertig zu werden, es ein wenig zu reduzieren, uns etwas komfortabler einzurichten oder in anderer Weise damit umzugehen. So wird unser Leben meist angenehmer, wenn wir in der spirituellen Praxis fortschreiten.

Wir müssen aber wirklich mit dem Herzen praktizieren und absolut aufrichtig. Aufrichtigkeit kann uns helfen, uns zu konzentrieren: wenn wir nicht aufrichtig sind, praktizieren wir nur gelegentlich, nachlässig, oder überhaupt nicht. Das ist ganz logisch. Ich will euch das an einem Beispiel aus dem Alltag erläutern: Wenn ihr in jemand verliebt seid, scheut ihr keine Mühe. Ganz gleich, wie weit der Weg zu ihm ist, ihr gebt trotzdem, um ihn zu sehen; egal, was für einen Charakter er hat, ihr akzeptiert ihn. Ihr könnt alles ertragen, nur um ihn zu heiraten.

Wenn ihr es aber nicht ernst mit ihm meint, seht ihr ihn an, als würdet ihr nicht sehen; Ihr spürt nichts dabei. Ihr vermisst ihn nicht und habt keine Sehnsucht nach ihm. Ihr habt nicht das Bedürfnis, ihn zu heiraten oder sein Herz zu gewinnen. Da ihr nicht alles versuche was in eurer Macht steht, werdet ihr ihn natürlich nicht bekommen, weil es nicht das ist, was ihr wirklich wollt. Höchstwahrscheinlich möchtet ihr irgend jemand oder irgend etwas anderes. Vielleicht wollt ihr Urlaub machen oder irgendwie Spaß haben. Ihr vermisst ihn nicht. Also werdet ihr ihn auch nicht bekommen. Andererseits seid auch ihr ihm ziemlich egal. Da ihr nicht aufrichtig seid, vermögt ihr ihn nicht anzuziehen oder sein Herz anzurühren.

Genauso ist es auch mit unserer Weisheit und der unglaublichen Kraft. Nur wenn wir sie wirklich wollen, werden wir alles tun, um sie zu erhalten.

Von ganzem Herzen, aus ganzer Seele werden wir danach streben. Wenn wir sie aber nicht wollen, werden wir sie auch nicht erhalten. Ist das nicht logisch? (Ja.) Nur wenn wir etwas wirklich wollen, konzentrieren uns darauf, es zu bekommen. Andernfalls ist es uns egal, ob es kommt oder nicht.

Darum ist es von größter Wichtigkeit, dass wir in unserer spirituellen Praxis aufrichtig sind. Zieht keine Show ab für andere. Das heißt nicht, dass ihr die Tatsache, dass ihr meditiert, verschweigen sollt; aber ihr dürft euch keinesfalls damit brüsten.

**Warum ihr eure inneren Erfahrungen anderen nicht enthüllen solltet**

Wenn euch die Leute fragen, was ihr praktiziert, solltet ihr antworten: „Ich praktiziere die Guanyin-Methode und fühle mich sehr gut dabei.
Ich meditiere so und so viele Stunden am Tag, und ich bin Vegetarier." Sprecht nicht über eure inneren Erfahrungen. Warum? Wenn ihr davon redet, werden sie es vielleicht nicht glauben. Sie verspotten euch vielleicht. Die meisten Menschen in der Welt werden euch nicht glauben! Als ich gestern über andere Planeten sprach, fragten mich die Leute: „Wie können Sie beweisen, dass jene Planeten existieren? Bilden Sie sich das vielleicht nur ein?" In den Zeitungen und im Fernsehen gab es so viele Berichte über UFOs und Außerirdische, und doch glauben es die Leute nicht! Stellt euch vor, was sie denken, wenn wir über unsere inneren Erfahrungen sprechen. Da wir ihnen kein UFO zeigen können (die Meisterin lacht), wie wollen wir sie überzeugen?
Ich habe das große „Glück" erwählt zu sein, als Erleuchteter Meister zu dienen, darum muss ich über alles sprechen und mich zum Narren machen. Jemand muss sich opfern! Nachdem Gott mir diesen Auttrag, oder diesen „Job", nun einmal zugeteilt hat, muss ich ihn ausführen. Ansonsten aber machen wir uns sehr oft nur zur Zielscheibe des Spotts, wenn wir unsere inneren Erfahrungen und unsere spirituelle Ebene aufdecken, und erreichen nur das Gegenteil. Wir reden, weil wir möchten, dass andere uns glauben und auch spirituell praktizieren; statt dessen lachen sie uns womöglich aus und greifen uns an. Das kann unseren Glauben beeinträchtigen. Wenn die Leute immer wieder sagen, dass wir uns das alles nur einbilden, dann glauben wir mit der Zeit vielleicht selbst dass alles Einbildung ist. Und wir möchten vielleicht aufhören, was unangenehm sein kann! Grundsätzlich ist es nicht verkehrt, über diese Dinge zu sprechen, aber sehr oft haben wir keine inneren Erfahrungen mehr, wenn wir geredet haben, und dann werden wir in der spirituellen Praxis Rückschritte machen. Darum ist es besser, unsere inneren Erfahrungen für uns zu behalten und darauf zu verzichten, davon zu reden, dass wir irgend einen Buddha, oder Licht sehen, oder einen Ton hören. Wenn jemand direkt fragt dann könnt ihr

sagen: „Ja! Einige von uns, die die GuanyinMethode praktizieren, können das Licht sehen und bestimmte Töne hören." Gebt ihnen einen allgemeinen Hinweis, statt zu sagen, dass ihr selbst den Ton hört, ihr mögt sagen: „Auch ich habe derartige Erfahrungen. Natürlich, ich mache gewisse Erfahrungen, aber darüber kann ich nicht sprechen." Das reicht. Wir müssen uns nicht in undurchdringliches Schweigen hüllen. Wenn wir gar nichts sagen, wie sollen die Leute dann etwas über die Guanyin-Methode erfahren und den Nutzen, den man aus ihrer Praxis ziehen kann?

Und wie soll in ihnen der Wunsch entstehen, mit uns zu praktizieren? Sagt also, was ihr sagen müsst, aber sprecht nicht über eure inneren Erfahrungen und die detaillierten Anweisungen, die ihr bei der Einweihung erhaltet. Ohne meine Erlaubnis dürft ihr sie nicht offenbaren, weil ihr sie noch nicht wirklich begriffen habt. Es ist nutzlos für euch, darüber zu reden.

Wenn ihr z. B. gerade die ersten paar Worte nach dem englischen Alphabet gelernt habt und euch dann hinstellt und andere lehren wollt - was soll das? Das ist der Grund. Ich verbiete euch weder etwas noch mache ich ein Geheimnis daraus. Aber eins dürft ihr nicht vergessen: Wenn wir in dieser Welt etwas tun und uns damit brüsten, werden wir gewöhnlich keinen Erfolg haben. Wenn das schon für weltliche Taten gilt, dann ist es erst recht gut für uns, unsere spirituelle Praxis geheimzuhalten, Diese Welt gehört Maya (dem König der Illusion), und seine Lakaien stehen überall bereit, spirituell Praktizierende anzugreifen und zu behindern. Wenn sie hören, dass wir einen Schatz in uns haben, angenehme und gute Gefühle und Dinge wie Nirvana, werden sie versuchen, uns ein Bein zu stellen. Sie sind mißgünstig, und sie praktizieren nicht spirituell, weil sie es nicht wollen. Da sie wissen, dass es für uns von großem Nutzen ist diese Methode zu praktizieren, werden sie uns mit Sicherheit angreifen. Das ist der Lauf der Welt.

Wenn man Geld hat und eine Position, werden einen die Leute hassen; und wenn man erfolgreich die Menschen lehrt und viele Schüler hat, werden einen die Leute ebenfalls angreifen. In vielen Religionen gibt es Konflikte und Dispute, weil die Anhänger nicht richtig praktizieren. Daher werden sie statt zu Gotteskindern zu Sklaven und Werkzeugen von Maya. Darum sollten wir auf unserem spirituellen Pfad solche schwierigeren Dinge beachten; das ist alles! Ich erlege euch keine strengen Regeln oder Verbote auf: Nein, gewiss nicht! Das sind einfach Geheimtips, die wir kennen müssen, um uns auf dem spirituellen Pfad zu schützen.

**Mit dem Geist zu anderen Planeten reisen**

Natürlich ist es okay, im Liegen zu meditieren, aber so schläft man auch leichter ein. Wir schlafen schon ein, wenn wir sitzen; was wird geschehen, wenn wir uns hinlegen, Ich habe dasselbe Problem, weil ich ebenfalls einschlafe, wenn ich mich hinlege. Das heißt aber nicht. dass schlafen nutzlos sei; wir benötigen ausreichenden Schlaf.
Unser Körper muss wiederaufgefüllt werden, und unsere Seele braucht Ruhe. Wählt eine günstige Zeit zum Meditieren, wenn ihr nicht zu müde seid. Warum meditieren wir am liebsten am Morgen und am Abend? Es ist besser, morgens zu meditieren, wenn wir ausgeschlafen sind. Natürlich fällt es uns schwer, aufzustehen, aber wir sollten lieber aufstehen, weil es die beste Zeit zum Meditieren ist. Das erfordert natürlich Willensstärke und Aufrichtigkeit, ohne das wird es uns sehr schwer fallen!
Manchmal werdet ihr während des Schlafes hinaufgezogen. Gewöhnlich bekommt ihr das nicht mit, wenn es geschieht. Gelegentlich bemerkt ihr es, aber das macht nur Schwierigkeiten. Gestern sagte mir z.B. ein Praktizierender: „Meisterin, meine Seele geht sehr oft hinaus, wenn ich schlafe, und ich sehe mich daliegen. Ich sage mir, das ist mein physischer Körper; ich kriege Angst und komme zurück.' Ich sagte ihm, es wäre lustig, ein wenig auszugehen, wo wir doch die ganze Zeit im Körper eingesperrt sind. Der Körper läuft nicht weg, wenn wir nicht da sind. Er läuft nur umher wenn wir darin sind. Wir sind es, die herumlaufen, und nicht der Körper. Wenn jemand gestorben ist, bleibt der Körper unbeweglich, Augen und Ohren sind noch da. Warum läuft der Körper also nicht umher. Er schreit nicht, wenn man ihn schlägt und er antwortet nicht, wenn man ihn schlägt. Das beweist, dass der Körper nicht von sich aus funktionieren kann. Er kann nur umhergehen, wenn wir darin sind. Darum ist es großartig, wenn du hinausgehst und siehst dass der Körper dableibt.
Er wird nicht weglaufen; mach dir keine Sorgen.
Wenn du Angst hast, dann suche meine Hilfe. „Meisterin, bitte beschütze mich!'" Es wäre großartig, wenn du dich mit hinaufnehmen lassen würdest!
Darum lasse ich es euch nicht wissen, wenn ich euch hin und wieder im Schlaf mitnehme. Es wird schwierig, wenn ihr es mitbekommt! Ich kann euch nicht herausziehen. Es ist nur faules, stinkendes Fleisch, aber ihr haltet mit aller Kraft daran fest.
Euer Leben lang seid ihr darin gewesen, und geht nur ganz selten einmal hinaus, und doch klammert ihr euch mit allen Fasern an den Körper. Wer soll euch glauben, wenn ihr schwört: „.Ich möchte unbedingt von Geburt und Tod

befreit werden", wenn ihr nicht einmal dieses faule Fleisch loslassen und aus eurer Haut schlüpfen könnt: wohin könnt ihr denn gehen?
Es gibt viele Planeten in unserem Universum.
Zweifelt nicht daran. Ihr wisst es, wenn ihr hinaufschaut und die Sterne seht! Dort sind die Planeten, von denen einige bewohnt sind und andere nicht. Einige sind hochzivilisiert, während andere sehr rückständig sind. Unsere Erde kann unmöglich der einzige Planet im ganzen Universum sein; was wäre das für eine Verschwendung! Sollte der Schöpfer so dumm sein, nur diese Erde zu erschaffen? Es gibt zahllose Planeten! Kürzlich haben Wissenschaftler dort oben geforscht und wie es scheint, haben sie Beweise, dass einige Planeten bewohnt sind, aber sie können nicht eindringen. Die Bewohner einiger sogenannter spiritueller Planeten haben keinen Körper so wie wir, daher können wir dort keine menschlichen Wesen finden. Das heißt aber nicht, dass sie nicht existieren.
Die spirituellen Planeten sind unserer Erde oder anderen Erden Überlegen. Wenn wir ."Erde" sagen, meinen wir Planeten wie unsere Erde, unsere Welt.
Diese materiellen Planeten nennen wir „Erden", weil dort alles materiell ist, sichtbar, greifbar und tastbar.
Die andere Art nenne ich ..spirituelle Planeten"', weil ich nicht weiß, wie ich diese spirituellen Welten sonst nennen soll. In den Dimensionen hochentwickelter spiritueller Wesen hat man keinen physischen Körper. Wir müssen unsere Schwingungen erhöhen, um uns exakt ihrem Niveau anzugleichen, bevor wir ihre Existenz fühlen oder sehen können. Wir können sie nicht sehen, weil wir zu grob sind.
Sprechen wir nicht Über die höheren Welten, nehmen wir statt dessen ein Beispiel, das unserer Welt näherkommt. Manche Menschen können die Seelen Verstorbener sehen, andere können es jedoch nicht, weil ihre Schwingungen anders sind als die unseres physischen Körpers. Sie haben noch Körper, aber andere. Ein Zelt ist wie ein Haus, aber das Baumaterial ist anders. Wir können es leicht aufreißen mit einem Messer oder sogar mit der bloßen Hand. Holzhäuser sind aus anderem Material gebaut und standfester; und Häuser aus Zement sind sogar noch stabiler.
In Hongkong baut man Häuser aus Glas, was sehr schön wirkt, leicht und komfortabel. Es ist sehr angenehm, von innen nach draußen zu schauen.
Wenn alles in Hongkong aus Zement gebaut wäre, so riesig und grob, ich fürchte, keiner könnte das ertragen. Die Enge würde die Menschen erdrücken, sie würden sich eingesperrt fühlen. Darum sind die Gebäude in Hong-

kong jenen in höher zivilisierten Welten sehr ähnlich. In einigen Welten sind die Häuser aus Kristall gebaut. Das Haus scheint zwar da zu sein, aber es entsteht kein Gefühl von Beschränkung. Die Leute können durch die Wände gehen, da diese nicht wirklich existieren, obwohl sie da sind; sie sind weich und sehr angenehm. Es gibt keine hohen, einengenden Wände, die den Blick verstellen. Dank der unsichtbaren Wände ist das Innere sehr geräumig. Die Gebäude mit den großen Glasfenstern, die wir bauen, kommen denen höherer Zivilisationen näher, obwohl diese Welten höherer Zivilisation nicht notwendigerweise spirituelle Welten sind. Ich sage nicht, dass es die höchsten Welten sind; man kann sagen, es sind Welten, die dem himmlischen Bereich angehören.

Nur Menschen jenes Bereichs haben den Wunsch, solche Häuser zu bauen und lieben es, darin zu wohnen. Es entspricht mehr der Art jener Welt, das ist alles. Sie erinnern sich unbewusst daran, dass es in der Welt, in der zu leben sie gewohnt waren, solche Gebäude gibt. An anderen Orten denken die Leute nicht daran, derartige Häuser zu bauen; sie denken nicht einmal daran, noch weniger bauen sie sie. Nur Menschen, die dieser Art zivilisierter Welt näher sind, werden auf die Idee kommen, derartige Häuser zu bauen und gern darin zu wohnen. Ich gebrauche das jedoch nur als Beispiel allgemeiner Logik. Wo immer spirituell Praktizierende wohnen, es ist in Ordnung. Auf der höchsten Ebene gibt es keine Häuser aus Kristall. Häuser sind nicht wichtig. Wenn wir in unserer spirituellen Praxis vollkommen geworden sind, können wir unser eigenes Haus bauen. Welches Haus wir uns auch vorstellen, es wird sich manifestieren, Je nach unserer Vorstellung und unserem Konstruktionstalent können wir alles bauen. Das Haus ist sogar schon erbaut bevor wir zu diesem Bereich aufsteigen. Unsere Verdienste werden bestimmen, welche Art Haus wir haben.

Als Buddha Shakyamuni lebte, war einer Seiner Schüler Sein Neffe. Er praktizierte nicht gut, sondern frönte lieber weltlichem Vergnügen. Oft stahl er sich davon, nach Hause zu seiner schönen Frau.

Buddha Shakyamuni war mit seiner Weisheit am Ende, weil dieser Mönch seinen Anweisungen nicht folgte. Eines Tages fand sich der Mönch - im Schlaf oder in der Meditation - in einer wunderschönen Welt wieder, wo ihn viele Göttinnen und Engel begrüßten. Dort gab es liebliche Musik, prächtige Landschaften und herrliche Paläste. Man lud ihn ein, in einem Palast zu wohnen, wo ihn die Göttinnen bedienten, mit Gesang und Tanz unterhielten und ihm den köstlichsten Wein und himmlische Speisen servierten. Er fragte die Göttinnen: „Würdet ihr mir bitte sagen wo ich bin? Wessen Palast ist dies? Er ist wundervoll. Und aus welchem Hause kommt ihr wunderschönen Damen?" Die Göttinnen sagten zu ihm: „Dieser Palast ist reserviert für den Neffen von Buddha Shakyamuni, dessen Name soundso lautet" Sie taten, als wüssten sie nicht, wer er war. „Wenn er gut praktiziert, wird er heraufkommen und hier leben. Wir sind seine Dienerinnen." Entzückt stellte er fest dass diese Dienerinnen hundert- oder tausendmal schöner waren als seine Frau. Wein und Speisen waren delikat, die Pfirsiche und anderen Früchte köstlich und um vieles größer als in unserer Welt Er sagte: „Kann ich nicht hierbleiben? Ich bin nämlich derjenige, und dieses Haus wie auch ihr alle, gehört mir, Jawohl, ich bleibe gleich hier!" Sie erwiderten: ..Nein. das geht nicht. Du bist in deiner spirituellen Praxis noch nicht vollkommen. Erst wenn du das erreicht hast, kannst du kommen und hier wohnen. Wir werden hier auf dich warten.

Heute zeigen wir dir nur, wie dein zukünftiger Wohnsitz aussieht" Es war eine Art Hausbesichtigung um zu sehen, ob es einem gefällt oder nicht, bevor man sich entschließt es zu kaufen. „Nun, da du dein Traumhaus gesehen hast, kannst du später wiederkommen. Wir warten auf dich. Es wird nicht lange dauern, nur einige Tage." - ,. Was? Nur einige Tage? Habt ihr nicht gesagt, ich müsste dort unten einige Jahrzehnte praktizieren?" Sie antworteten: „Das stimmt! Einige Tage hier entsprechen einigen Jahrzehnten dort unten!" (Die Meisterin lacht) Zutiefst enttäuscht, fiel er jäh hinab. Er konnte nicht dortbleiben, weil er nicht genug praktiziert hatte, um im Herzen beständig zu sein. Außerdem war seine Zeit noch nicht gekommen.

Er war sehr bestürzt, denn dieser Ort fehlte ihm wirklich. Da schubste ihn Shakyamuni plötzlich zu einem Besuch in die Hölle. Kaum aus dem Himmel zurückgekehrt, fand er sich in der Hölle wieder. Da sah er viele schreckliche Gespenster mit gewaltigen Fangzähnen, gräßlichen Nasen, schaurigen Haaren, unvorstellbar fürchterlichen Gesichtern und unheilvollem Blick. Ihr habt sie vielleicht in Filmen gesehen. Sie bestraften dort Leute, indem sie sie in Stücke sägten, im Feuer brieten und auf schreckliche Art und Weise malträtierten. Die Gequälten schrieen laut in großer Pein.

Die Dämonen zeigten dem Neffen einen riesigen Kessel mit siedendem Öl. Er fragte sie: „Wieso ist der Kessel leer? Da ist ja niemand drin!" Darauf wurde ihm geantwortet, dass der Kessel für Buddha Shakyamunis Neffen reserviert sei, dessen Name soundso laute! Sollte seine spirituelle Praxis miserabel sein, erwarte ihn die Hölle! Dann zeigten sie ihm viele Werkzeuge, mit denen man einen Menschen zerschneidet, zersägt und zerteilt, bevor man ihn zum Kochen in den Kessel wirft. Schritt für Schritt erläuterten sie ihm die

umständliche Prozedur, was sie mit seinem Körper anstellen, welche Teile tiefgefroren, welche geröstet würden und wie oft er das mitmachen müsste. Sie lasen ihm eine umfangreiche Speisekarte vor, so dass ihm die Haare zu Berge standen. „O nein! Ich will nicht hierher kommen!
Ich gehöre nicht hierher. Ich gehöre in den Himmel!" rief er aus. Man erwiderte ihm: „Du musst eisern praktizieren, um in den Himmel zu kommen;
aber die Hölle ist jederzeit bereit dich zu empfangen." Der Neffe, über die Maßen erschreckt, schrie laut auf. Dann brachte Buddha Shakyamuni ihn wieder nach Hause.
Ihr seht, ob Himmel oder Hölle - es liegt in unserer Hand. Wir müssen uns entscheiden. Beschuldigt nicht jemand anderes, dass er schlecht zu uns sei, oder Gott, dass Er uns nicht rettet, denn (Gott sind wir, wir selbst. Wenn wir uns nicht selbst retten wollen, wer dann? Es gibt niemand anderes! Jeder einzelne Mensch im Universum ist eine unabhängige Seele. Wir wissen um unser Gutsein und Bösesein; wir wissen, was uns nottut und was wir tun sollten. Niemand wird sich darum scheren. Wenn wir gute Taten vollbringen, werden wir gute Früchte ernten. Wenn wir Böses tun, wird uns Böses vergolten werden. Das ist kristallklar; wir sind unsere eigenen Meister und entscheiden unsere eigene Zukunft.
Es macht nichts, wenn wir in der Vergangenheit geirrt haben; wir können eine andere Zukunft wählen als Ausgleich für die Vergangenheit. Während der heutigen Einweihung habe ich euer Karma aus vielen vergangenen Leben beseitigt. Das geschah unsichtbar, so wie man eine Taste am Computer drückt, um etwas zu löschen. Sollten wir jedoch den gleichen Fehler wiederholen, so wird es wieder aufgezeichnet. Um zu vermeiden, dass wir uns in Zukunft wieder Karma zuziehen, sollten wir die Gebote halten und uns vegetarisch ernähren, um unerwünschte Verbindungen zu fühlenden Wesen zu vermeiden. Es ist zu unserem eigenen Guten, gute Taten zu vollbringen. Wenn wir uns liebevoll um Leidende kümmern, lieben und versorgen wir uns selbst, indem wir gutes Karma schaffen. Aber abgesehen von all dem guten oder schlechten Karma, das wir uns zugezogen haben - wenn wir uns nicht daran binden, können wir der dadurch verursachten Vergeltung entgehen. Ob nun gutes oder schlechtes Karma - wir müssen immer noch zurückkommen.
Das beste ist weder gutes noch schlechtes Karma zu haben, denn dann können wir ins Himmlische Königreich zurückkehren.

**Gewinnen ohne zu gewinnen**

Ihr habt sehr lange hier gesessen ohne unruhig zu werden. Ihr müsstet die Kraft der Stille erfahren haben. Natürlich wird euch die Kraft von Buddha oder Gott nicht treffen wie ein elektrischer Schlag.

„Au, jetzt kommt es! Der Segen kommt!" (Master demonstriert mimisch die Wirkung eines elektrischen Schlags. Alle lachen.) Sie ist sehr still. Da es unsere eigene Kraft ist, ist sie uns nicht fremd. Sie kommt so leicht und natürlich, dass es uns nicht einmal bewusst wird. Seid ihr euch eurer Existenz bewusst? Natürlich nicht! Wir sind so an uns gewöhnt! Nur wenn ein Fremder anwesend ist spüren wir einen Unterschied in der Atmosphäre.

Darum seid ihr euch des Nutzens, den ihr aus der Meditation gewinnt, oft gar nicht bewusst. Ihr habt das Gefühl, es gäbe keinen. Es geschieht so natürlich und sanft, dass ihr sehr aufmerksam und konzentriert sein müsst, um zu erkennen, was ihr gewonnen habt. Wie das Herz-Sutra feststellt: Es gibt nichts zu gewinnen. Die Bücher des Konfuzius hingegen sagen, dass wir etwas „gewinnen" werden.

Tatsächlich meinen beide dasselbe, das ist kein Widerspruch! Es besteht kein Widerspruch zwischen dem Herz-Sutra und dem Großen Wissen, sie drücken sich nur auf unterschiedliche Weise aus. Beide stimmen überein in der Aussage, dass es „etwas zu gewinnen" bzw. „nichts zu gewinnen" gibt. Dies „zu gewinnende Objekt" ist nichts, was wir berechnen oder anderen vorführen können; in diesem Sinne können wir nicht davon sprechen, dass wir etwas „gewinnen".

Es ist kein sensorisches Gefühl wie ein elektrischer Schlag oder ein großes Erschrecken; nun ja, zuweilen schon. Wenn wir schweres Karma haben oder eine schlechte Atmosphäre, erleiden wir einen Schock, wenn Gottes Segen kommt, um die negative Kraft auszutreiben. Dann spüren wir den Schlag, weil es ein eigenartiges Phänomen ist. Die Gotteskraft und Maya sind einander absolut fremd, weil letztere eine von außen einwirkende Macht bzw. Wesenheit ist. Von unserer eigenen Kraft wird sie als fremd empfunden. Wir spüren den Schlag, als wäre in uns eine Schlacht geschlagen worden. Wenn wir jedoch kein schweres Karma haben oder nicht von äußeren Wesenheiten bzw. Energien besessen sind, werden wir uns sehr wohl fühlen, so als wäre nichts geschehen. Es ist absolut still!, kaum zu entdecken. Wie auch immer, wir bemerken es, wenn wir das Licht sehen oder den Ton hören.

Manchmal, wenn wir den Ton hören, erwarten wir irgend etwas Sensationelles. Wenn euch z.B. bei der Einweihung gesagt wird, dass ihr vielleicht Donner hört, dann wartet ihr die ganze Zeit darauf, dass es donnert. „Wie kommt es, dass ich den Donner noch nicht gehört habe?" Es ist total in Ordnung, wenn ihr andere Klänge hört! Sogar der Klang des inneren Donners ist nicht so erschreckend wie äußerer Donner. Es ist ein lauter. rollender Ton, der sehr an Donner erinnert, aber es ist nicht dasselbe. Er ist nicht zu vergleichen mit weltlichen Klängen. Sonst wundert ihr euch vielleicht: ..Er sprach von Donner. Ist es das nun, oder nicht?" Eure Zweifel werden eure Konzentration stören, Und der Donner wird auch noch verschwinden! (Master und alle lachen.) Vorhin sagte ein Miteingeweihter, er habe nichts gehört als den Klang des OM. Ist das nicht einer der Töne? Und ob! Manchmal erwartet ihr einfach zuviel!

Nehmt es gelassen. Dies ist der erste Tag. Viele weitere wunderbare Dinge werden sich in den kommenden Tagen ereignen. Wenn ihr eifriger praktiziert und mehr von eurer Energie spart werden sich viele unglaubliche Dinge ereignen. Ihr werdet das Phänomen des ..gefeit sein gegen Verbranntwerden durch Feuer und Getötetwerden durch das Schwert" erfahren, das im Kapitel ..Universelle Tür" erwähnt wird. Ihr werdet verstehen, was damit gemeint ist. Vielleicht rezitiert ihr diesen Abschnitt täglich, und werdet dennoch leicht von Feuer verbrannt und durch ein Schwert auf der Stelle getötet. Ihr habt es niemals wirklich erfahren. Tatsächlich ist das ein symbolischer Vorgang. der nicht in Worte zu fassen ist.

Die Alten schrieben es auf weil sie es selbst erfahren hatten. Hier rezitieren wir immer wieder diesen Abschnitt des Kapitels ..Universelle Tür" der Guanyin Bodbisattva: ,,gefeit sein gegen Verbranntwerden durch Feuer und Getötetwerden durch das Schwert". aber es geschieht nicht wirklich! Da es doch nicht unsere Erfahrung ist, wie können wir damit fortfahren, es zu rezitieren? Es ist jedenfalls nutzlos. Das war nur die Erfahrung anderer Leute. Wenn z.B. jemand Keks isst und sagt: ,,Die Plätzchen sind sehr süß und knusprig, wirklich köstlich!" Wäre es nicht lächerlich, seine Worte einfach zu wiederholen? Er hat sie gegessen, also weiß er es und schreibt es auf um seinen Gefühlen Ausdruck zu geben. Solange wir nicht davon gegessen haben, wissen wir nichts darüber. Was können wir ausdrücken? Was nützt es, anderer Leute Erfahrungen zu rezitieren? Darum ist Rezitation sinnlos. Nun aber wird es euch nützen, das Kapitel „Universelle Tür" zu rezitieren, weil ihr seine Bedeutung versteht. Zuerst beschreibt es die Begegnung mit der Guanyin-Bodhisattva und andere wunderbare Visionen, und zählt die Verdienste der GuanyinBodhisattva auf. Dann wird die Erfahrung der Klänge von Brahma, von Flutwellen sowie Überweltlichen und anderen fantastischen Klängen beschrieben. Der erste Teil befasst sich mit der Meditation auf das Licht, während der zweite Teil die Meditation auf den Klang beschreibt: es ist ein klarer und detaillierter Bericht über innere Erfahrungen. Nur, dass die Leure später einfach die, Worte rezitietien, ohne zu wissen. was sie bedeuten!

Diese Schwester hier sprach z. B. gerade davon, dass sie meinen Manifestationskörper gesehen hat. Sie sah mich die ganze Nacht im Traum und wollte heute Morgen ganz zeitig kommen. Und soeben, bei der Meditation während der Einweihung, sah sie wieder meinen strahlenden Manifestationskörper, der dem physischen Meister äußerlich sehr ähnlich sah, nur dass er schöner war und prächtigere Kleider trug. (Beifall) Bevor sie herkam, sah sie mein Foto und meinte, sie müsse mich schon gesehen haben, aber anders gekleidet. Sie hatte mich in Rot gesehen, aber dann beim Vortrag trug ich Gelb, so war sie etwas verunsichert. Heute nun trage ich jene Kleider, und sie erinnert sich! Dies waren die Kleider, die sie gesehen hat. Ich habe viele verschiedene Kleider in verschiedenen Farben, manche richtig shocking, um dem Geschmack der verschiedenen Leute zu entsprechen. Manchmal sehen sie mich innerlich in unterschiedlicher Gestalt. Die Kleider an sich sind nicht wichtig, aber ich trage sie, damit die Leute mich wiedererkennen.

Sehr oft haben sie mich innerlich gesehen, bevor sie mir begegnen. Wenn ich nicht bestimmte Kleider trage, können sie mich nicht wiedererkennen bzw. mit mir kommunizieren und vergessen die Beziehung zu mir, die aus ihrem letzten Leben herrührt.

Wenn sie mich aber in diesen Kleidern sehen, erinnern sie sich im Unterbewusstsein und praktizieren schneller und anhaltender. Es gibt viele solcher Geschichten, aber eine mag genügen; wir haben keine Zeit, uns so viele anzuhören. Angenommen, wir sehen das Licht nicht, sitzen aber hier und fühlen uns ganz friedlich und still, als wären wir in Samadhi, dann ist das auch eine sehr gute Erfahrung. Tag um Tag entwickeln wir unsere Liebe, Intelligenz und Weisheit, und unser Leben wird ausgeglichener, weil wir uns beschützt fühlen, sehr überzeugt und sicher; das ist ebenfalls eine Erfahrung und ein Nutzen aus spiritueller Praxis. Wir praktizieren nicht spirituell, nur um das Licht zu sehen. Das Licht dient nur dazu, uns zu versichern, dass wir uns auf dem spirituellen Pfad befinden und richtig verbunden sind, so dass wir innerlich in Frieden sein können. Wenn wir das Licht nicht gesehen haben, aber Frieden haben und wissen, dass wir sicher sind und einen Ort haben wohin wir gehen können, dann ist das eine sehr gute Erfahrung.

Es ist nicht nötig, dass wir uns mit anderen vergleichen. Darum gebe ich euch den Rat, anderen eure inneren Erfahrungen nicht zu enthüllen, nicht einmal Miteingeweihten, es sei denn, ich sage,es ist okay.

Die Meisterin sagt:

**Gotteserkenntnis ist die einzige Tugend,die wir erreichen müssen.**

Die Höchste Meisterin Ching Hai in Athen, Griechenland am 20. Mai 1999 (Original in Englisch)

Griechenland ist ein großartiges Land, voller Mythologien von Göttern und Göttinnen. Noch heute bewundert die Welt ihre Standbilder, Symbole seiner hochentwickelten Spiritualität. Guten Abend den Göttern und Göttinnen des modernen Griechenlands! Ich bin gekommen um euch an ein ruhmreiches Erbe zu erinnern. Falls ihr euch schon daran erinnert habt, ist es ausgezeichnet, und für den Fall, dass ihr es vergessen habt, sind wir gekommen, euch zu zueigen, wie ihr eure glorreiche Stellung zurückgewinnen könnt. Ihr alle seid Götter und Göttinnen, ob ihr euch nun daran erinnert, oder nicht. Wenn der König oder Prinz vorübergehend vergessen hat, dass er königliches Geblüts ist, so heißt das noch lange nicht, dass er es nicht ist.

Manchmal müssen der König und der Prinz, oder die königliche Familie in die Wildnis hinausziehen, oder in die Schlacht, um ihr Land zu beschützen oder ein Abenteuer zu bestehen, befinden sie sich fern von ihrem gewohnten komfort und Luxus, und manchmal begegnen ihnen Schwierigkeiten und Gefahren. Dann vergessen sie vielleicht zweitweise, wer sie wirklich sind: So haben auch wir uns in dieses physische Dasein begeben, und wir haben unser wahres Königreich Gottes vergessen. Um es wieder zu gewinnen, müssen wir daran erinnert werden, wenn wir uns nicht selbst daran erinnern können. Weil wir schon götter und Göttinnen sind, oder zumindest Gottes Kinder, ist es nicht notwendig, irgend etwas zu tun, um Gott zu werden, wir müssen uns nur daran erinnern.

**Die spirituelle Wissenschaft**

Anders als alles Materielle, das wir berühren, in die Hand nehmen und mit den physischen Augen sehen können, ist das Königreich Gottes, die Erscheinung des Göttlichen, in physischer Hinsicht unsichtbar, darum müssen wir uns auf andere Weise daran erinnern, und es erkennen. Es ist sehr, sehr einfach, Gott zu erkennen, unser Selbst zu erkennen; es ist nur so, dass wir niemand haben, der uns daran erinnert. Es ist so einfach, dass sogar sechsjährige Kinder Gott jeden Tag sehen können. Gott existiert wirklich, und wir können es uns selbst beweisen, jeden Tag, jederzeit. So wie mithilfe der Naturwissenschaft nachweisen können, dass sich eine Sache so und so verhält, so können wir mithilfe spiritueller Wissenschaft nachweisen, dass Gott und das himmlische Königreich wirklich existieren, und wir haben Zugang zu ihm, wann immer wir ‚wollen.

So wie in der Naturwissenschaft manche Wirtschaftler Methoden entdecken können, gewisse Dinge zu beweisen, so können manche Leute auch in spiritueller Hinsicht Entdeckungen machen und die Ergebnisse mit uns allen teilen. Die alten Götter und Göttinnen Griechenlands entdeckten solch eine Wissenschaft, und ‚sie haben ihre Fußspuren hinterlassen, ihre Erkenntniss, so das wir sie studieren können.

Mancher Mensch versenkt sich tief in diese Art von Wissenschaft, um die wahre Bedeutung der Worte, weit über menschliche Sprache hinausreichend, zu erfassen, um die spirituelle Erkenntnis zu entdecken, und sie können sie auch mit uns teilen.

Wie bei jeder Wissenschaft, bei jedem Studium indem man es zu etwas bringen will, muss man auch gründlicher studieren und mehr Zeit aufbringen Darum wundert euch nicht, dass ihr nicht Bescheid wisst, ihr hattet keine Zeit, uim so ernsthaft zu studieren. Manche von uns haben ihre Zeit diesem Studium gewidmet und finden den einfachsten Weg, um in kurzer Zeit das Wesen der Lehre der alten Heiligen zu erfassen; und wir alle können von dem Ergebnis profitieren. Es ist nicht nur die Zeit, sondern die Aufrichtigkeit, das tiefe Verlangen im Herzen, das Geheimnis des Universums zu erkennen, das euch zum Verständnis dieser Weisheit führen wird. Und wenn wir sie einmal vollkommen verstehen, können wir sie jedem weitergeben, der an diesem Thema interessiert ist.

Gotteserkenntnis ist die einzige Tugend, die wir erringen müssen. Unwissenheit ist die einzige Sünde, die wir vermeiden müssen. Aus Unwissenheit töten und hassen wir einander. Indem wir miteinander konkurrieren, fugen wir uns selbst und jedem anderen, von dem wir meinen, er teile nicht unsere Meinung, so viel Schaden zu. Unwissenheit bringt auch so viele andere

Übel hervor wie Gier und Hass und lässt uns so sehr leiden, weil wir auf diese Weise auch uns selbst hassen.

**Aus Unwissenheit verletzen wir uns selbst und andere**

Unwissenheit heißt, wir wissen nicht, dass wir beide, Sie und ich, Gott sind. Alle Hl. Schriften sagen, dass Gott in diesem Tempel lebt, so ist alles, was wir hier und überall sehen, Manifestation Gottes auf der physischen Ebene. Aus Unwissenheit führen wir Krieg miteinander, und die Gier nach allem möglichen ergreift uns, weil uns diese Welt keine Befriedigung gibt. Wir kamen aus dem Königreich Gottes, wo wir niemals irgendwelchen Mangel litten, und wenn wir hier sind, vermissen wir diesen absoluten Komfort. Wir wollen Geld! Wir wollen ein größeres Haus! Wir wollen alle möglichen Dinge, weil wir das alles vermissen. Doch ganz gleich, wie viele Dinge wir hier besitzen, verglichen mit dem Himmel ist es nichts, und so sind wir niemals befriedigt. Und je mehr wir haben, desto mehr begehren wir, und die Leute halten uns für gierig. Tatsächlich sind wir aber nicht gierig, wir vermissen hier nur den Komfort. Die einzige Möglichkeit das zu ändern, ist Erleuchtung, die Erkenntnis unseres wahren Selbst. Das heißt, wir besuchen das Königreich Gottes, unser wahres Zuhause, jeden Tag, so oft wir wollen, um zu erkennen, dass wir etwas besseres besitzen, und dass alles hier vergänglich ist. Wir verlieren das Interesse an diesen Falsifikaten, weil wir die wahre Herrlichkeit kennen.

Aus Unwissenheit, in Unkenntnis des wahren Selbst, fügen wir uns und allen um uns herum zu viel Schaden zu. Seht euch all die Gifte an, die die meisten Menschen ihrem schönen Gottestempel zufuhren: Alkohol, Zigaretten, Drogen und was es sonst noch an Giften gibt; und teuer sind sie obendrein! Ihr gebt viel Geld aus, um euch nach und nach umzubringen. Ihr meint, es würde euch Erleichterung bringen, Glückseligkeit bringen, und es scheint auch so. Es scheint so nur dass die Langzeitwirkung schrecklich ist. Es sterben jedes Jahr mehr Menschen an den Folgen des Rauchens als Kriege Opfer fordern können. Darum solltet ihr nicht einmal den Krieg furchten - wir bringen uns ja ohnehin um! (Und natürlich auch mit Alkohol und Drogen.) Ihr wisst das besser als ich. Ihr wisst es, jeder weiß es und tut es dennoch freiwillig. Warum? Weil es uns hier an Trost mangelt. Wir greifen nach allem, was himmlischen Frieden und Glück verspricht. Um dies alles zu heilen, müssen wir unser wahres Selbst erkennen. Wir müssen uns jeden Tag in den Himmel begeben, um wahren Trost für unsere spirituellen

Bedürfnisse zu bekommen, so dass wir uns nicht mehr all diesen giftigen Surrogaten ausliefern müssen, die unseren Körper töten, unser Gehirn benebeln; den Menschen unserer Umgebung schaden und unseren Lieben Leid, Elend und Sorge bereiten Wir wissen, dass seit alters die meisten Menschen, die Gott kennen, sich mit der Zeit nicht mehr allzu sehr für diese Welt interessieren, daher können sie auf all den vergänglichen Komfort dieser Welt verzichten.

Aber wir müssen das nicht einmal; wir können beides haben. Wir können zwar auch auf alles verzichten, weil wir kein Bedürfnis nach den Dingen dieser Welt mehr verspüren; da wir aber in einer modemen Welt leben, lassen wir einfach alles, wie es ist, um einfach zu sein und unser zeitliches Leben zu erhatten, bis wir in unsere wahre Heimat zurückkehren. Weil so viele Götter und Göttinnen unseren Planeten besucht und uns mit großer spiritueller Gnade gesegnet haben, ist unsere Welt zivilisierter, moderner geworden und mit allen Arten komfortabler, wissenschaftlicher Ausrüstung ausgestattet. Wir sollten davon Gebrauch machen, weil es Gottes Gnade ist. Um Gott unsere Dankbarkeit dafür ausdrücken zu können, müssen wir wissen, wer Gott ist. Wir müssen Ihm persönlich danken. Wir müssen mit Ihm reden. Wir müssen auf das hören, was ErS uns sagt, um diesen wunderschönen Planeten zu bewahren und unseren Brüdern und Schwestern so zu dienen, wie ErS es wünscht.

## Meditation ist Nahrung für Leib und Seele

Wir alle möchten an Gott glauben, aber manchmal fällt es uns schwer, weil wir keinen direkten Kontakt haben. Wir möchten gut sein zu unseren Brüdern und Schwestern. Wir möchten unsere Weisheit und unseren Reichtum mit allen teilen, aber wir haben einfach zu wenig davon.

Wir sind hier, um euch zu zeigen, wie ihr das erreicht, was euer innigster Herzenswunsch ist. Die Gebete. Rituale und Fastenzeiten bringen uns mitunter ein wenig Trost und einen flüchtigen Blick auf Gott,aber wir müssen mehr tun als das, um das vollständige wahre Selbst zu erkennen,das die Qualität der Götter und Göttinnen ist.Mehr tun heißt nicht, unsere Arbeit aufzugeben,unsere Familie zu vergessen, nicht mehr zu essen und zu schlafen,und alle möglichen Arten von Askese zu üben. Nein, wir führen unser Leben weiter! Wir reservieren nur ein wenig Zeit um,mit dem Göttlichen zu kommunizieren. Und je mehr wir mit dem Göttlichen kommunizieren, desto mehr Zeit haben wir, weil wir für alle anderen Dinge weniger Zeit benötigen werden - weniger Schlaf, sogar weniger Nahrung- weniger von allem, was wir früher als unbedingt notwendig erachteten. Der Körper wird nicht nur von den Speise ernährt, sondern auch von spiritueller Gnade. Warum sonst kann einer, der stirbt, sich nicht mehr bewegen, nicht mehr reden, nicht mehr denken? Sein ganzer Körper, das Gehirn, alles ist noch intakt; wieso ist er bewegungslos? Beim Tod eines Menschen hat die Seele, sein göttliches Selbst, ihr physisches Instrument verlassen und ist woanders hingegangen. Also muss dieses göttliche Selbst, die wahre Person, ebenfalls ernährt und erhalten werden, damit auch dieser Körper in der Zwischenzeit perfekt funktioniert.

Wenn wir eine spirituelle Meditation oder Kontemplation praktizieren, wahres spirituelles Gebet, dann heißt das, wir sorgen auch für diesen Körper - wir wässern die Pflanze an den Wurzeln, und nicht an den Blättern. Das ist das Gesetz des Universums: Sucht zuerst das Königreich Gottes, und all diese Dinge werden euch dazugegeben werden (Matth. 6,33). Seht, das Königreich Gottes ist nicht fern; das Königreich Gottes ist nahe. Es ist sehr nahe, in eurem Innern, und es ist in jeder Sekunde da.

Wenn das Königreich Gottes nahe ist, können wir es sehen. Ich kann euch versichern, dass wir es können.

Wenn ich es kann, und wenn alle unsere Leute, Tausende von Menschen, es schon können, dann könnt ihr es ebenfalls mit Sicherheit. Und ich kann es euch sofort beweisen, in dem Moment, da ihr es wünscht. Wenn wir füreinander Zeit haben, werdet ihr es sehen, auf der Stelle. Ihr seht vielleicht das ganze Königreich innerhalb einer Sekunde; ihr seht vielleicht ein klein wenig - es liegt an euch. Nichtsdestotrotz werdet ihr etwas sehen, so dass ihr sicher sein könnt dass wir nach dem Tod nicht in die Hölle kommen. Das Leben existiert für immer und ewig, und der Himmel erwartet uns wahrhaftig.

In der Bibel hat ein Heiliger gesagt: Ich sterbe täglich (1.Kor. 15,31} Wozu sollte er täglich sterben. Und es wird gesagt: Verlass das Fleisch um des Geistes willen, damit du zu leben beginnst. Was heißt das? Beides bedeutet dasselbe. Wir können sterben während wir leben - den Himmel besuchen, wieder zurückkommen und mit der Erfüllung unserer Pflichten fortfahren, und dann zum Himmel zurückkehren und wieder zurückkommen, gerade so, als würden uns diese beiden Welten gehören. Heute, nach dem Vortrag werde ich euch erinnern, falls ihr es wünscht, und dann könnt ihr jeden Tag dasselbe tun. Es ist so einfach, wie sich die Brille von der Nase zu nehmen, und darum wissen es viele von uns nicht. Wir denken, den

Himmel zu erreichen sei sehr schwierig, und dass wir uns wegen unserer Sünden bestrafen müssten; dass wir viele Monate fasten und dies und jenes tun müssten, Warum sollten wir dies alles tun? Wir sind Gott. Jede Hl Schrift sagt uns, dass wir zumindest Gottes Kinder sind.
Wenn der Prinz der Sohn des Königs ist, muss er sich dann Buße und Leiden auferlegen, um ein Prinz zu werden? Er ist bereits ein Prinz. Der Grund, weshalt wir leiden ist, dass wir vergessen haben, dass wir Prinzen sind und uns statt dessen vom Diener, nämlich den Schlechtigkeit, dem Negativen dieser Welt, malträtieren lassen. Ich bin hier, um euch zu erinnern, um zu helfen, euch wieder unter den Schutz zu stellen und euch daran zu erinnern, dass ihr Gott seid. Nicht, weil ich es sage, werdet ihr euch erinnern; durch das unsichtbare Erwachen eurer eigenen Gott-Kraft in eurem Innern, während der sogenannten Einweihung, werdet ihr wissen, dass ihr Gottes Kinder seid.
In dieser Welt benötigt man ständig Bescheinigun weltliche Zeugnisse oder Diplome, damit wir wissen, wer wir sind. Im Königreich Gottes bekommen wir unsichtbare Diplome und eine unsichtbare Ausbildung, so dass wir sehen können, wer wir sind. Und das werdet ihr heute lernen, und dann lernt ihr jeden Tag bis zum Abschluss. Es dauert nicht lange, Gott zu sehen; es dauert nur lange, wieder mit unserem wahren Selbst vertraut zu werden. Wir sind so an diesen physischen Körper, diese physische Welt und das Denken dieser Welt gewöhnt, dass es schon ein Weilchen dauert, die Lehren des Himmels wirklich zu erfassen. Andererseits dauert es nur Sekunden, Gott zu kennenzulernen, und jeden Tag könnt ihr Gott wieder und wieder kennenlernen, bis ihr euch wirklich erinnert. Dies kann weder durch Zuhören, noch durch Sehen oder Lesen erreicht werden. Ihr müsst es in der Stille ganz allein erreichen. Eure Weisheit wird wieder geöffnet werden, und - ihr werdet euer Selbst wieder erkennen, das Gott ist. Aber natürlich muss ich etwas sagen, damit ihr mit diesem Weg des Himmels wieder bekannt gemacht werdet.
Falls ihr noch irgendwelche Fragen habt, will ich sie gerne beantworten, bevor ihr euch entscheidet, ob ihr euer großes Selbst wiederfinden wollt oder nicht. Vielen Dank für eure Aufmerksamkeit, und Gott segne euch.

**Ausgewählte Fragen und Antworten**

F.: Was ist Christus?
M.: Ist das nicht ein christliches Land? (Lachen) Also gut, da du vorgibst

„unwissend" zu sein, werde ich vorgeben, etwas zu wissen und es dir erklären, um das Gespräch in Gang zu halten. (Lachen)
Christus ist der Name des Göttlichen Bewusstseins.
Es gibt viele Bezeichnungen für dieses Göttliche Bewusstsein. Wenn jemand erwacht ist, wird er/sie „Christus" genannt. Das ist christliche Terminologie. In anderen Ländern und Traditionen nennt man die gleiche Kraft anders, und daher haben wir so viele sogenannte „Religionen" und sogar Religionskriege - alles aufgrund unterschiedlicher Terminologien. Was heißt auf Griechisch „Mutter"? Auf Englisch heißt es „mother", auf Französisch „mere" und auf Deutsch „Mutter". Sind das verschiedene Dinge, oder meinen sie alle die gleiche Dame, die uns geboren hat? Es ist einfach ein Sprachproblem.
Wir alle haben Christus in uns. Wir müssen uns nur daran erinnern, und ich werde euch zeigen. wie. Falls du immer noch denkst, Jesus ist jemand anderes, eine von dir getrennte Person, dann kannst du Ihn in deiner Meditation sehen und mit Ihm sprechen, wenn du deine eigene Gott-Kraft wieder erweckt hast.

**Sei ein erleuchteter Geist**

F.: Wenn es ein Leben nach dem Tode gibt und die Geister der Menschen zur Erde zurück kommen, wie läuft das ab und was sind die Gründe?
M.: Möchtest du etwas über Geister wissen, oder möchtest du etwas über Reinkarnation wissen? Es gibt zwei Alten von Geistern, die zur Erde zurückkehren.Die ohne den Körper zurückkommen, nennt man „Geister", und solche, die zurückkommen und einen neuen Körper wählen, um darin ihr ‚Büro' aufzumachen, nennt man „reinkarniert". Tatsächlich sind beide reinkamiert Es gibt viele Arten, auf die eine Seele reinkamiert werden kann, nicht notwendigerweise in dieser Welt und nicht notwendigerweise in einem physischen oder menschlichen Leib.
Zur Zeit ihres Todes erkennen manche Menschen nicht sofort, dass sie tot sind, darum hängen sie hier herum und versuchen, mit Verwandten und Freunden zu sprechen und sind frustriert, sie schlagen den Kopf an, und es tut überhaupt nicht weh, sie versuchen etwas zu essen und werden total frustriert. Manchmal versuchen sie, Ärger zu machen, weil sie nicht akzeptieren wollen, dass sie diese physische Welt verlassen haben und sich noch an die Atmosphäre dieses Planeten gebunden fühlen. Genauso wie es unwissende Menschen gibt, gibt es unwissende Geister, aber nach einer

Weile werden sie dorthin zurückgebracht, wohin sie gehören.
Je nach ihrer spirituellen Erkenntnis, dem Stand ihrer Einsicht in das Wesen des Universums, werden sie an unterschiedlichen Orten untergebracht. Und die Seelen, die zurückkommen und einen neuen physischen Leib wählen, tun es einfach, um weitere Erfahrungen mit den Erscheinungsformen dieser Weft zu machen, bis sie genug haben und gehen, um irgendwo anders zu reinkamieren oder im Himmel zu bleiben, jenachdem. Manche Geister entschließen sich, nachdem sie abgeschieden sind, sofort in diese Welt zurückzukehren, manche ziehen es vor, sich eine Weile auszuruhen und später wiederzukommen, manche bleiben einige tausend Jahre irgendwo anders und kommen wieder zurück, und manche kommen nie wieder hierher zurück. Tatsächlich ist die Seele ein Teil Gottes, so wie ein Tropfen ein Teil des Ozeans ist.
Die Seele ist selbst Gott, so weiß sie, was sie tun will, und zur Zeit des sogenannten „Todes" wird sie entscheiden, was sie als nächstes tut.
Es ist einfach so, wenn wir uns in unserer Lebenszeit trainieren, diesen Verstand, dies physische Instrument trainieren, dann wird die Seele zur Zeit des Todes schneller abreisen, Körper und Verstand werden nicht dagegen ankämpfen, und wir leiden nicht. Wir wissen genau, wohin wir gehen, nämlich direkt in den Himmel, und wir müssen nicht soviel Verwirrung durchmachen aufgrund des Verstandes - nicht wegen der Seele. Darum sollten wir, um ein erleuchteter Geist, ein sogenannter Geist, zu sein, zuerst ein erleuchteter Mensch sein, dann ist es einfacher.

F.: Sie haben uns vorhin etwas über Reinkarnation erzählt. und dass Geister wählen können, ob sie reinkamieren wollen oder nicht. Sie haben die Wahl. Was ist also das Gesetz des Karmas, und welches sind die Lektionen, die wir in jeder Inkarnation lernen müssen?
M.: In Wirklichkeit müssen wir hier gar nichts lernen. Wir müssen uns nur an das erinnem, was wir schon wissen. Und was das Gesetz des Karmas betrifft: Was immer wir in dieser Welt tun, wird uns beeinflussen oder zu uns zurückkehren, und einiges wird uns auch nach diesem physischen Leben folgen. Wenn wir nicht erleuchtet sind, wird es uns natürlich überallhin folgen, da das Gesetz von Ursache und Wirkung besagt: Was du säst, das wirst du ernten. Manchmal kommen die Auswirkungen jedoch nicht schnell genug, bevor wir sterben, dann sind sie noch da, und wir müssen uns natürlich darum kümmem. Zur Zeit des Todes kann die Seele wählen, wo sie inkarnieli werden will, das ist grundsätzlich so. Aber die Seele ist all-

wissend und all gerecht, wenn sie also weiß, dass sie während der Lebenszeit etwas getan hat, das für eine höhere Dimension nicht günstig ist, wird sie von sich aus entscheiden, dort inkarniert zu werden, wo die Umstände entsprechend sind, um diese Schuld auszubügeln oder diese Verpflichtung zu erfüllen. Darum habe ich gesagt, nur erleuchtete Personen haben eine höhere oder niedrigere Wahl, weil sie tatsächlich wählen können, während unerleuchtete Seelen keine Auswahl haben.

**Die Wiederkunft Christi**

F.: Glauben Sie an das Jüngste Gericht und die Wiederkunft Christi?
M.: Das Jüngste Gericht kommt, wenn wir diesen physischen Planeten verlassen. Zu diesem Zeitpunkt wird alles, was wir in diesem Leben getan haben, sei es gut oder schlecht, sozusagen in Sekundenschnelle vor uns aufleuchten. Wir werden uns als unseren eigener Richter sehen, und da wir ursprünglich alle Gott sind, müssen wir die Verantwortung für alle Entscheidunger übernehmen, die wir im Laufe unseres Daseins getroffen oder nicht getroffen haben. Und was die Wiederkunft Jesu betrifft: Er kommt die ganze Zeit. Er ist in uns allen, und wann immer wir diese Christus-Kraft erwecken, ist es die Wiederkunft Jesu Christi.

Perlen der Weisheit
Von der Höchsten Meisterin Ching Hai, Hualien, Formosa 22. März 1989
(Original in Chinesisch)

Buddha bezeichnet einen Erleuchteten Meister, ein lebendes Wesen mit menschlichen Gefühlen. Neben gefühlen eines gewöhnlichen Menschen besitzt ein Buddha auch Weisheit. Es gibt nur einen graduellen Unterschied zwischen uns und einem Buddha. Wir besitzen ebenfalls Weisheit, aber sie muss noch entfaltet werden. Ein Mensch, der seine Weisheit voll entfaltet hat, ist ein Buddha. Wenn unsere weisheit einmal voll entfaltet sein wird, werden auch wir Buddhas.

Weisheit ist eine immaterielle Kraft, die Buddha-Natur ist eine immaterielle

Qualität. Deshalb ist die Kraft eines wahren Meisters ebenfalls immateriell. Immateriell heißt aber nicht, dass sie nicht existiert. Wir können fühlen, erkennen und verstehen, dass diese Kraft wirklich existiert. Ohne dies Kraft wäre es im Grunde Zeitverschwendung, irgendeine Methode zu praktizieren.

**Der Geist der Unabhängigkeit**

Die Höchste Meisterin Ching Hai in Florida Center, USA am 4. Oktober 1998 (Original in Englisch)

Wisst ihr was? Ich muss jetzt alles allein machen:
Meine Sachen waschen, meine Rechnungen bezahlen - und ich bin auch allein hergekommen, warum also ihr nicht? Zuweilen müssen wir alles allein tun. Wenn andere uns in irgendeiner Weise helfen können, ist das gut und schön. Wenn wir sie aber nicht haben, haben wir sie eben nicht. Es ist gut, unabhängig zu sein, wenn es sich so ergibt. Manchmal bin ich sehr, sehr beschäftigt. Um euch die Wahrheit zu sagen, manchmal weine ich, weil ich zu beschäftigt bin und mich auch noch um den ganzen Hauskram kümmern muss. Ich finde das ungerecht. Aber es ist okay zu weinen, und dann stehe ich auf und mache mich wieder an die Arbeit. (Die Meisterin lacht.) Es ist okay, zu weinen, aber dann geht wieder an die Arbeit. Einen anderen Ausweg gibt es nicht.
Manchmal ist es gut, Leute zu haben, die einem helfen, aber das schafft andere Probleme. Probleme gibt es in jedem Fall. Wenn man allein arbeitet, hat man Probleme, und wenn andere einem helfen, hat man Probleme. Der Bus kann sich verfahren, explodieren, oder sonst was.
Gestern verlor der Mann, der meinen Wagen fährt, den Deckel, mit dem man den Benzintank verschließt, und wir fuhren mit vollem Tank. Es war gefährlich. Die ganze Zeit roch ich das Benzin und dachte, vielleicht kommt es daher, dass der Tank frisch gefüllt ist, darum sagte ich nichts. Als wir aber hierher fuhren, roch es immer noch, und so fragte ich: „Was ist los?" Er wusste es die ganze Zeit, aber er sagte mir nichts. Er erzählte es jemand anderem. Und nicht einmal der sagte es mir. Da sagte ich: „Ei, das ist ja lustig. Das ist ein nagelneues Auto, wieso ist es undicht?" Also bat ich jemand nachzusehen, und er sagte: „Meisterin, der Tankverschluss fehlt." - „Woher weißt du das?", fragte ich ihn. Und er erwiderte: „Er ...hat... hat...hat es mir gesagt." (Lachen) Also fragte ich ihn: „Warum...warum...habt...habt...

habt... ihr- mir das nicht gesagt...?" Er hätte uns umbringen können. Das ist das Problem.
Wenn euch ein Fehler unterläuft, gesteht es ein.
Das ist besser, als einen noch größeren Fehler zu machen. Aber die meisten von uns sind auch nicht anders. Wir versuchen, es zu vertuschen und schaffen so ein noch größeres Problem. Ein Auto kann explodieren. Es ist gefährlich, wenn Benzin aus dem Tank spritzt. Aber Gott segnet solche Dummen wie mich, die berufstätige Frau, die überlastete Frau.

**Vergeßt den Traum von vielen Helfern**

Manchmal träumen wir und denken: „Wenn wir noch zehn Leute zur Hilfe hätten - wäre das schön!" Wäre es aber nicht. Das schafft andere Probleme. Wie bei mir zu Hause, oder wo ich gerade wohne wenn ich allein bin, muss ich viele Dinge erledigen.Ich muss saubermachen, ich muss waschen, ich muss Rechnungen bezahlen, ich muss die Post abholen und abschicken. Ich muss alles selbst tun, genau wie ihr bei euch zu Hause. Wenn ich ein Mädchen oder einen Helfer habe, tun die es für mich; aber dann habe ich keine Privatsphäre. Ich muss mich auch noch um sie kümmern. Dann stellen sie mir Fragen und fordern meine Aufmerksamkeit. Sie sind nicht zufrieden, wenn man sie vernachlässigt. Wenn ich sehr beschäftigt bin oder ähnliches, finde ich, sind ihre Gesichter länger als sonst. (Lachen) Wenn ich unter Druck stehe und ihre Fragen kürzer als gewöhnlich beantworte, sehe ich, wie ihre Gesichter immer länger werden. Je kürzer meine Antwort, desto länger ihre Gesichter, beispielsweise. (Lachen) Das lässt sich nicht so schnell verdauen. Es braucht einen halben Tag, oder einen Tag oder so, die Sache wieder ins Lot zu bringen, und dann ist alles wieder still und friedlich, bis wieder etwas vorfällt. Sie bringen irgend etwas durcheinander, und dann haben wir wieder Ärger - wie ihr in eurer Ehe.
So habt ihr mich gerade gebeten, zu heiraten. Ich denke nicht, dass es eine gute Idee ist, aber ich werde es versuchen. (Lachen) Ich werde es wieder versuchen. Macht euch deswegen keine Sorgen. Was immer ihr vorschlagt, werde ich versuchen. Sonst weiß ich ja nicht, ob es gut ist oder nicht. Dann kann ich es euch sagen. Es ist wirklich keine gute Idee. Ich bin einfach zu unabhängig; ich bin zu beschäftigt.
Ich bin zu unabhängig in meinem Denken. Ich bin meistens tief in Gedanken versunken. Ich erledige etwas, aber ich tue es mit geteilter Aufmerksamkeit, ich tue hier etwas und denke dabei schon an etwas anderes. Ich

muss viele Dinge gleichzeitig im Auge behalten. Und Männer bzw. Ehegatten mögen das nicht." Sogar ihr Frauen wollt euren Partner ganz für euch, für euer eigenes, großes Selbst. Ihr mögt das nicht.
Ich habe zu viel zu tun. Schon bevor ich so eingespannt war, fand ich immer etwas zu tun, etwas, das mehr den anderen nutzte. Ich weiß nicht. Vielleicht wurde sich so geboren. Vielleicht muss ich so sein.
Ich kann es nicht ändern. Es ist keine gute Idee, zu heiraten. Kann ich es wieder versuchen? (Die Meisterin und alle lachen.) Ja, viele von uns brauchen Gesellschaft, andere wieder nicht. Gesellschaft zu haben, macht Spaß, es ist nett, man fühlt sich wohl und ist nicht so allein.
Andererseits hat man dann auch eine große Verantwortung für diesen und jenen. Die Menschen haben so ihre Vorstellungen. Manchmal ist man gerade unter Druck und sagt irgend etwas; man meint es nicht böse und denkt sich nichts dabei, aber es kommt schief an. Sie fühlen sich gekränkt und machen einem eine Menge Ärger. Vielleicht sagen sie nichts, machen aber ein langes Gesicht, und die Atmosphäre ist so dick, dass man sie mit dem Messer schneiden könnte. Man erstickt fast und kann nicht einmal etwas sagen, denn es gibt nichts zu sagen, keinen Grund für Streitereien oder Wortwechsel. Nichts. Aber man kann kaum atmen. Habt ihr diese Erfahrung auch schon gemacht? (Zuhörer: Ja)

## Alleinsein ist ein seltenes Privileg

Also hört zu. Wenn ihr allein seid, dann seid ihr allein, und wenn ihr Gesellschaft habt, dann habt ihr Gesellschaft. Es ist nicht nötig, zu heftig Veränderung anzustreben. Nehmt die Dinge, wie sie sind.
Wenn ihr Gesellschaft finden könnt, freut euch darüber. Wenn ihr keine findet, betrachtet es als ein Privileg, allein zu sein, denn Gesellschaft findet man immer. Wirklich, das ist ganz einfach. Es gibt immer Menschen um uns herum. Im Gegenteil, es ist schwierig, allein zu sein. .
Wenn Gott es fügt, dass ihr allein seid, so wie ich, dann dankt Ihrm dafür. Es ist ein Privileg. Es ist eine sehr, sehr seltene Gelegenheit, man selbst zu sein und in sich zu gehen, um sein Inneres zu betrachten, bis nichts mehr davon da ist. Dann fühlt man sich frei. Man muss aber auch viele Dinge tun, die einem verhasst sind. Ich hasse Hausarbeit. Nun, ich hasse sie nicht wirklich; es ist nur, dass man dazu keine Lust mehr hat. Man ist dem entwachsen. Als ihr jung wart, habt ihr z.B. Spielzeug geliebt. Und wenn ihr erwachsen seid, befriedigt euch Spielzeug nicht mehr. Hausarbeit befriedigt

mich einfach nicht mehr. Aber es ist okay. Ich versuche, damit zurechtzukommen.

F.: Meisterin, Du solltest aber all diese weltlichen Dinge nicht tun.

M.: Ich sollte all diese weltlichen Dinge nicht tun? Aber ich tue sie. Ich muss sie tun. Manchmal bleibt mir keine andere Wahl.

F.: Aber wir könnten Dir doch helfen.

M.: Nein. Manchmal wollt ihr helfen, aber ihr schafft nur Probleme, ihr zeigt eure Emotionen, und ihr erwartet eine Menge von mir. Ihr glaubt es jetzt nicht, aber ihr werdet es erleben, wenn ihr um mich seid. Ihr erwartet so viel, so viel dummes Zeug.
Gestern erst fragte mich der Mann, der meinen Wagen fährt: „Meisterin, sollten wir nicht halten und Benzin nachfüllen?" Er ist der Fahrer, und er stellt mir immer solche albernen Fragen. Ich antworte also mit einem Handzeichen ‚okay', etwa so, aber er ist damit nicht zufrieden. Er fragt so, dass ich ihm antworten muss. Ich sage also: „Warum fragst du mich? Du bist der Fahrer. Tu, was du tun musst." Ich konnte nicht einmal die Anzeige sehen, ob der Tank leer oder voll war. Ich sagte: „Okay, dann tanke." Darauf er: „Ach nein, bis nach Hause reicht es noch." Ich sage: „Warum fragst du mich dann?" Er dachte darüber nach und sagte nach einer Weile: „Okay, aber wir können morgen nicht wegfahren, wenn wir jetzt nicht tanken." Ihr seht also, alles solche albernen Dinge. Ich dachte gerade darüber nach, was zu tun sei, weil die Zeit so kurz war, wo man euch unterbringen und wie man es euch bequem machen kann und so weiter; und er kommt mir mit solchen Albernheiten. Er ist der Fahrer. Müssten Fahrer nicht wissen, was zu tun ist? Wenn ich nicht da bin, weiß er dann nicht, was er tun soll? Er fährt doch nicht zum erstenmal einen Wagen. Ihr seid allesamt bessere Fahrer als ich.
Ihr werdet mich stören. Auch wenn es um Dinge geht, die ihr selbst tun könnt, kommt ihr zu mir, nur damit ich euch Beachtung schenke. Vieles darf ich gar nicht zu euch sagen. Angenommen, ich sage zu euch: „Das ist schön", d.h. was ihr tut, ist in Ordnung, ausgezeichnet, dann seid ihr glücklich. Wenn ich aber sage: „Nein, nein, so geht es nicht .Tu das nicht wieder", mögt ihr das nicht Und ich darf euch nicht sagen, dass ich damit nicht zufrieden bin. Denn wenn ich es euch sage, seid ihr unglücklich. Das

ist das Problem: Wenn ihr längere Zeit bei mir seid und meine Gewohnheiten und Bedürfnisse kennt, dann meint ihr, ihr wüsstet schon alles. Dann erwartet ihr, dass ich euch nie wieder sage, dass ihr etwas falsch macht. Denn dadurch wird euer Ego verletzt, und manchmal ist es für euch sehr schwierig, das zu verdauen; und für mich auch, weil ich mehr zu tun habe als eure Gefühle zu beschwichtigen und euer Ego zu streicheln. Ich habe anderes zu tun, aber ihr erwartet so viel von mir, wenn ihr mir helft. So sind die Menschen nun einmal.

**Von anderen etwas zu erwarten, schafft Probleme**

Genauso ist es in der Ehe und anderen Beziehungen. Wir erwarten vom Partner, dass er dies und jenes ist, dies und jenes tut, und wenn er sich nicht so verhält, wie wir es erwarten, dann sind wir enttäuscht, verletzt, und möchten die Beziehung aufkündigen. Aber die Beziehung ist nicht dazu da, dass ihr vom anderen erwartet, dass er tut, was ihr wollt, sondern dass ihr tut, was ihr selbst wollt, dass ihr zeigt, wer ihr seid, wie gut ihr seid, wie ihr in jener Beziehung sein wollt; welche Art von Persönlichkeit ihr in jener Beziehung, in der Ehe, sein wollt. Ihr wollt eine gute Ehefrau sein, eine Superfrau, verständnisvoll, treu - oder welche Rolle ihr auch wählt - aber ihr wollt nicht die ganze Zeit von eurem Ehemann erwarten, wie er sein soll, wie er sich euch gegenüber verhalten, wie er mit euch reden soll. Das ist aber das Problem mit der Ehe. Ihr geht die Sache falsch an.
Ihr denkt: „Okay, nun da er mir begegnet ist, da sie mir begegnet ist, wird sich mein Leben ändern.
Es wird fantastisch. Er bzw. sie wird mich glücklich machen." Das ist nicht wahr. Du wirst dich in dieser Beziehung selbst glücklich machen - oder eben nicht. Meistens erwarten wir aber vom Partner, dass er uns glücklich macht, dass er dem Bild entspricht, das wir uns machen, und das ist das Problem. Darüber vergessen wir, zu sein, was wir sein wollen. Wir vergessen, für uns selbst einen Plan, eine Art idealistische Tagesordnung, zu machen. Und wir machen statt dessen eine Tagesordnung für unseren Partner. Wir haben sozusagen eine Vorgabe, ein bestimmtes Bild von unserem Partner, in das er sich einfügen soll. So erwarten beide dasselbe voneinander, und das ist der Grund, weshalb die Dinge schieflaufen. Wir fangen es falsch an.
In welcher Situation wir uns auch befinden, wir haben stets nur uns selbst zu prüfen. Was wollen wir in dieser Situation tun, was wollen wir sein? Was

wollen wir darstellen? Welche Art von Güte wollen wir unserem Partner bzw. der Welt zeigen? Es ist nicht so, dass der Partner uns irgend etwas bieten muss. Was immer er bzw. sie zu bieten haben, das ist ihr Problem. Unser Problem sind nur wir selbst, immer wir selbst Die meisten Menschen jedoch, wenn sie verheiratet sind, einen Partner oder Freund haben, wenden ihre ganze Aufmerksamkeit dem Partner zu und unterziehen ihn der Prüfung: „0, das war nicht richtig von ihm". „Sie hat das falsch gemacht", oder „Sie taugt nichts. Er ist nicht nett." Ihr vergeßt, dass wir uns selbst prüfen müssen, dass wir derjenige sind, auf den es ankommt.

Der Sinn jeder Beziehung, jeder Situation ist, dass wir selbst etwas lernen, und nicht der andere. Der andere ist nur ein Katalysator. Es ist ein Anlass für uns, unsere Kraft zu erproben, unsere Vorstellung von uns selbst. Das ist das Problem. Darum funktionieren viele Ehen nicht. So prüft also eure Ehe und revidiert euch. Es geht nicht um deinen Mann, um deine Frau, sondern um dich selbst, was für eine Person du in dieser Beziehung sein willst bzw. für ihn oder sie sein willst. Wenn er positiv darauf reagiert, ist es fein, und wenn er bzw. sie nicht positiv darauf reagiert, kannst du nicht viel tun. Aber prüfe dich trotzdem, ob du noch ausgeglichen bist, noch in der richtigen Spur bist, ob du okay bist oder nicht.

Wenn er bei dir bleibt, bleibt er; wenn er gehen will, geht er. Du kannst nicht viel tun. Aber du kannst nicht deine ganze Aufmerksamkeit auf ihn richten und dabei dich selbst verlieren und dich selbst vergessen. Je mehr du auf ihn bzw. sie schaust, desto mehr gehst du in die Irre, und desto mehr hat er bzw. sie an dir auszusetzen. Und dann: Finito. (Beifall) Tu einfach, was du willst, tu das, von dem du fühlst, dass es das Beste für dich ist. Du bist mit ihm verheiratet, nun stell eine Liste auf, was du im Blick auf dich selbst tun willst, - was ich ihm sein möchte, was ich ihm geben möchte, wie ich mit ihm umgehen möchte, wie ich reagieren möchte. Es geht um dich, nicht um ihn.

Selbst wenn du versuchen würdest, 100%ig zu sein, dich in einen total anderen Menschen zu verwandeln, würde es nicht funktionieren, weil er wahrscheinlich etwas ganz anderes erwartet. Du weißt niemals, was er oder sie wirklich erwartet, weil wir alle so grundverschieden sind. Das Problem ist aber, dass jeder eine Freundschaft, eine Beziehung, eine Verlobungszeit oder Ehe beginnt, indem er versucht, den Partner zu prüfen, ob er gut oder schlecht handelt; oder aber versucht, dem Partner bis zur Selbstaufgabe zu Gefallen zu sein. Dann reagiert ihr sehr empfindlich, weil ihr euch selbst verloren habt, weil ihr nicht mehr ihr selbst seid. Ihr fühlt euch elend und geht; oder ihr geht kaputt, ihr tragt Kämpfe aus und werdet verbittert. Ihr dürft euch nicht total umdrehen; ihr dürft euch nicht selbst verlieren. Tut das, wovon du denkst, dass es das Beste für euch ist.

Wenn du denkst: Ich bin eine treue Ehefrau, das ist es, was ich sein möchte, und das ist das Beste für mich. Dann sei eine treue Ehefrau. Er mag derweil treu sein oder auch nicht. Sei nicht verletzt. Wenn er nicht so treu ist wie du, und du es ertragen kannst, dann bleib; wenn nicht, geh. Es liegt bei dir. Dir selbst muss deine Sorge gelten, dich selbst musst du beherrschen. Versuche nicht, die Gegenpartei zu kontrollieren, dann wirst du nicht so unglücklich sein.

Seid, was ihr sein möchtet, solange ihr meint, dass es das Beste für euch ist. Vielleicht ist es gar nicht das Beste, solange ihr in dieser Situation jedoch meint, es sei das Beste, so zu sein, so zu handeln, dann tut es. Ihr müsst es noch lernen, euer eigenes Selbst wiederzufinden. Ihr mögt Fehler machen, aber das ist okay. Es ist nicht notwendig, zu beten.

Ihr könnt beten, wenn ihr wollt. Dann sagt: „Meisterin, lass mich erkennen, was das Beste an mir ist, das ich in mir ausbilden möchte." Das ist es. Euer Partner testet euch zuweilen, einfach damit ihr das Beste aus euch herausholt. Manchmal weiß er bzw. sie das gar nicht. Und du weißt ebenfalls nicht, dass du das Beste in ihm zum Vorschein bringst, falls er sich das eingestehen will. Die meisten kritisieren ihren Partner einfach, und sich selbst vergessen sie dabei. Wenn wir uns selbst vergessen, haben wir Probleme. Wir müssen immer konzentriert sein. Egal, was andere sagen oder tun, wir müssen an das denken, was wir tun wollen.

## Für einen höheren Zweck ertragen wir alles

F.: Meisterin, tu bitte alles, was für Dich gut ist.

M.: O, das kann ich nicht. (Die Meisterin lacht) Ich weiß, was du sagen willst, aber ich bin in einer anderen Situation. Irgendwie tue ich schon, was gut für mich ist. Was sollte ich auch sonst tun? Ich bin ein Meister, ich trage Verantwortung für alles, was ich tue, und das ist das Beste für mich. Das ist das Höchste, das ich mir für mich selbst vorstellen kann.

Das ist es, was ich tue, und das ist der Grund, weshalb ich es tue, obwohl ich darunter leide und Ärger habe. Das heißt aber nicht, dass es schlecht für mich ist. Ihr habt es vielleicht mißverstanden.

Was auch immer das Beste für euch ist, heißt nicht, dass es euch immer glücklich macht. Vielleicht macht es euch glücklich, vielleicht auch nicht. Ich meine, ihr müsst gleichsam das ganze Bild betrachten, den letztendlichen Ausgang der Dinge, seid ihr wirklich glücklich damit? Ihr könnt nicht einfach sagen: „Okay, ich bin allein hergekommen; ich musste ein Taxi nehmen; ich habe mich verirrt usw., es ist schrecklich. Ja, das ist es. Es ist nicht angenehm. Aber es dient einem höheren Zweck. Darum ertrage ich es gern. Aber ich kann euch nicht erzählen, dass ein Meister zu sein heißt, dass ich jeden Tag lächle, jeder Tag schön ist und alles glatt geht.

Manchmal schlafe ich tagelang nicht. Manchmal esse ich den ganzen Tag nichts, oder viele Tage lang nichts. Manchmal stehe ich unter enormem Druck und habe Kopfschmerzen. Aber es dient einem höheren Zweck, einem höheren Plan.

Es ist, wie wenn ihr euer Haus baut. Auf dem Bau gibt es Zement, eine Menge Staub, Schmutz und Unordnung, und Leute gehen ein und aus. Es ist dreckig, unaufgeräumt, und ihr müsst es sechs Monate oder ein Jahr lang ertragen. Wenn aber euer Haus fertig ist, hat es sich dann nicht gelohnt? Man kann kein Haus bauen ohne Aufregung, Ärger, große Kosten wie auch Geduldsproben während der Bauphase. Ich meine also nicht, dass ihr nicht leidet, wenn ihr euch für etwas entscheidet, was zu eurem eigenen Besten ist. Das könnte durchaus sein. Aber ihr müsst sehen, was letztendlich dabei herauskommt. Schaut auf das ganze Bild. (Beifall).

**Spiritueller Austausch**
**Die Höchste Meisterin Ching Hai und die Guanyin-Methode (II.)**

Das Folgende ist ein Auszug aus Band 37 der Schriftenreihe für Wahrheitssucher „My Experiences Of Xian Tao" von Kim Tae-Young.
Der Autor ist Journalist und Schriftsteller und arbeitete 23 Jahre für „The Korea Times" und „The Korea Herald': die größten englischsprachigen Zeitungen Koreas. Er erhielt drei Literaturpreise: Von dem monatlich erscheinenden Literaturmagazin Hankook Moonhak; der Samsung Art Foundation; und MBC Broadcasting System. Er ist Praktizierender des Sam Gong Xian Tao, einer Methode, die er kreierte und die drei Wege des Praktizierens umfasst: Körper, Geist und Chi. Er hat eine große Zahl von Schülern, die seiner Meditationspraxis folgen. Er selbst sowie einige seiner Schüler folgen darüber hinaus auch den Lehren der Meisterin und praktizieren die Einfache Meditationsmethode.

Band 42 dieser Schriftenreihe erschien am 15. 9. 1998. Vom gleichen Autor wurden außerdem u.a. folgende Titel veröffentlicht: „The Peoples' Army Soldier" (Soldat der Volksarmee), „The Restoration': „The Ancient History of the Handan " und" The Dan Koon ,:

Meine Erfahrungen mit Xian Tao (dem Weg der Heiligen), Bd. 37 von Kim Tae-Young, Hrg.: Yoolim Press, Korea 10. 11. 1997 / Erstausgabe (Original in Koreanisch)

(Es folgt ein Gespräch zwischen Kim Tae-Young und seinem Schüler Wao Chang-Seock (hier kurz K. und W)

W: Ich habe eine Frage. Es hat den Anschein, als hätten Sie nie zuvor einen lebenden Meister auf so positive Weise vorgestellt.
K.: Das stimmt nicht Ich denke, einige Mönche habe ich durchaus positiv vorgestellt. Mit meinen Schriften und Erfahrungen möchte ich meinen Lesern helfen, indem ich die Fakten vermittle, so wie sie sind.

W.: Ich fürchte, alle Ihre Schüler werden zu Ihr überlaufen!
K.: Das stört mich nicht. Welch ein Glück wäre es, könnten sie spirituelle Hilfe erhalten von einem Meister, mit dem ich sie bekanntmachen durfte.

W.: Denken Sie wirklich so? Andere wären beunruhigt, wenn sich ihre Schüler einer anderen Sekte anschließen würden. Sie sind also das ganze Gegenteil?
K.: Ja, sicher, denn eine gute Affinität zu schaffen, ist auch ein Verdienst.

W.: Was tat die Höchste Meisterin Ching Hai, bevor Sie von Ihrem Meister im Himalaja eingeweiht wurde?
K.: Im Vorspann des Heftes „Der Schlüssel zur sofortigen Erleuchtung" findet sich eine Kurzbiographie der Höchsten Meisterin Ching Hai, die besagt, dass Sie in einer wohlhabenden Familie in Aulac geboren wurde, als Tochter eines hochangesehenen Heilpraktikers. Später heiratete Sie einen deutschen Arzt. Nach zwei glücklichen Ehejahren jedoch löste Sie sich mit dem Einverständnis Ihres Mannes aus dieser Beziehung, um Erleuchtung zu erlangen. Auf der Suche nach einem erleuchteten Meister bereiste Sie viele verschiedene Länder. Schließlich begegnete Sie einem Meister in den Bergen des Himalaja.

W.: Was für ein Mensch ist dieser Meister, dem die Höchste Meisterin Ching Hai begegnete?
K.: In Nr. 79 des The Supreme Master Ching Hai Nachrichten-Magazins steht, dass Sie allein durch die schrecklichen Himalajaberge wanderte, nur mit Ersatzkleidung, einem Paar Sportschuhe, Schlafsack, Wasserflasche, zwei Büchern und einem Wanderstock versehen. Schließlich begegnete Sie dem großen Meister **Khuda Ji,** der zurückgezogen im unzugänglichsten Teil des Himalaja lebte. Meister Khuda Ji war 450 Jahre alt, als Er die Höchste Meisterin Ching Hai in die alte Meditationskunst auf den himmlischen Klang und das göttliche Licht einweihte.

W.: Wie kann ein Mensch 450 Jahre alt werden?
K.: So denken weltliche Menschen wie wir. In dem Buch „Life and Teaching of the Masters of the Far East" schreibt der Autor Baird T. Spalding, dass es viele spirituelle Meister gibt, die im Himalaja leben. Möglicherweise haben sie eine Art Astralkörper. Es wird berichtet, dass der große Meister Khuda Ji geduldig auf Ihr Kommen gewartet habe, bis Er 450 Jahre alt war. Die Höchste Meisterin Ching Hai war Seine erste und einzige Eingeweihte. Sie hatte zuvor zahlreiche andere Methoden praktiziert, aber Meister Khuda Ji vermittelte Ihr die höchste spirituelle Übertragung, d. h. das Wesen der Einweihung. Die Höchste Meisterin Ching Hai spricht selten von Meister Khuda Ji. Er verließ die physische Ebene kurz nachdem Seine hohe Mission erfüllt war. Danach ging Sie nach Formosa, so wie Sie auch in andere Teile der Welt gegangen war. Ihr allumfassendes Mitgefühl ebenso wie Ihre Geduld, Entschlossenheit und Ausdauer, die Sie während Ihres ganzen Lebens bewiesen hat, sind wichtige Eigenschaften für alle spirituellen Aspiranten. Es sind die Eigenschaften, die auch von den großen Meistern der Vergangenheit wie Jesus, Buddha Shakyamuni, Krishna, Lao Tse, Mohammed, Guru Nanak und anderen gelehrt und gelebt wurden. Obwohl das Leben eines jeden Meisters einmalig ist - der spirituelle Pfad, dem sie folgen, war und ist immer der gleiche. Es ist der Pfad der Meditation auf den himmlischen Klang und das Licht. Die Meisterin Ching Hai nennt ihn GuanyinMethode, da Sie Ihre ersten öffentlichen Vorträge in Formosa hielt. Guanyin ist ein chinesischer Ausdruck und bedeutet Beobachtung der inneren Schwingung. Diese ursprüngliche Schwingung bzw. der Klang ist von Natur aus transzendental und wird daher in der Stille wahrgenommen. Die Jünger Jesu nannten es den „Heiligen Geist" oder das „Wort" nach dem griechi-

schen Wort „Logos", d.h. Klang. Am Anfang war das Wort, und das Wort war bei Gott, und das Wort war Gott. Als Buddha Shakyamuni Erleuchtung erreicht hatte, sprach Er ebenfalls von diesem Klang, den Er „Trommel der Unsterblichkeit" nannte. Krishna setzte sich mit dem „Klang im Äther" gleich. Mohammed nahm diesen Klang in der Höhle von GareHira wahr, als er eine Vision des Erzengels Gabriel hatte. Und Lao Tse beschrieb das Tao als den „Großen Ton". Soweit eine Zusammenfassung eines Beitrags im Nachrichten-Magazin Nr. 79.

W.: Gibt es darüber hinaus weitere einmalige Aspekte Ihrer Lehren?
K.: Sie gibt den Menschen den Rat, bereits abgeschiedene Meister, hölzerne Buddhas oder andere Buddha-Statuen nicht zu verehren, sondern unter allen Umständen einen lebenden Meister aufzusuchen.

W.: Weshalb sagt Sie so etwas? K.: Tatsächlich können bereits verstorbene Meister, seien es nun große Heilige oder nicht, uns nicht helfen, weil sie nicht mehr hier sind. Wir können nicht mit ihnen sprechen, so können sie uns in unserer Praxis nicht helfen. Die uns hinterlassenen Bücher und Schriften sind bloß Hinweise für die Praktizierenden späterer Generationen, die Meister selbst jedoch existieren nicht mehr. Deshalb sollten wir einen lebenden Meister finden, dem die Methode und die Vollmacht weitergegeben wurden, und uns in dieser oder jener Weise auf ihn verlassen.
W.: Was sind die Bedingungen, um erleuchteter Meister genannt zu werden?
K.: Wir spüren große Segenskraft von ihm ausgehen, wenn es notwendig ist, oder er kann Praktizierenden durch zahllose Transformationskörper helfen. Da die Meisterin Ching Hai dies vermag, bin ich an Ihr außerordentlich interessiert!
W.: Hat Sie sich vor Ihnen manifestiert?
K.: Natürlich, wie könnte ich sonst mit solcher Überzeugung davon sprechen?

W.: Gibt es heute in der Welt noch andere Meister wie die Höchste Meisterin Ching Hai?
K: Das weiß ich noch nicht, da Sie die einzige ist, die ich gesehen habe. Ich habe aus den Büchern der Höchsten Meisterin Ching Hai viel gelernt. Erstens: Als ich endlich das wahre Wesen des Tons entdeckte, den ich 12 Jahre lang gehört hatte, begriff ich, was die GuanyinMethode ist. Zweitens

habe ich ganz bewusst das Fleischessen aufgegeben. Es ist allein den Büchern „Der Schlüssel zur sofortigen Erleuchtung" zu danken, dass ich die Guanyin-Methode kenne und streng vegetarisch lebe. Sobald ich diese beiden Lehren in die Tat umgesetzt hatte, machte ich große Fortschritte durch die wunderbare Segenskraft der Meisterin Ching Hai, obwohl Sie sich in einem anderen Land aufhielt.

W.: Was bedeutet „Segenskraft"?
K: Als buddhistischer Terminus bezeichnet er eine Art übernatürlicher Kraft eines Buddha oder Bodhisattva, um fühlende Wesen die Wahrheit erkennen und erfahren zu lassen.

W.: Ich kann nicht begreifen, wie Sie diese Kraft aus einem fremden Land nach Korea schicken kann.
K.: Das ist in Ordnung, geschieht jedoch normalerweise auf der spirituellen Ebene.

W.: Ich kann es für mein Leben nicht begreifen.
K.: Das ist so, weil die Schwingung eines erleuchteten Meisters allmächtig und allgegenwärtig ist wie die Luft. Da ein solcher Meister die Vorstellung vom „Ich" aufgegeben hat, kann er seinen Segen absichtslos und unterschiedslos allen vermitteln, die innerlich aufgeschlossen sind. Das wird „handeln ohne zu handeln" genannt, „geben ohne die Vorstellung vom Ich", und „die linke nicht wissen lassen, was die rechte Hand tut" . Wenn er dagegen spirituellen Segen bewusst austeilt oder nur gewisse Leute segnet und andere nicht, heißt das, dass er ein falscher Meister und kein erleuchteter Meister ist. Ein erleuchteter Meister gehört keiner Privatperson, sondern der Öffentlichkeit.Die Sonnenstrahlen fallen ohne Unterschied auf die ganze Natur, auf Weizen und Unkraut. Und auch der Regen benetzt alles, Arzneipflanzen und giftige Pflanzen. Sonne und Regen können das, da sie keine Vorstellung von einem Ich haben.

W.: Was halten Sie davon, dass die Höchste Meisterin Ching Hai Make-up trägt und fantastische Kleider wie eine Entertainerin oder ein Model, ganz im Gegensatz zu anderen Meistern?
K.: Die Wahrheit liegt nicht im Äußeren, sondern innen. In gewissem Sinne, denke ich, ist es notwendig, dass ein Meister der Öffentlichkeit ein völlig neues Erscheinungsbild bietet, weit entfernt von stereotypen Mönchsroben

und Uniformen. Sie hat gesagt, wenn Sie als Nonne gekleidet ist, mögen das die Mönche und Nonnen, jene, die zu Hause praktizieren, aber nicht. Darum sollte Ihre Kleidung und Aufmachung unterschiedlich sein, dem unterschiedlichen Geschmack der Menschen entsprechend. Das heißt, dass Sie bereit und in der Lage ist, Ihre äußere Erscheinung zu verändern, wenn es der Verbreitung der Wahrheit dient. Sie sagt angeblich ganz offen, dass Sie sich in Make-up und dressed up weit weniger wohlfühlt als in Alltagskleidung. Aber mit Rücksicht auf die Menschen, denen Sie begegnet, kleidet Sie sich zu jedem Anlass anders, obwohl das sehr unbequem und lästig ist. Am bequemsten sei ein Pyjama, aber Gästen gegenüber könne man ja nicht unhöflich sein. Kurz gesagt, Sie benutzt die unterschiedlichen Aufmachungen nur als Mittel zur Verbreitung der Wahrheit.

W.: Wenn es so ist, vermute ich, müssen ein Modeberater und ein Makeup-Spezialist Sie begleiten.
K: Man sagt, das sei nicht der Fall Sie kümmert sich um Ihre Kleider, Zubehör und Make-up selbst. Und abgesehen von Kleidern und Make-up trägt Sie auch alle Kosten Ihrer Vortragsreisen selbst. Sie hat es sich zur Regel gemacht, von den Mitgliedern Ihrer Association keine Mitgliedsbeiträge zu nehmen.

W.: Aber womit verdient Sie dann soviel Geld?
K.: Es heißt, dass die Meisterin Ching Hai viele Talente hat wie Design, Kunstgewerbe und Keramikarbeiten, Malerei, Kochen und Singen. Sie kann genügend Geld verdienen, das Sie dafür verwendet, Ihre Lehren zu verbreiten. Ich denke, Sie verkörpert eine ganz neue Art Meister, genau passend für ein neues Zeitalter. .


Perlen der Weisheit
**Setzt in die Tat um, was ihr lernt**

Von der Höchsten Meisterin Ching Hai, 3-Tage-Retreat, Chicago, USA 19. Februar 1994 (Original in Englisch)

Ihr könnt euch nicht immer von der Größe irgendeines Meisters oder irgendeiner Person einschüchtern lassen und im Schatten dieser Person stehen. Ihr müsst erwachsen werden und ihr selbst sein. Ob groß oder klein

ihr seid es, aber mit dem Wissen eurer selbst - dass ‚ich' diese Person bin. Und welche unerwünschten Eigenschaften ihr auch immer habt, ihr versucht natürlich, sie loszuwerden. Und wovon ihr auch denkt, dass es gut für euch ist, besser, edler - versucht es zu vollbringen, im Rahmen eurer Fähigkeit, eurer Zeit und eurer eigenen Aufrichtigkeit und Kraft. Aber seht nicht immer zu einem Meister, einem Lehrer oder irgendeiner großen Persönlichkeit auf, so dass ihr darüber vergeßt, erwachsen zu werden!
Das ist der Grund, warum ich nicht ständig um euch herum sein und euch sagen kann, was ihr tun oder nicht tun müsst. Das ist nicht gut, nicht gut für euch! Ihr habt ein Gehirn, ihr habt einen Verstand, ihr habt die Weisheit, und ihr müsst sie benutzen. Und je öfter ihr sie benutzt, desto besser werden sie. Ansonsten kann ich euch nie alles sagen. Natürlich könnt ihr etwas von mir lernen, wenn ihr denkt, dass es gut für euch ist, für euch das richtige ist. Ihr lernt etwas als Beispiel, aber nicht als etwas, auf das ihr euch stur verlasst oder vor Augen haltet, und darüber euer eigenes Talent und eure eigene Intelligenz vergeßt.

Von der Höchsten Meisterin Ching Hai, beim 3-Tage-Retreat in Chicago, USA 19. Februar 1994 (Original in Englisch)

Alle Fragen werden sich von selbst lösen, wenn wir mehr meditieren und nach innen gehen. Sobald ihr nach innen geht, konzentriert ihr euch in euch selbst, sammelt ihr euch, dann geht alles leichter. Und wir verstehen alles so klar. Alles was wir tun, geht schneller, glatter und natürlicher. Das ist die Art, wie wir uns selbst lehren, und die Art, wie der Meister uns von innen her lehrt. Wenn wir innerlich feststehen, ist alles Äußere einfach. Das ist der Grund, warum ich viele Dinge tun kann und es mich nicht allzu viel Anstrengung kostet - weil ich konzentriert bin.
Ich bin auf natürliche Weise konzentriert, weil ich keinem äußeren Ding verhaftet bin. Ich lasse mich von keinerlei schöner Erscheinung verführen. Auch wenn ihr mich ein schönes Kleid oder etwas ähnliches tragen seht, bin ich mir der Art, wie ich mich kleide, nicht bewusst. Ihr könntet mir eine Käseglocke auf den Kopf setzen, und ich würde mich genauso fühlen. Und wenn irgend jemand ein schönes Kleid oder etwas ähnliches trägt, wird das meine Aufmerksamkeit nie völlig in Anspruch nehmen.
Ich bemerke vielleicht, dass diese Person ein schönes Kleid anhat, aber das ist alles. Das ist eines jener Dinge. Ich registriere es, und damit hat es sich. Es nimmt mich nicht gefangen. Daher bin ich immer konzentriert und

benutze den größten Prozentsatz meiner eigenen Fähigkeit und Kraft, um das Problem zu lösen, zu wirken, zu funktionieren, um den Menschen zu helfen, um euch zu helfen. So geht das. Ganz natürlich!

Wir haben alles in unserem Innern. Aber sobald wir dem Äußeren verhaftet sind, werden wir irgendwo gefangen. Unsere Aufmerksamkeit wird ständig oder meistens irgendwo abgelenkt, und dann sind wir erledigt. Dann sind wir aus dem Gleichgewicht. Das ist es. Das ist das einzige Geheimnis. Die Meditation ist ein Weg für uns, die Kunst der Selbstkontrolle öfter und konsequent zu üben unsere Input-Output Kraft zu kontrollieren, um guten Gebrauch davon zu machen und um der Meister unserer selbst zu sein. Das ist die Art des Meisters, und nicht, ein Meister über andere zu sein.

Ausgewählte Fragen & Antworten
**Entwickelt das Weisheitsauge um die Welt zu verstehen**
Internationales 5-Tage-Retreat, Long Beach, LA, USA, am 29. Dezember 1996 (Ursprünglich in Englisch)

F: Nach allem, was ich gelesen habe, treten wir in ein Millennium der Harmonie, des Frieden und des Wohlstands ein.
M: Ja.

F: Können wir den Menschen ein Wort der Ermutigung sagen über die guten Dinge, die da kommen werden? Tatsächlich können wir ja sogar die schlechten Dinge, die geschehen sind, als Gelegenheit zum Wachsen nutzen.
M: Jede Gelegenheit ist eine Gelegenheit, zu wachsen. Jedes Millennium ist ein goldenes Millennium.
Es hängt davon ab, was wir innerlich empfinden und wie wir die äußere Welt sehen. Wenn wir unser Weisheitsauge entwickeln, sehen wir die Dinge anders. Jedes Zeitalter ist ein goldenes Zeitalter.
Wenn nicht, dann sind wir nicht spirituell entwickelt, und jedes Zeitalter ist ein dunkles Zeitalter. Kein Problem. Für uns ist das goldene Millennium schon da.

**Die Methode unseren Mut zu steigern**
Von der Höchsten Meisterin Ching Hai, Pingtung, Formosa, am 11. April 1989 (Ursprünglich in Chinesisch)

F: Meisterin, wie überwinde ich die Angst? Bilden wir uns die Angst ein, oder ist es unser Karma, oder unser geringes Praktizieren?
M: Es gibt viele Wege, aber es ist auch sehr schwierig! Du musst fleißig und mutig sein. Auch spirituell Praktizierende werden vielleicht nicht gleich dieses Gefühl der Angst los, da es sie zu lange begleitet hat. Es ist eine Art vorherbestimmtes Karma für dieses Leben. Höchstwahrscheinlich haben wir vorher vielen Menschen Angst eingejagt, oder sie verletzt, so dass die Vibrationen der Seelen dieser Opfer um unser Magnetfeld herumhängen und uns ein Gefühl der Furcht vermitteln. Wir sehen oder spüren vielleicht nichts, und doch haben wir jenes furchtsame Gefühl. Deswegen sollten wir liebevoller sein und wohltätig, und uns bemühen, andere zu trösten und Gefühle und Gedanken aussenden, die ein Gefühl von Sicherheit geben. Dies mag uns ein wenig helfen, und man kann es durch Visualisieren üben. Wenn wir es üben, schließen wir die Augen und stellen uns vor, dass wir Mut, Trost und Liebe an Witwen und Waisen, an Soldaten und an Polizisten, die allein im Dunkeln patrouillieren, und auch an Menschen, die wir nicht mögen, oder einmal gehaßt haben, aussenden. Wir senden unsere Liebe in alle Richtungen. Wenn wir diese Methode einmal längere Zeit geübt haben, wird unser Mut wachsen. Versuche es und sieh, ob es funktioniert!

Gesprochen von der höchsten Meisterin Ching Hai
(Ursprünglich in Chinesisch)

Sollten wir ab und zu den Eindruck haben, dass in unserem Leben nicht alles glatt läuft, dann sollten wir verstehen, dass wir in unserer Vergangenheit unerwünschte Affinitäten geschaffen haben. Deshalb sollten wir uns sehr anstrengen. Wenn wir gute Affinitäten haben, sollten wir auch verstehen, dass wir in der Vergangenheit etwas Gutes getan haben, deshalb müssen wir sie schätzen. Wir dürfen in unserem Streben nicht nachlassen, bis unser Geist völlig ausgeglichen ist, absolut sorglos in jeder Hinsicht, keiner Situation verhaftet, und bis nichts in der Welt uns binden kann. Dann ist es wahrhaft gut.

Ausgewählte Fragen und Antworten
**Das Geheimnis der Schwingung**
Von der Höchsten Meisterin Ching Hai, Hsihu, Formosa, um 30. Dezember 1996 (Ursprünglich in Englisch)

F: Hilft das Abspielen der Video- und Audiokassetten, die Atmosphäre in einem bestimmten Raum oder Gebiet zu reinigen, auch wenn es leise ist und man es mit den Ohren nicht hören kann?
M: Oh, es hilft, (im allgemeinen hilft es), da Schwingung Schwingung ist. Wenn sie gut ist, ist sie da, wenn sie schlecht ist, ist sie auch da. Daher hilft gute Schwingung natürlich. Du weißt das.

F: Ich kann das einfach tun?
M: So entstehen Fluch und Segen. Du sagst zu Menschen gütige Worte, und es geschieht. Du verfluchst Menschen und verdammst sie, und es geschieht, besonders, wenn du Entschlossenheit besitzt und deine Willenskraft einsetzt.
Es hilft, und normalerweise hält die Schwingung lange Zeit an. Deswegen fühlt man sich manchmal besser, wenn man sich an einen sehr heiligen Ort begibt. Wenn man dann an einen anderen Ort geht, wird man beeinflusst auf Grund der Schwingung jenes besonderen Ortes. Ja, es hilft. Einige Leute spielen die Kassetten mit meinen Liedern und heilen sich damit von ihrer Krankheit. Es gab einen Mann, der seit achtzehn Jahren bettlägerig war. Er hat es jetzt überwunden, er hat seine Schwierigkeiten überwunden. Achtzehn Jahre lang konnte ihn nichts heilen. Er hörte sich einfach jeden Tag die Bänder an. Das ist alles, was er tat, vierundzwanzig Stunden am Tag. Nach ein paar Monaten stand er auf und konnte gehen. Er ist noch am Leben. Das geschah erst vor kurzem.
Die Schwingung heilt dich wirklich und reinigt durchaus die Atmosphäre. Was immer dich beeinflusst, ist auch die Schwingung der Atmosphäre. Wir können dem natürlich mit anderen Schwingungen entgegenwirken.

Spirituelle Zwischenspiele
**Alle Schöpfung ist eins**
Von eingeweihter Schwester Tzewen Luo, Taipeh, Formosa ,

Ich spürte, dass ich in der Halle allein war. Obwohl dort mehr als tausend Miteingeweihte aus Taipeh mit dem Segen der Meisterin meditierten, hatte ich nicht das Gefühl, dass noch irgendwelche andere im Raum waren. Ich hatte das Gefühl, vollkommen allein zu sein. Es war eine sehr deutliche Wahrnehmung. Ich spürte, dass ich keinen physischen Körper und keinerlei Begrenzung hatte, ich genoss die Ruhe, als gäbe es weder Raum noch

Zeit, weder Anfang noch Ende. Ich war von Liebe erfüllt.
Plötzlich musste ein Miteingeweihter husten, und das Husten unterbrach die Stille. Aber wieso kam das Husten aus „meinem" Innern? Es hätte doch von einem Miteingeweihten außerhalb von „mir" kommen müssen. Wieso war außen innen geworden und innen außen? Da erkannte ich, dass alle Schöpfung eins wurde.
Erst als der Klang der „Verse zur Verdienstübertragung" zu hören war, der Raum und Zeit durchbrach, wusste ich, dass ich die Augen öffnen und die Meditation beenden sollte. Dann sah ich Master's Videovortrag. Als Sie auf dem Bildschirm hustete, hustete ich fast gleichzeitig. Das genau war es, was in der Meditation geschehen war. Ich spürte Frieden und Trost. Im übrigen ging draußen kein Wind, und ich war völlig gesund. Warum musste ich husten? Weil wir wahrhaftig mit der Meisterin eins sind.
Was wir fühlen, fühlt die Meisterin, und umgekehrt.
Wenn wir Sie sehen, sehen wir tatsächlich uns selbst.

## DIE GEHEIMNISSE DER LICHT UND TON MEDITATION
Vom eingeweihten Bruder Alistair Conwell, Perth, Australien
(Original in Englisch)

Das spirituelle Licht und der spirituelle Klang sind nur zwei Aspekte des Höchsten Göttlichen Wesens. Alles, was nötig ist, ist die Gnade eines vollständig erleuchteten Meisters, der die Lehren immer kostenlos anbietet.

...Tausende Menschen auf der ganzen Welt glauben heute, dass einer dieser spirituellen Meister eine Frau mit Namen Suma Ching Hai ist. Sie bietet jedem aufrichtig Suchenden den Beweis seiner eigenen Göttlichen Natur an, indem Sie in die Praxis der alten Licht und Tonmeditation einweiht.

Die Flöte des Unendlichen wird ohne Unterlaß gespielt, und ihr Klang ist Liebe. Wenn die Liebe allen Grenzen entsagt, erreicht sie Wahrheit.
Wie weit sich der Duft verteilt! Er hat kein Ende, nichts steht ihm im Weg.
Die Form dieser Melodie ist so hell wie Millionen Sonnen;
Unvergleichlich erklingt die Vina1 „ die Vina der Töne der Wahrheit2.

Wissenschaftler haben bestätigt, dass weltliches Licht und weltlicher Klang von Schwingungen unterschiedlicher Frequenzen erzeugt werden. In den letzten Jahren hat man dem therapeutischen Nutzen schwingender

Frequenzen viel Aufmerksamkeit geschenkt. In der Erkenntnis, dass das spirituelle Licht und der spirituelle Klang dieses wissenschaftlich bestätigte Phänomen widerspiegeln, glauben Praktizierende der inneren Licht- und Tonmeditation, dass spirituelle Entwicklung vom Kontakt mit dem Klangstrom abhängt, welcher den gesamten Kosmos aufrechterhält. Durch den Göttlichen Klangstrom kann man schnell mit dem Göttlichen Licht verschmelzen.

Im Gegensatz zu modernen Licht/Klang - Therapien benötigt diese alte Meditationsform keine physischen Hilfsmittel, wie z.B. teure elektronische Kopfhauben, die den Benutzer mit weltlichen Lichtern und Tönen bombardieren. Da das spirituelle Licht und der spirituelle Klang aber nur zwei Aspekte des Höchsten Göttlichen Wesens sind, ist diese Meditationsform viel wirkungsvoller. Alles was nötig ist, ist die Gnade eines vollständig erleuchteten Meisters, der die Lehren immer kostenlos anbietet.

Die Kontaktaufnahme mit dem Licht ist das zentrale Thema aller großen spirituellen Meister wie Jesus, Buddha Shakyamuni, Krishna, Guru Nanak, Lao Tse, etc. Dies ist gut dokumentiert. Weniger bekannt ist, dass alle diesen berühmten Meister auch vom Kontakt zum Göttlichen Klang sprachen.

Der Klangstrom ist wie eine spirituelle Autobahn, welcher die Meister nach unten folgen müssen, um Ihr Schwingungsniveau herabzusetzen, und einen physischen Körper anzunehmen, um so den physischen Wesen helfen zu können. Dieselbe Autobahn muss man benutzen, um zum Ursprung aller Dinge zurückzukehren.

Es gibt andere Wege, die den Suchenden vielleicht in die Nähe des Ursprungs bringen, aber der Weg des Lichts und des Tons ist der einzige, der bis zum Ende führt, und direkt zur Quelle.

Wie das Licht, kann auch der Ton auf verschiedenen Frequenzen schwingen. In den höheren Frequenzbereichen kann er tatsächlich genau wie viele zeitgenössische Musikinstrumente klingen. Zum Beispiel war der geheimnisvolle „sehr laute Trompetenstoß" [3], den die Israeliten in der Nähe des Bergs Sinai hörten, ohne Zweifel der Klangstrom.

Der heilige Johannes bezeichnete den Klang als das Wort: „Am Anfang war das Wort, und das Wort war bei Gott, und das Wort war Gott." [4] In der Bibel gibt es eine Vielzahl weiterer Hinweise auf den Klangstrom. Ein exzellentes Beispiel ist im Buch der Offenbarung: „Dann hörte ich eine Stimme vom Himmel her, die dem Rauschen von Wassermassen und dem Rollen eines gewaltigen Donners glich.

Die Stimme, die ich hörte, war wie der Klang der Harfe, die ein Harfenspieler schlägt. Im buddhistischen Surangama Sutra erachtete Buddha Manjushri die Göttliche Klangmethode als den einzigen Weg zum Nirvana: „Alle Brüder dieser großen Versammlung, und auch du, Ananda, sollten ihre nach außen gerichtete Wahrnehmung des Hörens umkehren, und nach innen, dem perfekt in vollkommener Einheit befindlichen, eigentlichen Klang eurer Geistes Essenz lauschen. Denn sobald ihr euch dort vollkommen niedergelassen habt, werdet ihr die Allerhöchste Erleuchtung erlangen." „Dies ist der einzige Weg zum Nirvana, ihm folgten alle Tathagatas (Heilige) der Vergangenheit." In der Bhagavad-Gita sagt Krishna zu Arjuna: „Ich bin der Klang im Äther." Darüberhinaus wurde gesagt, dass Krishna eine „transzendentale Flöte" besitze, was ein symbolischer Hinweis auf Krishnas Einheit mit dem Klangstrom ist.

Das heilige Buch der Sikhs, Sri Guru Granth Sahib stellt fest:
Wie natürlich erklingt die ungespielte Musik in meinem Geist, Möge mein Geist immer in der Freude des Wortes schwelgen.
Und ich finde meinen Platz hoch droben, gemacht in der Stille des Friedens.
Und ich wanderte und wanderte und dann kam ich in meiner Heimstatt an; Und ich fand, wonach ich mich gesehnt hatte.
Moslemische Sekten haben u.a. die Begriffe Saut-i-sarmadi (das Göttliche Lied) und Kalma (oder Wort) gebraucht, um den Klangstrom zu beschreiben.
Lao Tse beschrieb das Tao, oder den Weg als „ungehinderte Harmonie" und den Ursprung aller Dinge.
Chuang Tzu erläuterte die Licht- und Tonmethode, als er sagte: ..... höre mit dem Geist, anstatt mit den Ohren; höre mit der Energie anstatt mit dem Geist. Das Hören hört bei den Ohren auf, der Geist hört auf, wenn man mit ihm in Kontakt kommt, aber Energie ist das, was leer ist, und sich anderem gegenüber entgegenkommend verhält. Der Weg führt zur Leere; Leersein ist geistiges Fasten." „Wenn deine Ohren und Augen nach innen gerichtet und losgelöst sind von begrifflichem Wissen, dann werden selbst Geister, die hinter dir her sind, zurückschrecken, wieviel mehr werden es die Menschen."[10] Die alte Technik der Licht- und Tonmeditation ist verblüffend einfach -- in der Tat wird sie heute von vielen gelehrt. Allerdings können nur sehr wenige die spirituelle Kraft übermitteln, die diese Technik vervollkommnet. Diese spirituelle Kraft ist notwendig, um den „Neophyten zu jeder

Zeit vor zahlreichen Fallstricken entlang des Wegs zu beschützen -- in diesem und jedem weiteren Leben.

Jesus spielte auf die unsichere Natur des Wegs an, als er sagte: „Aber das Tor, das zum Leben führt, ist eng, und der Weg dahin ist schmal, und nur wenige finden ihn. (11) Ein wahrhafter spiritueller Meister ist also jemand, der diese Reise abgeschlossen hat und auf die physische Ebene zurückkehrt, um andere sicher zurückzuführen. Zu allen Zeiten hat es immer einen Meister gegeben, der sich dieser edlen Aufgabe angenommen hat. Meister müssen einen physischen Körper annehmen, damit sie das Karma aus den früheren Leben ihrer Eingeweihten übernehmen können. Ohne dieses unglaubliche Opfer des Meisters würden die suchenden Seelen der Initiierten nicht weit auf dem Weg vorankommen, da ihre karmische Last zu schwer wiegt, und sie im Kreislauf der Wiedergeburt gefangen bleiben. Darum leiden alle Meister oft unter akuten Schmerzen - physisch, mental und spirituell - als direkte Konsequenz der Annahme von Schülern. Je mehr Anhänger, desto mehr Karma, das es aufzulösen gilt, und desto mehr Schmerzen. Jesus wusste weit im voraus, dass die Römer Ihn foltern würden, aber Er wusste auch, dass Er es auf sich nehmen musste, weil dies der einzige Weg war, Seine Jünger von ihrer karmischen Last zu befreien. Tausende Menschen auf der ganzen Welt glauben heute, dass einer dieser spirituellen Meister eine Frau mit Namen Suma Ching Hai ist. Sie bietet allen aufrichtig Suchenden den Beweis ihrer jeweiligen eigenen Göttlichen Natur an, indem Sie sie in die alte Praxis der Licht- und Tonmeditation einweiht.

Suma Ching Hai nennt die Licht- und Tontechnik die Guanyin-Methode (Guanyin kommt aus dem Chinesischen, und bedeutet das Betrachten der Klangschwingung) da Sie Ihre ersten öffentlichen Vorträge vor knapp einem Jahrzehnt auf Formosa hielt. Guanyin Bodhisattva (eine buddhistische Heilige) praktizierte die Guanyin-Methode, um vollständige Erleuchtung zu erlangen. Da niemand Ihren wirklichen Namen kannte, benannte man Sie nach der Methode.

Während der Einweihung werden spezifische Anweisungen für die Guanyin-Meditation gegeben, und die Spirituelle oder Göttliche Übertragung, die die persönliche Göttliche Natur wachruft, wird vom Initiierten in aller Stille erhalten. Die Spirituelle Übertragung sichert die Reise des Eingeweihten nach Hause ab.

Suma Ching Hai muss während der Zeit der Einweihung nicht physisch anwesend sein. Sie sendet Guanyin-Boten - die die Einweihung organisieren und durchführen in alle Welt, aber die Göttliche Übertragung wird immer direkt von Ihr empfangen.

Das Sehen des Lichts mit dem Weisheitsauge und das Hören des Klangs sind Zeichen, die bestätigen, dass die göttliche Übertragung stattgefunden hat, und oft wird in diesem Zusammenhang von sofortiger Erleuchtung gesprochen.

Dies ist ein Weg für aufrichtige spirituell Suchende, denn es gibt gewisse Bedingungen, denen alle Einweihungskandidaten zustimmen müssen. Frühere Meditationskenntnisse sind allerdings nicht notwendig; selbst ein religiöser Glaube wird nicht verlangt, einfach nur ein offener Geist und ein aufrichtiges Herz.

Die Bedingungen für die Initiation werden die fünf Gebote genannt, welche ihre Entsprechung in den ethischen Verhaltensregeln aller großen Religionen finden. Die Gebote wurden geschaffen, um eine ideale Umgebung für spirituelle Praxis zu erzeugen, karmische Schulden zu minimieren und schnelles Vorankommen sicherzustellen.

(1) Nicht töten, was eine vegane oder lakto-vegetarische Ernährungsweise erforderlich macht.
(2) Nicht stehlen.
(3) Nicht die Unwahrheit sagen.
(4) Kein sexuelles Fehlverhalten.
(5) Auf alle Arten von Drogen verzichten, Nikotin und Alkohol eingeschlossen.

Das mag vielen Leuten zu streng erscheinen, und doch hat Suma Ching Hai zehntausende Eingeweihte in der ganzen Welt, in Nord- und Südamerika, Europa, Südafrika, Asien und hier in Australien.

Gemäß der Tradition aller großen Meister der Vergangenheit, verlangt Suma Ching Hai kein Geld, weder für ihre Vorträge, noch für die Guanyin-Einweihung. Sie bezieht ihr Einkommen ausschließlich aus ihren künstlerischen Tätigkeiten (z.B. Musik, Malerei, Modedesign, und Kunsthandwerk). Sämtliche unaufgefordert gespendeten Beträge Ihrer Schüler werden an Wohltätigkeitsorganisationen auf der ganzen Welt weitergeleitet oder als Katastrophenhilfe verwendet.

In Anerkennung der Hilfe, die Sie überall auf der Welt geleistet hat, wurde Suma Ching Hai am 22. Februar 1994 von sechs Gouverneuren aus Staaten des mittleren Westens der USA mit dem „World Spiritual Leadership Award" ausgezeichnet.

US-Präsident Bill Clinton und die ehemaligen Präsidenten George Bush und Ronald Reagan sandten Grußbotschaften zur Verleihung. In seiner Botschaft sagte Bill Clinton: „Sie (Suma Ching Hai) ist ein lebendes Vorbild des Friedens in der Welt und der Liebe zu allen, besonders durch Ihre Hilfe für die Flüchtlinge und viele leidende Menschen in den USA"

Der Weg des Göttlichen Lichts und Klangs war durch alle Zeitalter hindurch der Weg der Meister. Die Einweihung in diesen ältesten aller spirituellen Wege steht nun, dank des Mitgefühls von Suma Ching Hai, der breiten Öffentlichkeit offen. Ihre Botschaft wiederholt die Botschaft aller großen Meister, und hebt die gemeinsame Essenz aller Religionen hervor, ohne irgendeinem Ritualismus zu frönen.

In einer Zeit, da man aus so vielen spirituellen Wegen und Meditationstechniken auswählen kann - was wahrscheinlich die fortschreitende Transformation unseres planetaren Bewusstseins reflektiert, - kann man von der unglaublichen Menge an vorhandenen Informationen überwältigt werden, und vielleicht sehr viel Zeit und Geld verlieren. Fassen Sie sich ein Herz, denn man muss sich nur aufrichtig nach dem Wissen über den Weg sehnen, und das Tor der Wahrheit wird aufgetan. Denn wenn der Schüler bereit ist, wird der Meister zweifellos erscheinen.

Suma Ching Hai Kontakte: Perth - Alistair Conwell (09) 342 2912; Melbourne - Daniel Drenic (03) 95784074; Canberra Khanh Huu Hoang (06) 2591 993; Sydney - Joseph Fallon (02) 8211 760; Brisbane - Gerard Bishop (07) 3847 1646; Adelaide - Nguyen Huu Hiep (08) 82431542

.Anmerkungen:
1. Die Vina ist ein Saiteninstrument.
2. Rabindranath Tagore, übers., The songs of Kabir (Kanada International Biogenic Society, 1989), Seite 49.
3. Die Bibel, Exodus 19:16
4. Die Bibel, Johannes 1: 1. (Einheits übersetzung)
5. Die Bibel, Das Buch der Offenbarung, 14:2.
6. K. Singh, Naam or Word (USA:Ruhani Satsang, 1994), S.6;
7. His Divine Grace A.C.B. Swami Prabhupada, Bhagavad-Gita As It Is (Aus: Bhaktivedanta Book Trust, 1985).
8. Dr. Gopal Singh, übers., Sri Guru Granth Sahib (Indien: Gur Das Kapur & Sons, 1964), S. 87, Vol. 1.

9. T. Cleary, The Essential Tao (USA: Harper & Row, 1991), S. 10.
10. The Essential Tao, S. 87.
11. Die Bibel, Matthäus, 7:14.

## GUANYIN-MEDITATION
Der alte Weg des spirituellen Lichts und Klangs

„Am Anfang war das Wort, und das Wort war bei Gott, und das Wort war Gott" ( Johannes 1:1)

„So meditieren wir also auf diese Wort, welches die Schwingung in unserem Inerren ist,das Wort, welches auf die Frequenz deutet, die Gottes-Kraft. Denn wir sind Gottes Tempel und Gott spricht auf diese Weise zu uns. Er erscheint uns in Form des Lichts und spricht zu uns in Form der Klänge. Sehen wir das Licht, sehen wir viele andere Dinge. Hören wir das Wort, hören wir viele andere Dinge. Wir hören die Lehren direkt von Gott" - Suma Ching Hai

## DIE HERKUNFT UND ESSENZ ALLER RELIGIONEN

„Diese Wort oder diese göttliche Schwingung wird in allen Religionen erwähnt. Wir nennen es Yin, andere nennen es Himmlische Musik, Logos, Tao, etc. Es schwingt in allem was lebendig ist und erhält das gesamte Universum. Diese innere Melodie kann alle Wunden heilen, alle Wünsche erfüllen, und allen weltlichen Durst stillen. Es ist unendliche Kraft und unendliche Liebe. Weil wir aus diesem Klang gemacht sind, bringt der Kontakt mit ihm Frieden und Zufriedenheit in unsere Herzen"  - Suma Ching Hai

Weitere Information unter:
Perth; (09) 342-2912; Canberra; (06) 259-1993; Melbourne;(03) 9890-0320; Adelaide; (08) 332-6192;Sydney;(02) 9821-1760; Brisbane: (07) 3847-1646; Hobart (03) 6229-3878

Die Suma Ching Hai International Association ist gemeinnützig und unkonfessionell.


**Die Verwandlung eines Viehzüchters**

Vom eingeweihten Bruder Bob Ectman, Maryland,, USA

Ein Interview mit Howard F. Lyman, Direktor der „Initiative für verantwortungsbewusstes Essen" der Humanistischen Gesellschaft der USA

Mr. Lyman ist Landwirt mit einer Familientradition von vier Generationen und über 35 Jahren Berufserfahrung. Er leitete einen großen biologischen Milchbetrieb, mit einer großen Intensivmastanlage, der Hühner, Schweine und Puten züchtete, Getreidefelder von Tausenden Acren anbaute und mehr als ein tausend Stück Rinder als Schlachtvieh produzierte.
Seine Geschichte begann im Jahre 1979, als sein Körper unterhalb der Brust gelähmt wurde infolge eines Tumors in der Wirbelsäule. Die Ärzte meinten, eine Operation wäre für ihn eine Chance gleich eins zu einer Million, wieder laufen zu können, weil der Tumor sich innerhalb seines Rückgrates befand. In der Nacht vor der Operation versprach er sich selbst, unabhängig vom Ergebnis des Eingriffes den Rest seines Lebens dem zu widmen, was er für gerecht hielt.
Nach einer 12-stündigen Operation konnten die Ärzte den Tumor entfernen. Seine Genesung verlief erfolgreich, und einige Tage später verließ er das Spital auf eigenen Beinen. Dieses Erlebnis änderte sein Leben. Er glaubt, Gott habe ihm die Fähigkeit zu laufen wiedergegeben, damit er eine Mission erfüllen kann.
Nach diesem Erlebnis dachte Mr. Lyman darüber nach, wie es geschehen konnte, dass er, all den modernen Ratschlägen folgend, seinen kleinen biologischen Familienbetrieb in eine große Genossenschaft umwandelte, die chemische Mittel einsetzte. Er wurde Zeuge, wie sein organischer Ackerboden als Ergebnis der sogenannten modernen landwirtschaftlichen Methoden von einer lebendigen Produktionsgrundlage zu einem sterilen, mit chemischen Mitteln übersättigten Stück Land wurde. Er begann sich ebenfalls der Unmenschlichkeit bewusst zu werden, mit der Tiere in Intensivmastanlagen gehalten werden.
So beschloss er, sich über die Auswirkungen der Anwendung chemischer Mittel in der Landwirtschaft neu zu informieren. Nach vielem Lesen und Forschen verkaufte er 1983 seine Farm und begann mit anderen Landwirten zusammen zu arbeiten, die in finanzieller Notlage Waren; das führte ihn zu seinem Posten im Landwirtschaftlichen Verein von Montana. 1987 ging Mr. Lyman nach Washington, DC, um als Vertreter des Nationalen Landwirtschaftlichen Vereins aufzutreten. Er beschäftigte sich fünf Jahre mit der

Politik im Kapitol und erreichte einige kleine Erfolge wie die Verabschiedung des Bundesgesetzes über biologische Normen, verstand aber, dass viel mehr erforderlich war. Er gewann die Überzeugung, dass das Problem an der Wurzel angepackt werden musste und die nötigen Änderungen von Produzenten und Verbrauchern ausgehen sollten.

Mr. Lyman bemerkte zur grundlegenden Ursache unserer Gesundheits- und Umweltprobleme: „Sei es Verlust des Regenwaldes, Hunger in der Welt, Verlust des besten Ackerbodens oder unserer eigenen Gesundheit, es handelt sich immer um dasselbe Rad, und die Gabel, mit der wir essen, ist seine Achse. Unsere Gabel ist die gefährlichste Waffe im Arsenal des Homo Sapiens. Wir graben mit unseren Gabeln mehr Gräber als mit irgendeinem anderen Gerät." Im Jahre 1992 organisierte Mr. Lyman, damals Geschäftsführer der „Internationalen Initiative für Einschränkung des Rindfleischverbrauchs", eine massive öffentliche Aufklärungsaktion. Mehr als 10.000 Menschen verteilten an einem Tag an über 3000 verschiedenen Standorten in der ganzen Welt über 1.000.000 Informationsblätter. Der Zweck war, Verbraucher über ihre Eßgewohnheiten und über die Vorteile einer vegetarischen Lebensweise aufzuklären. Später wurde er Direktor der „Initiative für verantwortungsbewusstes Essen" der Humanistischen Gesellschaft der USA und Präsident des Internationalen Vegetarischen Vereins. In diesen Funktionen legte er innerhalb der vergangenen fünf Jahre jährlich und allein 1996 mehr als 200.000 Meilen zurück; sprach über 4000 Radiostationen und 300 Fernsehsender und gab über 1000 Interviews. Er sprach auf Tausenden Zusammenkünften vor wenigen Zuhörern bis zu über 25.000 Menschen, wie am Festtag der Erde in Oakland, Kalifornien.

Er spricht zu den Menschen über die Möglichkeit, ihre Diät von tierischer auf pflanzliche Basis umzustellen und betont, dass man länger und gesünder leben kann, wenn man verantwortungsbewusst isst. Er ermahnt jedermann, sich zu fragen: Wer hat mein Essen hergestellt? Welche Stoffe hat man dabei verwendet? Welche Wirkung hat es auf mich, auf die Umgebung und die Tiere? Er bemerkte: „Mein Leben hat das Ziel, mit anderen den Glauben zu teilen, dass jeder von uns die Welt zu einem besseren Platz machen kann; und wenn es eine helle Zukunft für unsere Kinder und Enkel geben sollte, wird sie dadurch zustandekommen, dass Verbraucher die Hersteller unterstützen, die im Einklang mit der Natur, d.h. biologisch, Leben erhaltend und humanistisch arbeiten." Befragt über die Rinderwahnsinn-Krankheit (BSE), antwortete Mr. Lyman, dass sie vermutlich von einem anormalen Protein, dem sogenannten Prion, verursacht werde, das zum erstenmal 1986 in England entdeckt wurde. Er sagte, dieses Protein könne 340 Grad Celsius überstehen, habe keine DNA oder RNA und bleibe sogar im Boden vergraben ansteckend.

Überdies, sollte man es ins stärkste Desinfektionsmittel geben, würde es fünf Jahre lang erhalten bleiben und dabei noch kräftiger werden. Die Prione vervielfältigen sich vermutlich durch die Auslösung von Kettenreaktionen im Gehirn, die gesunde zellulare Proteine beschädigen und dadurch normale Proteine in anormale verwandeln.

Die Krankheit wird wahrscheinlich dadurch übertragen, dass man die Überreste der geschlachteten Tiere, um Kosten zu sparen, zu einer Proteinmasse verarbeitet und damit Kühe füttert. Sind einige der geschlachteten Tiere krank, kann der die Krankheit verursachende Stoff, der nicht so leicht entdeckt oder zerstört werden kann, ins Futter der Tiere gelangen. Mr. Lyman sagte, in England seien laut Schätzungen etwa 100 Personen an der entsprechenden Form dieser Krankheit erkrankt, diese Zahl könne in wenigen Jahren von 5000 auf über eine Million steigen. Weiterhin sagte er, trotz der Zusicherung der US-Regierung, dass es in den USA keine bestätigten Fälle dieser Krankheit gäbe, glaube er, dass manche Anzeichen die Glaubwürdigkeit dieser Behauptung in Frage stellen.

Mr. Lyman bemerkte, dass die Hälfte aller Todesfälle in den USA heutzutage auf Herzkrankheiten zurückzuführen seien; dazu tragen hauptsächlich solche Faktoren bei wie gesättigte Fettsäuren, die überwiegend aus tierischen Produkten stammen, und Cholesterin, das nur von tierischen Produkten kommt. Einer von drei heute lebenden Amerikanern werde am Krebs erkranken, und einer von vier werde daran sterben. Von allen krebserregenden Substanzen und Giftstoffen, die in den menschlichen Körper gelangen, seien 75% tierischen Ursprungs und nur 16% pflanzlich.

Er führte aus, dass 91% aller krebserregenden Stoffe durch zwei Dinge vermieden werden können: durch Verzicht auf tierische Produkte bei der Ernährung und durch Ernährung mit Gemüse aus biologischem Anbau.

Ferner sagte er: „Mein größter Stolz besteht heute darin, dass kein Tier sterben muss, damit ich lange, gesund und produktiv leben kann. Wenn ich dazu fähig bin, zu leben, ohne dass Tiere dafür sterben müssen, warum sollte ich dann meine Hände mit dem Blut eines anderen lebendigen Wesens beschmutzen, das wie ein Mensch Gefühle hat und wahrscheinlich das Leben genauso genießt wie ich. Es ist eine Situation ohne Verlierer. Ich lebe länger, wenn ich sie nicht esse, sie leben länger dadurch, dass ich sie nicht esse; und jeder, der seine Gabel zum Munde hebt, sollte sich darüber

Gedanken machen."

**Aphorismus**
Suma Ching Hai (original in Englisch)

Wir müssen immer Das Rechte tun, dann wird Gott sehen, was wir tun. Aber wir müssen es selbstlos und natürlich tun, nicht nur aus einem ganz bestimmten Motiv, dann ist es vollkommen.

**Worte der Meisterin**
**Die Guanyin-Methode**
Von der Höchsten Meisterin Ching Hai. Taipeh. Formosa. 25. Oktober 1988 (Ursprünglich auf Chinesisch)

Die Guanyin-Methode bietet uns eine unglaubliche Kommunikationskapazität. Sie ersetzt praktisch das Telefon. Man muss nicht einmal einen Finger heben oder irgend etwas schreiben. Sobald ein Gedanke entsteht, ist die Verbindung hergestellt. So ist die Lage im Reinen Land (Hohen Himmel). Andere können deine Gedanken augenblicklich wahrnehmen. Du brauchst nicht zu sprechen, musst niemand deinen Namen nennen. So ist es in den höheren Reichen. Wenn du etwas willst, wissen es die anderen sofort. Wenn du etwas brauchst, wird der Herrscher dieses Reiches sofort dorthin, wo du dich befindest, Lichtstrahlen aussenden und dir helfen. Er braucht deinen Namen nicht zu wissen, denn in den Reichen höherer Ebene gibt es keine Namen und keine Individuen. Alle Wesen sind eins.
Obwohl wir vielleicht viele verschiedene Gestalten annehmen oder unterschiedliche spirituelle Ebenen aufweisen, gibt es keinen wesentlichen Unterschied zwischen den Wesen.
Es ist wie bei einem Radiosender, der deine Adresse ebenfalls nicht zu wissen braucht. Vorausgesetzt du hast ein Radio und stellst es auf diese Frequenz ein, dann kannst du die Signale des Radiosenders empfangen. Das gleiche gilt für den Fernsehsender. Er interessiert sich weder für deine Adresse, die Größe oder Marke deines Fernsehgerätes, noch dafür, wer es wann gekauft hat und wo es jetzt steht. Sobald du den entsprechenden Kanal einstellst, bist du mit dem Sender verbunden. So ist die Einweihung sozusagen das Einstellen deines „Radios", so dass du bequem jeden Tag mit dem „Sender" kommunizieren kannst. Das ist unser eingebautes „Telefonsystem". Ganz gleich wo du wohnst, du kannst mit der Meisterin

kommunizieren, wann immer du an Sie denkst. Ihr wisst, dass das wahr ist (Publikum: „Ja"). Nicht ich bin es, die irgendwo hingeht. Die Schwingungsfrequenz hat sich ganz einfach geändert.

Wenn jemand über zahllose Transformationskörper verfügt, so nennt man das Tathagata, was soviel bedeutet wie „weder kommen noch gehen" oder „Überall gleichzeitig anwesend sein". Das ist absolut wissenschaftlich. Es bedeutet nichts weiter als Veränderung der Schwingungen. In naturwissenschaftlichem Sinn ist Licht eine höhere Form der Elektronik. Seine gewöhnliche Form ist die Elektrizität, die unter menschlicher Kontrolle angewandt wird. Wenn wir aber einen elektronischen Schalter berühren, dann geht das Licht sofort von selbst an. Das ist schon fortschrittlicher, aber das Licht an sich ist der höchste Zustand der Elektronik. Heutzutage ist dank großer Fortschritte der Naturwissenschaft vieles computerisiert bzw. wird elektronisch kontrolliert. Hierzu benutzt man eine bestimmte Form von Licht.

Das traditionelle Klavierspiel erfordert beträchtliche manuelle Betätigung. Heute haben wir aber die Elektronenorgel. Sie ist viel kleiner und kann doch die verschiedensten Klänge hervorbringen, beispielsweise den Klang der Flöte oder des Klaviers. Ist das nicht großartig? Sie ist ein elektronisches Gerät. Die Musik der höheren Ebenen ist damit vergleichbar, nur dass sie noch höher entwickelt ist. Sie ist so hoch entwickelt, dass Musik ohne jedes Instrument entsteht. Das ist die höchste Form von Musik, die höchste Schwingung und die höchste Stufe eines elektronischen Gerätes. Inneres Licht und innerer Klang stellen die höchste Stufe der Elektronik dar, nach der die größten Naturwissenschaftler schon lange suchen, die sie aber erst erreichen müssen.

Deshalb ist spirituelle Praxis die höchste Wissenschaft. Wenn ihr mit mir die GuanyinMethode praktiziert, werdet ihr die höchste Naturwissenschaft und Logik praktizieren.

Das ist kein Aberglaube und auch kein Niederwerfen vor Göttern oder Geistern, um Verdienste zu erlangen. Es ist nichts Geheimnisvolles oder Mehrdeutiges. Man muss nicht schwerfällig in die Höhe springen oder Unsinn reden ohne überhaupt zu wissen, worüber man schwafelt. Das ist Besessenheit. Was ist Maya? Sie ist eine Art Macht mit wenig Wissen. Und was ist Buddha? Er ist derjenige, der wissenschaftliche Weisheit besitzt. Das ist alles. Je mehr wir spirituell praktizieren, desto besser verstehen wir die Naturwissenschaften. Wenn wir nur Naturwissenschaft studieren ohne spirituell zu praktizieren, werden unsere wissenschaftlichen Kenntnisse begrenzt sein. Spirituelle Praxis wird uns über die Naturwissenschaft und alle

Wissenschaftler hinausfuhren. Sie waren auf dem Mond, wir können jedoch weiter reisen als nur bis zum Mond. Sie wollten weitere Entdeckungen machen und zu weiteren Planeten reisen - jedoch ohne Erfolg.

Der am weitesten entfernte Ort, den sie zur Zeit erreichen können, ist der Mond. Sie haben ein paar Steine mitgebracht, und viele Wissenschaftler haben sich versammelt, um diese Steine zu studieren. (Lachen) Sie haben die Steine aufgeschnitten und analysiert. „Ja!

Es sind tatsächlich Steine!" (Lachen) Dann kamen noch weitere Wissenschaftler, um sie sich anzuschauen. Auch sie sahen nur Steine.

Selbst für den begabtesten Wissenschaftler waren es nur Steine. Das war kein Spaß. Das hatte sie tonnenweise Geld und riesige Anstrengungen gekostet. Wenn sie jedoch ihre Anstrengungen, ihr Geld und ihre Hingabe auf spirituelle Praxis verwendet hätten, dann, ja dann... (die Meisterin schnippt mit den Fingern) hätten sie (viel mehr wissenschaftliche Erkenntnisse) gewonnen und wären im Handumdrehen Heilige geworden.

**Worte der Meisterin**
**Erleuchtung ist der Schlüssel zur Erhaltung des Weltfriedens**
Von der Höchsten Meisterin Ching Hai Pusan, Korea, 15. Mai 1993
(Original in Englisch)

Die Welt ist ein großes Haus mit vielen Räumen darin, da wir jedoch mit unserem täglichen Leben so sehr beschäftigt sind, haben wir nicht oft Gelegenheit, einander zu begegnen. Wenn aber jedermann in dieser Welt erkennen würde, dass wir alle miteinander Brüder und Schwestern sind, gäbe es weder Diskriminierung noch Krieg.

Von der Höchsten Meisterin Ching Hai Costa Rica. 9. Februar 1991
(Original in Englisch)

Ich hoffe, dass es eines Tages in der Welt keine Grenzen mehr geben wird, so dass Nachbarn und benachbarte Länder einander besuchen können, um Tee oder eine Tasse Kaffee zu trinken, miteinander zu reden und am gleichen Tag zurückzukehren, oder in der gleichen Woche, ohne irgendwelche Probleme mit Dokumenten, ohne Ärger, ohne dass sich die Polizei einmischt, und ohne diese schreckliche Bürokratie. Es sollte Überhaupt keine Flüchtlinge mehr geben, geschweige denn, dass man sie abschiebt. Jedermann sollte das Recht haben zu reisen, wohin er will und seinen Unterhalt zu verdienen, wo es für ihn oder sie den Umständen entsprechend angemessen und günstig ist. Bis dahin wird es in unserer Welt jedoch weiter Leiden, Konflikte und Krieg geben. Die Antwort auf die Frage, warum das so ist, sollte uns nicht schwerfallen. Die Gründe dafür liegen auf der Hand. Das ist so, weil wir selbstsüchtig sind. Wir denken immer, dies ist meins, das gehört mir, und das gehört uns. Wir haben vergessen, wem all dies gehört. Wir haben vergessen, dass Gott der einzige König ist. Und wir handeln nicht entsprechend den Regeln dieses allmächtigen Königs. Wir denken in diesem Leben niemals wirklich nach. Jeder sorgt einfach für sich selbst. Auch wenn die Leute zu viel zu essen und zu trinken haben, geben sie ihren Nachbarn, die in Not sind, nichts ab. Darum ist Krieg unvermeidlich.

**Vegetarismus und Frieden**
Von der Höchsten Meisterin Ching Hai Berkeley University, Kalifornien, USA 13. Oktober 1989 (Original in Englisch)

Wenn wir kein Fleisch essen würden, würde niemand Vieh züchten. Alle Nahrungsmittel würden bleiben, wo sie gewachsen sind, und die Leute könnten sie essen und gesund und stark werden. Das wäre für jede Nation gut, und es wäre auch für unsere Nation gut. Wir verschwenden viel Geld für Waffen und für die Viehzucht. Das ganze Ackerland, oder doch das meiste, wird heutzutage für die Viehzucht verschwendet, für Schweine usw. Wenn wir auf diesen Flächen nahrhafte, gesunde Lebensmittel anbauen würden, denke ich, hätten die Nationen mehr davon, und unsere Nation hätte mehr Frieden und keinen Bedarf an Verteidigungswaffen.
Wenn alle Nationen der biblischen Lehre oder den buddhistischen Lehren entsprechend leben würden - Du sollst nicht töten, du sollst nicht stehlen usw. - dann bräuchte die Welt keine Friedenskonferenzen mehr und müsste nicht soviel Kaffee, Champagner und Kuchen für Gespräche am runden Tisch verschwenden, die doch zu nichts führen. Je mehr wir über Frieden reden, desto mehr Krieg haben wir. Das kommt daher, dass wir so widersprüchlich an die Dinge herangehen. Wenn alle Meditation praktizieren und nahrhafte Kost zu sich nehmen würden, die kein Töten bedingt, hätte die Welt längst Frieden und wir hätten keinen Hunger. Es ist gar nicht nötig, dass ihr euren Besitz weggebt; gebt einfach das Fleischessen auf. Das würde genügen, um die Welt zu retten, wie auch eure eigene Gesundheit und die der Nation.

Von der Höchsten Meisterin Ching Hai Montreal, Kanada, 7. April 1993
(Original in Englisch)

Fleisch ist die Ursache aller Kriege und Leiden in dieser Welt, wie auch eurer eigenen. Das Fleischessen aufzugeben heißt, zum Frieden auf diesem Planeten beizutragen, weil wir auf diese Weise die Ursache für das Töten aufheben. Dann werden wir auch nicht die Auswirkungen tragen müssen, nämlich selbst getötet oder verwundet zu werden.

Von der Höchsten Meisterin Ching Hai Panama, 29. November 1989
(Original in Englisch)

In unseren Tagen gibt es gewisse Geschehnisse wie Wetterumschwünge, Hungersnöte und alle Arten von Krankheiten, die unsere Welt heimsuchen. Einige Leute mit wenig Glauben machen wieder einmal Gott dafür verantwortlich. Wo immer ich einen Vortrag halte, fragen mich die Leute: „Wenn es einen Gott gibt, warum lässt Er dann diese und jene Katastrophen zu?" Diese Leute sollten bedenken, dass es nicht Gott ist, der all das tut. Wir selbst sind es, die all diese Umstände geschaffen haben. Einige Nationen z.B. testen immer wieder Atombomben und Wasserstoffbomben, was die Struktur der Atmosphäre und die Stabilität der Erde beeinträchtigt. Sie meinen, sie könnten einfach Raketen in die Luft schießen ohne Probleme zu verursachen, oder im Ozean Tests durchführen, ohne dass es Folgen hätte. Diese Praxis schafft sehr wohl Probleme, da das Universum aus unterschiedlichen Materialien, teils aus festen und teils aus unsichtbaren Substanzen, konstruiert ist. Wenn die unsichtbaren Substanzen destabilisiert werden, beeinträchtigt das die Stabilität des Universums und wirkt sich auf die natürliche Entwicklung der Natur störend aus.

**Erleuchtung ist die wahre, unveränderliche Antwort**
Von der Höchsten Meisterin Ching Hai Costa Rica, 16. Dezember 1990
(Original in Englisch)

Alle die Kriege entstehen aus Unwissenheit. Wenn wir unwissend sind, wissen wir nicht, wie wir den Hass beenden sollen, wissen wir nicht, wie wir Aggression und Selbstsucht beenden sollen. Je höher die Position ist, die wir bekleiden, desto größere Gefahren für die Menschheit können wir heraufbeschwören. Darum wäre es besser, ihr würdet erst erleuchtet, um dann mit um so größerem Verständnis der Welt zu dienen.

Von der Höchsten Meisterin Ching Hai Kalifornien, USA, 30. November 1993 (Original in Englisch)

Natürlich ist Krieg unvermeidlich, und ich bin gleichermaßen dankbar, ob sie nun die Welt beschützen oder den Frieden bewahren, doch Frieden zu bewahren ist besser. Ganz gleich, wie gewaltig der Krieg ist, er kann nicht endlos sein, wenn niemand kämpft. Wenn nur eine Seite kämpft, hat sie bald genug davon. Ganz gleich, wie aggressiv ein Mensch ist, wenn er den Krieg allein weiterführen soll, wird er es müde, und der Krieg endet um so rascher. Manchmal mischen wir uns in anderer Leute Kriege ein, indem wir sie verlängern und so den Verlust vieler Menschenleben verursachen.

Von der Höchsten Meisterin Ching Hai USA, 17. Februar 1991 (Original in Englisch)

Wenn wir die Bibel lesen, die buddhistischen Schriften, oder die irgendeiner anderen Religion, dann sehen wir, dass überall gesagt wird, dass das Reich Gottes in uns ist, dass wir der Tempel Gottes sind, oder Buddha-Natur in uns haben. Warum machen wir also keinen Gebrauch von dieser Buddha-Natur oder dem Reich Gottes in uns, um die Dinge zu regeln, statt einfach äußere, materielle Kraft zu benutzen, die doch instabil und unzuverlässig ist und eine Menge Elend zur Folge hat sowie den Verlust vieler talentierter, junger, schöner, kreativer, intelligenter Menschen, was ungeheure Verschwendung bedeutet.
Um einen Menschen zu schaffen, bedarf es der gewaltigen Schöpfungskraft Gottes oder universeller Kraft. Viel Intelligenz, Zeit, Geld und Liebe muss investiert werden, um einen einzigen Menschen großzuziehen. Und dann wird er im Krieg innerhalb einer Sekunde zerstört, zusammen mit Tausenden, Millionen anderer. Das ist sehr, sehr traurig. Es ist sehr unfair von uns, so etwas zu tun. Es spielt keine Rolle, ob es ein gerechter oder ungerechter Krieg ist, stets bringt er Elend für beide Seiten.
Wir verstehen, dass auch unsere Feinde eine Seele haben, Gefühle, Intelligenz, Mitgefühl und Verständnis. Nur, dass wir nicht zusammensitzen und reden. Wir schließen nicht Freundschaft. Es wird uns nicht erlaubt, mit unseren Feinden Freundschaft zu schließen, darum vergessen wir manchmal, dass sie Menschen sind wie wir. Darum ist es einfach, einen Menschen zu

töten, an den wir nicht so oft denken oder den wir nicht so sehr schätzen.

## Innerer Friede
Von der Höchsten Meisterin Ching Hai Brisbane, Australien, 20. März 1993
(Original in Englisch)

Die Menschen führen miteinander Krieg, weil sie sich zu sehr mit ihrem Körper identifizieren, mit seinen augenblicklichen Bedürfnissen, mit dem, was er fordert. Dafür töten sie einander. Die einzige Lösung dieses Problems besteht darin, einen Weg zu finden, um zu erkennen, dass wir nicht unser Körper sind und uns daher niemand bekämpft und wir weder ökonomisch noch politisch in Gefahr sind. Erleuchtung ist die wahre, unveränderliche Antwort; anderenfalls werden wir uns weiterhin mit unserem Körper identifizieren und danach trachten, die Bedürfnisse des Körpers zu erfüllen, allein aus Sorge, andere könnten kommen und uns die Ernte stehlen, unsere Frau entführen oder bei uns einmarschieren. Manche Völker führen Krieg miteinander, um ihren Machtbereich auszudehnen. Um ihre übervölkerten Länder zu ernähren, kämpfen sie um mehr Land, größere Marktanteile usw. Das alles hat mit dem Körper zu tun. Obwohl wir behaupten, es ginge um ideelle Unterschiede, läuft es doch auf körperliche Bedürfnisse hinaus. Wenn wir also erleuchtet werden, werden sich diese Kriege von selbst erledigen. Wir werden wahrhaftig die Bruderschaft der Menschheit erkennen.

## Tropfen im Ozean der Liebe
Von eingeweihter Schwester Tranquet Tsai, Taipeh ,Formosa
**Meine Mutter eine lebende Heilige**

Soweit ich mich zurückerinnern kann war meine Mutter eine „Frühstücksvegetarierin" Man erzählte mir, sie habe in ihrer Jugend in einem Tempel in Dah Jiah einen Vortrag über Buddhismus gehört. Daraufhin beschloss sie, das Fleischessen aufzugeben und ernährte sich vegetarisch bis zu ihrer Eheschließung. Danach blieb nur ihr Frühstück eine vegetarische Mahlzeit. In den letzten zehn Jahren sind ihre Kinder eins nach dem anderen Vegetarier geworden und haben von der Höchsten Meisterin Ching Hai die Einweihung erhalten. Schließlich verwirklichte meine Mutter ihren Traum, Buddhismus zu praktizieren, und wir wurden eine Familie von Praktizierenden der Guanyin-Methode.

Ich wusste nie, um welche Zeit meine Mutter morgens aufstand. Als der Tag meiner Zulassungsprüfung für die Universität immer näher rückte, blieb ich abends lange auf und stand am nächsten Morgen wieder früh auf. Nachdem ich die Guanyin-Bodhisattva verehrt hatte, sagte ich gewöhnlich einen englischen Text auf. Da merkte ich, dass meine Mutter mir bereits Haferbrei gekocht und mein Lunchpaket hergerichtet hatte. Wenn ich aus der Schule kam, fand ich meine Kleider gewaschen und sorgfältig zusammengelegt auf meinem Bett. Wenn ich mich am hilflosesten fühlte und mein Selbstbewusstsein verloren hatte, war meine Mutter immer da, um mich zu ermutigen und mir beizubringen, auf eigenen Füßen zu stehen. Sie sagte oft, sie sei sehr froh zu erleben, dass heute auch eine Frau zur Schule gehen, Karriere machen und eine hervorragende Stellung in der Gesellschaft einnehmen kann. Sie spornte mich an, die Gelegenheit beim Schopf zu packen und mehr für die Gesellschaft beizutragen. Später wurde ich Vegetarierin und lernte den Pfad des Buddhas zu gehen, der nicht frei von Hindernissen ist. Glücklicherweise war meine Mutter immer an meiner Seite und beschützte mich in aller Stille. Die Persönlichkeitsentwicklung meiner Mutter war außergewöhnlich. Ich sah sie niemals irgend jemand schelten. Mit ihrem Mann und ihren Kindern sprach sie immer sanft und ruhig. Wenn wir irgend etwas falsch machten, hat sie uns nie getadelt. Sie machte sich nur Sorgen um uns und fürchtete, dass unsere schlechten Taten ungünstige Konsequenzen haben könnten. Manchmal pflegte sie mit uns die Lage zu analysieren und uns Ratschläge zu geben, aber sie respektierte es immer wenn wir unsere eigenen Entscheidungen trafen. Sie behandelte ihre Schwiegereltern, Verwandten, und Nachbarn freundlich und mit aufrichtiger Liebe. In ihren Augen war jeder gut. In aller Bescheidenheit kümmerte sie sich um alle Wesen, die ihren weg kreuzten.Unter ihrer Pflege wuchsen und gediehen Blumen und Pflanzen. Ihre Liebe konnte sogar kranke Pflanzen kurieren.

Ich bin nun seit 27 Jahren praktizierende Buddhistin und folge seit zehn Jahren der Lehre der Meisterin. Ich bin Vegetarierin geblieben und habe meditiert. Aber mein Temperament ist nicht so gut wie das meiner Mutter. Kommt es daher, dass meine Mutter immer ein leichtes Leben gehabt hat? Ganz im Gegenteil. Ich hörte, dass die Familie meiner Mutter wohlhabend war. Sogar während des chinesisch-japanischen Krieges fehlte es ihnen nie an Nahrung. Doch als sie geheiratet hatte, lebte sie in ständiger Sorge und Armut. Sie musste oft Lebensmittel und Geld borgen. Um ihre hungrigen Kinder zu ernähren, ging sie auf die Märkte und sammelte unverkäuflich gewordenes Gemüse. Sie kochte es ein, trocknete es, säuberte und kochte es für uns. Aber nie beklagte sie sich oder redete schlecht über andere. Sie war immer sanft, höflich und sparsam. Vor ungefähr zehn Jahren kam die Höchste Meisterin nach Formosa und lehrte die Guanyin-Methode. Aufgrund ihrer Affinität mit der Meisterin wurde meine ganze Familie, über zwanzig Familienmitglieder, eingeweiht und praktiziert jetzt die Guanyin-Methode, und meine Mam war für uns alle stets das Vorbild einer Praktizierenden.

Jetzt ist meine Mutter in eine andere Welt hinüber gegangen. Ihr Bild in meinem Herzen ist nicht nur das einer gewöhnlichen Frau. Sie ist eine der Heiligen, die aus freiem Willen in diese Welt hinabstiegen, um den Menschen mit Affinität zu helfen, einem lebenden, erleuchteten Meister zu folgen und spirituell zu praktizieren. Als Schwiegertochter., Ehefrau und Mutter lebte sie das alltäglichste Leben. Sie hatte weder Ansehen noch Reichtum, doch sie hatte das allerreinste Herz. Sie lebte ein ganz gewöhnliches Leben, unterhielt die harmlosesten Beziehungen zu anderen und umsorgte und beschützte uns in aller Stille. Wir hoffen, wir können als Heilige leben und Bodhisattvas oder Buddhas werden, wenn wir in eine andere Welt hinaufsteigen, um so die Wünsche meiner Mutter zu erfüllen.

**Tropfen im Ozean der Liebe**
**Ich lernte die Lektion der Liebe**
Von Schwester Chiu Shui, Taichung, Formosa

Mein Mann und ich hatten keine Kinder eingeplant- Als ich aber vom australischen Retreat zurückkam träumte ich, ich stünde mit einem dicken Bauch auf dem Gipfel eines Berges. Erschrocken wachte ich auf und fragte mich, ob die Meisterin mir wohl sagen wollte, dass ich bald schwanger werde. Ein Schwangerschaftstest einen Monat später fiel positiv aus. Ich konnte das Ergebnis nicht akzeptieren. Mein Mann und ich hatten immer sorgfältig auf Verhütung geachtet. Als ich die Gynäkologie verließ, brach ich in Tränen aus. Ich hatte keine Ahnung was ich tun sollte. Ich fuhr auf meinem Motorrad heim und dachte, das Ergebnis müsse falsch sein. Plötzlich, kurz bevor ich zu Hause ankam, änderte sich meine ganze Einstellung: „Vielleicht ist das das beste Geschenk von Gott. Also sollte ich daraus lernen." Ich konnte den plötzlichen Umschwung kaum fassen. In der kurzen Fahrzeit von zwanzig Minuten war ich von Depression zu freudiger Erwartung um geschwenkt. Es muss die Kraft Gottes und des Kindes gewesen sein!

Während der Schwangerschaft konnte ich mich an die Veränderungen in meinem Körper nicht anpassen. Mein Mann war sehr verständnisvoll und führte mich zum Essen aus. Aber fast jedes Mal musste ich mich übergeben, sobald wir im Begriff waren, ein Restaurant zu betreten. ich konnte einfach nicht auswärts essen. Ich musste während der Schwangerschaft selbst kochen. Offensichtlich reagierte der Fötus empfindlich auf Nahrung von auswärts.

Als ich im fünften Monat war, fuhr ich zu einem Retreat ins Ausland. Bis zu diesem Zeitpunkt hatte ich keine Bewegung des Fötus gespürt, was alle befremdlich fanden. Am ersten Tag des Retreats sagte die Meisterin, Sie würde herumgehen, um uns zu begrüßen. Sofort begann der Fötus heftig zu strampeln. Als die Meisterin ganz nah an mir vorüberging, stieß das Baby so fest, als wolle es eine Trommel schlagen. Der Eifer des Babys rührte mich. Am letzten Tag des Retreats machte die Meisterin wieder eine Runde, ich sah Ihr ruhig zu, und unerwartet hielt Sie ihr Auto genau vor mir an. Zuerst schaute Sie mich an und dann meinen Bauch. Ich spürte eine unvergleichliche, ungeheure Liebe.

Seit dem Beginn meiner Schwangerschaft liebte ich es, mit meinem Kind zu reden. In meiner Freizeit in der Arbeit las ich gewöhnlich die Artikel der Meisterin , und während der arbeit spielte ich Musik für mein Baby. Wenn ich von der Arbeit zurückkam, las ich gewöhnlich eine von Masters Geschichten. Während dieser Zeit hatte ich viel Freude daran, mich an der Arbeit für die Meisterin zu beteiligen (indem ich Zusammenfassungen Ihrer Videos schrieb). Ich sah mir die Bänder mehrmals an, und das tat mir gut. Mein ganzer Körper und mein Herz waren von höchster Freude erfüllt, und tief in meinem Innern spürte ich die Zufriedenheit meines Kindes.

Eines Tages wollte mein Mann länger schlafen. Ich nahm also seine Hand, legte sie auf meinen Bauch und sagte zu meinem Kind: „Daddy verschläft. Stoß ihn an und sag ihm, er soll aufstehen." Sofort strampelte sie mehrmals, und mein Mann und ich lächelten in schweigendem Einverständnis. Dann hatte ich einen Traum, in dem mein Kind zu mir sagte: „Mommy, ich bin sehr intelligent, ich möchte früher herauskommen." Ich sagte: „Nein du kannst nicht so früh herauskommen. Du bist noch nicht voll entwickelt. Geh zurück in Mommys Bauch." Tatsächlich wurde sie in der 35. Schwangerschaftswoche geboren. Sie sah genau so aus wie ich sie in meinem Traum gesehen hatte. Obwohl ihr Gewicht vielleicht nicht ganz der Norm entsprach, sagte der Arzt sie sei gesund, und es sei nicht nötig, sie in den Brutkasten zu legen. Oh., ich bin der Meisterin so dankbar!

Jetzt ist mein Baby sieben Monate alt und wächst schneller als andere Babys. Es hat vier Zähne und spricht gerne. Es erscheint sehr Verständig. Ich erinnere mich, dass die Meisterin einmal sagte, dass viele miteinander verbundene Seelen während der Lebenszeit eines Wahren Meisters geboren werden, so dass sie praktizieren können und befreit werden. Sie entscheiden sich eindeutig dafür, in die Familie von Schülern geboren zu werden, um schon als Fötus Vegetarier zu sein, so dass es während ihrer spirituellen Praxis keine Komplikationen gibt. Deshalb sollten wir von ganzem Herzen akzeptieren, was Gott zu unserem Besten gefügt hat, und unser bestes tun, um die Lektion der Liebe zu lernen.

Ende der Zitate von Ching Hai und Suma Ching Hai Nachrichtenmagazin mehr Infos unter: www.direkter-kontakt-mit-gott.org

Ich möchte noch folgendes hier erwähnen.Ching Hai hatte über mehrere Jahre auch ein TV Program. Das Fernsehprogram wurde inzwischen von den Sattelitenbesitzern gestoppt,weil die Informationen in der immer größer werdenden Plattform für Alternative Wissenschaften und Einsichten oder die Kriege und Verstrickungen der Bankster Gangster Bankenbesitzer und das Leid das sie der Globalen Menschheit an tuen zu Monströs wurden. Inzwischen ist ja auch bekannt das die westlichen „ReGier-ungen" alle bloß Firmen Unternehmen sind und auch so registriert sind an der Börse. Bundesrepublik Deutschland D-U-N-S®Nr 341611478 SIC 9199. Mehr unter: http://www.novertis.com/wpress/wp-content/uploads/2010/09/Die-Mutation-der-Rechtsfaehigkeit-Orga-Sklave-Kurzerkl%C3%A4rung.pdf. oder unter:http://www.neudeutschland.org/index.php/news/items/staat-regierung-oder-unternehmen.html.Sigmar Gabriel, SPD-Vorsitzender auf dem Sonderparteitag in Dortmund, 27.Februar 2010:„Wir haben gar keine Bundesregierung - Frau Merkel ist Geschäftsführerin einer neuen Nichtregierungsorganisation in Deutschland." Steht übrigens auch im Grundgesetz für die BRD, Art. 65.Das kommt aus den USA.Aber wenn Regierungen bloß Firmen sind, sind deren Gesetze für die Menschen ungültig. Unternehmen können den Menschen nicht ihre Regeln aufzwingen. Schaut unter www.thrivemovement.com nachfür Informationen wie der Verbrecheraufbau dieser Staaaaaat-Firmen ist. Oder lest das Buch „Das Ubuntu Prinzip" von Michael Tellinger . W.Schorat 22.10.2014

Sooo ich mache hiermit meinen Abgang von diesem Schreiben.

Heute ist der 29 .2.2000 ich werde noch einiges über diese politischen Durchfälle schreiben die mich auf diesem Wege hier in dieser Ortschaft Bad Zwesten begleitet haben durch ihre schlichtweg unterprimitiven Entwicklungen die sie leben und wie sie die Massen betrügen. Diese Raubsäugetierpolitik, der Filz ist groß, die Bundesrepublik ist in Wahrheit ein Menschenmasse die stark unter zwängen lebt, eingekesselt in veraltete Strukturen von traditionell gewachsenem abzockt und Einseiffilz. die Parteien sind allesamt Betrüger und eben unbewusste Wesen, denn Partei bedeutet Teilung und Teilung bedeutet das falschen, wer das nicht erkennt ist weit, weit, weit weg von zumindest einem winzigen Fünkchen Licht und Weisheit und Wahrheit. Was hier auf der Erde gelebt wird ist traditionelles patentiertes Beklopptentum von Raubsäugetieren mehr nicht. Die Parteien zocken die sogenannten Bürger ab und der Staat den es gar nicht gibt der ist selber eine Parteizusammenzersetzung. In den kleinsten Dörfern und bis zu den größten Städten ist alles parteipolitisch geregelt. Das Bewusstseinsniveau ist katastrophal niedrig auch von einem Kanzler oder Professor oder Nobelpreisträger, weil all jene in dem Mief wachsen und mitschleppen und alle das gleiche denken müssen und sich total anpassen müssen an die Ignoranz. Parteiraubsäugetiere machen unter sich mit anderen Parteien schon Verträge bis 10 Jahre im Voraus wer wann wie viele Posten und Direktorenämter bekommt wenn er siegt in der Wahl oder wenn er verliert. Ihr werdet verblödet von unterblöden und abgezockt von der Gier personifiziert. Aber die Mammuts haben auch nicht mit dem Gras im Mund darauf gewartet das sie eine Blitzeinfrierung bekamen. Verfilzte Leichenfresser Direktoren in Landesbanken, Elektrizität-Polizei-alle Ämter auch Richter, das ist alles parteipolitisches Raubsäugetier Dämon-kratie. Es sind unterprimitive Kulturen von Leichenfresser Raubsäugetieren, Stadtwerke, Lotto-und so weiter sind in Wahrheit alles Abzockgleise für dumpf Sumpf Leichenfres-

ser Raubsäugetiere. Dieses unsagbare vierfache untervordemokratische Deutschsein oder Blödsein oder Habgiersein, hält Menschen im Halbschlaf und Raubtiere in Aspik.
Mehr nicht.
Politik ist der Abschaum der Menschheit und ich bin der Bierschaum. Weltweit ist Politik eine säuregebundene Chemie der Gier und niederen Kräfte bis sie selber daran ersticken. Der Wahn, dass Politik der Menschheit hilft ist riesig. Sie hilft insofern zu erkennen das so was keine Hilfe ist und sein wird, die Putins sind viele unter ihnen wenn sie nur könnten, die Putins sind jene die die enorme Fähigkeit haben zu denken und zu sprechen das zum Beispiel die Tschetschenen nicht Tschetschenen sein dürfen und auch gar keine sein sollen. Auf der Erde darf es nur Wodkowskis geben Putinabfall, dann ist die Welt ok, eben für Schweine ist es so, wühlen sie doch gerne in der Scheiße aber die politischen Banditen, sie wägen tolerant ab, sagen Putin sei schon ein Mensch weil er Wodka trinken kann und zwei Augen hat, also kann er zumindest kein Zyklop sein, und Chinas Abschaum nennen sie Geldquelle wegen der Wirtschaft uns so was aber wer die Sau frei herumtoben lässt und ihr kein Einhalt gebietet der wird erkennen das sie bald noch wilder wird. Oder wenn Minister und Gerichtstypen davon senilen, das sie im Namen des Volkes quasseln, so sind das Banditen die keine Eigenverantwortung übernehmen wollen, für ihre Verurteilungen und verlogenen Gedanken und Triebe die sie verwirklichen wollen. Es sind Vollidioten und Verrückte. Denn Raubsäugetiere können nicht richtig denken und kennen Wahrheit nicht. Sie müssen aber trotzdem Verantwortung für ihren Schwachsinn übernehmen. Keine Politiksau keine Gerichtssau kann für Deutschland reden für China oder USA, und so weiter, das ist alles eine Wahnvorstellung. Rein mathematisch ist schon alles total bekloppt ,es gehen 75% zur Wahl davon wählen 35% eine Partei und 40% eine andere Partei der Rest ist Gammelland. 40% von 75 % ist dann mit 7% einer kleinen Partei das deutsche Volk oder das amerikanische und französische, der Wahn ist perfekt, jeder muss Verantwortung für sich selber und seine Taten übernehmen, damit mehr Wahrheit gelebt werden kann. Jetzt spinnen die alle noch von der Wissenschaft oder der Medizin oder dem Staat oder der Gesellschaft. Aber nie sie selber. Die „Obrigkeit" ist in Wahrheit die „Untrigkeit", der Dreck in ihnen ist groß das Leben auf dem Blut der Steuerzahler ist ein Parasitendasein die gewählten sind Vertreter der Gier und sind in Wahrheit nur partiell und nicht total. Wer sich mit Rechtsanwälten umzingeln muss ist schon ein Verlust. Die Menschen sind Menschen und

wenn sie das bleiben wollen, können sie das auch auf ewig.
Doch ich bin kein Mensch. Ich war noch nie Mensch und ich werde auch nie ein Mensch sein.
Göttlich sein ist das normalste das es gibt. Göttlich sein ist gesund sein. Menschsein bedeutet verlogen sein, von Angst beherrscht sein, von Illusionen und korrupt zu sein, Scheinheilig (GeldSenil) zu sein, dumpf abhängig bekloppt übel geizig dumm gierig blöde zu sein so das reicht erst mal mit schönen Worten und Begriffen.
So wird eben mit ihnen gespielt, mit Worten.
Viele fallen noch auf Worte rein und glauben Worte sogar noch die in den Medien weitergeleitet werden.
Glaubt ihr etwa den Worten von Menschen noch.
Ich könnte dieses Spiel auf die Spitze treiben und eine andere Kaskade von negativen Wörtern auf euch hetzen.
Manche würden auch durchdrehen.
Der Kohleone hat da gut mitgespielt. Er war ein Bandit ersten Ranges.
Aber in Deutschland herrscht immer noch Kohleone oder Richerohne oder Justizohne.
Manche reden ja sogar von Staatsorganen.
Kein Wunder das die Menschen abdrehen.
Die Bekloppheit der Worte sind schön und genial zum abzocken. Aber auf lange Sicht machen sie die Schöpfer der Worte auch blöde.
Die Verwüstung im Garten der Sinne ist groß. Die Phantomerfindungen um abzuzocken sind immer noch siegreich. Die meisten merken das gar nicht.
Die Wohlstandverwahrlosung soll groß sein. Der das dachte muss auch blöde sein, denn Wohlstand hat es noch nie gegeben auf der Erde und auch nicht in einem unterdemokratischem Massentum.
Leistungsabfall……Nun gut, dafür sind die Müllhalden da. Demoralisierung dafür sind die Demos da. Lernresistenz ok, damit steigt das Gehirn auf Rotlicht um. Brutalisierung, so ist es, ausgebrannt sein, so ist es auch, vergiftet sein, so auch. Die Erde ist total vergiftet. Da sind keine Mineralien mehr drin in der Oberfläche, ausgelaugt, Verhaltensstörungen. OK, die Zusammenhänge sind leicht zu erkennen mit Bekloppten in wichtigen Positionen, und Betrug und Filz überall. Obwohl die Erde frei ist für alle. Der Reichtum gehört allen. Nicht FirmenBesitzern oder Staatsidioten (Die ja auch Firmen sind), Länder, Päpste Königen und solche Pseudowahrheiten, und die Meisterschaft der Verlogenheit. Ja das sind Gewinner meine Damen und Herren.

Hier ist die Zielscheibe.
Schießen sie los.
Überdenken sie ihre Verlogenheit.
In diesem Leben können sie sich davon nicht mehr befreien.
Nicht ohne einen Buddha oder Wahrheitsmeister.
Geldwäsche
OK, wenn's sein muss.
Wir haben große Wiesen mit vielen Wäscheklammern.
Ich habe verständnis für den deutschen Kohleone, als Araber..
Denn dort sind die Reiche des Bakschisch unerreicht.....Deswegen ist der Kohleone ja auch so gut mit Bauchtanz.
Diejenigen die von der dritten Welt schwadronieren sind Blinde. Die Dritte Welt Ist die erste Welt, die erste Welt ist die Dritte Welt. Das ist alles die gleiche Kotze. In Afroka plündern Militäraffen und Gorillas die Staatskassen. In Asien auch, oder Südamerika, damit schmieren sie dann europäische Politiker und Firmen. Die staatliche Raffinerie, Frankreichs, extra für diesen Zweck gebaut, ist ja eine Schmierölfirma.
Die moralische Überlegenheit des weißen Mannes gegenüber dem Schokomann ist gleich null. Beide sind farbige. Alles ist bis ins Mark faul Als Araber kann ich Kohleone gut zulächeln. Also bin ich jetzt mal Araber..
Es ist viel angesammelte Scheiße in den Köpfen vieler Menschen drin.
Da helfen auch keine Mode oder Bankkonto, aber die Dunkelmänner und Dunkelfrauen, sie sind noch mit ihren Köpfen in den Arschlöchern der Bankenmanager und mit ihren Fingern im Blut der vergifteten Fressweisen. Es ist allesamt lichtscheues Gesindel, das mit drei bis 7 Gedanken im Kopf ein System verblödet und das Fantasie und Liebe und Schönheit eben nicht politisch sei.
Politiker sind die Saurier der Jetztzeit. Das müssen sie auch bleiben. Furzt auf sie mehr nicht. Begebt euch nicht in deren Gestank.
Aber die Banker-Gangster, das sind die Höllen-Hunde der TotalAusbeutung der Global-Menschheit.
Ich habe gehört das sich global der Globale-Sniper auf den Weg macht, sie Alle Ab-Zu-Snipen, damit die Politischen armseeeeeeeligen, rückratlosen Politikkkkker, besser scheißen und kotzen können.
Von den Meistern können wir viel lernen. Von Jesus von Buddha von Kabir, von Rumi,Laotse,Platon,und den vielen anderen.
Berechenbarkeiten gibt es nicht, außer sie werden starr im logischen durchgezogen. Sicherheiten gibt es auch nicht. Auch eine Versicherung ist

eine Gruppe unsichrer mit viel Geld. Was dann noch unsicherer macht und übler.
Die zehn Gebote sind nicht nur die Zeichen der Verteidigung der Freiheit. Sie sind kosmische Gesetzmäßigkeiten die ein erhöhtes Bewusstsein schaffen. Ohne die 10 Gebote bleibt ihr Halbaffen. So einfach ist das. Zwar mit Porsche oder Penthaus und Urlaubsgeld, aber trotzdem als Raubsäugetiere. Die zehn Gebote sind ja keine israelitische Einheitssuppe, Nein, sie sind in allen Erdteilen wo Wahrheitschaoten und ausgeflippte Töchter mit dicken Busen und Schenkeln sich für das Göttliche breit machten.
Alle Erwachten ob Jesus Buddha Mohamed oder Du und Ich wir haben alle diese Gebote ganz natürlich in uns.
Bloß Halbaffen haben euch anders überzeugt.
Die 10 Gebote erinnern daran das der Mensch, also nicht das Raubsäugetier, ein Ebenbild Gottes ist.
Was ja nun nicht sooo schlecht ist, ,,,,,obwohl es Rente gibt und Urlaubsgeld oder.
Es gibt aber mehr als bloß die 10 Gebote, Es kommen noch viele andere hinzu.
Aber mit Gesetzen kann so was nicht durchgezogen werden.
Wenn das so wäre, wer ja schon längst die Menschheit eine himmlische Wolke.
Willkürliche menschliche Gesetze sind Irrenanstalten des Raubsäugetierbewusstseins.
Mehr nicht.
Sie dienen bloß dem Schutz des Status Quoadis…mehr nicht.
Aber vielleicht wären die 10 Zigarettenschachteln leichter zu merken.
Oder die 10 Automarken
Oder ein Zehnmarkschein.
Ach
Es ist Erinnerung.
Und Sieäußerung

So hier sind noch einige interessante Bücher zum lesen
Pfad der Meister
Sar Bachan
Philosophy of the Masters
Diese Bücher sind über Rudolf Wahlberg zu bekommen. Postfach 1544 Bad Soden 65800 fax 06196-63644-tel-06196-22939

Die Atom-Harmonik ISBN-3-9801669-0-2 Das Universum singt ISBN-3-9801669-1-0 beide Bücher von Wilfried Krüger

Der Schlüssel des Enoch ISBN-3-952-003-2-3 von J-J. Hurtak

Die Bücher von Martinus die dritte Testament Serie und andere Schriften. Alle Bücher können über den MK -Verlag bezogen werden auf der Heide 13 53545 Ockenfels Tel-02644-807008 Fax 02644-6917 e-Mail Hiltraud Linnow-@-online.de oder unter www.martinus.dk

Buddhas höchste Lehre Das Surangama Sutra ISBN-3-932209-02-8

Die Bücher von Suma Ching Hai http/members.aolcom/chinghai/d-hpage.htm http/www.telecom.at/chinghai oder 089-3616347 ChingHai @ aol.com oder 0523-268654 oder unter :www.direkter-kontakt-mit-gott.org

So das war's erst mal wieder. Ich könnte mehr anbieten, möchte aber mit einem Satz enden, „Energien sind Absichten Gottes".
bis später Wolfgang Schorat
12.2.15 Bad Zwesten

Heute sind 15 Jahre vergangen als ich dieses Manuskript schrieb. Und heute ist der PutinKoller in Minsk wieder tief im Arschloch der Arschloch Politiker zerschissen worden. Als ich das Buch anfing war Tschetschenien von der Putinseuche befallen und heutzutage die UkrainePutiSeuche. Dieser Sibirsikrusski dieser minderbemittelte angstvolle dumme dumpfe Kalaschnikow Geheimagent, wie jeder Geheimagent es ist egal welche Ausbildung er hat und ob er für the Queen oder sontswen seine Gierseuche der Machterhaltung tief im Arschloch der schwarzen Löcher des Ignorantenuniversums auspioniert, es ist alles das ignorante das dumme, und erst wenn die Unwissenheit also die Ignoranz aufhört hört auch das Böse das Üble auf. Und Putin und Politiker sind voll von Unwissenheit und Ignoranz und deswegen bleiben sie auch die Waffen-SS-die Sniper der noch Übleren noch abgrundtief blöderen total ignoranten Unwachen BanksterGangster also die Vasallen des Geldes.
Und Russland ist schon soooooooooooooooooooooooo groooooooooooß und Putin ist noch soooooooooooooooooooooooooo klein diese Baby der

Frühgeburtenversion eines Primitivjägers , so wie fast alle Politiker auch Obama und sein Guantánamo Salat und die USA mit ihrem Macht und Geldmachtgekotze...Die Firma USA. Die Firma BRD. Die Firma Fronkreich. Die Firma . Die Firma. Das sind alles Unternehmen die verpflichtet sind Profite zu machen und an erste Stelle zu setzen und die deutschen sind da im Robotik sein, wunderbare Roboter und wunderbare Konsens Künstler. Aber das ist alles noch Schrott und Betrug und Ausbeutung.
Denn die Besitzenden haben alles in Firmen umgewandelt und ihr habt dafür Personalausweise. Ihr Volltrottel der Ignoranz. Global natürlich.
Die Menschheit ist Global in einem katastrophalen Zustand der Verwahrlosung.
Und alles weil die Gelbesitzenden die buntes Papier bedrucken euch total aber auch total verblödet haben und die Menschheit total unter Profitdruck gebracht haben, was ausschließlich zum Raubsäugetier macht und nicht zum Menschen. So ist Evolution nun mal.
EUKommission IWF und EZB Griechenland Ein ganz schön frecher Einstand Dijsselbloem Christine Lagarde. Das lese ich heute in der Zeitung. Wenn ich diesen Dijsselbloem bloß auf Geldsicherheit aufgebauten Spinner und Landser der Goldman Sachs SS und der Bank of England SS Vertreter sehe, dann sehe ich 100% Inhumanität und 100% FalschGeldIgnoranz. Also das Böse das Üble. Und das gleiche ist mit der GeldHure der MachtHure Christine Lagarde. Und die EU Kommission dieser 100% dem Geldvermehren verpflichteter Salamander Götze, also den Besitzenden tief aus der Vergangenheit dienenden Geldseuchen Vertretern, den Junkern der Raubmenschen, also mit 100%tiger Gewissheit abgrundtief verlogenen und bösartigen Geschöpfe, den weit ,weit ,weit in der Vergangenheit aufgebauten Raubmenschstrukturen, von Familienklans und bis zu Hordenklans und bis zu Volksklans bis hin zu Führern, Bossen und Häuptlingen aufgebauten Strukturen bis hin zu Königreichen Raubsäugetieren und weiter bis zu Kaiserreichen und sogenannten Adligen, die alle auf die Macht und die Gewalt und Verlogenheit und dem Üblen aufgebaute Strukturen des Besitzes und Macht ausüben aufgebaut haben, bis hin zu den heutigen globalen Strukturen der jetzigen Besitzenden. Die alle Staaten alle Menschen weiterhin in Versklavung halten durch die Einführung des Geldes das von den Besitzenden aufgebaut wurde damit noch mehr Abhängigkeit strukturiert werden kann bis hin zur Demokratie die die letzte Form der Heuchelei ist um große Menschenmassen zu kontrollieren und auszubeuten, denn nur dafür dient Kontrolle ausschließlich zum ausbeuten und sich daran zu bereichern.

All das und viel ,viel, viel, viel mehr kommt in mir hoch zum Vorschein wenn ich Dijsselbloem Christine Lagarde EUKommission IWF und EZB Wall-Street City of London oder alle anderen Verbrecherorganisationen global sehe und davon höre.

Wie lange wollt ihr Menschen euch noch von Psychopathen oder rückratlosen armseligen Politikern und der Gangstergruppe Banker ausbeuten und für Blöde abzocken lassen.

Ich gebe jeden Menschen auf der Erde eine Tonne Gold eine Tonne Diamanten und eine Tonne Euroscheine. Und dann.
Dann sage ich zu dem Schrott, mach die Arbeit schreibe diese Buch plane die Städte baue die Schulen gehe zur Universität lerne Geige und Trompete oder koche mir eine leckeres vegetarische Süppchen oder keltere den wunderbaren Rotwein.

Und ihr werdet sehen das Geld fängt auf einmal an zu laufen und zu tanzen und rhetorisch sich winden ins Schwitzen kommen und eine Lüge nach der andern wird vom Geld zum Vorschein kommen und versprechen und Hinhaltetaktiken und Drohungen und Gefängnisanordungen und Richtersprüche und Schulden Aufbau und Gefängnis im Namen des deutschen Volkes und die Richter die jodeln und Ficken und hauen sich den Koks in die Vorhaut und in ihre Vötzchen und die Politiker sie stöhnen und die Schuldenlast und Armutslast und die Hartz 4 Pupillen stinken und die Mieten sind zu hoch die Preise so der DAX ist mal so. Die Irren in der Irrenanstalt Börse werden verrückt und dann noch der nächste Krieg und der nächste Weltkrieg und die Atombomben und das Universum und .....
Es ist nichts passiert
Das Gold das Geld konnte überhaupt nix und doppel und trippelnix tun.
Und liegt noch da

Alles hat der Mensch von Anfang an immer selber gemacht ohne Geld.
Ist das nicht seltsam
Da muss doch was faul sein
Da stinkt doch was
Das muss doch verrückt sein
Das gibt es doch nicht

Das kann nicht sein

Aber so ist es

Sooo immens blöde haben euch die Geldbesitzend schon gemacht und so blöde werdet ihr auch bleiben auf ewig das ist der Plan der Besitzenden. Nur dafür seid ihr für diese Vertreter der Täuschung der Lügen vorhanden.

Mein Dank an die mutigen die gehängt gevierteilt ermordet und ausgepeitscht wurden ins Gefängnis geworfen all die Snowdens der Vergangenheit und Gegenwart. Wenn die nicht gewesen wären, würden eure Töchter immer noch vom Landgraf angefickt und ihr wäret noch Leibeigene.

Aber wie lange wollt ihr noch totalverblödete des Geldes sein und der wirklich überarmseligen Putinkarrikaturen des Überdummheit dem sogar die Größe Russlands noch zu wenig ist. Womöglich muss Russland aufgeteilt werden. Damit er eine bessere Übersicht bekommt und in seinem Geheimagentenverständschen etwas besser verstehe oder sehen kann.
Ja der kann gar nicht sehen
Und die USA auch nicht und die Saudis auch nicht und die Islammisten auch nicht und alle religiösen dummen, die noch morden. Dafür waren die Helden die Jesusse die Buddhas die Mohammeds nicht auf der Erde.
Aber so ist es momentan die Besitzenden züchten sich Volltrottel mit Berufen und Doktortitel und Professorbrillen und die Religionen die scheißen sie noch dazu in ihrem Sinne und so entsteht dann der Vatikan das Zentrum der Christenlügen aber das gleiche ist bei den Moslems mit ihren Milchgeschäften global. Die gleiche Seuche.

Also das kommt hoch wenn ich heute 15 Jahre später seit dem Anfang diese Buches Putin sehe mit weiteren kriegen. Und die USA auch . Beides sind total verblödete Systeme (Menschen) mit totalignoranz gezüchtet von den Besitzenden. Dabei war der Putinchen mal ein kleiner einfacher Junge, und was ist er nun, ein Volltrottel des Vollblutmaterialismus mit ein wenig Denken und ganz wenig liebevoller Phantasie. arme Russen. Arme Russen aber auch arme Amerikaner und arme Deutsche und Engländer und Chinesen und alle die dem geldirrsinn der Psychopatenfalle par Exzellenz verfallen sind.

Also der Totalverblödung
Jippppi juhuhhh die Bullenpeitsche knallt
Ach wie ist das schön sooo viel Totalverblödung zu sehen
Wie sie alle für die Besitzenden laufen und rennen und sich Sorgen machen.

Ich bringe nochmal was vom martinus www.martinus.dk

Zitat Anfang aus Weltreligion und Weltpolitik

**1. Kapitel**
**Das tägliche Mysterium**

Für die meisten Menschen auf der Welt ist das tägliche Dasein ein Mysterium. Es enthält eine kolossale Menge Rätsel. Aber nicht nur diese Rätsel, die viele Schmerzen und Leiden mit sich führen, existieren - viele Menschen versuchen auch, deren Lösungen zu finden, die sich oft als ganz falsch erweisen. Diese fehlerhaften Lösungen haben die Menschen oft ins Verderben geführt, weil sie gutgläubig ihr Leben danach einrichteten und danach handelten. Ihr tägliches Verhalten wird dadurch verkehrt.
Ja, diese Menschen entgleisen geradezu, d.h. daß sie eine Daseinsform praktizieren, die ihr tägliches Leben, ihnenSelbst unbewusst, mehr oder weniger in einen einen Leidenszustand verwandelt oder zu einem unglücklichen, Schicksal formt, je nach dem Umfang und der Natur ihrer Entgleisung.
Die entgleiste oder fehlerhafte Daseinsform dieser Menschen wird zur Tatsache durch alle größeren und kleineren Kriege - Mann gegen Mann sowie auch zwischen Nationen und Staaten, - welche die Menschen durch ihre Art zu sein auslösen. Wir sind gerade Zeugen von Kriegen und Revolutionen mit Tortur und Todeskammern, Verstümmelungen und Hinrichtungen in aller Unendlichkeit gewesen, ja sogar davon, daß Mord und Totschlag auch noch autorisiert waren. Was soll man zu der Zerstörung Hiroshimas oder Nagasakis sagen, wo Tausende von Menschen getötet wurden, jene nicht mitgerechnet, die für immer Invaliden oder ruiniert und obdachlos wurden? Was soll man zu all den vielen Menschen sagen, welche bei Eltem geboren werden, die in Not leben, in großem Elend und unter primitiven Verhältnissen, die ein unglückliches oder leidvolles Schicksal erfahren bis hin zu ihrem Tode, während andere zum genauen Gegenteil geboren

werden, nämlich bei Eltern, die in Reichtum, Luxus und Wohlstand leben?

Warum haben einige Menschen nicht einmal einen Platz, den sie ihr Heim nennen können, während andere gigantische Vermögen haben, ja Milliardäre sind? Warum sind die Menschen dazu gezwungen, die Krankenhäuser auszubauen oder neue zu errichten, trotz der unermüdlichen Arbeit der Ärzte und der Wissenschaft, um dieses Meer der Krankheiten, an denen die Menschheit leidet, zu bewältigen. Weshalb gibt es nicht weniger und weniger Krankheitsfalle?
Wozu alle diese vernichtenden, verstümmelnden und todbringenden Kriege, die die Menschheit martern und verletzen - und die das Leben zu einer Epoche des jüngsten Gerichts und der Götterdämmerung machen? Kein Wunder, daß das Leben ein Mysterium für die Erdenmenschen ist.

## 2. Kapitel
**Warum Kriege, Weltuntergang oder Leiden?**

Was dieses Mysterium des täglichen Seins anbelangt, ist es das Fundamentale im Dasein der Menschheit, eine Lösung für das Mysterium des Lebens zu finden. Auf der ganz primitiven oder nichtintellektuellen Entwicklungsstufe der Menschheit ist diese Lösung kein besonderes Problem. Die Auffassung dieser Menschen vom Leben wird noch ausschließlich kraft ihres Instinkts gefördert. Die Instinktfahigkeit ist ein organischer Automatismus, durch den das Leben der Wesen gefördert wird, solange in ihrer Entwicklung ihre Intelligenzfahigkeit noch nicht herangereift ist, welche daher nur mehr oder weniger latent ist. Es ist die Instinktfähigkeit, die bis zu hundert Prozent das Leben der Pflanzen fördert, ebenso wie sie auch das Leben der Tiere fördert. Sie fördert ebenfalls alle Automatfunktionen im Organismus des Lebewesens. Und wie schon vorher gesagt, ist sie es auch, die ganz automatisch den religiösen Sinn des nichtintellektuellen Menschen fördert. Dieser Sinn ist das gleiche wie die Fähigkeit - während der intellektuellen Entwicklung - zu fühlen, daß es höhere und mächtigere Formen des Lebens gibt als die der Erdenbewohner.
Man nahm an, daß diese höheren Formen des Lebens oder Formen von Lebewesen über die Naturkräfte herrschten, und in Wirklichkeit auch über die Menschen. Der Instinkt gab ihnen ein, daß höhere Formen des Lebens oder höhere Wesensformen existierten, er konnte sie dagegen nicht erkennen lassen, wie diese höheren Wesen aussahen, oder wie sich deren Leben

formte. Was das anbelangte, konnten sie die Lebensform dieser Wesen nur als analog mit ihrer eigenen Lebensform auffassen. Sie schufen daher diese Wesen in ihrem eigenen Bilde. Sie gingen davon aus, daß diese Wesen ebenso wie die Menschen in Krieg und Kampf lebten. Sie gingen davon aus, daß es unter ihnen wie unter den Menschen sowohl böse als auch gute Wesen gab. Und von dieser Auffassung der höheren Formen des Lebens oder der Wesensformen stammen Begriffe wie „Götter" und „Teufel". Die Götter waren die guten Wesen, und die Teufel waren die bösen Wesen, die man fürchten mußte, da sie ja mächtiger waren als die Menschen. Es galt deshalb, bei den guten Wesen, den Göttern, Gefallen zu finden. Und diese Idee rief die Auffassung von und Einstellung zu einer Vorsehung hervor. Diese Auffassung und Einstellung wurde zu dem, was wir heute Gottesverehrung nennen.

Die Gottesauffassung wurde dadurch das tragende Fundament für die Moralauffassung der Menschen. Diese Moral wiederum wurde die Ursache der Gesetze ihres Daseins. Da die Daseinsauffassung auf der Gottesauffassung der Wesen gegründet war, mußte eben diese Daseinsauffassung mehr oder weniger unvollkommen sein, je nachdem wie mehr oder weniger unvollkommen die Gottesauffassung war. Die Gottesauffassung der Wesen und deren hieraus folgende Moral und Wesensart waren somit auf mehr oder weniger unwirkliche oder unwahre Vorstellungen im Verhältnis zur absolut wirklichen oder kosmischen Wahrheit oder Lösung des Lebensmysteriums gegründet. Aber die Gottesauffassung liegt völlig außerhalb dessen, was ein Mensch mit seiner bloßen von Instinkt und Phantasie getragenen Fähigkeit, das Dasein zu erleben, fassen und verstehen kann.

Die Moralauffassung der Wesen beruhte auf deren innerem Vernehmen der Existenz von höheren Wesen, den „Göttern" und „Teufeln". Dieses instinktive Vernehmen der Existenz von höheren Wesen nennen wir heute „religiösen Glauben". Dieser religiöse Glaube ist der Leitstern für die Moral und für das Dasein aller Völker, solange sie noch ganz unintellektuell sind und von ihrer Instinkt-, Schwere-und Phantasiefähigkeit leben müssen.

Hier sehen wir, daß die Menschen der primitiven und unintellektuellen Entwicklungsstadien kraft ihres Instinktes geleitet werden, genau wie die Tiere. Der Unterschied ist jedoch, daß die Tiere sich dieser Führung nicht bewußt sind. Sie werden nicht durch religiösen Glauben geleitet. Ihr Instinkt läßt sie das tun, was für sie eine Lebensbedingung ist.

Die Menschen dagegen haben ihre Fähigkeit zu denken derart entwickelt, daß sie imstande sind, sich Vorstellungen vom Dasein, in dem sie leben, zu

machen obwohl diese Vorstellungen auf diesem Entwicklungsstadium ganz unintellektuell und daher in gewissem Ausmaß irrtümlich sind.
Eben diese Irrtümlichkeit zeigt uns die Primitivität ihres Ursprungs oder dessen unfertigen Zustand. Das einzig Wahre im Leben dieser Wesen ist also ihr instinktmäßiges Auffassen des Zugegenseins einer höheren Macht. Das mehr oder weniger Unwahre alles dessen ist die vom unintellektuellen Vorstellungsvermögen herrührende Auffassung der Wesen oder die darauf beruhende Beschreibung der Erscheinung der höheren Macht in Gestalt von Göttern und Teufeln und deren Dasein. Daß sie das Dasein dieser Gigantwesen nicht anders auffassen konnten als ihr eigenes Leben, dies jedoch derart, daß all die Wunschträume erfüllt wurden, die sie zwar selbst nährten, jedoch im eigenen Leben nicht erfüllt bekommen konnten, war selbstverständlich. Auf diese Weise entstand ein Ideal für die Menschen, nach dem sie ihr eigenes Leben einrichten konnten. Dieses Ideal mußte natürlich der Verherrlichung des tötenden Prinzips dienen, da dieses Prinzip ja das herrschende Lebensprinzip im Tierreich wie auch in dem Teil der unfertigen menschlichen Mentalität ist, den wir „das Tierische" im Menschen nennen. In der nordischen Göttersage, deren höchstes Ideal es war, zu töten und selbst getötet zu werden, haben wir ein gutes Beispiel für die Idealisierung des tötenden Prinzips. Sonst kam man nicht nach „Walhalla", dem Paradies dieser Göttersage.
Die Menschen lebten unter Kriegen, Raub, Plünderung, Totschlag und gegenseitiger Unterdrückung. Und je größer die Begabung in dieser Richtung war, desto größere Gunst erlangte man bei den Göttern. Daß das Dasein unter Mord und Totschlag vielseitige Leiden mit sich bringen mußte, ist selbstverständlich. Da die Leiden im Menschen das humane Vermögen, d.h. die Fähigkeit, Sympathie oder Liebe zu empfinden, hervorbringen, weckte all dieses Töten oder Morden beim neuen, gefühlsmäßigen Zustand der Menschen Anstoß. Und die Menschen fingen an, sich Vorstellungen zu machen, die besser zu ihrer beginnenden Sympathie- und Nächstenliebefähigkeit paßten. Diese Vorstellungen wurden in neuen Gesetzen des Daseins ausgeformt, von Welterlösern verkündet, und die sogenannten Weltreligionen entstanden.
Hier im Westen sollte das Christentum herrschen. Das Ideal der Nächstenliebe in dieser Weltreligion ist weder mehr noch weniger, als daß man Gott mehr als alles andere lieben soll und seinen Nächsten wie sich selbst. Weiterhin heißt es, daß man seinem Nächsten nicht nur siebenmal täglich, sondern siebzigmal siebenmal täglich vergeben soll. „Und wie ihr wollt, daß

euch die Leute tun sollen, so tut ihnen auch." - „Steck dein Schwert in die Scheide, denn alle, die zum Schwert greifen, werden durch das Schwert um-kommen."

Aber werden diese Ideale nun streng befolgt von der westlichen Bevölkerung? Absolut nicht. Da die Bewahrung dieser Ideale die absolute Bedingung für das Erlangen eines absoluten Friedens auf Erden ist, wo aller Krieg, alles Morden, Rauben, Plündern und alle Unterdrückung, alle Hinrichtungen, aller Haß und alle Rache eine Unmöglichkeit sind, mutet es nicht weiter eigentümlich an, daß die Menschen mit Krieg, Götterdämmerung und Leiden leben, obwohl sie sich Christen nennen.

## 3. Kapitel
## Das Mißverständnis hinsichtlich der christlichen Weltideale

Warum erfüllen die Anhänger der christlichen Religion nicht die nachdrücklich vorgeschriebenen Ideale ihrer Religion? Wie kann es sein, daß die „Christen" heutzutage die effektivsten Völker des Krieges sind? Warum lieben sie ihren Nächsten nicht wie sich selbst? Warum tun sie den andern nicht das, was sie wünschen, daß ihnen die Leute tun sollen? Warum halten sie das Gebot nicht, nach welchem sie das Schwert in die Scheide stecken sollten, sondern benutzen das Schwert und vervielfältigen auch noch mit Hilfe der Beherrschung der Atomkräfte millionenfach ihre Fähigkeit zu töten, zu vernichten und zu verstümmeln? Warum bleiben in den christlichen Kirchen während der Gottesdienste immer mehr Plätze leer? Warum werden immer mehr Menschen zu Materialisten oder gottlos? Warum tun die Menschen nicht alles, um die christlichen Ideale zu erfüllen, wodurch sie den absoluten Frieden hätten, den sie in Wirklichkeit alle wünschen? Um die Situation dieser Menschen zu verstehen, müssen wir zurückschauen auf die Mentalität derer, denen die christlichen Ideale gegeben wurden. Welcher Art war die Mentalität dieser Menschen, bevor die Verkündung der christlichen Ideale auf sie einwirkte? Sie war natürlich von einer solchen Art, daß sie diese unermeßlich erhabenen Ideale in ihrem vollen Ausmaß nicht akzeptieren konnten. Kraft ihres religiösen Instinktes waren die Menschen sich dessen bewußt, daß es höhere Wesen als die Menschen gab. Ebenfalls konnten sie akzeptieren, daß es eine allmächtige Gottheit gab. All dies konnten sie akzeptieren. Hierbei kam ihnen nämlich ihr Instinkt zur Hilfe und förderte ihren unerschütterlichen Glauben an diesen allmächtigen Gott. Und als sie dann genug hatten von der todbringenden Walhallareligion wurden sie in gewissem Ausmaß empfänglich für den Humanismus oder für die Nächstenliebe, die ihnen durch die christlichen Ideale angeboten wurden. Später wurden wir dann Zeugen davon, daß sie diese Ideale gar nicht zu erfüllen vermochten. Ihren Nächsten lieben wie sich selbst, konnten sie genau so wenig wie sie es unterlassen konnten, mit Kriegen anzufangen oder zu töten. Und sie verloren zuletzt den Glauben an diese Ideale. Sie hatten die Vorstellung, daß der Mensch nun einmal diese Ideale nicht erfüllen konnte. Nur der Erlöser, Christus, konnte sie erfüllen. Man begann, diese Ideale so auszulegen, oder sie in eine solche Form zu kleiden, daß sie besser zu der Lebensweise paßten, zu der man selbst fähig war.

Die Vorstellung vom „Erlaß der Sünden" wurde eingeführt, den man hiernach durch Jesu Kreuzigung erlangen konnte, in der man eine Strafe sah für die Sünden der Menschen, die der Erlöser oder das unschuldige Wesen auf sich genommen hatte. Dadurch, daß sie um Gnade baten, konnten die Menschen, die Reue zeigten, von den Folgen des Bösen, das sie begangen hatten, erlöst werden. Es ist klar, daß diese Änderung der christlichen Weltideale die Menschen in keinem besonderen Ausmaß dazu inspirierte, sich von den todbringenden Idealen der Vorzeit zu entfernen. Darum werden in gegebenen Situationen sowohl der Krieg als auch die hierhin gehörigen Kriegswaffen und Höllenmaschinen gesegnet. Und die Welt muß heute in einer Weltuntergangsstimmung der Kriege, Morde, des religiösen Chaos und der Gottlosigkeit leben. Aber eigentlich weist all das nur auf die Erfüllung der „Epoche des jüngsten Gerichts" hin, die von Christus selbst vorausgesagt wurde.

## 4. Kapitel
## Was die Epoche des jüngsten Gerichts bedeutet

Was bedeutet nun die Epoche des jüngsten Gerichts, zu der die Welt während der Kriege und Revolutionen des 20. Jahrhunderts Zeuge wurde? Zu welchen Schrecken wurden wir nicht Zeugen durch die brutalen Eroberungszüge des zweiten Weltkrieges, durch die Konzentrationslager und deren Tortur- und Gaskammern, durch den Hungerstod und durch andere kulminierende Prozesse des Grauens, durch die Rassenverfolgungen von wehrlosen Menschen, Kindern und Erwachsenen, Alten und Jungen. War diese Epoche des jüngsten Gerichts nicht ein totales Ignorieren aller kosmischen, christlichen Ideale? Zeigte sie nicht eine kulminierende Übertretung derselben göttlichen Ideale? Eine völlig lebende Welt des kulminierenden Antichristentums offenbarte sich hier den Erdenmenschen im 20. Jahrhundert. Eine Demonstration der Materie, des Fleisches und Blutes dessen, was heute in einer Welt hochintelligenter Wesen vor sich geht, Wesen, die ihre Begabung nicht dazu brauchen, die christlichen Ideale so zu erfüllen, wie es ihnen vom Mund des Welterlösers befohlen wurde, die dagegen ihre Begabung dazu brauchen, einen kulminierenden Übertretungszustand eben der höchsten kosmischen Ideale im Leben zu erzeugen. Ohne diese Ideale zu erfüllen, kann kein einziges Lebewesen das absolut wirkliche Leben erleben, welches gleichbedeutend ist mit ewigem Frieden und dem hierauf folgenden Glück und der Seligkeit.

Warum konnten die christlichen Weltideale nicht bewirken, daß die Menschen nicht in das Antichristentum, dieses jüngste Gericht, diese Hölle kamen? Es ist offensichtlich, daß es nie das Ziel war, die Epoche des jüngsten Gerichts oder das Antichristentum in unserem Jahrhundert zu verhindern.

Wahr ist, daß die christlichen Ideale den Menschen schon vor zweitausend Jahren gegeben wurden, aber genau so wie die physische oder materielle Welt unmöglich durch den Sonnenschein allein fruchtbar werden kann, kann auch der mentale oder geistige Kontinent der Menschheit durch mentalen oder geistigen Sonnenschein allein nicht fruchtbar und lebendig werden. Sonnenschein allein würde die Kontinente in Wüsten verwandeln. Genau wie der physische Boden mit Nahrungsstoffen und Wasser versorgt sein muß, um zusammen mit der Sonnenwärme und dem Licht ein fruchtbares Pflanzen-, Tier- und Menschenleben hervorbringen zu können, muß auch der mentale und geistige Boden der Menschheit mit Wasser und Nahrungsstoffen, d.h. mit dem mentalen oder geistigen Sonnenschein, also der allerhöchsten Weisheit - versorgt werden, um das vollkommene Gedeihen und die Fruchtbarkeit zu erreichen, d.h. kosmisches Bewußtsein, welches den Menschen zum vollkommenen „Abbild Gottes, ihm gleichend" macht. Die Mentalität des Menschen kann daher nicht durch bloße Richtlinien verändert werden. Damit Richtlinien auf die Wesensart des Lebewesens Einfluß bekommen können, ist es erforderlich, daß dieses schon eine gewisse Menge Erfahrungen auf dem betreffenden Gebiet gesammelt hat. Und auf die Fragen, die in einem solchen Erfahrungsgebiet entstehen können, kann das Lebewesen durch Beratung Antwort bekommen. Was das Akzeptieren der hohen Ideale der Nächstenliebe des Erlösers betrifft, fehlte der Menschheit noch das Erfahrungsgebiet, das sie für diese Ideale hätte total empfanglich machen können. Und es ist dieses Gebiet der Erfahrungen, das die Menschheit jetzt durch ihre vor der Kulmination stehenden Leiden in Form der Epoche des jüngsten Gerichts erlebt. Alle Leiden, die die Menschen schon durchgemacht haben, und die Leiden, welche sie noch erleben werden, werden in ihnen die Fähigkeit zur Humanität entwickeln, welche die Christusideale oder die höchsten kos- mischen Analysen aktuell werden lassen.

## 5. Kapitel
## Identität von Religion und Politik

Bei unserem kurzen Rückblick auf die sogenannte christliche Welt wurden wir Zeugen davon, daß die Menschen nach und nach vom Christentum abfielen. Und ähnliches geschieht auch in den übrigen Weltreligionen. Im gleichen Ausmaß, wie sich die Intelligenzfähigkeit entwickelt, nimmt der religiöse Instinkt der Wesen ab. Und nach dieser Schwächung verlieren die Wesen die Fähigkeit, an die überlieferten religiösen Ideale zu glauben, und werden immer mehr kraft politischer Ideale geführt.
Was versteht man nun unter „Politik"? Politik ist nur eine neue Variante des religiösen Prinzips. Der neue Ausläufer des religiösen Prinzips ist materialistisch. Er hält sich im wesentlichen an allgemeine, physische Ideale, an die Verbesserung der Regierungsformen und der Verhältnisse in der Gesellschaft, an die Förderung der Kultur und an das Schaffen von Gütern für die Gesellschaft, an die Fürsorge für Invaliden und alte Menschen; er fördert das Schulwesen, das Gesundheitswesen und viele andere Errungenschaften der Kultur und dergleichen, wie auch die Polizei und das Rechtswesen, und damit Gesetz und Ordnung im Staat oder in der Nation, sowie die Verbindung zu anderen Ländern, Export, Import, militärische Verhältnisse, Absprachen und Übereinkommen in großem Ausmaß. Wir sehen hier, daß diese Variante der Religiosität sehr viel aktiver ist, obwohl sie sehr viel materialistischer ist als die Religion. Während die Religion mehr vom Instinkt gefördert wird, wird die Politik von der Intelligenz gefördert. Und es ist die Intelligenzfähigkeit, die die neue Variante der Religiosität geschaffen hat. Sie mußte sich entwickeln, bevor die Fähigkeit zum Humanismus entwickelt wurde, da diese sich ja nur aus den Leidenserlebnissen heraus entwickeln, wachsen oder entstehen konnte. Aber daß die Wesen Intelligenz bekamen, bevor sie die Fähigkeit zur Humanität oder zur Liebe bekamen, bewirkte, daß sie darin Experten wurden, das Dunkel oder das tierische

Prinzip in überdimensionierter Form zu entfalten, so daß sie als Wesen hervortraten, die weder zu den Tieren noch zu den wahren Menschen gehörten. Und hier haben wir es mit Wesen mit Teufelsbewußtsein zu tun. Dieses Teufelsbewußtsein wirkte sich dann so aus daß die Stärksten die Schwächsten unterdrückten. Das Leben entwickelte sich so in Wirklichkeit nach dem Prinzip „der Stärkste hat recht", obwohl eigentlich auch ein Gesetzes- und Rechtswesen geschaffen wurde. Da aber nun die Epoche des jüngsten Gerichts dadurch für die Entwicklung der Wesen zu vollkommenen Wesen der Liebe lebensnotwendig ist, erkennen wir hier einen göttlichen Weltplan. Und die vielen Errungenschaften der Gesellschaft, die durch Politik geschaffen wurden, sind also die beginnenden, humanen Früchte nach dem Grauen des jüngsten Gerichts.

Wir sehen, daß die Politik eines Landes nicht mehr von anderen Ländern isoliert sein kann, sondern mehr und mehr mit deren Politik verknüpft wird. Und die Politik wird dadurch zu einer Weltpolitik. Die Wirkung dieser Weltpolitik sehen wir in Form der UNO, in all den vielen politischen Verbänden, des Handels, der Touristik, in Form von Friedenstraktaten und vielen anderen Formen von Bündnissen und Zusammenarbeit. Die Welt steht im Begriff, eine vereinte Nation zu werden, in welcher alle Nationen, Großmächte wie auch kleine Nationen, Provinzen sind. Die Umwälzungen in Afrika, Asien, China usw. sind nur ein Glied in einer Erschaffung des Gleichgewichts, in das alle Staaten schließlich gegenüber den andern kommen müssen. Daß dies nicht ohne Krieg und Leiden vor sich gehen kann, beruht auf dem fehlenden Humanismus der Wesen. Aber gerade dieser wird ja durch ihre Einstellung zum Kriege und durch ihre Unvernunft oder ihr fehlendes Wissen über den göttlichen Weltenplan entwickelt. Für die Menschen, die den Krieg nicht wollen, gibt es keinen Grund, sich um die Zukunft Sorgen zu machen, solange sie selbst leben, ohne Tiere und Menschen zu morden oder totzuschlagen. Man muß daran denken, daß es für die Menschen nicht lebensnotwendig ist, Tiere zu töten, um zu überleben. Wir sind hier Zeugen davon, daß ein großer göttlicher Plan für die Menschheit vollbracht wird. Sie wird gradweise in eine immer größere humane Entwicklung oder Entwicklung zur Liebe geführt, die die Welt zu einem Staat werden läßt, zu einem Volk, einer Nation. All dies wird von so unennßlich großem Wert für die Menschheit sein, daß es ganz einfach alles übertrifft, was sie heute in ihrer Phantasie erfassen kann.

Jeder Mensch ist Mitbesitzer der Erde. Keine Kapitalisten, keine Vorgesetzten und keine Untergebenen, keine Geschäfte, kein Geld! Alle werden von allen beschützt. Alle lieben alle. Der Grundton des Universums, die Liebe, wird die tägliche Atmosphäre im Weltstaat sein. Die Arbeitsfähigkeit des Menschen wird im Staat der Zukunft das sein, was ein Millionenvermögen heute bedeutet. Ferner wird die Weltpolitik auch die materialistische Wissenschaft fördern - und die Humanität wird die Geisteswissenschaft oder die Kosmologie derart fördern, daß die materialistische Wissenschaft und die Intuitionswissenschaft oder die kosmischen Analysen zu einer großen göttlichen Wissenschaft vereint werden. Der Weltstaat wird das neue Paradies auf Erden oder das „I-Iimmelreich" werden. Und die Menschen werden dadurch das Paradies schon auf der physischen Daseinsebene erleben. Der verlorene Sohn wird wieder mit dem Vater vereint sein.

Ende Zitat aus www.martinus.dk


SoooooH, dass war's erstmal wieder
Schönen Tag Noch For You

Wolfgang Schorat

**Sant Mat** *aus Wikipedia, der freien Enzyklopädie*
*Sant Mat bedeutet „Weg der Sants" oder „Pfad der Meister" und ist ein Synonym für Surat Shabd Yoga. Er wurde unter anderen von den Gurus gelehrt, auf die sich auch der Sikhismus beruft.*

*Die Lehre von Sant Mat*

*Nach der Lehre von Sant Mat ist für die spirituelle Praxis ein lebender, vollkommener Meister Voraussetzung. Durch ihn können zu jeder Zeit die Seelen in der Welt, die sich nach der Rückkehr zu Gott, ihrem Ursprung sehnen, die Rückkehr in ihre wahre Heimat antreten.*

*Die Praxis von Sant Mat ruht auf vier Säulen:*
- *Dem lebenden vollkommenen Meister und seinen Satsangs*
- *Der Meditation auf das innere Licht und den inneren Ton.*
- *Dem moralisch einwandfreien Leben (u.a. die Einhaltung einer lactovegetarischen Ernährungsweise)*
- *Dem selbstlosen Dienen*

*Ein „Sant", Heiliger oder Meister des Sant Mat, sieht sich selbst als reines Werkzeug des göttlichen Willens, der göttlichen Weisheit und der göttlichen Liebe. Gott, der als reine Energie auf einem sehr hohen Bewusstseinszustand existiert, wird durch die Seele eines vollkommenen Meisters, die auf dem selben Energieniveau existiert, befähigt, mit den Menschen in Kontakt zu treten und in der Welt zu agieren. Der lebende vollkommene Meister befreit die ihm zugewiesenen Seelen vom Leide materieller Verhaftung und führt sie zurück zu Gott.*

*Gott möchte durch seinen lebenden kompetenten Meister alle Seelen vom Leid materieller Anhaftung befreien. Nach der Lehre von Sant Mat hat es zu jeder Zeit zumindest einen solchen Meister oder Gott-Menschen gegeben.*

*Sant Mat und andere Religionen*

*Sant Mat betrachtet bestehende Religionen als die Hinterlassenschaft eines gestorbenen kompetenten Meisters. Zur Wirkenszeit des jeweiligen Meisters habe Gott die suchenden Seelen spirituell erlöst und dabei die Spiritualität angepasst an kulturelle und klimatische Gegebenheiten. Nach dem Ableben des kompetenten Meisters seien die zur Wirkenszeit des Meisters geschaffenen Anpassungen der Spiritualität von deren Anhängern schriftlich fixiert und dogmatisiert worden. Auf diese Weise seien im Laufe der Zeit aus ursprüng-*

*lich von Gott inspirierten Empfehlungen sich widersprechende Dogmen geworden, mit allen Schwierigkeiten die sich daraus ergeben können.*

*Die spirituelle Aufgabe sei zwar nach dem Ableben des Meisters auf einen anderen Menschen übertragen, aber dies geschieht meistens im Verborgenen. Daher habe jede Religion einen wahren Kern und ein lebender kompetenter Meister könne jedem Suchenden helfen, mit der ursprünglichen Essenz aller Religionen in Verbindung zu treten.*

**Radhasoami**  *aus Wikipedia, der freien Enzyklopädie*

*Radhasoami (gesprochen Radhaswami) ist der Name Gottes in der Radhasoami-Religion. Sie ist eine monotheistische Religion, die dem Sikhismus verwandt ist. Ihre Anhänger berufen sich auf Shiv Dayal Singh, genannt Soamiji Maharaj (1818 - 1878). Ihr gehören heute weltweit etwa 2 Millionen Mitglieder an.*

*Der Radhasoami-Glaube ist eine Ausprägung des Sant Mat und eng verwandt mit den Lehren von Kabir Sahib, Guru Nanak und anderen. Das Kastenwesen und der Pantheon des Hinduismus werden abgelehnt. Zu den Radhasoami-Glaubensgrundlehren gehören die Existenz Gottes, die Einheit der Essenz Gottes mit der Seele des Menschen, und der Glaube an ein Weiterleben nach dem Tod. Der Mensch besteht nach der Glaubenslehre aus den drei Teilen Körper, Geist und Seele, wobei die ersten beiden sterblich, die Seele jedoch unsterblich ist. Da die Essenz der menschlichen Seele (Atman) mit der Essenz Gottes (Param Atman) gleich ist, stellt der Mensch eine mikrokosmische Abbildung der gesamten Schöpfung dar.*

*Typisch für die Radhasoami-Tradition ist die Guruverehrung. Es wird geglaubt, dass Gott (Radhasoami) von Zeit zu Zeit heilige und erleuchtete Seelen auf die Erde sendet, um die Menschen in spirituellen Dingen zu unterweisen. Sehr wichtig in dieser Religion ist daher die Abfolge der „lebenden Meister" (Sant Satgurus) - gewissermaßen vergleichbar mit der Abfolge der Päpste im Katholizismus. Der Religionsgründer Shiv Dayal Singh wird als Inkarnation Radhasoamis angesehen. Als er 1878 starb, hatte er bereits mehrere Tausend Anhänger, aber keinen designierten Nachfolger. Unter seinen Schülern taten sich mehrere als Nachfolger hervor und sechs davon trugen die Religion erfolgreich in getrennten Zweigen weiter. Der Zweig mit den heute meisten Anhängern ist der von Baba Jaimal Singh Ji Maharaj (auch Babaji Maharaj genannt), der seinen Satsang in Beas, Punjab gründete. Ein anderer Zweig beruht auf dem Nachfolger Raj Saligram und behielt sein Zentrum in der Stadt Agra.*

*Radhasoami-Satsangis leben streng lacto-vegetarisch und sehen als das Hauptziel des Menschen seine spirituelle Entwicklung an. Sie lehnen außer dem Konsum von Fleisch und Eiern auch Alkohol und jegliche Rauschmittel ab. Um vom Ziel der spirituellen Entwicklung nicht abzulenken, soll weltlicher Besitz auf das Notwendigste beschränkt werden. Es werden unterschiedliche Meditationstechniken praktiziert.*

*Die nächsten beiden Seiten mit der Grafik stellt die Einsicht und Erfahrung von Soami Ji oder Shiv Dayal Singh* **Radhasoami** *dar.*

## DIE SPIRITUELLEN LOTUSSE-CHAKREN-ÜBER DEM AUGENZENTRUM
Alle Ebenen sind mit unterschiedlichen Klängen, Musik, zu unterscheiden

| **12 Sach Khand** | **Höchste bekannte Göttliche** | **Meer der Spiritualität** |
|---|---|---|
| Sat Lok | **Anami Radha Soami** | |
| Sat Purush | | |
| Alakh (Der Unsichtbare) | | |
| Agam (Der Unzugängliche) | **VI- Ebene** | |
| Anami (Der Namenlose) | und höher | |

| | | Das Wort |
| **11 Sat Nam** | | Der Tropfen, vom Meer getrennt. |
| Bhanwar Gupha | | |
| Reine Seele | **V. Ebene** | |

| | | Obwohl schon weiter abgesunken, noch |
| **10 Achinta** | | nicht von Materie |
| Sohang - Ich bin das - | | umgeben. Auf dem |
| Seele erkennt Identität | | Weg nach Unten. |
| mit Gott. Das sie von | | |
| der gleichen Essenz ist. | | |
| Auf dem Weg zurück. | | |
| Maha Sunn (Große Leere) | | |
| Anfang von Bhanwar Gupha (sich drehende Höhle) Ur-Dunkelheit | | Seele |
| immer noch Distanziert | **IV - Ebene** | |

| **9 Daswan Dwar (besteht aus Sunn und Maha Sunn)** | | Zwei Teile von |
| Sunna (Leere) | | Daswan Dwar |
| Rarankar | **III. Ebene** | |
| Karan Man | Par Brahm | |

| **8 Trikuti (Kausal Ebene)** | | Kosmisches Bewusstsein |
| Maha-Yogiswharas | | Veden - Rishis - |
| Avatare | | Advaita |
| Gott - Gespräche mit Gott – Walsch | | JHWH |
| Quelle der 3 Eigenschaften | | Universal Bewusstsein |
| | | Beginn der physischen |
| Harmonie-Tätigkeit-Trägheit | | Schöpfung. Kal-Zeit |
| Auch Brahm Lok genannt | | |
| Onkar | | |

Brahmand - Brahm Herrscher der drei vergänglichen Welten. Physisch- Astral- Kausal
Bank Nal oder der gewundene Tunnel. Brahm ohne Maya. Aum oder Om
**II-Ebene**

| **7 Sahansdal Kamal** | | | Maya mit Brahm |
|---|---|---|---|
| Tausendblättriger Lotos Astralebene | | | Yogis |

Jot Niranjan -Der Herrscher der ersten spirituellen Region. Der aus Jot (oder Jyoti ) und Niranjan zwei Emanationen von Energie Strömen aus Parbrahm runterfließt zu Sahansdal Kamal wo sie sich vereinen um die Gottheit Jot Niranjan zu formen.

| | **I-Ebene** | Die Flamme - Jyoti |
|---|---|---|

| | | | |
|---|---|---|---|
| **6 Ajna Chakra** | Augenzentrum | Seele und Geist | Belebung des |
| Drittes Auge | | (Mental) | Körpers |
| Ende von Pranayama | | | |
| 2 Blättriger Lotos | | | |
| **5 Vishuddha Chakra** | Kehle | Shakti | Niedere |
| 16 Blättriger Lotos | | | schöpferische |
| | | | Ströme. |
| **4 Anahata-Chakra** | Herzzentrum | Shiva | Erhaltung und |
| 12 Blättriger Lotos | | | Auflösung des |
| | | | phys. Körpers |
| **3 Manupura- Chakra** | Nabelzentrum | Vishnu | Ernährung des |
| 8 Blättriger Lotos | | | phys. Körpers |
| **2 Swadhistan- Chakra** | Genitalzentrum | Brahma | Vorbereitung des |
| 6 Blättriger Lotos | | | phys. Körpers |
| **1 Muladhar-Chakra** | Afterzentrum | Ganesh | Ausscheidung |
| 4 Blättriger Lotos | | | phys. Stoffe |

**DIE SPIRITUELLEN ZENTREN VON UNTEN NACH OBEN DA IN WAHRHEIT ALLES SPIRITUALITÄT IST; DIE ILLUSION; DIE MAYA;DIE ZEIT;DIE VERÄNDERUNG; ALLES.**

Ich bringe hier diese Grafik, vielleicht ist sie für einige interessant. Aber ich weiß nicht mehr woher ich sie und den Text habe. Sorry.
Zitat Anfang

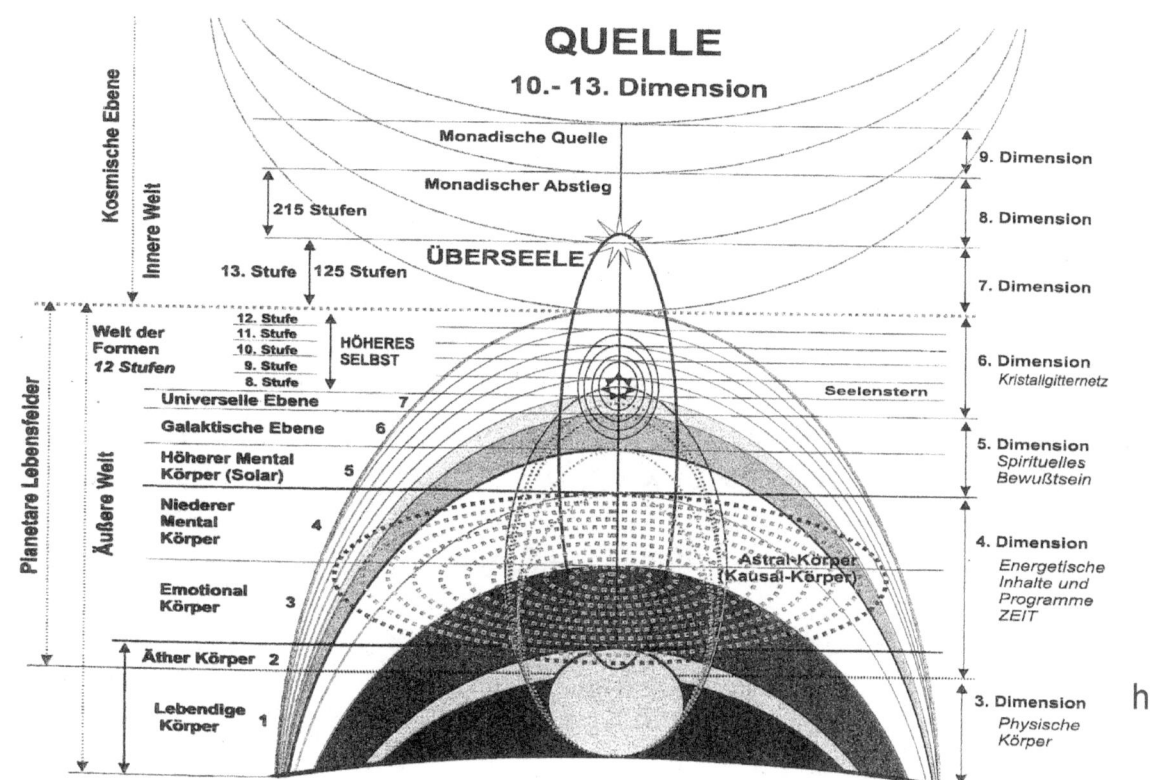

Dimension ein weiterer Abstieg über 125 Stufen und erreicht an der Grenze zur sechsten Dimension die äußere Formenwelt.

Innerhalb der unteren sechs Dimensionen bewegt sich die Evolution in der „Außenwelt" der Form. In der sechsten Dimension positioniert sich das „HÖHERE SELBST" in den reinen „Lichtwelten".

Die dritte Dimension, die rein physische Welt, bildet die äußerste Randzone, in der planetaren Lebensfelder zünden. Die Schnittstelle der ätherischen Frequenz „setzt" spezifisches Leben in der materiellen Form, bis hin zur menschlichen Biologie, frei.

In der vierten Dimension pulsieren Programme und Potentiale, die zur Darstellung in die äußere Welt drängen, die Zeit Programme!

Über das menschliche Bewusst-Sein, wird die vierte Dimension überbrückt. Mit dem Eintritt in die fünfte Dimension überschreitet ein konkretes Bewusstsein in der Außenwelt die planetare Begrenztheit. Zitat Ende

Alle Menschen werden als Geniiiiiies geboren
doch die meisten sterben als Idioten
*Charles Bukowski*

„Das Problem der Welt ist, dass intelligente Menschen voller Zweifel und Dumme voller Selbstvertrauen sind."
*Charles Bukowski*

„Der Unterschied zwischen einer Demokratie und einer Diktatur liegt darin, dass du in der Demokratie wählen darfst, bevor du den Befehlen gehorchst."
*Charles Bukowski*

„Ich mag Hunde lieber als Menschen. Und Katzen lieber als Hunde. Und mich, besoffen in meiner Unterwäsche aus dem Fenster schauend, am liebsten von allen." *Charles Bukowski*

„Feminismus existiert nur, um hässliche Frauen in die Gesellschaft zu integrieren."
*Charles Bukowski*

„Das Leben ist eine Illusion, hervorgerufen durch Alkoholmangel."
*Charles Bukowski*

„Sie gestand mir, warum sie es getan hatte: Als ich das erste Mal in deine Bude kam, schaute ich mich um, und alles war so verdreckt, aber du warst der erste Mann in meinem Leben, der keinen Fernseher hatte, und in dem Augenblick hab ich beschlossen, mit dir ins Bett zu gehen."
*Charles Bukowski*

„Ich gewöhnte mir beizeiten ab, nach der Traumfrau zu suchen. Ich wollte nur eine, die kein Albtraum war."
*Charles Bukowski*

„Es ist möglich, einen Menschen zu lieben - wenn du ihn nicht so gut kennst."
*Charles Bukowski*

„Nach meinem Tod macht man mich viel mutiger und begabter, als ich es gewesen bin. Es wird übertrieben. Sogar den Göttern kommt das große Kotzen. Die menschliche Rasse übertreibt alles. Ihre Helden, ihre Feinde, ihre Bedeutung."
Charles Bukowski

„Alles, was ich zu meiner Verteidigung habe, sind die Fehler, die ich gemacht habe."
Charles Bukowski

## Die Liebe

Pflicht ohne Liebe macht verdrießlich
Wahrheit ohne Liebe macht kritiksüchtig
Erziehung ohne Liebe macht widerspruchsvoll
Klugheit ohne Liebe macht gerissen
Verantwortung ohne Liebe macht rücksichtslos
Gerechtigkeit ohne Liebe macht hart
Freundlichkeit ohne Liebe macht heuchlerisch
Ordnung ohne Liebe macht kleinlich
Sachkenntnis ohne Liebe macht rechthaberisch
Macht ohne Liebe, macht gewalttätig
Ehre ohne Liebe macht hochmütig
Besitz ohne Liebe macht geizig
Glaube ohne Liebe macht fanatisch

## Wir sind alle dazu bestimmt, zu leuchten!

Unsere tiefgreifendste Angst ist nicht,
dass wir ungenügend sind.
Unsere tiefgreifendste Angst ist,
über das Messbare hinaus kraftvoll zu sein.
Es ist unser Licht,
nicht unsere Dunkelheit,
die uns am meisten Angst macht.
Wir fragen uns, wer bin ich. mich brilliant, großartig, talentiert
und phantastisch zu nennen? Aber wer bist du, dich nicht so zu nennen?
Du bist ein Kind Gottes.
Dich selbst klein zu halten, dient nicht der Welt.
Es ist nichts Erleuchtetes daran, sich so klein
zu machen, dass andere um dich herum
sich nicht unsicher fühlen.
Wir sind alle bestimmt, zu leuchten,
wie es die Kinder tun. Wir sind geboren worden,
um den Glanz Gottes,
der in uns ist, zu manifestieren.
Er ist nicht nur in einigen von uns,
er ist in jedem einzelnen.
Und wenn wir unser Licht erscheinen lassen,
geben wir unbewusst anderen Menschen
die Erlaubnis, dasselbe zu tun.
Wenn wir von unserer eigenen Angst
befreit sind, befreit unsere Gegenwart
automatisch auch andere.

*Nelson Mandela*
*(könnte aber auch von jemandem anders sein)*

**Aus dem Buch von Neal Walsh : Gespräche mit Gott**

32. Gott hat nie aufgehört, mit Menschen direkt zu kommunizieren. Gott hat von Anfang an mit und durch Menschen kommuniziert. Und das tut Gott auch heute.

33. Jedes menschliche Wesen ist ebenso außergewöhnlich besonders, wie jedes andere menschliche Wesen, da lebte, gegenwärtig lebt oder je leben wird. Ihr seid Boten. Jeder und jede von euch. Jeden Tag tragt ihr i Leben eine Botschaft über das Leben zu. Jede Stunde. Je Augenblick.

34. Kein Weg zu Gott ist direkter als ein anderer. Keine Religion ist die »einzig wahre Religion«, kein Volk ist »auserwählte Volk«, und kein Prophet ist der »größte Prophet« ..

35. Gott hat nichts nötig. Gott braucht nichts, um glücklich sein. Gott ist die Glückseligkeit selbst. Deshalb verlangt Gott von nichts und niemandem im Universum irgendetwas.

36. Gott ist nicht ein einzigartiges Superwesen, das irgendwo im Universum oder außerhalb davon lebt, das die gleichen emotionalen Bedürfnisse hat und demselben emotionalen Aufruhr unterworfen ist wie die Menschen. Das, was Gott ist, kann in keiner Weise gekränkt oder verletzt oder beschädigt werden, und hat es deshalb auch nicht nötig bestrafen oder sich zu rächen.

37. Alle Dinge sind Ein Ding. Es gibt nur Ein Ding, und alle Dinge sind Teil des Einen Dings Das Ist.

38. So etwas wie Richtig und Falsch gibt es nicht. Es gibt nur je nachdem, was zu sein, zu tun oder zu haben ihr bestrebt seid, das Was Funktioniert und Was Nicht Funktioniert.

39. Ihr seid nicht euer Körper. Wer Ihr Seid ist grenzenlos m ohne Ende.

40. Ihr könnt nicht sterben, und ihr werdet nie zu ewiger Verdammnis verurteilt werden.

Viel Glück

Das Fernsehprogramm wurde inzwischen von den Sattelitenbesitzern gestoppt, weil die Informationen in der immer größer werdenden Plattform für Alternative Wissenschaften und Einsichten oder die Kriege und Verstrickungen der Bankster Gangster Bankenbesitzer und das Leid das sie der Globalen Menschheit an tuen zu Monströs wurden, zu bekannt werden. Und deswegen erlauben die Besitzenden der Satteliten also die Illusionsverkäufer nicht weiter die Ausstrahlung ihrer Programme. Unternehmen können den Menschen nicht ihre Regeln aufzwingen. Schaut unter www.thrivemovement.com nach für Informationen wie der Verbrecheraufbau dieser Staaaaaat-Firmen ist. Oder lest das Buch „Das Ubuntu Prinzip" von Michael Tellinger . W.Schorat 22.10.2014

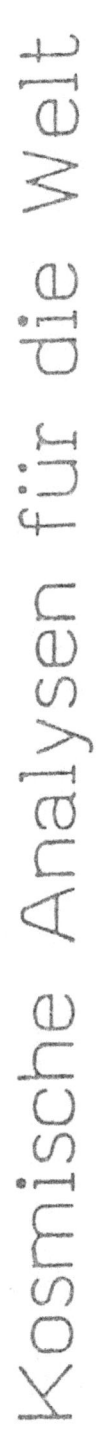

# MARTINUS
1890-1981

"Wo Unwissenheit entfernt wird, hört die Existenz des Bösen auf"

Kosmische Analysen für die Welt

www.martinus.dk
www.martinus-verlag.de

1. Auflage 2015
TonStrom Verlag
Heinrich-Heine-Straße 17
34596 Bad Zwesten
Tel/Fax 05626-1414
Herstellung: BoD GmbH
Umschlag: Schorat
Layout : Schorat
© by Wolfgang Schorat
Printed in Germany

ISBN-978- 3- 932209 - 48 - 2

*webseiten von schorat*

*www.ararat-foto-ansichten.de*
*www.meditative-transformation-der-industrie.de*
*www.olhos-de-aguas-1974.de*
*www.nilgans-im-schwalm-eder-kreis.de*
*www.anleitung-zum-verhalten-in-finanzkrisen.de*
*www.shizzo-berlin1980.de*

*Trotzdem*

*Die Leute sind unvernünftig, unlogisch und selbstbezogen liebe sie trotzdem!*

*Wenn du Gutes tust, werden sie dir egoistische Motive und Hintergedanken vorwerfen tue trotzdem Gutes!*

*Wenn du erfolgreich bist, gewinnst du falsche Freunde und echte Feinde sei trotzdem erfolgreich!*

*Das Gute, das du tust, wird morgen vergessen sein tue trotzdem Gutes!*

*Ehrlichkeit und Offenheit machen dich verwundbar sei trotzdem ehrlich und offen!*

*Was du in jahrelanger Arbeit aufgebaut hast, kann über Nacht zerstört werdenbaue trotzdem!*

*Deine Hilfe wird wirklich gebraucht, aber die Leute greifen dich vielleicht an, wenn du ihnen hilfsthilf ihnen trotzdem!*

*Gib der Welt dein Bestes, und sie schlagen dir die Zähne aus gib der Welt trotzdem dein Bestes!*

*Mutter Teresa (1910-1997)*

www.ingramcontent.com/pod-product-compliance
Lightning Source LLC
Chambersburg PA
CBHW080533300426
44111CB00017B/2700